如皋市地图

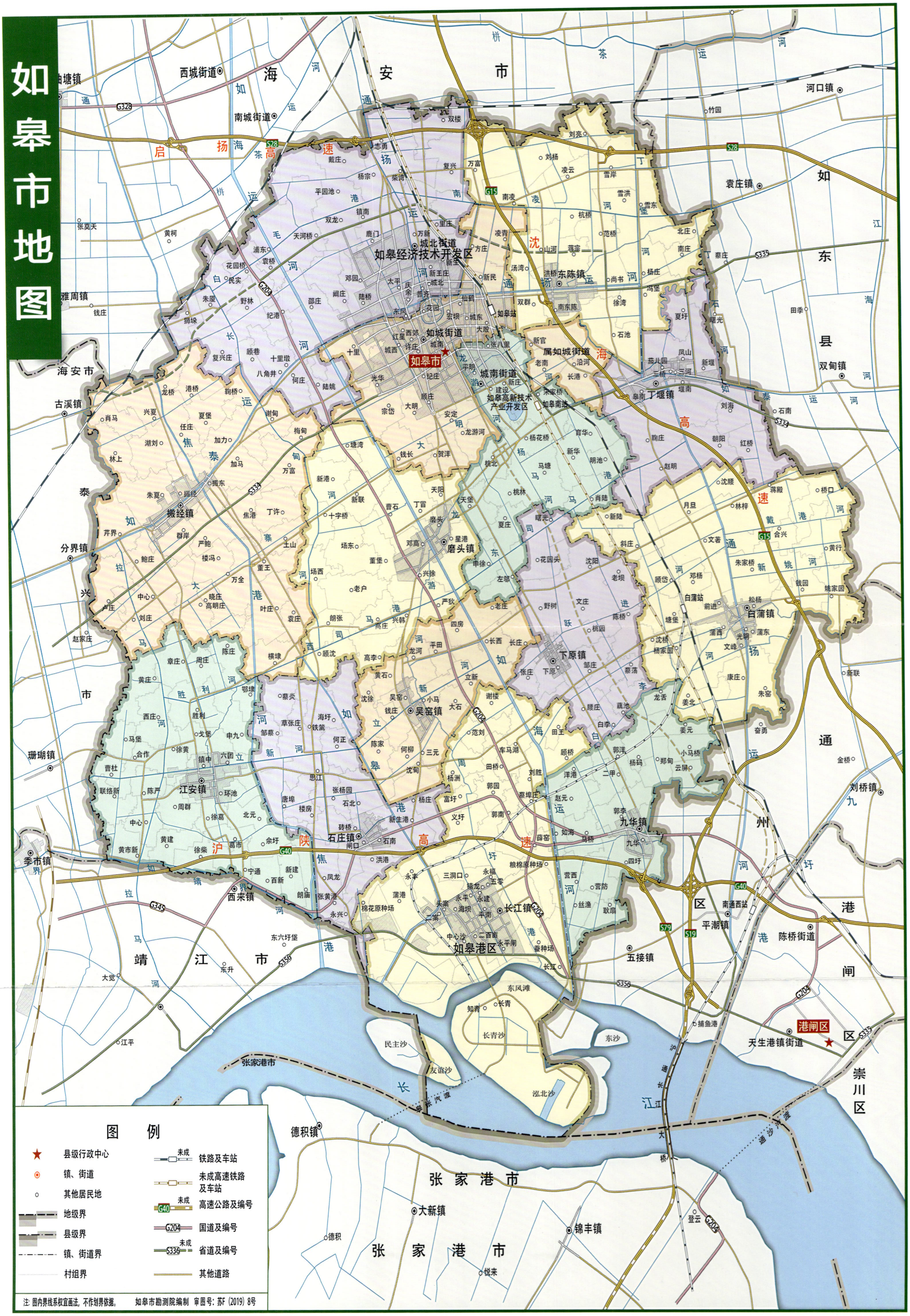
如皋市
城北街道
如皋经济技术开发区
如城街道
城南街道
如皋高新技术产业开发区
东陈镇
丁堰镇
白蒲镇
下原镇
九华镇
磨头镇
搬经镇
吴窑镇
石庄镇
江安镇
长江镇
如皋港区
海安市
古溪镇
泰兴市
分界镇
珊瑚镇
季市镇
西来镇
靖江市
南城街道
西城街道
雅周镇
袁庄镇
如东县
双甸镇
河口镇
刘桥镇
通州区
五接镇
平潮镇
陈桥街道
港闸区
天生港镇街道
崇川区
德积镇
张家港市
大新镇
锦丰镇
长青沙
东沙
民主沙
友谊沙
泓北沙
长江
图例
县级行政中心
镇、街道
其他居民地
地级界
县级界
镇、街道界
村组界
铁路及车站
未成高速铁路及车站
高速公路及编号
国道及编号
省道及编号
其他道路
未成
注：图内界线系权宜画法，不作划界依据。
如皋市勘测院编制 审图号：苏F（2019）8号

如皋城区图

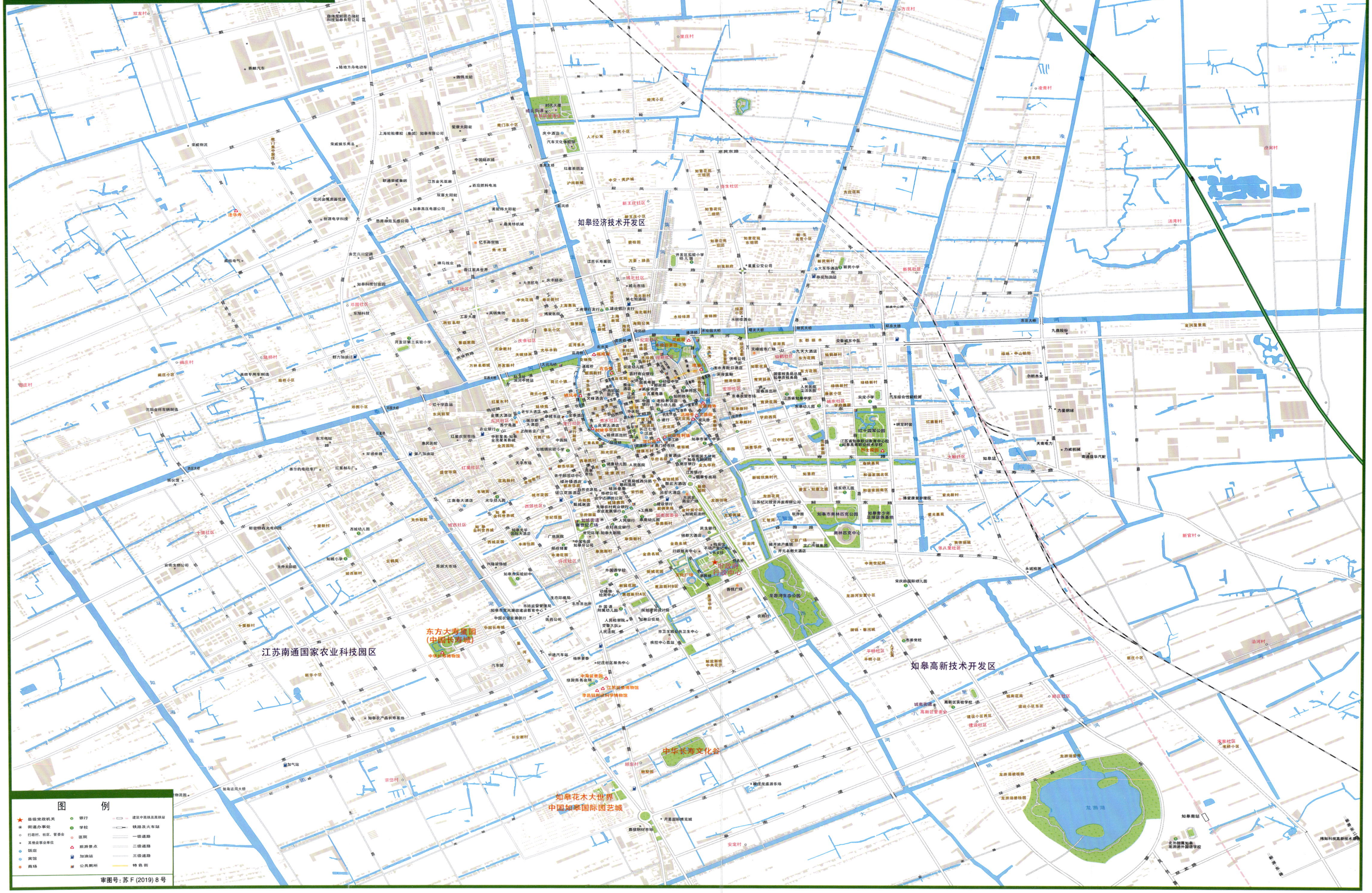
如皋经济技术开发区
如皋高新技术开发区
江苏南通国家农业科技园区
东方大寿星园
(中国长寿城)
中华长寿文化谷
如皋花木大世界
中国如皋国际园艺城
市政府行政中心
龙游河生态公园
龙游湖
图例
县级党政机关
街道办事处
行政村、社区、管委会
其他企事业单位
饭店
宾馆
商场
银行
学校
医院
旅游景点
加油站
公共厕所
建设中高铁及高铁站
铁路及火车站
一级道路
二级道路
三级道路
特色街
审图号：苏F (2019) 8号

2021

如皋年鉴

如皋市地方志编纂委员会办公室　编

方志出版社
Publishing House of Local Records

图书在版编目(CIP)数据

如皋年鉴. 2021 / 如皋市地方志编纂委员会办公室编. —北京：方志出版社，2021.12
ISBN 978-7-5144-4957-0

Ⅰ. ①如… Ⅱ. ①如… Ⅲ. ①如皋—2021—年鉴
Ⅳ. ①Z525.33

中国版本图书馆 CIP 数据核字(2021)第 276341 号

如皋年鉴(2021)

编　　者：如皋市地方志编纂委员会办公室
责任编辑：顾　洁
出 版 者：方志出版社
地址　北京市朝阳区潘家园东里 9 号(国家方志馆 4 层)
邮编　100021
网址　http://www.fzph.org
发　　行：方志出版社发行中心
电话(010)67110500
经　　销：各地新华书店
印　　刷：扬州机关彩印中心
开　　本：889×1194　1/16
印　　张：27
字　　数：855 千字
版　　次：2021 年 12 月第 1 版　2021 年 12 月第 1 次印刷
印　　数：001 ~ 800 册
ISBN 978-7-5144-4957-0　定价：210.00 元

《如皋年鉴（2021）》编纂委员会

《如皋年鉴（2021）》

国家生态县（市、区） 2016年

全国农村产业融合发展试点示范县 2016年

全国文明城市 2017年

中国人居环境奖 2017年

国家节水型城市 2017年

国家可持续发展实验区 2017年

国家知识产权强县工程示范县（区） 2017年

全国基层中医药工作先进单位 2017年

全国土地集约节约利用成效较好、闲置土地较少的县（市） 2017年

全国中小学校责任督学挂牌督导创新县（市、区） 2018年

国家农村职业教育和成人教育示范县 2018年

国家教育现代化监测样本县 2018年

中国城市公益慈善百强市 2018年

中国营商环境百强区县 2018年

中国十佳诗意休闲小城 2018年

国家农业绿色发展先行区 2019年

全国率先基本实现主要农作物生产全程机械化示范县（市、区） 2019年

国家节水型社会建设达标县（区） 2020年

国家基层标准化改革创新先行区 2020年

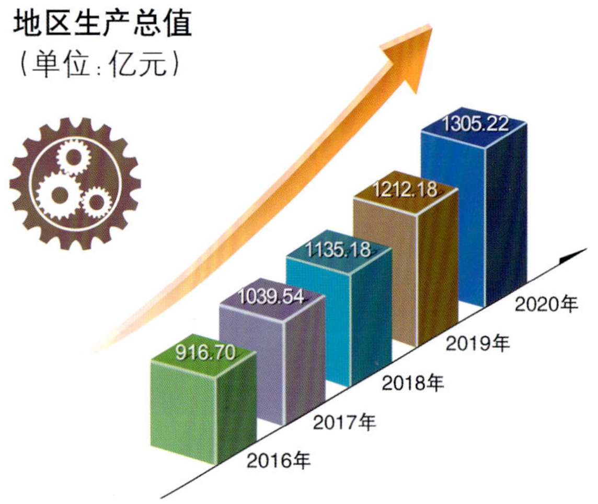
地区生产总值
（单位：亿元）
916.70
1039.54
1135.18
1212.18
1305.22
2016年
2017年
2018年
2019年
2020年

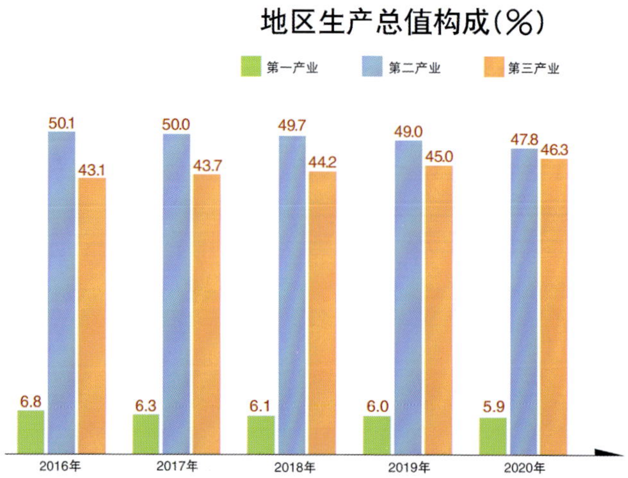
地区生产总值构成(%)
第一产业
第二产业
第三产业
6.8
50.1
43.1
6.3
50.0
43.7
6.1
49.7
44.2
6.0
49.0
45.0
5.9
47.8
46.3
2016年
2017年
2018年
2019年
2020年

财政总收入
（单位：亿元）
143.72
135.70
159.43
196.87
221.84
2016年
2017年
2018年
2019年
2020年

社会消费品零售总额
（单位：亿元）
342.20
376.30
404.27
425.29
457.83
2016年
2017年
2018年
2019年
2020年

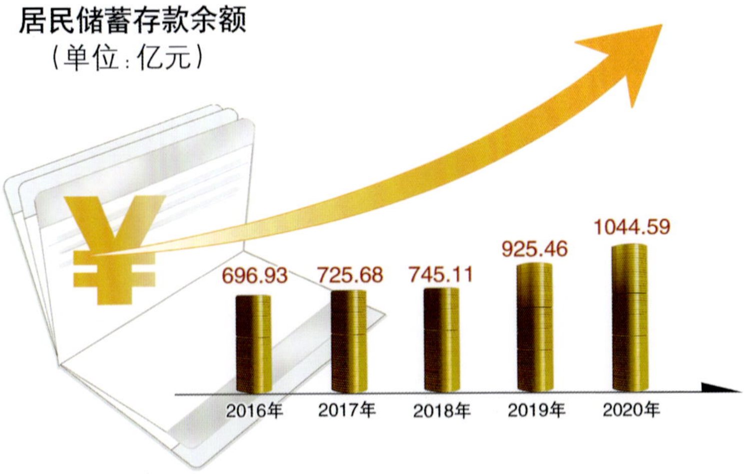
居民储蓄存款余额
（单位：亿元）
696.93
725.68
745.11
925.46
1044.59
2016年
2017年
2018年
2019年
2020年

职工平均工资
（单位：元）
67967
70299
73921
82557
85034
2016年
2017年
2018年
2019年
2020年

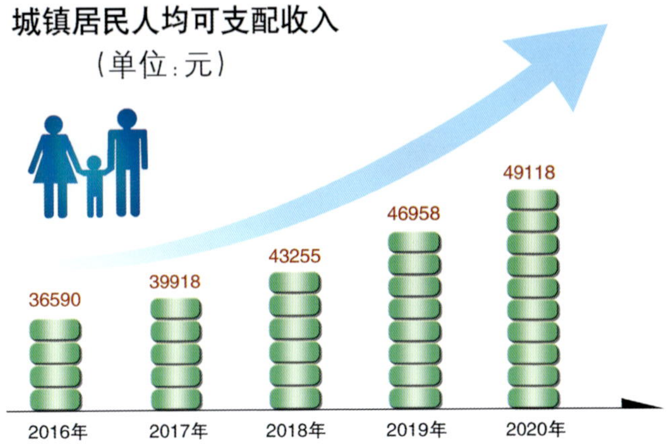
城镇居民人均可支配收入
（单位：元）
36590
39918
43255
46958
49118
2016年
2017年
2018年
2019年
2020年

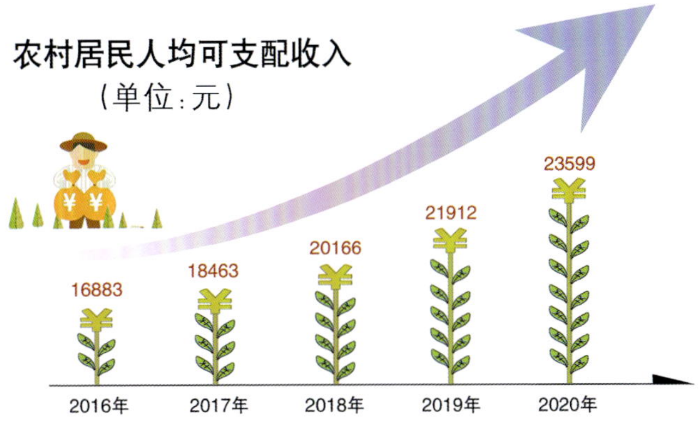
农村居民人均可支配收入
（单位：元）
16883
18463
20166
21912
23599
2016年
2017年
2018年
2019年
2020年

2020年，如皋市实现地区生产总值1305.2亿元，按可比价计算，比上年增长 5.3%；人均地区生产总值 10.49 万元。三次产业结构优化调整为5.9：47.8：46.3，实现全部工业应税销售1702.63亿元，服务业应税销售1826亿元，建筑业总产值1335亿元。“3232”现代产业体系逐步形成，转型步伐不断加快。截至2020年年末，上市公司7家，新三板挂牌企业11家；高新技术企业270家；国家级制造业单项冠军企业2家；全国专精特新“小巨人”企业6家，总量全省县（市）第一。

皋城夜色 （张庆龙摄）

12月21日，南通星球石墨股份有限公司入选国家级制造业单项冠军名单。图为南通星球石墨股份有限公司组装车间全景 （九华镇供图）

2020年，如皋沿江港口企业完成吞吐量7372万吨，比上年增长23.1%。图为4月1日如皋港港口作业时情景

（蔡晓旭摄）

2020年，全市实现建筑业增加值106.01亿元，比上年增长2.4%。图为南通六建建设集团总承包承建、江苏元辰安装集团参建的鲁班奖（境外）工程迪拜万丽中心酒店

（市住房城乡建设局供图）

截至2020年年末，居民人均可支配收入37646元，城乡居民收入比逐年缩小至2.08，城乡一体化进程不断加快。恩格尔系数29.2%，更高层次消费比重不断提升。高考成绩全省领先，获全国义务教育发展基本均衡县（市、区）等省级以上教育系统综合表彰9项。全面推进公立医院改革、紧密型医共体建设，全市每千人口执业（助理）医师数2.69人，每1000名老年人养老床位数35.63张，基本医疗卫生服务体系持续完善。城市每万人拥有公共交通车辆11.5标台，建制村通客车全覆盖。保障体系不断健全，基本养老保险覆盖率、城乡医保参保率分别为98.2%和百分之百，人民群众幸福感、获得感持续增强。

4月21日，文体爱好者们欢聚在江安镇周庄社区百姓大舞台，载歌载舞歌颂美好生活（王 健摄）

10月24日，家住如城街道顾庄社区百岁老人徐兰芳（第二排右二）收到社区工作人员送来的“重阳礼包”——一张五代同堂全家福，乐得合不拢嘴（邱 宇摄）

如皋教育推进校园文化建设、促进特色项目发展屡结硕果。图为11月在中国少儿戏曲小梅花荟萃评选中获京昆组“小梅花”称号的如皋开发区第三实验小学学生李奕表演剧照 （市教育局供图）

11月20日上午，市第二医共体龙头单位市中医院的专家对成员单位东陈镇卫生院患者进行远程会诊，对医护人员进行诊疗指导，让基层患者享受优质医疗服务（市卫健委供图）

截至2020年年末，全市建档立卡低收入户全部脱贫，32个经济薄弱村全部达标脱贫，探索建立的扶助资金入股建设强村加油站扶贫模式在南通推广。创新实施“晚霞行动”，推动近10万名超龄人群再就业，城镇登记失业率控制在2%以内，入围进城务工人员返乡创业国家级试点城市。严格落实河长制和断面长制，加大污水管网等基础设施建设力度，持续推进黑臭水体、农业面源污染整治，地表水百分百达到或好于III类水体标准，水环境质量居全省第六、南通第一。镇级大气自动监测站全面建成，PM2.5平均浓度34.8微克/立方米，优良天数比例84.4%，达到国家空气环境质量二级标准。持续深化国有企业改革，有力防范化解区域性金融风险，政府债务规模、债务率实现“双下降”。

返乡能人刘小飞创建省级家庭农场，打造小微盆景“花名堂”品牌，成功构建线上线下营销系统，年产小微盆景15万盆，带动周边低收入农户脱贫增收。图为8月26日“花名堂”直播带货现场

（市花木产业办供图）

省经济薄弱村搬经镇董王村因地制宜，发展黑塌菜、黄豆等种植，有效助力农民增收。图为10月27日，董王村黄豆种植基地喜获丰收，村民忙着收获黄豆

（搬经镇供图）

10 月 24 日，清淤船正在外城河上清理河道淤泥（吴树建摄）

年内，如皋市加大非法集资防范宣传力度。图为 11 月 21 日，如城街道孔庙社区以小品形式开展防范非法集资法律知识普及活动（刘红影摄）

如皋市创新开展“两代表一委员”常态化密切联系群众活动，建成运行市域治理现代化指挥中心，大力践行“大数据+网格化+铁脚板”治理机制，深入推进法治如皋建设，多元社会治理格局进一步完善，非诉纠纷解决“如皋模式”在全省推广。截至2020年年末，全市每万人拥有社会组织 22.4个，基层民主参选率 97.2%，人民陪审员参审率 94.3%，人民民主需求和参政议政权利保障更加充分。每万人拥有律师数 2.97人，市镇村法律顾问聘用实现全覆盖，法律援助服务标准化工作先后被列为省级、国家级试点。

10月18日，搬经镇卢庄村召开党员、村民代表征求意见会，为村规民约增补生态文明建设行为方面内容，获得参会30余名党员、村民代表全票支持

（搬经镇供图）

如皋市常态化开展“两代表一委员”接待日活动。图为11月10日，市长何益军（右排中）在如城街道城南社区与居民面对面交流，倾听群众心声

（市政府办供图）

6月19日，市市域治理现代化指挥中心正式运行，依托信息技术优化治理手段，推进基层治理体系和治理能力现代化。图为市域治理现代化指挥中心内景（邱　宇摄）

12月4日，市人民法院长江法庭党支部联合长江镇二百亩社区开展法治共建活动，举办非法捕捞水产品刑事案件公开庭审、宪法和民法典宣讲等活动（邱　宇摄）

如皋市能源利用效率持续提高，2020 年单位地区生产总值能耗较“十二五”期末下降 26.7%。率先在全省组建生态环境保护执法司法联动中心，全面推进长江大保护，全面完成长江退捕安置、岸线清理整治任务。深入推进农村人居环境整治，森林覆盖率 20.12%，城市建成区绿地率 39.54%。有序推进内外城河综合提升、龙游河三期、老旧小区改造等工作，如皋市获中国人居环境奖，获国家园林城市、国家节水型城市等称号。

市农田水利试验站职工发明智能高效节水控制装置，获国家实用新型发明专利授权，稻季灌期每亩可节水 80—90 立方米（吴树建摄）

如皋市不断完善市政道路、城区水系、园林绿化等城市基础设施，着力打造“海绵型”生活圈。图为“海绵型”停车场（吴树建摄）

河长制河长治示范工程如城街道龙池港（吴树建摄）

2020年，如皋市实施内外城河生态景观综合提升工程。图为9月11日外城河改造现场（吴树建摄）

如皋市多举措促进社会主义核心价值观深入人心，市民思想道德、科学文化、身心健康素质明显提高，成功创成苏中苏北首个县级全国文明城市。加快发展文化旅游事业，公共文化服务阵地网络实现全覆盖，市融媒体中心成为中宣部重点支持的首批县级融媒体中心之一，高分通过省委宣传部云验收。践行农村移风易俗，乡风更加文明。成功举办亚洲老将田径锦标赛、如皋马拉松赛、中甲联赛等重大赛事，获评全国群众体育先进单位。创成南通市唯一省级全域旅游示范区。2020 年，全市文化及相关产业增加值占地区生产总值比重 5.18%，城乡居民文化娱乐服务支出占家庭消费支出比重 5.6%，人均公共文化财政支出 329 元，广播电视实现综合人口全覆盖。

11 月 10 日，如皋市经中央文明办复查、确认，继续保留全国文明城市称号。图为龙游湖美景（徐卫元摄）

12 月 26 日，如城街道仙鹤社区深入推进移风易俗，倡导“婚嫁从简、喜事新办”新风尚，举办简约而温馨的集体婚礼。图为家长代表将家风家训传承给新人

（汤乾玮摄）

4月30日，市融媒体中心建设通过省专家组“云验收”。图为验收现场（市融媒体中心供图）

6月29日，在江苏省全域旅游示范区创建工作会议上，省文化和旅游局公布17家省级全域旅游示范区名单，如皋市名列其中，南通唯一。图为外国友人在水绘园风景区品尝如皋美食老炉烧饼

（陈秀祥摄）

2020年年初新冠肺炎疫情发生后，如皋市全面落实党中央、国务院和省委、省政府决策部署，统一领导、统一指挥、统一行动，全市上下坚定信心、同舟共济，按照“科学防治、精准施策”总要求，落实外防输入、内防扩散措施，疫情防控取得阶段性成效，全市累计确诊病例7例、无症状感染者4例，全部治愈出院实现“清零”。自2月8日至年末，无新增确诊病例。

1月22日下午，如皋市在南通率先在主要通道设立疫情防控卡口，公安、卫健、交通运输等部门工作人员在卡口轮值，开展24小时不间断车辆、人员查验，严格做到“逢车必检、逢人必查”（邱 宇摄）

1月23日，市疫情防控指挥部发出通告，自2020年1月24日零时起，市文化馆、图书馆、博物馆等文化娱乐场所均暂停对外开放。图为1月23日傍晚，最后一批读者从市图书馆走出 （吴树建摄）

如皋市自1月27日启动突发公共卫生事件一级响应后，采取多种措施保障疫情防控期间群众生活必需品供应，维护市场价格稳定。图为1月31日南门桥综合农贸市场正常营业（吴树建摄）

2月5日，党员志愿者宣传队用小喇叭开展疫情防控宣传

（吴树建摄）

2月12日，在村（社区）要道，“小帐篷”昼夜守护群众“大健康”

（吴树建摄）

3月2日，如皋市第一批参加隔离病区诊疗工作的医护人员解除医学隔离观察回到工作岗位。他们在抗疫一线连续奋战20余天，实现确诊病例“零死亡”、医务人员“零感染”目标（卢枳江摄）

2月6日，梦百合家居科技股份有限公司捐赠1000条0压床垫，由如皋邮政分公司专车运送，驰援武汉医院（邱 宇摄）

3月7日，如皋市搬经镇满载30吨爱心蔬菜的大货车发往武汉

（搬经镇供图）

4月1日，市委、市政府举行11名援鄂医疗队队员回如返岗欢迎仪式（陈圣银摄）

2月21日，通皋大道复工，成为全市首个复工的交通重点工程（邱 宇摄）

截至3月20日，全市整体产能恢复至上年正常生产水平90%。规模工业企业复工率百分之百，员工到岗率89.37%。图为3月10日，江苏万达特种轴承有限公司员工在加强自身防控同时，开足马力抢时间完成订单生产任务（吴树建摄）

3月，随着疫情防控形势好转，人们走出家门，乐享春天美好时光（徐 慧摄）

1月16日，如皋市公共法律援助服务中心被司法部表彰为全国公共法律服务先进集体。图为市法律援助中心工作人员为群众办理法律援助事项 （市司法局供图）

5月20日，如皋市举行“新时代新风尚，新青年新婚礼”集体婚礼主题实践活动。图为50对新人相聚龙游河畔，举行集体婚礼 （陈圣银摄）

5月25日，搬经镇入选全国农业产业强镇，南通唯一。搬经镇按照“以点带面、连片发展、功能集聚”发展思路，围绕省级菜篮子工程蔬菜生产永久性基地和上海市外蔬菜主供应基地两大基地优势，大力发展地方特色农产品黑塌菜产业链。全镇黑塌菜种植面积1000公顷，年产黑塌菜2万余吨，其中深加工1万吨，年综合产值3.4亿元，带动地方经济发展、产业兴旺。

（搬经镇供图）

11月30日，搬经镇龙桥村菜农喜摘丰收菜

位于搬经镇搬东社区的省级菜篮子工程蔬菜生产永久性基地

位于搬经镇加马社区的中皋农产品供应链有限公司，打造黑塌菜培育、种植、加工、销售一条龙产业链，其产品冷冻黑塌菜登上辽宁舰航母编队、东海舰队等舰（编）队和“雪龙”号科考队餐桌

6月18日下午，在省委书记娄勤俭（后排左五）见证下，如皋市人民政府和新加坡金鹰集团在南京举办金鹰（如皋）产业园项目签约仪式（黄大鹏摄）

9月28日，如皋市老小区改造首台加装电梯——如城街道孔庙社区武定苑202号楼一单元电梯开工奠基（市城乡住房建设局供图）

9月30日，通皋大道一期工程主线建成通车（徐　慧摄）

10月26日，以理论宣讲名师命名的姚呈明理论武装工作室被中宣部评为2020年基层理论宣讲先进集体。姚呈明理论武装工作室成立于2017年10月，3年内培养理论宣讲“百姓名嘴”46人，开展理论宣讲2800余场。图为6月27日，姚呈明在迎新社区小巷里向基层群众宣讲全国“两会”精神（徐　慧摄）

10月27日，第三届中国如皋第三代半导体及智能制造论坛在如皋开元名都大酒店举办。图为中科院半导体所化合物半导体如皋实验室和江苏省佳宝智能化液压打包及排废系统工程技术研究中心在论坛上揭牌（陈圣银摄）

10月27日，全国书法名家精品邀请展暨“大爱之城 幸福如皋”全国摄影作品展在市文化馆开幕，展出全国书法名家书法精品59幅和长寿题材获奖摄影作品50幅，为期13天。图为开幕式上，长寿题材摄影作品获奖代表汤福英（右）向如皋百岁老人谷宾（中）赠送其获奖作品《寿星的情怀》，作品内容是她在如皋旅游观光期间，抓拍到的谷宾老人创作书法作品“不忘初心、牢记使命”时场景（许丛军摄）

10月28日，2020年如皋经济洽谈会·中国长寿文化节暨中国（如皋）花木盆景艺术节开幕

图为开幕仪式（邱 宇摄）

图为项目签约仪式（黄友谊摄）

图为男女声表演唱《故乡的柳》剧照

扫码观看《故乡的柳》

11月9日，第十四届江苏省五星工程奖评奖结果正式出炉，如皋市选送的男女声表演唱《故乡的柳》、小品《汤圆》分获音乐类、戏剧类五星工程奖。（市文体广电和旅游局供图）

扫码观看《汤圆》

图为小品《汤圆》剧照

11月13日，工业和信息化部公示第二批专精特新“小巨人”企业名单，如皋市3家企业成功入选，分别为南通斯密特森光电科技有限公司、江苏思源赫兹互感器有限公司、江苏汤臣汽车零部件有限公司。至此，如皋市共有6家国家级专精特新“小巨人”企业。

图为1月16日，南通斯密特森光电科技有限公司技术人员进行产品出货前的检测和调试（邱 宇摄）

图为江苏思源赫兹互感器有限公司生产车间（如皋开发区供图）

图为江苏汤臣汽车零部件有限公司智能车间（江安镇供图）

11月20日，中央精神文明建设指导委员会发布《关于表彰第六届全国文明城市、文明村镇、文明单位和第二届全国文明家庭、文明校园及新一届全国未成年人思想道德建设工作先进的决定》，如皋市人民检察院、城北街道平园池村、长江镇永平闸社区石小华家庭分别获第六届全国文明单位、第六届全国文明村镇、第二届全国文明家庭称号。

全国文明单位如皋市人民检察院年内在全省检察机关首创涉法涉诉信访案件公开听证程序。图为3月9日，市人民检察院召开听证会，邀请人大代表、政协委员、人民监督员、林业专家、村民代表，公开审查涉案公司制定的替代性水源地环境修复方案是否科学可行（市人民检察院供图）

全国文明村城北街道平园池村年内入选第二批全国乡村旅游重点村。图为平园池村水竹园景区一隅（沈群山摄）

失去双臂的石晓华身残志坚，他以口、足刻苦练习书画，终于有所成就。他热心公益，先后向学校捐赠图书、字画等价值16万余元；创立“无臂七子”公益书画联盟，通过义卖筹集100余万元成立爱心基金会，捐建希望小学1所。石晓华家人非常支持石晓华善举，家庭生活温馨和谐、积极向上。图为全国文明家庭石晓华家庭全家福

（长江镇供图）

11月20日，江安镇联络新社区被农业农村部确认为全国乡村特色产业亿元村。联络新社区于2009年建成联心食品园，进区企业14家，形成以玉兔集团为龙头带动各食品企业竞相发展的集约化经营模式，2020年实现经济总量5.8亿元，居民人均年收入2.3万元。图为联心食品园俯瞰图（江安镇供图）

11月24日，位于如皋港保税物流中心的如皋跨境电商产业园举行启动仪式。图为跨境电商产业园内如皋市首家跨境电商体验店（长江镇供图）

11月25日，水利部公布第三批符合节水型社会评价标准的县（区）名单，如皋市榜上有名。图为高效节水灌溉项目——金阳农业园区温室大棚立式水培工程（陈圣银摄）

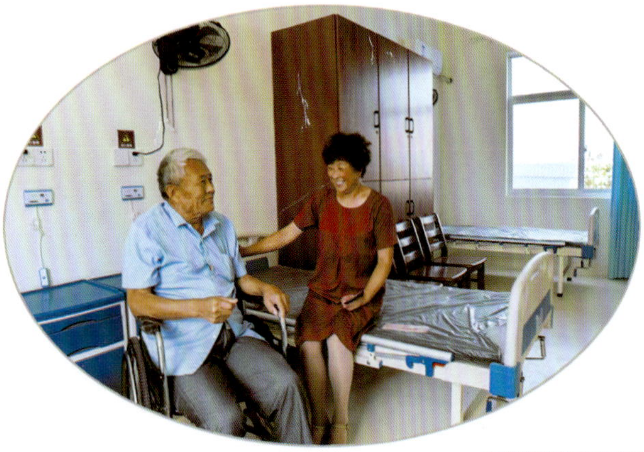

12月2日，省民政厅确定第二批全省民政标准化示范单位，丁堰镇长寿星居家养老服务中心成为南通市唯一入选单位。图为长寿星养老服务中心标准化适老改造后的房间

（市民政局供图）

12月10日，如皋衣园文化发展有限公司服装设计产品"蓝印情怀"，在2020年中国版权年会暨"远集坊"高峰论坛上获评中国版权最佳创意奖。图为"蓝印情怀"系列部分产品展示（下原镇供图）

12月29日，如皋市召开领导干部会议，宣布省委和南通市委关于如皋市委、市政府主要领导职务调整决定：何益军（左一）任如皋市委书记，不再担任如皋市市长职务；张建华（左二）不再担任如皋市委书记、如皋经济技术开发区党工委书记职务；王鸣昊（右一）任如皋市委副书记，提名为如皋市市长候选人。图为南通市委常委、组织部部长封春晴（右三）宣读省委和南通市委关于如皋市委、市政府主要领导职务调整决定（邱 宇摄）

12月30日上午，盐通高铁全线正式通车，如皋南站启用，如皋到盐城最快仅需33分钟，到上海缩短至1小时32分钟。图为盐通高铁首发列车G8321次复兴号列车驶进如皋南站（邱 宇摄）

扫码观看

《致我们一起走过的2020！》

编辑说明

一、《如皋年鉴》坚持以马克思列宁主义、毛泽东思想、邓小平理论、“三个代表”重要思想、科学发展观、习近平新时代中国特色社会主义思想为指导，全面、系统、真实地逐年记载如皋自然、政治、经济、文化、社会和生态建设情况，旨在充分发挥存史、资政、教化功能，为领导决策提供依据，为如皋经济社会发展服务，为各界人士了解和研究如皋提供翔实、准确的信息。

二、《如皋年鉴》是由中共如皋市委领导、如皋市人民政府主办，如皋市地方志编纂委员会办公室负责编纂的地方综合性、资料性年度文献。创刊于1989年，2021卷为第33卷。

三、2021卷内容收录时限原则上为2020年1月1日至12月31日。个别事物加以追溯记述，以便读者了解其始末；为保证记述完整性，“新任市领导”记述至2021年2月；为突出时效性，“附录”中“重要报告”选用了2021年资料。

四、2021卷设卷首彩页，以及特载、大事记、如皋概览、中国花木之乡、世界长寿乡、开放合作、乡村振兴、农业、工业、建筑业、服务业、经济管理、城市建设、交通 水利、生态环境、科学技术、教育、文化 体育、卫生健康、人民生活、公共安全、社会治理、中共如皋市委、如皋市人大、如皋市政府、如皋市政协、如皋市纪委监委、群众团体、街道 镇、人物 荣誉、附录31个类目。与2020卷相比，新设乡村振兴、公共安全2个类目，合并文化与体育2个类目，将机关团体类目拆分为中共如皋市委、如皋市人大、如皋市政府、如皋市政协、如皋市纪委监委、群众团体6个类目，同时将军事内容列入公共安全类目。此外，对个别分目进行了调整。部分类目增加视频资料链接，读者可通过二维码扫码观看。

五、2021卷仍采用分类编辑法，一般按类目、分目、条目三个层次设置，少数分目下增设副分目。个别条目包含多方面资料，为了便于阅读，对条目加以分段。

六、文中均使用法定计量单位。一次性文献中人称、行文语言、数据、计量单位等保持原状。全市综合性数据由市统计局提供，个别数据因统计口径不同而有所差异；部分数据因四舍五入等原因，总计和分项之间存在合理范围内误差。

七、对所涉及的部分机构名称使用简称，机构全称与简称对照表列于目录前；缩略语在首次出现时给予注释或标注全称。文中“全市”指“全如皋市”。

八、为便于检索，卷首设目录，卷末设主题索引，所载信息均可由目录、索引、书眉查检。

如皋市部分机构全称、简称对照表

简　称	全　称	简　称	全　称
市委	中共如皋市委员会	市工商联	如皋市工商业联合会
市人大	如皋市人民代表大会	团市委	共青团如皋市委员会
市政府	如皋市人民政府	市妇联	如皋市妇女联合会
市政协	中国人民政治协商会议如皋市委员会	市侨联	如皋市归侨侨眷联合会
市纪委监委	中共如皋市纪律检查委员会监察委员会	市科协	如皋市科学技术协会
市委办	中共如皋市委办公室	市文联	如皋市文学艺术界联合会
市人大办	如皋市人民代表大会常务委员会办公室	市残联	如皋市残疾人联合会
市政府办	如皋市人民政府办公室	市社科联	如皋市哲学社会科学界联合会
市政协办	中国人民政治协商会议如皋市委员会办公室	如皋开发区	如皋经济技术开发区
市委统战部	中共如皋市委统一战线工作部	如皋高新区	如皋高新技术产业开发区
市委政法委	中共如皋市委政法委员会	市税务局	国家税务总局如皋市税务局
市编办	如皋市机构编制工作委员会办公室	人行如皋市支行	中国人民银行如皋市支行
市台办	如皋市委台湾工作办公室（市政府台湾事务办公室）	工行如皋市支行	中国工商银行股份有限公司如皋市支行
市级机关工委	如皋市市级机关工作委员会	农行如皋市支行	中国农业银行股份有限公司如皋市支行
市文明办	如皋市精神文明建设指导委员会办公室	建行如皋市支行	中国建设银行股份有限公司如皋市支行
市委党史办（市地方志办）	中共如皋市委党史工作办公室（市地方志编纂委员会办公室）	中行如皋支行	中国银行股份有限公司如皋支行
市委网信办	中共如皋市委网络安全和信息化委员会办公室	农发行如皋市支行	中国农业发展银行如皋市支行
市发展改革委	如皋市发展和改革委员会	如皋农商行	江苏如皋农村商业银行股份有限公司
市科技局	如皋市科学技术局	邮储银行如皋市支行	中国邮政储蓄银行如皋市支行
市人力资源社会保障局	如皋市人力资源和社会保障局	电信如皋分公司	中国电信股份有限公司如皋分公司
市住房城乡建设局	如皋市住房和城乡建设局	移动如皋分公司	中国移动通信集团江苏有限公司如皋分公司
市城管局	如皋市城市管理局	联通如皋分公司	中国联合网络通信有限公司如皋市分公司
市卫健委	如皋市卫生健康委员会	邮政如皋分公司	中国邮政集团有限公司江苏省如皋市分公司
市民宗局	如皋市民族宗教事务局	市关工委	如皋市关心下一代工作委员会
市外事办	如皋市政府外事办公室	市老龄委	如皋市老龄工作委员会
市人防办	如皋市人民防空办公室	市老科协	如皋市老科技工作者协会
市人武部	如皋市人民武装部	市老建会	如皋市老区建设促进会
武警如皋中队	中国人民武装警察部队如皋市武警中队	人保财险如皋支公司	中国人民财产保险股份有限公司如皋支公司
如皋边检站	如皋市边防检查站	人寿保险如皋支公司	中国人寿保险股份有限公司如皋支公司

目　录

特　载

大事记

如皋概览

中国花木之乡

世界长寿乡

开放合作

乡村振兴

农　业

工　业

建　筑　业

服务业

经济管理

城市建设

交通　水利

生态环境

科学技术

教　育

文化　体育

卫生健康

人民生活

公共安全

社会治理

中共如皋市委

如皋市人大

如皋市政府

如皋市政协

如皋市纪委监委

群众团体

街道 镇

人物　荣誉

附　录

新冠肺炎疫情防控

2020年年初新冠肺炎疫情发生后，如皋市深入学习贯彻习近平总书记关于疫情防控工作系列重要讲话指示精神，全面落实党中央、国务院和省委、省政府决策部署，统一领导、统一指挥、统一行动，按照“坚定信心、同舟共济、科学防治、精准施策”总要求，精准落实外防输入、内防扩散措施，疫情防控取得阶段性成效。全市累计确诊病例7例、无症状感染者4例，全部治愈出院实现“清零”，自2月8日至年末，无当地新增确诊病例。

快速启动防控举措　疫情发生后，如皋市高度关注、密切跟踪，对照上级部署，迅速采取一系列防控措施。1月21日，建立如皋市疫情防控工作联席会议制度。22日下午，在全市各主要通道设立卡口，在南通行动最快、效果最好。24日，组建市疫情防控指挥部。全省启动公共卫生突发事件一级响应后，市新冠肺炎疫情防控指挥部调整升格，由市委主要领导挂帅，市政府主要领导担任指挥长，市委、市政府分管领导为副指挥长。根据疫情发展形势和工作需要，持续优化工作机制，逐步形成由市新冠肺炎疫情防控指挥部办公室和预防防控组、医疗救治组、交通防控组、社会及社区防控组、农村防控组、医疗物资保障组等16个专项组组成的组织指挥体系，全市各部门、各镇(区、街道)各司其职、主动作为、积极配合，形成协同高效全方位作战格局。

坚决落实决策部署　坚决落实党中央、国务院和省委、省政府疫情防控工作决策部署，制定隔离观察、社区管理、工作指引等防控工作文件200余个，以指挥部名义发布启动一级响应、停止集市集会、商场暂停营业等通告20个，编印《疫情防控动态》120期，下发涉及人员管控、措施整改等交办单930份。先后派遣4批次11名医护人员支援湖北，圆满完成各项医疗救治任务。

全面凝聚工作合力　坚持全面动员、全民参与，建立联防联控、群防群治工作机制，全面凝聚工作合力。市委、市政府主要领导周密部署、靠前指挥，高频次、常态化调度推进工作、协调难点问题、深入一线指导；其他市委、市政府班子成员协同作战、密切配合，根据分工带头抓好相关防疫工作推进落实。一级响应阶段，市级机关44个部门，每天派出精干人员400余名，挂钩镇(区、街道)、城市社区，参与做好疫情防控知识宣传、居家隔离管控、经营场所防控、公共场所日常巡逻劝教等工作；全市800余名镇(区、街道)干部挂钩联系企业，指导复工、协调问题；2000余名公安、交通管理人员每天在社区、卡口坚守；3000余名医务工作者冲在一线、勇于奉献，努力完成各项医疗救治任务。

严格交通查验　疫情发生后，如皋市在南通各县(市、区)率先设卡查车查人，在火车站、高速道口等交通卡口对湖北省特别是武汉市入如皋人员全面筛查登记。此后根据疫情变化，对查控对象来源地及时调整，累计查控从中高风险地区到如皋重点车辆(含船舶)52万余辆(艘)，人员251万余人，移交处置7713人。

加强排查登记　借助技术手段，压实基层责任，通过镇村摸排、群众举报、大数据比对等方式，按照风险等级，排查、追踪、管理从疫情防控重点地区到如皋人员1.2余万人，其中从湖北到如皋3911人(从武汉到如皋571人)。加强苏康码管理，登记80.43万人，对326名申请转码人员信息进行追踪核查并给予转码。

紧盯重点人群　第一时间对确诊患者开展流行病学调查，摸清其行动轨迹，确定密切接触者，及时采取集中医学观察措施。累计对各类密切接触者、可疑暴露者及入境人员开展流行病学调查4940人次；对所有调查人员及其他重点人群开展集中医学观察，开展核酸及抗体检测14815人次。全市追踪密切接触者570人，其中在如皋管理544人，均按规定实施医学隔离观察。强化入境人员管理，累计调查和管理入境人员1111人，其中外籍人员79人。

规范集中观察 对中高风险地区、境外入如皋人员、密切接触者等重点人群进行集中隔离观察。全市通过整合医院资源和租赁宾馆、企业宿舍等措施，最多时设置集中医学观察点36个、房间1542间，全年累计实施集中医学观察4320人。截至年末，保留隔离点2个。

强化医疗救治 在各镇卫生院及一级民营医院设立预检分诊点55个，二级以上医院设立发热门诊10个，累计筛查发热病人5794人次，其中市人民医院发热门诊筛查1313人次。整合医疗力量，先后抽调37名二级以上医院医护人员进驻隔离病区。市人民医院累计收治49人次，其中，确诊病例7人、无症状感染者4人，出院第四周复查均无异常。

复工复学 抽调专业人员成立防控技术指导小组，指导企业复工、商场复市、学校复学。对全市医疗机构、进口冷链食品集中监管仓、1714家企业、160所学校和托幼机构、620个公共场所、43家养老机构、2家监管场所、63家冷链食品生产经营企业开展专题业务培训和指导。为学校配备兼职校医78人，验收校外培训机构383个。参与大型展会赛事、对口高考及中高考等活动新冠肺炎防控保障工作42次。制定出台《如皋市企业复工及疫情防控工作方案》等文件，开展企业防疫消毒专题培训，“点对点”集中接送员工，保障企业复工防疫物资，发放企业物资运输通行证3000余张。截至3月20日，全市整体产能恢复至上年正常生产水平90%。全市规模工业企业复工率百分之百，复工人数8.38万人，员工到岗率89.37%；3月20日当日全市工业用电量1064万千瓦时，占上年12月份日均工业用电量93.69%，占上年3月份日均工业用电量94.58%；停用变压器百分百恢复使用。

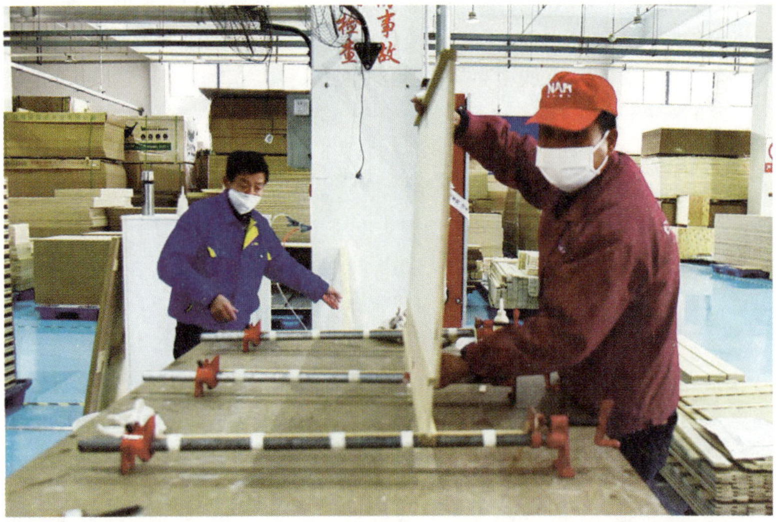

截至3月20日，全市规模工业企业复工率百分之百。图为南通尔昕木业有限公司员工一手抓疫情防控，一手抓复工复产，全力赶制欧美市场订单

（吴树建摄）

拓展检测服务 疫情初期，如皋市通过向第三方购买服务进行核酸检测。动员二级及以上医院和疾控机构改造PCR实验室（基因扩增实验室）。4月，市人民医院在全市率先建成核酸检测实验室。8月，市疾控中心、中医院核酸检测实验室建成。10月，市第三人民医院、第四人民医院核酸检测实验室建成。截至年末，建成PCR实验室9个，在建1个。对发热门诊患者、新住院患者及陪护人员、医疗机构工作人员等14类重点人群应检尽检，应检尽检核酸检测1.55万人次，结果均为阴性。全年累计核酸检测6万余人次。

提升应急能力 立足常态化防控，组建市级流行病调查、核酸检测、采样、环境消杀、心理健康服务等疫情防控处置队伍，对2000余名队员组织多轮技能培训。投入140万元，新增负压救护车2辆；追加基本公共卫生经费预算240万元，用于应急物资采购和储备管理。全市各医疗卫生机构组织开展疫情相关事件应急演练，提升应急处置能力。9月25日至26日，举办全市新冠疫情防控处置应急演练竞赛活动，有效提升基层单位采样、消毒等防控技能。

开展食品监测 以进口生鲜畜禽肉类、水产品为重点检查品种，对食品流通和储运环节组织开展食品安全排查和监测，严格落实索证索票和销售记录，确保食品来源可查、去向可追。制订冷冻食品检测工作方案，从8月中旬起每周对农贸市场等地物品、环境、人员进行核酸采样检测，实行常态化监测。截至年末，累计采集标本2446份，其中，人员新冠病毒核酸检测标本1519份、食品标本528份、环境标本399份，检测结果均为阴性。

严格开展督查 自启动防控应急响应措施后，如皋市同部署同推进工作督查与疫情防控。市级成立工作督查组，由市纪委牵头负责开展各项防控工作督查，对各条线针对重点地区到如皋人员排查管理、集中医学观察、人员转运、复工复产、重点场所防控措施落实、应急值守等各项工作开展多轮督查。7月，组织开展专项督查月活动，分三轮开展镇级自查、互查，市级督查。对督查中发现问题立即下发整改通知督促整改，促进各项防控工作有效落实。

11月，市卫健委被表彰为全省抗击新冠肺炎疫情工作先进集体，全市有7人被表彰为全省抗击新冠肺炎疫情工作先进个人。

（市新型冠状病毒肺炎疫情防控指挥部供稿）

打赢脱贫攻坚战

2020年，如皋市把推进扶贫开发工作作为决胜全面建成小康社会的重中之重，制定下发《关于调整市扶贫工作领导小组成员的通知》《如皋市扶贫工作领导小组工作规则》《如皋市扶贫工作领导小组办公室工作细则》，切实强化政治担当和责任担当。制定下发《如皋市人民政府扶贫工作办公室2020年度工作要点》，明确全面完成脱贫攻坚任务、巩固脱贫攻坚政策成效、发挥阳光系统监管功能、探索建立防贫长效机制、加强扶贫领域作风建设5大项22条具体扶贫工作要点，进一步强化政策措施、落实工作责任、完善兜底保障机制、巩固脱贫成效，探索建立防贫长效机制，确保高质量打赢脱贫攻坚战。截至年末，全市15250户在库建档立卡低收入户家庭人均纯收入均在7000元以上，32家省、南通市定经济薄弱村年集体经济收入均达50万元以上，解决相对贫困长效机制初步建立，如皋市实现脱贫攻坚“两不愁、三保障”[“两不愁”指不愁吃（含安全饮水）、不愁穿；“三保障”指义务教育、安全住房、基本医疗有保障]，年度脱贫率百分之百，脱贫巩固率百分之百。持续做好对陕西省洋县对口帮扶工作，助推洋县实现脱贫摘帽。

脱贫监测户和边缘户排查　制订印发《如皋市关于落实加强帮扶、防止返贫实施办法的工作方案》，全面监测原年人均纯收入高于7000元、低于7800元建档立卡已脱贫但不稳定户和建档立卡外易致贫边缘户，采取针对性帮扶措施，防止脱贫人口返贫、边缘人口致贫。深入开展入户调查，充分考虑支出型贫困及疫情影响，将符合条件对象及时纳入低保五保等兜底保障范围，其中，确认161户（387人）建档立卡户纳入脱贫监测户，94户（254人）非建档立卡户纳入边缘户，及时做好跟踪动态管理，确保脱贫监测户和边缘户不返贫。

“双联双助”　组织73家市级机关单位与105个村（社区）进行结对挂钩，其中16个重点部门结对32个省、南通市定经济薄弱村；选派104名副科级以上干部到结对村（社区）担任联助书记，22名优秀年轻干部到村任第一书记。持续推行“3+2+1”结对帮户模式（对新一轮建档立卡低收入农户，市四套班子领导每人至少结对3户，副科职以上领导干部每人至少结对帮扶2户，其他党员干部每人至少结对帮扶1户），安排市级机关单位帮扶干部3214人，结对帮扶建档立卡低收入农户3707户，其他建档立卡低收入农户由各镇（区、街道）、村（社区）结对帮扶，做到帮扶全覆盖。全市各帮扶单位和个人直接出资或协调资金（含实物折价）帮村帮户3150万元。

扶贫资源集聚　集中整合97个黄桥老区富民强村行动村的省级补助资金4148.2万元，购买国有物流园区仓储物流用房，收取租金290.37万元，将投资收益20%以上部分58.64万元，分配给1419户（3216人）脱贫难度较大建档立卡户、边缘户。加大优质资源向经济薄弱村倾斜力度，整合812万元黄桥革命老区省级补助剩余资金、150万元中央财政专项扶贫资金，投资给国有企业富皋万泰集团有限公司下属子公司如皋市小马桥油品有限公司，每年获取实际投资本金6%投资收益，进一步推进富民强村行动项目，重点用于发展村级经济和公益事业，其中20%以上用于帮扶脱贫难度较大的建档立卡户。

阳光扶贫　加强与行业部门数据比对和信息互联共享，实施阳光扶贫，严把关口、严格程序，做到应进则进、应退尽退。编制下发《如皋市扶贫对象动态管理工作材料汇编》，召开相关培训会议，组织进村入户对所有建档立卡低收入户的基础信息及收入信息进行数据采集，对16户（41人）脱贫户及时摘帽，对新生儿、婚入、户口迁入等对象增员72人，对死亡、婚出、分散五保转集中供养等对象减员912人。核实完善“阳光扶贫”监管系统历年建档立卡低收入户基础信息，确保扶贫数据准确性。制定印发《关于做好“阳光扶贫+”监管系统涉农资金自查自纠工作的通知》，督促各涉农资金有关部门对照资金管理要求，结合省、南通市“阳光扶贫+”监管平台专项督查组和南通市脱贫攻坚专项巡察组反馈问题，组织人员深入开展自查自纠，促使问题即时暴露即时解决，进一步提升涉农资金管理水平，确保涉农资金实际使用、系统录入准确

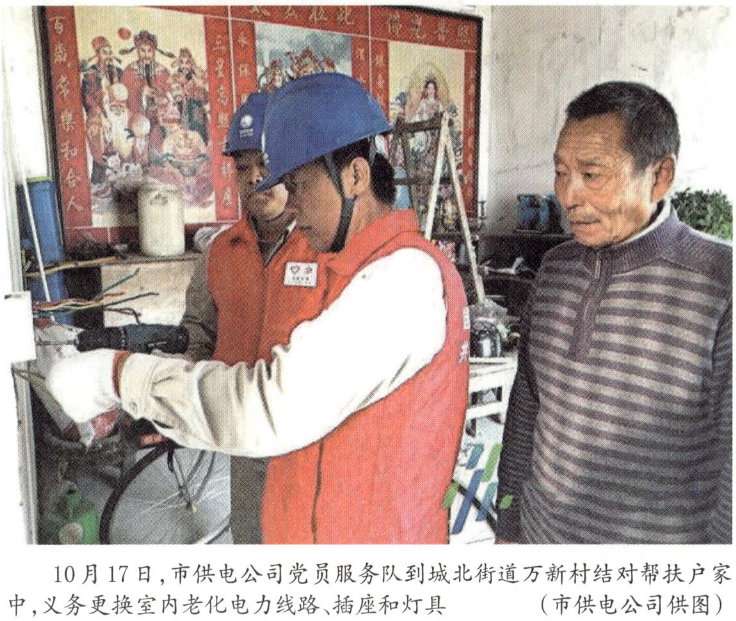

10月17日，市供电公司党员服务队到城北街道万新村结对帮扶户家中，义务更换室内老化电力线路、插座和灯具　　（市供电公司供图）

年内,如皋市累计完成农村困难群众危房改造228户。图为农村危房经改造后焕然一新（市住房城乡建设局供图）

无误。

危房改造　7月,下发《关于全面排查起底全市建档立卡户住房安全保障情况的通知》,组织对全市建档立卡户住房保障情况逐户调查摸底,全面起底全市建档立卡户住房保障不到位情况。最终确认危房232户,其中,228户危房完成改造,4户因特殊原因未能动工改造。

政策扶贫　制定印发《关于做好我市建档立卡低收入户技能培训工作的通知》,对建档立卡低收入户深入实施免费专项技能培训并推荐就业岗位,将有劳动能力和就业愿望的监测对象纳入培训对象。实施医保免缴扶贫政策,为建档立卡户落实通信优惠政策。开展消费扶贫工作,建设消费扶贫专区、专馆、专柜。为建档立卡大学生出具建档立卡身份证明41份。下发《2020年如皋市社会救助兜底脱贫行动实施方案》,做好社会救助兜底保障,确保全面实现脱贫。

保险扶贫　进一步完善2019年建档立卡低收入人口重大疾病、意外伤害等补充商业保险理赔工作,制定2019年商业保险二次补助方案;对建档立卡户住院总费用在享受各项医疗补助后,个人医疗负担合计超过8000元人员进行二次补助,对因肾性贫血、肾透析、精神病、癫痫、痴呆、帕金森病、血友病7个病种有住院记录者,予以定额补助1500元。全年理赔1659人次、326.05万元。为31564人购买2020年重大疾病、意外伤害等补充商业保险,缴纳费用378.77万元,理赔1255人次、68.32万元。

小额贷款扶贫　全年发放扶贫小额信贷23户、79.2万元,收回贷款26户、88.55万元。做好全市历年扶贫小额信贷贴息结余及预拨资金清理工作。将2016年、2017年省奖励资金26.66万元,2018年结余资金32.86万元,2019年预拨资金10万元,2020年预拨资金21万元,共90.52万元,拨至如皋农商行省级贷款风险金账户,作为省级扶贫小额贷款风险金追加。

老区扶贫开发　市老区建设促进会(市扶贫开发协会)争取省老区开发促进会、省扶贫基金会、省扶贫开发协会扶贫开发项目4个,获无息借款80万元,比上年增加20万元。4个项目年产值7475万元,年利润394万元;吸收低收入农户就业50人,就业人员年人均工资收入2.28万元;带动159个农户发展生产,年人均增加收入2840元;按合同约定资助在校高中生17人,助学金总额3.4万元,比上年增加1万元。承担南通市老区开发促进会、扶贫基金会、扶贫开发协会扶贫项目26个,获贴息117万元,比上年增加16万元。新增光伏和文化旅游项目无偿投入43万元,比上年增加38万元;项目当年总投资8437万元,比上年增加903万元;项目单位总产值17409万元,比上年增加7154万元;带动农户1740户、6509人,户均年增收7574元,年人均增收1867元;扶持贫困户490户、1204人,年人均增收2668元,高于一般带动户801元;安置贫困户就业266人,人均年工资2.8万元,人均年收入约增加6000元。全年扶助贫困学生205人次,资助总额51.65万元;救助因病致贫返贫户120户,救助资金34.63万元。新增单位设立冠名扶贫基金10个,签约总额410万元,年内到账365万元。

兜底保障　制定下发《关于做好2020年精准脱贫补助资金申报工作的通知》《关于拨付2020年精准脱贫补助资金的通知》,对87户脱贫有困难、易返贫建档立卡低收入户及易致贫边缘户名单严格审核,及时进行专项补助26.79万元。

脱贫攻坚"回炉"排查问题整改　制定印发《关于切实开展我市脱贫攻坚"回炉"排查整改、确保高质量打赢脱贫攻坚战的通知》,深入梳理排查建档立卡户存在问题227个,其中,涉危房89户、未安装自来水63户、建议纳入低保五保兜底保障48户。截至年末,89户危房完成改造;63户未安装自来水户全部安装到位;26户纳入低保五保兜底保障,其余由帮扶单位及帮扶责任人采取各项措施进行帮扶。制定《"南通阳光扶贫"入户走访情况核实表》,73家帮扶单位走访105个结对村(社区),对发现问题全部整改到位。

相对贫困长效解决机制完善　持续推进健康援助、教育资助、住房安全、产业引领、就业创业、兜底保障等10项扶贫专项行动,将年初市财政预算的100万元扶贫资金,进一步向少数不符合民政救助条件但又无法依靠产业就业帮扶脱贫的监测对象倾斜。把针对脱贫攻坚到村到户扶持政策，转型为支持乡村振兴的广覆盖普惠性政策。制订《如皋市关于落实加强帮扶防止返贫实施办法的工作方案》，对已脱贫但不稳定建档立卡户和建档立卡外易致贫边缘户，针对性采取帮扶措施，确保不返贫。

对口帮扶　如皋市持续做好对陕西省洋县对口帮扶工作，上缴省财政对口帮扶资金2230万元。开展产业支援，实施苏陕项目31个，拨付苏陕协作资金5941万元；如皋企业新签约、注册并落户洋县项目4个；与洋县共建如皋产业园，建成标准化厂房3.2万平方米，年内入驻企业3家、协议入驻企业7家。开展人才支援，选派赴洋县挂职干部2人、专业技术人才19人，其中，支教6人，支医7人，支农6人。开展劳务协作，会同洋县组织苏陕协作就业"以工代训"207人，其中39名贫困人口实现就业；推动洋县向南通地区输送农村外出务工人员387人，累计向江苏省输送农村外出务工人员584人，其中贫困劳动力291人；帮助贫困人口就地就近就业88人；如皋苏中江人力资源服务有限公司与洋县职教中心合办服装专业班招收首批学生23人、护理专业招生50人。开展决胜全面小康协作，助推洋县创办经营主体26个，带动贫困人口330人；有序开展镇村企结对帮扶，如皋市6个镇（街道）、18个村（社区）、18家企业完成对洋县结对帮扶工作。如皋市全年捐赠洋县财政性帮扶资金160万元、社会帮扶资金72.26万元、物资价值98万元。2020年，洋县实现脱贫摘帽。

（吴婷婷　吴燕芳　王海飞）

高水平全面建成小康社会

如皋市深入践行新发展理念，积极抢抓长三角一体化发展机遇，聚焦聚力做实产业、做优城市、做好民生，奋力推动高质量建设长江以北最强县市，"强富美高"新如皋建设迈出坚实步伐，高水平全面建成小康社会取得决定性胜利。

经济发展稳中有进　2020年，如皋市实现地区生产总值1305.2亿元，比上年增长5.3%，经济总量跃居全国长江以北县市第一；人均地区生产总值（2010年不变价）10.49万元。三次产业结构优化调整为5.9∶47.8∶46.3，实现全部工业应税销售1702.63亿元，服务业应税销售1826亿元，建筑业总产值1335亿元。"3232"现代产业体系（指智能装备制造、汽车及零部件、高端新材料三大高辨识度的主导产业集群，新一代信息技术和生命健康两大高成长性的新兴产业集群，商贸物流、信息服务、文化旅游三大现代服务业产业，建筑业和农业两大传统优势产业）逐步形成，转型步伐不断加快。截至2020年年末，全市有上市公司7家、新三板挂牌企业11家，高新技术企业270家，全国专精特新"小巨人"企业6家、总量全省县（市）第一。

民生福祉持续改善　截至2020年年末，居民人均可支配收入（2010年不变价）37646元，城乡居民收入比逐年缩小至2.08，城乡一体化进程不断加快。恩格尔系数29.2%，更高层次消费比重不断提升。高考成绩全省领先，获全国义务教育发展基本均衡县（市、区）等省级以上教育系统综合表彰9项，省教育现代化监测综合得分连续五年领跑南通。全面推进公立医院改革、紧密型医共体建设，全市每千人口执业（助理）医师数2.69人，每1000名老年人养老床位数42.2张，基本医疗卫生服务体系持续完善。城市每万人拥有公共交通车辆11.5标台，建制村通客车全覆盖。保障体系不断健全，基本养老保险覆盖率、基本城乡医保参保率分别为98.2%和百分之百，人民群众幸福感、获得感持续增强。

三大攻坚成效初显　截至2020年年末，全市建档立卡低收入户全部脱贫，32个经济薄弱村全部达标脱贫，探索建立扶助资金入股建设强村加油站扶贫模式在南通市推广。创新实施"晚霞行动"，推动近10万名"5060"超龄人群再就业，城镇登记失业率控制在2%以内，入围进城务工人员返乡创业国家级试点城市。严格落实河长制和断面长制，加大污水管网等基础设施建设力度，持续推进黑臭水体、农业面源污染整治，地表水百分百达到或好于Ⅲ类水体标准，水环境质量居全省第六、南通市第一。镇级大气自动监测站全面建成，PM2.5平均浓度34.8微克/立方米，优良天数比例84.4%，达到国家空气环境质量二级标准。持续深化国有企业改革，整合组建富皋万泰、城市发展、交通产业三大国有公司，三大国有公司全部获得AA+主体信用评级。有力防范化解区域性金融

7月，如城街道长港村老许梨园喜获丰收场景

（图片来源于微信公众号"如皋发布"）

风险,政府债务规模、债务率实现“双下降”。

民主法治日益完善　创新开展“两代表一委员”(指党代表、人大代表和政协委员)常态化密切联系群众活动,建成运行市域治理现代化指挥中心,大力践行“大数据+网格化+铁脚板”治理机制,深入推进法治如皋建设,多元社会治理格局进一步完善,非诉纠纷解决“如皋模式”在全省推广。截至2020年年末,全市每万人拥有社会组织数22.4个,基层民主参选率97.2%,人民陪审员参审率94.3%,人民民主需求和参政议政权利保障更加充分。每万人拥有律师数2.97人,市镇村法律顾问聘用实现全覆盖,法律援助服务标准化工作先后被列为省级、国家级试点。

美丽如皋加快建设　能源利用效率持续提高,2020年单位地区生产总值能耗较“十二五”期末下降26.7%。率先在全省组建生态环境保护执法司法联动中心,全面推进长江大保护,全面完成长江退捕安置、岸线清理整治任务。深入推进农村人居环境整治,农村无害化卫生户厕普及率99.5%,生活垃圾集中收运率百分之百,生活污水处理设施行政村覆盖率95%,省级以上环境信访量下降90%。一般工业固体废物综合利用率超过73%,城市生活垃圾无害化处理率95%以上,森林覆盖率20.12%,城市建成区绿地率39.54%。有序推进内外城河综合提升、龙游河三期、老旧小区改造等工作,如皋市获中国人居环境奖,获评国家园林城市、国家节水型城市等称号。

文明程度持续提高　多举措促进社会主义核心价值观深入人心,市民思想道德、科学文化、身心健康素质明显提高,成功创成苏中苏北首个县级全国文明城市,并于2020年11月以优异成绩成功蝉联,复核得分在前五届所有全国县级全国文明城市中列第11名。加快发展文化旅游事业,公共文化服务阵地网络实现全覆盖,市融媒体中心成为中宣部重点支持的首批县级融媒体中心之一,高分通过省委宣传部云验收。践行农村移风易俗,乡风更加文明。成功举办亚洲老将田径锦标赛、如皋马拉松赛、中甲联赛等重大赛事,获评全国群众体育先进单位。创成南通市唯一省级全域旅游示范区。2020年,全市文化及相关产业增加值占地区生产总值比重5.18%,城乡居民文化娱乐服务支出占家庭消费支出比重5.6%,人均公共文化财政支出329元,广播电视实现综合人口全覆盖。

(市委办供稿)

“十三五”如皋经济社会发展回眸

“十三五”时期,是如皋综合实力持续提升、动能转换持续加快、生态环境持续好转、城市面貌持续焕新、人民生活持续改善的重要五年。面对严峻复杂的宏观形势和突如其来的新冠肺炎疫情冲击,全市上下认真践行新发展理念、坚持稳中求进总基调,积极抢抓长三角一体化发展机遇,扎实推进“三做一建”(指做实产业、做优城市、做好民生,建强队伍)、全面打造“一城两区三基地”[“一城”,即长三角更富魅力的宜居宜业历史文化名城;“两区”,即以省级如皋高新区为主体,打造引领创新型发展的核心区,突出长江镇(如皋港工业园区)的区位优势,打造如皋市融入一体化发展的前沿区;“三基地”,即长三角最具资源和成本优势的中高端产业基地、长三角生态休闲旅游基地、长三角优质农产品供应基地]、奋力打赢“三大攻坚战”(指防范化解重大风险、精准脱贫、污染防治),科学统筹“六个高质量”(经济发展高质量、改革开放高质量、城乡建设高质量、文化建设高质量、生态环境高质量、人民生活高质量),“十三五”规划确定的主要目标任务基本实现,高水平小康社会全面建成,“强富美高”新如皋建设迈出坚实步伐,为开启全面建设社会主义现代化新征程奠定基础。

经济总量和结构实现双提升　聚焦稳增长、促发展、强产业、优结构,经济总量成功进入“千亿元俱乐部”。“十三五”期间,地区生产总值年均增长9.7%,人均地区生产总值年均增长9.9%,财政收入总量年均增长5.6%,金融机构存款余额年均增长11.0%、贷款余额年均增长16.4%。三次产业结构由7.3:51.4:41.3调整为5.9:47.8:46.3。战略性新兴产业、高新技术产业产值占规上工业比重分别为32.3%和40%。培育国家级专精特新“小巨人”企业6家,南通星球石墨股份有限公司、江苏力星通用钢球股份有限公司获批国家制造业单项冠军。保持中国建筑之乡、全省建筑强市等称号。软件外包产业园位列省级集聚区评价前20强,花木大世界成功创成省级生产性服务业集聚示范区。文化创意产业园创成省级文化产业示范园区,东大街创成省级夜间文旅消费集聚区。盆景大观创成国家AAAA级旅游景区,华夏胶片电影文化中心创成国家AAA级旅游景区。现代农业发展水平95%,创成国家农业绿色发展先行区和农村产业融合发展示范市。

科创能级持续增强　2020年,全社会研发经费支出占地区生产总值比重2.6%,每万人发明专利拥有量25件,较“十二五”末增加11件。“十三五”期间,分别建成国家级和省级科技企业孵化器2家和3家,先后跻身全国科普示范县、全国科技创新百强县、国家可持续发展实验区、国家知识产权强县工程示范县行列。新增上市公司4家、新三板挂牌企业8家。积极实施创新驱动发展战略,拥有高新技术企业270家,新培育科技型中小企业470家,规模以上(简称“规上”)高新技术企业和研发机构覆盖率92%,新增省级示范智能车间10家、南通市级12家。大力实施“雉水英才”计划,引进和培养国家级高端

2020年10月，如皋港苏中国际集装箱码头实现集装箱吞吐量50410标准箱，创下单月集装箱吞吐量历史新高　　（如皋港集团供图）

人才20人，其中自主培养国家级人才4人；引进省“双创团队”1个、省“双创人才”27人，人才综合竞争力提升至全省县市前十强。

重点领域改革扎实推进　积极推进全面深化改革，行政体制、国企国资、土地利用等改革取得阶段性成效。“放管服”改革工作获省政府办公厅通报表彰，政务服务标准化建设获批省标准化试点，创成国家基层标准化改革创新先行区，主导制定国际标准2个、国家标准11个，营商环境评价连续多年位居全省前列。深化国有企业转型改革，形成市区两级整合的“2+1+1”[“2”指富皋万泰（工业园区）、城发集团（高新区）；“1”指交通集团（市本级）+长江镇国有企业；“1”指如皋开发区国有企业]国有企业管理模式。全部完成省级以上开发区“区街分设”工作，全面启动五大园区共建，盘活提升低效用地411.9公顷。入选全国农村土地承包经营权抵押贷款试点市，获评省国土资源节约集约利用模范县（市），土地节约集约利用工作成效获国务院表扬。

对外开放层次不断提升　累计实现进出口总额172.3亿美元，年均增长5%；累计到账外资17.5亿美元，其中战略性新兴产业实际利用外资占比89.43%；完成企业境外投资总额7亿美元。省级高新技术产业开发区正式获批，如皋港物流园获评全国优秀物流园，跨境电商产业园正式运营。新开通国际国内航线2条，如皋港港口吞吐量年均增长20.51%，集装箱吞吐量年均增长77.77%。长源码头通过省级验收。项目建设取得重大突破，累计落户项目258个，总投资额900.8亿元，正威5G新材料、广大特材、金鹰产业园、日达精密等超百亿级项目成功落户。

民生福祉有效增进　财政支出中民生投入占比保持78%以上。累计实施民生实事项目66件。城乡居民人均可支配收入年均分别增长7.8%、8.7%，常住人口城镇化率从55.3%提高到62.2%，城乡居民家庭人均住房面积达标率83.6%，超小康值23.6个百分点。脱贫攻坚全面胜利，建档立卡低收入人口实现全部脱贫，32个经济薄弱村集体经济收入均超50万元，实现全部达标。创新推出“晚霞行动”，城镇登记失业率降至1.74%。社会保障体系更加完善，城乡居民医保、职工“五险”实现动态全覆盖，城乡居民基础养老金、城乡低保等标准持续提高，率先在全省县（市、区）中实施职工照护保险并实现全覆盖。全面落实残疾人“两项补贴”、重点优抚对象抚恤优待政策和退役士兵安置政策。

公共服务日益完善　基本公共服务标准化、均等化水平稳步提升。教育优质均衡发展，2020年普通高考本一上线率76.3%，核心指标均列南通市第一，获全国义务教育发展基本均衡县（市、区）等省级以上综合表彰9项。基本医疗卫生服务体系持续完善，居民健康水平稳步提升，每千人口执业医师数增至2.65人。高分通过国家卫生城市复审，紧密型医共体、镇村卫生一体化工作取得突破，国家卫生镇、镇级公立卫生院实现全覆盖，新冠肺炎疫情防控取得阶段性成果。获批省级居家和社区养老创新示范市。公共文化服务网络实现全覆盖，创成省书香城市建设示范市，市图书馆被命名为全国科普教育基地，市文化馆获评国家一级馆，市博物馆获评国家三级馆。建成全国首家县级地质资料馆、省AAAAA级数字档案馆。成功举办亚洲老将田径锦标赛、如皋马拉松赛、中甲联赛等重大赛事，获评全国群众体育先进单位。文化旅游事业加快发展，创成南通市唯一省级全域旅游示范区。

城市功能日趋完善　累计完成城市建设投入50亿元。城市空间不断拓展，完成城市总规、新城功能提升等规划修编，新城建设框架全面拉开。功能配套不断提升，突出用水点亮城市，改造提升龙游河、内外城河、宝塔河、茅雉河等城市河道15千米，新增绿地453公顷。获评中国人居环境奖，跻身海绵城市省级试点，省级生态园林城市创建工作进展顺利。综合交通不断完善。“1个深水良港、2条过江通道、3座高铁站点、4条高速公路”综合交通新格局加速形成。江海河铁联运枢纽加快建设，沪苏通长江大桥、沪苏通铁路正式通车，张皋过江通道完成开工前准备，高铁南站综合客运枢纽投入使用，盐通高铁开通运营，北沿江高铁如皋西站成功设立。通皋大道一期建成通车，市域形成“八横八纵”骨干路网，行政村通双车道四级公路实现全覆盖，获评省级“四好农村路”（把农村公路建设好、管好、护好、运营好)示范县市。

乡村振兴战略持续推进　城乡发展一体化成效明显，镇村建设协同推进，全市城镇化率从55.3%提升至62.2%，城乡面貌明显改善。创成国家农村产业融合发展试点示范市、国家农业科技园区核心区、省农业电子商务示范县。长江镇入选全国综合实力千强镇，白蒲镇获批全国建制镇示范试点。农村“七位一体”(集河道整治、农路渠桥涵管护、绿化管护、垃圾收集处理、农村违建管理、畜禽粪污治理、秸秆禁烧禁抛七个方面为一体的农村环境管护机制)管护机制高效运转，国家生态镇实现全覆盖，新增省级生态文明建设示范镇2个，获批省特色田园乡村试点5个。

生态建设步伐加快　长江大保护纵深推进，率先在全省组建生态环境保护执法司法联动中心，全面完成长江退捕安置、岸线清理整治。关闭化工生产企业127家，拆除规模养殖场612个，整治黑臭河道455条，新建污水管网285千米，污水集中处理率96.8%。中央、省环保督察交办事项整改率百分之百，获评中国绿色发展优秀城市、国家节水型城市。污染防治攻坚力度空前，完成化工企业关闭退出任务，单位地区生产总值能耗较“十二五”期末下降26.7%。全面落实河长制、断面长制、点位长制，市考以上断面优III比例百分之百。镇级大气自动监测站全面建成，优良天数比例上升17.8%，PM2.5平均浓度下降59.7%，创历史最高水平，达到国家空气环境质量二级标准。有序推进危险废物专项整治，土壤环境质量总体稳定，主城区生活垃圾分类设施覆盖率百分之百。群众对生态环境满意度大幅提升，省级以上环境信访量下降90%。

文明城市建设扎实推进　创成并高分蝉联全国文明城市，新时代文明实践中心(所、站、点)建设跻身全国试点。获评中国百强公益慈善城市，省级双拥模范城创建实现“四连冠”。全国首家以理论名师命名的理论武装工作室姚呈明理论武装工作室获评全国基层理论宣讲先进集体。市融媒体中心成为中宣部重点支持的首批县级融媒体中心之一，并高分通过省委宣传部云验收。“如皋发布”微博获评全国十大基层政务微博。新增全国文明单位2个、全国文明村镇2个、全国文明家庭1个，8人当选中国好人，“微笑之城，大爱如皋”品牌深入人心。

社会治理现代化加快推进　连续12年获评省平安县(市)、8年蝉联省法治建设示范县(市)称号。创新“三活四清五必报”(“三活”即社区工作人员对责任网格的工作对象和工作资源准确掌握，成为本网格“活户籍、活档案、活地图”；“四清”即每名社区居委会成员都要对所负责区域的情况掌握清楚，做到家庭情况清、人员类别清、区域设施清、隐患矛盾清；“五必报”即居民小组长要做到发现安全隐患及不稳定因素必报、新增孕妇必报、外来人员流入必报、居民房屋出租必报、公共设施损坏必报)网格化基层社会治理模式，“大数据+网格化+铁脚板”基层社会治理机制成效初显。市域治理现代化指挥中心建成运行，初步构建市镇村三级联动指挥体系，“扫黑除恶”等专项斗争扎实开展，公众安全感98.7%。安全生产形势总体稳定，安监、消防联合执法常态化。非诉服务中心成立运行，涉企矛盾纠纷人民调解委员会获全国模范称号，信访和矛盾纠纷总量稳步下降，万人诉讼率低于南通市平均水平。

(市发展改革委供稿)

如皋市“十三五”经济社会发展指标完成情况表

表1

类别	序号	指标名称		“十三五”目标值	2020年完成值	指标属性
经济强	1	地区生产总值(亿元)		1300.00	1305.22	预期性
	2	城镇化率	户籍人口城镇化率(%)	60.00	66.00	预期性
			常住人口城镇化率(%)	62.50	62.20	预期性
	3	研发经费支出占地区生产总值比重(%)		2.75	2.60	预期性
	4	科技进步贡献率(%)		65.00	65.00	预期性
	5	每万人发明专利拥有量(件)		14.00	25.00	预期性
	6	服务业增加值占地区生产总值比重(%)		45.50	45.50	预期性
	7	高新技术产业产值占规模以上工业产值比重(%)		40.00	39.60	预期性
	8	现代农业发展水平(%)		95.00	95.00	预期性
	9	城、乡宽带接入能力(M)		1000.00	1000.00	约束性

续表1

类别	序号	指标名称		"十三五"目标值	2020年完成值	指标属性
经济强	10	一般公共预算收入(亿元)		72.00	72.01	预期性
	11	全部工业应税销售(亿元)		1350.00	1702.63	预期性
	12	服务业应税销售(亿元)		780.00	1826.00	预期性
	13	社会消费品零售总额(亿元)		450.00	455.83	预期性
	14	港口货物吞吐量(亿吨)		0.60	0.83	预期性
	15	累计实际到账外资(亿美元)		17.50	17.50	预期性
	16	累计进出口总额(亿美元)		160.00	172.30	预期性
	17	累计服务外包执行额(亿元)		137.00	288.28	预期性
	18	企业境外投资总额(亿美元)		7.00	7.00	预期性
百姓富	19	城乡居民收入(元)	城镇居民人均可支配收入(元)	49300.00	49118.00	预期性
			农村居民人均可支配收入(元)	23300.00	23599.00	预期性
	20	新增劳动人口平均受教育年限(年)		16.00	16.00	约束性
	21	高等教育毛入学率(%)		75.00	78.10	约束性
	22	城镇就业	城镇调查失业率(%)	4.50	完成	预期性
			五年新增城镇就业(万人)	2.50	4.30	预期性
	23	城乡基本社会保险覆盖率(%)		99.80	99.80	约束性
	24	市区城镇常住人口保障性住房覆盖率(%)		23.00	23.00	约束性
	25	每千人口执业医师数(人)		2.50	2.73	约束性
	26	每千名老年人口养老床位数(张)		40.00	42.20	约束性
环境美	27	耕地保有量(公顷)		完成任务	79840.00	约束性
	28	非化石能源占一次能源消费比重(%)		完成任务	完成	约束性
	29	单位地区生产总值能耗降低(%)		完成任务	完成	约束性
	30	单位地区生产总值二氧化碳排放降低(%)		完成任务	完成	约束性
	31	主要污染物排放减少(%)	化学需氧量	完成任务	完成任务	约束性
			二氧化硫			约束性
			氨氮			约束性
			氮氧化合物			约束性
	32	空气质量达到二级标准的天数比例(%)		72.00	84.30	约束性
	33	地表水国控断面优于III类水质的比例(%)		70.00	100.00	约束性
	34	林木覆盖率(%)		25.20	25.20	约束性
	35	单位工业增加值用水量降低(%)		完成任务	21.00	约束性
	36	生态保护红线区域占国土面积比重(%)		22.30	15.58	约束性
社会文明程度高	37	法治建设满意度(%)		90.00以上	90.50	预期性
	38	公众安全感(%)		96.00	98.70	预期性
	39	每万人拥有社会组织数(个)		15.00	15.00	预期性
	40	城乡居民依法自治	居委会依法自治达标率(%)	100.00	100.00	预期性
			村委会依法自治达标率(%)	100.00	100.00	预期性
	41	社会文明程度测评指数		90.00	完成	预期性

如皋市创成江苏省全域旅游示范区

2017年，如皋市正式启动全域旅游示范区创建工作。以改革创新为主线，突出地方特色和生态发展，通过党政统筹推进、资源有机整合、产业深度融合，持续推动城乡一体融合发展，打造“城乡融合发展全域旅游”如皋样本，全域旅游新格局逐步呈现。

健全政策体系，强化要素保障　注重规划拉动，从战略高度定位旅游业发展，编制全域旅游规划。加大政策和资金支持力度，旅游激励资金从每年100万元增加到800万元，财政直接投入连续两年超过1.4亿元。

完善配套设施，提升公共服务　打通旅游经脉，内外部交通网络更加顺畅，城乡公交实现景区景点无缝对接。完善服务配套，新建改建旅游厕所150余座，新建改建停车场54处、游客咨询服务点46处，建成慢行绿道50千米。提升服务设施，在全省率先成立旅游纠纷调解中心，投入1500万元打造全域旅游智慧管理和服务系统，建成高规格全域旅游展示大厅。

健全供给体系，丰富旅游业态　整合资源，提档升级，以水绘园为核心，推进东大街古城区改造提升；整合长青沙岛旅游资源，打造长江国际生态康旅岛；加快花木大世界、龙游湖景区建设，争创国家级旅游景区。如城街道顾庄社区入选省乡村振兴旅游富民先进村，城北街道平园池村获评中国最美休闲乡村。融合发展“旅游+”，加快顾庄博物馆群建设，打造总投资150亿元的正威盆景艺术文化园；整合长寿美食、长寿文化等资源，打造长寿之旅精品线路；依托支云足球、长寿马拉松等精品赛事，大力发展体育旅游产业；建设长江青少年素质教育培训基地，打造研学旅游项目。抓住特色，丰富业态，充分利用绿色生态，打造特色民宿，丰富住宿业态；挖掘传统风味，打造长寿特色美食街区，丰富餐饮业态；打造文创体验中心及沉浸式体验场所。

加强市场监管，改善市场环境　规范市场管理，建立综合执法机构，严厉惩治“黑导”“黑社”“黑店”“黑车”“不合理低价游”，及时公布旅游企业信息，接受社会监督。增强安全意识，定期开展“大排查大整治”专项活动，督促企业整改安全隐患，加强涉旅企业消防演练，增强安全防范意识。组织旅游企业从业人员全面轮训，举办全域旅游创建专题培训班，提升相关人员业务水平。

强化统筹推进，加大惠民力度　融合推进历史文化名城创建，加大历史文化名镇、名村、中国传统村落保护力度，推进省文物安全示范区建设。融合推进“七位一体”环境整治，大力整治污水垃圾，全面整治、全域美化。融合推进文明城市创建，组织文明旅游志愿服务进社区、进基层，扩大创建知晓度和参与度，全面提升群众素质，营造创建氛围。

10月25日，市第九届旅游文化节开幕。图为非遗产品、旅游商品展会引得市民和游客纷纷驻足　（乔青摄）

创新营销方式，扩大品牌影响　充分利用微博、微信公众号、抖音等新媒体，作为宣传政策、推介旅游主阵地，在《新华日报》《南通日报》等主流媒体开辟专版，积极宣传如皋；全力参与全国媒体江苏行、全国晚报无人机飞拍等大型活动，产生较大影响。将旅游营销融入招商活动，拓宽推介渠道；探索构建市级主题节庆为主、14个镇（区、街道）综合节庆为支撑的旅游节庆宣传新格局。

2020年6月29日，在江苏省全域旅游示范区创建工作会议上，省文化和旅游局公布17家省级全域旅游示范区名单，如皋市名列其中，南通市唯一。

（市文体广电和旅游局供稿）

1 月

4日 中国共产党如皋市第十二届委员会第十次全体(扩大)会议在市行政中心礼堂召开。市委书记张建华代表市委常委会向大会作题为《抢抓一体化机遇,坚持高质量发展,奋力开创"强富美高"新如皋建设新局面》工作报告。

10—13日 中国人民政治协商会议如皋市第十四届委员会第四次会议在市行政中心礼堂召开。会议听取政协如皋市第十四届委员会常务委员会工作报告、市政协十四届三次会议以来提案工作情况报告、政协如皋市第十四届委员会第四次会议提案审查情况通报,选举政协如皋市第十四届委员会常务委员会委员3名,通过《中国人民政治协商会议如皋市第十四届委员会第四次会议决议》。

11—13日 如皋市第十七届人民代表大会第四次会议在市行政中心礼堂召开,听取市长何益军代表市人民政府向大会作工作报告,听取如皋市2019年国民经济、社会发展计划执行情况和2020年国民经济、社会发展计划(草案)等报告,通过《关于如皋市人民政府工作报告的决议》《关于如皋市人大常委会工作报告的决议》《关于支持长江镇跨过长江去、加快建设融入长三角一体化发展前沿区的决议》等决议。

13日 国务院江苏安全生产专项整治督导组第二工作组一行调研如皋港化工新材料产业园区安全生产专项整治情况,听取如皋市深入推进如皋港化工新材料产业园区安全环保整治提升工作开展情况和下一步举措情况汇报,实地考察南通百川新材料有限公司,观看企业安全生产信息化管理平台现场演示。

△ 枫盛汽车(江苏)有限公司首款车"枫叶30X"在如皋生产基地举行下线仪式。

16日 司法部下发《关于表彰全国法律援助和全国公共法律服务先进集体和先进个人的决定》,如皋市公共法律援助服务中心被表彰为全国公共法律服务先进集体。

20日 第三批全国粮食行业技能拔尖人才和工作室项目名单公布,全国共20家,其中江苏省2家,如皋市粮食和物资储备局员工夏培培及其工作室名列其中。

26日 如皋市召开全市疫情防控工作会议,完善防疫工作体制机制,进一步明确各市级部门分管职责。会议要求做实做细排查梳理工作,开拓医疗器械采购渠道,统一调度、科学使用医疗资源,提高居家隔离水平,营造浓厚防疫氛围。

28日 上午,省卫生健康委发布如皋市首例新冠肺炎确诊病例。患者为男性,58岁,户籍为湖北省武汉市,时居长江镇春江花苑小区。

2 月

4日 市政府发布《如皋市人民政府关于实施全民参与疫情防控十二项措施的通告》,明确禁止聚集、减少外出、佩戴口罩、外地返回报告、居家隔离观察、非生活必需公共场所关闭及小区、企业、单位封闭式管理等12项疫情防控措施。

6日 梦百合家居科技股份有限公司驰援湖北武汉的1000张床垫装车起程,由如皋市邮政分公司承运,前往武汉市江汉区。自1月26日起至当日,梦百合家居科技股份有限公司先后6次驰援湖北,累计捐赠0压床垫4790套、0压枕头140个,价值约1200万元,陆续运往武汉火神山医院、黄冈版"小汤山医院"——大别山区域医疗中心、黄冈罗田县人民医院、襄阳市中心医院。

7日 如皋市制定下发企业复工及疫情防控工作方案,要求企业满足防疫机制建立到位、员工排查到位、防控物资到位、内部管理到位、宣传教育到位要求后，方可复工。

10日 全市企业按《如皋市企业复工及疫情防控工作方案》要求，开始有序复工。

12日 如皋市首例确诊新型冠状病毒肺炎患者从南通市第三人民医院治愈出院。

21日 通皋大道下原施工节点段正式复工，成为全市首个复工的交通重点工程。

23日 如皋市举行重大项目集中开工暨江苏万达特种轴承有限公司轴承生产项目开工仪式。全市首批20个重大项目集中开工，总投资108亿元，涵盖智能装备制造、新能源汽车及汽车零部件、新一代信息技术、光电及第三代半导体、现代物流等领域，其中轴承生产项目等单体投资10亿元及以上项目8个。

△ 全市城建重大项目集中开(复)工暨张八里花苑安置房建设工程奠基仪式举行。此次集中开(复)工的城建重大项目包含张八里花苑安置房建设工程、通皋大道建设工程、中医院内科病房综合楼工程和区域供水三期工程等6个项目。

24日 如皋市召开全市中小学、幼儿园开学复学疫情防控工作视频会议，部署开学复学疫情防控工作。

3　月

11日 省委副书记任振鹤一行到如皋，考察如皋市花木产业发展及相关就业创业情况，实地参观花木大世界(如皋)国际园艺城。

△ 市委理论学习中心组召开专题学习研讨会，围绕“学习苏州‘三大法宝’(以‘团结拼搏、负重奋进、自加压力、敢于争先’为核心的‘张家港精神’，以‘敢想、敢当、敢为’‘不等、不靠、不要’‘敢于争第一、勇于创唯一’为标志的‘昆山之路’，以‘借鉴、创新、圆融、共赢’为特点的‘园区经验’)，答好南通‘发展四问’(2020年1月3日，南通市委召开十二届十次全体会议，向全市党员干部提出新时代南通‘发展四问’，即面对新机遇，我们准备好了没有？面对过万亿，我们准备好了没有？面对大项目，我们准备好了没有？面对争先锋，我们准备好了没有？)”开展交流研讨。南通市委副书记沈雷到会指导。

16日 省社会信用体系建设领导小组办公室发布通知，公布2019年度各设区市和县级地区政务诚信评价结果，如皋市被评定为一等次。

20日 如皋市首例采取“不见面”方式、借助网上电子询价系统成功实施采购项目——市第二中学实验室桌凳橱柜等设备采购项目，通过“网上电子询价”不见面开标方式，顺利确定成交供应商。

4　月

4日 如皋市基本公共服务标准化专项试点项目被国家市场监督管理总局、国家发展改革委、财政部联合确认为国家首批基本公共服务标准化试点项目，为南通唯一获批项目。

11日 如皋市举办援鄂(湖北省)医疗队员回如返岗欢迎仪式。

17日 如皋开发区与中国老挝磨憨—磨丁经济合作区合作签约活动在云南省昆明市举行。云南省委常委、副省长张国华会见如皋市政府经济代表团一行，并出席签约仪式。

19日 如城街道顾庄社区顾家庄、大明社区大镠马和钱长村夏家庄3个村庄被命名为省级特色田园乡村。

30日 沪陕高速公路平潮至广陵(南通段)扩建工程在如皋召开开工建设动员大会。

△ 市融媒体中心建设通过省专家组“云验收”。专家组以视频连线方式，听取如皋市融媒体中心建设情况汇报；通过视频直播形式，详细了解如皋市融媒体中心融合生产业务、移动传播矩阵建设、平台运营管理和内容发布等情况，并对下一步工作提出意见和建议。

△ “下原蘘荷”被农业农村部授予国家农产品地理标志证书。

4月30日，“下原蘘荷”被农业农村部授予国家农产品地理标志证书。图为蘘荷食用部分花苞，有祛痰、健胃功效　（市农业农村局供图）

5 月

3日 市税务局长江税务分局团支部获全国五四红旗团支部称号。

4日 赛迪顾问股份有限公司和新华社《瞭望》周刊社联合发布2020年中国县域经济100强榜单，如皋市列2020年全国百强县第19位，较2019年前进3位。

15日 市委书记张建华在南京参加副省长惠建林与瑞典斯堪尼亚集团中国区执行总裁何墨池的会见活动。斯堪尼亚是世界知名重型汽车生产商，拟与如皋市开展合作，拓展其中国业务和市场。

18日 如皋市党政代表团赴无锡锡山区、苏州张家港市，学习两地先进经验和成功做法。如皋市与锡山区和张家港市分别签署跨江融合发展战略合作框架协议。

20日 省政协理论研究会会长徐鸣一行到如皋实地走访如城街道孔庙社区“有事好商量”协商议事室，调研如皋市“有事好商量”协商议事工作情况。

△ 如皋市举行“新时代新风尚，新青年新婚礼”集体婚礼主题实践活动。50对新人相聚龙游河畔，举行文明高雅、喜庆简朴的集体婚礼。市委书记、市新时代文明实践中心主任张建华专门为新人证婚。

25日 中老磨憨—磨丁经济合作区在如皋市举办招商发布会，推介中老磨憨—磨丁经济合作区投资环境。经过前期对接洽谈，9个合作项目在招商发布会上成功签约。

△ 搬经镇入选全国农业产业强镇，为南通唯一入选的镇。

28日 中国小微盆景基地揭牌仪式在如皋市举行。

△ 2020年全国小微盆景展暨盆景交易大会在花木大世界（如皋）国际园艺城拉开序幕。

29日 市中皋农产品科技发展有限公司与中国极地研究中心签订合作协议，为奔赴南北极的远洋科考队员长期提供速冻黑塌菜。

6 月

3日 如皋师范第三附属小学建设项目于长江镇开工建设。如皋师范第三附属小学建设项目是2020年度如皋市重大城市建设项目，占地面积4.27公顷，总建筑面积约3万平方米，造价约1.12亿元。

6日 如皋市举行项目集中签约仪式，高端海洋工程装备、半导体设备及锂电池设备等产业30个项目集中签约，总投资约420亿元。

6月6日，如皋市举行项目集中签约活动，高端海洋工程装备、半导体设备及锂电池设备等产业30个项目集中签约，总投资420亿元

（黄友谊摄）

9日 如皋港集团举行“感恩十年”——2020年港口物流招商会，16个招商项目现场签约。

12日 驰援湖北抗疫“皋”人先进事迹报告会暨“弘扬抗疫精神，践行使命担当”主题党日活动在市人民医院举行。援鄂医护人员以“我是党员我先上”“战地玫瑰分外香”“青春逆行绽芳华”3个篇章，从党员干部、巾帼英雄、青年志士3个角度，再现驰援湖北抗疫者在抗疫前线经历的艰难时刻与感人瞬间，分享所见所思。

13日 来自《人民日报》、新华社、中央广播电视总台、《求是》杂志、《光明日报》等10余家媒体的记者，主题采访如皋市经济社会发展情况。

16日 省人大常委会副主任邢春宁带领省人大执法检查组到如皋，对全国人大常委会《关于全面禁止非法野生动物交易、革除滥食野生动物陋习、切实保障人民群众生命健康安全的决定》《中华人民共和国野生动物保护法》和《江苏省野生动物保护条例》贯彻实施情况开展执法检查。

18日 在省委书记娄勤俭见证下，如皋市政府和新加坡金鹰集团在南京举办金鹰（如皋）产业园项目签约仪征。金鹰（如皋）产业园项目位于长江镇，总投资超400亿元。

24日 如皋邮政管理局揭牌成立。

30日 如皋市在全省率先推出“云上如意店小二”政务服务智能客服系统。该系统涉及全市21个部门单位的251类高频事项，包含3806个知识要点，实现全天无休、不见面咨询服务。

△ 在中宣部、财政部、文化和旅游部、国家文物局联合公布的第二批革命文物保护利用片区分县名单中，如皋市被列入苏中片区。

△ 市发展改革委出台《关于降低淡季非居民用气价格的通知》，规定自2020年5月20日至10月31日，如皋市非居民用管道天然气最高销售价格由3.36元/立方米下调为3.21元/立方米，惠及如皋工商业户900余个，减轻用气成本1100余万元。

7 月

1日 全市庆祝中国共产党成立99周年暨“七一”大党课在行政中心礼堂隆重举行，市委书记张建华为全市党员干部上《恪守初心使命，强化责任担当，在服务高质量发展中走在前作表率》主题党课。

△ 随着沪苏通长江公铁大桥正式通车、沪苏通铁路开通运营，途经如皋站的宁启铁路与沪苏通铁路贯通运营。从如皋站乘车，无须再通过南京中转即可直达上海，南下可到达浙江杭州、宁波、温州，福建厦门，安徽黄山等地区。

△ 省科协公布2020年度50名青年科技人才托举工程拟资助人选名单，东南大学能源与环境学院讲师、硕士生导师吴石亮（如皋籍）榜上有名。

2日 张皋通道规划建设专题协调会在如皋召开。张皋通道连接如皋市与张家港市，起点位于张家港大新镇西侧、港丰公路与259省道交叉处，向北于张皋汽渡西侧进入长江，拟采用2300米双塔悬索桥跨越长江主航道；经靖江马洲岛后进入北汊，拟采用1208米双塔悬索桥跨越北汊航道在如皋市长江镇登陆，终点接G40沪陕高速，在石庄增设互通。张皋通道全长约28千米，按照高速公路标准建设，过江段8车道，接线段6车道。

8日 省政府公布2020年江苏省有突出贡献中青年专家名单，如皋市梦百合家居科技股份有限公司董事长、工程技术研究中心主任倪张根入选。

10日 市公安局召开新闻发布会，通报如皋市“5·26”特大黄金盗窃案有关工作情况。经南通、如皋两级公安机关缜密侦查，成功侦破“5·26”特大黄金盗窃案，抓获犯罪嫌疑人李某，失窃的774件黄金首饰和1万余元现金全部被追回。

25日 如皋市举办2020年“长寿之乡·诗意小城”如皋文化旅游资源推介会，面向上海、浙江和苏南等地50余家主要旅游企业进行宣传促销推介。在战略合作签约仪式上，市文体广电和旅游局分别与张家港文旅局、陕西省洋县文旅局，城开开元名都大酒店与上航国旅，华夏电影胶片修复技术有限公司与上海交大研学部分别签订合作协议书。

29日 下原镇、石庄镇、吴窑镇被全国爱国卫生运动委员会命名为国家卫生乡镇；城北街道、搬经镇、江安镇、磨头镇、丁堰镇、东陈镇、九华镇、长江镇通过国家卫生乡镇复审，被重新确认为国家卫生乡镇。

△ 如皋市紧急启动抛护应急抢险工程，对长青沙西南缘长194米、宽42米、最深点-43米2处深坑进行抛石紧急抢险。

当月 2020年上半年江苏省县（市、区）地表水环境质量排名出炉，如皋市在全省63个县（市、区）排名第五，在南通市各县（市、区）中排名第一。

8 月

1日 如皋市举行纪念红十四军建军90周年网络主题活动总结仪式。总结仪式上，与会人员向红十四军先辈雕塑敬献花篮，并启动专题片《丹心永昭——红十四军在如皋》网络首播。

5日 中国共产党如皋市第十二届委员会第十一次全体（扩大）会议在市行政中心礼堂召开。

△ 中国服装协会发布2019年中国服装行业百强企业名单，江苏泰慕士针纺科技股份有限公司榜上有名。

10日 省发展改革委、省文化和旅游厅、省体育局印发《关于公布旅游类、体育类省级特色小镇创建名单的通知》，全省21家旅游风情小镇入围，如皋盆景风情小镇榜上有名。

△ 省农业农村厅发布50条全省秋冬休闲旅游农业

8月1日，如皋市纪念红十四军建军90周年网络主题活动总结仪式在红十四军纪念馆大厅举行。图为专题片《丹心永昭——红十四军在如皋》网络首播启动仪式　（图片来源于微信公众号“如皋发布”）

精品线路名单，如皋市“盆景之乡、长寿古镇”四季康养二日游线路榜上有名。

15日 “我们的中国梦·文化进万家”省优秀群众文艺演出（如皋专场）暨“雉水之夜”文旅消费季启动仪式在市文化广场举行。

19日 科技部科技评估中心高级工程师张保国带领国家农业科技园区现场考察组到如皋，对南通国家农业科技园区的建设运行情况进行综合评估、现场考察。

△ 如皋市举行“弘扬抗疫精神、护佑人民健康”庆祝表彰活动，表彰抗疫先进典型。

9月8日，如城街道顾庄社区入选省乡村旅游重点村。图为顾庄社区俯瞰图 （如城街道供图）

19—20日 陕西省洋县县委副书记、县长杜家才率队到如皋考察经济社会发展情况。在如皋—洋县对口协作工作联席会议上，双方就如何进一步深化两地全面合作、合力打赢扶贫攻坚战进行深入交流，并现场签约两地工会消费扶贫框架协议、康丰现代牧业有限公司与马畅镇投资协议、江苏慧家优选与洋县经贸局合作协议。

31日 经如皋海关受理，江苏花名堂农业科技有限公司通过南京海关出境种苗花卉生产经营企业注册登记评审，成为全国首家出口水培小微盆景的花木企业。

当月 全国县域旅游研究课题组、北京华夏佰强旅游咨询中心联合发布《全国县域旅游研究报告2020》，如皋市列2020年全国县域旅游综合实力百强县第54位。

9 月

2日 文化和旅游部网站公布第二批全国乡村旅游重点村名单，城北街道平园池村入选。

△ 中国作家协会公布2020年新会员名单，如皋女作家朱广英加入中国作家协会，成为继陈根生后，如皋本土第二位中国作家协会会员。

8日 竞争力智库、中国信息协会信息化发展研究院和北京中新城市规划设计研究院等机构在北京联合发布《中国乡镇综合竞争力报告2019》，公布2019年中国百强镇名单，如皋市长江镇排名第64位。

△ 省农业农村厅、省文化和旅游厅、省商务厅公布“江苏省百道乡土地标菜”名单，如皋清炒黑塌菜成功入选。

△ 省文化和旅游厅、省发展改革委公布全省乡村旅游重点村名录，南通地区3家入选，如皋市如城街道顾庄社区榜上有名。

10日 全国工商联发布2020年中国民营企业500强榜单，江苏南通六建建设集团有限公司和中如建工集团有限公司两家企业上榜，分别位于第166位和353位。

16日 省文化和旅游厅发布《关于江苏省省级夜间文旅消费集聚区建设单位名单的公示》，南通2家单位入选，如皋市东大街历史街区名列其中。

16—19日 第十三届中国热镀锌大会在山东省青岛市召开，如皋籍专家许秀飞获中国镀锌工业杰出贡献奖，成为全国连续热镀锌行业第三个获此奖项专家。

17日 全国机械安全标准化技术委员会安全防护装置分技术委员会在如皋成立，秘书处设在如皋市包装食品机械有限公司。

△ 省文化和旅游厅召开“水韵江苏·美好乡村”第十一届江苏省乡村旅游节新闻发布会，公布50条江苏省乡村旅游精品线路，如皋盆景园艺一日游线路名列其中。

23日 以如皋市驻村“第一书记”群体为原型的电影《出发！第一书记》，在南通市更俗剧院举行首映式。

25日 第二届“科学探索奖”获奖名单揭晓，如皋籍青年科学家、哈尔滨工业大学生命学院教授黄志伟获生命科学领域“科学探索奖”。

28日 张皋通道航评报告通过交通运输部审查。

△ 如皋市老小区改造首台加装电梯——如城街道孔庙社区武定苑202号楼一单元电梯奠基开工。

30日 通皋大道一期工程主线通车。通皋大道一期工程北起城区海阳南路，南至丁平线，全长22.3千米，主路为双向六车道城市快速路，设计速度100千米/小时，实行全线封闭，在主要公路交叉设置互通，不设置红绿信号灯。

10 月

13日 省委常委、组织部部长郭文奇一行到如皋，调研如皋市基层党建工作。郭文奇一行先后到花木大世界(如皋)国际园艺城、如皋工业园区(如城街道)顾庄社区等处,深入了解如皋市"两新"组织党建、农村党建等情况。南通市委书记徐惠民等参加调研活动。

15日 江苏省2020年"主播进百村,带你购好物"大型直播项目于首届长三角高新视听博览会现场正式启动,13家省、市、县三级融媒体平台,首次联合开展现场直播活动。如皋市作为首场秀,对优质特色农产品黑塌菜、白蒲三香斋茶干、万珍六年陈黄酒、春华萝卜皮、蒲塘富硒大米等直播推介。

16日 《人民日报》、新华社、中央广播电视总台、人民网、《中国环境报》《新华日报》、江苏省广电总台、澎湃新闻、《现代快报》等中央及省级新闻单位记者汇集长江镇,对阳鸿石化洗舱"绿岛"项目集中采访。

22日 陕西省汉中市人大常委会副主任、洋县委书记胡瑞安一行到如皋考察,并就深化两地对口协作进行交流,推动两地对口协作工作再上新水平。

25日 "长寿之乡·诗意小城"如皋市第九届旅游文化节开幕式暨电影文化惠民年展启动仪式在水绘园风景区举行。开幕式上,举办江苏省全域旅游示范区、南通市级旅游度假区等揭牌、授牌仪式,视频发布"如皋长寿八大碗"评选结果。

26日 中宣部办公厅发布《关于表彰基层理论宣讲先进集体、个人和优秀理论宣讲报告、公众号的决定》,姚呈明理论武装工作室获2020年基层理论宣讲先进集体称号。

27日 第三届中国如皋第三代半导体及智能制造论坛举办。论坛以"新机遇、新动能"为主题,进一步聚焦行业发展新动态、新趋势、新技术及创新项目,深入探讨第三代半导体发展模式和行业发展趋势。

△ 全国书法名家精品邀请展暨"大爱之城、幸福如皋"全国摄影作品展开展仪式在市文化馆举行。此次作品展精选59幅全国书法名家精品和50幅长寿题材获奖摄影作品,展出时间为10月27日至11月8日。

28日 2020年如皋经济洽谈会·中国长寿文化节暨中国(如皋)花木盆景艺术节在市行政中心礼堂开幕。开幕式上,与会嘉宾观看宣传片《上善新如皋》,市委书记张建华发表《拥抱发展机遇,共创合作新局》主旨演讲;中科院如皋化合物半导体产业研究院、中国盆景艺术家协会秘书处揭牌成立;集中签约重点项目25个。

△ 全国精品盆景展颁奖仪式在花木大世界(如皋)国际园艺城举行,表彰特等奖10个、金奖22个、银奖48个、铜奖79个、特色展奖6个。

△ 2020年中国如皋5G新材料产业发展论坛在如皋市举行。俄罗斯自然科学院外籍院士牛济泰与中南大学教授刘绍军围绕"5G通信和电子新材料"作主题报告,开展学术研讨和技术交流,深入探讨新形势下高端电子新材料发展趋势,分享行业最新成果。

30日 2020年全国盆景创作大赛颁奖仪式在如皋举行。全国盆景创作大赛评选特等奖1名、金奖2名、银奖4名、铜奖6名。

△ 中央文明办发布2020年8月至9月"中国好人榜",如城街道方庄村丛慧玉入选8月份诚实守信类中国好人。

11 月

1日 省政府发布《关于表彰见义勇为先进个人和先进群体的决定》,丁亚峰(搬经镇个体窗帘店业主)被授予省见义勇为先进个人称号。

9日 南通市首家老年人营养新型食堂——市申丞护理院食堂通过验收并挂牌。

△ 第十四届江苏省五星工程奖评奖结果正式出炉,如皋市选送的男女声表演唱《故乡的柳》、小品《汤圆》分获音乐类、戏剧类五星工程奖。

10日 如皋市经中央文明办复查、确认,继续保留全国文明城市称号。

12日 全省残疾人辅助器具适配服务试点工作推进会在如皋召开。如皋市残疾人辅助器具适配服务试点做法在会上被推介,与会人员参观城南街道残疾人辅助器具适配服务点、龙游湖景区辅助器具共享借用点、市残疾人辅具展示中心等处。

江安镇联络新社区持续做优做强食品加工产业,被农业农村部评为全国乡村特色产业亿元村。图为联络新社区代表企业如皋市康泽食品有限公司生产车间

(江安镇供图)

13日 工业和信息化部公示第二批专精特新“小巨人”企业名单，如皋市3家企业成功入选，分别为南通斯密特森光电科技有限公司、江苏思源赫兹互感器有限公司、江苏汤臣汽车零部件有限公司。至此，如皋市共有6家企业成为国家级专精特新“小巨人”企业。

19日 市人民检察院刘涛被省人民检察院追授为全省杰出检察官。

20日 中央精神文明建设指导委员会发布《关于表彰第六届全国文明城市、文明村镇、文明单位和第二届全国文明家庭、文明校园及新一届全国未成年人思想道德建设工作先进的决定》，如皋市人民检察院、城北街道平园池村、长江镇永平闸社区石小华家庭分别获第六届全国文明单位、第六届全国文明村镇、第二届全国文明家庭称号。

△ 农业农村部公布第十批全国“一村一品”示范村镇及2020年全国乡村特色产业十亿元镇亿元村名单，江安镇联络新社区入选2020年全国乡村特色产业亿元村。

24日 全国劳动模范和先进工作者表彰大会在北京人民大会堂举行，南通六建建设集团许钱被授予全国劳动模范称号。

△ 如皋跨境电商产业园启动仪式在如皋港保税物流中心举行。

25日 水利部公布第三批符合节水型社会评价标准的县(区)名单，如皋市榜上有名。

28日 斯堪尼亚如皋制造基地在如皋开发区揭牌，成为世界商用车领域“公路之王”瑞典斯堪尼亚公司在全球建立的第三个生产基地。

△ 2020年全国老年人健步走大联动江苏如皋分会场暨江苏省老年人体育节如皋分会场闭幕式在如皋市文化广场举行。

当月 《中共如皋地方史(第三卷)》由江苏人民出版社出版发行。

12 月

2日 省民政厅确定第二批全省民政标准化示范单位，丁堰镇长寿星居家养老服务中心成为南通市唯一入选单位。

△ 如皋进口冷链食品集中监管仓正式运行，迎来首批入仓货物——总重23吨法国进口冷冻五花肉。

10日 如皋衣园文化发展有限公司服装设计产品“蓝印情怀”，在2020年中国版权年会暨“远集坊”高峰论坛上获评中国版权最佳创意奖。

11日 作为全省唯一入围项目，红十四军纪念馆“纪念红十四军建军90周年‘革命文物网上秀’系列主题活动”通过全国革命文物保护利用优秀案例宣传推介活动终评，获评优秀案例，为全省唯一获奖案例。

12月21日，市博物馆获评国家三级博物馆，填补如皋市国家级博物馆空白　　（图片来源于微信公众号“如皋发布”）

14日 如皋邮政分局搬经支局赵颖东被国家卫健委、全国老龄办联合表彰为全国敬老爱老助老模范人物。

17日 由中宣部宣教局、中央网信办网评局等指导，环球网主办的“追寻先烈足迹”短视频征集展示活动成果发布会，表彰优秀作品20部、个人创作优秀作品20部及优秀组织者20名。市委党史办制作的短视频《爱国船夫重创日酋》获评个人创作优秀作品。

21日 中国博物馆协会发布第四批全国博物馆定级评估结果，市博物馆获评国家三级博物馆，填补如皋市国家级博物馆空白。

26日 在广东省中山市举办的第十五届中国全面小康论坛颁奖典礼上，如皋市入选2020年度中国全面小康百佳示范县市。

28日 省住房城乡建设厅等部门联合公布全省第三批省传统村落名录，城北街道平园池村藕池庄、白蒲镇林梓社区林梓、石庄镇张杨园社区张杨园3个村落入选。

29日 如皋市召开领导干部会议，南通市委书记徐惠民出席会议并讲话。会上，南通市委常委、组织部部长封春晴宣读省委和南通市委关于如皋市委、市政府主要领导职务调整决定：何益军任如皋市委书记，不再担任如皋市政府市长职务；张建华不再担任如皋市委书记、如皋经济技术开发区党工委书记职务；王鸣昊任如皋市委副书记，提名为如皋市政府市长候选人。

△ 如皋师范学校附属小学四年级一班学生张石俣芊被共青团中央、教育部、全国少工委联合表彰为全国优秀少先队员。

30日 上午，随着盐通高铁正式通车，盐通高铁如皋南站正式启用，如皋到盐城仅需33分钟，到上海缩短至1小时32分钟。

（《如皋年鉴》编辑部）

如皋概览

自然地理

【地理位置】 如皋地处长江三角洲北翼，北纬32°00′～32°30′、东经120°20′～120°50′。南临长江、与张家港市隔江相望，北与海安市、东与如东县、东南与通州区毗邻，西与泰兴市、西南与靖江市接壤。根据市自然资源和规划局(2020年6月22日，“如皋市自然资源局”更名为“如皋市自然资源和规划局”，为便于行文，全书统一使用“市自然资源和规划局”名称)提供数据，全市总面积1573.96平方千米，其中，陆地面积1451.85平方米，占92.24%；水域面积122.11平方千米，占7.76%。

【地质地貌】 如皋位于扬子准地台的下扬子台褶带上，为苏北拗陷中的苏南—勿南沙中新生代相对隆起区。地质构造主要特征为：北东向切割呈带状，北西向切割成块。境内为平原地带，整体水平面高于邻县。地势由西北向东南略有倾斜(海拔2～6米)，如泰运河中段两岸地势最高，沿江以东地势最低。地域酷似桑叶，地形如覆釜。

【水运口岸】 如皋港地处长江入海口北侧长江三角洲中心位置，位于如皋市南端。拥有长江岸线48千米，可直接利用长江深水岸线18.6千米。拥有国家级长江主航道2条，是联结长江南岸与北岸、中游与下游重要水运枢纽。岸线深水逼岸，微冲不淤，河势相对稳定，可建万吨级泊位30余座。如皋境内有内河自然岸线394千米，其中通扬运河、如海运河、如泰运河、焦港河4条一级河道纵横全境，总长158.52千米；规划港口岸线50.32千米，其中开发利用19.8千米。

【气象要素】 如皋的气候基本特征是四季分明，气候温和，雨水充沛，日照充足，无霜期较长。1937年版《江苏乡土志》称：“如皋因滨于海洋，受海洋影响显著，无酷暑剧热，温和湿润，最适宜于人之生存、物之繁殖。”《中国气象区划》载：“如皋属北亚热带湿润气候区，季风环流为支配境内气候主要因素，一般高温季节多雨，寒冷季度相对较干。”2020年，全市年平均气温偏高，全年总降水量偏多，日照偏少。

气温　全年平均气温16.3摄氏度，和常年(1981—2010年，下同)相比偏高1.2摄氏度。各月平均气温4月、9月、10月、12月与常年值接近，7月偏低；其余各月均偏高，其中，1月比常年异常偏高3.0摄氏度，2月比常年异常偏高2.8摄氏度，3月比常年异常偏高2.9摄氏度，8月比常年异常偏高2.4摄氏度，11月比常年异常偏高2.2摄氏度，7月比常年异常偏低2.1摄氏度。年极端最高气温36.2摄氏度(8月16日)，极端最低气温-8.3摄氏度(12月31日)；全年气温超过35.0摄氏度(含35.0摄氏度)9天。

日照　年日照时数1668.7小时，比常年偏少264小时。3月、4月日照时数偏多，1月、6月、7月日照时数偏少，其中，1月比常年显著偏少72.9小时，7月比常年显著偏少135.2小时。

降水　年降水总量1118.9毫米，比常年值偏多71.3毫米。1月、6月、8月降水量偏多，其中6月显著偏多119.9毫米；2月、5月、10月、12月降水量偏少，其中，5月显著偏少50.9毫米，12月显著偏少15.6毫米。全年日降水量超过25.0毫米(含25.0毫米)10天，全年日降水量超过50.0毫米(含50.0毫米)3天，一日最大降水量66.8毫米(6月14日)。

降雪　1月9日凌晨、1月27日早晨、2月15日傍晚至夜间、3月28日凌晨出现4次降雪天气。其中1月9日雨夹雪转雪，市气象站累计雨雪量7.2毫米，无积雪；1月27日雨转雨夹雪，市气象站累计雨雪量17.2毫米，无积雪；2月15日雨转雨夹雪，市气象站累计雨雪量9.7毫米，最大积雪深度3厘米；3月28日雨转雨夹雪，市气象站累计雨雪量13.8毫米，无积雪。

梅雨　6月9日起入梅，入梅偏早；7月22日出梅，出梅偏晚。梅期长43天，出现强降水过程8次，梅雨量424.2毫米，居历史第三位，接近常年2倍。

（王剑林）

【水文水情】　通扬运河丁堰站年最高水位3.04米（8月10日），年最低水位1.93米（3月24日）。如泰运河搬经站年最高水位3.01米（7月7日），最低水位2.17米（3月23日）。

上游水位　年内，焦港闸年最高水位4.65米（8月24日），年最低水位1.38米（1月4日）；如皋港闸年最高水位4.6米（7月24日），年最低水位1.26米（1月4日）；碾砣港闸年最高水位4.3米（8月22日），年最低水位2.14米（3月24日）。

引排水总量　年内，沿江三闸引水682潮次，引水量118140.2万立方米，焦港泵站开机历时3021小时，提水量63231万立方米，排水31潮次，排水量23766.2万立方米。其中碾砣港闸引水217潮次，引水量44754.2万立方米，排水8潮次，排水量12825.5万立方米；焦港闸引水194潮次，总引水量41527万立方米，排水11潮次，总排水量5506万立方米；如皋港闸引江调水271潮次，引水31859万立方米，排水12潮次，排水量5434.7万立方米。

（贾浩珍）

【自然资源】　土地资源　截至2020年年末，全市有湿地54.79公顷、耕地76413.64公顷、种植园用地3185.77公顷、林地10043.59公顷、草地828.81公顷，商业服务业用地1029.39公顷、工矿用地7782.92公顷、住宅用地23571.55公顷、公共管理与公共服务用地1545.96公顷、特殊用地427.7公顷、交通运输用地8507.12公顷、水域及水利设施用地23225.08公顷、其他用地779.47公顷。

矿产资源　如皋地下资源主要有煤、沼气。煤主要蕴藏于石庄—车马湖（位于长江镇）一带的二叠系地层中，埋藏深，难开采，储量不大。沼气主要蕴藏于车马湖、下原镇及沿江一带地下15—30米地层中，为古代沼泽环境所形成，蕴藏量小，难开采，开采价值不高。

（郑淑一）

水资源　如皋引用长江水条件优越，焦港、碾砣港、如皋港三大引江口门最大引流量共1797立方米/秒。境内浅层地下水资源约1.18亿立方米，水量大，水质较好。境内浅层地下水资源约为0.81亿立方米，水量大，水质较好。

（贾浩珍）

动植物资源　境内有野生植物671种，分属2门、2纲、139科；有动物资源387种，分属4门、15纲、58目，其中银杏、半夏、如皋三黄鸡等为闻名遐迩的地方特产。有药用植物363种、药用动物73种。

（郑淑一）

建置区划

【建置】　《尚书·禹贡》记载：上古时，如皋属扬州之域；商周时称海阳。周初名发阳，春秋属吴，吴亡归越，战国时属楚，秦时归九江郡，汉属海陵县。东晋义熙七年（411年）前置如皋县，隋时并入扬州宁海县。唐大和五年（831年）置如皋场。南唐保大十年（952年）升为如皋县，隶属泰州。后历代沿袭县制，宋时为中下县，元时升为上等县。明清仍隶属泰州，清雍正二年（1724年）划归通州直隶州。民国时为一等县，与湖南邵阳同被列为全国最大县。1940年8月，新四军东进至如皋西乡，在卢港建立如皋县政府。同年10月，县政府随军继续东进至如皋东乡接管国民党如皋县政府。1941年3月，在如皋西乡成立如西县政府。至此，原如皋县以通扬运河为界划分为如西、如皋两个县，如西县隶属苏中第三行政区专员公署，如皋县隶属苏中第四行政区专员公署。1945年9月21日，新四军收复如皋城，如西县复名如皋县，原设于如皋东乡的如皋县更名为如东县。同年12月1日，苏皖边区第一行政专员公署于如皋城成立。1949年1月28日，如皋全境解放；5月12日，苏皖边区第一行政专员公署改称苏北泰州行政区专员公署，如皋属其管辖；5月29日，如皋被核定为一等县。1950年1月，如皋县划归苏北南通行政区专员公署；1952年，上升为特等县。1983年，如皋县由南通市管辖。1991年6月1日，如皋撤县设市。

（《如皋年鉴》编辑部）

【区划】　2020年，如皋市辖如城、城南、城北3个街道和长江、东陈、白蒲、石庄、江安、搬经、丁堰、下原、九华、吴窑、磨头11个镇。全市有村（社区）347个，其中，社区181个、村166个。

（冒爱锋）

1945年12月，苏皖边区政府第一专员公署在如皋城成立。图为苏皖边区政府第一行政专员公署旧址

（市委党史办供图）

2020年如皋市行政区划情况表

表2

名称	类别	名称	数量
如城街道	村	凌青、方庄、新官、沿河、长港、老南、钱长、龙游河、安定、宗岱、光华	11
	社区	安定、花园、陆桥、蒲行、长巷、秀水、孔庙、迎新、城东、城西、红星、西郊、许庄、城南、仙鹤、宏坝、纪庄、十里、新民、贺洋、顾庄、大明、大殷	23
城南街道	村	明池、育华、肖陆、杨花桥、桃北、申徐、左邬	7
	社区	天堡、夏庄、新华、桃林、马塘、张八里、新庄、建设、宋家桥、平明	10
城北街道	村	万新、天河桥、桥港、戴庄、双楼庄、志勇、平园池、复兴、里庄、纪港、八角井、顾巷、复兴庄、狮垛、朱厦、民实、野林、邵庄、陆桥、阚庄	20
	社区	镇南、双龙、杨宗、柴湾、袁桥、陆姚、何庄、十里墩、花园桥、浦东、新生、新王庄、太平、鹿门、邓园、城北、东风、庆余、普济	19
长江镇	村	谢楼、刘胜、田王、富圩、郭南、蔡埠庄	6
	社区	二案、永平、三洞口、永建、永平闸、平南、头案、中心沙、海坝、二百亩、知青、长青、长江、蒲港、永丰、永福、五零、镇龙、场东、郭园、顾桥、范刘、杨洲、义圩、田桥、车马湖、薛窑	27
东陈镇	村	南庄、北庄、尚书、石池、范桥、蒋宗、杭桥、汤湾、刘亮、刘杨、雪洪	11
	社区	杨庄、洪桥、南东陈、山河、冯堡、徐湾、双群、雪岸、南凌、凌云、雪东、万富	12
白蒲镇	村	朱家桥、朱窑、康庄、姜北、杨家园、沈桥、唐堡、邓杨、黄行、姚家园、新陆、顾岱、沈腰、合兴、桥口	15
	社区	跃进、勇敢、光明、松杨、蒲东、文峰、蒲西、前进、钱园、林梓、蒋殿、月旦、文著、斜庄	14
石庄镇	村	何正、思江、楼房、唐埠、洪港、凤龙、杨庄、海圩、邹蔡、蔡炎	10
	社区	张黄港、永兴、石庄、石北、张杨园、砖桥、石南、闸口、新生港、铁篱、草张庄	11
江安镇	村	百新、佘圩、葛市、北园、六团、申九、鄂埭、朗庙、新建、徐柴、黄建、曹杜、陈严、合作、马堡、陈庄、黄庄、西庄	18
	社区	镇中、宁通、中心、环池、徐葛、徐黄、黄市新村、联络新村、周群、戈堡、胜利、周庄、章庄	13
搬经镇	村	焦港、丁许、万富、梅甸、芹界、夏堡、任庄、林上、肖马、龙桥、港桥、晓庄、刘庄、卢庄、万全、楼冯、土山	17
	社区	搬经、加马、兴夏、湖刘、严鲍、群岸、朱夏、搬东、加力、鞠桥、谢甸、叶庄、横埭、袁庄、董王、高明庄、中心、鲍庄	18
丁堰镇	村	夏圩、红桥、朝阳、刘海、赵明	5
	社区	三桥、三河、茄儿园、皋南、凤山、新堰、堰南、鞠庄	8
下原镇	村	老坝、陈桥、张庄、蔡荡、藕池、曙光、花园头	7
	社区	下原、沈阳、邹庄、白李、腰庄、桃园、野树、文庄	8
九华镇	村	二甲、洋港、赵元、马桥、龙舌、杨码、郭洋、小马桥、姜园、云屏、丝渔、耿扇、营西、如海	14
	社区	九华、郭李、郑甸、营防、四圩	5
吴窑镇	村	沈徐、陈家、何柳、沈甸、龙河、平田、长西、长庄、老庄	9
	社区	吴窑、立新、黄石、钱庄、小马、三元、大石、四房	8
磨头镇	村	丁冒、星港、新徐、严狄、兴韩、高李、顾沈、朗张、老户、董堡、曹石、场西、场东、十字桥、塘湾、新港	16
	社区	磨头、邓高、天阳、高庄、新联	5
合计	村	166个	347
	社区	181个	

人文风情

【人口】 2020年年末，全市户籍人口140.39万人，比上年减少0.91万人。全市人口出生率6.75‰，人口死亡率10.16‰，人口自然增长率-3.41‰。

2020年年末如皋市人口数及构成表

表3

指标名称	年末数（万人）	比重（%）
年末户籍人口	140.39	—
其中：18岁以下	19.21	13.7
18～34岁	26.12	18.6
35～59岁	55.15	39.3
60岁及以上	39.91	28.4
男性人口	69.83	49.7
女性人口	70.56	50.3

【方言】 如皋方言属江淮官话泰如片，受吴语影响较大，与赣方言和客家方言均有渊源。如皋方言小片含当前如皋市、如东县、海安市、泰兴市和东台市南部及张家港市段山地区，总面积约6000平方千米，总人口约500万人，以如城话为代表。如城及周围地区语言为如城话。如城以西3千米外即有泰兴话韵味，细音摩擦明显，称为西乡话。白蒲、九华与通州区交界，为两地过渡方言带，其南半部语言均带有南通话特征的两套齿擦音，称为南乡话。南境永安沙一带成陆仅数十年，移民来自18个省区，其后代虽使用如皋方言，但村、圩间有差异，称为圩田话。

【名人】 如皋历史上人文荟萃，名贤辈出。三国时，吕岱为吴国大司马，名重东吴；陈矫以辩才折服曹操，解救广陵郡县之围。宋代，胡瑗为理学先驱、教育家，于京城主持太学，倡导明体达用之学，后世推崇不衰；王观作《扬州赋》，名动公卿；王觌为徽宗龙图阁学士；王俊乂为徽宗钦点状元。明代，邱陞镇守皋邑，抗倭屡建奇功。明末清初，冒辟疆为明末四公子之一，誉满江南；冒起宗、陈鹄等书画大家作品流传各地，北京、辽宁沈阳等多家博物馆有藏。清代，李渔《笠翁十种曲》脍炙人口；黄经、许容、乔林创“东皋印派”，享誉全国；女词人熊琏有李清照、朱淑真余韵；戴联奎历任礼部、兵部尚书；龙璋首倡新学；沙元炳兴办教育和实业，于地方多有建树。清末，沈卓吾、黄七五、姜佐周为同盟会早期会员。商务印书馆1921年版《中国人名大辞典》著录如皋人物27人。

扫码观看视频《布衣天下师——胡瑗》

如皋当代名人有中国法学专家韩德培、煤田地质学家韩德馨等，世界知名刑事鉴识专家、“神探”李昌钰，作家黄蓓佳、卢新华，漫画家胡蓉等。

【特产】 如皋萝卜 具有千年栽培历史，经长期选育形成独有良种“鸭蛋头”“捏颈儿”“百日子”，以皮薄、肉嫩、汁多、味甘和木质素少、嚼后无渣的绝妙口感，赢得“赛雪梨”美誉和“烟台的苹果莱阳的梨，不如如皋的萝卜皮”夸赞。因其生津开胃、清火降气之功效极佳，如皋民间流传着“晚吃萝卜早吃姜，不需医生开药方”之说。用如皋萝卜腌制如皋萝卜条，相传始于唐大和年间（827—835年）。腌制后的如皋萝卜条形似橘片，色泽黄橙，芳香独特，咸中带甜，具有香、甜、嫩、脆特色。2014年1月，如皋白萝卜29类新鲜萝卜、31类萝卜干2件地理标志证明商标经国家工商行政管理总局批准注册。

如皋黑塌菜 又名如皋塌棵菜，如皋方言“趴趴菜”，因塌地生长而得名，是如皋地方特色蔬菜。如皋黑塌菜种植历史悠久，清乾隆年间编修的《如皋县志》记载：“九月下种，十月分畦，冬后经霜更酥软，邑人呼为塌棵菜。初春嫩薹蔬茹皆胜，四月收子榨油，香美不亚麻油。”如皋独特的自然环境条件和栽培方式形成如皋黑塌菜特有品质，经霜冻后味甜鲜美、质地柔嫩、清香爽口，富含维生素C、B1、B2，胡萝卜素和钙以及大量膳食纤维等营养物质，其中维生素C和钙

江安镇陈严村黑塌菜种植基地 （市供销合作总社供图）

含量极高，粗纤维含量低，被视为青菜中珍品。2013年，被国家工商行政管理总局注册为地理标志证明商标。

如皋香堂芋　种植历史悠久，因其在烹饪过程中香气四溢、满堂芬芳而被冠以“香堂”美誉。清乾隆年间编修的《如皋县志》记载：“香芋与芋别为一种，生沙土瓦砾地，蔓引不穷，子生地中，霜后掘取煨煮食之，入蔬尤佳，香味绝胜。”如皋香堂芋可制作多种美味佳肴，其口感细腻，质地软滑，酥而不烂，是粮、菜、饲兼用作物。在传统农家菜谱中有芋头烧肉、芋头肉丸、芋头豆腐汤、芋头扁豆饭、连皮蒸煮“毛芋头”等。2015年，被国家工商行政管理总局注册为地理标志证明商标。

如皋蝶尾金鱼　有400余年养殖历史。其尾鳍形似蝶舞，以独特的“形态美、体色艳、游姿娇”而出类拔萃，被观赏鱼业内誉为“灵动的画、无声的诗、活的风景”，堪称观赏鱼一绝，有“扬州水泡如皋蝶”之说。如皋蝶尾金鱼花色品种有20余个，上佳品种有10余个，“十二红”蝶尾和“熊猫”蝶尾更是蝶尾金鱼中万里挑一的极品。如皋蝶尾金鱼出口到美国、加拿大、新加坡、俄罗斯等国家，年出口量100余万尾。在国内各类展览、大赛上，因其独特优美的形态崭露头角，先后获得各项大奖100余项。

如皋黄鸡　是肉蛋兼用型地方鸡资源，主产于如皋市境内，最早文字记载于清嘉庆年间编修的《如皋县志》中《物产》。如皋黄鸡体形中等偏小，具有“三黄”（喙黄色、羽黄色、胫黄色）特征，公鸡颈、翼、尾羽尖端夹有少量黑羽，皮薄呈黄色。其肌纤维紧密、富有弹性，适宜于白斩、爆炒、煲汤等，肉质嫩滑细腻，肉香汤鲜，清澈味美。中华人民共和国成立后，特别是20世纪70年代后，如皋市畜牧科技工作者持续开展如皋黄鸡提纯复壮工作，使其外貌特征渐趋一致，遗传性能趋于稳定。2009年，如皋黄鸡被列入国家畜禽遗传资源名单。2011年，被《中国畜禽遗传资源志》中《家禽志》收编。2013年4月，经农业部批准成为国家农产品地理标志产品。

如皋火腿　生产始于清咸丰元年（1851年），以如皋及其周边地区饲养的优种生猪肉为原料，经多道工序精细加工制成。其形如琵琶，色红似火，风味独特，以色、香、味、形“四绝”闻名中外，与浙江金华火腿、云南宣威火腿齐名为“中国三大名腿”。因如皋地理位置偏北，故有“北腿”之称。清末，先后获檀香山博览会奖和南洋劝业会优异荣誉奖；1982年，被商业部评为优质名特产品。

如皋黄鸡　　（市农业农村局供图）

如皋肉松　生产始于1914年，原为太仓式肉松，后不断改进生产工艺，改善配料配方，形成如皋特有风味。如皋肉松自1966年开始出口国外。1982年，被商业部评为优质名特产品；1985年，在巴黎被国际美食学会与旅游观光委员会授予金质荣誉奖章，为中国在国际上获得的第一枚肉食品金牌；1988年，获首届中国食品博览会金牌；1992年，获香港国际食品博览会金奖。

如皋香肠　生产始于清光绪年间（1875—1908年），有100余年历史。如皋香肠条形整齐、肉质紧密、色泽鲜艳、咸甜适度、香味浓郁、营养丰富，精肉嚼而不老，肥肉油而不腻，可与广式香肠媲美，亦称为如式香肠。清末曾获南洋劝业会二等奖；1982年，被商业部评为优质名特产品；1985年，获国家质量银质奖；1988年，获中国食品博览会金奖；1992年，获香港国际食品博览会金奖。

白蒲茶干　清康熙三十五年（1696年），浙江湖州人屠氏于如皋县今白蒲镇开设三香斋茶干店。所制茶干香、韧、鲜、嫩，营养丰富，老少妇孺皆宜，是筵席冷盘佳品和荤素烩炒的优质配料。乾隆皇帝巡视江南时，当地官吏以三香斋茶干进贡。乾隆食后赞不绝口，并挥毫御赐“只此一家”条幅。从此，三香斋茶干声名远播。白蒲三香斋茶干厂师傅系嫡传，在继承传统工艺、保持传统特色基础上，进一步提高产品质量，白蒲茶干制作技艺被列为省非物质文化遗产保护项目。

如皋董糖　制作起源于明末如皋名士冒辟疆妾董小宛之手，故称之为“董糖”。因董小宛为秦淮名妓，又称“秦淮董糖”。董糖以精白面、白糖、芝麻、饴糖为原料，经选料、熬糖、制糖芯、制糖骨、成型等工序而成，酥松香甜、入口易化、口齿留香、回味久长，被列为省非物质文化遗产保护项目。

林梓潮糕　由费氏老万和茶食店于清雍正十年(1732年)创制。林梓潮糕丰含米香、桂香、荷香,香而不浊,沁人心脾,且甜而不腻,柔润爽口,风味独特。林梓潮糕名倾大江南北,为江苏特产、苏北名点,被收录于《江苏名菜名点介绍》一书。

白蒲黄酒　清康熙五十五年(1716年),浙江绍兴章姓落户如皋现白蒲镇,开办槽坊酿制黄酒。后章家历代继承家传秘方,以当地产上等米为原料,以药酒、麦曲为糖化发酵剂,采用传统加饭酒工艺,精心酿制黄酒。白蒲黄酒色泽橙黄、清晰透明、醇香浓郁、口感纯正。20世纪50年代,白蒲黄酒厂成立后,继承和改进白蒲黄酒传统工艺,进一步提高黄酒品质,生产水明楼牌系列黄酒。水明楼牌黄酒于1986年获省优质产品证书,1988年获首届中国食品博览会银奖,1991年获轻工部优质产品称号,1993年在日本东京第五届国际酒、饮品博览会上获金奖。2011年5月,白蒲黄酒被商务部认定为中华老字号;2017年12月,被国家质检总局确认为国家地理标志保护产品。

【风景名胜】　水绘园风景区　国家AAAA级旅游景区。位于如皋古城东北隅,占地面积约27万平方米,由水绘园及水明楼古建筑群、中国如皋长寿博物馆(匿峰庐)、中国如派盆景园(古澹园)、逸园、东大街历史文化街区等景点组成。

水绘园始建于明万历年间(1573—1620年),冒辟疆曾偕董小宛栖隐于此,是全国重点文物保护单位。园内构筑有寒碧堂、壹默斋、因树楼、湘中阁、悬霤山房、镜阁、涩浪坡、小三吾亭、枕烟亭、妙隐香林、古城墙、烟波玉亭、碧落庐、悬霤峰、洗钵池、小三吾溪、鹤屿等佳景10余处,园中波烟淼淼,隐映如绘,宛若一幅幽静清雅、意韵空灵的山水画,时为海内名园。园中积水弥漫,倒影如画,冒董浪漫的爱情故事、深厚的历史文化底蕴和独具特色的园林景观,使水绘园成为集自然景观、人文景观和历史文博之大成的游览胜地,被誉为"中国第一情侣文化园"。

水明楼建筑群为水绘园风景区另一重要景点,始建于清乾隆二十三年(1758年),为船舫式水阁建筑,造型精美,被园林泰斗陈从周评价为"徽派园林风格的海内孤本"。楼西隐玉斋、雨香庵内藏有历代珍贵文物、文献供游客鉴赏。

中国如派盆景园前身为400年前所建园林"壶领园",陈列有全国最大的五针松盆景、树龄1000余年宋代盆景等。长寿博物馆从各方面展示和探索如皋长寿现象奥秘,在保健养生方面给人们以有益启迪。东大街历史文化街区具如皋清末民初古街风貌,有李渔纪念馆、如皋丝毯博物馆、如皋状元文化馆等展馆,以及迎春桥、药王庙等历史遗构、文物古迹,获2016年度中国人居环境范例奖。

全国重点文物保护单位、国家AAAA级旅游景区水绘园一角　(王　俊摄)

红十四军公园　国家AAAA级旅游景区,位于如城街道福寿东路,占地17.4公顷,是弘扬革命传统,进行爱国主义、集体主义、社会主义教育重要基地,由红十四军纪念馆、红军历史教育拓展训练基地、市青少年红军历史教育馆三部分组成。主体建筑红十四军纪念馆,被列为国家级革命纪念设施、国防教育示范基地,全省首批党史教育基地,由序厅、江海曙光、长夜惊雷、斩木举义、军旗如画、革故鼎新、金戈铁马、碧血丹心、野火春风、尾厅10个部分组成,以1300余幅图片、近4万字说明文字、600余件实物资料,再现土地革命时期,江苏境内唯一中央序列红军武装——中国工农红军第十四军艰苦卓绝、可歌可泣的革命历史。

如皋盆景大观景区　国家AAAA级旅游景区,位于如城街道,由花木大世界控股有限公司投资建设,总投资15亿元,占地6公顷,由江苏盆景博物馆、中国盆景艺术家实训基地、盆景大师工作室、非遗杖头木偶沉浸式体验馆、非遗展示馆、少儿科普体验区、古石雕馆、古盆馆、奇石馆、砖雕馆、书画馆、美术馆、餐饮住宿和休闲娱乐等功能区组成,以如派盆景文化为背景,融入如皋历史、人文、长寿、养生、美食等要素及江南特色人文风光和民俗文化,集美食、康养、休闲、度假、生态、观赏、会展、会务于一体,是长三角地区独具特色的花木盆景大观园、度假休闲养生地。2020年12月,被省文化和旅游厅认定为国家AAAA级旅游景区。

内外城河风光带　国家AAA级旅游景区,位于城区内。内外两河环城而绕,外圆内方,形似古钱,形成古城如皋独具魅力的"水环城,城包水"奇特景观。内城河古名玉带河,形成于明成化年间(1465—1487年)。外城河亦名濠河,开凿于明嘉靖年间

(1522—1566年)。内外城河沿线有春秋遗址射雉亭、明代高桥迎春桥、千年古刹定慧禅寺、名人辈出的集贤里、冠甲江淮的灵威观、纪念宋代名人范仲淹的范公苑等历史文化景点10余处。内外城河上架有形状各异桥梁29座,承载着许多美妙传说和故事。双环河两岸白石护栏蜿蜒若龙,沿线树木葱郁、百花争艳。“水环城,城包水”奇特景观成就古城如皋独具魅力的风光带。

定慧禅寺 国家AAA级旅游景区,地处如皋古城东南隅,始建于隋开皇十一年(591年),以历史悠久、规模宏大、格局独特、香火旺盛闻名于海内外。明万历三十五年(1607年)重建大殿和金刚殿,改山门朝北,后陆续砌建钟鼓二楼和藏经阁、禅堂、祖堂、斋堂等。定慧禅寺山门正对玉带河,东临放生池,西南傍玉莲池,寺院平面布置呈“回”字形,楼堂环绕四周,宝殿坐落中央,形成“水环寺,楼抱殿”独特格局。2019年3月,定慧禅寺升格为省级文物保护单位。

东方大寿星园 国家AAA级旅游景区。位于城区西郊,总面积约100公顷。主题标志铜铸大寿星,高49米,身背斗笠,笑容可掬,为如皋花农传统打扮,寓意勤劳长寿,被中国道教协会原会长任法融大师誉为“天下第一大寿星”。中华长寿博物馆取天外陨石之造型,是东方大寿星园核心景点之一,设序厅、如皋厅、中国厅、世界厅,浓缩长寿悠久历史,荟萃长寿经典奥秘,展示长寿精彩文化。另有经吉尼斯世界纪录认证的世界最大青铜碗——万寿百岁碗等景点。东方大寿星园是颇具长寿之乡特色的旅游景点,也是举办祝寿活动场所。若遇机缘,可与百岁老人近距离探讨长寿秘诀。

中华长寿文化谷 国家AAA级旅游景区。位于主城区南郊“中国最美乡村”如城街道顾庄社区,总面积约3000公顷,是集生态旅游、商务休闲、观光娱乐于一体的特色生态旅游景区,涵盖顾庄生态园核心景区、苏通生态观光园、花木大世界(如皋)国际园艺城、钱长村200公顷草坪基地、东方盆景园、胡安定故里、百代兰花园、上海保来蝴蝶兰园、顾庄龙盛游乐城等众多景点。园区自然景观独特、文化积淀深厚,为主城区天然氧吧、城市一叶绿肺,是广大游客和市民休闲养生之地。

法宝禅寺 国家AAA级旅游景区。位于白蒲镇,始建于唐大和四年(830年),宋至和元年(1054年)重建,香火鼎盛。清代书画家、“扬州八怪”之一郑板桥为寺院题写藏经楼匾额,有日本入唐高僧圆仁,南宋抗金英雄岳飞、丞相文天祥,清都察院左都御史沈岐、诗人袁枚等游览、唱咏法宝寺文字记载。法宝禅寺建筑布局独特,酷似“象”形,古人曾留下“访僧象鼻湾,路指虎溪是”“一湾成象鼻,法宝久闻名”等诗句。寺内放生池鱼、虾、龟、鳖等自由游弋,池塘四周月季、牡丹、芍药争相绽放,池中央建有照心亭,亭边曲桥连岸,是游人香客夏日乘凉消暑好去处。放生池东万安桥,是白蒲镇古桥万安桥缩影。

龙游湖风景区 国家AAA级旅游景区。位于城南街道,总规划面积160万平方米,水面面积83.3万平方米,湖心建有智岛和慧岛2座人工岛,其中,智岛面积4万平方米、慧岛面积2.4万平方米。龙游湖水体清澈,拥有丰富的鲢鱼、鲫鱼、淡水虾等渔业资源,莲花、芡实等水生植物,白鹭、天鹅、野鸡、水鸭、野兔、刺猬等野生动物,水质保持在国家二类标准。景区内有夕阳廊道、花架步道、清风亭、户外大型游乐场欢乐世界等景点,是水上观光、滨水游憩的养生福地。

长江药用植物园 国家AAA级旅游景区、全国休闲农业与乡村旅游示范点、省五星级乡村旅游点。位于长青沙生态旅游度假区。总占地面积约333公顷,总投资约26亿元。一期工程综合性药用植物园,占地200公顷,于2011年10月开园,以种植具药用价值或保健功能中草药为重点,汇纳如皋长寿之乡、花木之乡文化底蕴,集休闲农业、生态餐饮、长江流域药用植物资源保护、科学研究、科普教育于一体。园内主要景点有:以水景广场空间为序幕、兼具如皋传统建筑韵味和现代江南园林建筑气息的主入口,以盆景艺术中“一峰则太华千寻、一勺则江湖万里”营造技法而形成水中岛的山水文化广场,水质优良、物产丰富的长生湖,依水而建的度假木屋区及金银花药草主题园、芳香药用植物园等。

金岛生态园 国家AAA级旅游

国家AAA级旅游景区、隋朝古刹定慧禅寺 (吴树建摄)

国家AAA级旅游景区金岛生态园一景——银杏林（刘朱建摄）

景区、省四星级乡村旅游点，位于长青沙生态旅游度假区。总面积约133公顷，总投资5亿元。园区处于长青沙岛东风滩，汲扬子江精华，彰显“长江文化、长绿文化、长寿文化”三大特色。园内河道纵横，林园棋布，花香鸟语，草长莺飞……充满绿色与生机，纯净、祥和而美丽。掩映于绿树碧水之间的生态星级酒店、健身会所、商务会所、体检中心、休闲中心、迷你乐园等设施，让游客在清新的天然氧吧中享受素质教育、文化互通、健身康疗、休闲娱乐等服务。

平园池花香民俗园　国家AAA级旅游景区，位于中国美丽休闲乡村城北街道平园池村。景点以“荷塘月色”和农耕博物馆为主。“荷塘月色”是民俗园一大盛景，占地约80公顷，种植荷花100余种、莲花40余种，配有荷塘月色广场、荷塘木栈道、观光八仙亭、荷塘风光带、荷塘灯光秀等景观设施。农耕博物馆挖掘平园池村历史文化资源，展出石磨、水车、织布机、石夯等1000余件生产、生活工具老物件，通过仿真人物重现古代农业耕作场景，全方位、多角度展示平园池村历史文化和发展变迁，让游客追寻乡村历史记忆、品味传统文化。利用荷文化打造廉政文化教育基地；借助旅游循环路线延伸至万顷良田，布置运动主题路线，可举行各类体育赛事及健身运动类活动；发展生态农业，兴建休闲采摘、亲子垂钓等农事体验园，打造农家乐生态主题餐厅，兴建具有浓厚乡土气息的乡村特色民宿，让游客“吃农家饭、住农家屋、看农家景”，为游客提供回归生态、自然的田园生活体验。

华夏电影展示馆　国家AAA级旅游景区，位于城南街道，建筑面积1万平方米，是专业从事胶片电影收藏展示、抢救修复、声像档案数字化修复、电影文化交流和电影技术科研等工作的文化企业，电影藏品收藏展示规模国内民营第一。馆内收藏电影放映机、电影胶片拷贝、胶片洗印设备、修复设备、电影剧本、海报及相关老电影藏品20余万件，其中，反映世界电影工业史的系列设备1700余台、胶片电影2万余部，珍贵电影海报、台本、剧照、电影文献资料等10余万份。对公众开放区域包括胶片电影收藏展示馆、全国二级院线点播影院、全系列声像档案数字化中心、全国档案界永久性活动中心、艺术家培训与交流平台、国内外大型电影年会场所、电影文化交流中心、声像档案公众查询平台等，建有新时代文明实践点，经常性开展爱国电影展播等免费观影活动。2017年，被省档案局授牌江苏电影档案展示馆、省档案馆如皋电影史料馆；2019年，成为中国电影博物馆联盟首批成员单位；2020年，被省文化和旅游厅认定为国家AAA级旅游景区。

（《如皋年鉴》编辑部）

经济社会发展

【概况】 2020年，全市实现地区生产总值1305.22亿元，按可比价计算(下同)，比上年增长5.3%。三次产业结构为5.9∶47.8∶46.3，服务业增加值占地区生产总值比重比上年提高1.4个百分点。全年完成财政总收入221.84亿元，比上年增长12.7%，其中一般公共预算收入72.01亿元，比上年增长2.9%。税收收入61亿元，比上年增长4.3%；税收占一般公共预算收入比重84.7%，比上年提高1.1个百分点。全年财政总支出228.93亿元，比上年增长22.6%。全体居民人均可支配收入37646元，比上年增长6.1%。城乡居民人均收入比为2.08∶1，差距比上年缩小0.06。人均生活消费支出20880元，比上年下降0.7%。恩格尔系数(居民家庭中食物支出占消费总支出比重)29.2%。

【农业】 年内，全市实现农林牧渔业总产值127.73亿元，按可比价计算，比上年增长2.7%。其中，农业产值71.27亿元，比上年增长1.8%；牧业产值36.69亿元，比上年增长3.2%。全市新建高标准农田4266.67公顷，农作物耕种收机械化率86%。年末农业机械总动力87.98万千瓦，比上年增长2.4%。有效灌溉面积72140公顷，新增有效灌溉面积366.67公顷。如皋市被农业农村部列为东部沿海地区率先基本实现农业农村现代化试点县。"下原襄荷"被农业农村部认定为地理标志农产品。

【工业】 年内，全市实现工业应税销售1702.63亿元，比上年增长7.6%，其中规上工业企业应税销售1063.94亿元，增幅14.8%。全部工业实缴税金43.17亿元，比上年增长1.5%，其中规上工业企业实缴税金35.05亿元，比上年增长9.3%。规上工业企业实现总产值1223.06亿元，比上年增长6.8%；实现营业收入1174.83亿元，比上年增长7.8%；利润总额63.17亿元，比上年增长15.3%；营业收入利润率、成本费用利润率分别为5.4%、5.7%，均比上年提高0.4个百分点；资产负债率57.1%；产销率98.2%。规上工业增加值比上年增长6.9%。

【建筑业】 年内，全市实现建筑业增加值106.01亿元，比上年增长2.4%。完成建筑业总产值1335亿元，比上年增长7.4%。建筑业企业实现营业收入1084.16亿元，比上年增长8.3%。建筑企业承建施工面积1.79亿平方米，比上年增长7.2%。从业人员遍布10余个国家和地区，以及全国29个省(区、市)；从业人数29.84万人，其中工程技术人员1.63万人；年末境外劳务人员近1000人。全年建筑企业获国优奖1项、省优质工程奖14项。

【服务业】 年内，全市实现服务业增加值604.2亿元，比上年增长6.6%。实现服务业应税销售1826亿元，比上年增长39.30%；实现服务业税收50亿元，比上年增长17.95%。全年社会消费品零售总额457.83亿元，比上年下降0.1%。接待游客1406万人次，实现旅游综合收入135亿元，分别恢复至上年同期89%和71%。年末，金融系统本外币存款余额1672.42亿元，比上年增长12%；金融系统本外币贷款余额1306.26亿元，比上年增长26.0%。全市境内上市公司4家，总股本11.17亿股，通过首发、配股、增发、公司债在资本市场募集资金37.92亿元。年末全市共有证券营业部5家、保险机构40家，全年保费收入35.59亿元，比上年增长8.9%。

【固定资产投资】 年内，全市完成固定资产投资476.44亿元，比上年增长10.1%。其中国有及国有经济控股投资下降11.4%；港澳台及外商投资比上年增长242.5%；民间投资比上年增长8.3%，民间投资占全部投资比重82.9%。房地产开发投资108.50亿元。商品房销售面积250.63万平方米，比上年增长30.0%，其中住宅销售面积228.2万平方米，比上年增长31.4%。全年共有5个项目列入省级重大项目投资计划，当年完成投资19.6亿元；13个项目列入南通市级重大项目投资计划，当年完成投资64亿元。

【开放型经济】 年内，全市完成进出口总值248.94亿元，比上年增长1.1%，其中自营出口总额212.12亿元，比上年增长5.6%。全市有进出口业绩企业705家，比上年增33家；出口超1亿元企业45家，比上年增8家。全年新批外商及港澳台商投资项目40个；新批协议注册外资及港澳台资18.64亿美元，比上年增长325.2%；实际利用外资及港澳台资3.27亿美元，比上年下降6.9%。

【科学技术】 年内，全市专利申请量5384件，比上年增长43.2%；专利授权量3173件，比上年增长53.0%。其中发明专利申请量1340件，比上年增长40.3%；发明专利授权量172件，比上年下降16.5%；PCT专利申请量44件，比上年增长15.8%。万人发明专利拥有量26.07件，比上年增长24.6%。年末，全市有注册商标1.36万件，其中，驰名商标6件，地理标志证明商标6件。拥有高新技术企业270家。全社会研发投入占地区生产总值比重2.6%。全年申报各级各类科技项目811项，立项623项，获各级扶持资金3057.28万元。有1项科技成果获省市科技进步奖三等奖。新增省级工程技术研究中心4家、南通市级工程技术研究中心11家。

【教育】 年内,如皋市教育现代化建设水平监测综合得分94.08分,继续列南通第一名。实施新开工项目11个、装修改造项目39个、校舍加固改造项目1个,完成跨年度项目7个,累计投资7.9亿元。全市中考总均分列南通第一,超出南通大市均分16.54分,普通高中录取控制线南通最高,校际分差在南通最小,初中毕业生升高中入学率百分之百。普通高考本一上线率76.3%,选修学科双B及以上达标率94.75%,核心指标均列南通第一。市教育局连续32年获评省招飞工作先进集体。

【文化】 年内,如皋市持续擦亮“雉水之夜”群众文化品牌,每镇每年举办较大型文体活动4次以上,每村每年举办文体活动6次以上,群众文化活动日益丰富,公共文化服务阵地作用发挥明显。全年举办农民“乐一天”艺术节活动140场,送戏下乡90场,送图书1.8万册,送展览23场,线上线下送培训1.7万人次。全市有规上文化产业单位134家,其中年内净增3家;完成主营收入117.787亿元,比上年增长7.86%。男女声表演唱《故乡的柳》、小品《汤圆》分别获音乐类和戏剧类省五星工程奖。

【卫生】 年内,全市医疗卫生机构总诊疗732.39万人次,门、急诊729.79万人次,健康检查57.97万人次,医疗机构实际开放总床日数234.70万床日,实际占用总床日数163.42万床日,出院总人数17.23万人,住院病人手术人次4.35万人,出院者平均住院9.4日,病床周转次数26.7次,病床使用率69.63%。5岁以下儿童死亡率控制在4.22‰,报告甲乙类传染病发病率92.74/10万。

【体育】 年内,如皋市成功承办省级以上体育赛事2项。全市新增晨晚练健身点31个,累计有晨晚练健身点1130个。开展国民体质测试“镇村行”公益活动,全年完成国民体质测试3008人,国民体质合格率96.5%,较上年上升2个百分点。体育彩票年销售额1.69亿元。

【城镇建设】 年内,全市中心城区基础设施建设投入超过10亿元。完成老旧小区改造面积6.5万平方米,惠及居民511户。建成区新增道路2.01千米;共有绿地面积1652.78公顷,城市绿化覆盖率41.58%;共有道路灯具2.99万盏,城市亮灯率99%;新增燃气管道108千米,新增用户1.34万户,年供气量24200万立方米;新增自来水管网60千米,自来水日供水能力25万吨。生活垃圾无害化处理率百分之百。完成市级城建重大项目9项,新建生态廊道4条,新建小游园1个。

【环境保护】 年内,全市空气主要污染物年平均值为:二氧化硫7微克/立方米,二氧化氮22微克/立方米,可吸入颗粒物(PM10)63微克/立方米,可吸入颗粒物(PM2.5)34.9微克/立方米。全年空气污染指数达到良好以上天数309天,占全年天数84.4%。全市主要河流水质基本符合相应功能区水质标准,集中式饮用水源地水质达标率百分之百。区域环境噪声平均等效声级为52.2分贝,交通干线噪声加权平均等效声级为62.8分贝,符合国家环境噪声质量标准。开展化工产业安全环保整治提升行动,全年关停化工生产企业33家。如皋港化工新材料产业园区被认定为省化工集中区。实施重点用能单位“百千万”行动,单位地区生产总值能耗持续下降,江苏天南电力股份有限公司被省工业和信息化厅列入全省第一批绿色制造名单。

【社会保障】 年末,全市参加企业职工养老保险19.74万人,比上年年末增加1.7万人;城乡居民养老保险参保31.4万人,比上年年末减少0.48万人。失业保险、工伤保险和生育保险参保人数分别为16.85万人、17.44万人和18.48万人,分别比上年年末增加1.80万人、1.09万人和1.29万人。全市参加基本医疗保险125.56万人,比上年年末减少0.52万人。城乡居民基本医疗保险筹资标准提高到人均976元。全市拥有各类养老机构32家,总床位数8090张;拥有农村敬老院15家,床位数4348张。支出城乡居民最低生活保障资金5410万元,比上年增加535万元。全市5594名农村五保对象中,集中供养1049人。

【安全生产】 年内,全市发生工商贸建生产安全亡人事故8起,死亡8人,未发生一次死亡3人(含3人)以上安全生产事故。发生火灾991起,直接经济损失约1000万元。发生一般以上道路交通事故155起,死亡62人、伤98人,直接经济损失41.52万元。

(市统计局)

综　述

【概况】 如皋花木栽植历史悠久，“江苏最美银杏”搬经镇卢庄村古银杏树树龄1500余年，搬经镇加力村古槐树树龄1400余年，九华镇赵园村古银杏树树龄1300余年。自唐朝起，如皋城乡园林渐现，当前保存较为完好古园林有明万历年间所建水绘园、逸园，明末所建古澹园，均位于水绘园风景区内。如皋盆景制作，有文字记载始于宋，成熟于明清。现存北宋教育家胡瑗遗存盆景古桧柏“蛟龙穿云”、相传为唐宋八大家之一曾巩之父曾易占任如皋知县时所植落地盆景古桧“六朝柏”、明代留存盆景绒针柏“龙腾虎跃”等盆景珍品。清嘉庆《如皋县志》记载，明天启元年(1621年)，如皋知县李衷纯“相四境之宜，授民以植卉之方”，花卉盆景栽植蟠扎技术在如皋民间得到大力推广。1986年，如皋被评为全国平原绿化先进县。20世纪90年代后，如皋将花木盆景产业作为农业主导特色产业，发挥传统优势，坚持市场导向，加快花木盆景生产转型升级，建成全国花卉苗木重要生产和集散基地。2011年11月，如皋被中国花卉协会命名为中国花木之乡。

2020年，如皋市坚持种植、流通、旅游、平台、人才、教育“六个集聚”发展理念，推动花木盆景产业健康、可持续发展，全力塑造中国花木盆景之都新形象。全市有花木盆景种植面积1.33万公顷，从业者10万余人，以盆景为主导的花木全产业链产值超200亿元。

【花木盆景产业转型升级】 年内，如皋市进一步调优产业结构，持续打造转型发展示范基地，推广新品种、新技术、新模式，全市新增各类花木盆景基地400公顷。切实补齐“木强花弱”产业发展短板，新增城北街道平园池村菊花、油用牡丹、月季种植基地80公顷，磨头镇20公顷鲜切花、1万平方米智能温室蝴蝶兰种植等优质项目。花灌类、造型类苗木生产基地新增态势良好，新增面积67公顷。推动盆景产业从小众市场转向大众市场，着力发展小微盆景产业。

【花木盆景产业服务】 年内，长三角花木大数据中心定期更新并发布基础数据和行业动态，为有序生产和销售开辟绿色通道。受新冠肺炎疫情影响，市花木盆景开票服务中心完成开票近32亿元，与上年同期持平。市花木盆景开票服务中心出资1000万元入股如皋市花木盆景产业小额担保基金，破解花木盆景产业经营者融资难、融资担保方式弱、融资成本高等相关难题，积极稳健开展反担保业务，规范转贷业务。年内，市花木盆景产业小额担保基金担保贷款余额1亿元，转贷金额4亿元，基金税后收益300万元。

【花木盆景产业推介】 年内，如皋市充分发挥中国花卉协会盆景分会、如皋市花木盆景联合会等协会组织带动作用，加强与中国盆景艺术家协会、中国风景园林学会花卉盆景赏石分会及盆景乐园网等全国性协会网站平台互动与联合。在花木盆景产业专题推介会、供需对接会基础上，形成上半年“五一”前后举办全国小微盆景展、下半年“十一”前后举办全国精品盆景展，配套举办全国盆景交易大会等如皋盆景展示展销固定模式。举办中博会如皋盆景展、上海国际青年盆景论坛(如皋专场)、北京世园会盆景国际竞赛、江苏省组合盆栽大赛、全国春季和秋季园林绿化苗木供需对接会等各级各类展示展销和对接交流活动20余次。

【“中国小微盆景网”App】 年内，如皋市加快推进花木产业“互联网+”进程，推动古老盆景艺术融入年轻创业群体，实施“平民化”发展路线，落实“花名堂”作为实施单位，开发的“中国小微盆景网”App成为国内首个小微盆景专业交易平台。截至年末，“中国小微盆景网”App入驻商户近400户，发展会员近1000人。

盆景培植

【概况】 如皋盆景追求方寸盆景“移山缩水，窥见乾坤”，并通过拟人手法为之注入神韵和灵性。亦工亦画天功缀，云头雨足美人腰，是如皋盆景传统造型特色。在蟠扎技巧上，以“满、残、清、奇、古、怪”见长，注重因树施技、细扎轻剪，讲究藏与露、巧与拙、静与动、主与宾、变化与统一有机结合。室内厅堂盆景“论堂陈设法”亦独特有趣，通常以奇数盆景装点，正中一盆独显孤傲、尊严，两侧讲究对称、高度渐次降低，满堂景观趣味横生。1983年，经中国盆景艺术家协会考证认定，如(皋)派盆景以其特有造型特色和蟠扎技艺，与扬(州)派、苏(州)派、(四)川派、岭南(广东)派、(上)海派、(安)徽派并称全国盆景艺术“七大流派”。1986年11月，如皋绿园悬崖式大叶罗汉松盆景，在意大利佩夏举行的第十八届国际花卉博览会上获金奖，此为江苏盆景获得的首个国际级金奖。

1988年始，如皋组织专业科技人员以缩短盆景成型时间为主攻方向，对蟠扎方式进行“四改”，即改传统棕绳蟠扎为棕绳与金属丝、塑料丝兼用，改传统盆栽为蟠扎后地栽，改规划造型为因树造型，改盆浇为管道喷灌，探索出一套速生、速成、催化等盆景生产新工艺。在国际、国内盆景交流活动中，吸取借鉴国内外先进技艺和经验，在传承中推陈出新，“如皋盆景”品牌进一步打响。数以千计如皋盆景陈设在中央和国家机关、北京人民大会堂、钓鱼台国宾馆、中南海、奥运会场馆、毛主席纪念堂等重要场所；先后有600余盆如皋盆景在国际国内比赛中获奖。2011年3月，如皋盆景被国家工商行政管理总局商标局正式确认为地理标志证明商标。2014年11月，如皋盆景制作技艺被列入国家级非物质文化遗产代表性项目名录。2020年，全市年产盆景100万余盆。

【盆景专业人才培养】 年内，如皋市为破解花木盆景专业人才储备不足难题，研究出台《中国盆景艺术大师五年培养计划》，全市范围内选拔10名盆景人才作为重点培养对象。在江苏省技能大赛中，如皋市获金奖4人次；在第一届全国盆景职业技能大赛中获金牌2枚、银牌1枚。加大园艺人才培养力度，全市在校园艺类学生100余人；花木大世界自主创办花卉园艺职业培训学校，全年完成招生培训5期，培训学员500余人。主张“盆景人才培养从娃娃抓起”，与安定小学、如皋高新区实验小学和初中、如城实验小学联合组建盆景艺术社团，开展盆景蟠扎活动，鼓励小学生及花卉园艺职业培训学校学生参与，促进如皋盆景艺术传承与发展。

【小微盆景基地建设】 年内，如皋市全力打造小微盆景集聚区，制订《如皋市小微盆景基地建设实施方案》并积极招引项目。小微盆景基地占地总面积134公顷，分三期规划实施。其中一期项目总面积40公顷，年内投产面积14公顷，新增签约落户项目20公顷；二期项目引进国内影响力最大的小微盆景生产销售龙头企业商浩森园艺基地，建设面积34公顷，年内启动基础设施配套建设。

盆景艺术交流

【概况】 2020年，如皋盆景参加全国性盆景展示、竞赛，获特等奖2个、金奖9个、银奖3个、铜奖6个；参加省级盆景展示，获金奖1个。5月28—31日，如皋市举办全国小微盆景展暨盆景交易大会，参展树桩类、观花类、观果类、观根类盆景及花盆展品260余组(盆)，吸引国内200余家花木盆景产业链关联企业参展。9月，如皋盆景在沭阳县举办的第十届全国盆景展中获金奖1个、铜奖3个；在第一届全国盆景职业技能竞赛中获金奖2个、银奖1个。10月，如皋盆景在中国尊——中国盆景收藏家藏品国家大展中获金奖1个、银奖1个、铜奖1个；在全国盆景创作大赛中获特等奖1个、金奖1个、银奖1个；在全国精品盆景展中获特等奖1个、金奖4个、铜奖1个。

【中国(如皋)花木盆景艺术节】 2020年10月28日，为期4天的第十一届中国(如皋)花木盆景艺术节开幕。第十一届中国(如皋)花木盆景艺术节由市委、市政府、中国花卉协会盆景分会和中国风景园林学会花卉盆景赏石分会联合主办，如皋绿园有限公司承办，以“匠心铸精品，生活赋诗意”为主题，以“加强行业交流合作，促进盆景产业发展”为目标，以弘扬盆景文化特色为切入点，顺应盆景行业持续发展方向和需求，开展全国精品盆景展、盆景创作大赛和全国盆景交易大会等系列活动。其间，中国盆景艺术家协会秘书处落户如皋，办公地点设在花木大世界盆景大观景区内。来自全国花木盆景和园林绿化行业代表、各省区市盆景协会成员、盆景产业销售精英、盆景艺术家及业界代表参加活动。

全国精品盆景展 全国精品盆景展集中展出来自全国15个省市精品艺术盆景作品418盆，含树木盆景、山水水旱盆景、观花观果盆景、小微组合盆景等类型，其中大师级作品26盆。经评委专家组评审，评出特等奖10个、金奖22个、银奖48个、铜奖79个、特色展奖6个，如皋盆景获特等奖1个、金奖4个、铜奖2个。扶持盆景艺术新秀，带动产业提质增效，展会另设立展示盆景主产区、专业镇(村)、进出口盆景、科普教育成果等特展区15个。展会期间，完成线上线下销售近2000万元。

全国盆景创作大赛　全国盆景创作大赛因地制宜、因技制宜，根据盆景技艺手法和造型特征分设“岭南地区”和“其他地区”两个组别。来自全国14个省的130名选手参赛，现场比拼、切磋交流盆景制作技艺。经初赛、复赛、决赛三级选拔，阶梯式晋级，大赛评选特等奖1个、金奖2个、银奖4个、铜奖8个，如皋盆景艺术家杨建的“柏韵”获特等奖。

（陆　琴）

2020年如皋市盆景参赛获奖情况表

表4

送展时间	举办地点	获奖作品名称及作者	会展名称	获奖等次
9月	沭阳	飞天（王建）	第十届全国盆景展	金奖
9月	沭阳	故乡情（陈冠军）	第十届全国盆景展	铜奖
9月	沭阳	沧桑（钱旭）	第十届全国盆景展	铜奖
9月	沭阳	俯首迎春（陈明华）	第十届全国盆景展	铜奖
9月	沭阳	耐寒知松柏（杨建）	第一届全国盆景职业技能竞赛	金奖
9月	沭阳	咫尺云山（明真兵）	第一届全国盆景职业技能竞赛	金奖
9月	沭阳	祥云探海（朱登峰）	第一届全国盆景职业技能竞赛	银奖
10月	临沂	真柏（郝昌贵）	中国尊——中国盆景收藏家藏品国家大展	金奖
10月	临沂	故乡情（陈冠军）	中国尊——中国盆景收藏家藏品国家大展	银奖
10月	临沂	金龙狂舞（杨建）	中国尊——中国盆景收藏家藏品国家大展	铜奖
10月	如皋	柏韵（杨建）	全国盆景创作大赛	特等奖
10月	如皋	绝处逢生（明真兵）	全国盆景创作大赛	金奖
10月	如皋	盼（李小军）	全国盆景创作大赛	银奖
10月	如皋	柏韵（翟本建）	全国精品盆景展	特等奖
10月	如皋	水绘情缘（陈冠军）	全国精品盆景展	金奖
10月	如皋	金龙狂舞（杨建）	全国精品盆景展	金奖
10月	如皋	虎蹲峭岩（吕兴红）	全国精品盆景展	金奖
10月	如皋	汉柏古韵（杨建）	全国精品盆景展	金奖
10月	如皋	执子之手（张群慧）	全国精品盆景展	铜奖
10月	如皋	高风亮节气自华（明真兵）	全国精品盆景展	铜奖
11月	扬州	岁月如歌（杨建）	第二届江苏盆景精品展	金奖

附录：

如皋市花木盆景产业联合会

【概况】　2020年年末，市花木盆景产业联合会下设花木、盆景、园艺、草坪、果树和园林6个分会，有行业协会会员259人。年内，市花木盆景产业联合会在产业发展上，调结构、去库存、补短板；在技术培训上，抓提升；在重大活动上，抓联手。年内，市花木盆景产业联合会被南通市工商联（商会）评为南通市十大工作品牌商会，被省工商联继续认定为省“四好”商会。市花木盆景产业联合会会员全年获各类奖项71个，其中，获评2019度全国十大苗木经纪人、盆景类奖项51个，其中省级以上盆景大赛中获金奖10个。

【党建引领】　年内，市花木盆景产业联合会党支部围绕省委基层党建“五聚焦五落实”三年行动计划（聚焦基本组织、基本队伍、基本活动、基本制度、基本保障，把党的全面领导、党的坚强力量、党的号召要求、党的纪律规矩、党的关心服务落实到基层，通过三年

“大抓基层”实实在在提升基层党组织组织力)要求,以党建为引领,将党建与会建(商会建设)融合、会建与企业建设融合,带动党建提质、产业发展、百姓致富,打造“一领、双融、三带”党建特色品牌。48名党员密切联系259个会员,带动4000余名花木经纪人、4.2万户花木种植户共同富裕,户均增收超过3万元。对接帮扶兴韩村,资助建档立卡贫困户3.38万元。

【花木盆景产业服务】 年内,市花木盆景产业联合会及时组织花木盆景企业复工复产,深入各分会开展调研,动员广大苗木企业,一手抓防控,一手抓复工,为企业化解难题。盆景分会协助市委、市政府举办全国小微盆景展暨中国如皋盆景交易大会、第十一届中国(如皋)花木盆景艺术节等活动,组织会员积极参加国内各级盆景展会和盆景大赛活动。园林分会开展线上线下培训,传授园林绿化施工技术、法律知识等;组织会员代表,到上海考察学习。草坪分会利用“微信群”交流草坪管理经验,发布行情信息,介绍病虫害防治技术,引导草坪产业发展。果树分会全年组织200余人次,到苏州西山、泰兴、无锡、张家港、省农科院、镇江农科所,分别参观学习早熟枇杷、梨园、阳山水蜜桃、七彩葡萄、桃、中熟梨等水果种植管理经验;邀请省农业农村厅、南京农业大学、省农科院专家到如皋为果农授课,培训人员400余人次;专业服务队全年为果农修剪果园267公顷,提升果园管理水平。6月至7月,市花木盆景产业联合会牵头开展市内果园生产考察学习活动5次,集中参观紫桃园、梨园、葡萄园等特色果树种植园,参加人员100余人次。7月,草坪分会组织会员代表到淮安市,参观学习草坪种植管理经验,听取草坪技术管理专题讲座。8月,花木分会组织会员代表,赴启东和海门,参观启东市奥林苗木园艺场等5家花木产业特色典型。

【宣传平台打造】 年内,市花木盆景产业联合会着力打造《中国花卉报》长三角大数据中心、“如皋市花木盆景产业联合会”微信公众号和《花木盆景信息》(内刊)三大宣传平台,更好发出长三角花木盆景产业好声音,展示如皋市花木盆景产业联合会好形象,营造花木盆景产业发展好氛围,提升如皋花木盆景支柱产业知名度和影响力。全年在《中国花卉报》发布如皋苗木价格指数及花木行情分析文章4期,完成每月2次专栏和1个专版宣传任务,发表如皋花木盆景产业宣传文章86篇,被中国花卉报社评为副主任理事单位;编印《花木盆景信息》,全年发布如皋苗木价格及行情10期;微信公众号全年发送推文28期。

【花木盆景产业基金】 年内,市花木盆景产业基金新增工商银行和华夏银行2家合作银行,共有合作银行6家。全年为32家花木企业和个体经营户提供融资反担保服务34笔,担保贷款12570万元,比上年分别增长百分之百和168%;推动总投资额近10亿元绿化工程项目顺利建设,增加利税近1000万元,增加就业100余人。

(钱朋林)

精品如派盆景选介

中国尊——中国盆景收藏家藏品国家大展金奖作品,树种为真柏,作者郝昌贵 (市花木盆景产业办供图)

全国精品盆景展特等奖作品“柏韵”,树种为真柏,作者翟本建 (市花木盆景产业办供图)

综　　述

【概况】 如皋人古来多长寿，百岁老人频出。如皋首位有文字记载长寿老人为东汉人吕岱，生于东汉延熹三年（160年），80岁“迁上大将军”，93岁任吴国大司马，吴太平元年（256年）96岁病逝。首位有文字记载百岁老人为李嵩，北宋治平四年（1067年）出生，南宋淳熙三年（1176年）109岁卒。明嘉靖《如皋县志》增设《列传·耆寿》卷，明嘉靖，清道光、同治及民国4部《如皋县志》记载百岁寿星51人。1933年，全省气候普查时，认定如皋“最适宜于人之生存、物之繁殖”。中华人民共和国成立后，尤其20世纪90年代后，如皋长寿老人迭现。2007年起，全市健在百岁老人占总人口比例一直保持在1.8/万以上，远远高于世界长寿乡标准（0.7/万）。2008年10月6日，如皋市被命名为中国长寿之乡。2010年10月28日，如皋市被确认为第六个世界长寿乡，为唯一地处经济较发达地区长寿乡。截至年末，如皋市总人口140.39万人。其中60岁以上老年人口39.91万人，占总人口28.4%；80岁以上高龄老人6.8万人，占总人口4.8%；90岁以上高龄老人1万人，占总人口0.7%；百岁老人350人，其中年内新增131人；105岁以上老人21人，最年长者为白蒲镇镇斜庄社区108岁宗徐氏老人。

2020年如皋市新增百岁老人名录

表5

序号	姓名	性别	所在地	序号	姓名	性别	所在地
1	任有道	男	如城街道仙鹤社区	14	张如凤	女	城北街道新生社区
2	张正英	女	如城街道宏坝社区	15	谢林秀	女	城北街道新王庄社区
3	汤　恒	男	如城街道宏坝社区	16	冒桂英	女	城北街道普济社区
4	蔡瑞英	女	如城街道陆桥社区	17	李俊国	男	城北街道普济社区
5	朱万英	女	如城街道蒲行社区	18	石济民	男	城北街道普济社区
6	郭秀英	女	如城街道蒲行社区	19	王炳美	女	城北街道十里敦社区
7	王有英	女	如城街道西郊社区	20	杨本银	男	城北街道天河桥村
8	许秀英	女	如城街道新民社区	21	葛仁美	女	城北街道桥港村
9	卢忠英	女	如城街道凌青村	22	张达伍	男	城北街道戴庄村
10	樊英明	女	如城街道凌青村	23	顾元美	女	城北街道平园池村
11	高有凤	女	如城街道方庄村	24	曹开付	男	城北街道双楼庄村
12	张宏美	女	城北街道杨宗社区	25	阙红英	女	城北街道双楼庄村
13	曹子凤	女	城北街道杨宗社区	26	张祥美	女	城北街道纪庄村

续表5-1

序号	姓名	性别	所在地	序号	姓名	性别	所在地
27	朱仁凤	女	城北街道八角井村	63	陆福英	女	白蒲镇姚家园村
28	马治元	男	城北街道顾巷村	64	丁招英	女	白蒲镇杨家园村
29	范广美	女	城北街道复兴庄村	65	杨素英	女	白蒲镇顾岱村
30	刘培帮	男	城北街道陆桥村	66	吴李英	女	白蒲镇桥口村
31	朱徐氏	女	城南街道天堡社区	67	季秀英	女	白蒲镇桥口村
32	贾美如	男	城南街道桃林社区	68	常桂英	女	白蒲镇桥口村
33	陈九发	男	城南街道新庄社区	69	朱文英	女	白蒲镇桥口村
34	沈月红	女	城南街道育华村	70	王粉英	女	下原镇下原社区
35	缪如英	女	东陈镇杨庄社区	71	蔡春华	男	下原镇曙光村
36	冒洪武	男	东陈镇南东陈社区	72	严泽信	男	下原镇蔡荡村
37	许秀英	女	东陈镇双群社区	73	司鹤松	男	下原镇蔡荡村
38	唐子凤	女	东陈镇雪岸社区	74	徐连英	女	下原镇蔡荡村
39	贾树珍	女	东陈镇雪岸社区	75	邵元英	女	九华镇九华社区
40	周正富	男	东陈镇凌云社区	76	顾同玉	男	九华镇姜园村
41	杨增林	男	东陈镇凌云社区	77	王翠英	女	九华镇云屏村
42	陈德美	女	东陈镇万富社区	78	薛成美	女	九华镇如海村
43	杨桂英	女	东陈镇北庄村	79	顾沈氏	女	石庄镇石庄社区
44	卢金元	男	东陈镇石池村	80	徐月娥	女	石庄镇张黄港社区
45	纪学凤	女	东陈镇范桥村	81	焦从英	女	石庄镇张杨园社区
46	杨九凤	女	东陈镇刘亮村	82	沈秀芳	女	石庄镇新生港社区
47	陈桂芳	女	丁堰镇堰南社区	83	郭其秀	女	石庄镇铁篱社区
48	朱凤英	女	丁堰镇红桥村	84	马发贵	男	石庄镇思江村
49	苏改英	女	丁堰镇赵明村	85	沙炳珍	女	石庄镇洪港村
50	姜洁珍	女	白蒲镇光明社区	86	钱马氏	女	石庄镇洪港村
51	杜　芷	女	白蒲镇光明社区	87	黄圣兰	女	石庄镇蔡炎村
52	顾汝询	男	白蒲镇光明社区	88	丛和英	女	长江镇二案社区
53	姚恩会	男	白蒲镇松杨社区	89	杨秀英	女	长江镇永平闸社区
54	王　松	男	白蒲镇松杨社区	90	陈建章	男	长江镇永平闸社区
55	曹巧英	女	白蒲镇蒲东社区	91	任汉英	女	长江镇知青村社区
56	章顺林	男	白蒲镇蒲东社区	92	李子英	女	长江镇顾桥社区
57	倪月珍	女	白蒲镇文峰社区	93	张来英	女	长江镇杨洲社区
58	陈王氏	女	白蒲镇文峰社区	94	郭芝美	女	长江镇田桥社区
59	邓领英	女	白蒲镇前进社区	95	陈邦正	男	长江镇五零社区
60	余德秀	女	白蒲镇林梓社区	96	刘桂芝	女	长江镇镇龙社区
61	秦纯英	女	白蒲镇蒋殿社区	97	孙美英	女	长江镇长青社区
62	周桂英	女	白蒲镇姚家园村	98	左美英	女	长江镇谢楼村

续表5-2

序号	姓名	性别	所在地	序号	姓名	性别	所在地
99	王天成	男	长江镇谢楼村	116	谢林美	女	搬经镇谢甸社区
100	邓改英	女	长江镇谢楼村	117	王凤英	女	搬经镇高明庄社区
101	周沙氏	女	吴窑镇三元社区	118	缪明堂	男	搬经镇袁庄社区
102	吴仇氏	女	吴窑镇何柳村	119	刘福英	女	搬经镇叶庄社区
103	石建儒	男	吴窑镇长西村	120	夏宝兰	男	搬经镇焦港村
104	张万福	男	吴窑镇长庄村	121	鞠明芳	女	搬经镇梅甸村
105	李明先	男	江安镇联络新村社区	122	肖承英	女	搬经镇肖马村
106	孙良如	男	江安镇章庄社区	123	顾玉梅	女	搬经镇肖马村
107	朱庆许	男	江安镇朗庙村	124	王兆英	女	搬经镇港桥村
108	吴长生	男	江安镇新建村	125	季　敖	男	搬经镇夏堡村
109	周可美	女	江安镇佘圩村	126	马宏英	女	搬经镇夏堡村
110	李文英	女	江安镇徐柴村	127	李同明妈	女	搬经镇刘庄村
111	周张氏	女	江安镇黄建村	128	周开桂	男	搬经镇卢庄村
112	黄兰英	女	江安镇陈严村	129	缪桂英	女	磨头镇磨头社区
113	祝兴珍	女	江安镇西庄村	130	庄守英	女	磨头镇曹石村
114	丁桂芳	女	搬经镇朱夏社区	131	单明米	男	磨头镇塘湾村
115	张金寿	男	搬经镇鞠桥社区				

【尊老敬老】 年内，市老龄委会同各镇(区、街道)对部分百岁老人开展生日慰问活动，全年生日慰问老人165人。重阳节、春节等重大节日，县级层面组织走访慰问高龄老人217人，慰问资金8.36万元；各镇（区、街道)、市级机关部门到联助村(社区)，走访慰问贫困、高龄老人7360余人，发放慰问金、慰问品等价值150余万元。10月25日，如皋市举办第十四届“九九重阳”敬老联谊活动，表彰老龄工作先进单位16家、先进个人32人，尊老敬老模范家庭80户，老有所为先进个人44人。

【优老惠老】 年内，如皋市发放尊老金5500余万元，惠及80岁及以上老人6.9万人。为全市60岁及以上老年人办理老年优待证158本，为新增百岁老人家庭赠送液晶智能大彩电及慰问金。年内，全市30余个老年志愿文体团队在城乡开展文艺演出80余场。11月，市民政局、财政局联合发文，调整100岁及以上人员尊老金保障标准，100～104岁老人补助标准由每人每月360元提高至500元，105岁及以上老人补助标准由每人每月420元提高至650元，自2021年1月起执行。

【老年人合法权益维护】 年内，市老龄办、民政局、司法局、市人民法院联合开展《中华人民共和国老年人权益保障法》宣教活动，在社区、养老院举办老年人权益保障法讲座，开展走访座谈、现场咨询、需求调查等活动。借助如皋汽车广播电台普法栏目开展以老年人权益保护为内容普法宣传，拍摄微视频《民法典送保护，百岁老人得实惠》，强化全社会维护老年人合法权益的意识。开展法律援助宣传咨询活动，现场接受老年人法律援助申请，为老年人办理法律援助卡，简化受理审批环节和手续，指派办案律师提供“上门式、预约式、一站式”人性化服务。

【南通市首家老年人营养新型食堂落户如皋】 11月9日，南通市首家老年人营养新型食堂在如皋申丞护理院食堂通过验收并挂牌。

年内，如皋市确定申丞护理院食堂为老年人营养新型食堂首创单位，对食堂环境重新规划布局，增设血压计、身高体重仪、膳食宝塔模型等营养食堂支持性物品，推广健康烹饪模式，指导科学合理配餐，保证老年人群就餐安全、营养、健康需求；定期举办老年人营养知识宣传，帮助老年人树立营养健康饮食观。

（冒爱锋　王　璐）

养老服务

【养老机构养老】 2020年，全市有特困老人供养机构17家，其中，农村区域性养老机构（乡镇敬老院）15家、市民政局属单位直管养老机构2家。乡镇敬老院有8家实现公建民营。特困供养机构养老床位4837张，护理型床位3048张，占比63%；入住老人2660人，床位使用率55%。全市有民办养老机构12家，设置养老床位3843张，护理型床位3200张，占比83.3%。全市镇级日间照料中心床位900张、村级居家养老服务中心床位6400张，各类养老床位累计15980张，每1000名老人拥有床位42.2张。

【社区养老】 年内，全市提升改造居家养老服务站31家。市民政局在丁堰镇试点推行养老机构连锁化运行（机构与机构连锁，机构与社区居家养老服务站连锁），初步建成朝阳村、茄儿园社区嵌入式养老长者驿站。建成城北街道、如城街道、城南街道日间照料中心。按照先评估、再预算、后招标方式，困难老年人家庭适老化改造320户。

【居家养老】 年内，如皋市以政府购买服务形式开展居家养老上门服务，建有市级中心1个、镇级养老服务站14个，配备全职人员36人、兼职助老员177人。为全市60周岁以上低保家庭重残老人、80周岁以上分散五保户、半失能65周岁以上计划生育特别扶助对象、70周岁空巢或独居老人、95周岁以上高龄老人和新中国成立前老党员、半失能南通市级以上劳模、90周岁以上失能重点优抚对象等提供居家养老上门服务。全年累计上门服务对象6万余人，每次服务时间1～3个小时。截至年末，服务工单数122.5万单，服务总时长67.5万小时；线上座席回访率百分之百，线下抽查回访率80%以上，满意率百分之百；第三方核查满意率98%以上。

【医养融合】 年内，市民政局加大对社会资本投资兴办护理院和护理型养老机构支持力度，全市新增护理型床位200张，拥有护理床位5126张，占养老机构床位总数63.36%。袁桥敬老院、磨头敬老院、白蒲敬老院、九华敬老院建立医疗护理站，搬经镇敬老院、丁堰镇敬老院建立医务室。

【老年人托底保障】 年内，市民政局推进失能（失智）特困供养对象集中供养机构建设，利用江滨医院闲置资源，建成失智（失能）人员照护中心，新增护理型床位198张，年内收治失能特困供养对象53人。排查摸底登记农村"留守老人"800余人，全部实现一对一关爱服务。

【养老服务队伍建设】 年内，市民政局加强和规范养老服务从业人员队伍建设，开展2020年养老机构护理员业务技能培训，邀请南通市护理学会专家讲课和现场指导。出台激励政策，建立养老从业人员工资待遇与专业技能等级挂钩制度。

【养老机构安全管理】 年内，市民政局建立疫情防控预案。印发《关于在全市养老服务机构内做好新型冠状病毒感染肺炎防控工作的通知》，对全市31家养老机构实施封闭管理。召开全市养老机构疫情防控知识培训会议，对养老机构疫情防控工作有关知识进行全面解读。开展消防安全整治，按序时进度完成既定17家养老机构整改任务。围绕疫情防控措施落实、消防安全管理、值班在岗情况三方面，每月开展一次养老机构安全管理"日查夜巡"活动，发现问题及时反馈并落实整改。

（冒爱锋）

敬老爱老活动

【概况】 10月，如皋市在全市范围内广泛开展敬老月活动。利用宣传栏、文艺会演、微信公众号、微博、微视频等开展宣传活动，营造全社会爱老敬老舆论氛围，在市广播电台、电视台、市委新闻网、"如e融媒"App等平台开辟专栏，打造富有长寿之乡特色的敬老宣传节目。"百岁老人话小康"在微博推送后点击阅读量突破200万人次。在敬老月期间，全市投入人力3300余人，面对面慰问老人7360余人，发放慰问金、慰问品等价值150万元。

8月14日，市民政局开展"夏送清凉"活动，上门慰问高龄老人

（冒爱锋摄）

【帮扶关爱活动】 年内，如皋市在全市广泛开展党员干部结对帮扶特困老人活动，解决老人生产生活实际困难；联系关爱空巢老人，了解和满足老人精神需求；探访看望患病老人，解决老人医疗方面问题；牵手看护孤寡老人，为老人晚年送去愉快心情；寻求提供老年人参加社会活动的平台，让老年人老有所为，发挥社会作用。开展走访慰问高龄老人、困难老人活动。重阳节前，市老龄办向百岁老人打卡发放慰问金400元/人；向全市80户尊老敬老模范家庭颁发奖牌，发放奖励金400元/户；普遍开展走访慰问抗美援朝老兵、新中国成立前老党员、五保老人、残疾老人、特困老人、计生特困家庭老人，走访养老机构，送去节日礼品和慰问金。

【老年文娱活动】 年内，市卫健委组织各类“银龄风采”送戏进村(社区)、进敬老院20余场。全市各镇(区、街道)广泛开展敬老日文化娱乐，组织老年人逛公园、游景点等活动。市图书馆、文化馆、博物馆、体育中心、老年文体协会利用自身优势，开展一系列主题鲜明、内容丰富的宜老悦老助老活动。10月25日，如皋市举办第十四届“九九重阳”敬老联谊活动，以“勠力同心，弘扬伟大抗疫精神；银发生辉，共酿尊老敬老琼浆”为主题，选调《水绘情缘》《如皋号子风调雨顺》等文艺节目21个，举办重阳节文艺表演活动，邀请退休老干部和社会各界老人280人参加。如皋市第十四届“九九重阳”敬老联谊活动被《扬子晚报》以《佳节又重阳、浓浓敬老情》为题报道。

(冒爱锋　王　璐)

长寿研究

【概况】 2020年年末，市长寿研究会有团体会员90个、个人会员101人。年内，市长寿研究会在探索长寿秘诀、关注高龄老人，在开展重点活动、宣传长寿品牌、助推长寿经济等方面取得新进展。市长寿研究会会员全年在《长寿探秘》等专业期刊上发表研究论文18篇，在全国性专业会议上交流论文2篇。开展基础理论研究。从如皋百岁老人共同拥有的勤劳俭朴、处变不惊、善于忍耐等品性，与儒家提倡的“不偏不倚，无过又无不及”中庸之道进行比较，探索如皋长寿现象理论依据。研究、分析近年市人民法院审理的100余起家庭养老案件，探索如何养老才更有利于老人身心健康，撰写《对依法养老与依德养老的思考》。开展夕阳风采研究，撰写《华裔“神探”的故土情结》《八十老翁教书忙》《90岁的离休老人张健民在家里创办“老年俱乐部”》等文章，从不同角度展示如皋市长寿老人群体良好精神风貌。开展长寿经济研究，调研报告《江苏如皋“三三三养老新模式”驱动农村社会养老服务水平高质量提升》获省老龄委第五届青年学者论坛特等奖，调研报告《整合长寿资源，做优寿都农品》在重庆市江津区举办的长寿之乡与健康产业高峰论坛上交流。

【老龄关爱】 年内，市长寿研究会组织开发百岁人群长寿因素信息采集与统计分析系统，截至年末，完成系统调试。通过重点走访、举办相关活动等途径对全市高龄寿星生活、身体状况进行动态了解，并提出针对性建议。走访慰问全市105岁以上高龄寿星29人，20余家企业和部分爱心人士参与慰问，为高龄寿星送去慰问品和慰问金。11月13日，举办“身心健康万人健步行”如皋启动仪式，邀请全国著名运动教育专家赵之心和心内科专家刘玄重分别开展健步运动、心脏保护专题讲座，300余名老年人代表聆听讲座。

【长寿品牌宣传】 年内，市长寿研究会召开首批如皋长寿研究会推荐产品业主座谈会，考察如皋长寿研究会推荐产品实际效果和产品品质。对已推荐产品进行专题回访调研，并对新一轮拟推荐产品进行现场考察。年末，对2018年首批推荐的南通光远速冻制品有限公司黑塌菜等系列速冻蔬菜等12家单位17个产品予以继续推荐，将南通惠蒲酒店投资有限公司餐饮服务项目等7家单位9个产品列入2020年度新推荐产品。全年被学习强国平台收录如皋长寿品牌宣传文章2篇。10月20日至23日，长寿之乡联盟第一届理事会第五次(扩大)会议在重庆市江津区举行。会上，由市长寿研究会推荐白蒲镇百岁老人姜洁珍入选“健康中国我代言”——中国长寿之乡百位健康百岁老人金榜。10月31日，由省老龄委举办的第七届老龄论坛暨首届长三角青年老龄论坛在无锡市江南大学举行，市长寿研究会应邀参会并提交论文，宣传如皋长寿品牌。

(刘伯健)

如皋中国长寿文化节

【概况】 2020年10—11月，如皋市举办第十届如皋中国长寿文化节系列活动。其间，举办全国书法名家精品邀请展暨“大爱之城、幸福如皋”摄影作品展、致敬建党百年——如皋市电影文化惠民年展和第九届旅游文化节开幕式。

【全国书法名家精品邀请展暨“大爱之城、幸福如皋”摄影作品展】 10月27日至11月8日，由省书法家协会，中国摄影报社，如皋市委、市政府主办，市委宣传部、市文体广电和旅游局、市文联承办的全国书法名家精品邀请展暨“大爱之城、幸福如皋”摄影作品展在市文化馆举行。此次展览挑选全国书法名家精品作品59幅和长寿题材获奖摄影作品50幅展出，集中展示如皋悠久历史文化和宜居养生的生态环境，生动展示如皋淳朴和善的文明风尚和寿星风采。

【致敬建党百年——如皋市电影文化惠民年展发布仪式】 10月25日，正值重阳节，致敬建党百年——如皋市电影文化惠民年展在华夏电影文化中心举行发布仪式。活动邀请长寿老人、抗疫典型、老军人代表共同启动经典老电影惠民仪式。

致敬建党百年——如皋市电影文化惠民年展充分利用华夏胶片电影文化中心丰富的红色电影资源，于2020年10月28日至2021年10月30日期间，在市文化馆免费放映红色经典电影，让大家重温党的峥嵘岁月。致敬建党百年——如皋市电影文化惠民年展是迎接中国共产党成立100周年，落实文化惠民工程、丰富群众精神文化生活的重要举措，激发全市人民铭记历史、珍惜现在，激励全市党员干部不忘初心、砥砺前行。

【市第九届旅游文化节开幕式】 10月25日晚，“长寿之乡·诗意小城”如皋市第九届旅游文化节开幕式在水绘园举行。来自全国各地知名客商、旅游经销商、区域性旅游团游客、如皋当地旅游企业负责人等近1000人参加活动。

开幕式上，正式发布“如皋长寿八大碗”美食，以如皋长寿美食中的特色早茶为媒介，培育文体旅消费集群，举行“南通——如皋早茶旅游专线”直通车揭牌仪式，推动旅游业消费升级。

（冒爱锋　王　璐）

附录：

“如皋长寿八大碗”菜品介绍

董肉　俗称跑油肉、扣肉，相传为董小宛所创。制作“董肉”需要经过烤、泡、煮、炸、煨、蒸等6个步骤，近3个小时。抗清名将史可法评述“董肉”：“肥而不腻，咸中渗甜，酒味馨香，虎皮纵横……”

蟹黄鱼圆　为如皋长寿名菜，是南通市非物质文化遗产。鱼圆柔绵而有弹性，白嫩宛若凝脂，内孕蟹籽，色如琥珀，浮于清汤之中，既有蟹的鲜，又有鱼的嫩，有“黄金白玉兜，玉珠浴清流”之美，异香满口，滋味馥郁。鱼腐蟹膏，食材碰撞，风味交融，双剑合璧，直指人心。

红烧三黄鸡　如皋三黄鸡，为国家农产品地理标志保护特产。红烧三黄鸡，选用如皋当地散养三黄鸡，剁成块，下锅炒至脱水，佐以红烧辅料，大火烧开，小火焖至成熟，大火收汁，再入焯水的绿色黄豆米出锅装盘，鸡肉嫩软，豆米色绿，味美可口。

芋头烧肉　如皋素有“吃芋头，遇好人”说法。如皋香堂芋，是国家地理标志，以其香气怡人、口感细腻软滑、酥而不烂闻名。芋头烧肉，选用肥瘦相间的猪肋条肉红烧，放入香堂芋吸收肉中油脂，肉的色泽更红亮，唇齿之间，口感丰腴却又油而不腻，堪称最美相遇。

炒白蒲茶干　白蒲茶干为清康熙年间屠氏所创，选用优质大豆，经21道工序制作而成，被清乾隆皇帝御赐“只此一家”金字匾额，是如皋久负盛名的传统风味名吃。茶干味美芳香，富有韧性，色泽美观，形状方且薄，配以蒲芹、大蒜炒食，风味绝佳。

黄芽菜脱脂肉　白蒲黄芽菜，为国家地理标志保护特产，具有“富硒、生态、有机、耐贮”特点，其包心坚实，黄化程度高。煮，则汤如奶汁；炒，则嫩脆鲜美。如皋脱脂肉，脆而不柴，香酥脆嫩，咸鲜香浓。黄芽菜烧脱脂肉，兼具黄芽菜的脆嫩与脱脂肉的香嫩，是如皋地方特色菜肴。

红烧鲢鱼　因为谐音年年有余，红烧鲢鱼是喜宴压轴主菜，被升华为富有仪式感的精神文化。俗话说：“千滚豆腐万滚鱼”，如皋人红烧鲢鱼有自己独特的方法，成品肥而不腻，鲜而不腥，蒜香浓郁。

黑塌菜烧粉丝　黑塌菜，为国家地理标志保护特产，叶大茎小，口感鲜嫩，入冬经霜后，味更鲜美，有“腊月里黑塌菜赛羊肉”之说，可炒食、煲汤、凉拌、腌渍，又是烹调各种肉类菜的配菜，色、香、味俱佳，营养丰富。黑塌菜粉丝，鲜美肥嫩、色泽亮绿，色美味鲜。

扫码观看视频
《如皋长寿八大碗》

融入长三角区域一体化发展

【概况】 2020年，市委、市政府成立市融入长三角区域一体化发展工作领导小组，统筹协调推进全市融入长三角区域一体化发展工作。研究出台《如皋市融入长三角区域一体化发展行动方案》，紧扣“一体化”和“高质量”两个关键，紧盯全方位融入苏南、全方位对接上海、全方位推动高质量发展目标要求，围绕“一城两区三基地”建设提出具体建设工程11项。推进跨江融合发展战略，全年新增单体投资1亿元以上长三角项目签约项目125个，总投资额908亿元；全年邀请长三角地区高校到如皋开展专题产学研活动12次，促成校企合作项目120个，形成合同金额4246万元。

【跨江融合发展】 年内，如皋市落实苏通、锡通跨江融合发展战略合作协议要求，与张家港市、无锡市锡山区相关部门对接协调，推动两地合作交流。5月18日，市党政代表团赴张家港和锡山区考察学习，围绕产业协同、园区合作共建、板块对接交流、交通互联互通、人才交流、文旅交流合作、高质量文明城市建设等重点领域，分别与两地签订跨江融合发展战略合作协议。强化板块对接交流。推动长江镇与张家港市凤凰镇、金港镇等苏南发达镇交流合作，推动广大特材产业园区合作。

【产业协同发展】 年内，如皋市承接苏南、上海产业转移，协同长三角全产业链跨区域发展，加大与长三角全面对接，总投资100亿元的广大特材产业园、总投资400亿元的金鹰产业园、总投资20亿元的格派新能源、总投资10亿元的皇冠光电新材料、总投资10亿元的电子信息产业园等来自长三角地区大项目优项目落地。组织相关镇(区、街道)及部门，分别在苏州、无锡、上海等地召开投资促进会80余场，对接客商2000余人次，形成以政府为主导、商会为基础、企业为主体“以商招商”新格局；组织客商和企业参加南通市“百企结对携手并进”跨江融合发展大会和长江经济带江海联动发展论坛活动。推进农产品生产基地建设和优化，城北街道菜篮子基地、如西菜篮子基地、龙港果蔬等40余家企业建成上海永久性叶菜类基地，搬经嘉禾润宝和正禾现代农业园区2家企业被上海市商务委员会授牌为上海市外蔬菜主供应基地，“如皋黑塌菜”被省农业农村厅授予省级区域公用品牌。4月，在南京金陵饭店举办如皋黑塌菜专场推介会。10月，中皋农产品供应链有限公司等7家企业参加长三角高新视听博览会，直播推介白蒲三香斋茶干、万珍六年陈黄酒、春华萝卜皮、蒲塘富硒大米等如皋特色农产品。

【载体平台建设】 年内，如皋市推动如皋开发区与上海机动车检测认证技术研究中心有限公司共建氢能源汽车研究检测公共服务平台。沪通胶粘制品产业园加快发展，年内招引7家企业落户园区，累计入驻企业20余家。广大特材产业园一期项目投资10亿元，建成智能铸件及生产加工项目并实现投产；二期风电轮毂及精加工项目开工建设。引进上海交通大学颜德岳(高分子化学家、中科院院士)课题组与企业合作，成立院士工作站等，与上海嘉定工业园区结对合作；推动森松(江苏)重工有限公司与上海交通大学、南通丽洋洁净材料有限公司与江南大学、江苏瑞海船舶工程有限公司与南通大学签订跨江产学研成果转化项目。

【交通跨江互联互通】 年内，如皋市围绕加快融入长三角区域一体化发展进程及跨江融合发展的交通格局，配合张皋过江通道和北沿江高铁前期研究工作，建成通皋大道和高铁南站综合枢纽。9月30日，通皋大道通车。12月28日，盐通高铁如皋南站综合客运枢纽与盐通高铁同步投入使用。配合省交通运输厅做好张皋过江通道各项工可专题研究,年底大型临时设施开工建设。配合做好北沿江高铁如皋西站(吴窑站)各项前期工作。

【绿色发展共建】 年内,如皋市落实长三角地区联防联控要求,开展大气、水污染联防联控,建立跨界跨区域污染转移联合处置、突发环境事件信息通报和联动应急机制,推动环评会商、预报预警、联合执法。对列入年内关停的34家化工企业,强化环境执法监管,督促企业制定规范拆除方案,做好"两断三清"(断水断电,清除原料、清除设备、清除产品),防范环境风险。

【公共服务共享】 年内,如皋市实现与长三角地区就医联网结算,全市所有定点医疗机构被纳入跨省、省内和长三角异地就医直接结算平台。推进异地就医"一单制"结算,使原慢性病、特殊病、居民"两病"(高血压、糖尿病)在长三角地区门诊就诊也可直接刷卡结算。办理长三角地区长居异地备案1976人,转诊备案5147人。持续做好异地居住退休人员手机App人脸识别认证服务,全市应认证对象7.19万人,7.18万人通过认证,认证率99.9%。拓展疫情防控期"不见面交易"形式,突破不见面交易技术瓶颈,实现与长三角地区电子证照共享。

对口协作

【概况】 2020年,如皋市持续做好对陕西省洋县对口帮扶工作,在产业合作、劳务协作、人才支援、资金支持、携手奔小康等方面双方开展协作。两地全年召开对口协作联席会议3次,相关部门间开展对接交流活动40余次。年内,如皋市组织相关客商赴洋县考察10余批次,统一上缴省财政对口帮扶资金2230万元。

【产业支援】 年内,如皋市严格执行苏陕项目管理办法,配合洋县从项目立项、建设、验收等层面规范项目操作流程,实施苏陕项目31个,拨付苏陕协作资金5941万元。新签约、注册并落户洋县项目4个(安时达物流项目、慧家优选项目、康丰现代牧业肉牛养殖项目、江苏水明楼酒业黑米种植基地及加工工厂项目)。年内,江苏水明楼酒业与洋县人民政府签订正式补充协议,启动加工厂建设项目和种植基地土地流转工作(总面积336公顷);安时达物流项目开通汉中—南通物流专线,为苏陕企业做好服务;慧家优选公司与洋县8家农产品加工企业达成产销协议,年内实现洋县优质农副产品上线销售;康丰现代牧业有限公司与洋县马畅镇签订合作协议,协议建设肉牛养殖基地。两地共建如皋产业园,建成标准化厂房3.2万平方米,年内入驻企业3家、协议入驻企业7家。

【人才支援】 年内,如皋赴洋县挂职干部2人,分别挂职洋县委常委、副县长和洋县发展改革局副局长。组织遴选相关领域优秀专业技术人才赴洋县挂职支援,组织开展专业技术人才挂职支援行前培训。年内,如皋赴洋县挂职支援专业技术人才19人,其中,支教6人,支医7人,支农6人。5月,两地市(县)委党校联合举办洋县基层党务干部培训班。7月,洋县派出2名党政干部、10名专业技术人员到如皋挂职锻炼。

【劳务协作】 年内,如皋市对洋县开展高质量劳务协作,奋力抓住脱贫关键点。会同洋县组织苏陕协作就业以工代训培训,参训207人,其中贫困人口39人全部实现就业。创新招聘方式,及时通过网络发布岗位信息,利用微信小程序开展网络招聘。在洋县举行"春风行动"如皋专场网络招聘会,60家如皋企业提供岗位7000余个,推动洋县向南通地区累计输送农民工387人。截至年末,洋县累计向江苏输送农村外出务工人员584人,其中贫困劳动力291人;帮助贫困人口就地就近就业88人。如皋苏中江人力资源公司与洋县职教中心合办服装专业班招收首批学生23人到如皋服装企业实习;开办护理专业,全年招生50人。

【决胜全面小康协作】 年内,如皋市延伸高质量协作层级,努力扩大协作

10月19日,洋县农村致富带头人培训班在如皋市委党校开班,为期5天
(市发展改革委供图)

对接点。坚持专项支援、行业协作、社会支持“三位一体”大协作格局，汇集资源和力量，深入实施“携手奔小康”行动。助推洋县创办经营主体26个，带动贫困人口330人。配合洋县在如皋市委党校举办致富带头人培训班1期，参训28人。镇村企协作有序开展，如城街道、城北街道、长江镇、城南街道、九华镇、丁堰镇6个镇（街道）、18个村、18家企业完成镇村企结对帮扶工作。市人大办、政协办、发展改革委、农业农村局、总工会、行政审批局、商务局等20余个机关部门及市慈善会、红十字会、工商联系统等到洋县开展协作。如皋市全年捐赠洋县财政性帮扶资金160万元、社会帮扶资金72.26万元、物资价值98万元。

（王海飞）

港口 口岸

如皋港

【概况】 2020年，如皋港口岸完成吞吐量7372.15万吨，比上年增长23.09%。其中煤炭及制品吞吐量1340万吨，石油、天然气及制品吞吐量1033万吨，金属矿石吞吐量2149万吨，非金属矿石吞吐量131万吨，钢铁吞吐量154万吨，矿建材料吞吐量1969万吨，水泥吞吐量474万吨，粮食吞吐量219万吨，机械、设备、电器吞吐量2.6万吨，化工原料及制品吞吐量248万吨，农、林、牧、渔业产品吞吐量33万吨，其他货物吞吐量491.4万吨；外贸吞吐量1394.67万吨，比上年增长64.17%。集装箱吞吐量50.49万标准箱，比上年增长24.80%，其中外贸集装箱吞吐量3.23万标准箱，比上年增长21.02%。开展口岸疫情防控，全年检查出入境（港）船舶1107艘次，比上年增加16.4%；出入境（港）人员22186人次，比上年增加17.1%，无一例疫情输入。会同查验单位及市发展改革委、卫健委、交通运输局等部门及长江镇，开展疫情防控宣传和检查，严防疫情通过口岸进入。

7月21日，如皋港长源国际码头获批临时开放。图为8月2日长源国际码头停靠首艘外轮“NEW KEEPER”（新保轮） （如皋港集团供图）

【码头开放】 年内，市商务局将长源码头（2个泊位）开放申报工作作为年度口岸建设重点工作。7月21日，长源码头获半年期临时开放资格。同步推进开放申报工作，12月23日，长源码头通过省商务厅（口岸办）口岸对外开放验收。截至年末，长源码头靠泊外轮18艘次，接卸进口石英砂70万吨。

【开放码头监管】 5月，市商务局联合海事、海关、边检等单位和长江镇对开放码头泊位开展核查，核查结果总体良好，对发现问题及时落实整改措施，确保船舶靠泊安全、顺利、通畅。

【口岸服务】 年内，市商务局支持中林港务集团开普型船舶（总载重量为15万吨级左右散货船）靠泊100艘次，开普型船舶靠泊产生的吞吐量占中林港务集团外贸吞吐总量近80%。为集装箱发展保驾护航，新开辟至河北省唐山港的华北线。充分落实集装箱免费查验政策，全年口岸进出口货物查验涉及集装箱2911只，其中涉关查验904只，累计获南通市查验补贴30余万元。支持保税物流中心（B型）转口贸易为主的咖啡制品、进口葡萄酒、出口电视机、进口船用润滑油等业务拓展，如皋港保税物流中心（B型）成为全国最大船用润滑油物流集散基地、华东最大咖啡物流仓储基地之一、江苏省最大葡萄酒物流仓储基地之一。

（徐　蔚）

海　关

【概况】 2020年，如皋海关全年征收税款17.65亿元；监管集装箱1.8万标准箱、货物26.9万吨，比上年分别增长25.6%和81.2%。年内，如皋海关成立统筹口岸疫情防控和促进外贸稳增长工作指挥部，常态化开展疫情防控工作；严防新冠肺炎疫情输入输出，严格实施水运口岸全流程闭环管理。推动落实属地联防联控处置措施，指导各修船企业加大防控力度，携手筑牢口岸防线。全年检疫进出境船舶668艘次、进出境人员1.29万人次，开展流行病学调查620

人次，开展医学排查261人次，监管船舶58艘、船员1061人。加强非洲猪瘟、埃博拉等疫情综合防控，防止疫情叠加，在船员自用猪肉中检出非洲猪瘟阳性1例。严格执行进口食品监督抽检和风险监控，开展进口冷链食品风险监测，严防食品安全输入风险。坚决惩治洋垃圾、濒危物种和芬太尼（镇痛药）等走私犯罪，加强船员行李物品及船舶登临检查，查获洋垃圾3346吨；推进打私综合治理，开展成品油打私行动；对4家涉危监管作业场所、3家涉危保税监管场所及硝酸铵等危险化学品开展安全风险隐患排查工作。

【检验检疫】 年内，如皋海关查验进口贝宁大豆（全省各口岸首批进口），截获云杉八齿小蠹、云杉树蜂、花园葱蜗牛等检疫性有害生物。全年截获有害生物263批、230种、2331种次，比上年分别增长2.9倍、23.66%、4.2倍；截获检疫性有害生物146批、21种、248种次，比上年分别增长3.7倍、40%、5倍。检验检疫进出口产品2680批，检出不合格产品71批。检出各类大宗资源性商品短缺2.3万吨，为企业挽回损失241.4万美元。

【海关服务】 年内，如皋海关支持长江经济带发展，助力沿江对外开放平台建设，开展进境水果、肉类指定口岸、综保区建设申报等调研，助推如皋跨境电商产业园启动，支持长源码头临时开放。加强对口岸重点商品服务力度，进口木材105批、5.25万立方米，价值908万美元，比上年分别增长64.06%、72.50%、73.84%；进口大豆、木薯干等粮食12.81万吨，价值5102.52万美元，比上年分别增长97.91%和81.15%。推广企业问题清零系统应用，线上注册企业224家，征集18条企业问题全部清零；为企业快速验放棉花1.05万吨，避免超期费用近100万元。启动保税润滑油供船通关监管方案，为企业节约运营成本33万元。综合研判及时下调风险担保额度，为企业释放现金流逾1000万元。固结磨具用无碱玻璃纤维制增强片税政调研建议被国务院关税税则委员会采纳，为企业节约年运营成本约335万元。加大对地方特色产业扶持力度，指导企业妥善应对国外技术贸易措施，推动竹木草、肠衣等产品出口，助力全国首家出口水培小微盆景花木企业发展。全年验放进口铁矿154批、874.7万吨，为企业节省费用2361.7万元。

5月18日，如皋海关人员快速验放出口墨西哥的防疫物资免洗手消毒液
（如皋海关供图）

【海关改革】 年内，如皋海关推进各项改革措施落地，实现国际贸易“单一窗口”主要申报业务应用率等主要指标均为百分之百。推行不见面审批，全年在线办理新企业海关注册登记245家、变更登记109家、注销登记66家。设立疫情防控物资、农产品等快速通关专用窗口，协助如皋市人民医院快速办理海关临时注册登记，保障防疫物资进口。指导企业参与对美加征关税商品市场化采购排除及退税申请，为企业减免税款79.5万元。推进多元化税收担保、自报自缴改革，审核属地企业关税保证保险保单72票，担保总金额2.45亿元，惠及企业12家，签发原产地证书7972份，为企业减免境外关税约1575万美元。承接南通海关划转业务近20项，推行“多查合一”“创新后续监管”重点改革，通过“跨科协作”模式查发作业27起，有效率57.4%，“跨科协作”项目被海关总署列入相关研究课题。

（杨　阳）

海　事

【概况】 中华人民共和国南通如皋海事处，设立综合办公室、海事监管科、泓北沙海巡执法大队、长青沙海巡执法大队、又来沙海巡执法大队。2020年，监管进出港船舶7.45万艘次，监管港口货物吞吐量7144.2万吨、集装箱50.49万标准箱。

【水上应急搜救】 年内，如皋海事处构建基层指挥平台新模式，协调成立如皋市水上搜救服务中心。辖区常驻大马力应急拖轮6艘，通过日常培训和演习练兵等活动持续提升社会搜救队伍能力。试运行基层海事处三级指挥平台，月均开展电子巡查84次、通过海事CCTV监管系统发现异常情况58起、查处违章30起。加强气象预警，多渠道做好恶劣天气应对和应急提醒。水上救助成功率百分之百，成功处置“7·29”船舶碰撞事故，接警后30分钟快速反应，成功救起全部2名落水人员。11月27日，及时发现并有效处置“徐货9556”轮机舱爆燃险情，成功救起4人，避免可能引起船舶爆炸、水域污染和人员伤亡重特大事故发生。

【水上安全监管】 年内，如皋海事处调整优化执法力量，突出一线效能，船舶安检611艘次，危货作业现场检查1592艘次，查处违章818起，船员记分414次。牵头长江如皋段水上交通安全专项整治工作，推动地方政府出台港池管理办法，落实港池管理机构，建成非法船舶扣押基地和强制卸载点，完成“如皋港内港池管理机构无实体化运行”“四号港池管理”两大安全隐患销号。开展水上交通安全专项整治，协作联动开展违规海砂专项核查53次，完成入沪船舶专项安检，全面开展船名标识集中整治、生活污水垃圾污染百日行动、水上无线电秩序管理专项整治等活动。协助完成国际航行船中国籍船员换班45艘712人次，协调病重下船紧急就医人员5人次，保障重要民生物资运输近800万吨。保障洪峰安全过境2次，成功防抗台风袭击3次。严厉打击“三无”(无船名船号、无船舶证书、无船籍港)船舶非法航行行为，实现辖区“三无”船舶全面“清零”，配合落实长江流域禁捕退捕工作部署。辖区未发生有海事责任的较大及以上交通、船舶污染事故，安全形势持续稳定。

【长江大保护】 年内，如皋海事处高质量推动如皋水上绿色综合服务区项目建设，绿色应急服务站投入使用，航运服务站建设进入收尾阶段。小型到港分流船舶待泊基地通过建设验收，阳鸿洗舱站建成运营，纯电推进环保接收船、交通(救助)船建造工程完成过半。南通如皋水上绿色综合服务区入选省长江大保护和绿色发展特色工作。开展船载危化品安全综合治理，推动辖区内5家危化品码头及相关货主单位落实高质量选船机制，全年选船3338艘次，淘汰低标准船舶46艘。创立全国首个海事监管船载危险货物留样室，推动辖区码头开展溢油、泄露等船载危险货物事故应急演练14次。辖区沿江码头单位船舶生活污水自主接收设施全部到位，船舶垃圾、生活污水自主接收设施百分百覆盖，全年扫码接收内河船舶生活污水3330.6立方米、生活垃圾9.19吨。全年核查船舶低硫燃油豁免或免责报告873艘次，依法查处未封舱和使用不合规燃油违法行为。

11月18日，如皋海事处执法人员在沿江码头安全巡查 (如皋海事处供图)

【海事服务】 年内，如皋海事处高效服务港航企业，助力“百万标箱、亿吨大港”建设。实施“一船一核”单航次审核方式，保障452艘次超大型船舶安全靠泊。建设24小时政务受理无人值守站和自助便民一体化服务区，全年自助服务办理2421件次。日均办理港口建设费业务60艘次，阶段性免征港口建设费6006万元。助力提升如皋港功能支持能级和港口富集效应，为立讯精密、金鹰产业园等重大项目建设提供水路运输协调支持。深挖港口通航潜力，推动航道沉船打捞等港口基础建设，维护航道通航尺度。为张皋过江通道勘探作业提供现场安全保障和通航秩序维护服务。靠前指导长源码头1号、2号泊位开放通过省级验收。如皋海事处获江苏海事局“四示范”执法窗口命名表彰，政务窗口获南通海事局“流动红旗”荣誉。

(程　磊)

边防检查

【概况】 2020年，如皋边检站全年检查出入境(港)船舶1107艘次，人员22186人次，比上年分别上升16.04%、17.13%。新冠肺炎疫情发生后，如皋边检站先后召开防疫专题会议6次，制订疫情防控工作方案，细化管控措施14项，建立战时思想政治工作措施8条，调整勤务模式5次，推行小单元勤务轮转，强化一线实地巡查、后台视频巡检的“线下+线上”双巡机制。查获走私和非法入境、非法居留、非法就业“三非”案件3起，查获涉嫌走私成品油600余吨，香烟、洋酒、毛毯等30余件。不断细化船员换班流程，启用船员换班申报核批系统，通过“互联网+不见面审批”方式，简化船员换班审批流程，完成船员换班1163人次，协同开通绿色通道13次，累计救助外籍船员15人次。通报疫情防控信息6000余条，推送法律常识1000余条，发放疫情防控资料500余份。采取进企调查、上门走访、警民恳谈等方式，深入码头开展调查、摸排、化解工作。收集上报情报线索11条，被江苏边检总站采用3条。集中排查整改隐患7类12项，制定针对性措施24条，完善口岸基础数据33条。组建数据核查专班，按照“每船必核、人人必检”要求，提前48小时对预靠船舶进行核查分析，建立反走私、反偷渡、擅自出入境和未按规定路线行驶4类核查模型，全年通报预警信息线索13条，编发数据分析9期。

【边检服务】 年内，如皋边检站助力企业开放开发，深入开展“深化边检服务，促进企业发展”活动，主动加强与码头企业沟通联系，派员为企业员工开展登轮涉外法规培训，提高登轮人员遵纪守法意识。主动跟进长源码头开放事宜，多次深入港区征询港口企业意见与建议，开展走访调研45场次，简化通关流程3类12项，制定《对外开放口岸边防检查现场规范化建设标准》，配合市委、市政府推进口岸配套建设，全力护航如皋外向型经济发展，长源码头顺利通过省级开放验收。从严从细从实落实国家移民管理局和江苏边检总站关于复工复产工作措施，优化网上报检、单一窗口、边检行政许可网上办理等平台功能，扎实开展“温暖国门，迎您回家”系列活动。建立党委成员定点联系、各执勤队网格包干制度，按照“一企一策一档”原则，研究制定助力企业复工复产具体举措，与复工企业、代理公司、船方建立通联机制，通过组建管控通报工作群、定期召开联席工作会议等形式，切实解决企业复工复产过程中的实际困难，全年8小时以外服务船舶586艘次，平均减少船舶待港时间2小时/艘。

【边检执法】 年内，如皋边检站严守执法底线，夯实执法根基，坚决杜绝随意执法和任性执法。开展“青蓝结对”新警帮扶活动，编撰《边检业务文件汇编（第三辑）》，提高转改民警工作能力。扎实开展全面化、实战化执法培训，全站民警基本级执法资格通过率百分之百，高级执法资格通过率居全省边检系统前三名。投资33万元配备专业行李物品检查仪，投入经费7万余元更新老旧装备，配齐新型单警装备5件套及执法记录仪。全年组织各类业务培训、实操演练、考核测试47场次，组织专项检查3次，纠正执法问题5个。

【联合协作】 年内，如皋边检站充分发挥“沿江党建带”引领促进作用，先后与口岸联检单位、镇（街道）、辖区企业等签订联建协议，深化“雉边先锋”党建品牌，建设全省边检系统首个新时代文明实践站点，走访慰问敬老院孤寡老人100余人次、贫困学生5人、困难老党员老革命12人，“雉水朝阳”志愿服务团队影响不断扩大。打造“枫桥式”执勤队，开展送教上门、防疫普及、禁毒宣传等活动21次，走访帮扶码头150余次，群众满意度百分之百。

（顾林彧）

开发园区

如皋经济技术开发区

【概况】 如皋开发区成立于1992年，1993年12月成为江苏省首批13个省级开发区之一，2013年1月17日晋升国家级经济技术开发区。2020年，全区形成“2+2+1”（智能装备制造、汽车及核心零部件两大主导产业，电子信息科技、氢能两大新兴产业和现代服务业）现代产业体系。全年实现公共财政预算收入83349.22亿元，比上年下降18.2%。4月17日，如皋开发区与中国老挝磨憨—磨丁经济合作区在云南省昆明市签署战略合作协议，从双方跨区域合作、整合产业链等方面建立战略合作关系。5月24日，如皋开发区总工会被评为2018—2020年度全省推动厂务公开民主管理工作先进单位。

【经济发展】 年内，如皋开发区完成全部工业应税销售513.65亿元，比上年增长9.3%，其中规上工业应税销售完成295亿元，比上年增长10.8%；工业实缴税金7.85亿元。营业利润、实缴税费、职工薪酬、本年折旧4项效益指标均超额完成增幅10%目标任务。全年新入库规上企业27家，其中新投产规上工业企业7家；新增应税销售1亿元及以上企业12家。全年完成服务业应税销售126.39亿元，完成率109.9%，比上年增长62.98%；实现服务业税收4.13亿元。新增规上服务业企业5家、限额以上（简称“限上”）服务业企业7家。

【招商引资】 年内，如皋开发区以“重大项目集中签约月”活动为契机，举行招商引资“擂台赛”。全年对接洽谈招商项目68个，其中，投资额50亿元及以上项目4个、20亿元及以上项目7个、10亿元以上项目21个。签约投资额1亿元及以上项目26个，计划总投资约213亿元，其中威邦机电科技、颖创智能显示科技、宝象新能源叉车、赛提发精密制造等单体投资10亿元及以上项目12个。实现到账外资12064.6万美元，其中，斯堪尼亚如皋制造基地项目外资到账4558.8万美元，南通荣威娱乐用品有限公司外资到账1648.73万美元，江苏和府餐饮管理有限公司股权增资1648.73万美元。

【项目建设】 年内，如皋开发区新开工1亿元以上重大项目10个，其中，10亿元以上重特大项目7个（柏承HDI高密度印刷电路板项目、金通灵大型鼓风机项目、荣威出口型PVC水池技改扩建项目、质璞科技SMT智能贴片及智能终端产品生产项目、百正电子聚丙烯电容薄膜生产线项目、溯源5万吨食品加工项目、南通嘉立德户外用品项目)。投资额2.5亿元氢能产业园区15万平方米厂房通过竣工验收;国家氢能源汽车研究检测公共服务平台顺利建成;投资额10亿元的金通灵大型鼓风机项目创造“一书两证”(《建议项目选址意见书》和建设用地规划许可证、建设工程规划许可证)一日办好新纪录;柏承HDI高密度印刷电路板项目入选南通重特大高端制造业奖励项目。5月,如皋市柏承建设发展有限公司总投资20亿元的HDI高密度印刷电路板项目开工建设;7月31日,该项目建设现场成为南通市委十二届十二次全体会议参观点。9月28日,总投资1.5亿美元的江苏质璞科技有限公司年产3600万片SMT智能贴片及500万台智能终端产品生产项目开工建设。

位于如皋开发区的江苏思源赫兹互感器有限公司,年内成功入选国家专精特新小巨人企业。图为江苏思源赫兹互感器有限公司车间一角

(如皋开发区供图)

【科技创新】 年内,如皋开发区拥有高新技术企业58家,其中规上高新技术企业38家,实现高新技术产业产值95.8亿元。征集企业产学研合作需求61项,实施产学研合作项目53项,37家企业完成产学研合作合同签订,实际支付产学研合作费用1020万元。全区企业研发投入10.98亿元;规上工业企业技改投入500万元以上68家(实缴税金500万元及以上企业28家)。新增省科技型中小企业备案企业50家、南通市工程技术研究中心企业7家;新增省级智能车间3个(延康汽车零部件如皋有限公司、江苏思源赫兹互感器有限公司、江苏省如高高压电器有限公司);新增省星级上云企业29家,其中,五星级1家(江苏泰慕士针纺科技股份有限公司)、四星级2家(江苏思源赫兹互感器有限公司、江苏省如高高压电器有限公司);参与南通市两化融合千企诊断企业8家;接入互联网标识解析二级节点企业5家。南通亿能能源科技有限公司通过工业和信息化部两化贯标认证,威格(江苏)电气设备有限公司和江苏大唐国际如皋热电有限责任公司被确定为工业和信息化部两化试点企业;南通佳昱环保科技有限公司通过国家知识产权贯标认证。入选南通专精特新小巨人库8家,江苏思源赫兹互感器有限公司成功入选国家第二批专精特新小巨人企业。截至年末,全区有国家级专精特新小巨人企业1家、省级3家、南通市级20家。江苏省如高高压电器有限公司和势加透博洁净动力如皋有限公司获省国际科技合作项目立项;南通市电站阀门有限公司和南通维尔斯机械科技有限公司各1个项目获批省知识产权战略推进计划项目;市肠衣同业商会获省“正版正货”示范行业项目立项。

【国家氢能源汽车研究检测公共服务平台揭牌】 9月15日,如皋开发区与上海机动车检测认证技术研究中心有限公司合作建设的国家氢能源汽车研究检测公共服务平台,在上海举办的第五届国际氢能与燃料电池汽车大会上揭牌。

国家氢能源汽车研究检测公共服务平台总投资2.6亿元,占地2.93万平方米,建设包括零部件、系统、整车三大类别实验室10个,是长三角地区第一家第三方氢能与燃料电池综合检测平台和技术服务中心,主要开展氢能及燃料电池汽车相关检测技术研究,测试设备研发,政策标准研究制定等工作。年内,10个实验室全部建成并通过验收。

【斯堪尼亚如皋制造基地揭牌】 11月28日,斯堪尼亚如皋制造基地在如皋开发区揭牌,成为有世界商用车领域“公路之王”之称的瑞典斯堪尼亚公司在全球建立的第三个生产基地。

历时2年时间考察磋商谈判,斯堪尼亚公司年内完成对南通皋开汽车制造有限公司(位于如皋开发区)全部股份收购。11月25日,南通皋升汽车制造有限公司经市市场监督管理局批准,变更为外商独资企业斯堪尼亚制造(中国)有限公司,注册资金20亿元,成为首批在华独资建厂的国外商用车制造企业之一。截至年末,实现到账外资4558.8万美元。

(张晖宇)

2020年如皋开发区前50强规模企业应税销售、税金完成情况表

表6　　　　单位:万元

序号	企业名称	应税销售	实缴税金	序号	企业名称	应税销售	实缴税金
1	如皋市荣泰贵金属有限公司(含盈栋、奥尼斯特)	984336.90	286.08	26	江苏聚源电气有限公司	26326.97	969.70
2	南通汇业供应链科技有限公司	800483.46	1173.33	27	江苏意瑞达纺织科技有限公司	26194.63	425.84
3	南通瑞邦金属制品有限公司	597584.54	71.74	28	南通长生畜产品有限公司(含泰顺)	24904.93	322.01
4	南通荣威娱乐用品有限公司	405117.25	6499.26	29	南通创源电化学科技有限公司(含柏源)	24374.73	2180.91
5	双钱集团(江苏)轮胎有限公司	240650.05	6437.52	30	南通利都肠衣有限公司	23244.78	439.95
6	江苏省如高高压电器有限公司	133849.16	9920.60	31	江苏华源畜产品有限公司(含明旺达、华源)	23022.46	421.53
7	江苏泰慕士针纺科技股份有限公司	77113.16	4891.03	32	南通华灿电讯科技有限公司	22062.83	412.32
8	江苏英田集团有限公司(含专用车、皋开、松本、东南)	70814.69	-53.73	33	江苏双龙健制衣股份有限公司	21853.95	894.26
9	江苏皋广新能源汽车零部件有限公司	69016.72	8.90	34	南通锻压设备如皋有限公司	21633.50	987.12
10	江苏思源赫兹互感器有限公司	66573.61	5180.07	35	南通市电站阀门有限公司	21446.20	1454.47
11	南通富盛置业有限公司	63708.74	4360.87	36	如皋市长润畜产品有限公司(含久润)	21154.60	239.68
12	南通开骏电力电子有限公司	62279.51	0.92	37	如皋市大昌电子有限公司	18359.93	1407.61
13	南通市壶芦电子有限公司	61981.94	10.84	38	江苏祥源电气设备有限公司	17031.41	1104.22
14	南通市嗣洲电气有限公司	61898.24	10.60	39	南通泰尔特服装有限公司	16997.65	569.40
15	枫盛汽车(江苏)有限公司	53316.74	190.85	40	江苏进东集团有限公司	15319.19	78.60
16	威格(江苏)电气设备有限公司	48673.73	2396.45	41	江苏清能动力科技有限公司	14258.53	10.23
17	江苏嘉好热熔胶股份有限公司	46019.72	1362.40	42	南通百正电子新材料股份有限公司	14127.38	704.61
18	江苏陆地方舟新能源车辆股份有限公司	45460.87	-853.44	43	南通江森电子科技有限公司	14112.43	485.09
19	延康汽车零部件如皋有限公司	39562.41	996.46	44	南通恒轩建材有限公司	13604.04	388.05
20	南通美能得新能源科技股份有限公司	37194.42	1628.25	45	江苏大唐国际如皋热电有限责任公司	13432.22	189.83
21	江苏金元亚麻有限公司	36550.87	1644.18	46	南通市巨业商品混凝土有限公司	11569.36	439.34
22	南通爱康金属科技有限公司	35399.82	680.33	47	南通雷成运动休闲服饰有限公司(含雷成制衣、雷成染整)	11287.86	770.72
23	江苏千牧生物科技股份有限公司(含昊天肠衣)	30509.42	511.45	48	隆能科技(南通)有限公司	10893.73	-472.06
24	南通优护优家卫生用品有限公司	29647.98	973.76	49	如皋市大禾肠衣有限公司	10588.13	84.10
25	江苏联众肠衣有限公司(含坝新)	27422.07	321.69	50	江苏省如皋肉联厂肠衣分厂	9317.83	100.93

2020年如皋开发区部分招商引资情况表

表7

序号	项目名称	注册资本	签约时间
1	如皋市柏承发展有限公司HDI高密度印刷电路板项目	20.00亿元	2020.1
2	新瑞传动科技(南通)有限公司智能家居金属结构件生产项目	1.20亿元	2020.2
3	如皋市标龙产城实业发展有限公司智汇城项目	5.00亿元	2020.2
4	金通灵科技集团股份有限公司大型鼓风机项目	10.00亿元	2020.3
5	金通灵科技集团股份有限公司空气压缩机项目	2.00亿元	2020.3
6	南通星百味食品有限公司年产5万吨肉制品深加工项目	1.60亿元	2020.3
7	斯堪尼亚公司中国制造基地项目	6.50亿欧元	2020.5
8	德瑞科技有限公司智能家居项目	1.00亿元	2020.5
9	新能源电机及控制系统项目	15.00亿元	2020.6
10	思源电气股份有限公司(RTP)干式套产业化项目	5.34亿元	2020.6
11	南通百正电子新材料股份有限公司聚丙烯电容薄膜生产线项目	10.00亿元	2020.7
12	珈伟隆能固态储能科技如皋有限公司氢燃料电池生产项目	0.10亿元	2020.7
13	江苏质璞科技有限公司年产3600万片SMT智能贴片及500万台智能终端产品生产项目	10.00亿元	2020.7
14	南通荣威娱乐用品有限公司出口型PVC水池技改扩建项目	10.00亿元	2020.8
15	南通臻弘镅科技有限公司低氰镀银、镀镍、镀锡电线电缆特种导体项目	1.00亿元	2020.9
16	江苏汤臣汽配汽车零部件有限公司汽车零部件表面处理项目	0.20亿元	2020.9
17	江苏溯源食品有限公司5万吨食品加工项目	10.00亿元	2020.9
18	自营进出口贸易项目	5.00亿元	2020.10
19	江苏和府餐饮管理有限公司股权增资	1648.00万美元	2020.10
20	江苏宝象新能源特种车辆有限公司叉车项目	10.00亿元	2020.11
21	香港百万葵园项目	5.00亿元	2020.11
22	上燃动力氢能项目	1.00亿元	2020.11
23	颖创科技有限公司智能显示科技项目	10.00亿元	2020.11
24	如皋开发区总部经济项目	3.00亿元	2020.11
25	南通伊克赛特汽车零部件有限公司密塑件项目	2.00亿元	2020.11
26	南通威邦机电科技有限公司机电科技项目	10.00亿元	2020.11
27	苏州赛提发精密科技有限公司精密制造项目	10.13亿元	2020.12
28	上海圣奎塑业有限公司新型建筑材料项目	1.50亿元	2020.12
29	苏州明凯锂电池生产项目	2.00亿元	2020.12

如皋高新技术产业开发区

【概况】 如皋高新区成立于2009年6月。2018年9月21日升格为省级高新技术开发区。2020年7月,省科技厅公布2019年度全省高新技术产业开发区创新驱动发展综合评价结果,如皋高新区在全省参评的51家国家级、省级高新区中排名第20,比2018年提升9位;在30家省级高新区中排名第七,比2018年提升3位。

【经济发展】 年内,如皋高新区新增规上工业企业15家,其中应税销售超1亿元企业4家;新增规上服务业企业8家、限上服务业企业8家。实现规上工业应税销售23.66亿元,比上年增长19.47%;实现全部工业应税销售40.2亿元;完成工业用电量1.4亿千瓦时,比上年增长5.9%。实现服务业应税销售55.4亿元,比上年增长34.6%;实现服务业税收6.9亿元,比上年增长93.9%;商贸流通4个指标(限上批发零售销售额、限上住宿餐饮业营业额增量、限上住宿餐饮业营业额增幅、限上个体住宿餐饮业营业额增幅)分别完成39.37亿元、385.5万元、143%、25%。完成服务外包离岸执行额4亿美元,比上年增长150%。实现外贸进出口总额10.3亿元。

【招商引资】 年内,如皋高新区始终坚持现代服务业与先进制造业双轮驱动发展战略,持续加大实体项目招引力度,进一步明晰第三代半导体、激光及智能制造、软件服务外包、文化创意设计等产业发展方向,产业集群逐步形成。全年引进项目28个,其中,烟台正海磁材、昆山毅普腾、东旭车载盖板玻璃等实体工业项目12个,灼华互娱动画产业、才捷信息数据应用、永旭信息等服务业项目16个;实现到账外资3400万美元。3月,启动与丁镇镇、下原镇工业集中区开展共建,进一步放大产业项目承载主阵地功能,激发发展新活力。年内,晟峰和(昆山)汽车零部件、上海溢波科技2个项目成功签约落户共建园区。

【项目建设】 年内,如皋高新区新开工迅镭高端激光装备、世睿高压、特高压配套电力设备生产等单体投资1亿元及以上产业项目7个。其中工业项目5个,服务业项目2个;10亿元以上重特大工业项目3个(迅发高端激光装备、世睿高压特高压电力设备生产、腾锐智能设备制造),10亿元服务业项目1个(永旭信息),5亿元服务业项目1个(才捷科技)。软件园二期、世睿电力设备配件生产、超达汽车大型复杂内外饰模具、初曦深度修护面部精华油、业彩热固性塑粉生产、沪如工业机器人智能制造、通晟高铁制动调节装置7个产业项目实现竣工,其中,工业项目6个,服务业项目1个。全年转化项目4个,技改项目6个。

【科技创新】 年内,如皋高新区实现高新技术产业产值21.99亿元,占规模工业总产值59.12%。完成专利申请90件,新增有效发明专利58件,PCT申请5件。当年30家企业通过科技型中小企业认定;15家新申报企业进入省高企培育库;新增高新技术企业11家,累计24家。新增产学研合作项目19个,支付金额524.1万元。完成技术合同登记额9.26亿元。苏州工业园区凌志软件如皋有限公司被认定为省瞪羚企业;江苏多来运纺织品有限公司、海迪芯半导体(南通)有限公司、南通腾锐通信技术有限公司获南通科技创新型企业认定。江苏秦烯新材料有限公司"高端光电子材料用7N高纯红磷制备关键技术研发"项目获省重点研发计划立项,获省财政拨款120万元;南通佳宝机械有限公司"江苏省佳宝智能化液压打包及排废系统工程技术研究中心"获批省级工程技术研究中心。江苏卓远机器人科技有限公司黄宏嘉入选国家重大人才工程A类计划,江苏博牛智能科技有限公司周翊民入选省"双创人才"项目,江苏益芯半导体有限公司陈守俊等5人入选如皋市"雉水英才"。江苏浦丹光电技术有限公司、江苏卓远半导体有限公司和江苏秦烯新材料有限公司入围南通市"通创荟"创新创业大赛总决赛并晋级省行业赛;江苏卓远半导体有限公司获第八届"创业江苏"科技创业大赛、第九届中国创新创业大赛江苏赛区新材料行业赛成长企业组第一名。

【第三届中国如皋第三代半导体及智能制造国际论坛】 10月27日,第三届中国如皋第三代半导体及智能制造论坛在开元名都大酒店举办。会议主题为"新机遇、新动能"。会上,由中科院半导体研究所、如皋高新区、江苏秦烯新材料有限公司发起的中科院半导体所化合物半导体如皋联合实验室和江苏省佳宝智能化液压打包及排废系统工程技术研究中心正式揭牌成立;15个重大产业项目和人才项目集中签约如皋高新区,产业项目涵盖半导体设备研发制造、设计封装测试、碳化硅功率器件等方面。

(范海蓉)

10月27日,第三届中国如皋第三代半导体及智能制造论坛在开元名都大酒店举办。图为中科院半导体所化合物半导体如皋实验室和佳宝智能化液压打包及排废系统工程技术研究中心揭牌仪式　(如皋高新区供图)

2020年如皋高新区规模企业应税销售收入、税金完成情况表

表8　　　　单位:万元

序号	企业名称	应税销售	实缴税金	序号	企业名称	应税销售	实缴税金
1	南通超达装备股份有限公司	39025	1210	19	南通齐天纺织有限公司	4240	126
2	如皋市永兴肠衣有限公司	27751	19	20	江苏卓远半导体有限公司	3756	26
3	如皋市正大肠衣有限公司	19084	31	21	江苏品格食品科技有限公司	3746	6
4	江苏迅镭激光科技有限公司	16563	287	22	江苏沪南船舶工程有限公司	3636	330
5	海迪科(南通)光电科技有限公司	12120	264	23	南通光义通信设备有限公司	3219	126
6	南通世睿电力科技有限公司	11930	1062	24	如皋仕佳建筑配件有限公司	3150	97
7	珂黎艾净化技术江苏有限公司	11282	138	25	南通铭栩建材科技发展有限公司	2833	141
8	德禄家具(南通)有限公司	10512	217	26	如皋豪悦纺织有限公司	2790	33
9	江苏更美科技有限公司	7487	240	27	雷狄尼家具(南通)有限公司	2617	7
10	南通市金月亮新材料科技发展有限公司	7376	42	28	如皋市杰林织造有限公司	2530	23
11	南通市博创新材料有限公司	6423	119	29	南通帝优家居有限公司	2377	112
12	南通麦格米特电力电子有限公司	5587	61	30	雷尼尔家具(南通)有限公司	2366	10
13	申模南通机械科技有限公司	5159	474	31	如皋伟宏新材料有限公司	2333	28
14	南通佳宝机械有限公司	5010	699	32	如皋市梦缘织造有限公司	2321	66
15	南通成安金属材料有限公司	4495	69	33	莱鼎电子材料科技有限公司	2199	50
16	如皋市宏图纺织有限公司	4412	32	34	如皋市灵敏除尘设备厂	2162	128
17	南通中海钢结构有限公司	4344	59	35	如皋市华策制丝有限公司	2042	23
18	江苏多来运纺织有限公司	4244	59				

2020年如皋高新技术产业开发区(城南街道)部分招商引资情况表

表9

序号	公司名称	企业类型	投资类别	注册资本	注册时间
1	江苏泰一人力资源有限公司	服务业	内资	1000万元	2020.1
2	南通瑞淮贸易有限公司	服务业	内资	100万元	2020.1
3	江苏雀京贸易有限公司	服务业	外资	5000万美元	2020.3
4	南通福泽缘医疗科技有限公司	服务业	内资	5000万元	2020.3
5	江苏恩旭贸易有限公司	服务业	内资	2000万元	2020.3
6	南通润茂新能源科技发展有限公司	工业	内资	1000万元	2020.3
7	江苏多来运纺织有限公司	服务业	内资	1000万元	2020.3
8	江苏向方机电科技有限公司	工业	内资	1000万元	2020.3
9	如皋元合融贸易有限公司	服务业	内资	5000万元	2020.3
10	江苏邦合贸易有限公司	服务业	内资	5000万元	2020.4
11	南通斯旺喜国际贸易有限公司	服务业	内资	100万元	2020.5

续表9

序号	公 司 名 称	企业类型	投资类别	注册资本	注册时间
12	南通才捷信息科技有限公司	服务业	内资	200万元	2020.5
13	江苏耀厦建筑工程有限公司	服务业	内资	4000万元	2020.5
14	江苏汇名信息科技有限公司	服务业	内资	1000万元	2020.5
15	江苏射雕影视文化传媒有限公司	服务业	内资	1000万元	2020.5
16	江苏腾锐电子有限公司	工业	内资	5000万元	2020.8
17	南通腾锐信息通信技术有限公司	工业	内资	1000万元	2020.9
18	南通明鑫生物科技有限公司	服务业	内资	1000万元	2020.8
19	南通恒懋智能科技发展有限公司	服务业	内资	500万元	2020.8
20	南通德弘兴新材料有限公司	工业	内资	500万元	2020.9
21	雷梵家具(南通)有限公司	工业	内资	1000万元	2020.9
22	南通利亚斯暖通设备有限公司	工业	内资	150万元	2020.9
23	南通纳川新材料有限公司	工业	内资	20000万元	2020.10
24	江苏派沃福半导体科技有限公司	工业	内资	1000万元	2020.10
25	顺华文化科技(南通)有限公司	服务业	内资	200万元	2020.10
26	南通吉玛智能装备有限公司	工业	内资	300万元	2020.11
27	江苏吉玛德环保设备有限公司	工业	内资	1000万元	2020.11
28	江苏博萨金属结构件有限公司	工业	内资	2000万元	2020.11

如皋港工业园区

【概况】 如皋港工业园区位于如皋市南部沿江，成立于2005年，为省级重点工业园区，参照省级开发区管理。有长江岸线48千米和国家级长江主航道2条，其中-15米以上长江深水岸线20.2千米，可建万吨级码头30余座。按功能划分为如港新城区、临港产业园、现代物流园、生态养生园四大板块，船舶海工及重型装备、绿色新材料、高端石材产业集群初具规模。2020年，完成一般公共预算收入10.8亿元，比上年下降14.96%；实现增值税4.8亿元，比上年下降4%。

【港口产业】 年内，如皋港工业园区新增规模工业企业34家、规模服务业企业38家。全年实现应税销售518.4亿元，比上年增长12%；工业实缴税金10.74亿元，与上年持平。完成服务业应税销售940亿元，比上年增长44%。全年实现外贸进出口62.8亿元，其中出口40亿元。如皋跨境电商产业园建成运营，如皋港新开通河北省京唐港、俄罗斯奥利加港2条航线，万海、赫伯罗特等著名国际船企相继入驻。完成港口吞吐量7372万吨，比上年增长23.1%。完成集装箱吞吐量50.49万标准箱，比上年增长24.8%。如皋港现代综合物流园区完成应税销售1040.9亿元，比上年增长40.3%，其中工业应税销售194.32亿元，比上年增长31.4%；完成税收2.42亿元。如皋港现代综合物流园区连续获评全国优秀物流园区。

【招商引资】 年内，如皋港工业园区实际利用外资8765万美元。全年签约项目34个。其中内资项目29个，投资总额超800亿元；外资项目5个，总投资81.94亿美元。年末，在手在谈重点项目19个，其中外资项目4个、内资项目15个。

【项目建设】 年内，如皋港工业园区开展“大项目突破年”活动，持续推动重大项目、优质项目落地落实，投资100亿元的张家港广大特材产业园顺利开工，投资100亿元的日达智能终端精密模组项目建设进入扫尾。全年开工建设10亿元及以上重特大项目8个，总投资166.5亿元，其中50亿元以上项目1个（新建年产12000万套移动通信设备零件制造及高标准厂房项目）；全年竣工项目17个，其中工业项目11个，完成工业项目竣工率68.75%；竣工服务业项目6个，服务业项目竣工率75%。完成转化项目12个，转化率37.5%。新增设备投资32.7亿元，占全市设备总投资50%以上。

【科技创新】 年内，如皋港工业园区完成技改项目83个，规上企业技改覆盖面56%，技改投入3.2亿元。新认定高新技术企业11家，累计39家。12个产学研合作项目实现转化，森松（江苏）重工有限公司、江苏国胶新材料有限公司建成省级工程技术研究中心。全年新引进省外高层次人才4人。新增职务发明专利256个、PCT申请5个，专利质押融资8000万元。

【园区建设】 年内，如皋港工业园区提前完成污水管网年度建设任务，华江路、德源路、长江东路等城区骨干道路和园区基础设施建设工程如期竣工，城市路网进一步完善。投入1000万元提升绿化、亮化水平，首批共享单车投入运营，建成海坝社区文化休闲广场。万科·东昇和院、中南·江滨悦、中骏·雍景湾3个房产项目相继落户，建筑面积2万平方米的五星级酒店加快建设，建筑面积3.2万平方米的商业综合体金雅名都荟项目如期开业。

（周　莉）

2020年如皋港工业园区前50强规模企业应税销售、实缴税金完成情况表

表10　　　　单位：万元

序号	企业名称	应税销售	实缴税金	序号	企业名称	应税销售	实缴税金
1	如皋市翔瑞金属制品有限公司	419597.43	87.79	26	江苏顶洁医疗器械有限公司	33590.03	436.71
2	南通宏川化工有限公司	335289.79	318.67	27	南通瑞泰船务工程有限公司	30543.06	1564.72
3	江苏江盛燃料物资有限公司	281200.44	97.45	28	江苏德之佳建设集团有限公司	26393.18	549.41
4	南通先锋能源有限公司	280812.96	125.75	29	南通市通宝船舶有限公司	25346.74	2385.00
5	江苏首佳能源有限公司	261697.68	129.82	30	如皋市宏茂铸钢有限公司	24023.80	661.10
6	江苏中林港联供应链管理有限公司	194935.74	926.79	31	如皋市宏茂重型锻压有限公司	21971.39	811.19
7	森松（江苏）重工有限公司	190650.68	10504.05	32	南通鹏鹞水务有限公司	21768.82	3317.45
8	江苏沪港装饰有限公司	177679.37	3214.96	33	南通波涛化工有限公司	21728.08	2199.60
9	江苏宝众宝达药业有限公司	148124.79	5372.93	34	南通新纳希新材料有限公司	21033.31	1988.68
10	南通深流实业发展有限公司	140519.74	33.37	35	南通沿江管业有限公司	19798.41	649.33
11	如皋百川化工材料有限公司	132903.51	1936.90	36	江苏融达新材料股份有限公司	19478.22	491.10
12	汤始建华建材（南通）有限公司	129890.22	9967.46	37	江苏瑞佳新材料有限公司	19283.97	1230.29
13	南通百川新材料有限公司	128871.39	4452.40	38	南通杰克拜尼服帽有限公司	18730.98	2479.86
14	南通海螺水泥有限责任公司	115029.37	4762.03	39	江苏宏梓新能源科技有限公司	18542.07	1156.98
15	江苏永友食品科技有限公司	111823.06	-492.55	40	南通市展成商品混凝土有限公司	18184.53	720.76
16	德源（中国）高科有限公司	108485.08	4458.06	41	江苏新瑞药业有限公司	16410.40	1024.10
17	江苏海通海洋工程装备有限公司	95026.64	3014.90	42	江苏威晟新材料科技有限公司	15546.10	98.39
18	江苏和兴炉料有限公司	79379.30	92.10	43	南通德玛瑞机械制造有限公司	14965.81	459.17
19	江苏中铁山桥重工有限公司	76561.89	2805.75	44	江苏隆昌化工有限公司	14671.18	265.85
20	江苏华灿电讯集团股份有限公司	71161.68	1495.05	45	外高桥沿江管业（南通）有限公司	14490.92	33.42
21	江苏国胶新材料有限公司	52788.86	1207.49	46	如皋市江北添加剂有限公司	14348.27	241.05
22	双登天鹏冶金江苏有限公司	43592.74	50.36	47	南通中堂石材有限公司	13972.35	384.07
23	国鼎（南通）管桩有限公司	42168.84	936.66	48	南通德益化工有限公司	13287.29	127.59
24	如皋昌化江矿业有限公司	35860.06	173.77	49	江苏海纶染整有限公司	12185.20	404.97
25	南通新邦化工科技有限公司	34523.73	683.59	50	金东升南通石业股份有限公司	11942.87	219.03

2020年如皋港工业园区部分招商引资情况表

表11

序号	公司名称	企业类型	投资类别	注册时间	注册资本(万元)
1	现代港口物流项目	服务业	内资	2020.04.09	3000
2	电子信息产业园	工业	内资	2020.04.27	5000
3	皇冠光电新材料	工业	内资	2020.05.08	10000
4	华瑞钙业(南通)有限公司	工业	内资	2020.05.09	2000
5	石油化工品项目	工业	内资	2020.06.29	3000
6	亚太森博(江苏)浆纸	工业	外资	2020.07.29	400000
7	高强度铁基复合材料汽车零部件项目	工业	内资	2020.08.07	5000
8	赛得利(南通)纤维	工业	外资	2020.08.18	120000
9	日达智造终端精密模组	工业	内资	2020.10.21	20000

如皋工业园区

【概况】 如皋工业园区前身为成立于2001年7月的如城工业园区,2014年1月更名为如皋工业园区,与江苏南通国家农业科技园区管理办公室、如城街道实行三套班子一体化运作模式。2020年,如皋工业园区完成一般公共预算收入16.77亿元,收入总量主功能区排名第一。

【产业发展】 年内,如皋工业园区完成全部工业应税销售157.5亿元,比上年增长11.01%。完成规上工业总产值86.41亿元,比上年增长10.56%。完成服务业应税销售377.14亿元,比上年增长1.65%。全部工业实缴税金4.58亿元,税金率3.15%。完成全部工业用电量3.7亿千瓦时。盘活工业企业低效用地43.19公顷,完成率108%。培育应税销售超1亿元企业4家(江苏祥谷建设有限公司、江苏图腾电气科技有限公司、江苏皋德食材有限公司、江苏元升厨卫电器有限公司),新增规模工业企业15家。新增规上服务业企业8家,其中,新增新开业规上服务业企业3家(南通市皋能智慧科技服务有限公司、南通皋自智能科技发展有限公司、南通一方房地产咨询服务有限公司),老企业培育5家(如皋市星球保安服务有限公司、南通益友汽车装潢有限公司、南通众腾人力资源有限公司、南通沃冠广告传媒有限公司、如皋妇产医院有限公司);培育限上服务业企业9家。

【招商引资】 年内,如皋工业园区完成到账外资1046万美元。全年签约单体投资1亿元以上项目4个,其中单体投资10亿元以上项目3个(美国AZZ特高压输电设备、联博新能源汽车核心零部件、极欧超节能变压器铁芯)。年末,在手在谈总投资1亿元及以上项目3个,其中,10亿元及以上项目1个、20亿元及以上项目2个。

【项目建设】 年内,如皋工业园区新开工项目13个,其中总投资10亿元以上重特大项目6个(万达轴承、博多年产10万吨可降解药品包装材料及食品包装材料、力星年产800万粒高端大型滚动体、盆景大观国家AAAA级旅游景区、城控精密模具产业园、悦威年产30万吨高性能精密铜材及300万台光电子器件制造项目),新开工工业项目年内完成投资额17.03亿元,超额完成全年目标任务。实现竣工项目11个,其中,工业项目8个、服务业项目3个。实施转化达产项目21个,年内实现转化项目5个(工业项目2个、服务业项目3个),转化达产率23.8%。续建重特大项目3个,其中,服务业项目1个(国际园艺城二期),工业项目2个(祥谷装配式构件、盈达空调设备项目),续建重特大项目设备投资额约6.5亿元。

【科技创新】 年内,如皋工业园区实现高新技术产业产值53.61亿元,占规模工业总产值62.04%。新增高新技术企业20家。实现规上企业研发活动"全覆盖",研发费用占主营业务收入3.63%。完成产学研项目22个,引进成果转化项目10个。获批省创新人才项目2个、省创新团队项目1个、雉水英才项目4个。南通斯密特森光电科技有限公司成功入选工业和信息化部第二批专精特新小巨人企业名单。南通力威机械有限公司的全海深地质绞车系统成为国内首套同时拥有中国船级社(CCS)和美国船级社(ABS)双认证的全海深地质绞车系统,顺利通过车间陆上联调试验;万达轴承叉车高性能特种轴承关键技术获省科学技术奖。

(范海彬)

2020年如皋工业园区前50强规模企业应税销售、税金完成情况表

表12　　单位：万元

序号	企业名称	应税销售	实缴税金	序号	企业名称	应税销售	实缴税金
1	江苏九鼎新材料股份有限公司	154142.61	3458.25	26	如皋市伊斯佩尔工艺品公司	6567.70	78.33
2	江苏力星通用钢球股份有限公司	68409.64	3260.35	27	如皋市中罗印刷机械有限公司	5860.05	346.87
3	江苏神马电力股份有限公司如皋分公司	58931.98	5292.09	28	南通明龙时装有限公司	5783.82	252.67
4	江苏天南电力股份有限公司	41679.81	5339.40	29	江苏海直格家具有限公司	4814.10	328.09
5	南通斯密特森光电科技有限公司	38377.45	3963.75	30	良启金属南通有限公司	4780.88	70.72
6	江苏长寿集团南山饲料有限公司	31665.95	615.51	31	南通市力沛流体阀业有限公司	4682.94	302.20
7	江苏九鼎天地风能有限公司	31458.04	728.57	32	如皋市井上捏和机械厂	4609.07	325.18
8	江苏奇鹰电线电缆有限公司	29037.77	541.87	33	南通市福坤钢结构工程有限公司	4461.36	69.00
9	江苏万达特种轴承有限公司	25668.29	2678.18	34	如皋市天元服饰印业有限公司	3774.54	138.37
10	如皋金久混凝土有限公司	25139.21	837.97	35	如皋市大明金属拉丝加工厂	3262.19	3.47
11	南通通用钢球有限公司	24032.99	417.38	36	南通市宏达肠衣有限公司	3147.13	11.54
12	南通力威机械有限公司	19236.86	1023.85	37	江苏迈冠体育产业有限公司	2920.96	108.58
13	如皋汉府建筑科技有限公司	17146.75	656.23	38	南通豪力液压设备有限公司	2723.67	131.33
14	江苏海力达机电制造有限公司	16788.45	911.77	39	江苏泰普电力设备有限公司	2636.88	167.92
15	南通安佑生物科技有限公司	16401.92	200.14	40	江苏泰普电力设备有限公司	2636.88	167.92
16	江苏图腾电气科技有限公司	13054.78	280.39	41	南通威格瑞复合材料有限公司	2473.87	6.57
17	南通中铁华宇电气有限公司	12704.30	577.31	42	如皋市福顺油脂有限公司	2372.53	126.00
18	南通市泰尔佳针织制衣有限公司	11947.14	112.45	43	如皋英瑞高压电器有限公司	2341.69	129.08
19	南通皋鑫电子股份有限公司	11682.98	1373.05	44	如皋市通达机械制造有限公司	2220.30	85.42
20	如皋市协和印染有限公司	10051.31	382.46	45	如皋市红星制皂厂	2192.21	97.87
21	南通尔昕木业有限公司	9649.35	229.88	46	南通利和工艺品有限公司	1708.65	4.44
22	如皋市金圣混凝土有限公司	8891.83	366.96	47	上海横田机械设备有限公司如皋市分公司	1591.50	59.71
23	江苏瀚皋机械有限公司	8210.02	519.98	48	南通金恒通讯科技有限公司	1514.35	54.75
24	南通嘉炜地垫科技有限公司	7846.23	30.10	49	南通建锦时装有限公司	1172.94	66.29
25	南通康比电子有限公司	7695.41	293.94	50	如皋市擎天建材有限公司	1025.06	22.60

2020年如皋工业园区部分招商引资情况表

表13

序号	单位名称	注册资金(万元)	注册时间
1	南通科强智能设备有限公司	1800	2020.2
2	南通市建升精工科技有限公司	10000	2020.3

招商引资

【概况】 2020年，如皋市统筹谋划项目招商引资工作，持续完善全市招商引资推进机制，实施领导招商、以商引商、委托招商等模式，先后在北京、上海、广东深圳等地开展招商小分队推介活动，组织参加省及南通市在北京、上海、苏南等地举办的招商活动，实现项目招引数量和质量“双提升”。全年签约10亿元及以上项目40个，其中单体投资50亿元及以上重特大项目6个；经南通市认定新开工10亿元及以上重大项目31个。6月6日，举行项目集中签约仪式，集中签约项目30个，总投资420亿元，涵盖智能装备制造、第三代半导体等领域。10月28日，如皋经济洽谈会·中国长寿文化节暨中国（如皋）花木盆景艺术节开幕，集中签约重大项目25个，总投资395亿元。

2020年如皋市新批（增资）外资及港台资情况表

表14　　　　单位：万美元

地　区	项目总数（个）	合同外资及港台资（新批）	实际投资
合　计	34	186443	32703
中国香港	12	77621	17125
新加坡	1	56501	3040
瑞典	1	29748	4558
韩国	1	5000	400
萨摩亚	1	5000	—
也门	1	4908	—
英属维尔京群岛	1	4000	3459
中国台湾	10	3048	2300
美国	2	460	1721
日本	3	105	100
澳大利亚	1	52	—

2020年如皋市分行业外商及港台商直接投资情况表

表15

行　业	项目数（个）	合同外资（万美元）	实际投资（万美元）
合　计	34	186443	32703
农、林、牧、渔业	—	—	1229
制造业	24	156858	20425
电力、燃气及水的生产和供应业	1	3000	2203
批发和零售业	4	10505	52
居民服务或其他服务业	4	11080	3094
科学研究、技术服务和地质勘查业	1	5000	5700

【利用外资及港资台资】 年内，全市新批外资项目及中国港台地区投资项目34个。其中工业项目24个、服务业项目10个；投资额1000万美元～3000万美元项目1个，3000万美元～1亿美元项目5个，超1亿美元项目6个。完成工商注册外资及港台资18.64亿美元，比上年增长325.23%；实际利用外资及港台资3.27亿美元，比上年下降6.93%，完成年考核目标96.16%。其中工业项目到账20425万美元，占比62.46%；服务业项目到账11049万美元，占比33.78%；农业项目到账1229万美元，占比3.76%。

（赵　辉）

2020年如皋市各镇（区、街道）利用外资及港台资情况表

表16　　　　单位：万美元

镇（区、街道）	工商注册外资及港台资		实际到账外资及港台资			
	完成总额	增幅（%）	考核目标	完成总额	占年考核目标（%）	增幅（%）
合　计	186443	325.23	34000	32703	96.19	-6.93
丁堰镇	4980	—	500	505	101.00	288.46
东陈镇	—	—	500	142	28.40	25.66
白蒲镇	101	-77.85	500	129	25.80	95.45
下原镇	—	-100.00	500	30	6.00	-55.88
吴窑镇	52	-89.60	400	31	7.75	-55.71

续表16

镇(区、街道)	工商注册外资及港台资		实际到账外资及港台资			
	完成总额	增幅(%)	考核目标	完成总额	占年考核目标(%)	增幅(%)
磨头镇	1433	19.42	500	391	78.20	-18.88
九华镇	300	-57.45	500	201	40.20	548.39
石庄镇	—	-100.00	400	592	148.00	-1.17
江安镇	1313	—	400	35	8.75	-35.19
搬经镇	5274	2411.43	400	58	14.50	-45.00
长江镇	108584	698.41	13000	7805	60.04	30.85
如皋开发区	44323	131.95	13000	12063	92.79	-22.88
如皋工业园区	10013	1037.84	8000	1046	13.08	-0.66
如皋高新区	10070	101.40	8000	3400	42.50	-32.00

对外及对港澳台经贸

【概况】 2020年年末，全市有出口实绩企业641家，比上年净增33家。年内，如皋市实现对外及对港澳台贸易总额248.94亿元，居南通九县(市、区)第五位，比上年增长1.14%。其中自营出口额212.12亿元，比上年增长5.6%；与港澳台贸易总额25.08亿元(销往港澳台贸易额22.62亿元、自港澳台购进商品贸易额2.45亿元)。全市外贸前50强企业完成外贸进出口总量190.42亿元，比上年增长3.9%，其中进出口额正增长企业26家，南通市远邦石油有限公司、江苏顶洁医疗器械有限公司、南通科勉家居有限公司、原杰国际贸易江苏有限公司、南通冠洲国际贸易有限公司5家企业进出口额增幅分别为6977.8%、743%、514.6%、143%、107%。

【贸易伙伴】 年内，如皋市推动企业与“一带一路”沿线国家建立贸易关系，拓展非洲、中东、东南亚等新兴市场。截至年末，如皋市主要贸易地区为亚洲东南部、“一带一路”沿线和北美洲，与如皋市建立进出口贸易关系国家和地区237个。年内，如皋市对亚洲地区各国进出口总额111.24亿元，比上年增长11.2%；对“一带一路”沿线国家及地区进出口总额60.56亿元，比上年增长3.8%；对北美洲进出口总额44.40亿元，比上年下降1.7%。前三大贸易伙伴为美国、日本和中国香港。年内，对美国进出口总额39.56亿元，比上年下降4.8%；对日本进出口总额26.32亿元，比上年下降8.3%；对中国香港贸易总额20.69亿元，比上年增长94.6%。

3月1日，南通光远速冻制品有限公司工人正赶制出口欧美的菜薹
(吴树建摄)

【出口商品分类】 年内，如皋市主要出口产品增长态势良好。机电产品、纺织品、高新技术产品等主要行业出口产品均实现不同程度增长。其中机电产品出口74.87亿元，比上年增长18.5%；纺织品出口37.96亿元，比上年增长2.2%；高新技术产品出口27.49亿元，比上年增长14.3%。

【外贸企业扶持】 年内，市商务局贯彻落实外贸激励政策，通过走访调研、QQ群、微信群宣传外贸政策法规,引导外贸企业积极应对新冠肺炎疫情及中美贸易摩擦的双重不利影响。推动外贸企业借助出口信用保险保障自身权益,切实提升企业抗风险能力。组织外贸企业申报商务发展专项资金、国家进口贴息、省级进口贴息、江苏省国际知名品牌及南通市知名品牌等项目。及时足额兑付省级资金408.76万元,用于支持外贸稳中提质项目、优化进口项目、应对贸易摩擦项目、开拓国际市场项目、扶持出口信用保险保费项目;及时足额兑付中央资金239.4万元,用于支持省级海外仓发展及国家进口贴息项目,惠及企业100余家。梦百合家居科技股份有限公司、江苏九鼎新材料股份有限公司、南通伟越电器有限公司、南通超达装备股份有限公司和市永兴肠衣有限公司5家企业入选2020—2022年度省重点培育和发展的国际知名品牌名单,与上届相比,新增2家企业入选;梦百合家居科技股份有限公司、江苏九鼎新材料股份有限公司、南通伟越电器有限公司、南通超达装备股份有限公司、市永兴肠衣有限公司、南通思瑞机器制造有限公司和伟达塑胶工业(南通)有限公司7家企业入选2019—2020年度南通市重点培育和发展的国际知名品牌名单。

(李仁华)

2020年如皋市进出口贸易主要方式分类情况表

表17

指　标	总量(亿元)	比上年增长(%)
进出口总值	248.94	1.14
出口	212.12	5.60
一般贸易	154.56	1.20
加工贸易	48.67	11.20
进口	36.82	-18.70
一般贸易	20.36	-5.80
加工贸易	8.68	-28.70

2020年如皋市进出口贸易主要市场情况表

表18

国家和地区	出口总值(万元)	比上年增长(%)	进口总值(万元)	比上年增长(%)
印度	25663	-23.1	2575	-8.5
日本	228406	-8.1	34781	-9.5
泰国	137036	14.8	1785	5.4
比利时	38150	7.9	492	-12.8
英国	70196	19.6	4729	-52.2
德国	99142	31.0	6110	-60.8
法国	40494	4.2	7811	-22.3
意大利	36262	1.4	6554	-73.2
荷兰	79231	8.2	3271	-75.8
西班牙	32747	-19.9	13047	-6.6
俄罗斯	28479	22.8	354	-90.2
巴西	80491	2.6	3111	37.8
美国	366599	-4.9	29032	-3.4
澳大利亚	39016	30.1	303	-97.1
东盟组织	256361	15.2	86998	32.1
欧盟组织	458881	9.8	47933	-55.4

2020年如皋市出口额前十强企业出口情况表

表19

序号	企业名称	镇(区)	出口(万元)	增幅(%)
1	南通荣威娱乐用品有限公司	如皋开发区	320753.7	6.7
2	梦百合家居科技股份有限公司	丁堰镇	169832.9	-1.9
3	江苏宝众宝达药业有限公司	长江镇	125280.6	3.3
4	如皋洺博淞电子科技股份有限公司	如皋开发区	86756.7	—
5	江苏里高智能家居有限公司	丁堰镇	82046.9	12.8
6	森松(江苏)重工有限公司	长江镇	66583.9	138.5
7	南通东润实业有限公司	九华镇	42086.5	21.1
8	南通百川新材料有限公司	长江镇	41950.2	-46.0
9	南通斯密特森光电科技有限公司	如皋工业园区	33381.3	14.9
10	江苏九鼎新材料股份有限公司	如皋工业园区	33243.2	-9.5

对外投资和经济合作

【概况】 2020年,受新冠肺炎疫情影响,全市对外投资和经济合作"三驾马车"中境外投资取得较好成绩,对外承包工程和外派劳务受到较大冲击。年内,如皋企业境外投资中方协议投资额1.8亿美元,完成全年目标180%,完成率位居南通第一;对外直接投资额1.87亿美元,人均对外直接投资额150.95美元,居南通各县(市、区)首位。全年实现对外承包工程营业额0.3亿美元,比上年少0.37亿元;新签合同额0.56亿美元,比上年少0.37亿元。实现对外承包劳务营业额1.77亿美元,比上年下降34.59%。

【境外投资】 年内,市商务局强化对对外投资企业服务,实行外经投资服务专员全程服务制度。在全球受新冠肺炎疫情影响大环境下,如皋市境外投资逆势发展,有11家企业在美国、加拿大、以色列、塞尔维亚、印度尼西亚等国家新设和增资境外投资项目16个,涉及家具制造、机械制造、家居用品制造、化工、农业、零售、批发等行业,其中梦百合家居科技股份有限公司全年境外直接投资1.69亿美元。

【境外承包工程】 年内,市商务局推动南通六建建设集团进一步开拓国际市场,承接大项目好项目,为企业发展注入新动力。南通六建建设集团深耕越南、柬埔寨建筑市场,总承包柬埔寨西哈努克省金银湾黄金城别墅楼建设工程和西港蓝色海湾项目酒店精装修工程;开拓俄罗斯特拉迪沃斯托克造船厂工程项目;进一步推进在以色列的住房建设工程承包工作,办理房屋建设相关资质。继续推动中如建工集团等建筑企业加快国际化进度。

(马宏梅　刘　俊)

综述

【概况】 2020年,如皋市按照“产业兴旺、生态宜居、乡风文明、治理有效、生活富裕”乡村振兴总目标,实施乡村振兴战略。坚持把促进农民增收作为“三农”工作中心任务,深入实施农民增收行动计划,巩固工资性收入渠道,扩大经营性收入来源,拓展财产性收入和转移性收入空间,加快构建促进农民增收长效机制。全市建档立卡低收入户15285户共30870人全部实现脱贫,每户人均年收入7000元以上,“两不愁三保障”稳定实现,年度脱贫率百分之百。全市村集体经营性收入比上年增长3.8%。全年新增转移农村劳动力1010人。实现农村居民人均可支配收入23599元,比上年增长7.7%,增幅列南通市第二名。实现村级集体收入3.9亿元,比“十二五”期末增长58.2%。其中70万元以上村(社区)244个,占村(社区)总数73.49%;100万元以上村(社区)131个,占村(社区)总数39.46%。村(社区)平均集体收入117.35万元。

【财政支农】 年内,如皋市加大财政支农投入,本级(不含上级转移支付)农林水支出预算数(含调整预算数)5.89亿元,高出上年4568万元;占一般公共支出预算数(含调整预算数)比重5.76%,比上年高0.12个百分点。

【农村用地保障】 年内,如皋市出台保障乡村振兴发展合理用地的实施意见(试行),解决现代农业产业、全域旅游、农村新产业新业态等乡村产业振兴面临的用地问题。合理分配上级自然资源主管部门下达如皋市新增建设用地计划,单列农村一、二、三产业融合发展用地计划15公顷,配给率5.13%。全市永久基本农田保护任务70473.8公顷,指标完成度100.3%。下原镇被省自然资源厅评为省级耕地保护激励单位。

【金融惠农】 年内,如皋市持续扩大信贷投放规模,完善金融服务体系,创新金融产品服务,重点支持特色种植、养殖、农产品加工等产业发展。创新设立“花木贷”“花融保”“润猪贷”等信贷产品,深入镇(街道)开展“银政企担”对接活动18场次,对接涉及融资需求211个。全市农业保险深度1.5%,农业保险密度854元,稻谷、小麦、玉米三大主粮作物农业保险覆盖率87%。

【“百企联百村”行动】 年内,如皋市深入推进“百企联百村”行动,研究制订《如皋市“百企联百村、共走振兴路”行动实施意见》,建立联席会议制度,组织召开推进会、座谈会、培训会等。全年通过省审定“百企联百村”项目190个,涉及村(居)188个,计划投资金额17.18亿元,年内完成投资2.8亿元。“切实履行社会责任,深入推进村企共建”项目被省委农办、省农业农村厅、省国资委、省工商联列入全省优秀案例汇编。

【农村培训】 年内,如皋市创新技能培训帮扶就业,结合企业缺工工种,确定免费培训项目,开展专项技能培训,全年累计完成新生代农民工培训2753人,占目标任务152.94%。送知识、送技术进村入户,送指导、送服务到田间地头工作,实地为农民解难。全年举办各类培训23次,培训农民880余人。

【农村土地承包管理】 年内,市农业农村局在全市继续开展确权登记颁证“回头看”工作,修改信息667条,涉及地块377个;整组修改10个,涉及26个村土地承包面积28.13公顷。化解农村土地承包纠纷78起。推进各镇确权档案进馆,截至年末,东陈镇、白蒲镇、吴窑镇档案完成确权档案进馆工作。

【农民负担监督管理】 年内,市农业农村局严格执行一事一议制度,一事一议筹资标准为每人20元，筹劳标准为每个劳动力全年承担工日5个，自愿以资代劳工价10元/工日。全市执行一事一议制度的村(社区)有268个，占农村村(社区)总数80.92%。应收一事一议资金3015.95万元，比上年减少115.14万元，收款率96%以上。下达一事一议奖补资金3356万元，建设财政奖补项目117个，累计建成农村水泥道路115.33千米。

【农村“三资”管理】 年初，市农业农村局在全市建立农村集体“三资”(资金、资产和资源)管理监督系统的日常巡查机制，各镇(街道)确定专人担任巡查员，切实做好每月财务数据上传、财务核算、资金管理等重点项目巡查。3月，出台《关于印发如皋市村集体经济组织债务管理暂行办法的通知》，加强村级和村集体经营农场债务管理。出台《关于进一步加强村级资金管理的通知》，加强对村级银行账户管理，建立村级资金支付申报审批制度，全面使用“三资”管理监督系统网上支付功能。4月，做好村级新型合作农场财务核算和规范化建设，举办新型合作农场财务管理专题培训，做到统一建账、统一开户、统一核算、统一财务管理软件。5月，组织全市开展2018、2019年度农村集体资产清查工作，及时录入全国清产核资系统。8月，抽查2019年7月至2020年6月全市村级财务管理制度执行情况。11月初，组织全市镇财务辅导员和村会计进行专题培训，进一步提升农村财会人员的业务素质和管理水平，规范村级财务管理。

乡村产业发展

【概况】 2020年，全年实现农林牧渔业总产值127.73亿元，按现价计算(下同)，比上年增长7.4%。其中农业产值71.27亿元，比上年增长6.52%；牧业产值36.69亿元，比上年增长8.17%；渔业产值9.83亿元，比上年增长14.04%；林业产值3026万元，比上年增长16.65%；农业服务业产值9.64亿元，比上年增长4.46%。

扫码观看视频《梨园里谱写“致富经”》

【外向型农业】 年内，全市农产品出口额超2亿美元，位居南通第一。农产品出口以肠衣为主，年内受非洲猪瘟、新冠肺炎疫情及国际贸易等多重影响，全市肠衣出口与上年相比稳中有降。年内，农业利用外资项目3个，到账外资1229万元，其中，如皋维记牧业有限公司到账150万美元，如皋维记牛奶有限公司到账资金1050万美元，南通盛塘农业科技有限公司到账资金29万美元。

【休闲农业】 年末，全市有休闲农业经营主体99家，其中，规上休闲农业经营主体15家，省级主题创意农园7个，休闲精品景点村8个，全国休闲农业与乡村旅游星级企业5个。开展典型培育和推荐，成功举办2020年“江风海韵·长寿之都”乡村休闲旅游暨如皋市平园池荷花节、如皋市农民丰收节和首届菊花节等乡村休闲旅游推广活动。编制“四季长寿、康养体验”三日游线路入选省百条精品线路，清炒黑塌菜成功入选省“百道乡土地标菜”，花名堂园艺中心和绿野生态农业观光中心获评省主题创意农园，江苏竹太藕生态农业发展有限公司获评省休闲农业与乡村旅游四星级企业，如城街道顾庄社区入选省乡村旅游重点村名录。城北街道平园池村被文化和旅游部评为全国乡村旅游重点村。全年休闲农业综合收入比上年增长10.02%。

【互联网+农业】 年内，全市有农产品网上营销主体1600余家，网上营销额5.35亿元。新增物联网应用企业14家，累计75家。市农业农村局在市镇村三级层面开展农业科技服务云平台“农技耘”培训与推广活动，不断更新“12316”用户信息，建成现代农业信息综合服务体系，集产前产中、产后管理，决策、展示展销服务于一体。积极推进电子商务进农村，农村电子商务销售收入比上年增长51.6%。“供销e家”如皋运营中心获批省首批电子商务众创空间试点单位。“交邮融合、客货同网”服务品牌入选交通运输部首批农村物流服务品牌。

(吴婷婷　袁千竣)

9月25日上午，如皋市2020年中国农民丰收节暨雉水大地庆丰收活动在搬经镇高明庄社区开幕
(市农业农村局供图)

生态宜居乡村建设

【概况】 2020年，市住房城乡建设局围绕乡村振兴战略实施要求，提升村镇容貌，完善基础设施，优化公共配套。进一步放大试点效应，建设富有“江海绿韵、如意田园”特色田园，如城街道顾庄社区顾家庄、大明社区大缪马和钱长村夏家庄3个村庄和城北街道平园池村藕池庄、花园桥社区花园桥庄2个村庄获省特色田园乡村命名，白蒲镇姜北村、搬经镇搬东社区2个村达到南通市级特色田园评价标准。进一步挖掘地方资源，传承保护传统村落，如城街道顾庄社区顾庄、石庄镇石庄社区凤鸣和张杨园社区张杨园、城北街道平园池村藕池庄、白蒲镇林梓社区林梓5个村庄获省传统村落命名。推进长江镇申报建设省级重点及特色镇发展项目，争取省级资金420万元，提升镇区基础设施建设水平；推进长江镇郭园社区、白蒲镇林梓社区、城北街道双龙社区和何庄社区申报建设省级被撤并乡镇集镇区整治项目，争取资金140万元，制订《如皋市被撤并乡镇集镇专项整治提升工作实施方案》，改善老镇区设施落后、环境破旧、无项目、缺资金状况。

【镇村布局规划】 年内，市自然资源和规划局完成《如皋市镇村布局规划(2020版)》编制。《如皋市镇村布局规划(2020版)》将如皋市村庄分类为集聚提升类村庄(411个)、特色保护类村庄(55个)、城郊融合类村庄(7个)、搬迁撤并类村庄(326个)、其他一般村庄(1530个)。以镇村布局规划为指导，引导全市各镇(区、街道)270个行政村(社区)开展标准化国土空间实用性村庄规划编制研究，因地制宜开展“多规合一”实用性村庄规划编制，截至年末，269个村(社区)形成村庄规划初步成果。

白蒲镇文著社区实施生活污水“微循环”，打造河清水绿新样板

(白蒲镇供图)

【农村人居环境整治】 年内，如皋市制订《2020年农村人居环境整治考核办法》，细化各部门工作计划和推进举措。市制订农村破落房屋整治、农村农户庭院环境专项整治和被撤并乡镇集镇专项整治提升工作实施方案，有机融合南通市“百千工程”评估办法，做到周巡查、月考核、季评比。按序时推进4个省级撤并乡镇集镇整治项目实施。编制《如皋市农村生活污水治理专项规划》并通过评审。全年完成改厕1.37万户，新建公厕95座，新建村庄生活污水处理设施6座，完成2000户分散农户生活污水生态化治理工程建设。探索分散农户生活污水生态化治理(2.0升级版)工作获省长吴政隆2次批示，要求省相关部门组织专家研究讨论。截至年末，297个行政村完成农村生活污水治理覆盖，行政村生活污水治理覆盖率91.1%，其中，207个行政村建有村庄生活污水处理设施，90个村(社区)纳入市政主管网。全市农村区域供水入户率99%，全市326个村(社区)农村人居环境整治长效管护覆盖率百分之百。9月，如皋市农村人居环境整治顺利通过省级销号验收。城北街道作为全市垃圾分类试点镇，深入推进全域生活垃圾分类工作，提升生活垃圾减量化、资源化、无害化处理水平。扎实推进农药零差率统一配供、农药包装废弃物和废旧农膜回收利用，建设农药包装废弃物临时归置点4个。在小麦赤霉病防治期间，全市确定农药配送经营网点354个，农药配送防治面积2.2万公顷；开展水稻病虫害防治试点，范围覆盖全市32个经济薄弱村和规模种植大户，配送面积2.45万公顷。

【美丽宜居村庄建设】 年内，如皋市持续探索“分散农户生活污水生态化治理”方式，有序推进农村公共厕所建设和村域河道整治工作，全面提升道路水平、村容村貌、服务功能。建成省、南通市级各类美丽宜居乡村77个(含153个村庄)，建成如皋市级美丽宜居村庄303个，超额完成省、南通市下达任务。如城街道龙游河村、下原镇邹庄社区等被国家林业草原局评为国家森林乡村，城北街道野林村被列入省级生态循环农业试点村名单、平园池村被省妇联评为省级美丽家园示范点。农业信息化覆盖率89.1%，农村地区固定宽带接入速率244兆位/秒。

(苏　雯　郑淑一　吴婷婷　袁千竣)

文明乡风培育

【概况】 2020年，如皋市以培育和践行社会主义核心价值观为落脚点，以丰富道德滋养为着力点，以推进婚丧礼俗改革为突破点，不断深化文明镇、文明村创建活动。文明乡镇、文明村占比分别为78.6%、65.5%，城北街道平园池村获评第六届全国文明村。印发《关于开展疫情防控期间文明家庭创建主题实践活动的通知》《关于有针对性加强精神文明教育、深入开展爱国卫生运动的通知》，推动文明镇村、文明家庭积极参与爱国卫生运动和家庭创建“五清”（清庭院、清厅堂、清卧室、清厨房、清厕所）、“三勤”（勤洗手、勤通风、勤消毒）、“两注重”（注重学习锻炼、注重家风家教）活动，养成健康生活习惯。印发《关于持续深化家庭文明建设行动的通知》，深化家庭文明建设，全市总户数占比超80%家庭创成三星村级文明家庭，总户数占比超30%家庭创成四星镇级文明家庭并展示家风家训。组织开展“传承好家训、弘扬好家风、幸福伴我行”“科学家教送万家”“法润万家”“我家这40年”家庭故事征集展播等系列活动，潜移默化培育良好家风、文明乡风、淳朴民风。

【移风易俗】 年内，如皋市持续深化“推进移风易俗、弘扬时代新风”行动，大力建强村居红白理事会队伍，全覆盖建成镇级公墓，提升改造村级公墓183个，引导有条件的村居建设红白事集中办理场所近100处，印发红事公约、白事倡议流程。组织散埋乱葬、乱建“土庙”、假僧假道等专项治理。全市散埋乱葬清理率95%，新增骨灰百分之百进镇村公墓；假僧假道转岗率70%；拆除乱建“土庙”2748个，复垦复绿近20万平方米。如皋市殡葬改革工作被省政府表彰，移风易俗工作经验被《江苏精神文明建设简报》第八期以《如皋市：坚持破立结合，深化移风易俗》为题推介。

【镇村新时代文明实践】 年内，如皋市以承担全省、全国新时代文明实践中心建设试点任务为契机，以群众需求为导向，全覆盖、标准化建设镇村新时代文明实践所、站（点），汇聚市镇专业志愿服务组织、结对共建文明单位志愿服务分队、注册社会志愿服务组织等力量，扶持帮带村（社区）文明实践志愿者和村民，孵化文明实践项目、组建文明实践队伍、构建文明实践网络、匹配文明实践资源，经验做法先后被学习强国、中央电视台、人民网、文明网、《新华日报》等媒体宣传推介。

乡村治理

【“头雁工程”实施】 2020年，如皋市着力构建乡村善治新格局，不断强化基层党组织建设。深入实施村（居）党组织书记“头雁工程”，研究出台村（居）干部专职化管理实施意见（试行）系列文件，尤其在薪酬待遇上建立村（居）党组织书记基本报酬“五级十八档”晋升体系，并解决其他村（居）干部基本报酬基数、系数等问题，大幅提高村干部报酬总额。严格执行村（居）党组织书记“县乡共管”和任职资格联审制度，对村（居）党支部委员会、村（居）民自治委员会［简称村（居）“两委”］班子建设情况开展两轮研判，累计调整优化村（居）党组织书记158人，调整面45.53%。稳步推进村（居）党组织书记、村（居）委会主任“一肩挑”工作，年末，全市村（居）党组织书记、村（居）委会主任“一肩挑”占比87.32%。优化村（居）党组织书记发展空间，打破晋升“天花板”，面向优秀村（居）党组织书记选聘事业人员14人。围绕实施省委基层党建“五聚焦五落实”三年行动计划和南通市江海先锋培育工程，组织制定镇（区、街道）、村（居）党组织书记基层党建工作责任清单，将各级党组织书记基层党建“第一责任人”职责标准化、具体化。围绕基层最为关键、最为关切问题，选立“党建+金融助理”等70个特色“书记项目”，落实检查、评估、表彰等制度，确保书记抓、聚力抓。

【“归雁计划”实施】 年内，如皋市围绕村（居）“两委”换届要求，实施本土大学生村干部“归雁计划”，设置乡村振兴特聘岗位，统一面向社会公开招录本土大学生村干部20人。截至年末，全市有35岁以下村居干部1013人，确保全市各村（居）配备并动态保持至少有2名35岁以下村居干部。如皋市拓宽“两委”换届人选来源渠道相关做法被《江苏组工信息》推广。

【“两代表一委员”密切联系群众】 年内，如皋市持续实施“两代表一委员”密切联系群众工作机制，实现“两代表一委员”联系全市村（社区）全覆盖，接待群众4501人次，收集各类问题建议3517条，办结2506条。

【乡村民主法治建设】 年内，如皋市不断推进乡村自治、德治、法治三治融合建设。深化基层民主法治示范村、镇创建活动，推进自治与法治共融，全面完成全市347个村居和14个镇（区、街道）公共法律服务实体平台建设。截至年末，成功创建省级民主法治示范村179个，占比51.58%，其中国家级民主法治示范村3个；创成省级法治文化建设示范点8家，法治文化阵地市、镇、村实现全覆盖。

（吴婷婷　袁千竣）

综　述

【概况】 2020年，如皋市优化转型以花木盆景、生鲜果蔬、绿色稻米为主导，创意休闲农业、优质畜禽、优质桑蚕、特色水产等产业并存的“3+N”产业格局。强化粮食生产功能区和重要农产品保护区建设，粮食生产喜获丰收，总产量比上年增加0.52万吨。优化品种种植布局，优质小麦良种、优质食味稻米种植分别占比98%、80%。蔬菜产量稳中有增，绿色蔬菜种植占比50%。落实生猪养殖恢复生产政策，生猪生产有力恢复，全面超额完成南通市下达生猪存栏任务，生猪大中型规模养殖占比81.85%，生态健康养殖占比百分之百，15万头生猪稳产保供基地开工建设，培育“猪+草+猪”循环示范点20个。

扫码观看视频《绿色乐章》

【重大农业项目建设】 年内，市农业农村局建立健全组织推进、考核评价、健全督查、挂钩服务、进展调度五项推进机制，全年召开现场推进会3次、调度视频会1次、招商推介会(农产品专场推介会)3次，集中力量推进“重大项目建设年”活动。全市建设投资1000万元及以上农业农村重大项目49个，涌现花木大世界二期、皋德食材、中皋农产品、年出栏15万头生猪养殖、小微盆景基地等优质项目，年内完成投资额29亿元。

【农产品品牌培育】 年内，市农业农村局大力培育农产品品牌，“如皋黑塌菜”入选江苏农业品牌目录(区域公用品牌)，“清炒黑塌菜”入选全省百佳名菜。“蒲塘”农产品品牌入选江苏农产品品牌目录。持续扩大黑塌菜影响力，制定并发布如皋黑塌菜团体标准4个，在南京金陵饭店举办如皋黑塌菜专场推介会，签订黑塌菜南京地区总代理协议和购销协议，如皋黑塌菜全年被江苏卫视、《新华日报》、荔枝新闻、《文汇报》等媒体专题报道12次，被省农业农村厅评定为省级区域公用品牌。组织50余家企业到南京、上海、重庆等地参加各类农产品展示展销会，推介如皋市绿色有机大米、黑塌菜、萝卜干等特色农产品。10月，在长三角高新视听博览会现场，中皋农产品供应链有限公司、江苏花名堂农业科技发展有限公司等7家企业直播推介如皋黑塌菜、白蒲三香斋茶干、万珍六年陈黄酒、春华萝卜皮、蒲塘富硒大米、如皋盆景等如皋特色农产品。

【政策性农业保险】 年内，全市开设小麦、水稻、育肥猪、奶牛等常规农业类和设施大棚、黑塌菜种植、质量安全等高效农业类及农机具类政策性农业保险险种26个。除农机具外，农业保险总保费7155.12万元，其中，常规种植业保险保费3069.35万元、高效农业保险保费4085.77万元，高效农业保险保费占总保费57.1%。全年发生理赔案件1.01万件，理赔金额5019.9万元，受益农户16.6万户次，简单赔付率70.16%。

种植业

【粮食种植】 年内，全市粮食播种面积99860公顷，平均亩产450.3千克，总产67.46万吨。与上年相比，播种面积增加340公顷，比上年增加0.34%；亩产增加1.9千克，增长0.42%；总产增加0.52万吨，增长0.78%。全市夏粮面积46680公顷，亩产353.1千克，总产24.72万吨；秋粮播种面积53180公顷，亩产535.7千克，总产42.74万吨，其中水稻面积42.17公顷，亩产613.5千克，总产38.8万吨。新建省级水稻绿色高质高效创建示范片13个，平均亩产703.3千克，比全市平均产量增产14.6%。全市建立水稻、小麦等主要作物苗情点

19个、农情点14个,商品化集中育秧1.33公顷以上田块23个、0.67—1.33公顷田块80个。

【油料种植】 年内,全市油料作物播种面积9233公顷,比上年增加373公顷;平均亩产194.6千克,与上年基本持平;总产26940吨,比上年增长4.2%。

【瓜果种植】 年内,全市瓜果类种植面积2240公顷,比上年减少0.88%;总产量11万吨,比上年增加200吨。其中西瓜种植面积625公顷,产量2.44万吨;甜瓜种植面积214公顷,产量5150吨;草莓种植面积277公顷,产量0.41万吨。

【蔬菜种植】 年内,全市蔬菜(不含西甜瓜、草莓、食用菌)播种面积34430公顷,比上年增加110公顷;蔬菜总产量117.3万吨,与上年基本持平;蔬菜总产值16.29亿元,比上年减少9300万元,比上年下降5.40%。全市新增省蔬菜标准园创建单位2个(南通隆恬农业科技发展有限公司、江苏谷乐生态科技有限公司)。新增地理标志产品1个(下原蘘荷)。5个蔬菜地理标志产品入选省农业技术推广总站《江苏地方名优特色蔬菜》一书。年内,如皋黑塌菜种植面积800公顷,其中3.33公顷以上规模基地约占总面积80%,可视化、可追溯体系建设在黑塌菜规模基地得到广泛应用。"如皋黑塌菜"南通唯一被省农业农村厅评为省农业区域公共品牌。建设以品质提升为重点的香堂芋百亩示范基地2个,总面积15.33公顷。首次建设以轻简高效为重点的如皋白萝卜百亩示范基地6个,总种植面积77.33公顷。建设以软腐病防治为重点的白蒲黄芽菜生产示范点10个。

【种子供应】 年内,全市新增省级特色优势种苗中心4家。市农业农村局组织种子品种考察论证活动2次。组织推广水稻南粳5055、南粳9108、南粳3908、盐粳13等优良水稻品种,主推品种供种量2400余吨。组织推广小麦镇麦9号、扬麦24、扬麦25、镇麦10号等小麦品种,主推品种供种量4000余吨。稻麦主推品种占市场供种率75%以上。全年安排安全性测试品种45个,其中,水稻品种17个、油菜品种10个、小麦品种18个;建成稻麦展示试验基地2个。

【植物保护】 年内,市农业农村局发布《病虫情报》23期、电视预报3期,预报小麦、油菜、玉米、水稻、蔬菜等10余种作物计40个对象、48个代次病虫草害信息,重大病虫测报准确率95%。水稻、小麦等主要病虫草害损失控制在3%以下,高效低毒低残留农药使用占比90%。主要农作物病虫害专业化统一防治覆盖率65%。

【耕地质量保护】 年内,市农业农村局建设和完善省级墒情监测点2个(白蒲镇朱家桥村农业科技示范园区、市农科所蔬菜科技示范园区各1个)、长期耕地质量监测点31个(国家级点1个、省级5个、南通市级10个、如皋市级15个)。建立水稻、小麦、大豆和蔬菜等主要农作物肥料施用强度监测调查点344个。及时发布2019年度耕地质量监测报告与2020年度主要农作物肥料使用情况调查报告。根据不同土壤类型和作物布局采集、检测土样152份,对全市土壤开展耕地质量等级变更调查,更新县域耕地质量等级评价结果,完

2020年如皋市粮食、油料等作物种植面积、产量情况表

表20

指标名称	面积(公顷)	亩产(千克)	总产(吨)
一、粮食作物合计	99860	450.3	674594
(一)夏收粮食	46680	353.1	247227
1. 夏收谷物	44360	362.1	240963
(1)小麦	43540	362.4	236683
(2)大麦	820	348.0	4280
2. 蚕豌豆	2320	180.0	6264
(二)秋收粮食	53180	535.7	427367
1. 秋收谷物	45240	596.7	404915
(1)稻谷	42170	613.5	388039
(2)玉米	2530	390.9	14835
(3)其他谷物	540	252.0	2041
2. 秋收豆类	6480	160.4	15590
其中:大　豆	6320	160.0	15168
红小豆	160	175.9	422
3. 秋收薯类	1460	313.3	6862
二、油料	9233	194.6	26940
(1)花　生	3653	192.0	10518
(2)油菜籽	5520	197.0	16312
(3)芝　麻	61	120.0	110

2020年如皋市蔬菜种植面积、产量情况表

表21

指标名称	面积（公顷）	公顷产量（千克）	总产量（吨）
一、蔬菜合计	34430	33880	1166500
1. 叶菜类	9650	30181	291250
其中：芹菜	1880	39500	74300
油菜	6400	12260	78500
菠菜	705	15000	10500
2. 白菜类	1850	42054	77800
其中：大白菜	1530	43900	67200
3. 甘蓝类	2280	29013	66150
其中：卷心菜（结球甘蓝）	1080	35370	38200
4. 块根、块茎类	5520	30335	167450
其中：马铃薯	15	23300	350
白萝卜	1420	45000	63900
胡萝卜	573	31760	18200
5. 瓜菜类	2260	50221	113500
其中：黄瓜	673	45300	30500
南瓜	600	30000	18000
6. 豆类（菜用）	2375	20295	48200
其中：豇　豆	1266	24700	33800
四季豆	280	29280	8200
7. 茄果类	3635	52297	190100
其中：茄子	1356	56050	76000
辣椒	1453	48520	70500
西红柿	826	52780	43600
8. 葱蒜类	1395	28330	39520
其中：大蒜	1090	28000	30520
9. 水生菜类	1220	23893	29150
其中：莲藕	566	33900	19200
10. 其他蔬菜	4245	33197	140920
11. 食用菌（鲜品）	—	—	2460
其中：蘑菇	—	—	900

成全市耕地质量等级年度报告编制。建立66.67公顷以上市级化肥减量增效示范区2个、13.33公顷以上镇级化肥减量增效技术示范方14个。建立全市种植大户档案、肥料使用档案、农资销售点肥料销售档案；发布稻麦等主要农作物配方肥主推配方6个。结合国家农业绿色发展先行区建设，出台《如皋市小麦化肥定额制施用技术指导意见》，汇编《如皋市耕地质量提升新技术、新成果、新模式》；开展稻麦专用缓混肥肥效等新技术试验9项，更新测土配方施肥基础数据库，研发新型稻麦专用缓混肥配方2个，建立主要农作物测土配方施肥指标体系。继续开展水稻、小麦新型专用缓控肥示范推广，重点在全市25个化肥减量增效示范大户和白蒲镇、搬经镇示范片进行大面积示范，取得积极示范效果；构建适合如皋市生产实际的稻麦、蔬菜等主要作物化肥减量增效技术模式5套。施肥方式转变行动取得成绩，小麦秸秆还田、种肥同播技术示范推广面积1万公顷；引导种植大户购买机插水稻侧深施肥机械30台，推广面积350公顷。主要农作物测土配方施肥技术覆盖率92%以上。对全市458个项目库2924个补充耕地地块进行质量评定，累计评定面积483.14公顷。进一步推进耕地质量提升行动，加大主要农作物秸秆资源和畜禽粪便资源还田综合利用技术推广力度，实现化肥使用量削减5%以上目标（以2015年为基础）。

养殖业

【畜牧业】 2020年，全市肉类总产量7.90万吨，比上年下降28.2%；禽蛋总产量6.60万吨，比上年增长35%；生牛奶总产量1.07万吨，比上年增长53.3%；水产品总产量2.71万吨，比上年增长2.3%。全市生猪饲养量79.22万头，比上年下降28.41%。其中存栏33.16万头，比上年增加80.12%；出栏46.06万头，比上年减少50.07%。大中型规模饲养生猪出栏37.82万头，占出栏总数82.11%，比上年增加4.89个百分点。山羊饲养量31.54万只，比上年增加11.8%。其中存栏11.62万只，比上年下降4.68%；出栏19.92万只，比上年增加24.3%。奶牛存栏2130头。家禽饲养量3899.61万羽，比上年增加1.51%。其中存栏984.31万羽，比上年下降4.41%；出栏2915.3万羽，比上年增加3.67%。专用肉鸡出栏1422.17万羽；规模养殖肉鸡出栏1372.96万羽，占肉鸡出栏总数96.54%。蛋鸡存栏383.4万羽，其中规模养殖蛋鸡存栏365.6万羽，占蛋鸡存栏总数95.36%。

畜牧生态健康养殖示范场创建　年内，市农业农村局全力推进畜牧生态健康养殖示范创建，服务指导365家治理达标规模养殖场应用生态健康标准化生产技术，全市365家规模养殖场除1家关停转产建厂外，364家全部通过县级验收及南通市抽验。成功创建省畜牧生态健康养殖示范场3家（市高利生猪养殖场、市云强牧业有限公司、市欣成生猪养殖有限公司）。截至年末，全市有农业农村部标准化养殖示范场4家、省畜牧生态健康养殖示范场48家，全市生态健康养殖比重百分之百，超过省下达指标。

畜禽遗传资源保护　年内，市农业农村局有序开展如皋黄鸡畜禽遗传资源保护，保种工作完成继代繁育，群体规模数量3000只，其中种公鸡250只，保持60个家系不变。采用家系继代繁育保种方式，完成继代群体翅号佩戴。向社会推广如皋黄鸡苗鸡9000只、种蛋3.8万枚。不断加强“东串猪”遗传保种力度，开展品种引进、培育、扩繁、推广和保种等工作。截至年末，全市存栏东串猪原种母猪122头，其中后备母猪21头；存栏东串猪原种公猪16头，其中后备公猪4头，保持6个家系不变。

【蚕业】　年内，全市桑园面积3787公顷，与上年持平；蚕饲养量15.21万张，产业规模位居全省第四位。市农业农村局着力抓好桑病虫防控、蚕种催青、智能小蚕共育工作，一日孵化率96%以上。全年技术培训2万人次，利用手机短信平台发送技术、行情指导信息3万余条次，在省农业网、南通农业信息网和如皋农业信息网同步发布技术信息。全年生产蚕茧708.5万千克。春蚕蚕茧平均价格39.42元/千克，平均每张产茧48.39千克，亩产值2705.27元；秋蚕平均价格35.6元/千克，平均每张产茧44.54千克，亩产值1997.49元。全年蚕桑总产值3.21亿元，其中，蚕茧产值26710.45万元；蚕桑资源综合开发收入5395万元；蚕桑亩产值5651元。全市桑园套种菠菜、芹菜、荠菜、豌豆、青菜、菜薹等蔬菜3158公顷，占总面积83.4%，桑园套种收入3536万元。桑枝屑生产食用菌技术获得新进展，品种主要为白背毛木耳、秀珍菇、香菇、姬菇、灵芝等珍稀食用菌种。搬经镇联友食用菌基地、加马食用菌基地、如城新民食用菌基地生产桑枝屑秀珍菇14万袋、毛木耳等12万袋，收益315万元。搬经镇、江安镇、东陈镇等蚕桑生产重点镇推广蚕沙产沼气可再生循环利用技术，建成蚕沙沼气池10016个，蚕农增收1300万元。规模化发展桑园养鸡、鹅模式。石庄、搬经、东陈等镇利用119.33公顷连片桑园，散养草鸡、鹅9.1万羽，每亩增收1355元，合计收益244万元。

【水产业】　年内，全市淡水养殖放养面积4300公顷，全年水产总量2.81万吨，其中养殖产量2.22万吨；渔业总值22.9亿元。特色水产养殖占比80.9%，其中观赏鱼养殖面积36.2公顷。年内，新建集约化观赏鱼养殖基地2个，水面面积3.3公顷。市长蝶观赏鱼专业合作社和金稚源养殖场选送金鱼参加第四届中国（淄博）金鱼大赛，获冠军2项、季军1项；参加中国（广州）“长城杯”世界观赏鱼锦标赛，获冠军2项、亚军1项。生产黑鱼专用饲料1.2万吨，生产淡水鱼深加工食品（鱼片、鱼丸等）3500吨。黑鱼食品加工园区建设项目被市政府列为农业重点项目，全年生产黑鱼加工产品1500余吨。在上海、江苏、山东、广西、广东等省市新增自主产权黑鱼产品直营店6家，年内黑鱼产业实现交易额4.2亿元。完成百亩连片池塘标准化改造任务，年内改造面积68公顷；落实池塘生态化改造试点3个，改造面积40公顷。继续推广稻田综合种养，全市新增稻鱼种养面积153公顷。在城北街道万顷良田园区新建陆基稻田工业化循环水生态养殖示范点1个，新建不锈钢材

9月，在第四届中国（淄博）金鱼大赛中，市长蝶观赏鱼专业合作社选送黑水泡金鱼、市金稚源养殖场选送红白蝶尾金鱼分别获水泡组和蝶尾组冠军。图为水泡组冠军黑水泡金鱼
（市农业农村局供图）

质循环水设施养殖水槽12组2160平方米。

【动物疫病防控】 年内，市农业农村局重点实施春季、夏季集中补免和消毒灭原行动及秋季集中免疫三大免疫行动，免疫生猪口蹄疫58.24万针次、猪瘟62.57万针次、链球菌16.65万针次、高致病性猪蓝耳病苗38.21万头；免疫羊小反刍兽疫24.59万只，免疫羊(牛)O型口蹄疫26.55万针次，免疫牛口蹄疫(二价苗)5963针次；免疫家禽高致病性禽流感5204.7万羽次。全年检测猪血样410份、羊血样420份，猪口蹄疫、猪瘟、高致病性猪蓝耳病平均免疫抗体合格率分别为89.51%、94.15%、86.83%，羊O型口蹄疫、小反刍兽疫平均免疫抗体合格率分别为89.76%、91.67%。检测高致病性禽流感H5亚型Re-11株血样1362份，免疫抗体合格率97.50%；检测高致病性禽流感H5亚型Re-12株血样1373份，免疫抗体合格率95.99%；检测高致病性禽流感H7N9血样4569份，免疫抗体合格率97.77%；检测鸡新城疫血样1380份，免疫抗体合格率96.45%。所有强制免疫病种免疫抗体合格率均超过国家、省规定70%标准。

【动物检验检疫】 年内，市农业农村局产地检疫生猪35.88万头、牛(羊)2.77万头(只)、禽类2058万羽，屠宰检疫生猪11.47万头、牛(羊)2921头(只)、禽类241.12万羽。全面运行“智慧动监”信息化管理系统，增加便携式移动产地检疫出证。通过检疫电子出证系统，全年开具产品A证787张、产品B证5.27万张。开展打击生猪非法调运专项整治活动，在如皋市9个高速路口设卡，全年查处经营、运输依法应当检疫而未经检疫案件23起，罚款17万余元，有效惩治非法调运违法行为。

【病死动物无害化处理】 年内，全市有病死猪无害化处理收集点15个，全年无害化处理病死猪2.33万头，病死猪无害化处理率百分之百，无害化处理覆盖面百分之百。投资200万元，对全市病死猪无害化处理收集点进行全面升级改造。全面实施“保处联动”信息系统，确保病死猪收集、运输、无害化处理得到全流程监管。

高标准农田建设

【高标准农田项目规划】 2020年，市农业农村局将2021年高标准农田建设立项项目规划工作与全市土地流转、产业结构、经营主体、生态环境、占补平衡情况相结合，坚持高标准围绕农田生态系统构建规划，突出高效节水理念，在工程建设上推广泵站自动控制、暗渠输水灌溉技术，推广生态排水沟建设。8月，完成2021年度项目入库名录编制并上报南通市农业农村局。

【高标准农田项目实施】 年内，市农业农村局完成2019年度高标准农田建设项目建设并通过南通市级验收。项目建设规模3666.7公顷，涉及9个镇(街道)共21个村(社区)，总投资1.57亿元，建成泵站47座、渠道175千米、田间道路75千米，植树5.4万株，新建仓库600平方米，完成占补平衡任务36公顷。争取2020年度高标准农田建设项目总规模4266.67公顷，其中高效节水灌溉1000公顷，涉及10个镇(街道)共18个村(社区)，总投资23525万元。抢抓农田建设黄金期，开展“农田建设百日大会战”活动，推动2020年度高标准农田项目早开工、早建设。截至年末，2020年高标准农田建设项目全部建成。

【高标准农田建设监管】 2020年，市农业农村局制定《如皋市高标准农田建设监管细则》和《如皋市高标准农田建设和资金管理办法》，开展日督查、周例会、周调度、月通报、月推进、季点评工作，确保项目建设质量、进度、安全、审计、资料“五同步”。建立“黑名单”制度，全面提升高标准农田建设质量。强化项目管护，坚持“谁收益谁管护，谁所有谁管护”原则，明确项目所在镇村主体责任、管护人员职责、管护工作标准，将项目管护工作列入镇(街道)环境整治考核内容。

城北街道志勇片高标准农田建设项目鸟瞰图 (市农业农村局供图)

2020年如皋市高标准农田建设项目立项情况表

表22

序号	项目名称	项目建设地点（镇、村）	建设规模（公顷）		财政投资（万元）				
			高标准农田	高效节水灌溉	合计	中央	省级	市级（占补平衡补偿资金）	县级（配套）
	合计		4266.67	1000.00	23525.00	6325.00	4660.00	11200.00	1340.00
1	城北街道志勇片高标准农田建设项目（财政补助）	城北街道志勇、杨宗	533.33	126.67	2904.24	803.17	560.85	1400.00	140.22
2	搬经镇卢庄片高标准农田建设项目（财政补助）	搬经镇卢庄、港桥、龙桥	1146.67	266.67	6244.11	1726.83	1205.83	3010.00	301.45
3	白蒲镇顾岱片高标准农田建设项目（财政补助）	白蒲镇顾岱、邓杨、沈腰	800.00	193.33	4356.36	1204.76	841.28	210..00	210.32
4	东陈镇雪岸片高标准农田建设项目（财政补助）	东陈镇雪岸、杨庄、南庄	653.33	153.33	3557.69	983.89	687.04	1715.00	171.76
5	江安镇黄庄片高标准农田建设项目（财政补助）	江安镇黄庄、百新	446.67	93.33	2419.27	572.26	399.61	1172.50	274.90
6	吴窑、磨头镇高标准农田建设项目（财政补助）	吴窑镇老庄、磨头镇兴韩	346.67	80.00	1929.14	522.06	397.66	910.00	99.42
7	城南街道、下原镇高标准农田建设项目（财政补助）	城南街道夏庄、下原镇邹庄	266.67	66.67	1714.86	401.59	490.62	700.00	122.65
8	长江镇南通市粮棉原种场片高标准农田零散地治理项目（财政补助）	南通市粮棉原种场	73.33	20.00	399.33	110.44	77.110	192.50	19.28

农业机械化

【概况】 2020年，如皋市提升农业装备水平，示范推广现代农机装备与技术，新增特色农业机械94台套，全市特色农业机械化率56.91%。年末，全市拥有农业机械总动力87.98万千瓦，比上年增长2.4%，农作物耕种收机械化水平86%，其中主要农作物耕种收机械化水平97.39%。拥有拖拉机3012台，其中73.5千瓦及以上大型拖拉机993台，配套秸秆还田机1850台；拥有联合收割机2192台、插秧机2673台。如皋市被农业农村部列为东部沿海地区率先基本实现农业农村现代化试点县。

【农机购置】 年内，全市发放中央及省级农机购置补贴资金2764.79万元，受益农户1013户。推广各类农机具1697台，其中，插秧机217台（乘坐式插秧机197台、步进式插秧机20台）、大中型拖拉机172台、联合收割机184台、秧田播种机63台、旋耕机270台、旋耕施肥播种机161台、喷杆式喷雾机59台、动力喷雾机39台、植保无人机97台、撒肥机65台、田园管理机械8台、水稻侧深施肥装置43台、农业用北斗终端77台、农用挖掘机24台，谷物烘干机19台。

【秸秆机械化还田】 年内，如皋市完

年内，如皋市探索秸秆禁烧禁抛综合利用路径，试行秸秆打捆转运作业政府采购模式，解决农户秸秆难处理问题。图为5月29日白蒲镇秸秆打捆机作业现场　　（白蒲镇供图）

成秸秆机械化还田资金补助面积5.61万公顷，实际秸秆机械化还田率82.94%。根据上年度种植面积和还田实绩，将全年秸秆机械化还田作业面积任务和资金计划下达到各镇（区、街道），超任务完成部分由市财政和各镇（区、街道）各补助150元/公顷。成立秸秆机械化还田督查组，在作业期间巡回督查秸秆作业机械切碎装置安装启用作业是否达到规定耕作深度及科学排灌等情况，加强对作业质量监督指导，实行过程控制。全年兑现省、如皋市、镇三级补助资金1683.36万元，其中，省级补助资金1539万元，如皋市级补助资金69.79万元，镇级补助资金74.57万元。

【机电排灌管理】 年内，全市有效灌溉面积72140公顷，其中年内新增366.67公顷；完成高效节水灌溉工程实施任务506.7公顷。市农业农村局会同市财政局、发展改革委、水务局等部门出台《关于调整农业用水价格政策的通知》，对农业水价实行超计划累进加价制度，规范农业用水计划下达、用水方案决算和备案、维修费计提、征收票据等方面内容。联合市水务局出台《关于做好农业用水价格决算及备案工作的通知》，明确农业用水价格项目核定、农业用水价格方案编制、农业用水价格核准备案、农业用水费用征收管理等工作的具体操作做法和流程。全市14个镇（区、街道）、3个国营农机站实现农业用水价格备案率百分之百、农业用水开票率76.6%。开展农灌期前农田灌溉设施集中维修和日常安全管护工作，对1525座泵站机电设备集中维修，整修渠道2520条共466千米，动土量21.13万立方米，修整灌区配套建筑物6935处；签订安全责任书1307份，做到各泵站灌区安全责任书签订、安全检查全覆盖。

【农机安全生产】 年内，市农业农村局对全市农机行业开展安全生产专项整治，按照企业自查、镇区普查、市级复查流程，对全市农机经营服务主体进行安全隐患三级排查，农机安全隐患整改闭环率百分之百。全市在册存量变型拖拉机全部报废，实现清零目标。报废老旧联合收割机27台、插秧机3台、机动喷雾机1台，发放农机报废更新补贴资金44.38万元。加强对从事报废农机回收经营企业监督管理，杜绝报废农机再次流入市场。全市14个镇（区、街道）均建立镇村农机安全管理员队伍。出台《如皋市农机安全生产网格化监管工作实施方案》，将农机安全生产监管中的问题隐患排查、政策法规宣传等工作融入基层网格化服务管理。

（吴婷婷）

农业科技

【概况】 2020年，全市获省重点研发计划（现代农业）立项1个，获评省农业科技型企业5家，获评省农村科技服务超市1家。南通市级科技指导性计划立项数继续在南通市各县（市、区）中保持领先。农业科技企业获省科技副总认定1人、高新技术企业认定2家，产学研合作经费支出300余万元。围绕提高农民科技素质、职业技能、经营能力等要素，开展农民培育工程。全年新型职业农民培训3602人，农机技术培训97人，新型经营主体培训151人，农产品电子商务培训172人，村农技员培训65人，基层农技推广人员214人。

【科技“强农惠农”特色服务】 年内，市科技局征集农业生产技术需求28个，开展产学研活动3次，达成产学研合作项目15项，有效解决技术难题24个。配合省花木产业战略技术联盟，举办全国小微盆景展暨盆景交易大会、全国苗木供需对接会、全国精品盆景展，提供技术交流和成果转化通道，推动如皋花木产业健康发展。

【国家农业科技园核心区建设】 年内，江苏南通国家农业科技园区核心区在国家农业科技园区综合评估中，获江苏第一、全国优秀。园区核心区紧扣“四园”（花木盆景产业园、花木市场及物流贸易园、新农村建设示范园、花木生态观光园），持续加大基础设施、商贸物流、特色田园、旅游功能配套、科技研发等投入，提升核心区道路、河道、绿化等基础设施，建成民

位于国家农业科技园核心区的盆景大观景区，年内建成国家AAAA级旅游景区。图为盆景大观景区一景　　（图片来源于微信公众号“花木控股”）

宿服务中心、旅游集散中心、国际园艺城一期工程，顾家庄、大锣马、夏家庄三个省级特色田园乡村建设通过验收，国际园艺城二期园艺会展中心、盆景大观园项目主体工程竣工。建成扬州大学（如皋）花木产业研究院、江苏省苗木花木科技服务超市，转化科研成果16项，推广新技术17项。核心区农民人均可支配收入34936元。通过技术普及、技能培训、模式推广，先后带动园区及周边农户7万余户，提供就业岗位近20万个。成功举办全国小微盆景展、全国精品盆景展等展会。

（韩方舟　吴婷婷）

新型农业经营主体

【概况】 2020年，如皋市加快培育家庭农场、农民合作社、农业产业化龙头企业等新型农业经营主体，鼓励发展专业合作、村社股份合作等多种形式农业合作社。创新财政支持家庭农场、农民合作社发展机制，培育新型职业农民，提升经营能力和水平。截至年末，全市有如皋市级及以上农业产业化龙头企业85家，其中，国家级1家、省级13家、南通市级38家。全市农民合作社累计工商注册登记1181家，其中，国家级示范社8家、省级示范社27家、南通市级示范社69家，创成示范社培训教育基地9家、农民合作社综合社5家。新培育省级示范家庭农场6个、南通市级示范家庭农场10个、如皋市级示范家庭农场24个。

【农业产业化龙头企业】 年内，市农业农村局接轨现代农业新理念，制订完善龙头企业认定办法，将互联网农业、休闲观光农业等新业态企业纳入评选范畴，评定如皋市级龙头企业6家。全市新增省级龙头企业1家（江苏千牧农业股份有限公司）、南通市级龙头企业4家。持续抓好农业产业化龙头企业、农产品加工企业及省级农产品加工区数据监测分析工作。据统计，全市龙头企业资产总额95.29亿元，其中省级及以上龙头企业资产总额44.59亿元；全市农业龙头企业实现销售（交易）收入292.06亿元。如皋华夏花卉有限公司、南通鸿润肠衣有限公司、江苏品瑞农业科技有限公司、南通玉兔集团有限公司、江苏联众肠衣有限公司、江苏昊瑞生物科技有限公司6家公司在省股权中心农业板成功挂牌，肠衣集中加工区通过省级农产品加工集中区监测，江安镇联络新社区获评2020年全国乡村特色产业亿元村。

【农民合作社】 年内，如皋市全力推进全国首批农民专业合作社质量提升整县推进试点县工作。强化政策保障，激励合作社稳定健康发展，补助3个合作社项目建设资金150万元，奖励南通市级以上示范社36万元。疫情期间，出台合作社稳产保供贷款贴息扶持政策，6家合作社获贷款贴息720万元。加强对农民合作社管理，清理无农民实质性参加、无实质性生产经营活动“空壳社”513家。促进合作社规范发展，全年48家合作社“六有”（有证照、有场所、有标识、有人员、有收入、有为农服务项目）达标创建通过验收。强化示范引领，创建全市国家级示范合作社3家、省级示范合作社6家、南通市级示范合作社11家、如皋市级示范合作社16家。培育农民合作社创建亮点，指导村级创建农民合作社综合社10家、新型合作农场52个。

【家庭农场】 年末，全市累计登记备案各类家庭农场2491家，涵盖粮食、园艺、水产和种养结合等产业类型。年内，市农业农村局在全市推动家庭农场高质量发展，提升家庭农场发展内涵和生存发展能力，全年培育省级示范家庭农场6个、南通市级示范家庭农场10个、如皋市级示范家庭农场24个，金旺家庭农场入选部级家庭农场典型。145个家庭农场被列入各级示范家庭农场名录，其中，省级30个、南通市级19个、如皋市级96个。建立全市家庭农场名录制度，对名录内家庭农场加强监测管理。开展家庭农场运营监测，其中18个样本农场接受部级监测。落实扶持政策，扶持2019年家庭农场项目6个，扶持资金60万元。

2020年度如皋市南通市级及以上农业产业化龙头企业经营情况表

表23

总序	镇(街道)	级别	企业名称	销售(交易)收入(万元)	利润(万元)	税金(万元)	创汇(万美元)
1	如城街道	省级	花木大世界控股有限公司	1967133.00	7041.00	713.00	180.00
2		省级	如皋市绿园有限公司	11989.00	1320.00	145.00	—
3		省级	江苏城中园林股份有限公司	12144.00	2381.00	470.00	—
4		南通	南通光远速冻制品有限公司	3800.00	350.00	60.00	290.00
5		南通	南通市宏达肠衣有限公司	9492.00	835.00	27.00	596.00
6		南通	江苏梅源绿化建设有限公司	1550.00	120.00	80.00	—
7		南通	南通春华食品有限公司	5503.00	200.00	50.00	—
8		南通	如皋市家家乐超市加盟管理有限公司	12976.00	223.00	96.00	—
9		南通	如皋市花木大世界工程有限公司	6038.00	1132.00	75.00	—
10		南通	南通安佑生物科技有限公司	17820.00	270.00	190.00	—
11		南通	江苏花名堂农业科技发展有限公司	874.00	36.00	—	—
12	城北街道	国家	江苏长寿集团股份有限公司	168811.00	8064.00	1496.00	1187.00
13		省级	如皋市联众肠衣有限公司	16598.00	1415.00	820.00	890.00
14		省级	江苏千牧农业股份有限公司	17863.00	115.00	247.00	15219.00
15		南通	南通利都肠衣有限公司	23252.00	305.00	253.00	3523.00
16		南通	南通仁寿食品有限公司	2865.00	443.00	30.00	428.00
17		南通	如皋市天源肠衣有限公司	7000.00	380.00	22.00	—
18		南通	江苏昊瑞生物科技有限公司	3406.00	116.00	32.00	—
19		南通	江苏天达农业开发有限公司	3985.00	135.00	75.00	—
20		南通	如皋市日益肠衣有限公司	3874.50	219.00	29.17	—
21		南通	南通鸿润肠衣有限公司	2937.00	125.00	55.00	—
22		南通	江苏五湖粮油有限公司	4965.00	252.00	80.00	580.00
23		南通	江苏弘玖水产有限公司	35678.00	458.00	77.00	—
24		南通	南通明旺达肠衣有限公司	8500.00	980.00	50.00	—
25	城南街道	省级	如皋市永兴肠衣有限公司	28263.00	93.00	122.00	3560.00
26		省级	南通品德物流配送有限公司	25098.00	3378.00	354.00	—
27		省级	南通天恒园林景观工程有限公司	43691.90	5603.30	1255.10	—
28		南通	江苏如胜食用菌有限公司	2600.00	680.00	—	—

续表23

总序	镇(街道)	级别	企业名称	销售(交易)收入(万元)	利润(万元)	税金(万元)	创汇(万美元)
29	长江镇	省级	江苏永友食品科技有限公司	108694.00	4000.00	189.00	—
30		南通	如皋田王苗木有限公司	1144.96	160.00	—	—
31		南通	江苏永友物流有限公司	20015.00	174.00	343.00	—
32		南通	如皋市康丰现代牧业有限公司	10050.00	575.00	17.00	—
33		南通	如皋新好农牧有限公司	52970.54	22636.43	59.35	—
34	白蒲镇	南通	南通白蒲黄酒有限公司	5660.00	1200.00	490.00	—
35		南通	如皋市广兴米业有限公司	6750.00	96.00	22.00	—
36		南通	如皋市蒲新生态农业科技有限公司	922.00	3.00	0.20	—
37	搬经镇	省级	南通华多种猪繁育有限公司	25414.28	8799.72	—	—
38		南通	江苏正禾现代农业有限公司	5000.00	750.00	—	—
39		南通	南通双龙门食品有限公司	3077.00	308.00	39.40	—
40	丁堰镇	省级	南通天龙畜产品有限公司	15913.73	477.00	280.00	—
41		南通	如皋市粮食购销公司	14684.93	215.11	—	—
42	东陈镇	南通	如皋市中萃米业有限公司	150.00	2.50	7.10	150.00
43	江安镇	省级	南通玉兔集团有限公司	13587.00	1020.00	280.50	—
44		南通	如皋市兴昌实业有限公司	980.00	46.00	23.00	—
45		南通	如皋市时来牧业有限公司	1562.00	400.50	—	—
46		南通	南通海顺粮食仓储有限公司	3611.30	162.20	14.70	—
47		南通	南通市茂桐农林科技有限公司	605.00	100.00	1.00	—
48	磨头镇	省级	如皋市华夏花卉有限公司	6840.00	246.00	256.00	78.00
49		南通	南通盛鑫食品有限公司	7246.00	217.00	217.00	—
50	石庄	南通	如皋市飞利来肠衣有限公司	23899.51	501.70	86.17	3001.48
51		南通	南通温氏家禽有限公司	22976.68	961.75	4.86	—
52	吴窑	南通	南通市赛天蓬牧业有限公司	2166.20	1082.86	—	—

农林水利综合行政执法

【概况】 2020年,市农林水利综合执法大队立案188起,其中,一般程序案件107起,肥料类案件4起,农药类案件7起,防疫类案件23起,渔政类案件32起,水政类案件5起,农产品类案件4起,饲料类案件2起,野生动物保护类案件2起,林业类案件1起,畜禽屠宰类案件3起,种子类案件10起,畜牧类案件3起,农机类案件12起,检疫类案件1起。

【农资市场治理】 年内,市农林水利综合执法大队以惩治经营假劣农资、未审定(登记)农资、标识标签不合格农资及禁、限用农药等为重点,对辖区内农资生产、经营单位及网点实行拉网式检查。采取集中整治与日常检查相结合,开展春、秋季农作物种子市场专项检查、农资打假"春雷"行动、"放心农资下乡进村"行动、农资打假夏季百日行动、秋冬季农资市场执法大检查、农产品质量安全专项整治“利剑1号”行动、有机肥专项整治等专项执法行动。全年开展各类专项整治8次，其中，春、秋季种子市场专项整治2次，夏季百日专项整治1次，秋季农资专项整治1次，“植物检疫”专项整治2次，农产品生产基地专项整治1次，有机肥专项整治行动1次。全年检查各类农资生产经营主体523家次，整顿市场3个次，查获违法农资数量7500千克，货值2.01万元。立案查处案件31起，罚没款金额10.03万元，发放责令改正通知书26份，发放禁限用农药名录等法律法规宣传资料1000余份。加强农资质量监督抽检，对农业投入品监督抽查4次，对农药、肥料、种子抽样266个，经第三方检测，合格率98%。对市场抽检质量不合格农资产品，依法查处并追根溯源，及时发布风险提示，预防假劣农资进入农业生产领域。

8月10日晚，如皋市联合靖江市，在如皋靖江长江交界处进行长江非法捕捞联合突击夜查 （市农业农村局供图）

【农药管理】 年初，市农药管理办公室组织农药相关企业人员培训3班次，培训300余人，发放相关文件、告示等宣传材料2000余份。加强对农药企业日常监管，重点加强农药生产企业安全、环保监督检查工作，全面调查摸底辖区内6家农药生产企业生产情况，与农药生产企业签订责任状，明确减量方案，整改安全隐患250余项。每季度聘请化工安全专家进行专项安全检查，查出安全生产隐患30个。开展农药市场专项检查，重点检查无证经营、经营劣质农药、经营无登记证农药、标签不规范等违法行为；开展禁限用农药点外经营专项整治活动，特别是百草枯农药销售行为，按15%比例对各镇经营户开展“回头看”抽查，出动执法人员250人次，检查农药经营门店100余家，查处问题42起，其中立案7起，涉及金额10余万元。出动执法人员200余人次，对农产品生产经营主体检查60家次，张贴《禁限用农药名录》1000份，抽检农产品样品160个，立案查处3起。监管全市农药零差率集中配送网点372家。建立农药包装废弃物回收点226家，其中镇级点15家；建立市级农药包装废弃物临时归置点4家（城南、磨头、搬经、白蒲）。全市各农药零差率集中配送网点及镇级回收点均按照统一标准设置，台账记录规范。

【渔政管理】 年内，市农林水利综合执法大队按要求完成长江如皋段水域禁捕和退捕补偿工作，签订退捕协议31份，拆解各类渔船113艘，报废处置网具100余吨，发放补偿资金1905万元。按要求开展长江禁渔期管理工作。先后设置永久性禁止捕捞标志牌32块，取缔非法网具29套，取缔涉渔“三无”船舶4艘，查处违反禁渔期、禁渔区规定捕捞案件8起，违反禁止垂钓的区域垂钓案16起，电、毒鱼案件6起。开展各类渔业宣传教育活动10次，调处渔业生产纠纷10起，检验渔业船舶58艘。

【水政监管】 年内，市农林水利综合执法大队惩治长江非法采砂行为，先后开展专项执法检查64次，出动执法人员、工作人员（含联合行动）296人次，出动执法艇56艘次。与水务、公安、海事等部门联合开展执法巡查36次。开展陈年积案“清零”工作，办结积案11起。参与全市饮水安全提升，做好全市自来水厂非法取水查处工作，下发责令整改通知书11份。

（吴婷婷）

综 述

【概况】 2020年，面对新冠肺炎疫情及外部环境变化带来严峻挑战和重大困难，如皋市工业坚持稳中求进工作总基调，抢抓长三角一体化发展机遇，围绕“奋力建设长江以北最强县市”目标，统筹疫情防控和经济社会发展，按照立足新发展阶段，贯彻新发展理念，构建新发展格局，以推动高质量发展为主题要求，全市工业转型升级增势强劲。年内，全市完成工业增加值484.68亿元，比上年增长5.1%；产品销售率98.2%；应税销售1702亿元，比上年增长7.56%；实缴税金43.17亿元，比上年增长1.49%，税金率2.54%。全年工业用电量42.39亿千瓦时，比上年增长5.13%。

【产业结构】 年内，全市智能装备制造、新能源汽车及汽车零部件、高端新材料、新一代信息技术、生命健康五大工业产业实现应税销售785.03亿元，比上年增长3.05%，总量占全市规上工业应税销售79.97%；实缴税金28.45亿元，比上年增长7.16%，总量占全市规上工业实缴税金81.05%。战略性新兴产业总产值368.68亿元，比上年增长14.14%，占全市规上工业总产值32.34%。

【企业结构】 年末，全市有应税销售2000万元以上工业企业831家、应税销售超1亿元企业220家，比上年分别新增84家、44家，实现应税销售981.62亿元，比上年增长6.58%，占全部工业应税销售57.67%；实缴税金35.1亿元，比上年增长8.87%，占全部工业实缴税金81.31%。全市规上工业企业完成总产值1223.05亿元，比上年增长6.84%；营业收入1174.83亿元，比上年增长7.8%；利润总额63.17亿元，比上年下降15.3%；实现应税销售1063.94亿元，比上年增长14.77%。

【工业运行监测】 年内，市发展改革委每月及时跟踪了解工业运行情况，监测规模工业产值、工业应税销售、工业用电量、实缴税金、新增规模工业企业等关键指标动态情况，加强风险研判和监测预警，采取切实措施防范化解重大风险，全力促进工业经济平稳健康发展。按月编写工业运行分析报告，按季度编印全市工业运行白皮书，汇总分析重点产业、重点企业、镇（区、街道）工业运行具体情况。每月常规开展工业和信息化部重点企业监测、省级重点企业运行监测、省级工业经济新增长点监测、南通200强企业运行监测、工业企业负担问卷调查、工业企业景气度调查、受新冠肺炎疫情冲击和严峻复杂国际形势影响情况调查等工作。按月度、季度、年度分别开展重点指标月度评估、新型工业化季度考核、高质量发展年度考核，推动各镇（区、街道）重点工作开展。

【实体经济扶持】 年内，如皋市常态化开展企业家协会沙龙、重点企业座谈会、金融对接会、企业家联谊会、惠企政策宣讲等活动。制订《如皋市“2523”（指到2022年年底，力争形成应税销售超100亿元企业2家，50亿元～100亿元企业5家以上，20亿元～50亿元企业20家以上，10亿元～20亿元企业30家以上）工业大企业培育实施方案（试行）》，集聚优势资源支持龙头企业发展，梯度培育一批具有较强市场竞争力大企业，引领全市工业经济高质量发展。组织企业参加南通轨道交通企业对接会、南通新一代信息技术博览会、南通船舶海工产业论坛、南通江海联动发展论坛、世界智能制造大会、工业设计推进会等专题活动10余次。

【工业调研分析】 年内，市发展改革委围绕工业产业发展、企业培育、低效用地盘活等重点工作开展调研分析，先后形成节后企业复工情况、规模工业企业培育情况、亿元企业及重点产业运行情况、规模工业企业（应税销售负增长）运行情况、新能源汽车产业、氢能产业、低效用地工业企业盘活提升情况等方面调研报告，为市委、市政府决策研判提供支撑。开展医疗资源企业、重点光伏企业、新基建重点领域、轨道交通配套企业、新型电力装备企业、特高压企业、电价改革、企业供应链风险、细化行业领域龙头企业等专项调查20余次。

【如皋市新增3家全国专精特新"小巨人"企业】 11月13日，工业和信息化部公布第二批专精特新"小巨人"企业名单，如皋市南通斯密特森光电科技有限公司、江苏思源赫兹互感器有限公司、江苏汤臣汽车零部件有限公司3家企业入选。至此，全市有全国专精特新"小巨人"企业6家。

如皋市年内入选的全国专精特新"小巨人"企业中，南通斯密特森光电科技有限公司生产高端天文科普望远镜，拥有天文望远镜行业知名品牌"Sky-watcher"，产品销往多个国家和地区；江苏思源赫兹互感器有限公司拥有互感器生产基地，在工业自动化制造及质量管理各方面居国际先进水平，具备完全自主知识产权的技术开发体系和年产2万台互感器生产能力，产品均通过国内或国际权威检测机构认证；江苏汤臣汽车零部件有限公司建有双院士工作站、省级企业技术中心，对新产品新项目系统化开展研究设计与试制开发，是国家知识产权优势企业。

【星球石墨公司入选全国制造业单项冠军名单】 12月21日，工业和信息化部、中国工业经济联合会联合发布第五批工业单项冠军名单，南通星球石墨股份有限公司（简称"星球石墨公司"）入选。

星球石墨公司一直专注于石墨设备领域细分市场，打造全面、高效、深入研发体系，先后建有省防腐节能石墨设备工程技术研究中心、省余热回收利用石墨系统装置工程研究中心、省企业技术中心及省工业设计中心等省级研发平台。拥有授权发明与实用新型专利129项，其中发明专利38项。主导制定国际标准1项，主导、参与制订国家及行业标准15项，是国家知识产权示范企业。2020年，根据中国科学院咨询机构评价，其产品"高效节能全石墨氯化氢合成与余热利用一体化装置（SZL-1600）"整体技术达到国际先进水平，被省工业和信息化厅认定为省首台（套）重大技术装备。凭借优秀技术水准、过硬产品品质、高效售后服务，星球石墨公司获得客户信赖与赞誉，年内实现主营业务收入5.6亿元，比上年增长16.34%；实缴税金5576万元。

12月21日，星球石墨公司（主营产品为组合式副产蒸汽石墨氯化氢合成炉）入选第五批全国制造业单项冠军。图为星球石墨公司外景

（图片来源于公众号"星球石墨"）

2020年如皋市新增应税销售超1亿元工业企业名录

表24

序号	企业名称	所在地	应税销售额（万元）	增幅（%）
1	双登天鹏冶金江苏有限公司	长江镇	36534.99	1813.67
2	江苏顶洁医疗器械有限公司	长江镇	29783.90	780.19
3	南通优护优家卫生用品有限公司	城北街道	29647.98	240.62
4	江苏凯迅达高铁传动技术开发有限公司	江安镇	29050.30	1005.18
5	南通卓杰桩业有限公司	石庄镇	19218.74	—
6	南通市泓正再生资源有限公司	石庄镇	18157.28	—
7	南通德晋昌光电科技有限公司	白蒲镇	18046.02	4989.84
8	江苏新瑞药业有限公司	长江镇	16657.33	103.11

续表24

序号	企业名称	所在地	应税销售额(万元)	增幅(%)
9	江苏迅镭激光科技有限公司	城南街道	16563.25	—
10	南通皋亚钢结构有限公司	白蒲镇	15938.77	76.17
11	磨恩纺织科技(南通)有限公司	长江镇	15390.73	1027.14
12	江苏进东集团有限公司	城北街道	15319.19	203.92
13	江苏清能动力科技有限公司	城北街道	14258.53	405.82
14	江苏金旺新材料科技有限公司	长江镇	14046.31	2749.84
15	南通天瑞生物科技有限公司	丁堰镇	13805.86	75.07
16	南通恒轩建材有限公司	城北街道	13604.04	40.22
17	南通玉兔集团有限公司	江安镇	13232.22	49.35
18	江苏图腾电气科技有限公司	如城街道	13054.78	46.60
19	江苏思博特纺织科技有限公司	东陈镇	13049.03	—
20	南通德益化工有限公司	长江镇	12850.39	44.95
21	江苏皋德食材有限公司	如城街道	12246.49	280.15
22	江苏元升厨卫电器有限公司	如城街道	12226.22	4814.87
23	金东升南通石业股份有限公司	长江镇	12216.33	61.99
24	江苏海纶染整有限公司	长江镇	11975.89	101.10
25	南通世睿电力科技有限公司	城南街道	11930.26	83.02
26	南通中塘金属构件有限公司	搬经镇	11568.26	—
27	南通丽洋洁净材料有限公司	长江镇	11328.78	981.30
28	珂黎艾净化技术江苏有限公司	城南街道	11282.38	148.78
29	江苏中潮管材科技有限公司	长江镇	11252.44	45.59
30	外高桥沿江管业(南通)有限公司	长江镇	11086.37	—
31	南通凤凰橡胶制品有限公司	搬经镇	10846.11	22.50
32	南通恒盛钢结构有限公司	九华镇	10686.97	118.83
33	江苏蓝歌带业有限公司	磨头镇	10606.61	56.84
34	如皋市大禾肠衣有限公司	城北街道	10588.13	82.00
35	南通艾贝思凯智能科技有限公司	吴窑镇	10524.68	—
36	如皋市久润畜产品有限公司	城北街道	10517.09	—
37	德禄家具(南通)有限公司	城南街道	10512.04	106.56
38	如皋岩达机械工业有限公司	九华镇	10454.11	48.90
39	如皋市中正机械有限公司	城北街道	10300.89	32.60
40	江苏祥顺布业有限公司	白蒲镇	10251.36	23.06
41	南通群辉门窗有限公司	搬经镇	10240.51	377.92
42	威世药业(如皋)有限公司	城北街道	10133.04	1.82
43	江苏六泉石材集团有限公司	长江镇	10093.79	13.28
44	江苏城威人防设备有限公司	九华镇	10038.80	24.09

2020年如皋市实缴税金50强制造业企业名录

表25

序号	企业名称	所在地	实缴税金(万元)	增幅(%)
1	梦百合家居科技股份有限公司(含数控、里高)	丁堰镇	23820.41	17.72
2	江苏省如高高压电器有限公司(含赫兹、聚源)	城北街道	16070.36	45.53
3	森松(江苏)重工有限公司	长江镇	10524.04	21.82
4	汤始建华建材(南通)有限公司	长江镇	9973.46	35.16
5	南通天泽化工有限公司	石庄镇	7427.47	-3.18
6	江苏汤臣汽车零部件有限公司(含华永复合、华永铁基、北方汤臣)	江安镇	6532.60	150.59
7	南通荣威娱乐用品有限公司	城北街道	6499.26	69.19
8	双钱集团(江苏)轮胎有限公司	城北街道	6437.52	3.06
9	南通百川新材料有限公司(含如皋百川)	长江镇	6389.70	-24.88
10	南通星球石墨股份有限公司(含德诺尔、星瑞)	九华镇	5575.99	-15.14
11	江苏宝众宝达药业有限公司	长江镇	5372.93	-9.64
12	江苏天南电力器材有限公司(含铝材)	如城街道	5340.80	309.07
13	江苏神马电力股份有限公司如皋分公司	如城街道	5292.09	-0.70
14	江苏泰慕士针纺科技股份有限公司	城北街道	4891.03	-8.19
15	南通海泰科特精密材料有限公司	搬经镇	4715.48	4.59
16	江苏九鼎新材料股份有限公司(含伊斯佩尔、针织、风能、生物)	如城街道	4638.93	-19.12
17	德源(中国)高科有限公司	长江镇	4532.58	65.27
18	南通海螺水泥有限责任公司	长江镇	4530.66	-40.05
19	南通斯密特森光电科技有限公司	如城街道	3963.75	-5.73
20	江苏力星通用钢球股份有限公司(含力星、滚子)	如城街道	3344.69	-16.63
21	南通东润实业有限公司(含时装)	九华镇	3339.02	537.06
22	南通鹏鹞水务有限公司	长江镇	3317.45	8.97
23	江苏沪港装饰有限公司(含诚聚)	长江镇	3219.99	82.27
24	江苏海通海洋工程装备有限公司	长江镇	3014.90	-36.77
25	江苏永大化工机械有限公司	九华镇	2994.97	55.61
26	如皋市自来水厂有限公司	如城街道	2983.84	265.68
27	江苏中铁山桥重工有限公司	长江镇	2805.75	102.86
28	江苏万达特种轴承有限公司	如城街道	2678.18	-21.01
29	南通三荣实业有限公司	九华镇	2640.77	-11.79
30	南通中油燃气有限责任公司	长江镇	2585.76	56.49
31	南通杰克拜尼服帽有限公司	长江镇	2499.81	-30.20
32	南通玉兔集团有限公司(含波涛)	江安镇	2473.62	-24.93
33	南通市通宝船舶有限公司(雄豪、亿舸)	长江镇	2402.93	1174.63
34	威格(江苏)电气设备有限公司	城北街道	2396.57	-14.09
35	上海电气环保热电(南通)有限公司	石庄镇	2253.53	28.82

续表25

序号	企业名称	所在地	实缴税金(万元)	增幅(%)
36	南通柏源汽车零部件有限公司(含创源)	城北街道	2182.76	11.23
37	江苏华灿电讯集团股份有限公司(含亚信、高分子、科技)	长江镇	2107.93	-18.08
38	南通新纳希新材料有限公司	长江镇	1988.68	629.71
39	南通华东油压科技有限公司(含液压、机械)	白蒲镇	1863.10	4.73
40	南通利泰化工设备有限公司(含亿能)	九华镇	1722.36	4.63
41	如皋市逸人服饰有限公司(含苓美)	白蒲镇	1715.15	-25.05
42	南通超达装备股份有限公司(含申模)	城南街道	1684.06	-69.32
43	江苏金元亚麻有限公司	城北街道	1644.68	-64.01
44	南通美能得新能源科技股份有限公司	城北街道	1628.36	22.22
45	南通皋鑫电子股份有限公司(含科技、印花、服饰)	如城街道	1601.95	-17.16
46	南通瑞泰船务工程有限公司	长江镇	1564.72	67.27
47	南通丽洋洁净材料有限公司	长江镇	1481.59	5876.58
48	如皋市宏茂铸钢有限公司(含重型)	长江镇	1472.29	-26.20
49	南通市电站阀门有限公司	城北街道	1454.47	-19.55
50	张化机(苏州)重装有限公司南通分公司	长江镇	1439.48	102.62

2020年如皋市新增规模工业企业名录

表26

序号	企业名称	所在地	应税销售(万元)	增幅(%)
1	如皋市翔瑞金属制品有限公司	长江镇	399097.33	—
2	南通深流实业发展有限公司	长江镇	137384.30	—
3	南通开骏电力电子有限公司	城北街道	62279.51	—
4	南通市壶芦电子有限公司	城北街道	61981.94	—
5	南通市嗣洲电气有限公司	城北街道	61898.24	—
6	南通卓杰桩业有限公司	石庄镇	19218.74	—
7	南通德晋昌光电科技有限公司	白蒲镇	18046.02	4989.84
8	江苏迅镭激光科技有限公司	城南街道	16563.25	—
9	磨恩纺织科技(南通)有限公司	长江镇	15390.73	1027.14
10	如皋市大中建材有限公司	石庄镇	14198.14	-4.48
11	江苏金旺新材料科技有限公司	长江镇	14046.31	2749.84
12	南通恒轩建材有限公司	城北街道	13604.04	40.22
13	江苏思博特纺织科技有限公司	东陈镇	13049.03	—
14	江苏康丰现代牧业有限公司	长江镇	12598.41	-12.26
15	南通中堂石材有限公司	长江镇	12413.56	—
16	江苏皋德食材有限公司	如城街道	12246.49	280.15
17	江苏元升厨卫电器有限公司	如城街道	12226.22	4814.87

续表26-1

序号	企业名称	所在地	应税销售(万元)	增幅(%)
18	南通中塘金属构件有限公司	搬经镇	11568.26	—
19	南通丽洋洁净材料有限公司	长江镇	11328.78	981.30
20	外高桥沿江管业(南通)有限公司	长江镇	11086.37	—
21	南通科龙生物制品有限公司	丁堰镇	10548.82	3.28
22	南通艾贝思凯智能科技有限公司	吴窑镇	10524.68	—
23	如皋市久润畜产品有限公司	城北街道	10517.09	—
24	江苏顺达工程科技有限公司	九华镇	10503.67	-52.50
25	江苏六泉石材集团有限公司	长江镇	10093.79	13.28
26	南通科勉家居有限公司	如城街道	9495.42	629.69
27	南通睿鑫钢结构工程有限公司	长江镇	9083.75	127.32
28	如皋禄和金属制品有限公司	江安镇	8203.43	—
29	南通市国涛塑业科技有限公司	白蒲镇	7608.48	603.97
30	江苏更美科技有限公司	城南街道	7486.75	170441.00
31	江苏一品饲料科技发展有限公司	城北街道	7369.79	124.19
32	南通华旭钢构有限公司	石庄镇	7242.52	—
33	南通纳博木业有限公司	东陈镇	7229.07	4573.26
34	江苏昂晖交通设施有限公司	白蒲镇	7189.90	—
35	如皋聚诚精密模具有限公司	江安镇	7156.10	—
36	江苏盘石机械科技有限公司	九华镇	7107.42	—
37	南通新光明石业发展有限公司	长江镇	6543.44	119.83
38	南通特耐流体设备有限公司	九华镇	6332.52	—
39	南通新景石材有限公司	长江镇	6176.50	174.57
40	江苏发力智能箱柜有限公司	吴窑镇	6096.69	—
41	江苏力威智能办公家具有限公司	吴窑镇	6069.96	—
42	南通平晨半导体科技有限公司	如城街道	6062.20	—
43	江苏笃泰石业有限公司	长江镇	6059.13	56.41
44	江苏奕隆机电科技有限公司	九华镇	5971.06	—
45	江苏华萱包装有限公司	长江镇	5859.49	—
46	南通杰恒石材有限公司	长江镇	5808.00	54.98
47	南通悠文电子有限公司	磨头镇	5803.61	—
48	南通市紫天金属门窗制造有限公司	长江镇	5592.79	—
49	南通市天天开金属门窗制造有限公司	长江镇	5592.22	—
50	南通麦格米特电力电子有限公司	城南街道	5586.76	—
51	上海电气研砼(如皋)建筑科技有限公司	长江镇	5105.93	—
52	江苏盈达机电科技有限公司	如城街道	4883.28	—
53	江苏天佑医用科技有限公司	下原镇	4863.14	493.75

续表26-2

序号	企业名称	所在地	应税销售(万元)	增幅(%)
54	势加透博洁净动力如皋有限公司	城北街道	4781.57	3503.29
55	江苏众成物流机器有限公司	九华镇	4746.20	—
56	康典石业江苏有限公司	长江镇	4687.84	-2.88
57	弘业重工(如皋)有限公司	长江镇	4514.68	—
58	如皋聚辉机械零部件有限公司	搬经镇	4462.00	—
59	江苏泰斯鸿科技有限公司	长江镇	4417.40	235.10
60	南通如港建材有限公司	长江镇	4330.03	-17.47
61	南通益知纺织科技有限公司	丁堰镇	4322.61	—
62	江苏多来运纺织有限公司	城南街道	4244.06	—
63	南通市安泰肠衣有限公司	城北街道	4233.43	-5.25
64	南通市泳宇新型建材有限公司	搬经镇	4205.90	—
65	南通恒晟源毛纺织有限责任公司	长江镇	4131.49	109.73
66	南通中环新型材料股份有限公司	长江镇	4117.44	25.58
67	南通吉康服饰有限公司	磨头镇	4103.81	—
68	南通泉绮纺织有限公司	搬经镇	4044.23	—
69	南通南港石业有限公司	长江镇	4022.44	-49.51
70	江苏效玄机电科技有限公司	白蒲镇	4019.22	—
71	迪亚爱柯节能科技(南通)有限公司	白蒲镇	3935.72	94.26
72	南通德舜昌机械科技有限公司	白蒲镇	3888.41	—
73	江苏佰大幕墙科技有限公司	城北街道	3879.14	235.80
74	江苏卓远半导体有限公司	城南街道	3755.62	307737.70
75	江苏品格食品科技有限公司	城南街道	3745.65	—
76	南通杜京光伏科技有限公司	丁堰镇	3714.58	3.89
77	如皋天禄畜产品有限公司	城北街道	3594.78	—
78	如皋市祥润畜产品有限公司	城北街道	3538.34	—
79	如皋博笑休闲用品有限公司	下原镇	3514.13	3819.83
80	如皋市江岚工艺服饰有限公司	如城街道	3495.83	47.08
81	功铭南通重工有限公司	长江镇	3482.71	—
82	南通黛奥比智能科技有限公司	吴窑镇	3333.49	—
83	江苏圣钦石业有限公司	长江镇	3314.55	555.72
84	如皋市新泰生物科技有限公司	石庄镇	3299.31	515.96
85	江苏通王工程科技有限公司	九华镇	3280.31	60.78
86	南通申丰包装有限公司	石庄镇	3268.86	—
87	南通锦程护理垫有限公司	九华镇	3263.06	50.96
88	如皋市力星滚子科技有限公司	如城街道	3222.24	424.71
89	如皋仕佳建筑配件有限公司	城南街道	3149.77	240.38

续表26-3

序号	企业名称	所在地	应税销售(万元)	增幅(%)
90	南通市美克斯电器有限公司	白蒲镇	3142.57	46.40
91	南通环洋建筑材料有限公司	吴窑镇	3116.99	—
92	南通龙通木业有限公司	石庄镇	3113.04	45.84
93	江苏洛宽实业发展有限公司	如城街道	3094.69	—
94	南通中子星石业有限公司	长江镇	3044.70	69.96
95	江苏皓凯汽车零部件有限公司	下原镇	3022.36	117.00
96	南通伯林环保科技有限公司	如城街道	2987.92	—
97	江苏华城石业有限公司	长江镇	2960.34	69.88
98	南通大鹏钢业有限公司	九华镇	2949.47	35.42
99	南通德亿新材料有限公司	城北街道	2923.73	139.86
100	江苏迈冠体育产业有限公司	如城街道	2920.96	4.76
101	江苏惠沣环保科技有限公司	下原镇	2907.66	72.87
102	如皋市盛舟纺织品有限公司	江安镇	2894.35	28.68
103	南通恒捷服饰有限公司	城北街道	2884.16	203.93
104	如皋市铭蒲服装有限公司	白蒲镇	2848.06	11.57
105	南通铭栩建材科技发展有限公司	城南街道	2832.73	54.17
106	江苏阿斯达新材料科技有限公司	搬经镇	2822.14	30.42
107	南通德凌粉体材料有限公司	石庄镇	2814.46	25.94
108	南通泰莱顺文教用品有限公司	搬经镇	2794.31	403.67
109	如皋豪悦纺织有限公司	城南街道	2790.10	23.12
110	江苏华恩机械科技有限公司	白蒲镇	2774.35	35.10
111	南通顺驰橡胶制品有限公司	城北街道	2737.25	18.69
112	南通豪力液压设备有限公司	如城街道	2723.67	12.66
113	南通高鹏宠物用品有限公司	城北街道	2709.13	39.27
114	江苏顶德管业有限公司	城北街道	2693.13	8.03
115	如皋市裕旺旺饲料有限公司	城北街道	2654.26	40.96
116	南通百岁新材料有限公司	江安镇	2653.97	—
117	雷狄尼家具(南通)有限公司	城南街道	2616.74	—
118	如皋市长江自来水有限公司	长江镇	2610.74	53.26
119	南通市敦强紧固件制造有限公司	江安镇	2597.73	76.56
120	南通华罡建材有限公司	石庄镇	2592.57	350.34
121	南通展图服饰有限公司	城北街道	2575.51	-19.04
122	南通琦久纺织品有限公司	下原镇	2551.15	262.73
123	南通市德信致远环境科技有限公司	丁堰镇	2548.54	—
124	维泰(南通)金属材料有限公司	长江镇	2539.38	—

续表26-4

序号	企业名称	所在地	应税销售(万元)	增幅(%)
125	南通东盛链业科技有限公司	城北街道	2537.14	9.18
126	南通欧普液压设备有限公司	下原镇	2525.65	14.06
127	如皋市佳辉泡塑制品有限公司	城北街道	2512.35	28.13
128	贝览得生活用品(江苏)有限公司	下原镇	2499.00	—
129	江苏奋博通信技术有限公司	九华镇	2482.64	70.32
130	江苏溯源食品有限公司	城北街道	2473.94	467.42
131	江苏帝豪木业制造有限公司	九华镇	2472.40	10.22
132	南通巴仕特钢业有限公司	磨头镇	2466.32	4185.53
133	南通惟怡新材料科技有限公司	东陈镇	2464.27	6508.39
134	南通科裕模具科技有限公司	磨头镇	2458.57	—
135	如皋市泰乐肠衣有限公司	城北街道	2428.28	2593.60
136	南通冠亚机械科技有限公司	如城街道	2414.60	861.84
137	江苏汉府建筑新材料有限公司	城北街道	2407.56	—
138	南通润能机械有限公司	江安镇	2403.22	19.40
139	南通优氟防腐科技有限公司	搬经镇	2393.13	4.62
140	南通帝优家居有限公司	城南街道	2377.22	132.41
141	雷尼尔家具(南通)有限公司	城南街道	2366.31	—
142	南通市麦叶乐医疗科技有限公司	如城街道	2349.51	—
143	南通市宏方电器有限公司	搬经镇	2345.82	27.38
144	南通众翔模具科技有限公司	磨头镇	2343.81	424.61
145	如皋市昌晨印刷机械有限公司	城北街道	2343.71	-7.42
146	如皋伟宏新材料有限公司	城南街道	2333.02	21.96
147	南通如泰食品有限公司	城北街道	2312.45	73.95
148	南通皓月家居科技有限公司	磨头镇	2296.99	310.90
149	恩派特江苏环保产业有限公司	搬经镇	2278.50	281.08
150	如皋市蓝鹰齿轮制造有限公司	城北街道	2278.04	36.84
151	如皋冠杰工贸有限公司	长江镇	2277.40	2525.85
152	通力液压科技南通有限公司	江安镇	2277.09	147.86
153	如皋盈鑫金属制品有限公司	搬经镇	2264.10	102.38
154	升诺(南通)医疗科技有限公司	下原镇	2250.87	—
155	南通丰盛机械制造有限公司	九华镇	2249.9	37.21
156	江苏友恒新材料有限公司	吴窑镇	2247.79	—
157	江苏启宸新材料有限公司	丁堰镇	2201.45	—
158	江苏三特绝缘材料有限公司	搬经镇	2198.35	13.51
159	江苏柏拉斯精密扣件科技有限公司	磨头镇	2186.68	22.45

续表26-5

序号	企业名称	所在地	应税销售(万元)	增幅(%)
160	江苏诚聚装饰有限公司	长江镇	2176.55	—
161	南通旭歌纺织品有限公司	九华镇	2171.72	182.90
162	南通斯坦普金属制品有限公司	丁堰镇	2159.46	—
163	南通恒钧纺织科技有限公司	磨头镇	2150.91	165.03
164	南通优好佳包装材料有限公司	城北街道	2147.56	235.61
165	南通人人发机器制造有限公司	磨头镇	2117.63	68.44
166	如皋市林达线路金具有限公司	城北街道	2094.70	0.43
167	江苏中迅桥梁工程有限公司	长江镇	2074.27	—
168	南通龙谷里医疗用品有限公司	九华镇	2052.05	—
169	南通市和润特钢有限公司	下原镇	2039.50	—
170	江苏中易达绿色建材科技有限公司	石庄镇	2026.05	—
171	江苏首华智能装备有限公司	白蒲镇	2005.60	—
172	南通极峰照明灯具有限公司	长江镇	1977.14	-6.28
172	铖杏电气系统江苏有限公司	城南街道	1867.99	21.20
174	江苏克伦伯格热能技术有限公司	城南街道	1669.77	61.43
175	如皋臣杰精密机械有限公司	下原镇	1620.91	7467.27

智能装备制造产业

【概况】 2020年,全市智能装备制造产业有规上企业216家,比上年净增47家;实现应税销售240.71亿元,比上年增长12.8%;实缴税金11.85亿元,比上年增长18.75%。其中,高端机械设备制造龙头企业有森松(江苏)重工有限公司、江苏海通海洋工程装备有限公司、江苏永大化工机械有限公司、南通星球石墨股份有限公司,光学仪器龙头企业有南通斯密特森光电科技有限公司,精密机器龙头企业有江苏中铁山桥重工有限公司、江苏力星通用钢球股份有限公司、南通瑞泰船务工程有限公司,输配电及控制设备制造龙头企业有江苏省如皋高压电器有限公司、江苏思源赫兹互感器有限公司、江苏神马电力股份有限公司如皋分公司、威格(江苏)电气设备有限公司、江苏天南电力器材有限公司,主要产品有压力容器、海工模块、高压电流互感器、轴承钢球、天文望远镜、卷扬机、绞车。

【森松(江苏)重工有限公司】 森松(江苏)重工有限公司为中资控股的合资有限责任公司,成立于2008年5月,占地面积61.87公顷,注册资本10260万美元。2020年6月,锂电池和化妆品生产成套设备及模块项目实现竣工。11月,新投资10亿元水纯化和日化产品设备与模块项目实现竣工。年内,实现应税销售19.69亿元,比上年增长3.28%;实缴税金1.05亿元,比上年增长21.82%。

【江苏海通海洋工程装备有限公司】 江苏海通海洋工程装备有限公司成立于2008年11月6日,注册资本2.6亿元。年内,交付各型船舶6艘计17.51万载重吨,完成钢结构18.9万吨。新承接订单8艘,总价值超6亿元。实现应税销售8.93亿元,比上年增长10.01%,实缴税金3015万元,比上年下降36.77%。

新能源汽车及汽车零部件产业

【概况】 2020年,全市新能源汽车及汽车零部件产业有规上企业48家,比上年净减少1家。实现应税销售90.93亿元,比上年下降14.16%;实缴税金2.75亿元,比上年下降4.01%。其中,整车制造及动力总成龙头企业有枫盛汽车(江苏)有限公司,汽车零部件龙头企业有双钱集团(江苏)轮胎有限公司、汤臣汽车零部件有限公司、南通海泰科特精密材料有限公司、延康汽车零部件如皋有限公司,氢燃料电池及核心零部件龙头企业有江苏清能动力科技有限公司、势加透博洁净动力如皋有限公司,主要产品有纯电动汽车、载货汽车、农用汽车、锂离子电池、氢燃料动力系统总

年内，双钱集团(江苏)轮胎有限公司加快主要设备技改进度，技改投入8000余万元。图为双钱集团(江苏)轮胎有限公司生产车间一角

(如皋开发区供图)

成、加氢机、压缩机、卸气柜、汽车零部件等。

【双钱集团(江苏)轮胎有限公司】 双钱集团(江苏)轮胎有限公司成立于2016年，注册资本25亿元。2020年年初确定技改项目44个，年内立项40个，5个项目进入设备制造阶段，9个项目完成建设，24个项目现场改造中。立项开展降本增效项目70个，65个项目产生收益，降本收益累计1993.76万元。投产新产品28款，新开发一级代理商9家、集团客户7家。全年实现应税销售20.07亿元，比上年增长1.31%。

高端新材料产业

【概况】 2020年，全市高端新材料产业有规上企业264家，比上年净增98家。实现应税销售347.11亿元，比上年增长53.47%；实缴税金11.84亿元，比上年增长52.19%。其中，高端纺织材料龙头企业有江苏泰慕士针纺科技股份有限公司、南通三荣实业有限公司、南通东润实业有限公司，化工新材料龙头企业有南通荣威娱乐用品有限公司、梦百合家居科技股份有限公司、南通百川新材料有限公司、江苏宝众宝达药业有限公司，前沿新材料龙头企业有江苏九鼎新材料股份有限公司、江苏国胶新材料有限公司，主要产品为精细化工产品、医药中间体、农药、胶黏剂、硬脂酸、植物油、皂粒、棕榈蜡、甘油、玻璃纤维等。

【南通荣威娱乐用品有限公司】 南通荣威娱乐用品有限公司成立于2007年，注册资本24235万美元。2020年，持续增加投资，新增注册资金4000万美元，年内到账1500万美元。注册2亿元设立物流仓储有限公司，新开工建设9万平方米水池扩建项目。不断提升国内市场份额，内销收入占比15%。全年实现技改投入6000余万元，申请专利7件。年内，在各项生产成本大幅增长情况下，实现应税销售40.51亿元，比上年增长14.36%；实缴税金6499万元，比上年增长69.19%。

新一代信息技术产业

【概况】 2020年，全市新一代信息技术产业有规上企业31家，比上年净增8家。实现应税销售35.22亿元，比上年增长2.4%；实缴税金1.01亿元，比上年下降7.34%。其中电子信息龙头企业有江苏华灿电讯集团股份有限公司、南通伟越电器有限公司、凯晖科技股份有限公司，主要产品有5G移动通信基站天线、室内覆盖天线、天馈附件、走线架、机房设备及配件、通讯线缆、光纤、光缆等。

【南通伟越电器有限公司】 南通伟越电器有限公司成立于2010年10月，注册资金2061.39万美元，主要从事LED液晶电视机、等离子电视机、智能冰箱、家用洗衣机等电器组装销售。建有先进液晶模组组装无尘车间，拥有自动化模组组装线体4条，整机自动化装配线体和调试线体2条，高温老化房2间，年产电视机30万台，拥有自己的研发团队和工艺团队，取得发明专利1项、外观设计专利4项、实用新型专利13项，通过欧盟CE/ROHS、中东SASO、CB、澳洲SAA等认证，是国家高新技术企业。

【凯晖科技股份有限公司】 凯晖科技股份有限公司创建于2006年，是一家集计算机、通信和消费类电子产品外围设备及周边衍生制品研发、设计、生产和销售于一体高新技术企业。近年，公司瞄准“3C”周边智能产品巨大市场需求，坚持科技创新，不断加大研发投入，积极开展与华为、英特尔等国际一流企业合作，致力于开发具有智能、超薄、柔性等特征“3C”周边产品，成功实现从传统手机皮套行业向“3C”周边智能产品领域转型。形成平板电脑周边智能产品、英特尔Compute Card生态产品两大系列产品，终端服务于华为、英特尔、联想、HP、DELL、罗技等诸多知名品牌。面对电子行业不断快速发展，公司在不断创新，同时也导入新技术、新工艺、新设备，再配合现代化管理理念为公司建设成智能皮套键盘产品行业领头人打下坚实基础。

生命健康产业

【概况】 2020年，全市生命健康产业有规上企业61家。实现应税销售71.05亿元，比上年增长19.52%；实缴税金1.01亿元，比上年增长15.29%。其中，长寿食品龙头企业有江苏永友食品科技有限公司，生命医药及医疗器械龙头企业有江苏顶洁医疗器械有限公司、江苏新瑞药业有限公司，主要产品有食用植物油、医疗器械、医用手套等。

【江苏永友食品科技有限公司】 江苏永友食品科技有限公司成立于2014年，注册资本13000万元，总投资10亿余元，占地33.33公顷，利用泓北沙港池岸线400米，有食品加工区、港口物流区和粮食仓储区三大板块。其中食品加工区总投资约4亿元，用地面积10公顷，建设非转基因粮油生产线多条，是长三角重要食品级原料供应基地及高端粮油产销集群基地；港口物流区总投资约3亿元，拥有1万吨级散货泊位2个、1000吨级散货泊位2个，是长三角重要内外贸粮油集散地，年物流中转量500余万吨，内外贸集装箱业务3万余标准箱；粮食仓储区总投资10.55亿元，建设库容40万吨，主要包括1万吨级粮食浅圆仓28座、5000吨级粮食立筒仓11座、3000吨级粮食立筒仓10座、6500吨平房仓2栋，满足内外贸需求及园区加工需求，年仓储粮食265万吨。

其他工业产业

【概况】 2020年，全市有建材家居等其他规上工业企业211家，实现应税销售196.59亿元，比上年增长23.44%；实缴税金6.65亿元，比上年增长16.79%。其中，建筑材料龙头企业有江苏沪港装饰集团有限公司、汤始建华建材(南通)有限公司，家具龙头企业有江苏里高智能家居有限公司、南通思凯林家居有限公司，主要产品有建筑装修装饰制品、混凝土制品、水泥制品、家具、家用纺织品、枕头、床垫、沙发、箱包等。

【江苏沪港装饰集团有限公司】 江苏沪港装饰集团有限公司成立于2003年4月，主要从事建筑装修装饰工程、金属门窗及建筑幕墙等的设计、施工。2020年，实现应税销售18亿元，比上年增长43.36%；实缴税金3215万元，比上年增长81.99%。

【汤始建华建材(南通)有限公司】 汤始建华建材(南通)有限公司成立于2010年5月，注册资本1.24亿元。2020年，实现应税销售12.73亿元，比上年增长8.25%；实缴税金9973万元，比上年增长35.16%，产能利用率90%。

【江苏里高智能家居有限公司】 江苏里高智能家居有限公司成立于2010年8月，注册资金1000万元，主要从事木质家具、金属家具、软体家具、家用纺织品、枕头、床垫生产、加工、销售。2020年，完成应税销售9.17亿元，比上年增长14.15%；实缴税金5543万元，比上年下降15.2%。

(胡曙霞)

年内，江苏沪港装饰集团有限公司智能家居设备项目开工建设，项目总投资10.16亿元，项目生产规模为年产390万平方米机械生产中空智能玻璃门窗和40万套抗震支吊架 (如皋港工业园区供图)

建筑业

综述

【概况】 2020年,全市建筑业直面宏观经济下行压力、建筑业担保链风险及新冠肺炎疫情影响,坚持稳中求进、进中求变、变中求新,创新思路,攻坚克难,突破长期影响制约行业企业持续发展矛盾瓶颈,完成各项目标任务,进一步夯实建筑业高质量发展基础。全市建筑业新签合同额2136亿元,比上年增长10%。完成建筑业总产值1335亿元,比上年增长7.4%。其中建筑工程产值1317.88亿元,比上年增长7.2%;安装工程产值14.74亿元,比上年增长15.2%。实现建筑业增加值106.01亿元,比上年增长2.4%,占地区生产总值8.1%,对经济增长贡献率7.5%,拉动经济增长0.4个百分点。江苏南通六建建设集团有限公司(简称"南通六建建设集团")、江苏江中集团有限公司(简称"江中集团")、中如建工集团有限公司(简称"中如建工集团")、标龙建设集团有限公司(简称"标龙建设集团")4家特级资质企业实现产值1082.18亿元,占总产值比重81.1%,对建筑业总产值贡献率72.3%。

2020年如皋市建筑业施工产值超10亿元企业情况表

表27

序号	企业名称	注册地	主要资质	施工产值(亿元)
1	江苏南通六建建设集团有限公司	城南街道	建筑工程施工总承包特级	385.19
2	江苏江中集团有限公司	吴窑镇	建筑工程施工总承包特级	285.06
3	中如建工集团有限公司	城南街道	建筑工程施工总承包特级	250.08
4	标龙建设集团有限公司	城南街道	建筑工程施工总承包特级	161.85
5	南通市常青建筑安装工程有限公司	搬经镇	建筑工程施工总承包一级	41.20
6	南通市戴庄建筑安装工程有限公司	城北街道	建筑工程施工总承包一级	27.01
7	江苏沪港装饰有限公司	长江镇	建筑装修装饰工程专业承包一级	21.62
8	南通泛华建设集团有限公司	如城街道	建筑工程施工总承包一级	13.02
9	江苏元辰安装集团有限公司	白蒲镇	钢结构工程专业承包一级	10.61

【建筑业转型升级】 年内,全市建筑行业以"产业链融通、价值链提升、创新链发力、供应链集成"为主抓手,全力推动行业企业在人才、科技、市场、质量、信用等方面提档升级。全行业策应建筑行业发展新动态、新趋势,结合行业实际,稳妥推进产业链融通整合,着力打造涵盖金融、投资、工程建设、运营管理等多功能全产业链,形成"一业为主、多元并进"产业发展格局。中如建工"EPC""F+EPC"模式承接吉林省梅河口市教育产业园项目。江苏沪港装饰有限公司加大新型玻璃幕墙研发、设计、生产、安装、运维投入力度,把控装饰装修价值链上游环节,全年应税销售突破15亿元。构建供应链,加强质量成本过程管控。南通六建建设集团、江中集

团、中如建工集团、标龙建设集团、泛华建设集团有限公司等企业结合自身实际，应用信息化手段，调整优化组织机构和管理流程，加快建立完善成本、人力资源、资金财务和物资设备管理体系，建成适合企业自身实际成本管理系统和集中采购平台，推动项目经理管项目转为企业法人管项目、传统项目静态管理变为动态集约管理。

11月17日，南通市建筑业第二届“江海杯”BIM技术应用大赛在南通六建建设集团举办
（市城乡住房建设局供图）

【建筑工程创优】 年内，全市建筑行业获国家优质工程奖1项、中国建筑工程装饰奖4项，省优质工程奖14项。江中集团承建澄星广场获国家优质工程奖；江苏沪港装饰有限公司承建阿克苏地区科技馆改建项目、阿克苏地区“四馆”室内陈列展览装饰工程设计施工一体化项目、中国北京世界园艺博览会国际馆项目幕墙、屋面及展馆特殊大门工程和南通蓝星装饰工程有限公司承建南通市中央创新区科创中心一期（南通高等研究院）/A-2项目幕墙工程获中国建筑工程装饰奖。

2020年如皋市建筑业获省级以上优质工程奖情况表

表28

获奖企业名称	工程名称	获奖名称	批准部门
江苏江中集团有限公司	澄星广场	国家优质工程奖	中国施工企业管理协会
江苏沪港装饰有限公司	阿克苏地区科技馆改建项目（EPC模式）	中国建筑工程装饰奖	中国建筑装饰协会
江苏沪港装饰有限公司	阿克苏地区“四馆”室内陈列展览装饰工程设计施工一体化项目	中国建筑工程装饰奖	中国建筑装饰协会
江苏沪港装饰有限公司	2019年中国北京世界园艺博览会国际馆项目幕墙、屋面及展馆特殊大门工程	中国建筑工程装饰奖	中国建筑装饰协会
南通蓝星装饰工程有限公司	南通市中央创新区科创中心一期（南通高等研究院）/A-2项目	中国建筑工程装饰奖	中国建筑装饰协会
江苏江中集团有限公司	徐州市中心医院新城区分院1号综合楼	江苏省优质工程奖“扬子杯”	江苏省住房和城乡建设厅
江苏江中集团有限公司	徐州医学院附属医院东院一期工程（第一、二、三标段）	江苏省优质工程奖“扬子杯”	江苏省住房和城乡建设厅
标龙建设集团有限公司	福璟南湖郡8号楼	江苏省优质工程奖“扬子杯”	江苏省住房和城乡建设厅
江苏德之佳建设集团有限公司	南通产业技术研究院有限公司二期综合孵化大楼（A地块）、大学科技园（C-3地块）幕墙工程一标段	江苏省优质工程奖“扬子杯”	江苏省住房和城乡建设厅
江苏远景建设工程有限公司	通宁大道景观带绿化工程（第二批）A标、B标	江苏省优质工程奖“杨子杯”	江苏省住房和城乡建设厅

续表28

获奖企业名称	工程名称	获奖名称	批准部门
江苏远景建设工程有限公司	通京大道两侧景观带(南川河立交－永和路)工程A标段	江苏省优质工程奖“杨子杯”	江苏省住房和城乡建设厅
江苏江中集团有限公司	西雅图水岸14号楼	黑龙江省建设工程“龙江杯”奖	黑龙江省建设工程质量龙江杯评审委员会 黑龙江省建筑业协会
江苏江中集团有限公司	西雅图水岸17号楼	黑龙江省建设工程“龙江杯”奖	黑龙江省建设工程质量龙江杯评审委员会 黑龙江省建筑业协会
江苏江中集团有限公司	外滩首府(A区)G6B号楼	黑龙江省建设工程“龙江杯”奖	黑龙江省建设工程质量龙江杯评审委员会 黑龙江省建筑业协会
江苏江中集团有限公司	外滩首府(A区)G8号楼	黑龙江省建设工程“龙江杯”奖	黑龙江省建设工程质量龙江杯评审委员会 黑龙江省建筑业协会
江苏江中集团有限公司	黑龙江省哈尔滨市香坊区文景街地段棚户区改造B地块项目三期C3号楼	黑龙江省建设工程“龙江杯”奖	黑龙江省建设工程质量龙江杯评审委员会黑龙江省建筑业协会
江苏江中集团有限公司	黑龙江省哈尔滨市香坊区文景街地段棚户区改造B地块项目三期C5号楼	黑龙江省建设工程“龙江杯”奖	黑龙江省建设工程质量龙江杯评审委员会 黑龙江省建筑业协会
江苏南通六建建设集团有限公司	晋城市政务服务中心	山西“汾水杯”	山西省建筑业协会
江苏南通六建建设集团有限公司	安徽工程大学机电学院新芜校区A37宿舍楼工程	安徽“黄山杯”	安徽省住房和城乡建设厅 安徽省交通运输厅 安徽省水利厅

建筑科技

【概况】 2020年,全市建筑业从业人员29.84万人,拥有省“333”和市“226”培养对象6人;一级建造师1056人、二级建造师3962人、各类工程经济技术人员1.63万人。获评全国劳模1人,获批享受国务院政府特殊津贴专业技术人才1人。年内,全市建筑业紧盯“数字建造、智能建造、绿色建造、装配式建造”核心技术和关键技术,增强未来产业核心技术控制力。南通六建建设集团联手上海交大、东南大学、广联达科技股份有限公司等高校机构,集中优质资源主攻“BIM+”数字建造技术,全年累计培训建筑信息模型专业人才超100人,在市政工程项目转化上领先全省同行,初步实现传统建筑由二维设计建造方式向三维数字化设计建造方式转变,实现工程建设项目全生命周期数据共享和信息化管理,确保建设工程质量可追溯。

【质量科技创优】 年内,南通六建建设集团获评国家级新技术示范工程2项、国家级QC奖2项、省级QC奖9项、省优工程6项,实用新型专利2项;江中集团获发明专利授权2项、新技术应用示范工程4项。

【绿色建筑和绿色节能综合提升】 年内,市住房城乡建设局进一步细化省级绿色建筑和建筑节能综合提升奖补城市创建任务,压实责任,稳步推进创建工作。审查通过绿色建筑设计方案82个,建筑面积346.14万平方米;完成建筑节能验收备案项目41个,建筑面积185.96万平方米,新建民用建筑全面实施65%以上节能标准;新建建筑可再生能源应用建筑面积64.77万平方米。印发《关于组织申报2020年度如皋市绿色建筑和建筑节能奖补资金的通知》,初审奖补绿色建筑项目18个,奖补资金380万元。着力推进绿色建筑标识申报工作,北外附属龙游河外国语学校和如皋开发区总部经济大厦(时代大厦)获绿色建筑二星级运行标识,实现全市绿色建筑二星级运行标识“零突破”;九龙溪畔花园和华府名庭二期等14个项目获绿色建筑二星级设计标识,金鼎名城项目获绿色建筑三星级设计标识。完成朗诗熙华府3号楼、涌鑫长江府23号楼、融创2号楼3个75%节能率项目方案评审,龙游湖外国语学校、城东小学和开发区第三实验小学启动绿色校园申报资料编写。完成《如皋市绿色生态系列专项规划(2018—2030)》编制,并通过市政府批准。

建筑市场拓展

【概况】 2020年,全市建筑业强化"市场为王"拼抢精神,充分发挥比较优势,在市政路桥、水利桥梁、节能环保、装饰装修、机电安装等高端市场份额持续攀升。全市建筑企业新开工面积5805万平方米,实现建筑业竣工产值656.04亿元。承建施工面积1.79亿平方米,比上年增长7.2%。年末在手施工面积1.8亿平方米,比上年增长3%。南通六建建设集团新签合同额超200亿元,承接项目主要以公共建筑、国企厂房、政府安置房、市政项目为主;江中集团在手合同额220亿元,承接项目主要以超高层房建、文旅项目为主;中如建工集团新签合同额167亿元,与央企、上市企业、政府合作意向储备项目合同额超200亿元;标龙建设集团新签合同额141亿元,承接项目主要以节能环保高端房产为主;南通蓝星装饰工程有限公司顺应专业细分市场需求,主攻幕墙维护和城市更新改造价值链枢纽,在上海承建老旧厂房改造提升项目成为全国同业率先进入高附加值市场典范;江苏路翔交通工程有限公司、如皋水利建筑安装工程有限公司等专业企业加大公路桥梁建养一体化高附加值市场拓展力度,在各自专业领域新签合同额均超3亿元。

【建筑业商业模式转变】 年内,全市建筑业创新商业模式,实现由竞争转向竞合,由单打独斗转向战略合作。全市一级资质以上建筑业企业都与产业链上下游企业建立相对稳定的战略合作关系,南通六建建设集团、中如建工集团联手参与广西建工混合所有制改革,成功组建广西建工第七建筑安装工程有限公司;标龙建设集团广泛吸纳工业地产领域专业人才,成立标龙产业新城开发有限公司,由传统建筑承包商转向建筑服务商;江中集团凭借承接"超高特大难"工程施工能力,成为业主争相选择的承包商,实现"市场选我"向"我选市场"转变。年内,全市建筑业企业实现营业收入1084.16亿元,比上年增长8.3%;在如皋实缴税金13亿元,比上年增长18%。

建筑行业管理

【建筑企业管理】 2020年年末,全市有建筑企业667家。按企业主要资质分:特级企业4家;一级企业40家(一级总承包资质19家、专业承包资质21家),其中年内新增6家;二级企业187家,其中年内新增40家;三级企业259家,其中年内新增85家;不分级别企业83家,其中年内新增8家;劳务分包企业94家,其中年内新增37家。按企业主要资质序列分:有总承包企业279家,占企业总数41.83%;专业承包企业294家,占企业总数44.08%;劳务分包企业94家,占企业总数14.10%。全市建筑业企业资质33个门类,基本形成专业配套产业格局。持续强化建筑市场信用体系建设,制定出台如皋市建筑业企业信用考核评价细则,对全市在建房屋建筑和市政工程项目的112家企业组织开展信用考核评价,将考评结果应用到工程招投标环节,大力营造诚信激励、失信受戒的市场环境。

【建设工程质量监督】 年内,市住房城乡建设局严格按照监督计划,从行为、资料、实体3个方面开展监督抽查,着力实现结构安全、使用安全和观感质量三大目标。全年新受监工程145个,建筑面积685万平方米,监督工程竣工验收48次。开展全市建设工程质量安全专项整治行动检查,抽查在建工程85个,其中,商品住宅工程30个、公共建筑工程5个、工业厂房类建筑50个,签发工程质量监督抽查整改通知书53份、工程质量监督抽检通知书4份,对材料抽检不合格的,责成项目部按规定进行处理,确保全市受监工程质量总体可控。强化商品住宅质量监管,对全市38个在建商品住宅工程开展专项巡查,通过查阅监理资料、施工技术资料、抽检现场用材、抽测砼构件实体强度等方式,发现隐患206条,签发工程质量监督抽查整改通知书35份、工程质量抽检通知书13份,进一步规范各责任主体工程质量行为,提升工程质量责任意识。

11月10日,如皋市建筑工程质量安全智慧建造观摩暨绿色智慧示范片区建设推进会在张八里花苑项目现场举行 (市城乡住房建设局供图)

【建设安全管理】 年内，市住房城乡建设局夯实各环节责任，坚决遏制事故多发势头。统筹推进建筑施工、危险房屋等5个领域安全生产专项整治工作，开展住建领域建筑工程大排查大整治大提升“百日行动”工作，检查抽查项目137个，查摆问题隐患762条，下发隐患整改通知单132份、停工整改通知单5份，年内全部完成整改。全年监督建设项目数147个，总面积660.41万平方米，总造价130.39亿元。累计开展日常巡查426次、开具安全隐患整改通知书351份，停工（局部停工）整改通知书75份，发现安全隐患5490条，整改5382条，整改回复率98.03%。办理竣工项目86份，竣工面积315.26万平方米，竣工总造价48.14亿元。开展安全生产约谈11次，移交行政处罚26次。开展建筑施工标准化星级工地检查考评23次，安全文明施工措施费考评7次。完成省安全生产第六督导组督导排查的21条问题隐患整改闭合工作，做到一患一档。组织开展安全生产专项整治大检查，邀请100余名危险性较大的分部分项工程专家，通过查阅建筑安全管理资料、在监工程实体检查、情况现场反馈等方式，开展季度性建筑领域安全生产专项检查4次。

【建设工程施工图审查】 年内，市住房城乡建设局施工图审查中心以数字化多图联审和行业标准更新为抓手，不断规范审查行为。累计数字化审查各类报审建设工程392项，建筑面积710.6万平方米，发现违反强制性条文544条，违反强制性标准4564条；审查勘察报告182项，建筑面积650.5万平方米，发现违反强制性条文3条，违反强制性标准276条；审查绿建方案80个、建筑面积296.8万平方米；完成施工图消防审查60个，审查面积192.1万平方米。审查中所发现违规行为均得到及时有效整改，从源头消除问题隐患，筑牢保安全第一道屏障。完成审图系统与工改系统对接，实现审图数据一键推送到省审图监管平台。

【建设档案管理】 年内，市住房城乡建设局办理网上不见面审批事项118项、联合竣工验收事项5项，出具工程档案验收意见书和接收凭证各634份，服务事项均按照考核要求在承诺时限内办结。全年接收建筑工程档案3618卷，整理上架4882卷，完成档案数字化扫描16.2万页，馆藏档案6.1万卷。对2016—2019年237个报建竣工项目进行核查，验收项目档案223个。档案查询服务为城建基础设施改造建设、老旧小区加装电梯、房屋产权办理遗留问题解决、各类房屋的维修改造、房屋征收评估等工作提供档案支撑，全年提供查询服务422人次、1213卷次。

【白蚁防治】 年内，市住房城乡建设局签订白蚁防治公共服务协议117份，完成年计划167%，比上年增长146%，协议面积392.28万平方米；开展预防项目95个，预防面积268.21万平方米，比上年增长149%；灭治119户，累计灭治面积2.99万平方米。安装白蚁监测系统地上型4个、地下型61个。建成如皋市白蚁防治科普馆，配备行业内最先进T3i微波雷达探测仪（全省仅3家站点拥有该设备）。为陆桥社区所辖所有楼栋、垃圾桶、收集箱等全面消毒，开创全国白蚁行业内第一家志愿服务于疫情消杀的非专业队伍，得到全国白蚁防治中心和中国白蚁防治协会表扬。

（苏　雯）

4月28日，市住房城乡建设局白蚁防治站组织党员志愿者到白蒲镇勇敢社区开展白蚁防治科普活动。图为志愿者向居民发放白蚁防治用品

（市住房城乡建设局供图）

综述

【概况】 2020年，面对突如其来的新冠肺炎疫情，如皋市服务业抓好疫情防控工作同时，积极稳妥推进复工复产复销，突出发展现代物流、软件和服务外包、特色旅游等特色产业，全市实现服务业增加值604.2亿元，比上年增长6.6%，占地区生产总值46.29%。实现服务业应税销售1826亿元，比上年增长39.30%；实现服务业税收50亿元，比上年增长17.95%。服务业五大行业营业收入比上年增长25.54%，服务业投资比上年下降1.5%。完成社会消费品零售总额457.83亿元，比上年增长7%。全年接待游客1406万人次，旅游综合收入135亿元，分别恢复至上年同期89%、71%。

【服务业项目建设】 年内，全市新开工单体投资5亿元以上服务业项目4个（又来沙总部项目、才捷信息项目、永旭信息项目、盆景大观国家级AAAA旅游景区项目），投资总额25.77亿元，新开工项目数、投资总额分别完成年度目标任务百分之百、257.7%。截至年末，软件园二期全面竣工，正式对外招商；国际园艺城二期工程主体封顶，启动内外部装修；储备煤基地项目启动前期调研；金融城项目在手续报批中。

【服务业企业培育】 年内，全市新增规上服务业企业50家，累计200家；新增限上批发零售企业91家，累计358家；新增住宿餐饮企业8家，累计23家。新增应税销售超1亿元服务业企业80家，累计199家。年内，市发展改革委每月定期组织召开服务业工作例会，按季度印发全市服务业发展白皮书，开展厦门现代服务业培训活动、如皋（厦门）现代服务业专题招商推介会、专题走访调研等系列活动，凝聚服务业产业发展合力。积极向上争取资金，3个项目获省级现代服务业发展专项资金600万元，其中，如皋国际园艺城二期项目获贷款贴息400万元，华东煤炭交易中心获省互联网平台经济“百千万”工程重点企业政策奖励100万元，梦百合家居科技股份有限公司“两业融合”（先进制造业和先进服务业深度融合）试点阶段性绩效评价获政策奖励100万元。梦百合家居科技股份有限公司、南通星球石墨股份有限公司获批省级工业设计中心；如皋港现代综合物流园、南通星球石墨股份有限公司、江苏泰慕士针纺科技股份有限公司被评为南通市先进制造业和现代服务业深度融合重点单位；如皋港集团金驿大厦被评为南通市三星级主题楼宇。

（张　旭　薛　婷）

商贸流通

商品批发零售

【概况】 2020年年末，全市有文峰大世界、新城吾悦广场、文峰城市广场等集餐饮、购物、娱乐为一体的大型购物场所和大润发等大型超市。2020年，全年社会消费品零售总额457.83亿元，比上年下降0.1%，其中批发和零售业零售额403.81亿元，比上年增长0.1%。实现批发业销售额1141.31亿元，实现零售业销售额338.23亿元。新增限上法人企业99家。年末，全市有限上批发和零售法人企业402家。

【报废汽车拆解】 全市有经省商务厅备案二手车交易市场1家（捷驰二手车市场有限公司）。年内，市商务局根据商务部《汽车销售管理办法》，对全市32家汽车经销商（4S店）企业全部备案，现场监管报废车辆拆解1988辆。

（石　坚）

2020年如皋市限上批发和零售业主要商品零售额分类情况表

表29

行　业	零售额(亿元)	比上年增长(%)
粮油、食品类	7.55	0.2
饮料类	0.91	-6.6
烟酒类	1.79	-27.3
服装鞋帽、针、纺织品类	4.38	-29.2
化妆品类	0.73	-55.6
金银珠宝类	1.88	-12.8
日用品类	2.24	7.4
家用电器及音像器材类	2.49	12.2
中西药品类	4.47	11.3
文化办公用品类	0.91	-26.3
家具类	0.23	-28.9
通信讯器材类	4.34	157.6
石油及制品类	14.14	-12.8
建筑及装潢材料类	2.45	-25.0
汽车类	36.72	-6.7

住宿餐饮

【住宿】 2020年年末，全市有住宿经营户307家，比上年减少21家，其中限上住宿业企业7家，比上年增加3家。限上住宿业从业人员207人，比上年增加22人。年内，住宿118.74万人，比上年下降22.69%。住宿业实现营业额4.27亿元，比上年下降4.64%；实现社会消费品零售总额1.66亿元，比上年下降3.98%。

【餐饮】 年末，全市有餐饮服务单位4107家，比上年减少94家，其中，各类食堂347家、规模饭店9家（四星级2家、三星级4家）、限上餐饮业企业16家（比上年增加4家）。限额以上餐饮业从业人员908人，比上年增加97人。年内，全市餐饮业实现营业额57.81亿元，比上年下降4.76%；实现社会消费品零售总额52.37亿元，比上年下降0.89%。

（许　虎　胡　俊）

供销合作

【概况】 2020年，市供销合作总社不断深化供销合作社综合改革，制订《如皋市供销合作总社复制推广综合改革经验成果的工作方案》，着力完善基层社“三会”制度、发挥服务功能，发展电子商务、打造网上供销社。按照“一社一策”思路，新增基层社13个，领办专业生产合作社4个，提档升级农村综合服务社10家。江盟供销合作社和新星供销合作社两个“三体两强”（“三体”指自主经营实体、农民社员主体、合作经济组织联合体；“两强”指综合实力强、为农服务能力强）示范基层社建立健全“三会”制度（代表大会及其理事会、监事会制度），形成基层社、综合服务社、农民专业合作社多种形式联合共建新格局。发展电子商务。助推品德超市推出“品德优选”线上购物小程序，覆盖门店33家，每周销售商品金额7万—10万元；寿都密码农产品有限公司全年实现电商销售额7000万元；中皋农产品供应链有限公司建立微信公众号，同时在银联云闪付、如e融媒商城开展电商业务，结合消费扶贫活动，开展线上主播带货销售。5月，市供销合作总社被中华全国供销合作总社命名为2019年度全国百强县级社。

【稳价保供】 年内，市供销合作总社全力做好防疫工作，做好稳价保供工作，确保品德、家家乐、星联万家3家连锁超市73家门店正常营业。助推商户渡过难关，为5家商户减免租金20万元。助推复工复产，疫情期间加

2020年星级饭店及规模饭店名录

表30

序号	宾馆名称	等级	具体地址	绿色饭店等级
1	惠蒲大酒店	四星级	白蒲镇蒲西社区6组	金叶
2	汇金大酒店	四星级	长江镇长江中路8号	绿叶
3	深海蓝鲸大酒店	三星级	如城街道中山路99号	绿叶
4	泰华大酒店	三星级	如城街道中山东路88号	—
5	绿园商务酒店	三星级	如城街道益寿南路145号	绿叶
6	江中集团宾馆	三星级	吴窑镇人民北路88号	绿叶
7	光华大酒店	—	如城街道宁海西路199号	—
8	锦都金鼎大酒店	—	如城街道解放路	绿叶
9	城开开元名都大酒店	—	城南街道惠政东路158号	—

9月3日,"中皋杯"如皋黑塌菜烹饪大赛决赛在开元名都酒店举行,评选特等奖4个、金奖12个、银奖16个。图为获热菜类金奖菜品

(市供销合作总社供图)

工黑塌菜300余吨。12月,皋德食材有限公司冷库成为全市唯一进口冷链食品集中监管仓。

【黑塌菜产业化】 年内,如皋市在南京举办黑塌菜推介会,推动中皋农产品供应链有限公司与南京好记店达成产销协议;推动企业与如皋大润发商业有限公司、上海和府餐饮管理有限公司、中国极地研究中心、中远海运集装箱运输有限公司等单位对接,与上海海洋大学、海军后勤部对接。牵头企业与江苏银联、如e融媒商城、臻世网络科技公司对接,探索网红带货新模式,在中国银联举办的助商惠民抖音公益直播活动中,6分钟内现场销售冷冻黑塌菜1300余份。延伸黑塌菜产业链,考察冷冻水饺加工产业,谋划黑塌菜深加工产品开发工作;合理安排茬口布局,种植毛豆、糯玉米等农产品,提升企业收购加工基地产品附加值。8月至9月,举办"中皋杯"如皋黑塌菜烹饪大赛,推动餐饮企业使用黑塌菜,全市55家餐饮酒店参加比赛。

【农药零差率统一配供及农药包装废弃物回收】 年内,市供销合作总社根据《如皋市推进农药零差率集中配送及农药包装废弃物回收工作实施意见》,在市公共资源交易中心通过公开招标,确定市新星供销有限公司为农药零差率集中配送及农药包装废弃物回收工作实施主体。全市通过审核确定农药配送经营网点354个,由市新星供销有限公司为网点统一制作工作制度、标牌,购买统一垃圾桶。全年配送小麦赤霉病农药防治面积2.2万公顷;对水稻病虫害防治开展试点工作,覆盖全市32个经济薄弱村和规模种植大户。市供销合作总社在全市建设农药包装废弃物临时归置点4个,分片区集中回收农药包装废弃物。对农药零差率销售情况进行抽查,聘请第三方会计师事务所进行专项审计,购买终端管理系统对农药配送、包装废弃物回收全流程监管,提档升级镇级农药经营网点14个,配备电脑、货架、监控视频等硬件。推进全市14个镇(街道)15个农药包装废弃物回收点及15个废旧农膜回收点建设,累计回收农药包装废弃物8.8吨、废旧农膜906.92吨,为全市农户减少生产支出约290余万元。

(石玉建)

粮食购销储备

【概况】 2020年,如皋市粮食种植面积9.99万公顷,进入流通领域商品粮52.61万吨。全市有国有(控股)粮食企业4家,总仓容18万吨;列入国家粮食系统统计国有及民营粮食企业56家,总仓容80万吨。全市国有及民营粮食企业完成粮食购销量297.84万吨,实现粮油工业总产值15.16亿元。国有粮食企业最低收购价收购粮食4.16万吨,其中,小麦3.6万吨、稻谷0.56万吨。

【粮食流通监管】 年内,市发展改革委开展夏粮收购专项检查、秋粮收购专项检查、粮食库存专项检查、政策性粮食销售出库专项检查等系列活动,全年如皋市境内未发现粮食流通违法案件和违反国家粮食收购政策行为,有效维护粮食市场秩序和种粮农民积极性。

【粮食企业改革】 年内,市发展改革委根据市政府关于国有企业改革统一部署,按照《市政府关于同意组建富皋万泰投资发展有限公司和如城街道国有企业涉及相关国有股权整合重组及新设公司事项的批复》精神,2月,如皋市粮食系统原国有企业如皋粮食储备库、粮食购销公司、粮食资产管理中心及国有控股粮食企业通粮麦业有限公司整体划转到富皋万泰集团公司进行管理。年内,市江苏永友粮食物流有限公司获省粮食集团2.3亿元投资,省粮食集团占股51%;南通海顺粮食仓储有限公司获北京京粮集团4500万元投资,成立南通京粮绿谷粮食有限公司，北京京粮集团占股60%。

【军粮供应】 年内，市发展改革委坚持军粮"一批一检一报告"制度，确保军粮供应手续及时完备、管理规范严格。推动军民融合军粮保障创新示范工程项目建设，年内实现竣工。

【"中国好粮油"示范项目】 年内，市发展改革委牵头市粮食储备有限公司、市粮食购销有限公司、江苏五湖粮油有限公司、江苏长寿集团广兴米业有限公司4家"中国好粮油"示范企业，坚持以"五优联动"(优粮优产、优粮优购、优粮优储、优粮优加、优粮优销)为载体，加强与市农业农村局密切联系，借力"三个全覆盖"(土地高标准农田建设全覆盖、土地适度规模经营全覆盖、农业产业化服务联盟全覆盖)试点活动，种植基地建设和订单农业深入开展，广泛开展优粮优价收购活动，带动当地老百姓增加收入，提升地区粮食优质品种率和产业竞争力。全年优价收购优质小麦4.16万吨、稻谷6.58万吨，享受国家补贴480余万元。投资270余万元，改进国有粮食仓储企业基础设施水平；投资120余万元，完成2家民营"中国好粮油"示范企业大米加工和包装生产线提升。

【产后服务体系建设】 年内，全市粮食产后服务体系逐步建成并投入使用，农民储粮难和粮食晾晒问题得到有效解决。全市4个产后服务中心，全年服务农户184户，清理粮食3.28万吨，烘干粮食1.34万吨，粮食产后损失平均降低1.8个百分点，实现总营业收入257万元。

(吴光进　陈小剑)

专营专卖

【盐业】 2020年年末，全市有生产加工及食品加工用盐企业392家。年内，市盐业有限公司销售各类盐品3.6万吨，实现销售收入2260万元。严格执行国家食盐改革政策和盐产品质量标准，按照购进流程把好食盐质量检测、包装质量检查关。重视食盐市场供应工作，组织购进高中低档食盐，满足全市城乡居民不同消费者需求。承担食盐储备企业责任，建立食盐储备库，紧急情况下可满足全市人民1个月以上食盐需求。整顿和规范盐业市场秩序，开展专项行动2次，全年出动执法监管协管人员1089人次，检查食盐批发企业及分支机构、零售商店、超市、用盐企业、饮食摊点、各类食堂2010家，调查居民灶台300余户，发放宣传资料7000余份，设点开展宣传咨询14次，保证食盐供应安全和质量安全。组织集中行政约谈5场次，约谈221人次；个别约谈48人次。全年查处盐业违法案件16起，查处违法盐产品13.6吨，罚没款20.43万元。

(许映文)

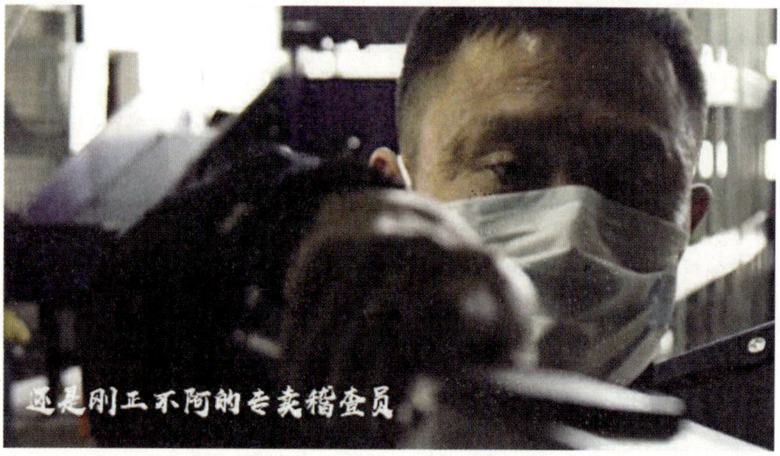

9月，市烟草专卖局拍摄的亲廉短视频《亲情廉网》，在南通市纪委举办的"亲情廉语"微视频评比中获二等奖。图为短视频《亲情廉网》画面之一

(市烟草专卖局供图)

【烟草业】 年末，全市有在册卷烟零售客户6773户。年内，市烟草专卖局(市烟草公司)完成卷烟销量4.6万箱，实现卷烟含税销售额19.5亿元，实现税利6亿元，比上年分别增长2.05%、6.57%、6.89%。手机短视频《微光》获"爱我中华""金叶情怀"第五届烟草行业微视频二等奖；双色党建(双色即党旗的红色与烟草的金色)QC小组获江苏烟草商业系统2020年优秀QC小组成果引进应用奖，短视频《亲情廉网》获中共南通市纪委"亲情廉语"微视频评选二等奖。

营销管理　加强现代终端建设，安装"金丝利·通"设备66台，户均周期内扫码2.3万笔、日扫码64笔，聚合支付笔数占比77.92%、户均日卷烟扫码13笔，各项指标居南通六县(市、区)第一。引导辖区零售户全部加入"金丝利·家"，采取错时引导方式提升金丝利社区活跃度，推广注册1.1万余人。推进文明吸烟环境建设，新建吸烟室1个、吸烟区15个、吸烟点343个。强化营销工作规范力度，集中整治"天价烟"。做好物流非核心业务整体外包，实现11条配送线路外包，并确保所有外包线路运行稳定。

专卖管理　狠抓制售假卷烟网络惩治工作。加强与公安等部门联席沟通，做到信息互通共享，形成市场监管合力。组织开展百日会战，利剑5号、6号专项行动3次，查处案件420起，其中，案值5万元以上案件42起，20万元至50万元案件6起，查获各类违法卷烟786万支，案值689万元，市场净化率保持98.5%以上，无证经营率控制在0.5%以内。因销售假冒卷烟被行政拘留4人，被依法逮捕5人，因销售非法生产烟草制品被依法判刑7人。在侦网络案件2起。市烟草专卖局获南通市烟草专卖局嘉奖6次。建设完善前台端、电脑端、自助端、手机端"四端",持续优化"网上申请"平台,网上申请率95%。全年烟草专卖许可证新卖1431份,变更77份,延续779份。持续推进校园周边烟草零售户清理,劝退60户,清理率98.5%。

(沈小玲)

金融业

金融运行

【概况】 2020年,市地方金融监管局联合人民银行如皋市支行,健全金融机构月、季、年度会议会商机制,为服务实体经济寻求最佳发力点;健全金融助推重点企业、重大项目建设机制,畅通银企对接最后一千米;健全金融工作考核考评、引导激励推进机制,打造金融服务实体经济最佳"银商"环境,为做实产业、做优城市、做好民生发挥"压舱石""推进器"作用。面对疫情影响,支持银行创新产品,落实金融惠企政策,为企业复工复产复销提供金融服务。全年组织"银政企担"对接活动18场次,对接融资需求221个,达成合作意向55.5亿元。组织20家金融机构观摩全市44个重点项目,送金融到项目,提振放贷信心。召开协调会20余场次,助推暂时遇到资金困难企业成功获取贷款。推动中皋融资担保有限公司、江苏再保南通信用担保有限公司两家担保公司年内各增资1亿元,出台《如皋市融资担保风险分担业务管理办法》,缓解企业融资难、融资贵问题。为经济发展提供担保转贷服务,截至年末,中皋融资担保有限公司注册资金3.7亿元,在保余额19.03亿元,放大7.05倍(全年注册资本2.7亿元),全年发生额22.44亿元,在保客户208户,对中小微企业担保费率降至0.6%,为全市中小微企业节约财务成本1044万元。江苏再保南通信用担保有限公司12月末注册资金3亿元,在保客户98户,在保余额6.76亿元,放大3.38倍,全年发生额6.79亿元,为全市中小微企业节约财务成本290.99万元。中皋转贷服务有限公司2018年12月成立至2020年年末,累计为全市754家企业提供转贷资金207.81亿元。年内,中皋转贷将1000万元以下转贷日利率降至0.3‰,全年转贷93.79亿元,为企业节约成本1亿余元。

【货币政策执行】 年内,市地方金融监督管理局(人行如皋市支行)执行稳健货币政策,为辖区实体经济发展提供金融支撑。加大逆周期调节力度,保持信贷投放总量合理增长,强化疫情防控和企业复工复产金融支持。突出重点领域支持,落实两项直达实体政策(对2021年年底前到期的普惠小微企业贷款,由企业和银行自主协商延期还本付息,并继续对办理贷款延期还本付息的地方法人银行按规定给予激励,激励比例为贷款本金1%;对符合条件的地方法人银行发放小微信用贷款,继续按本金40%提供优惠资金支持),延期率居南通六县(市、区)第一,普惠小微企业信用贷款增长率居南通六县(市、区)第二;促进银企精准对接,年内举办对接活动17场次,调动金融机构助力企业复工复产支持作用,重点支持制造业、批发零售业、住宿餐饮业受疫情影响较大行业,三行业贷款增量分别为上年同期1.05倍、1.49倍和5.65倍。推动金融支持外贸企业,全市金融机构累计帮扶外贸企业337户,发放贷款75.58亿元,累计提供国际结算服务10.89亿美元。改善乡村小微金融服务,持续释放"整村授信"、花木盆景产业小额担保基金、再贷款、再贴现效能。截至年末,"整村授信"工程授信面62%;担保基金累计提供反担保50笔1.72亿元;全市普惠小微贷款(大口径)余额较年初增长31.08%,增幅高于各项贷款增幅5.08个百分点,全年新发放单户授信1000万元以下小微企业贷款加权平均利率较上年下降0.79个百分点。

【移动支付便民示范工程引领县创建】 年内,如皋市坚持支付为民,推动新型电子支付方式在农村地区广泛应用,形成银行机构与支付机构共同参与,银行卡支付、互联网支付、移动支付等电子支付方式为主导,县域生活、缴费等便民领域全覆盖的电子

4月13日,如皋开发区举行第三届政银企合作恳谈会,通过政府搭建银行与企业之间沟通平台。活动中,建设银行、江苏银行、工商银行等金融机构向如皋开发区企业签约授信150亿元

(如皋开发区供图)

支付生态圈。截至年末，全市“云闪付”新增绑卡用户11.57万户，全年交易183.05万笔，交易金额15.26亿元，均列南通市各县（市、区）第一位。12月，如皋市获颁省移动支付便民示范工程引领县奖牌；人行如皋市支行获全省移动支付引领县建设优秀组织单位称号，为全省唯一。

【跨境金融区块链平台推广使用】 年内，人民银行如皋市支行促成7家企业上线跨境金融区块链服务平台，引导银行为企业发放出口应收账款融资70989.15万美元，居南通六县（市、区）第一。

（孙海霞　马　晖）

资本运作

【概况】 2020年年末，全市有上市公司7家，其中，境内上市公司4家、境外上市公司3家；新三板挂牌企业11家；区域股交中心挂牌企业50家，其中，上海股交中心挂牌企业7家，江苏股交中心挂牌企业43家（年内新增21家）。

【上市重点培育企业运作】 年内，全市有上市入轨企业13家（年内新增4家）、在会企业4家（其中年内新增3家）、过会企业1家，申请辅导备案企业2家。江苏汇名天然气集团有限公司报香港联交所审核，南通星球石墨设备有限公司上交所科创板过会并报证监会注册，南通超达装备股份有限公司报深交所创业板审核，江苏泰慕士针纺科技股份有限公司报证监会中小板审核，江苏嘉好热熔胶股份有限公司、江苏天南电力股份有限公司2家企业提交省证监局辅导备案，凯晖科技股份有限公司、江苏宝众宝达药业有限公司、江苏国胶新材料有限公司、江苏文慈医院集团有限公司4家企业进入上市轨道。江苏联众肠衣有限公司、江苏品瑞农业科技开发有限公司、南通鸿润肠衣有限公司等21家企业在江苏股交中心挂牌。

【企业股权融资】 年内，全市实现股权融资9.74亿元人民币、1648.73万美元，其中，上市公司再融资6.93亿元（梦百合），拟上市企业股权融资2.81亿元、1648.73万美元（和府餐饮股权融资2.21亿元人民币、1648.73万美元，嘉好热熔胶股权融资0.6亿元人民币）。

（吴建忠）

【科技金融】 年内，如皋市持续推进“苏科贷”“如科贷”“高企贷”和科技保险业务，全年“苏科贷”发放9家企业贷款2350万元，“如科贷”发放29家企业贷款7563万元，科技担保公司为8家企业担保放贷3700万元。9月中旬，与省生产力促进中心联合开通“高企融资直通车”，截至年末，对接企业47家。其中获批26家，获批金额15520万元；获投放24家，投放金额12740万元。

（韩方舟）

6月17日，如皋市召开专题“苏科贷”业务培训会议，特邀省生产力促进中心专家，为与会人员开展“苏科贷”具体工作流程及业务操作培训

（市科技局供图）

银行业

【概况】 2020年末，全市本外币各项存款余额1672.42亿元，比年初增加179.34亿元，增幅12.01%，增量、增幅均居南通六县（市、区）第六位。其中，企业存款余额402.94亿元，比年初增加69.76亿元，增幅20.94%。全市本外币各项贷款余额1306.26亿元，比年初增加269.54亿元，增幅26%，增量居南通六县（市、区）第二位、增幅居第一位。其中，涉农贷款余额961.81亿元，比年初增加163.07亿元，涉农贷款增量占各项贷款增量60.5%，增量占比居南通六县（市、区）第一位。核销制造业不良贷款，制造业增量有所回落。全市制造业贷款余额166.39亿元，比年初增加12.61亿元，增幅8.2%，增量居南通六县（市、区）第四位，增幅居第五位。全市基础设施贷款余额469.77亿元，比年初增加106.98亿元，占全市新增贷款39.69%，增幅29.49%，增量、增幅均居南通六县（市、区）第一位。截至年末，全市银行业金融机构22家，其中，政策性银行1家、国有银行5家、股份制银行9家、城商行2家、农商行4家、村镇银行1家。

（许　伟）

【工行如皋市支行】 辖二级支行12个，其中，城区支行6个、集镇支行6个。年末，本外币两大存款余额164.21亿元，较年初增加32.15亿元，其中储蓄存款余额92.58亿元，比年初新增15.89亿元；对公存款余额

71.63亿元,比年初新增16.36亿元。各项贷款余额140.14亿元,比年初新增29.99亿元。实现中间业务收入22134万元,比上年增加3155万元,增幅16.62%;实现拨备前利润52843万元,比上年增加4349万元。不良资产余额6623万元,不良率0.47%。坚持依法合规经营,继续保持零案件、零重大事故、零重大负面舆情。

（张昊煜）

【农行如皋市支行】 辖营业机构15个,其中,城区网点5个、乡镇网点10个;设立离行式自助银行4个。年末,各项存款余额181.58亿元,年内增加35.41亿元,"四行"(工商银行、农业银行、中国银行、建设银行)增量份额占比28.69%,较上年年末提升1.4个百分点,列"四行"第二位。其中,个人存款余额116.86亿元,年内增加17亿元,增量"四行"份额占比26.57%,列"四行"第二位;对公存款余额64.72亿元,年内增加18.41亿元,增量"四行"份额占比30.97%,较上年年末提升8.89个百分点,位次提升一位;外币存款余额4203万美元,年内增加1521万美元。本外币贷款余额104.83亿元,年内增加24.51亿元,江苏熔盛重工有限公司不良贷款处置10.3亿元,贷款实际增加34.81亿元。其中,对公贷款余额59.20亿元,年内增加10.35亿元,"四行"增量份额占比15.2%,较上年年末提升0.17个百分点;个人贷款余额45.62亿元,年内增加14.16亿元,"四行"增量份额占比29.2%,列"四行"第二位。实现中间业务收入10010万元、营业收入36897万元。获中国农业银行2020年"春蕾计划"小微企业综合金融服务先进集体称号。

（戴莉君）

【中行如皋支行】 辖营业网点(含营业部)11个,其中城区网点6个、乡镇网点5个;设离行式自助银行4个。截至年末,本外币各项存款余额133.6亿元,较年初增加17.19亿元,增幅14.77%;本外币各项贷款余额130.25亿元,较年初增加21.1亿元,增幅19.33%;全年实现营业净收入4.98亿元,比上年增加9483万元。

（王芳丽）

【建行如皋支行】 辖网点型支行15个、营业部1个,其中乡镇网点6个。继续保持如皋市文明行业称号和建总行文明单位称号。年末,一般性存款余额193.9亿元,余额份额30.81%,"四行"排名第一。其中储蓄存款余额135亿元,余额份额33.72%,"四行"排名第一。全行一般性存款新增28亿元,其中储蓄存款新增19.9亿元,"四行"均排名第一。各项贷款余额104亿元。其中个人贷款余额47亿元,如皋同业排名第一;个人贷款比年初新增13亿元,如皋同业排名第二。年末,建行不良贷款余额2363万元,不良率0.19%,其中大中型不良贷款余额253万元。

（朱忠宁）

2020年12月31日如皋市银行机构存贷款情况表

表31　　　　单位:万元

来源项目	上年	2020年	运用项目	上年	2020年
一、各项存款	14930839	16724243	一、各项存款	10367253	13062620
(一)境内存款	14925364	16716411	(一)境内存款	10367208	13062395
1.住户存款	9254588	10445858	1.住户存款	2500903	3517805
(1)活期存款	1989033	2263151	(1)短期贷款	792895	916480
其中:活期储蓄存款	—	—	消费贷款	217846	198827
(2)定期及其他存款	7265555	8182707	经营贷款	575049	717653
其中:定期储蓄存款	—	—	(2)中长期贷款	1708008	2601325
2.非金融企业存款	3331808	4029395	消费贷款	1557721	2315544
(1)活期存款	1636356	1860772	经营贷款	150287	285781
(2)定期及其他存款	1695452	2168623	2.非金融企业及机关团体贷款	7866305	9544590
3.广义政府存款	2338598	2238579	(1)短期贷款	3295092	3593648
(1)财政性存款	64995	130779	(2)中长期贷款	4174500	5414228
(2)机关团体存款	2273603	2107800	(3)票据融资	396682	536714
4.非银行业金融机构存款	371	2579	(4)各项垫款	32	0
(二)境外存款	5475	7832	(二)境外贷款	45	225

2020年12月31日如皋市各银行机构存贷款情况表

表32　　　　　　　　　　　　　　　　单位：万元

银行名称	各项存款		各项贷款	
	余额	比年初增减	余额	比年初增减
农发行	73650	-95240	738809	78595
工商银行	1642004	321393	1401390	299876
农业银行	1815825	354073	1048267	245050
中国银行	1299437	135378	1306938	215645
建设银行	2057938	423368	1221200	405163
交通银行	183573	18639	289759	63150
中信银行	282397	61540	533882	242869
招商银行	227925	41913	243126	66972
浦发银行	207335	54486	221881	42106
民生银行	221908	-189923	260917	-2196
南京银行	621155	31331	706959	169458
江苏银行	497438	31869	485283	46292
邮储银行	2252439	93650	294044	68800
如皋农商行	4119717	205671	3089339	423392
无锡农商行	67429	12313	119123	10066
常熟农商行	50494	-6849	88369	42614
张家港农商行	80356	-6855	140250	34176
华夏银行	274898	95183	237129	103429
兴业银行	511014	135345	511318	117381
平安银行	11114	11114	22000	22000
光大银行	21798	21798	—	—
村镇银行	73621	-22577	102636	528
合计	16724243	1793404	13062620	2695366

【农发行如皋市支行】 年末，农发行如皋市支行拥有开户企业98个，全年投放各项贷款20.88亿元，年末各项贷款余额73.88亿元，比上年增加7.86亿元，无不良贷款。全年累计投放粮食储备、收购贷款2.63亿元，入储粮食8.78万吨；投放生猪贷款5000万元；投放中长期贷款17.23亿元，比上年增加1.53亿元。完成防疫应急大考，全年投放应急贷款9000万元。

（杨冯宇）

【邮储银行如皋市支行】 辖营业机构9个，其中，城区2个、乡镇7个。年内，实现业务收入15078.69万元，比上年上升19.96%；实现利润9051.2万元，比上年增长11.95%，利润额及增幅均位居南通市县级邮储银行（简称“全区”）第一名。基础金融业务个金业务收入6274万元，占总收入41%，比上年增长9.25%；收入完成率108.17%。截至年末，储蓄余额38.8亿元，年净增2.52亿元，储蓄规模及年度净增额列全区第二。实现保险收入797万元，在全区率先完成总保费、期交、长期交三项全年目标。全年销售非货币基金5832万元、资管计划1091万元。新增净值型理财月日均保有量1826万元，新增手机银行1.24万户、快捷绑卡1.37万户、收单商户2065户，商户联动余额1.38亿元，新增邮储食堂3.17万户。累计发放信用卡7756张，其中新客户6956张。全年实现对公业务收入3665.2万元，比上年增加43.45%，公司负债年日均净增2.1亿元，列全区第一。对公贷款方面，对梦百合投放5000万元，实现对公贷款零的突破；启动2亿元的如皋交投债券融资计划。票据贴现、贸易融资、同业理财等业务均有发展，小企业净增额及计划完成率均列全区第二。全年实现零售信贷收入5170.47万元，比上年增长16.52%。截至年末，零售信贷结存26.88亿元，年内净增6.46亿元，完成目标任务166.9%。其中经营性贷款结存6.75亿元，年净增1.72万元，完成目标任务172%；住房贷款结存17.83亿元，年净增4.12亿元，完成目标任务162.2%；其他消费贷结存2.3亿元，年净增6046万元，完成目标任务183.2%。

（肖　宁）

【如皋农商银行】 辖营业部1个、支行64个；设在行式自助服务银行65个、离行式自助银行9个，自助终端机177台；设农村金融综合服务站180个。年末，各项指标符合银行业监管指标BB级标准和人民银行合格审慎评估、宏观审慎评估标准，保持省联社等级行考核AAAAA级。各项存款余额411.97亿元，较年初增加20.57亿元，增幅5.26%；各项贷款余额308.93亿元，较年初增加42.33亿元，增幅15.88%，其中制造业贷款较年初增加13.02亿元。全年实现总收入26.42亿元，增幅1.03%；实现净利润4.53亿元，增幅4.62%。5

月，实施"党建+金融助理"驻村共建工程，选派38名党员骨干到村（社区）挂职党支部副书记。全年开展结对共建活动262次，走出一条基层党组织"牵线"、银行"搭台"、党员和群众"唱戏"新路子。

（尤婷婷）

保险业

【概况】 2020年年末，全市有保险公司分支机构39家，其中，财产保险机构17家、人寿保险机构22家。年内，全市保费收入35.59亿元，比上年增长8.74%。其中寿险收入25.6亿元，比上年增长8.94%；财险收入9.99亿元，比上年增长8.16%。

（周鑫鑫）

【人寿保险如皋支公司】 年内，人寿保险公司如皋支公司实现总保费11.76亿元，比上年增长4.25%，南通全辖贡献度占比12%。其中，首年期保费19662.78万元，标准保费9670.92万元，十年及以上期保费10479.74万元，大短险保费7001.19万元。

全年承保各类商业保险9.83万人，风险保额2615.08亿元，其中个人长期险承保1.63万人，长期险风险保额36.96亿元。一年期惠民承保9.3万余人。落实省政府"安康关爱行动"，老年人意外伤害保险承保3.03万余人，风险保额9.53亿元，赔付138.6万元。落实省计生协会"关爱女性安康"保险，承保2.16万人，风险保额16.83亿元；全年赔付乳腺癌、子宫癌及子宫全切手术等女性专属病种167.6万元。落实如皋市"晚霞行动"，承保420余家单位超龄人员8200余人。承保企业团体意外保险1917家共9.11万人，风险保额381.48亿元，涵盖机械、生物、织造、电子等大中型企业及个体经营部等小微企业。承办如皋市建档立卡低收入人口意外伤害、40种重大疾病及意外伤害住院医疗保险，承保3.21万人，风险保额128.93亿元。

全年累计理赔1.43万人，理赔金额5927.04万元，其中，理赔个人长期保险1107人、2828.18万元，理赔一年期短期保险12756人共3153.59万元。协助市政府做好大病保险和长期照护保险的承办运营，理赔大病保险3.89万人共1.16亿元，理赔长期照护保险7736人共1327.41万元。

（李海燕）

【人保财险如皋支公司】 有乡镇保险营销服务部18个，专、兼代理网点36个，拥有固定资产1800余万元。年内，完成保费5.5亿元，比上年增长4.53%，占保险市场份额55.17%，较上年回落1.1个百分点。其中车险保费36758.37万元，与上年持平，占总保费66.86%；非车险保费8579.71万元，比上年增长39.26%，占总保费15.61%；农险保费5400.65万元，比上年下降8.4%，占总保费9.82%；大病医疗保费4241.52万元，比上年增长13.85%，占总保费7.71%。全年处理各类赔案159728件，较上年增长43.4%；支付各类赔款359908.72万元，较上年增长1.84%。

（陈　闯）

2020年如皋市人寿保险业务情况表

表33

公司名称	保费收入(万元)				理赔给付(万元)		市场份额(%)	上年保费(万元)	增长率(%)
	首年		续期	小计	本期	小计			
		其中:期缴							
中国人寿保险股份有限公司如皋支公司	26755.57	19662.78	90852.84	117608.41	335.66	5927.04	45.94	110682.20	6.26
中国太平洋人寿保险股份有限公司如皋支公司	1545.13	858.17	10909.05	12454.18	136.06	665.40	4.86	12922.65	-3.63
中国平安人寿保险股份有限公司南通中心支公司如皋营销服务部	10555.24	8730.71	30721.80	41277.04	317.57	2965.33	16.12	40920.61	0.87
新华人寿保险股份有限公司南通中心支公司如皋营销服务部	2830.12	771.53	0.00	2830.12	0.00	0.00	1.11	7328.37	-61.38
泰康人寿保险有限责任公司江苏南通如皋第一营销服务部	191.78	191.15	183.47	375.25	0.00	0.74	0.15	250.49	49.81
太平人寿如皋营销服务部	1700.37	1033.58	5920.46	7620.83	0.00	0.00	2.98	0.00	-100.00
民生人寿保险股份有限公司江苏分公司如皋支公司	426.64	401.83	3353.64	3780.28	7.38	166.30	1.48	3761.01	0.51

续表33

公司名称	保费收入(万元)				理赔给付(万元)		市场份额(%)	上年保费(万元)	增长率(%)
	首年		续期	小计	本期	小计			
		其中:期缴							
合众人寿保险股份有限公司如皋营销服务部	64.26	63.61	1876.47	1940.74	0.00	0.00	0.76	0.00	-100.00
富德生命人寿保险股份有限公司南通中心支公司如皋营销服务部	647.69	307.51	1343.12	1990.81	0.00	0.00	0.78	3024.66	-34.18
农银人寿如皋营销服务部	334.73	286.29	1849.44	2184.17	0.00	0.00	0.85	0.00	-100.00
中信保诚如皋营销服务部	12.35	12.35	115.38	127.73	0.00	0.00	0.05	297.86	-57.12
中国人民人寿保险股份有限公司如皋市支公司	5495.90	4522.27	20208.80	25704.70	64.74	681.04	10.04	24407.89	5.31
阳光人寿保险股份有限公司南通中心支公司如皋支公司(四级)	198.78	193.56	954.16	1152.94	0.00	233.04	0.45	0.00	-100.00
中英人寿保险股份有限公司江苏分公司如皋营销服务部	271.44	271.40	957.82	1229.26	10.91	187.83	0.48	1177.93	4.36
华泰人寿保险股份有限公司南通中心支公司如皋营销服务部	34.40	34.40	390.77	425.17	0.00	0.00	0.17	445.40	-4.54
信泰人寿保险股份有限公司南通中心支公司如皋营销服务部	11168.19	700.72	0.00	11168.19	0.00	0.00	4.36	8314.00	34.33
英大人寿如皋支公司	444.64	398.66	2392.32	2836.96	0.00	0.00	1.11	2720.61	4.28
中意人寿保险有限公司江苏省分公司如皋营销服务部	743.15	735.19	2408.24	3151.39	0.00	0.00	1.23	3123.78	0.88
利安人寿如皋支公司吧	1003.83	837.88	3938.56	4942.39	2.05	97.06	1.93	4368.65	13.13
东吴人寿保险股份有限公司如皋支公司	455.19	442.34	421.54	876.73	20.06	76.97	0.34	483.28	81.41
北大方正人寿保险有限公司如皋营销服务部	1240.22	1146.05	2254.63	3494.85	7.07	80.09	1.37	3243.11	7.76
百年人寿保险股份有限公司如皋支公司	7981.93	3917.72	849.38	8831.31	0.00	0.00	3.45	7527.54	17.32
合计	74101.55	45519.70	181901.89	256003.45	901.50	11080.84	—	235000.04	8.94

2020年如皋市财产保险业务情况表

表34

公司名称	保费收入(万元)		赔付金额(万元)		赔付率(%)	市场份额(%)	上年保费(万元)	增长率(%)	上年赔付(万元)	增长率(%)
	本期	累计	本期	累计						
中国人民财产保险股份有限公司如皋支公司	3254.54	54980.25	3942.91	35908.72	65.31	55.01	52596.05	4.53	36387.61	-1.32
中国太平洋保险股份有限公司如皋支公司	719.46	7901.55	622.66	3829.36	48.46	7.91	6641.84	18.97	3705.59	3.34
中国平安财产保险股份有限公司如皋支公司	1138.40	13453.60	468.90	8017.80	59.60	13.46	12874.10	4.50	7535.00	6.41
天安财产保险股份有限公司如皋支公司	102.06	1774.62	52.91	654.35	36.87	1.78	743.06	138.83	519.93	25.85

续表34

公司名称	保费收入(万元)		赔付金额(万元)		赔付率(%)	市场份额(%)	上年保费(万元)	增长率(%)	上年赔付(万元)	增长率(%)
	本期	累计	本期	累计						
中华联合财产保险有限公司如皋支公司	244.89	1352.07	81.97	704.52	52.11	1.35	1224.50	10.42	718.37	-1.93
中国大地财产保险股份有限公司如皋支公司	108.60	1908.63	55.49	1254.85	65.75	1.91	1984.38	-3.82	1394.49	-10.01
永安财产保险股份有限公司南通中心支公司如皋营销服务部	60.29	959.11	39.91	501.23	52.26	0.96	849.86	12.86	531.99	-5.78
华安财产保险股份有限公司南通中心支公司如皋营销服务部(四级)	88.00	629.57	87.69	518.42	82.35	0.63	722.41	-12.85	606.21	-14.48
中国太平保险集团有限责任公司如皋支公司	77.87	1124.41	38.77	493.60	43.90	1.12	1107.28	1.55	544.74	-9.39
大家财险股份有限公司如皋营销服务部	48.70	888.15	105.23	1197.87	134.87	0.89	0.00	—	0.00	-100.00
阳光财产保险股份有限公司如皋支公司	114.62	1563.36	60.20	726.18	46.45	1.56	1293.94	20.82	761.64	-4.66
都邦财产保险股份有限公司南通中心支公司如皋营销服务部	77.87	1065.08	87.79	703.06	66.01	1.07	1017.88	4.64	582.92	20.61
中国人寿财产保险股份有限公司如皋市支公司	846.17	7616.76	481.23	4654.69	61.11	7.62	6922.20	10.03	4557.86	2.12
亚太财产保险有限公司如皋支公司	0.00	2.66	0.00	106.95	4020.68	0.00	10.16	-73.82	304.84	-64.92
长安责任保险股份有限公司如皋支公司	9.17	70.10	3.66	382.21	545.24	0.07	243.72	-71.24	788.15	-51.51
紫金财产保险股份有限公司如皋支公司	106.05	2052.67	83.84	954.29	46.49	2.05	1840.12	11.55	837.08	14.00
英大泰和财产保险股份有限公司如皋支公司	171.40	2063.62	62.73	1065.46	51.63	2.06	1866.39	10.57	949.64	12.20
泰山财产保险股份有限公司如皋营销服务部	0.97	249.65	14.72	601.11	240.78	0.25	476.74	-47.63	979.93	-38.66
长江财产保险股份有限公司如皋支公司	45.14	297.55	3.51	26.74	8.99	0.30	0.00	—	0.00	-100.00
合计	7214.20	99953.41	6294.13	62301.41	62.33	—	92414.62	8.16	61705.99	0.96

证券业

【概况】 2020年年末，全市有证券营业部5家，经注册证券投资顾问17人，资产总额42.27亿元，比年初增加47099.48万元；资产净值10053.53万元，比年初增加2425.53万元；营业收入3989.85万元，比年初增加1215.32万元；存量资金账户90577户，比年初增加5045户；存量A股证券账户161157户，比年初增加9496户；存量B股证券账户366户，比年初减少1户；存量基金52047户，比年初增加6207户。

（吴建忠）

【中信证券如皋营业部】 年内，中信证券如皋营业部新增客户1424户，全年产品销售规模2.1亿元，融资融券规模1.4亿元，全年实现营业收入2583万元。全年开展反洗钱培训23次，召开反洗钱小组会议2次，开展反洗钱宣传7次、反洗钱自查2次，完成反洗钱客户身份信息治理10954户。

（王艳艳）

房地产业

【概况】 2020年，全市新开工商品房205万平方米，比上年降低10.87%；竣工193万平方米，比上年增长19.14%。

商品房预售许可242.4万平方米，其中，主城区（如城街道、城北街道、城南街道）150.94万平方米、长江镇46.58万平方米、其他镇44.88万平方米。全市商品房销售29648套、277.4万平方米，销售面积比上年增长15.82%，销售金额239.7亿元，比上年增长48.88%。其中如城街道、城南街道销售153.3万平方米，占比55%；如皋开发区销售33.1万平方米；长江镇销售48.9万平方米；面上10个镇销售42.1万平方米。全年主城区各楼盘商品房销售均价11505元/平方米，比上年增长19.15%。年内，吸引外地人到如皋购房504套，占比17%。年末，全市商品住房库存面积93.16万平方米，商品房住宅平均去库周期6个月，其中主城区住宅库存16.06万平方米，去库存周期3个月。

【房地产行业发展】 年内，全市新开办房产开发企业20家，截至年末，全市有房地产开发企业184家，其中，一级资质3家（江苏城开地产集团有限公司、江苏凌云置业有限公司、南通绿润置业有限公司）、二级资质123家、三级资质58家。万科企业股份有限公司、融创中国控股有限公司、碧桂园控股有限公司、绿地集团、新城控股集团股份有限公司、中南集团、港龙（中国）地产集团有限公司、龙信建设集团有限公司、上海荣润房地产开发集团有限公司等全国多家知名房企进入如皋市场。

【房地产项目建设】 年内，市住房城乡建设局积极应对新冠肺炎疫情，保障房地产市场平稳健康发展，从提供金融信贷支持、减轻税款、调整房屋交付和开竣工期限、放宽商品房预售资金监管等方面，为开发企业降成本、降门槛。举办美丽宜居城市展，全市25家开发企业参加。全年商品房项目预售入网104次，面积242.4万平方米；办理商品房小区销售备案33份，面积193.63万平方米，12994套住宅交付使用。

【房地产市场监管】 年内，市住房城乡建设局对房产测绘单位资格进行审核，规范房产测绘单位经营行为，统一房产市场测绘标准，备案测绘项目121个、建筑面积571.9万平方米。加强新建成品住宅全装修建设过程监管，结合如皋市实际，联合市发展改革委、市行政审批局、市自然资源和规划局出台《如皋市新建成品住宅室内装修管理办法》，进一步规范新建成品住宅程序管理，严格过程管控。进一步规范房地产开发项目公建配套设施设计和建设行为，提高小区配套工程建设质量，全年对商品房小区预售前公建配套评审25家。加强商品房预售资金监管，对新建商品房预售合同网签备案实行预售资金全监管。制定《关于规范商品房买卖合同备案行为的通知》，强化商品房买卖合同信息变更和注销流程及退房房源处理程序，对商品房预售行为、商品房买卖合同备案行为进行规范。督促开发企业合法合规开发经营，及时办理企业资质升级和年检、延期工作，对销售市场出现不规范行为进行制止和查纠。加强事中事后监管，建立巡查和约谈机制，不定期对开发企业和经纪机构巡查和暗访。不定期对全市房地产开发企业经营行为和预售资金监管开展"双随机、一公开"专项检查。

【房产交易服务】 年内，市房产交易管理中心完成存量房（二手房）交易合同网签备案业务10203件，面积112.5万平方米，租赁备案366件。

（苏　雯）

2020年如皋市主要楼盘上市情况表

表35

序号	开发企业	项目名称	上市面积（平方米）	均价（元）	所属镇（街道）
1	如皋创润置业有限公司	天荟园	136831.99	12486.00	如城街道
2	南通君之地置业有限公司	上锦花园	131196.44	8991.00	城北街道
3	如皋锦瑞置业有限公司	紫云花苑	125293.37	13728.00	城南街道
4	如皋市亿晟房地产有限公司	悦隽花园	123896.03	11867.00	城南街道
5	南通襄荣房地产开发有限公司	南通未来海岸	110666.51	6914.00	长江镇
6	南通裕恒置业有限公司	龙游湖壹号	94663.16	9100.00	城南街道
7	如皋市金鼎置业有限公司	金鼎名城	91073.31	14164.00	如城街道
8	南通金雅佳田房地产开发有限公司	恒水鑫城	81840.22	7128.00	长江镇
9	南通华源置业有限公司	长江镇华源山水国际	78047.80	7919.00	长江镇
10	南通兆丰置业有限公司	约克小镇	77750.99	8770.00	如城街道

旅 游 业

【概况】 2020年年末，全市有国家AAAA级旅游景区3家、AAA级旅游景区7家，全国乡村旅游重点村1家(城北街道平园池村)、省级1家(如城街道顾庄社区)。年内，因新冠肺炎疫情影响，全市旅游业受到冲击，全年接待游客1406万人次，旅游综合收入135亿元，比上年分别下降11%、29%。稳步推进全域旅游示范区创建工作，如皋市获评省级全域旅游示范区。旅游景区建设由粗放发展向高质量提升转型，盆景大观景区被评定为国家AAAA级旅游景区，华夏电影展示馆获评国家AAA级旅游景区。发展“乡村振兴+旅游”，城北街道平园池村获批全国乡村旅游重点村，顾庄社区被认定为省级乡村旅游重点村并进入全国乡村旅游重点村培育单位名录。

【旅游项目建设】 年内，如皋市全面启动G15高速如皋市全域旅游咨询服务中心布展工作。花木大世界控股有限公司投资15亿元，建设盆景大观景区，打造花木水街休闲区、花木商务会展区、如派园艺体验区和总部经济及游客服务中心。盆景大观景区被认定为南通市新开工(竣工)10亿元项目。

【旅游服务能力建设】 年内，如皋市逐步完善旅游基础设施，市全域旅游服务中心建成使用，智慧旅游大数据平台投入运营，新建改建旅游厕所13座(新建10座、改建3座)。

【旅游市场开发】 年内，如皋市举办第九届如皋旅游文化节，发布“如皋长寿八大碗”美食，开通“南通—如皋早茶旅游专线”直通车，举办电影文化惠民年展、平园池荷花节、九华枇杷节、“雉水之夜”文旅消费季、“当燃南通”如皋专场、“皋兴购”等活动。东大街历史街区入选省级夜间文旅消费集聚区建设单位。

扫码观看城市旅游宣传片《如皋欢迎您!》

(宋淑娜)

邮政服务业

【概况】 2020年，全市邮政业完成业务总量9.23亿元，比上年增长22.27%；实现业务收入4.46亿元，比上年增长4.57%。年内，邮政如皋分公司不断深化军邮、校邮、村邮、烟邮、警邮、税邮合作项目发展深度。依托“红色驿站”平台，创新建立“军邮员”队伍；加强惠农合作项目开发，全力为三农做好服务支撑，与东陈镇徐湾社区党总支联合开展“村邮联盟·主题党日”活动，推进“村邮联盟”纵深发展，全年推动“徐湾翠梨”“徐湾大米”“林梓有机大米”等本土农产品在邮政电商渠道销售。助力抗疫，组织“爱心车队”先后3次运输物资逆行到湖北省武汉市和黄冈市，组织投递员免费为一线医卫人员投递“暖心包”88份、免费上门送鲜花208份；依托“邮乐食堂”开展生鲜配送工作，推出蔬菜套餐系列农产品38个，累计配送150余单，被《新华日报》《苏邮文化》等媒体宣传报道。“爱心邮路”乡邮员代表赵颖东获评全国敬老爱老助老模范人物。

【邮乐食堂】 年内，邮政如皋分公司助力政府“菜篮子”工程，与市农业农村局战略合作，推出“邮乐食堂”生鲜配送平台，形成“政府主导+邮政推荐”合作模式，吸引金旺家庭、禾恬家庭和长寿紫桃园等高质农场进驻平台，全年实现农产品销售16万元，成功打造省级扶贫农产品项目3个，对3家村委会组建的合作社实现金融和寄递业务叠加。

(刘　稷)

通 信 业

【概况】 2020年，全市光纤宽带用户占固定宽带比重百分之百。电信、移动、联通三大运营商完成主营业务收入11.07亿元，比上年增长5%，手机用户新增9.82万户，宽带用户新增3.81万户。

【电信】 年内，中国电信如皋分公司

2020年如皋市国家AAA级及以上旅游景区名录

表36

序号	景区名称	等级	地址
1	水绘园风景区	AAAA	如城街道碧霞路299号
2	中国工农红军第十四军纪念馆	AAAA	如城街道福寿东路148号
3	盆景大观景区	AAAA	如城街道花城大道399号
4	定慧寺	AAA	如城街道泮池路2号
5	中华长寿文化谷	AAA	如城街道益寿南路188号
6	龙游湖风景区	AAA	如皋市万寿南路
7	长江药用植物园	AAA	长江镇环岛东路8号
8	金岛生态园	AAA	长江镇环岛东路199号
9	平园池荷香民俗园	AAA	城北街道平园池村
10	华夏电影展示馆	AAA	城南街道观风北路智慧谷1号

克服疫情影响，投身信息化建设和民生通信服务。各类营业网点180余家，遍布城乡。致力于“深入市场、服务客户”，持续优化内外部服务监督体系，提升服务能力和水平，持续打造优质服务体系。加快推进5G建设，5G基站总量1486站，实现主城区、主要商业圈、景点、政治中心等重点区域覆盖；持续推进4G网络优化建设，居民区综合达标率90%；持续推进宽带3千兆、EPON(10G)建设，EPON端口总量4750个。网络质量第三方测评持续领先同行业。创新信息通信技术，助力新冠肺炎疫情防控和脱贫攻坚，推进智慧城市建设进程。开展5G+互联网工业化、智慧社区、智慧物业等应用展，助力39家企业上云，参与并建成市域治理城乡一体化平台、长江化工园区监管平台和5G燃气报警监测平台，安装燃气报警装置2256户，安装疫情监测、体温筛查设备86套，开通雪亮工程监控600余条。主动担起国企担当和智慧城市建设主力军责任。

（陈　红）

【移动】 年末，移动如皋分公司有各类营业厅270余家、乡村便民店90余家，营业、维护、装机等各类服务人员1030人。用户规模83.6万户，其中，4G用户78万户，5G用户10万户，家庭宽带用户超25万户。年内，移动如皋分公司发挥通信企业的网络优势、技术优势、服务优势，助力打赢疫情防控阻击战，提供涉及远程办公、便民生活、医疗问诊、疾病防控、公益服务一揽子解决方案，5G智慧应用在医护、防控等方面发挥积极作用，为100余家企事业单位开通云视讯服务。助力打赢脱贫攻坚战，服务精准扶贫，为290名不具备网上学习条件学生解决困难。结对江安镇黄建村，在农村宣传、脱贫攻坚、党建和创、志愿服务、文明新风培育等方面实施援建。加快“5G+新基建”落地，围绕“新基建”项目建设，发挥通信企业网络优势，加速5G基础设施建设，全区领先实施核心商圈、交通枢纽、高铁等重点区域5G覆盖，实现城区全覆盖、重点乡镇连片覆盖。与市政府签订5G数字新基建战略合作协议，在新一代信息基础设施建设、第五代移动通信(5G)创新服务、智慧城市建设、智慧产业发展、信息化应用等领域开展深度合作。助力企业上云33家，其中四星级上云企业5家。

（吴　银）

【联通】 年末，联通如皋分公司下属营业受理网点40家、零售网点60家。全年实现通信服务收入5646万元。拥有固定电话用户1.64万户、移动电话用户7.44万户(3G移动电话用户0.35万户、4G移动电话用户5.20万户、5G移动电话用户0.29万户)，互联网宽带接入用户0.64万户。以客户感知为中心，不断提升服务水平，致力于满足客户综合信息服务需求，以优质网络、贴心服务、精彩业务，打造4G全新品牌形象。开展“为民服务创先争优”活动，贯彻执行“以客户感知为中心”服务体系，引入服务质量社会监督体系，借助社会力量，规范自律，提高服务质量监督，提升服务品牌形象。坚持以网络质量为企业生命线，不断推进驻地网建设，定期开展专项网络优化，重点解决居民小区、高速公路、旅游景点等网络质量问题，真正实现网络全面覆盖。参与平安城市社会面网络监控建设，涉及监控点位400余个及中考、高考校园标准化考场14个。

（石　慧）

电子商务

【概况】 2020年，全市有电商服务企业18家，比上年净增3家；电商应用规模企业39家，比上年净增4家。年内，全市实现电子商务交易额110.3亿元，比上年增长15.7%。市商务局完善“市电商运营中心→乡镇电商服务站→村邮站(‘邮乐购’加盟店)”电子商务三级运营网络架构，打通电子商务“最后一千米”，实现购物、生活、消费、金融、创业“五不出村”。稳步推进电子商务县镇村三级示范创建。年内，如皋市被确定为省电子商务示范县市，如皋电子商务园被评为省级电子商务示范基地，如城街道被评为省级电子商务示范镇，如城街道安定村、贺洋村和磨头镇新港村被评为省电子商务示范村，如皋市国家农业科技园区和下原镇医疗器械产业园分别获批首批和第二批省乡镇电子商务特色产业园区，江苏如艺农业科技发展有限公司、江苏寿都密码农产品有限公司先后被评定为省级电子商务示范企业，“供销e家”如皋运营中心获批省首批电子商务众创空间试点单位。

【电子商务主体培育】 年内，市商务局构建农产品网络营体系，促进产销对接、降低农产品流通成本。支持“生鲜电商+农产品加工企业+贫困农户”“农产品龙头企业+基地+贫困农户”等供应链创新模式，鼓励流通企业与生产基地、专业大户、贫困农户建立长期稳定产销关系，提高农业生产者组织化程度，引导原产地实现规模化生产、标准化分拣。建设“供销e家”县级运营中心，在农村设立村级物流节点82个，突破产销对接、线下线上融合发展瓶颈，打造独特农产品电商供应链物流配送体系，提供示范性业务流程和产品标准。江苏皋德食材有限公司重新定位和整合，开拓食品速冻、冷藏、运输、仓储、装卸、包装、分拣、配送、信息处理及线上平台、线下门店展示销售等业务功能。“大润发优鲜”电商日均销售13.36万元，“供销e家”电商日均销售15.06万元。10月30日，江苏皋德食材有限公司冷链项目完成建设并投入使用。该项目于2019年11月开工建设，占地面积2.07公顷，总建筑面积3.73万平方米，其中，食品加工包装车间1.23万平方米，低温仓储车间建筑面积1.33万平方米。

【电子商务品牌培育】 年内，市商务局在花木大世界网、花名堂、恒康、乐卖等本地电商品牌基础上，进一步挖潜8家老字号(中华老字号3家，即如皋市林梓潮糕店、如皋市白蒲三香斋茶干厂、南通白蒲黄酒有限公司；江苏老字号2家，即四海楼美食店、广生德大药房；南通老字号3家，即皋城孟家蟹包、东皋孟家蟹包、麒麟阁)品牌电商资源，协助老字号企业组建营销矩阵，借助直播带货、淘宝网、京东商城等电商平台，对接菜菜网、盒马鲜生等零售商，免租入驻南通“1912”文化商业街区，低租金入驻南通核心商业区丁古步行街，推进老字号线上线下融合发展。挖潜“如皋盆景”“如皋黄鸡”“如皋白萝卜”“如皋香堂芋”“白蒲黄芽菜”等国家地理标志认证产品，如皋小花生、如皋本荞麦、芝麻梨甜瓜等特色农产品品牌资源，拓展电子商务。

【电子商务跨界融合发展】 年内，市商务局推动典型示范企业带动电商应用和与其他产业融合升级。南通恒绿园林建设工程有限公司打造中国小微盆景网App，带动电商与花木产业融合；寿都密码电商化销售带动老字号企业、长寿食品企业电商应用；市图腾电力科技有限公司等企业带动电商与先进制造、智能制造等产业融合；一下科技等视频文创企业带动直播与一、二、三产业融合。

(徐继斌)

软件与服务外包业

【概况】 2020年，如皋市实现服务外包执行额16.17亿美元，比上年增长25.28%；实现离岸外包执行额5.1亿美元，比上年增长85.71%，完成南通市级考核目标104.08%。8月27日，在福建省厦门市举办如皋(厦门)现代服务业专题招商推介会，邀请50余家软件企业参会，现场签约项目20个。10月27日，举办第三届第三代半导体晶体及智能制造国际研讨会。研讨会上，举行中科院半导体所化合物半导体如皋实验室和江苏省佳宝智能化液压打包及排废系统工程技术研究中心揭牌仪式；15个重大高新产业项目集中签约落户如皋；中国科学院院士，南京大学教授郑有炓等7位专家分别作主题报告，分享第三代半导体及智能制造领域前沿最新科技成果，共同把脉问道第三代半导体产业发展前景。

(马志成)

【如皋软件园】 年内，如皋软件园二期工程全面竣工，启动软件与信息服务外包产业链招商。如皋软件园累计入驻企业328家，其中年内新招引永旭信息、博牛智能等软件研发及信息技术应用企业27家；从业人员2万人。全年在园企业申请并通过软件著作权及各项专利40余件。实现服务业应税销售50亿元，比上年增长50%；实现税收5.3亿元，比上年增长75%。新增规上限上企业12家，比上年净增6家；新增单体投资10亿元服务业企业1家(江苏永旭信息科技有限公司)、5亿元服务业企业1家(南通才捷信息技术有限公司)。在全省服务外包示范区考核中排名第11，名次比上年前移4位。11月，苏州工业园区凌志软件如皋有限公司入选省高新技术产业开发区瞪羚企业和省民营科技企业。

(张　旭　薛　婷)

物流业

【概况】 2020年，如皋市开展“交邮融合、客货同网”品牌建设，在符合条件的镇(街道)建设交通运输综合服务站，牵头组织邮政与社会快递公司加强合作，共享完善的邮政网络和村邮站资源，利用公交代运、邮政代投模式，实现快递进村到户，提升公交资源利用率，增加邮政业务量，节约快递公司运输成本，解决快递进村难问题。“交邮融合、客货同网”服务品牌入选交通运输部首批农村物流服务品牌名单。年内，全市快递业完成业务量2744.58万件，比上年增长29.56%。完成物流业应税销售170.65亿元，比上年增长32.88%；完成物流业税收2.15亿元，比上年增长4.65%。

【港口物流】 年内，全市完成港口吞吐量8244万吨，比上年增长21.6%；完成集装箱吞吐50.49万标准箱，比上年增长24.8%。如皋港现代综合物流园获评2020年度全国优秀物流园区，华东煤炭交易中心平台上线运行，年内挂网成交4单。长源码头对外开放通过市级验收，金驿大厦被认定为南通市三星级主题楼宇，跨境电商首票业务正式开通。

【交邮融合】 年内，市交通运输局与联合汽车工业(苏州)有限公司联合开展交邮融合专用车型课题研究，实现客货分离、封包带件，解决带货车辆安全问题，购置交邮融合型专用车12辆。进一步修改完善公交路网规划，全市347个村(社区)实现公交班线百分之百全覆盖。充分发挥4000余家专业运输公司、12家邮政快递企业作用，发展适用于农村物流的厢式、具备冷藏功能等专业化车型，辐射全市各镇(区、街道)。结合如皋市区位优势、产业结构等特点，推进品德配送中心、家家乐冷链仓储和配送中心等农村物流项目建设，利用既有113个连锁销售点和400个服务终端，建成覆盖市镇村三级农村物流网络站点。对接邮政、中通、圆通、申通、韵达等快递物流企业，实现不同

6月5日，交通运输部公布全国首批25个农村物流服务品牌名单，如皋市“交邮融合、客货同网”服务品牌上榜（全省仅2个服务品牌上榜）。图为丁堰镇交通运输综合服务站 （市交通运输局供图）

快递企业在同一平台服务融合，逐渐实现“工业品下乡”和“农产品上行”双向流通。投资100余万元，对原丁堰客运站升级改造，建成综合服务厅150平方米、停车场2000平方米、公交充电桩4座，将其打造成为交通运输综合服务站，覆盖周围6个村（社区）。通过借助邮政快递平台，整合快递上下行渠道，拓展镇村公交服务功能等方式，实现公交与邮政快递行业融合发展，彻底打通快递下乡“最后一百米”。

【电子商务+农村物流】 年内，市交通运输局引导和发展“电子商务+农村物流”服务模式，鼓励电子商务平台经营企业发挥自身货源和销售渠道优势，进一步延伸拓展仓储、分拨、流通加工、配送等物流服务功能。联合电商快递企业、商贸批发企业，搭建联合分拨、分段联运、各自收发、服务到村的农村物流网络，将快递公司和配送公司整合到“一张网”中，不断提高线路通达深度和覆盖广度，做好农村物流新业态培育。在全市多个农村交通节点，规划、探索以公共交通为导向的农村物流发展模式，打造集公交、快递、商业超市、银行、餐饮、农产品交易、农产品物流、农产品加工、旅游、电商平台等涉农服务多产业联合的农村综合物流服务体，建设农村居民一站式生活服务中心。

（宋新堂 张 旭 薛 婷）

中介服务业

【科技服务业】 年内，全市有科学研究和技术服务业规上企业42家，实现营业收入24.01亿元，比上年增长28.09%。

【公证服务业】 年内，市公证处办理各类公证事项4174件。与市人民法院签订合作协议，派员进驻市人民法院立案庭调解中心，创新公证参与法院司法辅助模式。成立公证家事·纠纷非诉工作室，为公证过程中遇到的家事纠纷解决提供公证方案。与如皋农商行合作，为资金安全提供公证保护模式。为企业融资5亿元提供公证法律服务，为“一带一路”沿线国家在如皋投资企业办理公证事项200余件，完成双钱集团（如皋）轮胎有限公司保全证据公证办理。为知识产权保护提供管家式公证服务。办理政府搬迁工作公证事项，保证政府搬迁工作顺利推进。完成“皋兴购”购物券发放活动、救助贫困学子二次义拍活动现场监督公证及新建成品住宅保全证据等公证办理。开辟线上视频公证服务模式，全年办理线上视频公证事项17件。全年线上办理公证事项90%以上，公证“最多跑一次”实现率95%以上。

（刘海波）

【房产中介】 年内，市住房城乡建设局为规范房地产中介市场秩序，对代理新建商品房销售和从事存量房交易中介机构实行备案管理制度，增强代理机构活动透明度。全年新增存量房经纪机构113家，在网络平台、交易大厅和《如皋日报》上向社会公示，供购房者选择。举办全市房地产营销人员岗位技能培训，参加培训营销人员140余人。全年受理存量房（二手房）交易合同网签备案8077件，面积90.35万平方米。

（苏 雯）

【国内劳务中介】 年末，全市有各类正常开展业务的人力资源中介机构26家，从业人员217人。各人力资源中介机构全年服务各类用人单位1217家，服务各类人员3.4万余人，实现营业收入2.23亿元。

（刘海燕）

【对外劳务中介】 年末，全市进驻市外派劳务服务中心、拥有对外签约权对外劳务合作企业8家，如皋市华建劳务合作有限公司申请注销对外劳务合作资格。年内，受新冠肺炎疫情冲击，全市新派出国劳务549人，比上年下降82.3%；实现外派劳务营业额1.46亿美元，位居南通第一，比上年下降27.96%。

（马宏梅 刘 俊）

宏观经济管理

【概况】 2020年,如皋市实现地区生产总值1305.22亿元,按可比价计算(下同),比上年增长5.3%。按产业分类:第一产业增加值77.7亿元,比上年增长2.6%;第二产业增加值623.3亿元,比上年增长4.5%,其中工业增加值517.5亿元,比上年增长4.9%;第三产业增加值604.2亿元,比上年增长6.6%。三次产业比例调整为5.9:47.8:46.3。实现一般公共预算收入72亿元,占地区生产总值5.5%。全体居民人均可支配收入37646元,比上年增长6.1%;城镇居民人均可支配收入49118元,比上年增长4.6%;农村居民人均可支配收入23599元,比上年增长7.7%。

【规划编制】 年内,如皋市对"十三五"规划指标和重点工作"回头看",制订"十三五"规划部分指标目标调整建议方案并通过市政府常务会、市委常委会及市人大常委会审议。面向社会各界开展"我为如皋十四五规划建言献策"活动,累计征集建议文稿100余篇。开展"十四五"规划"三个重大"(重大政策、重大改革开放举措和重大工程项目)研究,形成有关事项,积极争取纳入国家、省和南通层面"三个重大"事项。开展《如皋市"十四五"经济社会发展基本思路》《如皋市国民经济和社会发展第十四个五年规划和二〇三五年远景目标纲要》编制工作。开展"十四五"专项规划编制,印发《关于做好如皋市"十四五"专项规划编制工作的通知》,梳理"十四五"专项规划目录清单42项。

【工业运行监测】 年内,市发展改革委通过销售、税金、用电量数据,逐月汇总分析全市镇(区、街道)、重点产业、重点企业、规模企业运行情况,及时提出合理化建议。每月常规开展工业和信息化部重点企业监测、省级重点企业运行监测、省级工业经济新增长点监测、南通200强企业运行监测、工业企业负担问卷调查、口罩产能产量日报送等工作。开展产业链重点企业调研活动,详细了解全市规模工业企业生产经营状况、面临的挑战及需要帮助解决的难题。

【固定资产投资】 年内,全市完成固定资产投资476.44亿元,比上年增长10.1%。其中国有及国有经济控股投资比上年下降11.4%;港澳台及外商投资比上年增长242.5%;民间投资比上年增长8.3%,民间投资占全部投资82.9%。房地产开发投资108.50亿元,比上年增长39.3%;第二产业投资300.73亿元,比上年增长14.2%;第三产业投资175.70亿元,比上年下降1.5%。第二产业投资中,工业投资高技术产业增长14.2%;第三产业投资中,信息传输软件和信息技术服务业高技术产业增长31.5%。高技术产业投资比上年增长48.8%,高新技术产业投资比上年增长26.5%。全年有5个项目列入省级重大项目投资计划,当年完成投资19.6亿元;13个项目列入南通市级重大项目投资计划,当年完成投资64亿元。

【项目预审】 年内,如皋市探索有效路径,强化机制运行,提升项目质态。坚持项目联合预审机制,引导产业项目向产业链集中、向工业园区集中,从产业规划、用地效率、科技含量、生态环保、投入强度、产出贡献等方面综合评估,切实从源头上把控项目质态,为做大做强实体经济、推动产业转型升级提供保障。全年召开专家预审和部门联合预审21次,累计通过项目95个,其中,智能装备制造项目43个、高端新材料项目14个、新一代信息技术项目5个、光电及第三代半导体项目3个、新能源及汽车零部件项目11个,各类项目质态较往年均有提升。

【重大项目建设】 年内,如皋市始终把项目建设作为重中之重,持续加大组织、协调、推进力度，狠抓项目招引建设，着力做好重大项目落地落实，新开工项目规模、质量再上新台阶，新竣工、新转化项目实现新突破，以项目投入的确定性对冲外部环境不确定性，为全市经济社会高质量发展提供有力支撑。制定《关于加快推进重特大项目建设的实施意见》，集中力量加快推进重特大项目建设。探索园区共建模式，出台开发园区共建管理暂行办法，明确5家共建园区的管理模式、推进体制，实现统一规划、统一政策、统一管理，集中优质资源和力量，加快提升园区平台承载力和吸引力，为好项目、大项目落地创造一流环境。全年新开工单体投资1亿元以上项目84个，其中，10亿元以上重特大工业项目18个，5亿元以上服务业项目4个，入选南通市单体投资20亿元以上高端制造业奖励项目5个。竣工工业项目79个，竣工率79.80%；竣工服务业项目14个，竣工率70.6%。转化项目66个，转化率35.1%。盘活用地面积411.88公顷。

【项目服务】 年内，如皋市上下通力合作，强化服务协调项目建设。强化用地保障，正威新材料项目成为新土地管理法修订后全省首个获省政府土地征收批文的项目，宏茂海上风电装备项目征地批文为审批权限下放至南通市后取得的首个征地批文。争取政策支持，宏茂海上风电装备研发制造等5个项目被列入江苏省重大项目投资计划，万达轴承等13个项目被列入南通市重大产业项目投资计划，金鹰产业园项目被列入商务部重大外资项目，斯堪尼亚商用车项目被列入省重大外资项目。推进服务，深入“放管服”改革，对重大项目坚持主动作为、靠前服务、提高效率、优先保障的服务原则，通过提前介入、绿色通道、全程跟踪，推动项目建设快落地、早开工，快建设、早竣工，再提速、早转化。日达智能终端精密模组项目从见面洽谈到厂房交付仅用5个月，创造项目建设“如皋速度”，并在南通市项目建设年度考评中被认定为50亿元以上新开工项目。

（刘宏莉　程　洋　徐亚锋）

财　政

【概况】 2020年，全市完成财政总收入221.84亿元，比上年增长12.7%，其中一般公共预算收入72.01亿元，比上年增长2.9%。税收收入61亿元，比上年增长4.3%；税收占一般公共预算收入比重84.7%，比上年提高1.1个百分点。全年财政总支出228.93亿元，比上年增长22.6%，其中一般公共预算支出125.13亿元，比上年增长2.6%。一般公共预算支出中，教育支出30.1亿元，比上年增长16.6%；公共安全支出7.29亿元，比上年增长2.8%；卫生健康支出13.18亿元，比上年增长25.7%；社会保障和就业18.53亿元，比上年下降1.6%。年内，预算绩效管理、财政信息宣传、法治财政标准化管理、农村河道长效管护等工作获评全省先进；财政总预算、部门决算、预算执行分析等工作获评南通市先进。

【预算管理】 年内，市财政局突出预算绩效，深化预算管理改革。全年盘活一般公共预算资金61864万元、政府性基金73259万元。市级部门预算单位一般公共预算、政府性基金预算支出全部纳入绩效管理范围，涉及项目1018个、资金约50亿元。落实国家减税降费政策，累计减免税费26.2亿元。大力压减一般性支出和项目支出，收回“三公”经费预算指标642万元、一般性支出项目预算指标3151万元。1月，拟发2020年市级预决算信息公开工作方案，53家部门单位全面公开2020年预算。3月，拟发《如皋市全面实施预算绩效管理的实施办法》。6月，组织对42个专项资金开展绩效自评。调整市与如城街道、城南街道财政体制。8月，调整预算，安排抗疫特别国债4.7亿元、特殊转移支付资金3.08亿元，健全直达资金监控制度。9月，组织对559个专项资金开展绩效监控。63家部门单位公开2019年决算。10月，拟发《关于印发2021年市级部门预算编制方案的通知》。11月，邀请市人大代表、政协委员对拟纳入年度实施范围的重点民生项目进行评估。12月，推进财政预算管理一体化试点工作。

【财政国库管理】 年内，市财政局深化财政国库管理改革，办理市本级国库集中支付业务14.75万笔，支付资金208.91亿元。5月至10月，开展行业协会商会与行政机关脱钩清理工作。6月至7月，首次试编地方政府综合财务报告，172家市级部门单位和14个镇(区、街道)参加编制。9月，组织开展市本级财政资金定期存放公开招标。

【会计管理】 年内，市财政局强化会计管理服务。新增初级职称资格624人、中级职称资格183人、高级职称资格9人。完成全市会计人员信息采集8509人。审批设立代理记账机构13个，实行告知承诺制管理的机构7个。5月，对已批准设立的代理记账机构进行年度备案并开展专项检查。从6月1日起，对代理记账业务审批全面实行告知承诺管理。7月，组织开展2019年度行政事业单位内部控制报告编报工作。举办全市少儿珠心算比赛，选拔13名选手参加南通市比赛。10月，拟发会计人员继续教育通知，对全市会计人员开展远程网络教育培训。11月，新命名如皋市级珠心算实验学校2个。12月，组织开展全市村级财会人员支农惠农政策培训。

【农业农村财务管理】 年内，市财政局支持实施"乡村振兴"战略。争取上级涉农专项资金5.3亿元。通过"一折通"发放涉农项目补贴101个4.62亿元。安排近1.1亿元支持实施省富民强村行动计划、扶持村集体经济发展、薄弱村、建档立卡低收入户保险等政策。整合5600万元用于农村"七位一体"人居环境整治。整合2.35亿元支持高标准农田、高效节水灌溉项目建设。安排1500万元支持重要"菜篮子"农产品生产供应。安排3356万元支持建设一事一议村级农路120条。落实2000万元对乡村振兴示范村(社区)给予奖励。兑付中央农作物秸秆综合利用重点县建设项目补助资金1014万元、长江水域禁捕退捕补偿资金1925.9万元、农业支持保护补贴(耕地地力保护)1.17亿元。6月,开展耕地地力保护补贴、稻谷补贴资金、扶贫资金专项检查。6月至7月,先后接受南通市脱贫攻坚、高标准农田建设专项巡察,省长江禁捕退捕资金专项检查等。

【财政监管】 年内,市财政局深化财政监督管理,全年实施财政监督检查项目21个。4月至6月,对4家单位开展会计信息质量重点抽查,提出整改建议25条。8月,对2017—2019年度财政农业保险保费补贴资金管理使用情况开展专项检查。9月,对1例违规使用财政票据行为开展调查处理。对磨头镇财政所原所长2017—2020年工作开展内部巡察。10月,组织开展"双随机、一公开"工作。对全市部门预算单位非税收入开展专项清查。11月,对2019年污泥处置项目开展绩效再评价。

【工贸发展管理】 年内,市财政局全面落实南通市关于全力应对疫情支持企业发展的"十二条"政策意见,审核发放企业交通补助资金209.9万元,指导疫情防控重点企业申报上级专项贷款5990万元、贴息95万元。兑现工业、科技、服务业等奖励资金1.66亿元;争取中央、省级各项财政扶持资金1.13亿元;拨付省市新能源汽车推广应用补贴资金242.1万元、新能源充电设施建设(充电桩)奖励资金51.48万元。中小企业和科技贷款风险补偿资金池运作平稳,累计发放中小企业贷款198笔1.96亿元、青年创业贷款75笔1159万元。3月,会同市发展改革委拟发《新冠肺炎疫情期间企业员工返岗交通补助发放实施办法》。会同团市委修订《如皋市青年创业贷款贴息管理办法》。5月,拟发"皋兴购"消费促进季活动通知,落实850万元支持"皋兴购"消费促进季活动。印发《财政企业政策汇编》400册。9月,开展国有金融资本出资情况调查。将"苏微贷"申请纳入南通市一体化管理。开展"企业服务月"活动。11月,督促通皋大道完成2019年度PPP项目绩效评价。12月,督促同源污水处理厂完成PPP项目绩效评价和中期评估。

【国有资产管理】 年末,全市国有资本规模452.64亿元,比上年增加23.42亿元。减免国有资产类经营性用房租金615户共867.55万元。对富皋万泰、城发集团、交通产业三大集团和皋开集团、苏皋再担保公司现金增资12.5亿元。1月,拟发国有企业"三重一大"事项、项目投资管理制度。5月,拟发国有企业经营业绩考核办法。拟发划转部分国有股权充实社保基金工作方案。6月,交通集团通过AA+信用资信等级复评,富皋万泰、城发集团成功创建AA+信用资信等级。7月,注入富皋万泰、城发集团、交通产业三大集团资产约34.5亿元(估值)。拟发《如皋市国有企业退休人员社会化管理实施办法》,1193人实现移交对接。9月,对全市行政事业单位和国有企业的国有房屋、土地资产进行清查登记,并牵头开展专项检查。10月,拟发国有企业融资担保和出借资金管理制度。11月,拟发加强和改进企业国有资产监督管理制度。

【经济建设管理】 年内,市财政局加强经济建设管理。研究制订《如皋市城市建设和管养体制方案》,明晰市与区城市建设和管养权责。争取上级环保引导资金1101万元。严格实行非城区政府投资项目总额控制,核减非城区政府投资项目17个、金额1.36亿元。完成政府投资工程预算评审项目149个,核减3649.74万元,

年内,市财政局开展"企业服务月"活动,与企业签订帮扶协议12份,协调解决问题40余个。图为9月7日"企业服务月"活动启动仪式

(市财政局供图)

核减率0.8%;完成工程预算备案项目141个、金额24079.71万元;完成工程变更审核项目68个,变更金额2966.37万元。7月,将如皋金属表面处理园区污水处理中心技改、乡镇大气自动监测站建设、水平固定式机动车尾气遥感检测3个项目申请纳入省级环境保护引导资金项目库。11月,测算确定部分国有企业代建安置房政府回购价格。

【非税收入管理】 年内,市财政局深化非税收入管理。实现土地出让收入102.82亿元。3月,拟发《关于调整土地出让基金(资金)计提及结算办法》。拟发《关于进一步规范社会团体使用财政票据的通知》。4月,编制《2019年如皋市政府性基金项目目录》。6月,编制《如皋市行政事业性收费项目目录(截至2020年4月30日)》,并通过网站向社会公布。9月,拟发《如皋市公共交通成本规制及政府补贴办法》。12月,在市人民医院、中医院2家医院先行试点推进财政非税电子票据和医疗电子票据改革。

【镇级财政管理】 年内,市财政局加强基层财政财务规范管理。1月,拟发2019年会计基础工作检查“回头看”工作计划、2020年会计基础工作检查实施方案。4月,组织全市财政基层业务人员开展财务软件培训,对区街分设后的开发区财政基层业务人员开展岗位业务培训。完成2019年镇级财政决算。5月至7月,开展2019年会计基础工作检查整改“回头看”。7月,拟发《关于规范基层财政部分经济业务会计处理的通知》,统一财务报销、会计核算等工作规范。9月,对白蒲镇、搬经镇、丁堰镇、磨头镇、九华镇等财政所开展会计基础工作检查。11月,根据省财政厅要求,新增东陈镇、丁堰镇2家财政所列入乡镇财政所公共服务标准化建设试点单位。组织全市财政所(局、分局)编制2021年镇级部门预算。

【法治财政建设】 年内,市财政局加强法治财政标准化管理。受理并在规定时间内公开依申请公开信息5例,办理信访件3件,未发生因依申请信息公开引起的行政复议或行政诉讼案件。4月,拟发行政执法公示、执法全过程记录、重大执法决定法治审核制度。8月,开展法治财政标准化管理“回头看”,制作法治财政标准化管理十年成果PPT,上报省财政厅。11月,完成省财政厅及市法宣办“七五”普法终期验收资料收集、整理与报送。

【社会保障支持】 年内,全市完成社保基金收入40.47亿元,支出50.82亿元。调整各类社会保障及救助标准,城乡居民基础养老金由每人每月148元上调至170元;连续16年调整企业退休人员养老金;居民医保筹资每人每年标准提高到1200元;城乡居民最低生活保障每人每月标准统一为710元,农村特困供养每人每月标准为880元,城市“三无”供养每人每月标准为1795元。拨付稳岗返还补贴资金1269.46万元、外贸企业稳定就业专项奖补资金890万元。发放富民创业担保贷款1035万元,贴息30.12万元;发放一次性初始创业补贴31.5万元、一次性初始创业综合补贴34万元。安排专项资金8408万元,用于疫情防控设备和物资购置、公共卫生和疫情防控救治体系建设等。分别拟发就业补助、富民创业担保贷款、职业技能提升行动、扩大失业保险保障范围、以工代训补助、就业困难人员灵活就业社会保险补贴、快递从业人员职业技能提升培训补助等制度规定。

【社会事业发展支持】 年内,市财政局加大社会事业发展资金保障力度。安排教育信息现代化建设资金1350万元、校舍建设资金3436.45万元;落实学龄前儿童资助资金335.21万元,义务教育学校家庭经济困难学生生活补助992.55万元,普通高中国家助学金353.3万元,高中免学费补助50.23万元,中职免学费补助2155.34万元、国家助学金210.2万元。提高各学段生均公用经费财政保障标准,其中小学从700元提高到840元,初中从1000元提高到1200元,高中从1000元提高到1300元。支持文化体育事业发展,拨付旅游奖励资金485.94万元、文化产业引导资金200万元,争取省级文化、体育、现代服务业发展专项资金1500万元。5月,编印《如皋市行政经费财务管理制度汇编》,梳理完善“三公”经费、会议费、培训费、差旅费等行政性经费财务管理制度和开支标准。

【政府采购监管】 年内,市财政局加强政府采购信息化、标准化建设。截至年末,政府采购网上商城进驻商户1418家,订单总数26543笔,销售1.835亿元。实施政府采购监管,对15家商城供应商通报批评,对1家供应商下达行政处罚通知书。2月,建立疫情防控物资采购“绿色通道”。3月,拟发网上商城功能化改进实施方案,简化商城目录、优化搜索功能。4月,修订《如皋市单一来源采购方式管理规定》。与如皋农商行联合拟发《如皋市政府采购支持中小企业信用融资实施办法(试行)》。5月,对镇(区、街道)政府采购信息发布、合同备案等情况开展专项检查,拟发《关于镇(区、街道)政府采购规定情况检查通报》。拟发《关于进一步规范政府采购分散采购活动的通知》。6月,组织各镇(区、街道)、行政事业单位政府采购工作人员举办政府采购法及实施条例业务培训。编印《如皋市政府采购法规政策应知应会》。8月,召开网上商城供应商诚信经营专题培训会。12月,拟发《如皋市政府采购需求管理实施办法》《关于实施政府采购信用承诺制度的通知》。

【政府债务管理】 年内,市财政局扎实做好债务摸底、规范融资、控制增量、压降成本及防范风险等各项债务管理工作，坚决守住不发生区域性、系统性债务风险底线。在政府法定限额内合规发行政府债券15.4亿元，有力支持政府重大项目建设。大力推动隐性债务“双降”工作，完成全年隐性债务化解目标任务，有效压降隐性债务置换成本，政府性债务率明显下降。

（冒银飞）

税　务

【概况】 2020年，市税务局统筹推进疫情防控和服务经济社会发展，坚持“收入与服务协调发展”原则，提升收入质量，确保税费颗粒归仓，有效化解新冠肺炎疫情对税源不利影响，实现税收收入高质量发展。全年累计组织各项收入146.97亿元。其中全口径税收收入105.39亿元，比上年增长2.42%，总量居南通六县（市、区）第一位；社保费38.2亿元；非税收入3亿元。全系统获全国五四红旗团支部、省三八红旗集体、南通市先进集体等称号，市税务局获评南通市税务系统2020年度绩效考评优胜单位。

【减税降费】 年内，市税务局全面落实疫情防控相关优惠政策、结构性减税和普惠性优惠政策，持续加强减税降费监督检查，对全市近800户重点企业专题开展走帮服活动。开展“减税降费送春风”“助力抗疫送春风”“促进发展送春风”系列专题活动，先后分7批次派出168名志愿者到13个村点服务，支持复工复产。全年新增减税降费20.71亿元，办理出口退（免）税14.73亿元。

【税收征管】 年内，市税务局推进新征管体系示范点创建，为建立高效统一税收征管体系打下坚实基础。深化税费协同共治工作体系，构筑税费协同共治新格局做法得到南通市市长王晖批示，认为如皋市“税务部门积极打造税费协同共治体系，有力提升征管质效和服务能力，形成齐抓共管的强大合力，值得肯定”。提高税源管理能力，推进管服结合提升建筑业税源管理成效的做法得到省税务局总审计师张爱球肯定，认为如皋市措施有力有效。推进个税改革任务，全市95906个纳税人成功办理首次汇算申报。不断优化“两费”（教育费附加和地方教育费附加）征缴管理体系，构建“精准式”宣传服务、“链条式”风险管控、“纵横式”部门协作三大机制。力促“两费”精管做法得到省税务局局长侍鹏肯定，认为“很有特色”。推行“告知+承诺”机制，优化风险应对方式，全年完成应对任务854户，入库税款2.77亿元，总成效7.49亿元。加强跨境税源风险管理，全年完成跨境税源风险应对任务16户次，入库成效2090.96万元。强化以税资政，服务重大项目建设，打造税收经济分析精品工程，全年完成专题分析报告50余篇，其中22篇次分析报告获地方党委政府主要领导批示，“以税资政”做法被南通市市长王晖批示要求在南通推广。

【税收服务】 年内，市税务局全面构建“线上办税为主、自助办税为辅、实体办税兜底”智能税费征缴服务体系。推行“非接触式办税”，实现145项主要涉税服务事项90%以上网上办理。先后推出“皋直播”“云课堂”“线上答”等不见面服务方式，推广应用苏税通智能服务平台，深入开发房产交易智能办税平台，大力宣传推介手机App、微信公众号、支付宝等功能，推行“指尖上办税缴费”。全面启动税邮双方深度合作，推进55个标准化税邮便民服务网点建设。创新“银税互动”产品，全年与8家银行合作推出银税互动产品15种，累计发放信用贷款18亿元。如皋市“税银互动”“社保贷”做法得到国务院大督查第五督查组肯定。在全省税收营商环境评价中，市税务局在县（市、区）税务局中排名全省第六、南通第一。

（姜汉兵）

金融监管

【概况】 2020年年末，全市有小额贷款公司5家，其中，农贷公司4家、科贷公司1家，融资担保公司2家（为江

5月20日，市税务局举行首届“‘如意’营商、税务先行”网友开放日活动，邀请当地自媒体平台负责人及网友走进办税服务大厅，零距离感受便民办税新变化、新举措，为优化税收营商环境提建议、出点子　　（市税务局供图）

苏再保南通融资担保有限公司、中皋融资担保有限公司），典当行3家，农民资金互助社1家。年内，市地方金融监督管理局加强对地方金融机构业务活动监测，非现场监管每月1次，现场监管每半年1次，现场检查资金互助社每月1次，严防抽逃注册资金、高利放贷、做假账、账外经营、暴力收贷、吸收公众资金等触及监管红线行为。推动每家机构遵循“小额分散”原则拓展业务，对存在业务风险做好风险提示，加大不良贷款处置力度，切实提高信贷资产质量水平。按照“一企一档”要求健全监管档案。年内，2家融资性担保公司各增加注册资本金1亿元，不断扩大业务规模。强化对农民资金互助社监管，按照每月一次频率实施现场监管，及时对接驻点监管人员，对照银行流水和现金流水，逐笔检查确认相关业务真实性和合理性；监督资金互助社按照“对内不对外、吸股不吸储、分红不分息”要求规范运作；督促加快呆滞投放款回收速度，社员互助金和社员投放金分别稳步下降238.8万元和197.13万元，逐步化解流动性风险；聘请第三方机构做好年度监管审计工作；完善风险应急预案，防范发生突发性金融风险事件。

【金融生态维护】 年内，市地方金融监督管理局联合人行如皋市支行进一步提升金融风险防控能力，确保辖区金融稳定。多措并举，密切监测原如皋包商村镇银行更名、发起行宣布破产、存保标志启用等关键时期流动性风险状况。配合地方政府妥善处置和化解国鼎管桩到期贷款周转、南通六建建设集团信用降级危机等债务风险，守住不发生区域性、系统性金融风险底线。加强与司法系统沟通协调，推进扫黑除恶“打财断血”工作走向深入，助力金融生态环境持续向好。在2020年金融生态环境综合评估中，如皋市在全省县（市、区）中保持第16名历史最高位次，市金融稳定工作领导小组被评为省金融生态县创建工作先进单位。全年累计上报银行业重大事项115件。开展支付结算督查走访、反洗钱监管走访10家次，市公安局以洗钱罪立案2起。开展外汇检查33家次。对52家银行业营业网点进行现金服务和小面额现金供应满意度暗访，并通过会议通报、约谈整改、回访等方式督促完成问题整改。

【非法集资防范处置】 年内，市地方金融监督管理局不断加大对在库重点风险企业整治力度，原在库16家风险机构，立案处置8家，关门停业8家，存量风险全部见底，新增业务全部清零。加大排查力度，织密社会管理网格员与银行机构网格员两张大网，从监测预警入手，建立健全对非法集资行为常态化排查、举报工作机制。推动各金融机构加强对账户资金流向异动情况监测预警。完善立体化监测体系，建立群众自动自发、广泛参与监测预警机制，设立非法集资举报电话，完善《如皋市非法集资举报奖励暂行办法》，及时兑现举报奖励资金。持续开展涉嫌非法集资广告资讯排查清理活动，会同市市场监督管理局清理涉嫌违法广告33条，吊销企业名称、经营范围中涉金融敏感字样企业营业执照26家。实行投融资服务企业商事注册登记会商机制，全年召开会商会22场。强化非法集资防范立体式宣传，通过印发普法邮品，举办小品巡演、专题讲座、宣传车宣传、线上发出短信（燃信）、播放电视流动字幕、汽车广播《老杨茶馆说“处非”》，让非法集资防范宣传更加入脑入心。对新增风险，联合市公安局、市场监督管理局、行政审批局等部门形成监管合力，综合运用上门警示、行政约谈、签订远离非法集资承诺书、司法移送、向社会公示风险等方式，实施闭环式处置。全年摸排风险线索20件，完成处置15件，排除风险、落实监管责任4件，处置中1件，风险总体可控。

【金融服务】 年内，市地方金融监管局联合人民银行如皋市支行拓展普惠金融宣传深度，强化移动多媒体应用，通过制作短视频、动画等方式，加深公众对金融知识理解。制作的快板书《银行姐姐教你识假币》累计点击阅读量近1万次，防范非法集资短视频被作为优秀作品上报至省委政法委，点钞技能抖音微视频获网上点击率98.8万次，“反假货币小超人”宣传推广公众参与度居南通辖区第一。落实国务院减税降费政策，全年完成小微企业退税2.12万笔1735.28万元；助力税务部门快速办理个人所得税年度汇算退税5.6万笔、2067.98万元；办理个人所得税代扣代缴手续费退库1143笔、508.09万元；畅通财政防疫资金拨付“绿色通道”，协助财政部门累计办理财政防疫资金集中支付业务74笔、773.49万元。加强征信服务意识，延长工作日自助查询机查询时间3小时，增加周末、节假日自助查询机对外查询服务；成功调解江苏蛟龙重工集团26名员工征信异议维权事件。加强金融消费者权益保护，狠抓“现金收支两条线”不放松，保障疫情防控期间现金有序投放与回笼，维护消费者合法现金使用权益。推动市教育局将五年级学生参加金融网课教育工作纳入小学生德育教育成效考评体系，全年网上学习参与率和完成率均居南通辖区第一。改善支付结算环境，在疫情常态化防控期间加强移动支付业务宣传，引领非接触式习惯转变，截至年末，辖区银行卡业务、网上支付笔数比上年分别增长27.93%、22.32%。提升货币金银服务效能，落实惩治制贩假币犯罪实施细则，全年假币收缴量比上年下降16%。提升外汇工作水平，指导企业依托“数字外管”网上平台简化货物贸易外汇收支企业名录登记手续，指导辖区已上市跨国企业完成跨境资金集中运营备案申报，受惠企业梦百合家居科技股份有限公司年内完成资金调度7817万美元。创新推进农村普惠金融服务，在丁堰镇夏圩村建成全市首个"如意之家"普惠金融便民服务点，实现金融服务、党群服务、阳光村务、政务服务相融合。

（孙海霞　马　晖）

审　计

【概况】 2020年，市审计局实施审计项目34个，其中，重大政策跟踪审计7个，民生审计3个，自然资源环境审计2个，财政审计4个，经济责任审计5个，国有企业审计1个，工程竣工决算审计10个，市政府临时交办项目2个。向市政府报送审计专报9份，移送问题线索11个。查出主要问题金额49688.1万元，完成整改问题金额47688.61万元，整改率95.98%；发现问题136个，完成整改131个，整改率96.32%；提出审计建议113条，促进建章立制24项。全市内审机构完成审计项目293个，查出问题633个，促进增收节支3356.77万元，提出审计建议382项，促进问题整改465个，推动相关部门完善、新增制度、文件12个。

【预算执行审计】 年内，市审计局依托大数据审计平台，对国库集中支付、政府采购、"三公"经费、存量资金、非税收入、专项资金等重点数据进行多维度、立体化分析，精准定位疑点，首次对全市68家一级预算单位预算执行情况审计实现全覆盖，揭示部分项目当年预算执行率偏低、个别项目未执行、政府专项债券资金4.53亿元未能发挥效益等问题，推动各部门过"紧日子"，把钱用在"刀刃"上。

【经济责任审计】 年内，市审计局科学配置资源，创新组织管理，拓展深化内容，准确界定发现问题的主体责任和监督责任。安排经济责任离任审计项目5个，涉及镇（区）党政主要负责人2人，机关部门、事业单位领导干部4人，查出违规违纪金额0.68万元，管理不规范资金19471.61万元，追回资金496.79万元，修订完善规章制度3项。结合市科技局主要负责人经济责任审计开展科技创新专项资金使用和绩效情况专项审计调查，关注市本级及省下拨科技创新专项资金投入和使用绩效，报送审计专报《科技创新平台重建轻管需破局》和《市本级科技创新资金使用存在问题及建议》。在磨头镇领导干部经济责任审计中融合开展自然资源环境审计，重点关注土地资源、水资源、环境保护、人居环境等方面，反映管网建设、污水处理设施及镇、村在环保监督方面存在问题。

【民生资金和项目审计】 年内，市审计局加强对重点民生资金和项目审计监督，推动各项惠民富民政策落到实处。在企业职工基本养老保险专项审计中，延伸核查参保单位300家和职工2257人，揭示重复参保、违规通过一次性补缴方式增加缴费年限等5大类问题，并就相关问题撰写审计专报3篇，促进相关银行补息391.21万元，追回违规领取社保资金54.2万元。跨地区开展通州区安居工程资金投入和使用绩效审计，发现问题10个，发现问题金额2186.63万元。在市公立医院综合改革政策落实情况专项审计调查中，报送《我市精神卫生防治能力亟待提高》专报得到市委主要负责人批示。

【政府投资工程审计】 年内，市审计局推进政府投资工程审计监督"全覆盖"。修改完善管理和考核办法，对社会审计机构实行考核不合格单位退出机制。将结算审计项目抽查比例由30%提高为40%，要求社会审计机构对结算审计中出现工程建设问题实行专事专报，列入年度考核。加大廉洁从审监督力度，定期集中对审核中心、社会审计机构人员开展廉政教育。全年完成结算审计备案项目374个，累计送审34.43亿元，审定29.15亿元，核减5.29亿元，平均核减率15.35%。抽查400万元以下项目95个，送审金额1.88亿元，初审金额1.75亿元，抽查调增22万元，调减75.37万元，平均抽查误差率0.56%。

【疫情防控资金和捐赠款物专项审计】 2月18日至3月31日，市审计局按照审计署统一组织，重点审计财政资金3778万元、捐赠资金369.43万元，延伸审计19家政府机构和单位，确保专项资金按规定落到实处。向市政府上报审计专报1份。

2月27日，市审计局审计组在市疫情防控指挥部察看防疫物资管理情况

（市审计局供图）

【现代农业项目奖补资金管理使用情况审计调查】 年内，市审计局对全市2016—2018年现代农业项目奖补资金管理使用情况进行深入审计调查，重点关注现代农业项目申报立项审批、验收核查管理、资金兑付政策落实3个方面，从审查实施内容真实性、奖补程序规范性、资金拨付及时性、项目实施效益性入手，揭露部分项目申报主体不符规定、重复申报、奖补程序执行不到位，部分规模农业项目未按规定提供相关有效票据复印件，部分镇（区、街道）存在应发未发奖补资金等问题9个，查出违规资金497.73万元，向市纪委移送有关案件线索和违纪违法事项10件，涉及138万元。市委、市政府先后下发《2020年加快推进农业产业高质量发展的激励办法》《2020年如皋市农业奖补项目建设标准及验收办法》《如皋市农业农村局农业项目评审制度》等5份文件。相关镇（区、街道）追回或减少（避免）损失157万元，归还原渠道资金340.73万元。

（沈世全）

统　　计

【概况】 2020年，全市14个镇（区、街道）均设有统计办公室，均按照主功能区不少于6人、重点镇不少于5人、一般镇不少于4人、兼职统计不少于2人的标准配备一、二、三产统计人员。有农村（产量、畜牧业、农综）、工业、能源、科技、投资、建筑业、房地产、服务业、文化产业、批发零售、住宿餐饮、劳动工资、外经、国民经济核算、市（县）基本情况、名录库、城乡划分、规模以下抽样调查、采购经理调查、企业景气调查、人口抽样调查、劳动力抽样调查、城乡一体住户调查、居民消费价格指数调查、工业品购进和出厂价格调查等20余个统计专业，全年完成2020年度全市统计年、定报工作，联网直报率实现百分之百。

【统计改革】 年内，市统计局以统计“双十佳”村（社区）评选活动为载体，研究制定《关于加强镇、村统计基层基础资料档案化管理工作的意见》《村级统计基层基础规范化建设验收办法》等系列配套文件，按照有领导、有人员、有职责、有场地、有台账，以及统计人员专业化、统计业务制度化、统计资料档案化、统计手段现代化、统计管理法治化“五有五化”要求，完善统计管理制度，建立基础统计台账，规范统计档案管理，整体推进全市村（社区）统计规范化建设。重点推进城乡一体化住户调查电子记账工作，创建“住户之家”，住户调查电子记账率95%。

【专项调查】 年内，市统计局贯彻落实国家、省和南通市第七次人口普查办公室工作要求，做好编码培训、赋码、长表行业、职业编码工作，完成第七次全国人口普查摸底工作。认真组织社情民意调查及各项专项调查，先后开展第四次中国妇女社会地位调查、江苏省居民出游情况调查、国务院民生关切点调查、市级机关和镇（区、街道）满意度调查、移风易俗满意度调查、生态环境满意度调查、生猪养殖现状调查、无人机遥感测量调查农作物产量抽样调查等11项专项调查工作。

【统计服务】 年内，市统计局按照统计信息发布要求，认真做好数据发布和解读，充分利用《统计月报》《统计快报》《统计年鉴》等传统媒体和市委新闻网、统计政务公开网站、微博微信等新媒体，向社会公众提供统计数据，不断满足各级党委、政府及社会各界对统计数据的需求。及时向市委、市政府主要领导报送经济运行报告和《统计专报》，其中10篇受到市委、市政府主要领导批示。撰写统计信息372篇、统计分析67篇，被南通市级及以上分别录用203篇和33篇。

【依法治统】 年内，市统计局落实统计执法“双随机”抽查制度，建立统计执法检查和专业数据核查联动机制，建立行政指导、数据质量检查和执法检查等多种形式的法治检查机制，加大统计执法检查力度。全年“双随机”抽查20家房地产企业、20家建筑业企业数据质量。制定并印发《如皋市统计数据核查细则》《如皋市统计数据全程质量管理体系（2020）》，新增4名统计执法持证人员，进一步压实依法查处统计违法行为责任和行为准则。

（朱　健）

物价管理

【概况】 2020年，全市居民消费价格总指数102.4，居民消费价格总水平较上年上涨2.4%，比全国、全省均低0.1个百分点。八大类商品及服务价格中，食品烟酒类价格比上年上涨8.9%，涨幅居八大类商品及服务价格之首，影响全年居民消费价格指数上涨2.44个百分点；其他用品和服务类价格涨幅次之，比上年上涨3.7%；衣着类、教育文化和娱乐类、生活用品及服务类、医疗保健类价格比上年分别上涨2.3%、1.8%、1.1%、0.3%；居住类、交通和通信类价格比上年分别下降2.1%、2.0%。

年内，市发展改革委开展涉企收费和政府定价经营服务性收费清理，编制2020年如皋市涉企收费目录清单及如皋市实行政府定价管理经营服务性收费目录清单，更新、公布行政事业性收费目录清单。运用价格杠杆支持企业复工复产，出台水价优惠政策和水费缓缴扶持政策，降低企业用气成本，优化营商环境，为推动如皋经济平稳运行做好各项保障工作。启动联动机制合理疏导居民生活用管道天然气销售价格，优化相关

2020年如皋市八大类商品及服务价格涨跌及对总指数影响情况表

表37

指标名称	上年同期=100	对总指数涨跌影响(百分点)
居民消费价格总指数	102.4	2.35
食品烟酒类	108.9	2.44
衣着类	102.3	0.18
居住类	97.9	-0.44
生活用品及服务类	101.1	0.06
交通和通信类	98.0	-0.27
教育文化和娱乐类	101.8	0.23
医疗保健类	100.3	0.02
其他用品和服务类	103.7	0.13

配套措施,加大对困难群众优惠幅度。降低居民燃气工程安装费标准,开展非居民用户管道燃气工程安装收费专题调研工作,推动市益有管道燃气有限公司、南通中油燃气有限责任公司两家燃气公司对非居民用户管道天然气安装出台相关收费优惠政策。制定如皋市管道燃气综合配气价格。建立新建商品住房销售价格备案制度,开展商品住房销售价格备案工作。制定中小学课后服务收费标准及相关政策,调整相关普通高中改扩建公寓学生宿舍收费标准。调整如皋市社会福利中心养老服务收费标准。出台机动车停放服务收费相关政策。深入推进农业水价综合改革,完善农业水价计价方式,建立超计划累进加价制度。

【成本监审】 年内,市发展改革委开展相关价格成本调查和监审工作,完成如皋定慧禅寺门票价格成本监审、管道燃气配气价格成本监审、普通中学改扩建公寓住宿成本调查、如皋市社会福利中心床位和护理收费定价成本调查等工作。

【农本调查】 年内,市发展改革委完成生猪、小麦、大豆、桑蚕茧、粳稻等农产品成本收益调查,组织实施农户种植意向、农户存售粮、农户购买农资情况专项调查。依据农情、市场、自然条件等特殊情形,适时开展农产品成本预测及成本收益预警预报。开展特色农产品成本收益调查和其他专项调查、常规调查及数据汇总分析。

【价格监测】 年内,市发展改革委在全市建立生猪、饲料、花木、蚕茧、蔬菜、粮食等价格监测网点19个,监测内容包括蔬菜品种46个及鲜猪肉、鸡蛋、粮油食品、生猪及饲料、成品粮购销、农资零售、蚕茧收购等价格。对如城街道新生路、西皋、南门桥、东皋四大菜市场47种蔬菜及鲜猪肉、鸡蛋、粮油食品累计监测96次,发布市场价格信息96条。

(朱德凤 金 葵)

市场监督管理

【概况】 市市场监督管理局设分局14个和综合指挥中心、质量技术监督稽查大队市场综合服务中心,市综合检验检测中心作为市政府直属单位挂靠市市场监督管理局。年内,如皋市创成国家基层标准化改革创新先行区,市市场监督管理局获2020年上半年全省药品稽查执法工作成绩突出的先进集体称号。

【行政服务】 年内,市市场监督管理局办理外资登记事项167件,办结外资审批事项181件,其中,有限公司新设18件,分公司新设5件,各类变更事项106件,注销20件,其他事项32件。办理动产抵押登记155份。其中国有、集体及国有控股企业登记23份,抵押登记金额52175.41万元;私营企业登记124份,抵押登记金额86200.8万元;外商投资企业登记6份,抵押登记金额16088.64万元;个体工商户登记2份,抵押登记金额627.03万元。办理动产抵押变更登记6份,涉及金额5160.67万元。办理动产抵押注销登记55份,涉及金额52350.99万元。办理股权出质登记14件,助企融资12.21亿元。

【市场培育】 年内,市市场监督管理局开展放心消费和诚信法治市场创建活动,推广线下无理由退货承诺单位17家。重点培育电信如皋公司、自来水厂、农贸市场等与民生密切相关企业参创省市级放心消费先进、示范单位,全市诚信法治市场创建覆盖率百分之百,推荐上报南通市级诚信法治示范市场2家。

【市场主体信用监管】 年内,市市场监督管理局推进年报公示和休眠企业清理,2019年度全市市场主体综合年报率98.5%,吊销因未年报被列入经营异常名录满三年企业及连续两年未年报企业营业执照2483家。促进市场监管信息平台运用和失信联合惩戒,全市30家省市场监管信息平台运用成员单位,及时上传行政许可、行政处罚、抽查检查、行政指导等信息,实现部门归集率及信息归集率百分之百。对列入经营异常名录登记住所无法取得联系的206家企业,未在规定时间内办理年报公示的2060家企业,在企业信用信息公示系统和信用中国网站对外公示。强化移出经营异常名录和信用修复服务,移出经营异常名录517家,信用修复

46家。对2018年年报多次修改的466家企业和列入严重违法失信企业、同一地址注册多户企业、高管年龄异常企业、母公司注销分公司仍在业企业、股东频繁变更的146家企业开展双随机抽查检查。开展跨部门联合双随机抽查检查73家,将无法联系企业依法列入经营异常名录。开展联合奖惩,配合市发展改革委化工行业专项整治工作领导小组办公室对7家关停企业进行验收,并督促企业办理变更或注销登记;查询2896名村级“两委”换届选举候选人涉企信用记录,其中5人进入法定代表人“黑名单”,将查询结果反馈组织部门;配合消防部门完成75名专职消防员及其亲属相关信用查询。

【质量管理】 年内,市市场监督管理局培育发展重点,采取广泛宣传和精准动员等方式,鼓励优秀企业积极申报质量奖项。如高高压电器有限公司、南通泰慕士服装有限公司分别获2020年度南通市市长质量奖和提名奖,梦百合家居科技股份有限公司完成省质量信用AA级企业现场审核。推进高端品质认证,德源(江苏)高科有限公司、江苏天南电力股份有限公司、南通百川新材料有限公司3家企业通过能源管理体系认证。开展防疫物资专项整治,对每家防疫物资生产企业发放告知书,要求企业把好质量关,建立健全质量管理制度,规范企业生产行为,确保民用口罩等防疫物资产品质量。先后完成各层级口罩质量抽检30批次,严厉惩治生产销售不合格口罩行为,行政约谈2家企业负责人,下发责令整改通知书。开展家用、商用燃气灶具及配件专项整治,检查燃气生产企业1家,燃气具及配件销售单位183家,发现销售无熄火保护装置燃气灶具商户6家,下架处理问题产品10台。开展质量抽检,抽查如皋市益友管道燃气有限公司、天平市场灶具经营户等销售单位5家,抽取相关产品9批次。开展危险化学品及其包装物和容器产品质量安全隐患排查,聘请技术专家,重点检查在生产17家获证企业。查处无证生产行为,对南通市宝胜化工有限公司无证生产对氯苯酚进行立案查处,货值2949万元,罚款294.9万元。

【计量管理】 年内,市市场监督管理局组织对全市范围内与群众生活密切相关的定量包装商品净含量进行抽样检查。检查定量包装产(商)品360批次、抽检201批次,合格率91.5%;抽检商品包装67批次,合格63批次,合格率94%;检查在用衡器129台件,受检率、合格率均为百分之百。加强能源计量管理,提高能源计量检测能力和能源计量技术服务水平,加强计量器具配备、使用和管理,对能源计量数据进行分析、应用,促进节能减排,重点耗能企业能源计量器具配备率90%以上。开展商场超市、集贸市场和企业在用衡器计量器具专项检查。推动新生桥市场完成计量器具统一检定、统一维保,统一配置、统一管理、统一轮换工作。规范市场交易行为,严厉惩治计量违法行为,对全市范围内商场超市、集贸市场和商贸流通企业、工矿生产企业、物流企业计量器具管理情况进行监督检查,引导、督促加快建立健全计量管理长效机制,建立企业计量器具台账,掌握企业计量工作动态。推动强检工作,全年检定强检计量器具30437台,助推复工复产企业258家,免费检定5143件,为复工企业减免费用32.88万元。开展全市商品条码管理工作,全年新增注册商品条码77个,较上年增加37.5%;完成系统成员续展161家,完成率92%,超额完成条码工作目标任务。强化诚信计量体系建设,开展测量管理体系认证,2家单位(1家加油站、1家餐饮单位)获批省级诚信计量示范单位,南通百川新材料有限公司通过AAA优秀测量管理体系认证。

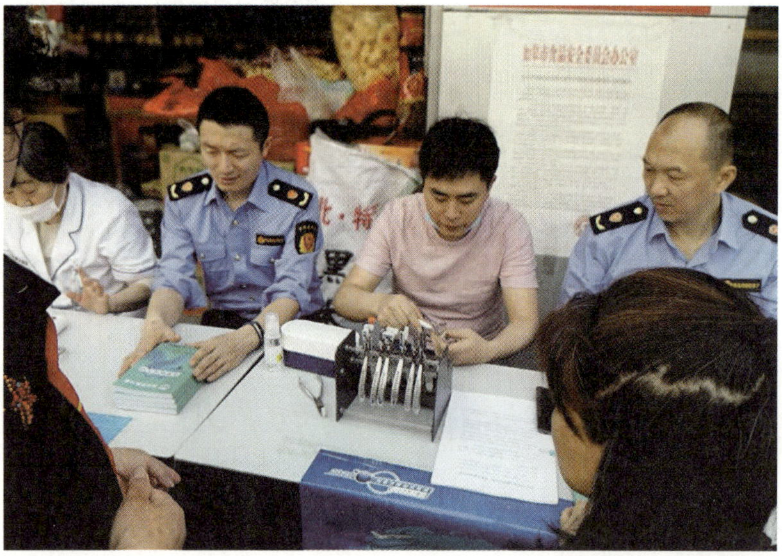

5月20日为世界计量日,市市场监督管理局开发区分局在集贸市场开展“计量精准战‘疫’,助力复工复产”计量知识普及和电子秤等计量器具免费检定活动
(市市场监督管理局供图)

【标准化建设】 年内,市市场监督管理局牵头出台《如皋市创建国家基层标准化改革创新先行区2020年行动计划》,拟定《如皋市标准化促进办法(草案)》,与中国计量大学合作在全国率先开展“X+标准化”中等职业教育,在全市3所中等职业教育学校中开设标准化课程。江苏隆昌化工有限公司获批成立“工业用2.1-二氯苯

乙酮”标准工作组，江苏九鼎新材料股份有限公司、江苏思源赫兹互感器有限公司、江苏省如皋高压电器有限公司组建全国标准化工作组。推动优势企业参与国际、国内标准制定，全市企业主导或参与制定国际、国内标准27项，其中国际标准1项、国内标准26项。市司法局《法律援助服务规范》、市场监督管理局综合指挥中心《“双随机、一公开”跨部门联合抽查工作规范》获省地方标准立项；如皋市餐饮协会《如皋蟹黄包传统制作技艺》、如皋种植业协会《地理标志产品如皋白萝卜》等7项标准获南通市地方标准立项。全年发布旅游类团体标准5项、餐饮类团体标准7项、花木盆景产业团体标准8项。如皋市成功获批国家基本公共服务标准化专项试点、国家城市管理综合执法标准化试点。组织节能环保石墨设备战略性新兴产业、农村嵌入式养老服务、乌鳢(黑鱼)全产业链3个标准化项目申报省级标准化试点，其中节能环保石墨设备战略性新兴产业成功获批，乌鳢(黑鱼)全产业链通过专家评审。组织“不见面审批”政务服务、智慧居家养老等项目申报国家级标准化试点，通过初审。出台《如皋市标准化试点示范项目管理办法》，组织开展首批如皋市标准化试点项目申报、评审工作，13个项目申报，9个项目通过预审，5个项目获批立项。推动优势企业参与百城千业万企对标达标提升专项行动，引导和推动企业开展技术攻关，提高标准水平，保持标准与国内外先进标准一致性和先进性，全年38家企业发布对标结果168个。开展标准化业务知识培训7次，全市300余家企事业单位、社会团体和500余名标准化工作者参加。开展企业标准监管工作，133家企业完成自我声明公开。开展如皋火腿、如皋大米两项国家地理标志产品申报。推动企业申报使用已获批的地理标志保护产品专用标志，两家黄酒厂启动“如皋黄酒”地理标志保护产品专用标志申请。推进农产品标准化建设，对标长三角地区特别是上海农产品准入要求，制定发布涵盖特色农产品全产业链系列团体标准20项。

【检验检测】 年内，市综合检验检测中心完成职能部门监督抽查1626批次、委托检验1574批次，完成强检计量器具免费检定3.04万台(件)、非强检计量器具检定校准5232台(件)。落实相关检定费减免政策，为复工企业减免检定费用32.88万元。打包检定协议计量业务204家、质检业务70家，为企业检定校准非强检计量器具5232台(件)，应企业委托检验样品1574份(合格率96.8%)。为企业提供技术培训16人次，为58家食品企业提供认证评审服务和指导，接待咨询231人次。通过实验室资质认定(CMA)扩项和国家实验室认可(CNAS)扩项和复评审，完成质量体系运行检阅。按期完成医疗项目扩项和到期项目复审，取得电子血压计和心电图机、彩超机社会公用标准证书，完成浊度计、煤气表等11个项目标准复审。参与能力验证和实验室间比对，完成奶粉中水分、灰分、农药残留，食品中沙门氏菌等项目能力验证20次，能力验证结果均为满意。10月，通过食品153项参数、非食品140项参数CMA实验室资质认定扩项。11月，通过中国合格评定国家认可委员会申请检测领域106个参数、校准领域8个参数扩项。

【市场秩序监管】 年内，市市场监督管理局全力开展新冠肺炎疫情防控，督促各农(集)贸市场落实疫情防控各项措施，严禁活禽销售，严禁非法加工、经营各类野生动物。春节放假前关闭全市所有农贸市场及各营业场所活禽交易。督促除农贸市场以外的15家专业市场在疫情形势严峻时暂停营业。督促各市场密切关注市场内从业人员动态，落实好疫情防控各项人员管控措施。指导相关专业市场严格落实主体责任，实行一场一策，按照责任机制建立到位、员工信息排摸到位、防控物资准备到位、安全生产保障到位、入场人员管控到位、内部运营管理到位的“六到位”标准落实疫情防控措施，牵头镇(区、街道)和公安、卫生等部门共同上门检查验收，推动专业市场在疫情防控、安全生产不放松前提下，有序复工复产。

市场环境整治　推进全市农贸

9月17日，全国机械安全标准化技术委员会安全防护装置分技术委员会在市包装食品机械有限公司成立　(市市场监督管理局供图)

市场达标提升，对工作推进情况及存在问题编发工作通报4期，配合市政府办组织召开工作推进会5次。截至年末，完成市场改造6家，改建中6家，启动改建准备工作2家。加强集贸市场规范管理，督促各市场在出入口张贴公益广告和红黑榜，利用市场经营者管理群、市场内喇叭，加强对文明城市创建要求宣传。在全市各农贸市场开展以“消灭四害滋生地，健康防护你我他”为主题的环境卫生整治实践活动，全面清理市场内积存的垃圾杂物，加强公共卫生间等基础设施清扫保洁和消毒。加强巡查检查，对市场内乱设摊点、占道经营、违章停车、销售过期变质伪劣食品等现象重点整治，推动市场内各类店铺落实门前“三包”。强化部门协作，每季开展农贸市场环境卫生精细化管理季度考核，推动市场升级改造，解决集贸市场环境卫生脏乱差、硬件设施落后问题。

市场安全专项整治　开展批发市场安全专项整治，将全市38家市场列入安全专项整治范围，其中，批发市场14家（含3家批发农贸市场），零售农贸市场24家。对各市场主办方进行行政约谈54家次，签订承诺书76份。开展涉及安全生产的重点行业无照经营整治，查处相关行业无照经营案件42件。

殡葬用品、斗香生产销售领域整治　年内，市市场监督管理局开展殡葬用品、斗香生产销售领域整治，检查殡葬用品经营户1333户次，销毁棺材42口，拆解、销毁墓碑墓亭4个，查获冥币、纸扎等封建迷信殡葬用品1448千克；检查斗香生产单位155户次、销售单位367户次，发出整改通知21份，累计拆解销毁斗香117个。办理殡葬用品领域和涉香类案件44件，累计罚款金额4.48万元。参与全市移风易俗每季度专项督查，对督查中发现问题及时向所在镇、村（社区）予以反馈，提醒所在镇、村（社区）及时整改。

【价格监督检查和反不正当竞争】　年内，市市场监督管理局开展防疫物资及生活必需品价格监管，全年查处防疫用品违反明码标价及哄抬物价案件34起，罚没收入14.04万元。开展转供电环节电价重点检查，督促转供电主体退还多收电费48.22万元，立案查处9家。净化房地产市场环境，查处价格违法楼盘12家。开展“市监护企清费减负”治理行动，为179家市场主体减免检验检测费用36.85万元；督促水、电、燃气企业落实降价优惠措施，其中各供水单位于2月至6月底对生产用水降价0.1元/立方米、优惠26.9万元，市供电公司于2月至10月底统一优惠5%、优惠9430万元，各供气单位优惠金额1686.33万元，对经营困难用气单位实现欠费不停气，涉欠费金额2222.1万元。敦促市自然资源和规划局清退应免收的不动产登记费、市水务局清退水土保持方案评审费、机动车检测协会清退会员费，累计清退7.5万元。加强殡葬服务领域服务规范收费管理。开展汽车销售、维修行业明码标价专项检查，约谈28家汽车销售及维修企业负责人。对19家非公立医疗机构医疗服务开展价格专项检查。推进公平竞争审查制度，加强对各单位审查工作业务指导，开展政策措施审查189件，废除1件，拟废除政策措施2件。开展惩治传销规范直销知识宣传活动3场次，印发各类宣传材料400余份，搭设宣传展板4块、宣传咨询台1个，实现市场监管与公安两部门传销信息数据库信息共享。

【网络交易监管】　年内，市市场监督管理局加强电子商务平台规范引导力度，加大监测力度。在元旦、春节、“6·18”购物节等重点时段，对重点行业网络交易实施监测，监测43个网店商品78个、10个微信公众号商品54个，发现涉嫌违法线索25个，均依法处置。牵头市委宣传部、市委网信办、市发展改革委、市公安局等11个单位联合开展网络市场监管专项行动（网剑行动），强化技术监测与行政执法结合，提升网络市场经营秩序，促进网络经济健康发展。对利用合同格式条款损害消费者权益行为加大惩治力度，查办侵权案件12件，罚没款9.37万元。

【“双随机、一公开”监管】　年内，市市场监督管理局牵头指导各部门制定抽查计划884条，开展本部门“双随机”抽查755次，跨部门联合抽查

7月9日，市场监管人员对头盔市场价格开展专项检查

（市市场监督管理局供图）

129次，抽查各类市场主体8793家，抽查检查范围涉及食品、药品、特种设备、教育、旅游、安全生产等领域。《“双随机、一公开”跨部门联合抽查工作规范》在全省率先获批省标准化试点立项，并通过中期评估验收。启动随机抽查事项细则制定，编制《“双随机、一公开”监管标准编号规则》《“双随机、一公开”实地核查通则》，初步形成《定量包装商品净含量计量监督检查》《企业标准自我声明监督检查工作细则》等监管标准。

【稽查执法】 年内，市市场监督管理局立案查处一般程序案件732件，结案630件，罚没入库1489.09万元。结案案件中罚没款5万元以上41件，10万元以上30件，200万元以上1件。深入开展扫黑除恶专项斗争，移交涉黑涉恶线索3条。开展联合打击野生动物违规交易专项执法行动、整治非法制售口罩等防护产品专项行动工作、防疫物资产品质量和市场秩序专项整治等疫情防控专项行动，处理涉及疫情举报508起，检查企业2.8万家，抽检15家口罩生产企业18个批次、1家熔喷布生产企业2个批次产品，其中不合格12个批次。立案查处70起，涉及口罩面罩类案件53起、熔喷布案件5起、消毒产品11起、违规交易野生动物1起，其中，价格违法类案件41起，登记类案件10起，销售假冒伪劣商品类15起，虚假宣传类案件2起，从不具备资质企业购进防疫用品1起，非法购买国家重点保护野生动物案1起。开展惩治非法经营长江水生生物专项执法检查，检查餐饮单位3482家、水产品经营户1492家，责令改正994家，发放告知函1600份，张贴通告2468张，立案查处一般程序案件1件、简易程序案件35件。开展道路交通安全专项整治，立案查处案件23件，其中，非法流动加油案件8件，非法销售电动自行车案件15件。开展絮用纤维制品执法打假专项整治，检查批发市场1家，棉絮生产企业5家。开展反走私综合治理专项行动，检查食品生产加工单位677家次、单位冷库414个次、冷库（仓储、批发）274个次、餐饮服务单位3762家次、商场超市1932家次、成品油仓储单位8家次、成品油经营单位70家次。对成品油市场实施重点检查，抽样28批次，其中不合格8批次；立案15起，其中，销售不合格柴油4起，销售不合格船用燃油3起、无证无照流动加油车船7起、无照销售柴油1起。开展知识产权执法“铁拳”行动，立案150件。开展房地产市场专项整治，约谈84家房地产开发经营企业负责人、14家房地产销售公司负责人，发放提醒告诫函和房地产广告规范提要，立案查处案件12件。

【消费者权益保护】 年内，市市场监督管理局接待消费者咨询2.7万余人次，受理各平台投诉举报5154件，其中诉转案145件，按期办结率百分之百，按期回复率百分之百，为消费者挽回经济损失228.99万元。组织开展汽车销售、家装建材销售和家电销售情况调研，提出加强诚信经营、主动公开承诺、消费建议意见。对投诉比较集中领域开展调研，实施网络消费纠纷和解业务指导新措施，开展消费纠纷主动和解业务指导。组织300家符合条件企业开展“3•15”诚信承诺店公开承诺活动。走进FM98.3“如皋汽车广播”，开展“3•15”消费维权宣传。在汽车维修、家居装潢、法律事务三个行业，公开招聘16名消费维权专家团成员重组消费维权专家团。开展汽车4S店消费监督，组织5名消费维权志愿者开展暗访监督，查找出5类存在问题，通过约谈和典型案例曝光，促进经营者改进。

邮政管理

【概况】 2020年6月24日，如皋邮政管理局揭牌成立。年内，如皋邮政管理局强化监督检查措施，坚持每月开展一次监督检查。压实企业寄递安全主体责任，从涉枪涉爆、扫黄打非、禁毒反假、扫黑除恶、疫情防控、消防安全等方面开展排查，督促企业加强教育培训，提升快递从业人员政治素质和业务技能，强化安全制度建设，持续推进隐患排查整治，增强突发事件应对处置能力。做好重要时段和节点寄递行业安保维稳工作，联合南通市邮政管理局、如皋市公安局治安大队在疫情防控、全国两会、国庆节、中秋节、上海进博会、“双十一”期间对邮递企业和末端网点进行专项检查，强化源头管控，确保寄递渠道源头绝对安全。推进平安创建工作，推进邮政寄递企业安全生产专项整治行动，持续开展寄递安全整治“清风行动”、安全生产月、夏季安全生产百日赛、寄递安全专项整治行动等活动，强化检查，严厉惩治涉枪涉爆、黄毒假等违法犯罪、严防易燃易爆和危化物品进入寄递渠道。

【“快递+农业+商业”模式】 年内，如皋邮政管理局助推乡村振兴战略，深化“快递+农业+商业”发展模式，加快完善快递服务现代农业体系，形成农业农产品规模化经营。主动对接南通品德物流公司，在村级供销合作项目中，融入快递元素，打造集农产品收购、加工、冷链仓储、电商、快递配送等为一体的新型农村社区服务中心，融合农村一、二、三产业，促进线上线下同步发展，全方位服务“三农”。深化“快递+制造业”发展模式，推动制造业与电商、快递深度融合发展，促进快递业主动介入制造业原材料采购和产品销售等流动领域，实现快递进厂入企，为制造业降本提质增效。全力跟进“六稳六保”（“六稳”指稳就业、稳金融、稳外贸、稳外资、稳投资、稳预期；“六保”指保居民就业、保基本民生、保市场主体、保粮食能源安全、保产业链供应链稳定、保基层运转)工程,疫情防控进入常态化后,组织邮政快递业在稳定就业、复工复产、服务民生等方面积极作为,助力"新增长",拉动"新消费",农副产品、服装鞋帽、针纺织品等传统产业通过线上直播进军网络零售新业态,提振企业和农户经营信心,为行业发展注入新动力。

(宋　强)

知识产权保护

【概况】 2020年,全社会研发投入占地区生产总值比重2.6%。全年专利申请量5384件,比上年增长43.2%;专利授权量3173件,比上年增长53%。其中发明专利申请量1340件,比上年增长40.3%;发明专利授权量172件,比上年下降16.5%;PCT专利申请量44件,比上年增长15.8%。万人发明专利拥有量26.07件,比上年增长24.6%。万人发明专利拥有量26.07件,比上年增长24.6%。全年新增注册商标2322件,年末,拥有有效注册商标1.36万件,比上年年末增长13.74%,其中,驰名商标6件,地理标志证明商标6件。年内,市市场监督管理局及时兑现落实奖励政策,发放专利资助716.2万元。出台《高年限发明专利考核奖励办法》,全年新增高年限发明专利175件。在南通各县市中率先制定出台《关于支持知识产权质押融资的若干政策意见》,鼓励企业开展知识产权质押融资,拓宽企业融资渠道,缓解企业融资困难,全年实现中小微创新型企业知识产权质押融资1.1亿元。对136家企业开展"双随机、一公开"执法检查,联合市科技局开展高新企业"双随机、一公开"部门执法检查,开展省、市、县三级知识产权联合执法行动。全年查处知识产权执法假冒案件130余件,结案率百分之百;协调处理知识产权侵权纠纷3起。

年内,市市场监督管理局查处商标侵权假冒案件42件、假冒专利案件148件,移送司法机关案件2件。图为市场监管人员在日用品市场开展商标侵权违法行为查处行动　(市市场监督管理局供图)

【知识产权项目立项】 年内,市市场监督管理局组织辖区内企业申报知识产权项目,全市申报省战略推进计划项目企业11家,申报中国专利奖和省专利奖项目各3家。江苏汤臣汽车零部件有限公司、南通维尔斯机械制造有限公司和南通电站阀门有限公司3家企业获批2020年省战略推进计划项目立项,南通思瑞机器制造有限公司获省贯标优秀奖励。全市共争取项目资金295万元,位居南通第一。

【知识产权项目实施】 年内,市市场监督管理局加强知识产权工作典型企业培育,组织动员企业参加知识产权贯标、绩效评价和国标认证,鼓励企业积极参加国家知识产权优势企业、国家知识产权示范企业申报。全年完成24家企业贯标备案及5家企业绩效评价申报工作,南通爱可普环保设备有限公司、南通市林宇电子有限公司、南通市昊天肠衣有限公司、南通富强纸业有限公司、南通聚星铸锻有限公司5家企业通过国标认证。江苏力星通用钢球股份有限公司"大型海上风电机组轴承专用钢球及其制造工艺"专利获国家专利优秀奖,南通斯密特森光电科技有限公司1件国际专利获授权。

(胡　俊)

城市建设

综　述

【概况】 2020年，如皋市城市建设按照“优功能、塑景观、通堵点、重文脉”发展策略，持续推进城市修补、生态修复工作，实现城市品质再次提升。基础设施直接投入超10亿元，完成重大城建项目9个、为民办实事工程7个，新增绿化面积60万平方米，在南通市各县(市、区)中率先创成省级生态园林城市。完成镇级水厂回购工作22家，完成老旧小区改造2个，实现既有住宅加装电梯工作零突破。

【市政配套设施建设】 年内，市住房城乡建设局坚持把基础设施提升作为重要支撑，持续完善城市功能。完成中山路、耀如路、育贤路、绿杨路、益寿南路、中央大道8条道路信号灯建设任务。推进道路提升，实施并完成颐园区间路、广丰路、宁海路人行道等新建、改建工程，新建、改建道路总长4.61千米。及时修复沥青路面坑塘、龟裂问题路面约3.7万平方米，出新道路标线约3.8万平方米，出新交通标牌近150块，维修人行道及盲道近9000平方米，疏通雨水管道49千米、污水管道33千米，更换各类井盖井座1000余套。

2020年如皋市市政道路新建改建工程情况表

表38

工程名称	起止点	长×宽(米)	总投资(万元)
广丰路新建工程	滨溪路至新生桥市场	360×10	350
颐园区间路新建工程	广福路至燕桥西河边	450×10	275
宁海路人行道提升改造	花市路至东皋路	3800×6	1350

【照明管理】 年内，市住房城乡建设局按管养区域调整要求，对如城街道和城南街道2个功能区16千米道路的5000余盏路灯进行统一管理并安装无线监控系统，实现与主城区同步开启、关闭。全年城区维修路灯2600余盏、控制箱310余台次，处理电缆线路故障125处，景观亮化维修190余处，拆除有安全隐患居民楼宇亮化设施25处，确保主城区亮灯率99%，设施完好率98%以上。开展节能减排，对解放路、福寿西路、益寿南路、万寿路等主干道慢车道路灯节能优化650余盏，节能改造LED灯850余盏。对城区路灯控制系统改造升级，添加雨天提前开灯、置后熄灯模式，加装漏电监测系统，确保城市照明更具人性化和安全性。

【征收搬迁】 年内，市住房城乡建设局完成志颐小学，58号、99号和128号等地块征收工作。组织开展工地备案培训考试，完成全市16个房屋征收估价单位、69个房屋拆除施工单位、32个房屋征收服务单位及923名从业人员备案工作。以平安征收、法治建设为主线，以建立规范拆卸施工工地为目标，深入开展平安征收、法治建设“百日行动”，拆卸安全警示教育活动。

（苏　雯）

城市规划

【城区详细规划】 年内，市自然资源和规划局围绕经济发展，按照高质量发展要求，加快区域控规编制，完成如皋开发区控制性详细规划编制并通过专家论证。持续加强城市重要区域规划研究，开展如泰运河生态廊道项目拓展区域(茅雉河、通扬运河)研究，形成阶段性成果；龙游河三期工程进入施工图设计阶段；如泰运河生态廊道规划形成中间成果，正在修改完善；完成如皋高铁站综合交通规划及周边用地规划、如皋新城区空间特色及水系景观规划、如皋新城区功能提升规划编制。围绕公共服务设施配套，加快各类专项规划编制，完成步行与自行车综合交通规划编制。如城街道顾家庄等特色田园乡村建设规划、长江镇蒲港特色田园乡村规划分别获2020年南通市优秀城乡规划二等奖和三等奖。

【国土空间总体规划】 年内，市自然资源和规划局组建由城市规划、区域经济、生态环境、土地管理、交通市政等多专业技术团队，以整体谋划新时代国土空间开发保护格局为目标，启动全市国土空间总体规划编制，将土地利用规划、城乡规划等空间规划整合为统一的国土空间规划，实现"多规合一"。开展现状基础、发展战略、重大专题、管控传导等方面研究，截至年末，形成全市国土空间总体规划阶段性规划方案。

（郑淑一）

智慧城市建设

【概况】 2020年，如皋市遵循统筹整合、利旧节约、共享开放、避免重复原则，有序开展智慧城市和信息化项目评审。邀请信息化专家，从项目必要性、可行性等方面，对通皋大道道路安全设施升级、智慧交通综合指挥中心、市城区泵站闸门智能化改造3个智慧城市项目和平安城市社会面监控建设(雪亮工程)、市应急管理指挥信息系统、市一体化在线政务服务平台等15个信息化项目进行评审，形成评审报告反馈给相关部门及市财政局，进一步提高财政资金使用效益。年内，完成"智慧旅游"项目建设并通过验收。"智慧旅游"项目总投入956万元，整合如皋旅游资源与信息资源，构建高效、集约旅游产业管理、服务和营销体系，打造如皋市全域旅游吃住行游购娱等旅游活动线上"总入口"。启动"智慧交通"项目建设，总投入566万元，建设目标为整合省重点营运车辆动态监管平台等21个已建业务系统，实现对区域范围内道路、水路、港口、桥梁、基础设施等领域数据和视频资源整合、治理、分析与共享。

【智慧政务】 年内，如皋市不断规范政务云资源配置管理。持续做强政务云平台，出台《如皋市电子政务云管理办法(试行)》，进一步加强政务云管理，规范业务上云流程；实施政务云平台存储扩容项目，扩容后存储量140余TB，为市委组织部"如皋市公务员工资管理系统"、市公安局"智慧养犬管理应用系统"、市自然资源和规划局"如皋市时空信息云平台"等23个部门的43个系统提供213台虚拟服务器，充分满足全市信息化项目存储空间需求。加快推进全市政务数据归集共享工作，截至年末，政务数据共享交换平台对接部门41个，形成共享目录855条，归集当地数据306万条和文件101件，协调南通市回流数据2.87亿余条，累计归集数据2.9亿余条。全市各部门累计订阅数据1.88亿余条。市行政审批局推出"云上如意店小二"政务服务智能客服系统，实现跨部门、跨区域审批事项汇集、管理，提供7×24小时咨询服务。通过模糊查询，服务对象可随时随处查询全市21个部门单位251类高频事项、3806个知识要点、2226篇申报样表图解、956个常见问题及281个教学视频。拓宽"远程踏勘"服务内涵，为近1000家餐饮单位提供选址审查、装修设计、远程验收服务。试行公共资源交易项目"网上电子询价"，开展"线上谈判承诺"，开启政府采购竞争性谈判新模式。承接电子证照应用国家级试点任务，交通运输证电子证照在交通运输政务服务及行政执法领域获得推广应用。牵头组织相关部门加大江苏政务服务网维护力度，实现如皋市行政权力事项入库完整率、公共服务事项入库完整率、办事指南完整度3个百分之百，不见面审批(服务)事项占比93.7%，最多跑一次事项占比百分之百，江苏政务服务App星级服务应用数量7个，相关指标在全省范围内持续领先。牵头推进行政权力事项标准化业务办理认领、维护工作，制订"应进必进"推进计划，进一步完善标准化业务办理项办事指南信息。

（章　逸　王仲仲）

年内，如皋在全省率先推出政务服务智能客服系统"云上如意店小二"。图为6月30日如皋市"云上如意店小二"上线运行新闻发布会现场

（市行政审批局供图）

【企业信息化建设】 年内，如皋市深入贯彻落实国家和省市关于深化“互联网+先进制造业”发展工业互联网指导意见，促进新一代信息技术与制造业不断融合创新，始终把推动企业上云上平台作为全面提升企业两化融合和智能制造水平重要途径，加速推进企业数字化转型发展。加强新型基础设施建设。组织开展新基建产业调研，摸排新基建产业企业23家，主要涉及5G产业、工业互联网产业、城际高速铁路和城际轨道交通产业、充电桩产业、特高压产业、人工智能产业6个领域，新基建项目15个。指导三大电信运营商加速推进5G新基站建设，全年建成5G基站582个（电信244个，移动338个），年度计划完成率106.01%。提升两化融合发展水平。联合电信、移动、联通和华为等公司举办业务培训会，覆盖全市350余家企业信息化负责人，推动企业上云。全年新增省星级上云企业114家（五星级1家、四星级10家、三星级103家），省级星级上云企业数列南通各县（市、区）第一。引导骨干企业组织开展两化融合管理体系贯标，4家企业通过贯标认定，江苏大唐国际如皋热电有限责任公司、凯晖科技（南通）有限公司、威格（江苏）电气设备有限公司3家企业被评为省两化融合贯标试点企业。积极推动制造业和互联网融合发展，5家企业被评为南通市工业互联网（互联网+制造业）融合创新试点示范企业。健全工业信息安全体系。开展工业领域信息安全体系建设，健全工控安全运维体系，提升企业信息安全防护水平，组织全市规上企业完成工业企业互联网资产相关信息在线填报。邀请相关专家参与对2家企业工业信息安全检查，指导企业制订整改方案，修补信息安全防护漏洞，针对性完善安全防范措施。培养企业自身信息安全人才，组织13家企业信息安全员参加省、南通市工信系统开展的工业信息安全专题培训。组织200余家次企业人员参加省工业电子商务创新发展线上专题培训会、工业互联网应用提档升级专项行动、工业电子商务发展、工信E课堂等活动。开展千企询访智能制造提升服务专题活动，组建现场服务小组2个，为43家企业提供现场诊断服务，提升企业信息化能力水平。

（王向前）

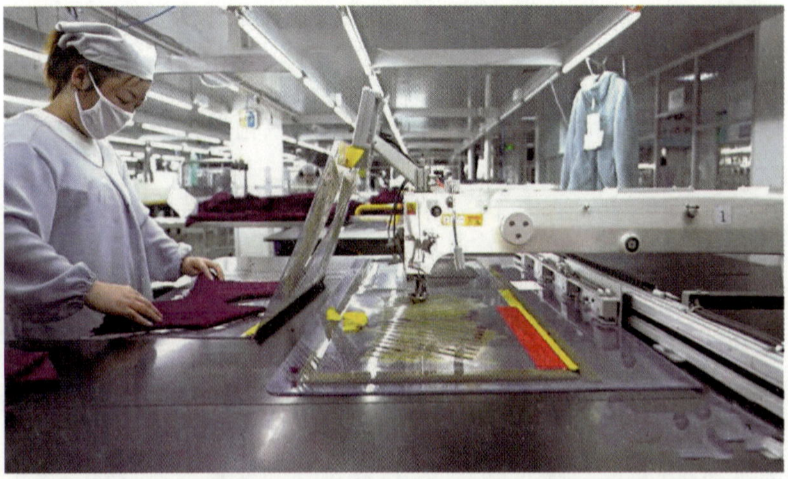

12月，江苏泰慕士针纺科技股份有限公司被省工业和信息化厅确认为省五星级上云企业。图为江苏泰慕士针纺科技股份有限公司生产车间

（图片来源于“如e融媒”App）

【智慧交通】 年内，市交通运输局实现运政信息平台与海事可视化融合调度业务平台融合办公，具备视频监控管理功能、GPS监控管理功能、电子巡航功能、应急指挥功能。通过服务网或手机App客户端申报系统，接受船舶进出港报告1.9万艘次。利用VHF高频通信系统，自动向辖区水域过往船舶发送语音播报，保障辖区水域安全有序通航环境。通过AIS、VITS船舶身份识别与轨迹传感系统及CCTV系统监控探头扫盲补缺，实现对船舶实时定位、现场视频实时传输、遇险船舶一键沟通联络。在内河航道交汇区、船舶通航密集区、重点码头停泊服务区、水上事故频发区等重点水域增设高清监控点，形成全方位、无死角动态监控。年内，市交通运输综合执法大队加强水上现场检查，督促辖区船舶保证VITS正常使用，实现辖区海巡艇、如皋市籍危化品运输船舶和普通货船VITS系统在线监控全覆盖。充分利用视频监控系统和甚高频通信系统（VHF）船岸基站，提升水上执法管理实时性、精准性、高效性。网络化配置VHF高频系统，形成指挥中心与两个水上中队、各海巡艇、辖区水域运输船舶之间高频通讯覆盖。系统可以视频、语音分组及全体呼叫，在恶劣天气等情况下直接对外语音播报，所有通信记录自动保存，与大队值班指挥中心VHF通信系统兼容，互联互通。全年发送道路运输企业查岗信息7545次，抽查未上线车辆127辆、车辆警情169辆，对存在的查岗回复不及时等问题要求企业提交情况说明80份，印发车辆动态监管工作月报12期，向公安部门抄送警情信息48次。

【智慧海事】 年内，市地方海事处通过服务网或手机App客户端申报系统，接受船舶进出港报告24773艘次。利用VHF高频通信系统，自动向辖区水域过往船舶发送语音播报，保障辖区水域安全有序通航环境。通过AIS、VITS船舶身份识别与轨迹传感系统及CCTV系统监控探头扫盲补缺，实现对船舶实时定位、现场视频实时传输、遇险船舶一键沟通联络。

在内河航道交汇区、船舶通航密集区、重点码头停泊服务区、水上事故频发区等重点水域增设高清监控点，形成全方位、无死角动态监控。

（樊东燕　宋新堂）

【智慧教育】 年内，市教育局全面完成教育信息化基础工程，在市财政部门委托第三方工程绩效评价中获优秀等级。全市所有中小学教学班级实现触摸一体机全覆盖，建成精品录播教室28个，添置移动录播设备39套；更新高中信息技术教室11个、中考阅卷云机房4个；建成市级录播资源管理平台；建成全市初中阅卷系统；完成学校网络改造，实现千兆到校、百兆到班。57所学校建成省智慧校园，长江中学建成省智慧校园示范校。推进“名师空中课堂”工作，制作“名师空中课堂”优质资源课143节。组织教师参加南通市级及以上教育信息化、实验教学技能等比赛，获省、南通市一等奖88个。组织学生参加“领航杯”中小学多媒体教育软件比赛活动，8件学生作品被中央电化教育馆分别评为典型作品(3件)、研讨作品(2件)、创新作品(3件)；参加南通市中小学电脑制作“数字创作”作品评选活动，获一等奖3件。如皋市教师发展中心教育技术装备部获2020年度南通市电化教育综合考评优秀等次。

（吴兴红）

【数字文化】 年内，如皋市通过江苏公共文化云平台发布各类活动1000余条，在文化云更新各类视频资源150余部。文化遗产日期间，举办非遗购物节活动，通过江苏公共文化云平台免费对社会发出优惠券500张。12月31日，举办“小康礼赞”新年音乐会，通过网络直播，观看47556人次。市文化馆建成数字文化体验区，提供文化触摸墙、互动投影、VR、自助照片打印等数字文化体验。

（宋淑娜）

【卫生信息化建设】 年内，市卫健委结合镇卫生院整合重组、镇村一体化管理，合并各卫生院总院、分院系统，完成镇、村两级HIS系统合并运行，实现数据共享、互联互通。完成居民电子健康档案系统升级改造和镇卫生院区域体检系统安装上线，实现体检系统数据与电子健康档案实时关联。初步实现居民在市镇村三级医疗机构看病就诊和随访服务信息集中汇总，对门急诊人次、住院人次、实名制就诊、工作量、门急诊收入、住院收入、平均费用、药物管理等重要指标开展统计分析。依托“银医通”项目，在镇村两级全面铺开窗口扫码支付上线。截至年末，完成16家基层医院和283家村卫生室窗口扫码支付上线。在门急诊量较大的13家基层医院统一上线自助一体机，实现患者自助挂号、自助缴费、自主打印报告。市人民医院完成急诊预检分诊、医学装备可视化管理、环境卫生学专家监测等系统上线，对护理人力资源管理、微信公众号体检预约等服务实施升级改造，完成与省医用耗材药品采购、监管等平台对接。市中医院全面完成院内一体化信息系统建设，具备医保App、分时预约、智能导诊、自助服务、诊间支付、移动支付、检验检查结果查询等功能，实施临床路径管理、合理用药、移动护理、移动查房、传染病监测直报、院内感染管理系统、重症监护系统、供应室追溯系统、血液透析管理系统、手术管理、血库系统、医疗废弃物管理等HIS延伸系统应用，医嘱、护理、用血、药品、检验检查等业务实现闭环管理。市人民医院、中医院全面通过电子病历系统应用水平四级评价，市精神病防治医院和第三、四人民医院达到电子病历应用三级水平。全市实施医疗收费电子票据改革，截至年末，市人民医院、中医院、博爱医院、第四人民医院及城北街道、城南街道等9家乡镇卫生院电子发票正式上线使用。

（王　璐）

【“慧眼守土”】 年内，全市设“慧眼守土”高清视频点300个，覆盖面积945平方千米，实现对省、市、县三级重点建设项目建设区域有效覆盖，对重点建设项目全方位、多角度、交互式实时监管。实现视频监控摄像头24小时预置位自动拍照，系统自动比对识别图像变化情况，后台每日推送比对结果，达到违法用地第一时间发现、第一时间取证、第一时间采取应急措施监管效果。

【时空云平台】 年内，如皋市按照城市主导、统筹规划、需求牵引、统一设计、资源共享原则，以市、县两级部门共同协作形式推进如皋市时空大数据平台建设。7月，如皋市时空大数据平台项目设计方案通过专家评审。9月，完成云基础设施环境技术对接和实施策略明确工作，并进行系统测试、调试。截至年末，时空大数据平台建设基本完成，实现时空数据共享分发、实时更新，支持各个行业应用。

（郑淑一）

【智慧环保】 年内，如皋市建成智慧环保云平台，包括环境数据中心、一企一档、移动执法系统、污染源自动监控系统、信访管理系统、应急管理系统、环境决策分析平台等内容，初步实现对如皋地区污染源和环境质量实时监控和管理，对区域污染源情况、排污情况整体把握。收录1763家企业污染源信息，做到日常执法采集的污染源数据实时上传，现场执法实时定位。截至年末，上传现场执法记录6796条，现场执法企业(个体及其他)2266家

（袁华丽）

【智慧广电】 年内，江苏有线如皋分公司大力推进“智慧广电+公共服务”建设，实现广播电视公共服务转型升级，全市建成广电智慧社区43个。联合九华镇打造高清智慧镇，搭建融

政务、服务、宣传、管理等功能于一体的“智慧九华”云平台。推进41个高清互动村(社区)开工建设,新增互动业务1.38万个。以通皋大道为依托,拓展智慧工地项目,建成全省示范平安工程。开展数据专线、雪亮工程、智能小区等联网监控项目102个。

网络基础建设　加快网络改造步伐,新增FTTH双向网改27个村、皮线入户47个村,总量分别为155个、135个村。开展网络普查行动,普查小区276个,为网络质量提升奠定基础。

安全播出　落实各项安全生产措施,组织对安全生产工作流程进行再完善,形成闭环管理。开展消防培训及消防演练活动。在省市干线巡查、宁海路改造、内外城河提升等工程中,形成有效盯防体系。圆满完成各级“两会”等重要时点安全播出及三级播控工作。

技术管理创新　“智慧九华云平台”等3个项目获江苏省广电有线信息网络股份有限公司科技创新奖,领跑苏中苏北,2人参加省广电有线信息网络股份有限公司技能比武,分获二、三等奖。

(汤新建)

【智慧法院】　年内,市人民法院注重技术创新与实践应用深度融合,筹建启用24小时自助诉讼服务中心。面对新冠肺炎疫情,深度应用及拓展智慧法院建设成果,确保疫情期间“审判执行不停摆、公平正义不止步”。实现南通市中级人民法院支云庭审系统全覆盖,举行在线庭审竞赛活动,开展在线诉讼活动3454次;建成驻看守所支云科技法庭,实现刑事审判全天候、跨区域、无接触,全年云审结刑事案件104件;开展云执行行动,运用网络执行查控系统发起查控3023次,网络直播推介花园阳光房1套,直播半小时,获赞1万余人次,成交额271.1万元。

(刘罗成)

【数字城管】　4月,数字城管城市综合管理指挥、协调、监督、考核职能划转市域治理现代化指挥中心。数字城管系统平台全年上报案卷57064件;有效上报56559件;立案56559件;处置46153件;处置率99.2%;按期处置52625件;按期处置率92.11%;结案56084件;结案率99.06%;按期结案52557件;按期结案率91.97%。

(吴　昊)

年内,为适应疫情防控期间线上开庭需要,市人民法院启用互联网法庭“云法庭”在线诉讼模式。图为2月6日上午,市人民法院速裁庭在线开庭审理案件　(市人民法院供图)

公用事业

【供电】　截至2020年年末,全市有公用变电站43座,其中,500千伏变电站1座、220千伏变电站9座、110千伏变电站23座、35千伏变电站10座;有主变压器84台,总容量840.91万千伏安;有配电变压器17100台,总容量594.31万千伏安;有220千伏线路34条计608千米、110千伏线路53条计620千米、35千伏线路32条计243千米、20千伏线路14条计56.97千米、10千伏线路406条计5566.82千米。年内,全市有电力客户67.71万户,其中,工业用电客户4.16万户、居民照明客户56.31万户、非居民照明客户5.46万户、农业生产客户1.79万户。全市全年用电量64.2亿千瓦时,比上年增长3.33%;工业用电量42.39亿千瓦时,比上年增长2.75%。市供电公司完成供电量62.32亿千瓦时,比上年增长3.49%;完成全口径售电量60.19亿千瓦时,比上年增长3.28%。电网调度最高负荷121.2万千瓦(8月19日);最高日供电量2546.88万千瓦时(8月19日)。线损治理卓有成效,10千伏分线线损达标率、台区线损达标率,分别由94.82%、96.04%上升至99.76%、99.50%。年内,市供电公司获全国线损治理百强县公司称号,获省供电公司安全生产先进集体等称号。

电网安全　年内,市供电公司坚持“稳中求进”主基调,聚焦责任、制度、风险、隐患、应急5个关键领域,构建标准化安全管理模式,承办全省安全示范点现场会,建成省级安全示范点(全省3家、苏中唯一)。依托政府力量常态化开展电力设施保护区施工安全执法检查,集中力量整治疑难隐患。发动各镇(街道)累计处理违章建房及施工183处,清理鸟窝416处,处理树障7900余棵,处理异物挂线23处,安装各类警示标识957

处。对412条配网线路精益化巡视4轮，排查各类缺陷隐患4387处，消除3492处，全年配网线路故障率比上年下降29.81%，供电可靠率99.96%，指标领跑南通各县（市、区）。完成五级风险保电11次、六级风险保电36次，值守2186人次。截至年末，市供电公司实现连续安全生产8082天，连续8年被表彰为全国“安康杯”竞赛安全文化宣传工作先进单位。

电力建设　年内，市供电公司完成主网建设投资5.12亿元，投产35千伏及以上输电线路185.53千米，新增变电容量570兆伏安。完成配网建设投资2.01亿元、农网建设投资0.55亿元。金九华府配电室新建工程获评省配电网优质工程。4月20日，沪通铁路南通西牵引站220千伏外部供电工程竣工投产。6月29日，桃园110千伏开关站新建工程开工建设，工程总投资7029万元。9月20日，盐通铁路如皋牵引站配套220千伏供电工程竣工投产，总投资7713万元。10月16日，惠民220千伏变电站主变扩建工程竣工投产，工程总投资1856万元。10月20日，德银—兴园220千伏线路工程竣工投产，总投资6889万元。12月30日，袁桥110千伏输变电工程竣工投产，总投资9190万元。同月，220千伏武穆输变电工程及其110千伏送出工程先后竣工投产，总投资分别为8245、1927万元。

供电服务　年内，市供电公司全力支持地方经济发展，用心服务企业、居民用电需求，营商环境持续优化。主动服务立迅、金鹰等35个省、南通市级重大项目用电需求，完成宏茂铸钢、国骄新材等9个重大项目送电任务，全年增供电量2.9亿千瓦时。紧扣“三零服务”目标（小微企业接入电力享受精简手续零审批、主动服务零上门、低压供电零投资服务），全年累计立项高压业扩配套工程154项，低压业扩配套1603项，实现小微企业低压接电“零投资”，减免用户投资3178万元。全省首家在省政务服务平台上线电力接入工程“一件事”（以企业、群众办好“一件事”为目标，整合事项、再造流程、共享信息，逐步形成“一窗受理、一次告知、一表申请、一套材料、一次提交、一次反馈、一次分办、一窗出件、一号服务、一键评价”办理模式）审批服务，电力接入工程项目审批周期缩短近10个工作日。联合政府部门将客户办电证照资料集成至南通市政务平台，打通信息数据共享和线上审批通道。分别完成高、低压业扩项目488个、5745个，平均接电时长分别为1.97、18.8个工作日，比上年分别压降13.8%和9.8%。市供电公司“获得电力”指标以满分佳绩位列全省县级单位第一。疫情期间，针对全市17个集中医学隔离点、10家发热门诊医院、22家防控物资生产企业涉及的外部线路和内部设备一日一巡，确保客户可靠用电。整合力量、特事特办，23小时极速完成国家疫情防控重点物资生产企业丽洋新材紧急增容需求，助力企业产能翻番。贯彻落实国家阶段性降低用电成本政策八项举措，惠及用户5.6万户，优惠电费1.04亿元。

（尹　冯）

【供水】　年内，全市有水厂27家，日供水能力25万吨，全年供水9200万吨。全市有序推进供水安全保障提升工作，实行分工协作，突出整体联动，完成22家镇级民营水厂整合及接管工作，区域供水入户率百分之百；完成区域供水三期供水管网建设，完成每天20万吨净水处理厂、每天60万吨深度处置中心土建工程70%。完成老旧二次供水设施改造160套，化解高层水压低问题。不断提高预防和处置供水突发事件能力和水平，全年处置管网渗漏36起、泵站维保8次。

【供气】　年内，如皋市益有管道燃气有限公司、南通中油燃气有限责任公司2家管道燃气企业新建中低压管道108千米，新增天然气居民用户1.34万户，年销气2.42亿立方米。截至年末，全市管道燃气建成管网1731.19千米，其中，高压管网70千米、中压管网835.36千米、低压管网825.83千米；燃气总用户16.7万户，其中，居民用户16.6万户、工业用户197户、商业用户926户。汽车加气站销气1565万立方米，11家石油液化气公司销售瓶装液化气2.05万吨。推进餐饮场所瓶改管工作，完成初步勘察159家，正式受理159家，通气51家。开展新一轮液化石油气实名制销售及气瓶产权转移工作，完成液化石油气气瓶产权转移5.08万个，推进东大街片区燃气补配工作。

【城镇污染防治】　年内，市住房城乡建设局以打赢污染防治攻坚战为抓手，全面提升城镇污水处理设施能力建设，完成吴窑、郭园2座污水处理厂提标改造续建，下原镇污水处理厂新建，林梓污水处理厂提标改造，桃园污水处理厂改建提升泵站及郭园、九华、搬北等污水处理厂尾水湿地建设。截至年末，全市城镇生活污水处理厂实现一级A提标改造全覆盖。以城镇建成区污水全收集、全处理为目标，推进污水管网建设和“十个必接”截污纳管，全年新建改造污水管网35千米，完成“十个必接”排水户截污纳管101家，全市各镇（区、街道）建成区纳管率98%。按照“四统一”模式（统一规划布局、统一实施建设、统一组织运营、统一政府监管）启动镇村污水处理设施整合工作，出台《如皋市镇村生活污水处理能力提升实施方案》《如皋市镇村生活污水处理设施整合评估审计和移交接管办法》，截至年末，镇级污水处理厂整合涉及的资产核查、初评审计核实、协议签订、增值税发票开具等工作全部完成。

（苏　雯）

城市管理

【概况】 2020年,市城市管理局辖城市建设管理综合执法大队(参公管理)、环境卫生管理处、物业管理中心、城市管理监督指挥中心4个事业单位。市城管局被住房城乡建设部表彰为“强基础、转作风、树形象”专项行动表现突出单位,直属机关党委被省住房城乡建设厅表彰为全省住房和城乡建设行业先进基层党组织。5月,城市管理综合执法标准化被国家标准化委员会列为全国标准化试点项目。

【市容整治】 年内,市城管局持续推进市容“微”治理。清理无主小广告6600余张,立案查处非法张贴小广告44件,停机20起;查处露天烧烤、餐饮油烟噪声污染案件61件。排查统计铝合金加工点37家,立案8起,搬离2家。3月,取消安定北街夜市摊点。推进户外广告国家试点,修编户外广告专项规划,出台店招标牌设置导则,以中山路、益寿路、东大街及部分节点为提升示范点,开展户外广告及镂空字专项整治与提升工作,通过住房城乡建设部示范项目评估验收。持续推进违法建设深度治理,拆除违建总面积4021平方米,消化存量违建4170平方米。翠湖苑、东郡丽水B区、中南世纪城、嘉和雅居创成南通市无违建小区。组织开展露天烧烤、施工扬尘、渣土运输等专项治理为重点的污染防治执法行动,全年累计立案查处各类环境污染案件104起。

【环境卫生】 年内,市城管局巩固提升环卫保洁品质,主城区道路深度保洁覆盖面65%,机械化清扫率90%。持续深化垃圾分类综合治理,城区所有住宅小区、机关企事业单位实行垃圾分类全覆盖,覆盖居民9万余户。14个镇(区、街道)政府所在社区和18个人居环境示范村居(社区)新增4.8万只四分类垃圾桶和1491个垃圾分类亭。10月,城南街道垃圾分类全域试点顺利通过省级评估验收。年内,主城区627家餐厨废弃物产生单位实行上门收集,党政机关和行政事业单位实现收运全覆盖。深化厕所革命,新建、改建公厕各15座,截至年末,全市有公厕72座,其中,AAA级公厕12座、AA级公厕2座、A级公厕58座。

11月17日至18日,南通市户外广告安全监管业务培训暨规范管理现场观摩会在如皋召开,如皋市户外广告设置创新融合历史文化、建立长效机制等经验在会上被推介。图为与会人员在东大街历史文化街区观摩 (市城管局供图)

【物业管理】 年末,全市有物业服务企业88家,其中,当地物业服务企业76家,市外物业服务企业12家;从业人员约1.15万人;物业服务项目263个,服务面积约2255万平方米;服务居民约13万户、业主约50万人。年内,市城管局以“六项治理”(市容环卫责任制,违法建设,物管用房、人防工程和环卫设施等公用设施,小区管理事务公开,物业服务领域扫黑除恶专项斗争,物业行业安全隐患)为抓手,日趋规范物业管理工作。开展物业小区消防专项整治,在全市150个物业管理小区施划标志标识,清理住宅小区僵尸车239辆。按要求做好小区新冠疫情防控工作,实行物业小区公共设施消毒全覆盖。如皋市宝利广场、仙鹤新村、龙游湖风景区被授予南通市级示范物业管理项目。强化“红色物业”建设,于5月成立物业行业党委,指导5家物业企业开展党建工作,形成“皋城先锋管家”党建品牌,推动物业管理服务融入基层治理。

【法治城管建设】 年内,市城管局全面推行行政执法公示制度、全过程记录制度、重大执法决定法治审核制度。完善培训评学考学机制,组织全员培训3次,培训1200人次。强化岗位练兵,联合市总工会、人力资源社会保障局开展第七届技能大比武活动。实行执法人员全员办案制度,大力推行非现场执法。全年立案查处行政处罚案件1886件、简易程序案件875件、一般程序案件1011件,罚没金额2626.71万元。建立并执行建设施工、市容环卫责任制、物业服务、环境保护等违法建设违法失信行为惩戒制度,实施联合惩戒案件8起。进一步优化“不见面审批”流程,全年受理各类办件1971件,其中,行政许可1199件、备案772件,省网事项不见面审批率百分之百,按期办结率、满意率均为百分之百。

(吴　昊)

交通 水利

交通综述

【概况】 2020年，如皋市加快重塑“一个深水良港（如皋港）、2条过江通道（张皋、沪苏通）、3座高铁站点（如皋站、如皋南站、如皋西站）、5条高速公路（沪陕、沈海、启扬、东如、如常）”综合交通新格局，北沿江高铁如皋西站正式设立，张皋过江通道提前启动规划建设，盐通高铁如皋南站正式启用。年内，公路运输周转量增幅9.10%，在南通排名第二；水路运输周转量增幅21.50%，在南通排名第二；其他运输业营业收入增幅65.30%，在南通排名第三，其中多式联运和运输代理业营业收入增幅南通排名第一，搬运装卸和仓储业营业收入增幅南通排名第四；邮政业务总量增幅41.8%，在南通排名第三。年内，市交通运输局完成国务院交通运输电子证照应用场景试点任务，“交邮融合、客货同网”服务品牌入选交通运输部首批农村物流服务品牌名单，“先行党建”品牌被评为全省交通运输行业优秀党建品牌，城北街道平园池环村路获江苏最美小康路提名。

扫码观看视频《大道飞歌》

【交通基础设施投入】 年内，如皋市实施重大交通基础设施建设项目5个，完成交通基础设施投资19.75亿元，其中，通皋大道如皋段建设投资7亿元、通州段建设投资2亿元，如皋南站枢纽及涉铁综合配套工程建设投资3亿元，老204国道整治提升工程建设投资0.55亿元，紫光路北延工程投资4.4亿元，紫光路南延工程投资2.8亿元。农村公路建养一体化建设投资2亿元；公路维修、养护及绿化养护工程建设投资0.58亿元；内河航道养护0.03亿元；其他农路提档升级，农桥、通居路、安保工程建设投资0.7亿元。

【交通规划】 年内，市交通运输局完成如皋“十四五”综合交通规划、如皋市综合立体交通中长期规划初稿。北沿江交叉道路规划方案、通扬线如皋段航道整治比选方案、如泰河城区段绕航方案通过研究论证。完成城市外围交通集疏运体系规划研究初稿。S30如常高速国土空间控制规划方案通过省交通运输厅审查。持续推进东如高速纳入高速路网规划，与G15沈海高速、S28启扬高速及S30如常高速形成城区高速环线，规划新增如皋市域高速出口2个。

【交通行业安全生产】 年内，市交通运输局开展交通行业“安全生产月”“百团进万企”，交通工程领域“百日行动”、危险货物“大排查、大整治”等专项治理活动。全年检查发现各类问题隐患1859条，行政处罚847起，处罚231.67万元，责令停业整顿62家。226省道东陈—白蒲段路面改善工程获评南通市公路水运工程平安示范工地，通皋大道建设工程先后获评省级示范平安工地、省级示范平安工程。

（宋新堂　陈冬松　张　旭）

公　路

【概况】 2020年，全市完成公路客运量487万人，比上年下降28.7%；旅客周转量29091万人千米，比上年下降41.3%。全年完成公路货运量1894万吨，货物周转量39亿吨千米，比上年分别增长7.2%、10.2%。新增公交车93辆，截至年末，全市拥有公交车辆495辆，其中新能源公交车381辆，占公交车总数76.97%。年底完成公交体制改革，完成公交线网规划，开通常规公交线路73条，其中，城市公交线路17条、城乡公交线路22条、镇村公交线路34条；开通特色公交线路9条，其中，定制专线7条、旅游专线2条。公交线路总里程

1200千米，日发班次3320班次；全年公交客运量560.3万人次，比上年上升0.34%。全市拥有出租车147辆，均为清洁能源出租车；出租客运量220.4万人次，比上年下降4.59%。

【公路建设】 年内，市交通运输局完成通皋大道一期工程、老204国道改造二期工程、紫光路南延工程建设并实现通车。8月30日，老204国道二期改造完成沥青下面层施工，并开放交通。项目改造范围为林吴线至蒲黄线，总长5.2千米，维持原路面宽度不变，按汽车荷载等级公路-I级、二级公路标准，设计时速80千米/小时，路线平面完全拟合老路。该工程于2020年5月开工建设，获评南通市"平安工程"创建项目。9月30日，通皋大道一期工程主线通车。通皋大道一期工程北起如皋城区海阳南路，南至丁平线，全长22.3千米，主路为双向六车道城市快速路，设计时速100千米/小时，实行全线封闭，在主要公路交叉设置互通。该工程于2017年12月底开工建设，获评江苏省公路水运省级品质工程示范创建项目。12月31日，紫光路南延与城南大道互通一期下穿盐通高铁工程项目主线通车。项目位于市区东南角，项目全长1.48千米，采用沥青混凝土路面，与盐通铁路斜交。主路双向六车道，设计时速80千米/小时，长1.135千米；辅路双向四车道，设计时速为40千米/小时，线路长度1.48千米。该工程于2019年7月底开工建设，获评省公路水运工程平安工地建设省级"示范工地"。

【公路管理】 年内，全市干线公路网为：高速3条，为G40沪陕高速、G15沿海高速、S28启扬高速；国道2条，为204国道和345国道；省道3条，为334省道、356省道和226省道。按隶属分：有普通公路695.96千米，其中，普通国道68.71千米、省道115.28千米、县道511.97千米。按等级分：一级公路311.00千米、二级公路251.98千米、三级公路129.69千米、四级公路3.28千米（不含高速公路部分），公路密度2.3千米/平方千米。全市国道省道技术状况值94%，路面状况指数优良率93%，路面行驶指数优良率95%；县道技术状况指数89.9%，优良路率90.3%。年内，市交通运输局狠抓日常养护，强势推进路域环境整治，重点开展路肩道口和绿化带内垃圾专项整治，清理垃圾770余立方米；狠抓预防性养护，完成路面机械灌缝9.6万米，桥梁护坡整修5座、伸缩缝维修8座、空心板梁裂缝封闭12座。在南通六县（市、区）公路系统中率先实现养护与执法协同联动，建立"日常巡查信息共享、联合巡查定期开展"工作机制，对影响路域环境问题实现有效、快速处理。实施年度小修、大中修和桥梁专项维修项目，大中修完成产值2561万元，小修完成产值715万元，桥梁专项维修完成产值400余万元。打造养护亮点，在204国道选取2个路段，重点整治路肩、绿化带、桥下空间，打造精品，提升路面技术状况，美化路域环境，完善安保设施。

【"四好农村路"创建】 年内，全市列入省计划年报库农村等级公路总里程3008千米。按行政等级分：县道512千米、乡道924千米、村道1572千米；按技术等级分：一级公路237千米、二级公路374千米、三级公路275千米、四级公路2122千米。年内，市交通运输局围绕提升农村公路技术状况和路域环境，结合各镇小循环线路，打造全市大循环线路。打造高效治理样板、智慧农路样板、平安农路样板、品质农路样板、机制创新样板、"农村公路+"样板、城乡交通融合样板、"美丽农村路"样板及品牌提升样板，完成农村道路提档升级10千米、安全生命防护工程56千米、通居路新建50千米，全市332个涉农村（社区）双车道四级路覆盖率百分之百。改造农桥13座，完成路域环境整治和路田路宅分家各750千米。加强县乡公路路域环境保障，对重要线路、出入城通道、高速路口等路段，做好路面保洁、绿化修剪、高草杂树修整、垃圾箱（房）周边环境整治等工作。推进年度大中修工程，投资2500万元，修整1.5厘米沥青表处路面5万平方米、沥青混凝土路面15万平方米、水稳基层4万平方米、排水管道4.5千米，灌缝9万余米。推进县乡道安全隐患整治，排查整治公路平交道口视距不良问题等安全隐患560处。集中处置桥梁安全隐患，完成水毁道路维修250立方米，清理桥下堆积1000立方米、桥头边坡高草种植500平方米。

扫码观看视频《走如意路，往"皋"处行》

【公路运输管理】 年内，市交通运输局重点开展"黑班线"车辆、非法旅游包车、非法营运车辆智能化、"两客一危"挂靠清理、源头超限超载等系列专项整治活动。全年查处货车超限超载案件63起，查处非法网约车5起。通过优化调整，开通南通高铁西站公交线路3条，新建公交站亭34座、城乡公交站牌232块。完成公交成本规制、《如皋市城乡客运一体化及线网规划》修编工作。稳步推进公交运营秩序改革。新增新能源公交车88辆，城市万人公交车每万人拥有14.02标台，达到省高水平全面小康检测指标要求。创新推动"交邮融合、客货同网"品牌创建，如皋农村物流"交邮融合、客货同网"服务品牌入选交通运输部首批农村物流服务品牌。

（汪　磊　陈冬松　夏文全　陈志兴）

铁路

【概况】 2020年年末，如皋境内有运营铁路4条，分别为宁启铁路、新长铁路、海洋铁路、盐通铁路，总长度88.79千米(宁启铁路40.05千米，新长铁路6.68千米，海洋铁路3.6千米，盐通铁路38.46千米)；规划铁路2条(北沿江高铁、如皋港区铁路专用线)。年内，铁路客运发送旅客63.2万人次，日最高发送8300人，日均发送5800人；到达旅客66.2万人次，日最高到达9600人，日均到达5200人。单日最高到发量、日均到发量，均创历年新高。货运站收发货物9.96万吨，其中，到达3.3万吨，发送6.66万吨，较上年略有下降。沪苏通铁路开通后，如皋站月均发送客流量7.98万人次，较开通前增长1倍多。7月1日，沪苏通铁路开通运营，如皋站高峰期停靠54个班次；10月11日新列车运行图实施后，高峰期停靠61个班次。12月30日，盐通铁路开通运营。

【铁路建设】 12月30日，随着盐通铁路正式通车，如皋南站建成正式启用。如皋南站属中型旅客车站，总建筑面积18775平方米，站场规模为2台4线，设计最高容纳800人，站型为线侧平式站房。截至年末，如皋南站配套工程站前综合交通枢纽正加紧建设中。

【铁路管理】 年内，市交通运输局开展铁路沿线环境隐患整治活动，成立由铁路部门、市交通运输局、镇村共同组成的工作小组，消除普速铁路各类隐患244处、盐通铁路各类隐患369处。

(杨小鹏)

港口

【概况】 2020年，全市完成港口货物吞吐量8264万吨，比上年增长21.6%。其中沿江港口企业完成吞吐量7372万吨，比上年增长23.1%；内河港口企业完成吞吐量872万吨，比上年增长9.96%。外贸货物吞吐量1395万吨，比上年增长64.2%。完成集装箱吞吐量50.49万标准箱，比上年增长24.8%。

【港口规划】 年内，如皋市与南通市交通运输局、交通运输部规划研究院对接，优化调整如皋港区功能定位、业态布局等，熔盛段岸线功能由“舾装”调整为“物流+产业”。南通市交通运输局牵头编制的《南通港总体规划(2018—2035年)》通过部省联合审查。委托华设设计集团编制《南通内河港如皋港区总体规划优化方案》，充分兼顾内河沿线非法码头专项整治、防污攻坚、城河水系改造和安全专项整治工作，贴合如皋市内河航道岸线资源特点和其他相关规划，规划岸线总量缩减120米。截至年末，该方案完成报批稿递交南通市政府。

【港口建设】 年内，又来沙港池8个3000～5000吨级泊位通过审批；港务集团小港池码头完成整改闭合(整改闭合指港口建设程序不完善，补齐行政审批手续，现场消缺整改后通过竣工验收)并通过竣工验收；长源物流配套码头建成投产并对外开放；阳鸿洗舱站建成运营，装车站完成安全环保升级改造；长源通用码头二期工程完成开工前期工作；江苏交通控股有限公司与焯晟石化合作，完成高速沥青项目管线升级改造。张皋过江通道工程许可报告通过评审。6月29日，如皋市与江苏交通控股有限公司签订张皋过江通道建设合作框架协议。

【沿江岸线环境整治】 年内，市交通运输局落实沿江非法码头整治长效管理工作，通过封航、限高、定期巡查等方式，阻断非法码头死灰复燃空间。持续开展内河非法码头整治工作，拆除非法码头164家，规范191家。推进长江经济带船舶和港口污染突出问题整治工作，沿江5家易扬尘企业完成粉尘在线监测系统建设及平台连接，3家沿江企业完成岸电设施建设，全市内河合法港口码头企业均完成岸电系统初步改造。在如皋水上服务区设置智能船舶垃圾分类回收点、废油污水回收点各2处，生活污水回收点1处，免费接收、转运、处置船舶污染物。

(徐静娟)

2020年如皋港主要码头泊位情况表

表39

码头名称	泊位性质	靠泊吨级(载重吨)	泊位数(个)	岸线长度(米)	设计通过能力(万吨)	建成与否	开放泊位数(个)	备注
诚源仓储	散杂	500	12	1200	300	建成	—	—
远邦石油	石化	500	1	150	10	建成	—	—
华大石化	石化	50000	1	296	200	建成	—	—
诚晖石化	石化	50000	1	300	200	建成	1	—

续表39-1

码头名称	泊位性质	靠泊吨级（载重吨）	泊位数（个）	岸线长度（米）	设计通过能力（万吨）	建成与否	开放泊位数（个）	备注
海螺水泥	散货	5000	2	234	390	建成	—	富港10号、11号
华电集团	散货	5000	1	155	131	建成	—	富港9号
焯晟石化	石化	80000	1	418	300	建成	1	—
		3000	1				—	
		500	1				—	
东方石化	石化	50000	1	260	210	建成	1	—
		3000	1				—	
阳鸿石化	石化	80000	1	330	234	建成	1	—
沿江公司	石化	30000	1	270	165	建成	1	阳鸿托管
长源物流	通用	20000	1	450	295	建成	1	—
		50000	1				1	—
中铁山桥	件杂	3000	1	80	150	建成	—	专用港池
国鼎管桩	件杂	2000	1	205	193	建成	—	专用港池
	散杂	5000	1			建成	—	—
华泰重工	舾装	37000	1	1200	30	建成	—	无审批手续
		2000	1					
通宝船舶	舾装	10000	1	486	—	建成	—	北汊北岸
通茂船舶	舾装	10000	1	278	—	建成	—	北汊北岸
通城船舶	舾装	10000	1	79	—	建成	—	北汊北岸
长青沙船舶	舾装	40000	2	943	—	建成	—	北汊南岸
华祥船舶	舾装	3000	1	150	—	建成	—	北汊北岸
长江船舶	舾装	5000	1	100	—	建成	—	北汊北岸
江南德瑞斯	件杂	3000	1	150	40	建成	—	长青沙内港池
江苏如皋港集团	通用	5000	4	800	300	建成	2	长青沙内港池
		10000	2				2	
港务集团	通用	100000	2	1025	560	建成	2	靠15万吨级
	通用	50000	1				1	靠10万吨级
	通用	50000	1		170	建成	1	
	通用	5000	5	572	250	建成	—	长青沙内港池
熔盛重工	件杂	5000	1	120	60	建成	1	一期
	舾装	300000	2	660	—	建成	2	
	船坞	300000（兼400000）	3	520	—	建成	—	二期
	舾装		4	1397	—	建成	3	
	船坞	400000	1	200	—	建成	—	三期
	舾装	300000（兼400000）	3	642	—	否	—	
	件杂	3000-5000	3	400	400	建成	—	泓北沙港池

续表39-2

码头名称	泊位性质	靠泊吨级（载重吨）	泊位数（个）	岸线长度（米）	设计通过能力（万吨）	建成与否	开放泊位数（个）	备注
森松重工	件杂	10000	1	259	40	建成	1	—
		1000	1	31	15	建成	—	自用港池
海通海洋	舾装	70000	1	328	—	建成	1	—
	件杂	5000	1		60	建成	—	—
	船坞	70000	1		—	建成	—	—
瑞泰船务	舾装	50000	1	668	—	建成	1	—
	修船	10000	1			建成	1	—
	浮船坞	50000	1			建成	—	—
永友粮油	散货	10000	2	400	557	建成	—	泓北沙港池
		1000	1					
合计	—	—	83	15756	5260	—	25	—

内河航道

【概况】 2020年，如皋辖区有航道总里程455.12千米，其中，三级航道44.72千米，五级航道52.89千米，六级航道72.74千米，七级航道42.76千米，等外航道242.01千米。有航标6座。境内三级航道连申线、通扬线为全省干线航道“两纵五横”规划中的一纵一横，其中，连申线44.72千米按三级航道标准整治建成，通扬线46.19千米按三级航道标准整治进入开工前期准备工作。完成焦港河（如皋段）护岸工程，一期工程（4千米）、二期工程（3千米）均通过省交通运输厅港航中心竣工验收。完成连申线疏浚工程，连申线（搬经—八角井桥）7.3千米共43万立方米土方疏浚工程通过竣工验收，质量评定为优良。完成辖区所有航道清障扫床工作，清理水下沉石等障碍物3吨；完成航道养护测量观测工作，测量航道里程170.35千米、断面440个。利用多波束水下地形检测技术水下扫测连申线40.8千米及如泰运河如城段，发现水下碍航物4处并及时清障，清除碍航物110余立方米。对辖区68座标志标牌进行维护。升级连申线服务区、十里墩、如海河入江口3座航标灯为智能一体化遥测航标灯，保障航标正常率99%以上。完成省、市级干线航道普查工作，普查标志标牌68个，过河桥梁164个，整治建筑物273个，架空线缆281个，水下管道31个，抽排水口177个，监控设备10个。发现并处置连申线鞠桥航段违法取土造成护岸倒塌行为，应急抢修如海河邵庄大桥北305米段土方塌陷设施，对连申线立新河口至江安大桥段500米墙前超深护岸回填修复，实行预防性养护。对盐通铁路、南通市西北片引江区域供水三期（输水）工程、北沿江高铁、张皋通道、G40高速改造扩建等重点工程提供技术支持，督促相关单位及时对涉航设施进行航评，做好审批前符合性技术审查工作。完善连申线如皋水上服务区功能设施，实现船舶岸电、船舶靠泊、船舶污染物收集、船民休闲健身、船

6月16日，市交通运输局组织地方海事处、航道管理站、交通运输综合执法大队等部门在焦港船闸上游远调站设立宣传咨询点，为涉水企业和船民提供安全咨询服务 （市交通运输局供图）

民医务室、船舶智能加水、船民阅览室等十大服务功能。

【地方海事】 全市有内河通江口门4个、危险品码头9座。年内，如皋市出动海巡艇2352艘次，上航上线8127人次，检查船舶1.19万艘次，安检船舶7艘次，纠正缺陷39项。全年实施行政处罚314起，其中，船舶防污染行政处罚122起，船舶超载运输行政处罚53起，港口行政处罚12起。全年水上搜救中心接处警66次，成功救助遇险船舶82艘次。9月，为确保国庆、中秋双节水上安全，开展为期1个月水上执法月活动，出动执法艇232艘，出动执法人员761人次，巡航3430千米，检查船舶930艘次，查处船舶超载运输7起、违反船舶最低安全配员规定违法行为6起、船舶未按规定进行进出港报告3起。

（张　倩　鞠丽娟）

水　利

【河道疏浚】 2020年，如皋市完成省级农村河道疏浚整治工程，总投资4000万元，疏浚镇级河道11条，总长22.5千米，疏浚土方18.5万立方米；疏浚村级河道381条，总长280千米，疏浚土方260万立方米。中小河流治理重点县项目完成石庄长江、桃园丁堰项目区建设工程，项目总投资7634.89万元。其中石庄长江项目区治理河道15条计55.83千米，新建节制闸3座，疏浚整治县乡河道9条计29.28千米，疏浚土方32.63万立方米，坡面清杂28.75万平方米，绿化1.91万平方米，生态护坡7.03千米。桃园丁堰项目区治理河道16条计51.99千米，疏浚整治县乡河道5条计7.74千米，疏浚土方18.46万立方米，坡面清杂75.17万平方米，新建机耕桥7座，沟通断头河500米，绿化16.95万平方米，生态护坡12.99千米。

7月10日，如海灌区2020年度续建配套与节水改造工程通过完工验收。如海灌区涉及如皋市11个镇（街道）142个村（社区），涉及耕地面积2.99万公顷，始建于2000年，截至2020年年末，先后实施节水改造工程14期，累计投资3.046亿元。图为如海灌区泵站工程　（市水务局供图）

【水利工程建设】 年内，市水务局完成如皋港、焦港（如皋北段）整治工程项目建设，完成茅稚河综合整治二期投资1500万元。组织实施如海灌区续建配套与节水改造工程建设，完成总投资1116万元，拆建泵站3座，新建暗渠10029米、U45渠道2137米，新建配套建筑物423座，新建高密度聚乙烯双壁波纹排水管308米，整治河道144米，完成配套信息化工程。7月10日，如海灌区2020年度续建配套与节水改造工程通过如皋市级完工验收。

【水利工程管理】 年内，市水务局推进工程规范化、精细化管理，投资140万元实施2020年度省级水利工程维修养护项目，完成碾砣港闸闸门喷锌防腐项目、如皋港闸混凝土碳化处理及砌石挡墙维修工程项目。焦港闸管理所景观式管理单位建设初具雏形，如皋港闸管理所建成水文化传承基地。

【采砂管理】 年内，市水务局组织开展非法采砂执法巡查1786次，其中，联合巡查53次，夜间巡查13次，专项行动15次，累计出动人员2365人次、车辆1911辆次、船艇74艘次，登船检查311艘，拆除1艘非法采砂船采砂设备1艘，教育劝导船主自行整体拆除非法采砂船只。主导建立如皋市长江河道采砂管理联席会议制度，15家成员单位明确部门职责，信息共享，联防联打。深化区域合作，推进交界水域采砂管理工作，如皋、靖江、张家港水行政主管部门之间达成禁止采砂管理县际合作协议。实施长江采砂管理监控项目，实现如皋主江堤和重点水域全覆盖，结合农村基层防汛预报预警体系项目，启动采砂管理App系统开发。

【禁渔管理】 年内，市水务局制订《如皋市水务局长江河道禁渔管理工作方案》，开展禁捕巡查498次，出动人员521人次、车辆498辆次、船艇21艘次，参加联合禁捕巡查21次。在各闸所、港池、闸口等显要位置设置永久性禁止捕捞标志牌12块，悬挂布标横幅、开通电子显示屏、户外广播宣讲等方式对船员、沿江居民大力宣传，形成禁捕良好社会氛围。

（贾浩珍）

生态环境

环境质量

【空气环境】 城市空气质量　2020年，全市环境空气中二氧化硫、二氧化氮、颗粒物PM10、颗粒物PM2.5指标年均值分别为7微克/立方米、22微克/立方米、63微克/立方米和34.9微克/立方米，自然降尘量年均值为3.4吨/平方千米·月。全年空气质量优良天数308天，优良率84.4%。

酸雨　全市降水总体呈弱酸性，降水酸碱度均值6.63，酸雨频率0.83%。

废气和主要污染物排放　全市工业废气排放量409.049亿立方米，二氧化硫排放量763.985吨，氮氧化物排放量556.877吨，颗粒物排放量1267.175吨。

【水环境】 饮用水源水质　如皋生态环境局对集中式水源地如皋鹏鹞水厂水质每月监测和长青沙水库应急水源地水质每季度监测，监测结果均达到或优于Ⅲ类标准，水质达标率百分之百。

地表水水质　全市设碾砣港闸、焦港桥、夏堡北大桥、曙光电灌站、勇敢大桥、新省道334公路桥、新国道204公路桥、长庄大桥、林梓大桥、东陈大桥、环西大桥11个南通市级以上考核断面，全年总体水质优，Ⅰ～Ⅲ类水质断面占百分之百。

地下水水质　2座地下水测井、岛香食品有限公司测点质量综合指标类别为Ⅳ类，Ⅳ类指标为氨氮；皋鑫电子测点质量综合指标类别为Ⅲ类，Ⅲ类指标为氨氮。

废水和主要污染物排放量　全市工业废水排放总量943.61万吨，其中主要污染物化学需氧量(COD)排放量422.8吨。

【声环境】 区域环境噪声　市区区域声环境昼间平均等效声级值52.2分贝，总体水平等级为二级(较好)。

道路交通噪声　全市道路交通噪声昼间加权平均等效声级值62.8分贝，强度等级为一级(好)。

功能区噪声　各功能区昼、夜间噪声均达到相应功能区要求。

【固体废物】 全市产生各类危险废物14.37万吨，其中，上海电气环保热电(南通)有限公司产生9.1万吨飞灰(豁免处置，去向为飞灰填埋场)，其余企业产生各类危险废物5.27万吨，处置利用5.68万吨，暂存3258吨。

生态保护区域管控

【概况】 全市划定水源保护区、清水通道维护区、风景名胜保护区、水产种质资源保护区、特殊物种保护区等重要生态功能保护区在内生态空间保护区域11块，总面积251.7平方千米，其中，被列入国家级生态保护红线范围4块11.78平方千米，被列入省生态空间管控区域范围7块239.92平方千米。两级生态空间保护区域占全市土地面积17%。按照源头严控、过程严管、后果严惩要求，全面加强生态空间保护区域监督管理，落实生态空间保护区域管控措施，控制、限制保护区域项目建设。

【生态保护红线评估调整】 年内，市自然资源和规划局完成如皋市生态保护红线评估调整工作，对划定不实、坐标偏移、区域冲突等问题，按照数量不减少、质量不降低原则予以优化，成果上报自然资源部。优化调整后生态保护红线类型包括长青沙饮用水水源、应急水源保护区、刀鲚国家级水产种质资源保护区。

(郑淑一　袁华丽)

自然资源保护

土地资源保护

【概况】 2020年，市政府与各镇(区、街道）签订耕地和永久基本农田保护任务书，明确职责，层层落实耕地保护责任，坚守耕地红线；坚持最严格的耕地保护制度和最严格的节约用地制度，守住耕地红线，严格保护永久基本农田，建立健全耕地保护责任目标考核制度。4月3日，市政府办公室印发《如皋市自然资源管理工作意见》，提出优化国土空间布局，增强资源保障能力，健全用途管制机制，加大节约用地力度，深化法治体系建设等意见。完成《如皋市及所辖镇（区、街道）土地利用总体规划修改方案》，获省政府批复，新增土地规划流量指标1000公顷。在2019年省级耕地保护激励绩效评价中，如皋市耕地保护工作被省自然资源厅通报表扬；下原镇耕地保护工作被省自然资源厅表彰，获激励资金200万元。

【耕地补充】 年内，全市完成增减挂钩项目1045个，新增农用地513.33公顷，其中新增耕地437.2公顷；占补平衡项目422个，新增耕地426公顷；完成2019年高标准农田1%占补平衡项目32个，新增耕地53.13公顷；完成工矿废弃地项目26个，新增农用地86.67公顷，其中新增耕地78.53公顷。复垦总量南通最大，通过验收时间最早。

【土地整治】 年内，吴窑镇陈家村等村省以上投资土地整治项目、江安镇北园村等村省以上投资土地整治项目通过省级验收，投入资金6100万元，整理土地1166.67公顷，新建泵站37座，修建防渗渠82千米、暗渠20千米、机耕桥533座。6月，城北街道双楼庄等村省以上投资土地综合整治项目获省自然资源厅批准建设，总投资2728万元，建设规模506.76公顷，年内完成招投标并开工建设。9月，全省省级投资土地综合整治项目现场交流培训会在如皋召开，如皋相关工作经验在会上被专题推介。

9月28日至29日，全省省级投资土地综合整治项目现场交流培训会在如皋召开。图为如皋市在会上作经验交流　（市自然资源和规划局供图）

【生态修复】 年内，市自然资源和规划局推动长江沿线10千米范围内7个废弃露天矿山修复，市财政安排专项预算1600万元，获批中央重点生态保护修复治理专项资金73万元。12月，7个项目全部建成并通过省级验收。

【发展用地保障】 年内，如皋市新增各类用地计划152.83公顷，其中，季度计划35.67公顷、脱贫攻坚支持计划6.67公顷、挂钩计划56.32公顷、重大项目计划54.1767公顷。组织报批8个批次（项目）63个地块共345.45公顷，获省政府批准233.04公顷，其中征收为国有用地面积66.75公顷。出让土地134宗，面积395.90公顷，合同出让款112.7亿元，首次逾100亿元。其中出让经营性用地34宗139.10公顷，出让金104.7亿元，出让面积、出让金比上年分别增加5.5%、38.5%。划拨用地14宗，面积14.80公顷。正威纳米铜触控项目、宏茂海上风电高端装备研发制造、如皋力星高精度轴承滚子研发中心、如皋培耘高密度IC载板4个项目被纳入省级“计划池”，省自然资源厅下达重大项目计划54.18公顷。11月17日，市政府印发《如皋市保障乡村振兴发展合理用地的实施意见（试行）》，加强乡村产业建设用地专项统筹，明晰设施农用地的内涵和管理要求，探索乡村土地复合利用和点状供地管理，优化产业融合发展用地供给，建立和完善乡村产业建设用地保障机制，切实做好乡村振兴发展合理用地工作。

【节约集约用地】 年内，如皋市推进批而未供土地清理工作，2009—2018年征用土地供应率93.6%。如皋市长寿养生园“存量厂房+养老服务”节地模式入选省十大节地模式典型案例。大力推进项目用地盘活、闲置空闲土地清理处置等工作，加大盘活力度，促进低效企业转型升级，全年盘活各类项目用地411.87公顷，存量土地供应比率85.2%。

【土地储备】 年内，市土地储备中心出库土地16宗，面积82.53公顷，成交金额52.73亿元。服务14个搬迁地块（项目），项目面积超333公顷，筹集并拨付搬迁资金近14亿元。持续优化债务结构，有效化解债务风险，全年偿还银行存量贷款6.19亿元。开展清产核资工作，规范移交安置房91套共1.39万平方米、商铺资产3066平方米，盘活固定资产总额逾2亿元。

【土地权益维护】 年内，如皋市规范开展土地征收前期工作，严格履行调查、评估、公告、听证、登记、协议等程序，在征地组卷前由被征地农村集体经济组织推荐被征地人员，依法确定各年龄段安置人员名单，汇总形成安置人员情况表，经被征地集体经济组织、乡（镇）和县级人民政府盖章确认后一并上报审查，落实征地补偿预存款，切实维护被征地农民合法权益。

【测绘管理】 年内，市自然资源和规划局完成如皋政区图、城区图、辅助决策地图编制更新。结合测绘地理信息质量提升行动和“双随机、一公开”要求，对辖区内6家测绘单位开展测绘市场巡查和测绘地理信息成果质量监督检查。进一步加强全市测量标志管护，切实落实测量标志常态化、规范化管护责任，每季度对全市55个省级、272个南通市级管测量标志点开展一次巡查，调整核减、报损测量标志点15个，修复、新建测量标志点4个。

【土地执法监察】 年内，市政府印发《关于进一步深化自然资源综合执法监管城乡社区网格化共同责任的通知》，应用现有网格化服务管理体系对村（社区）实行自然资源综合执法监管网格化管理。严格执行“网格化”巡查发现报告制度，夯实村级巡查网络及时发现报告违法用地制度，敦促镇级快速处置，第一时间消除违法状态。通过“慧眼守土”视频监管和“实时监管系统”手持移动终端，采用“人防+技防”巡查模式，运用“大数据+网格化+铁脚板”巡查方式，结合卫片执法、信访举报等专项行动和监管平台，对新增问题进行多维度、立体化巡查，形成对违法行为早发现综合预防体系，将工作重点从重查处整改向源头防控转变。全市预设巡查线路92条，里程2535千米，全年上报有效巡查记录3723条，里程7万余千米。依法召开行政处罚听证会7次，承办行政处罚类诉讼复议案件5起，妥善及时答复信息公开17起，处理信件、微信等多渠道违法用地举报40起。1个案卷获评省自然资源厅优秀案卷。

【全国第三次国土调查】 年内，市自然资源和规划局稳步推进全国第三次国土调查统一时点更新工作，完成国家下发图斑9387个，自主提取图斑34120个，国土调查统一时点更新工作通过自然资源部质量检查。通过对全市国土调查，查清全市土地现状分类、分布、数量、面积和土地权属区状况，查清城镇、农村居民点外每一宗土地的位置、权属、界线、数量、用途和土地利用现状，按国家第三次国土调查技术规程要求和土地利用数据库标准，建立分类准确、数据可靠、图数一致的土地利用数据库，为准确把握如皋市土地利用变化总体趋势，进一步完善土地调查、监测和统计制度，实现成果信息化管理与共享，满足空间规划编制、供给侧结构性改革、国土空间用途管制等各项工作提供重要的数据支持。

通过数据叠加分析结果显示：与2009年年末土地变更调查成果相比，全市耕地净减少2631.08公顷，农用地净减少402.7公顷，建设用地净增加1484.14公顷，未利用地净减少1307.33公顷；与2016年年末土地变更调查成果相比，全市耕地净减少2517.15公顷，建设用地净增加为395.83公顷，农用地净减少8.53公顷，未利用地净减少603.51公顷。

水资源保护

【概况】 全市有一级河道174.08千米，其中，通扬运河48.24千米，焦港河36千米，如海运河44.27千米，如泰运河30千米，长江如皋段15.57千米；二级河道21条计289.7千米；内外城河5.6千米。年内，在全面落实河长制基础上，建立健全断面水质监测联动机制，促进断面水质持续改善。全市11个南通市级以上考核断面水质监测优Ⅲ比例百分之百，地表水环境质量在全省排名第六，在南通排名第一。

【河长制工作】 年内，如皋市各级1843名河长全部履职到位，累计巡河12.6万次。组织100余人开展河长制工作培训，提高履职水平。推行河长述职制度，通过“两代表一委员”监督评议，推进问题快交办、信息共分享。加快推进区域水环境治理，南通市将如皋市定为村镇水环境综合治理样板县市。

【河道长效管护】 年内，市水务局投入435万元，对全市一、二级河道管护进行外包，月均清理岸坡、河面垃圾900余吨。各镇（区、街道）对农村河道实行日常管护，累计清理河道（河坡）垃圾1.77万吨、网具555处，打捞沉船11个，拆除坝头坝埂68处，修复岸坡1146.62千米，绿化岸线4.195千米。

【生态补水】 年内，市水务局科学调度沿江3座中型闸所引水，按照“有水必引，滴水必进”原则全力引水；市各工程管理单位积极主动转变职能，发挥生态补水工程效益。全市主要河道水位基本保持在2.3米以上，确保沿海地区排咸用水及全市内河水质改善。

【水资源管理】 年内，市水务局以水资源节约和保护为重点，全面落实最严格水资源管理制度，开展全市洗车行业地下水整治，深入推进节水型机关等载体建设，提升水资源管理水平。编制《如皋市水资源保护规划》等，为水资源管理、节约、保护提供科学支撑。不断完善农业水费成本核定机制，创新管理体制机制，建立完善“科学核价、精细管理、杠杆调节、减负增效”农业水价综合改革模式，提高基层水利管理水平，引导和鼓励农民节水惜水，提高农业用水效率，减少农业用水总量和强度。完成水价成本核算指导，建立精准贴补机制和节水奖励制度，对全市泵站进行“以电折水系数”测定或率定，实现计量设施全覆盖，农业水价综合改革工作通过省级验收。优化涉水项目审批服务，受理涉水项目许可事项36件。严格水务规费征收，全年征收各类水务规费1893.22万元。

（贯浩珍）

其他资源保护

【森林资源保护】 年内，市自然资源和规划局严格执行森林资源保护管理目标责任制和森林防火责任制，建立健全林地保护管理长效机制，全面落实林地保护利用规划，引导科学合理、集约利用林地。完成森林督查暨森林资源管理“一张图”年度更新，涉及面积13.82公顷。加大林业法宣传力度，依法加强省级生态公益林管理、征占用林地和林木采伐管理，定期开展森林资源管理专项检查，全年办理林地征占用手续1项，发放林木采伐许可证3份。

【野生动植物保护】 年内，市自然资源和规划局加强野生动植物养殖（种植）和经营利用管理。稳步推进食用性蓝孔雀养殖退出补偿工作。全市68个养殖户，年内退出养殖48户，退养蓝孔雀4128只，获补偿资金193.27万元。全年实施野生动物救助50余次。市农林水利综合执法大队结合疫情防控，加大野生动物保护力度。开展野生动物保护宣传活动，对全市有可能出现非法经营、猎捕、养殖、加工、运输、利用、购买、携带、寄递野生动物及其制品重点地区、重点对象进行拉网式巡查，累计检查农资生产经营单位（门店）、农产品（种植业）生产基地182家。全年处理野

年内，如皋市全覆盖巡查全市陆生野生动物驯养繁殖场所，对陆生野生动物人工繁育、市场经营、网络销售等环节开展全面检查。图为12月6日工作人员实地巡查现场 （市自然资源和规划局供图）

生动物保护等举报案件线索9起，立案查处3起，移送公安机关1起。

【渔业资源保护】 年内，市农业农村局印发长江段水域常年禁渔通告2.2万份、长江流域重点水域禁捕宣传手册3000份及禁止制造、销售禁用渔具和禁止使用禁用渔具、捕捞方法进行捕捞告知书等宣传资料720份。开展淡水渔业资源增殖放流活动，放流鲢鱼鱼苗25.2万尾、鳙鱼鱼苗24.2万尾、草鱼鱼苗22.5万尾、长吻鮠鱼苗5万尾。

【湿地资源保护】 年内，市自然资源和规划局实施重点生态修复工程，加大湿地保护力度，修复湿地45.33公顷，完善地标识标牌。截至年末，全市自然湿地保护率55.5%。

【矿产资源保护】 如皋全境（水域除外）为砖瓦用黏土资源禁止开采区，全市仅1家有采矿许可证企业。年内，氢能小镇地质环境调查项目通过野外验收，全市未发生非法开采黏土资源现象。市自然资源和规划局通过地下水日常动态监测及时掌握全市地下水水位状况，2020年度地面沉降监测工作通过南通市级验收。规范开展地热资源勘查开发利用，如皋历史上第一口温泉在城北街道平园池村钻探出水。

【如皋首眼天然温泉出水】 9月2日，如皋历史上第一口温泉在城北街道平园池村钻探出水，泉水出自地下1700米，每小时出水量45立方米，水温稳定在42.6℃。据省地质调查研究院、省地热能源学会、省地质环境勘查院分析，该井地热水中富含偏硅酸、碘、偏硼酸、溴等有益人体健康的矿物元素，偏硅酸达到命名矿水浓度，可作为洗浴和理疗用水。

（郑淑一　吴婷婷）

绿化美化

【造林绿化】 年内，如皋市推进新造林、中幼林抚育、农田林网建设等工作，新增成片造林面积418.13公顷；中幼林抚育面积666.67公顷；新建、更新及完善农田林网控制面积4000公顷；新建全民义务植树基地1

个，义务植树80余万株。新建省级绿美村庄11个、国家森林村庄8个。对长江沿岸林地“天窗”、裸露地全面进行绿化覆盖，在长江二桥南侧新建大桥公园，完成长江沿岸造林绿化12.2公顷；在长江北汊实施退化林修复工程，修复面积18.47公顷。对林业有害生物日常监测、产地检疫、现场检疫三结合，切实抓好有害生物检疫防控，开展杨树舟蛾类食叶害虫、美国白蛾等监测调查工作。开展生物天敌释放工作，在舟蛾、天牛发生危害期，购置释放管式肿腿蜂1500管、周氏啮小蜂6000枚两种天敌昆虫。对境内3条高速公路沿线杨树统防统治食叶害虫4轮，对长江江堤、焦港河堤生态公益林统防统治2轮，全年未发生大面积病虫害危害现象。发布《林业有害生物防控情报》6期。开展产地检疫，对全市371块6667公顷苗圃的苗木进行产地检疫并登记备案，做好疫木检疫执法及检疫监管相关工作。严格开展调运检疫工作，全年开具植物检疫证书6889份，其中，省内2402份、出省4487份。

【园林绿化】 年内，市住房城乡建设局新建完成大司马、福寿路、万寿路等小游园，福兴路、宁海路人行道，海月寺西侧路、颐园区间路提升配套绿化等城市道路绿化工程。实施河道截污配套绿化（解放港）、城区部分闲置地块临时绿化工程和内外城河综合提升工程，新增城市绿化面积23万平方米，改造提升绿地面积12万平方米。更换、维修龙游河生态公园老旧破损防腐木，新增龙游河、宝塔河配套设施。全面防治城区垂柳飞絮1100株，对宁海路段法桐飞絮进行试点实验。

（郑淑一　苏　雯）

节能减排

【主要污染减排】 2020年，全市实施重点减排项目146个，其中，水方面减排项目8个，大气污染减排项目138个。到年末，化学需氧量和氨氮排放总量（含工业、生活、农业）分别削减2113吨、281吨，二氧化硫和氮氧化物分别削减230.93吨、55.93吨。

【清洁生产】 年内，如皋生态环境局对化工、环境治理等重点行业的9家企业开展清洁生产审核，9家企业在有资质咨询单位指导下，均完成清洁生产评估和审核验收工作。

（袁华丽）

【节能降耗】 年内，市发展改革委组织实施节能、清洁生产、工业循环经济重点项目23个，推动实施技术改造，挖掘节能降耗潜力。对重点用能企业开展节能专项执法检查，对被列入省万家企业能源利用状况报告填报系统的7家重点用能单位开展能源在线监测系统建设工作。年内，单位地区生产总值能耗比上年下降6.4%。其中规上工业企业综合能源消费量92.68万吨标准煤，比上年下降0.7%；万元产值综合能耗0.076千克标准煤，比上年下降7.1%。规上工业企业煤炭消费23.08万吨，比上年减少2.1万吨。

（冒海燕）

2020年如皋市十大行业能源消耗情况表

表40

行　业	综合能源消费量（万吨标准煤）	单位产值能耗（吨标准煤/万元）	单位产值能耗比上年增长（%）
纺织服装业	1.86	0.0317	10.4
化学原料及化学制品制造业	15.45	0.1118	50.7
纺织业	12.19	0.1787	4.4
黑色金属冶炼及压延业	0.48	0.1304	-38.1
橡胶和塑料制品业	5.95	0.1162	11.6
通信设备、计算机设备业	1.48	0.0295	-32.6
通用设备制造业	2.67	0.0351	-22.6
非金属矿物制品业	8.66	0.0752	-14.1
电气机械及器材制造业	3.03	0.0257	-33.6
汽车制造业	2.47	0.0461	32.6
铁路、船舶、航空航天及其他交通运输设备制造业	2.40	0.0739	17.5

【农村清洁能源开发利用】 年内,市农业农村局在2家养殖场、2家种植园区推广建成沼气工程+大田循环+沼气发电并网项目5个,其中,沼气工程1个、大田循环工程2个、发电并网工程2个,总投资额353.4万元,新增1.51万吨畜禽粪便年处理能力、20.88万立方米沼气产生能力和大田循环覆盖面积93.33公顷。通过清洁能源技术推广,灭杀畜禽粪便有害病菌虫卵,消除病原菌传播,改善畜禽场卫生环境,对畜禽粪污加以合理化、资源化、无害化处置与利用。

(吴婷婷)

污染防治

【大气污染防治】 2020年,如皋生态环境局完成南通市下达的大气污染治理重点项目138个。对生物质锅炉安装在线监控设备20台,天然气锅炉低氮燃烧改造51台,整治工业炉窑14台,重点行业深度减排1家,挥发性有机物源头替代30家,实施重点行业挥发性有机污染物治污设施升级改造9家,挥发性有机物无组织排放管理4家,餐饮企业油烟治理装置和油烟在线监控设备安装4家,加油站油气回收在线监控设备4个,码头油气回收改造1家。

【水污染防治】 年内,如皋生态环境局牵头完成《如皋市2020年水污染防治工作计划》制订。全年实施"水十条"污染防治重点工程26项。针对全市重点考核断面和重点支流开展每周加密检测,掌握重点断面周边支流水质变化情况,评估支流水质对考核断面的影响,为重点断面周边支流整治工作提供必要数据支撑。

(袁华丽)

活水畅流工程 全年拆坝建桥211座(含农桥103座),有效提升农村河道连通能力。整治黑臭河道82条,打造生态河道124条,排查整治117处。

"两违"专项整治 年内,如皋市整合环保、农水、交通等各级执法力量,开展重点河道违法圈圩和违法建设"两违"专项整治。累计排查"两违"项目117处,实施联合整治,全部整治完毕。

(贯浩珍)

【土壤污染防治】 年内,如皋生态环境局有序推进全市37家(个)重点行业企业地块土壤污染状况详查工作,完成11家(个)重点行业企业增补地块信息采集工作;对全市污染地块开展安全利用现场核查,未发现违规开发利用情况。

(袁华丽)

【农业污染治理】 年内,市农业农村局加大力度推进农作物秸秆综合利用,成功争取2020年中央农作物秸秆综合利用重点县建设项目,探索形成"1+N村集体经营""收储中心+经纪人""专业化服务队"等秸秆收储新模式,秸秆综合利用率96.08%。全市畜禽粪污综合利用率98.64%,规模养殖场粪污处理设施装备配套率、畜禽规模养殖场治理率、大型规模养殖场设施装备配套率均为百分之百。

(吴婷婷)

【环保重点工程建设】 12月,飞灰填埋场二期项目、上海电气炉排炉技改扩项目、凌青建筑装潢垃圾消纳处置项目建成投入运行。其中上海电气炉排炉技改扩项目及飞灰填埋场二期项目投资13.6亿元,生活垃圾日处置能力2250吨,增加飞灰库容31.8万立方米;凌青建筑装潢垃圾消纳处置项目投资5000万元,处置能力25万吨/年。

(吴 昊)

环境监管

【环境监控】 2020年,如皋生态环境局完成鹏鹞水质自动站部分仪器设备更新、5个入江支流(如皋港、戴案港、青年港、久隆河、周圩港)水质自动站建设、长江经济带勇敢大桥水质自动站建设,完成2个省考空气自动监测站仪器设备更新。全年分析样品3240份,编制各类监测报告(表)655份,获手工监测数据14376个,水、声自动监测数118584个。参加生态环境部标准样品研究所、省环境监测中心、省市场监督管理局、江苏省南通环境监测中心质控考核和能力验证等各项考核22项次,合格率百分之百。

【环境执法】 年内,如皋生态环境局率先在全省完成执法装备更新换代,全面按照八步法流程(定位签到、亮证告知、信息核实、现场检查、笔录制作、打印签名、电子归档、任务完成)进行现场执法,统一执法用语,规范执法流程,实时上传执法信息,主动接受各级生态环境部门及纪检监察部门执法监督。根据重点污染源、排污许可企业、"散乱污"企业动态变化,结合污染源普查数据,调整充实双随机检查企业名录库,每季按25%比例抽取重点污染源企业,全年按规定比例抽取一般企业,开展污染源日常监管双随机检查,将检查情况在市政府网站上公开,接受社会公众监督。针对行业性、区域性、季节性环境问题,开展各类生态环境专项执法检查。全年出动执法人员8769人次,检查企业3139家次,立案查处环境违法行为233起,罚款1049万元,运用《环境保护主管部门实施按日连续处罚办法》等4个配套办法办案54件,其中,查封扣押37件,限产停产10件,移送公安部门7件。

【企业环境信用评价】 年内,如皋生

态环境局对全市1077家主要污染源企业进行环保信用动态评级，评定绿色企业13家、蓝色企业1055家、黄色企业7家、黑色企业2家。评级结果实时动态在省厅相关网站公布。与物价、银行业联动，对红色、黑色企业执行差别水价、差别电价，对黄色及以下企业限制或不予贷款。

（袁华丽）

生态文明创建

【概况】 2020年，如皋市将生态文明建设与污染防治攻坚相结合，将重点任务分解到各部门、镇（区、街道），进一步明确分工、落实责任、形成合力，全面推进生态文明建设，获命名省级绿色学校1所、南通市级绿色学校3所。截至年末，全市累计建成省绿色社区8个、南通市绿色社区16个，省级绿色学校20所、南通市绿色学校100所；累计建成省级生态文明建设示范镇2个、省级生态文明建设示范村3个。

扫码观看视频《生态如皋》

4月25日，市自然资源和规划局在市规划馆举行“珍爱地球，拥抱阅读”亲子活动，普及地球科学知识 （市自然资源和规划局供图）

【环保宣传】 年内，如皋生态环境局组织开展“美丽如皋，我是行动者”世界环境日宣传活动，普及生态环境知识，发布2019年环境质量公报，采取现场直播方式，引导公众绿色出行。加大新媒体平台宣传力度，如皋生态环境微信公众号粉丝量较上年增加一倍，优化微信公众号后台管理服务，与公众进行良性互动，及时回答环境热点问题。加强与《江苏法治报》、雉水传媒、《如皋日报》等媒体深度合作，对一线生态环境活动进行策划宣传。全年在各级媒体录用宣传稿件300余篇，其中，学习强国录用4篇，《新华日报》《江南时报》、江苏卫视等省级媒体录用40余篇，南通市级媒体录用60余篇。10月，《人民日报》、新华社、中央广播电视总台、人民网等中央及省级新闻单位记者汇集长江镇，集中采访如皋生态“绿岛”阳鸿石化洗舱项目，宣传如皋生态文明建设亮点成果。

（袁华丽）

【土地资源保护宣传】 4月20日至28日世界地球日宣传周期间，市自然资源和规划局围绕“珍爱地球，人与自然和谐共生”主题，以“雉水皋地话自然”抖音短视频征集为主线，融合江海大讲堂线上直播、网络文化季知识竞赛、“珍爱地球”阅读日等系列宣传活动。征集“雉水皋地话自然”抖音短视频征集作品44个，观看人数7083万余人次，该宣传项目获全省自然资源系统宣传好项目奖。6月，全国土地日宣传周期间，围绕“节约集约用地，严守耕地红线”主题，走进城北街道平园池村开展“荷香飘沃土，旗袍秀自然”土地日主题宣传活动，宣传不动产登记、基本农田保护、土地复垦等法律法规，发放宣传资料2000余份，接受咨询400余人次。围绕《中华人民共和国土地管理法》最新修订内容，到如皋高新区开展送法到基层活动。走进如皋电台《政风行风热线》栏目，重点就土地征收补偿、农村建房改革管理、农村不动产权籍调查发证等热点解答百姓关切问题。8月，全国测绘法宣传日，在如城街道安定广场举办现场宣传活动，增强群众对版图意识和测绘工作的认知度。

（郑淑一）

【水环境保护宣传】 年内，市水务局在“世界水日”“中国水周”“节水宣传周”期间，组织开展涉水宣传活动，呼吁社会树立正确的用水观念，增强全社会水环境保护意识。5月12日，“节水宣传周”期间，在市宝利广场开展“城市节水宣传周”志愿服务，举办节水签名、节水常识宣传，普及水法律法规等活动，现场发放宣传资料近1000份，接受群众咨询200余人次。

（贾浩珍）

科学技术

综述

【概况】 2020年，全市新增高新技术企业107家、省民营科技型企业50家、科技型中小企业220家、省农业科技型企业5家，新增省级工程技术研究中心4家、南通市工程技术研究中心11家，争取各级各类科技项目资金3057.28万元。全年开展各类专题产学研对接活动23次，新增产学研合作项目177个，比上年增长15.6%；支出合作经费4637.65万元，比上年增长83.6%。

【高新技术产业】 年内，全市申报高新技术企业221家，获认定107家，获认定数位居南通市各县(市、区)第二。新增省高新技术企业入库备案121家，获批上市培育企业1家。截至年末，全市有高新技术企业269家、高新技术产业企业218家、民营科技型企业401家，进入省科技企业上市培育计划后备库企业14家。高新技术产业投资111亿元，比上年增长48.8%，占全部产业投资23.3%；实现高新技术产业产值484.48亿元。

【如皋高新区在全省省级高新区中综合排名第七】 6月，省科技厅公布2019年度全省高新技术产业开发区创新驱动发展综合评价结果，如皋高新区在30家省级高新区中列第七位，排名比2018年提升3位；在全部参评的50家国家级、省级高新区中列第20位，排名比2018年上升9位。

年内，如皋高新区进一步优化科技创新环境、大力引进高端人才、推动科技经济紧密融合、促进产业转型升级力度。申报省级科技计划项目6项，涵盖省科技成果转化资金项目、省重点研发计划、省国际合作计划等4类科技计划。江苏秦烯新材料有限公司“高端光电子材料用7N高纯红磷制备关键技术研发”项目获省重点研发计划立项，获省财政拨款120万元；南通佳宝机械有限公司“江苏省佳宝智能化液压打包及排废系统工程技术研究中心”获批省级工程技术研究中心。江苏卓远半导体有限公司黄宏嘉入选国家重大人才计划；江苏博牛智能科技有限公司周翊民入选省双创人才；江苏益芯半导体有限公司陈守俊、江苏卓远半导体有限公司黄宏嘉、南通腾锐通信技术有限公司易安林、南通德弘兴新材料有限公司姜再兴、江苏察控新智能技术研究有限公司史士杰成功入选如皋雉水英才。江苏浦丹光电技术有限公司、江苏卓远半导体有限公司和江苏秦烯新材料有限公司进入南通市通创荟创新创业大赛总决赛并晋级省行业赛。江苏卓远半导体有限公司获第八届创业江苏科技创业大赛、第九届中国创新创业大赛江苏赛区新材料行业赛成长企业组第一名。

（韩方舟）

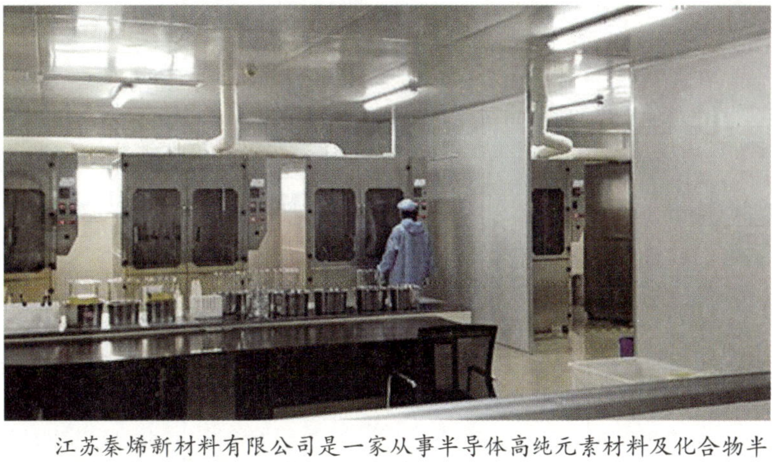

江苏秦烯新材料有限公司是一家从事半导体高纯元素材料及化合物半导体材料制备技术研发、生产和销售的高新技术企业，其“高端光电子材料用7N高纯红磷制备关键技术研发”项目年内获省重点研发计划立项。图为江苏秦烯新材料有限公司实验室

（如皋高新区供图）

2020年如皋市新认定高新技术企业名录

表41

序号	企业名称	镇(街道)	序号	企业名称	镇(街道)
1	江苏里高智能家居有限公司	丁堰镇	36	江苏江海船舶设备制造有限公司	江安镇
2	江苏爱吉科纺织机械有限公司	丁堰镇	37	南通优氟防腐科技有限公司	搬经镇
3	南通欧意姆制冷设备有限公司	丁堰镇	38	如皋市万通防腐有限公司	搬经镇
4	南通杨天机电设备有限公司	丁堰镇	39	恩派特江苏环保产业有限公司	搬经镇
5	蓝景纺织科技(南通)有限公司	丁堰镇	40	江苏兰佛卡压缩机有限公司	搬经镇
6	南通隆特家纺有限公司	丁堰镇	41	如皋市招财牛车业有限公司	搬经镇
7	如皋久源传动机械有限公司	东陈镇	42	南通市华冠电器有限公司	搬经镇
8	南通思瑞机器制造有限公司	东陈镇	43	江苏瑞海船舶工程有限公司	长江镇
9	如皋市顺源电力绳网带织造有限公司	东陈镇	44	江苏融达新材料股份有限公司	长江镇
10	南通华东油压科技有限公司	白蒲镇	45	江苏康恒化工有限公司	长江镇
11	南通力友液压机制造有限公司	白蒲镇	46	开源塑业科技(南通)有限公司	长江镇
12	江苏力源金河铸造有限公司	白蒲镇	47	江苏科力特环保科技有限公司	长江镇
13	江苏祥顺布业有限公司	白蒲镇	48	江苏北环生物科技有限公司	长江镇
14	江苏妙卫纸业有限公司	白蒲镇	49	南通新昱化工有限公司	长江镇
15	南通建恒机械制造有限公司	白蒲镇	50	如皋市乐恒化工有限公司	长江镇
16	江苏曜彰体育用品有限公司	白蒲镇	51	江苏瑞佳新材料有限公司	长江镇
17	江苏飞尔机电科技有限公司	白蒲镇	52	南通市法博纤维织造有限公司	长江镇
18	南通安琪医疗用品有限公司	下原镇	53	江苏和睿半导体科技有限公司	长江镇
19	南通绿美佳塑胶有限公司	磨头镇	54	南通锻压设备如皋有限公司	城北街道
20	南通源瑞电子有限公司	磨头镇	55	南通中鼎复合材料有限公司	城北街道
21	南通长海铝业有限公司	九华镇	56	南通新金丰皮革机械有限公司	城北街道
22	南通利泰化工设备有限公司	九华镇	57	江苏佳佳新能源有限公司	城北街道
23	江苏华培动力科技有限公司	九华镇	58	宇石能源(南通)有限公司	城北街道
24	如皋岩达机械工业有限公司	九华镇	59	江苏邦泰电气有限公司	城北街道
25	南通金三角石墨制造有限公司	九华镇	60	如皋市佳辉泡塑制品有限公司	城北街道
26	江苏永大化工机械有限公司	九华镇	61	南通冠达粉末冶金有限公司	城北街道
27	南通冠坤数控机床有限公司	九华镇	62	隆能科技(南通)有限公司	城北街道
28	如皋市桦儒肠衣有限公司	石庄镇	63	南通佳昱环保科技有限公司	城北街道
29	坦龙环保设备南通有限公司	石庄镇	64	南通维尔斯机械科技有限公司	城北街道
30	江苏永佳电子材料有限公司	江安镇	65	延康汽车零部件如皋有限公司	城北街道
31	江苏汤臣汽车零部件有限公司	江安镇	66	江苏聚源电气有限公司	城北街道
32	江苏宽程装备科技有限公司	江安镇	67	南通神马线业有限公司	城北街道
33	江苏朗迈电器有限公司	江安镇	68	江苏艾威机械制造有限公司	城北街道
34	南通沪达机械设备有限公司	江安镇	69	江苏顺远新材料科技有限公司	城北街道
35	江苏罗门扬环保工程有限公司	江安镇	70	南通泰德电子材料科技有限公司	城北街道

续表41

序号	企业名称	镇(街道)	序号	企业名称	镇(街道)
71	江苏省如高高压电器有限公司	城北街道	90	南通宏昇机械配件有限公司	如城街道
72	江苏思源赫兹互感器有限公司	城北街道	91	江苏九鼎新材料股份有限公司	如城街道
73	如皋市蓝鹰齿轮制造有限公司	城北街道	92	江苏迈冠体育产业有限公司	如城街道
74	如皋市雨润纤维科技有限公司	城北街道	93	江苏天南电力股份有限公司	如城街道
75	江苏千牧生物科技股份有限公司	城北街道	94	如皋英瑞高压电器有限公司	如城街道
76	南通优护优家卫生用品有限公司	城北街道	95	南通松能机械科技有限公司	如城街道
77	江苏奇成装配式建材科技有限公司	如城街道	96	如皋市力星滚子科技有限公司	如城街道
78	南通市力沛流体阀业有限公司	如城街道	97	江苏卓远半导体有限公司	城南街道
79	南通市鹏程电缆有限公司	如城街道	98	南通佳宝机械有限公司	城南街道
80	江苏力沛电力工程技术服务有限公司	如城街道	99	珂黎艾净化技术江苏有限公司	城南街道
81	江苏图腾电气科技有限公司	如城街道	100	申模南通机械科技有限公司	城南街道
82	南通金燃机械制造有限公司	如城街道	101	泱焓冷链系统(江苏)有限公司	城南街道
83	南通市鸿博信息科技有限公司	如城街道	102	江苏秦烯新材料有限公司	城南街道
84	如皋市天元服饰印业有限公司	如城街道	103	南通戴尔诺斯生物科技有限公司	城南街道
85	如皋市井上捏和机械厂	如城街道	104	江苏田字格新材料科技有限公司	城南街道
86	南通皋鑫电子股份有限公司	如城街道	105	南通灵敏环保设备有限公司	城南街道
87	江苏力星通用钢球股份有限公司	如城街道	106	南通华林科纳半导体设备有限公司	城南街道
88	江苏海力达机电制造有限公司	如城街道	107	南通合强液压科技有限公司	城南街道
89	江苏万达特种轴承有限公司	如城街道			

科技人才

【概况】 2020年,市科技局开展人才调研,掌握如皋市外籍专家和专业人才基本情况,做好分析研判。组织企业参加省科技厅举办的各类国合引智线上交流活动,针对国际交流合作较为频繁、产业代差较大的电子信息产业和氢能产业,推动重点企业精准靶向合作引才。深化实施省、市、县各级人才计划,推动高端人才落户,成功引入创新团队2个(国胶化学创新团队、天南电力创新团队)、服务企业科技副总6人。举办全市科技工作者座谈会,评选如皋市科技强企人物5人。

【人才项目建设】 年内,如皋市高质量推进高层次人才创新载体建设。江苏九鼎新材料股份有限公司成功晋级为国家级博士后科研工作站,梦百合科技股份有限公司、南通世睿电力科技有限公司被省人力资源社会保障厅批准设立江苏省博士后创新实践基地,隆昌化工陈晓晨A类资助、中如建工王会B类资助、海迪科光电王书昶C类资助获批省博士后科研资助计划项目。AFS泡沫铝合金项目(南通诺林金属新材料科技有限公司薛云鹏)入选2020年度中国留学人员回国创业启动支持计划优秀创业项目,为南通唯一入选项目(全省仅4个项目入选),获资助20万元。

(刘海燕　韩方舟)

创新载体建设

【概况】 截至2020年年末,全市拥有国家火炬特色产业基地4个(国家火炬如皋输变电装备特色产业基地、南通如皋化工新材料特色产业基地、如皋新能源汽车特色产业基地、如皋软件园软件产业基地);建有省创新型园区1家(如皋软件园),省创新型乡镇3家(白蒲镇、丁堰镇、石庄镇);建有各级工程技术研究中心124家,其中,省级43家、南通市级81家;省企业院士工作站1家、省科技公共服务平台3家、产业技术研究院9家;建有科技企业孵化器5家,其中,国家级2家、省级3家;建成众创空间6家,其中,省级3家、南通市级3家。

【研发机构建设】 年内,南通创源电化学科技有限公司、南通斯密特森光电科技有限公司、江苏陆地方舟新能源车辆股份有限公司3家省级工程技术研究中心顺利通过验收;江苏汤臣汽车零部件有限公司、江苏力星通用钢球股份有限公司、南通星球石墨股份有限公司、江苏省如高高压电器有限公司、南通力威机械有限公司在省工程技术研究中心绩效考评中获优秀等次。

【创新创业平台建设】 截至年末，全市双创载体有孵化面积近36万平方米，累计孵化企业879家，其中，在孵企业431家，毕业企业258家。年内，新增入孵企业54家，新增毕业企业36家，为社会增加就业岗位近500个，新引进本科及以上学历科技人员247人(海外归国留学人员5人、硕士和博士17人)。如皋市科技城创业中心、如皋科技创业园、如皋开发区创业中心绩效评价均获B级，获2019年省科技型创业企业孵育计划资金奖励25万元。在省市创业大赛中，势加透博洁净动力如皋有限公司、江苏卓远机器人科技有限公司2个项目获2020年创业江苏行业组优胜奖，势加透博洁净动力如皋有限公司获2020南通科技创业大赛成长企业组一等奖。10月底，如皋市举办第六届"梦想之星"创业大赛，参赛项目28个，评选一等奖1个(南通雷卓汽车科技有限公司的电动客车专用机械式自动变速系统项目)、二等奖2个、三等奖3个和优秀奖6个。

2020年新增南通市级及以上工程技术研究中心名录

表42

类　别	载体平台名称	承担单位
省级工程技术研究中心	江苏省森松石化核心装备与模块工程技术研究中心	江苏瀚皋机械有限公司
省级工程技术研究中心	江苏省瀚皋汽车内饰件精密模具及工装设备工程技术研究中心	江苏国胶新材料有限公司
省级工程技术研究中心	江苏省胶粘新材料工程技术研究中心	南通佳宝机械有限公司
省级工程技术研究中心	江苏省佳宝智能化液压打包及排废系统工程技术研究中心	江苏瀚皋机械有限公司
南通市企业工程技术研究中心	南通市辉鑫高性能玻纤制品工程技术研究中心	南通市辉鑫玻璃纤维有限公司
南通市企业工程技术研究中心	南通市千牧低分子肝素钠工程技术研究中心	江苏千牧生物科技股份有限公司
南通市企业工程技术研究中心	南通市恩派特环保设备工程技术研究中心	恩派特江苏环保产业有限公司
南通市企业工程技术研究中心	南通市伟达无毒环保型PVC健身玩具工程技术研究中心	伟达塑胶工业(南通)有限公司
南通市企业工程技术研究中心	南通市华业石油井下工具工程技术研究中心	南通市华业石油机械有限公司
南通市企业工程技术研究中心	南通市高泰电气智能装备工程技术研究中心	江苏高泰电气有限公司
南通市企业工程技术研究中心	南通市里高智能家居工程技术研究中心	江苏里高智能家居有限公司
南通市企业工程技术研究中心	南通市亿能氢燃料电池工程技术研究中心	南通亿能能源科技有限公司
南通市企业工程技术研究中心	南通市隆能超高能量锂离子电池工程技术研究中心	隆能科技(南通)有限公司
南通市企业工程技术研究中心	南通市迈冠智能体育器材工程技术研究中心	江苏迈冠体育产业有限公司
南通市企业工程技术研究中心	南通市更美功能化护肤品工程技术研究中心	江苏更美科技有限公司

科技计划项目

【概况】 2020年，全市申报各级各类科技项目811个，获省以上科技计划项目立项532个，其中，国家级327个、省级205个。年内，江苏秦烯新材料有限公司承担的"高端光电子材料用7N(N指纯度百分比中有几个'9')高纯红磷制备关键技术研发"项目获省重点研发计划(产业前瞻与共性关键技术)立项，南通市利德农工贸发展公司实施的"如皋创E园"项目获省重点研发计划(现代农业)项目立项。江苏万达特种轴承有限公司与南通大学实施的"叉车高性能特种轴承关键技术研发及产业化"项目获省科学技术奖。全市获省国际科技合作项目立项项目3个，5人入选省双创计划科技副总类。

【秦烯新材料公司一项目获省重点研发计划立项】 年内，江苏秦烯新材料有限公司(简称"秦烯新材料公司")"高端光电子材料用7N高纯红磷制备的关键技术研发"项目获省重点研发计划(产业前瞻与关键核心技术)立项。该项目采用自有技术,突破7N高纯红磷制备方法及工艺关键技术,研发出满足半绝缘磷化铟合成用纯度≥7N高纯红磷,打破发达国家垄断和禁运,实现7N高纯红磷产业化生产,解决"卡脖子"问题。该项目由中国科学院半导体研究所的专家团队与秦烯新材料公司共同实施,截至年末,研制出高纯红磷样品经第三方检测,纯度达到99.99995%(6.5N),仅个别杂质与国际顶尖水平存在细微差别,超出预期技术攻关进度。

2020年如皋市新增国家、省科技计划项目情况表

表43

序号	计划类别	项目名称	承担单位	争取资金(万元)
1	省级高新区综合评价	省级高新区综合评价	如皋高新技术产业开发区	1000
2	省重点研发计划(产业前瞻与共性关键技术)	高端光电子材料用7N高纯红磷制备关键技术研发	江苏秦烯新材料有限公司	120
3	省国际科技合作项目	适用极寒地区的高压交流断路器合作研发及海外应用示范	如高高压电器有限公司	100
4	省国际科技合作项目	高铁轴承滚子导轮磨加工关键技术的合作研发	江苏力星通用钢球股份有限公司	70
5	省国际科技合作项目	车规级无油高效气浮轴承的联合研发	势加透博洁净动力如皋有限公司	70
6	省重点研发计划(现代农业)	如皋创E园	南通市利德农工贸发展公司	20
7	省科技型创业企业孵育资金	—	如皋市科技创业园	9
8	省科技型创业企业孵育资金	—	如皋市科技城创业中心	7
9	省科技型创业企业孵育资金	省科技型创业企业孵育资金	如皋市经济贸易开发总公司	9
10	省科学技术奖	叉车高性能特种轴承关键技术研发及产业化	江苏万达特种轴承有限公司、南通大学	—
11	省双创计划"科技副总"	陈金山	南通亿能能源科技有限公司	—
12	省双创计划"科技副总"	蔺辉星	南通华多种猪繁育有限公司	—
13	省双创计划"科技副总"	寇波	江苏嘉好热熔胶股份有限公司	—
14	省双创计划"科技副总"	高伟	顺帆家庭用品(南通)有限公司	—
15	省双创计划"科技副总"	张玉明	如皋市非标轴承有限公司	—
16	省农业科技型企业	—	南通思瑞机器制造有限公司	—
17	省农业科技型企业	—	如皋市皋润肠衣有限公司	—
18	省农业科技型企业	—	江苏千牧生物科技股份有限公司	—
19	省农业科技型企业	—	南通康威尔生物化工有限公司	—
20	省农业科技型企业	—	江苏隆昌化工有限公司	—
21—127	高新技术企业(107家)	—	江苏里高智能家居有限公司等107家企业	—
128—347	国家科技型中小企业(220家)	—	南通建恒机械制造有限公司等220家企业	—
348—468	高新技术企业入库企业(121家)	—	南通锻压设备如皋有限公司等121家企业	—
469—518	江苏省民营科技企业(50家)	—	南通亚振电力科技有限公司等50家企业	—

续表43

序号	计划类别	项目名称	承担单位	争取资金（万元）
519—522	省工程技术研究中心	江苏省森松石化核心装备与模块工程技术研究中心等4个	森松(江苏)重工有限公司等4家企业	—
523	省产学研合作项目	猪腹泻综合防控技术研发	南通华多种猪繁育有限公司	—
524	省产学研合作项目	一种离子型聚合物改性SBC基热熔胶的开发研究	江苏嘉好热熔胶股份有限公司	—
525	省产学研合作项目	瓶胆保温性能智能检测系统的开发	顺帆家庭用品(南通)有限公司	—
526	省产学研合作项目	特种石墨提升高速轴承磨损性能的研发	如皋市非标轴承有限公司	—
527	省产学研合作项目	基于激光辐射的纺织材料无水改性技术开发	江苏田园新材料股份有限公司	—
528	省产学研合作项目	径向合成反应器研发关键技术研究	江苏永大化工机械有限公司	—
529	省产学研合作项目	氢燃料电池超薄金属双极板精密成形技术研究	南通亿能能源科技有限公司	—
530	省产学研合作项目	基于数字孪生的糖果包装机状态实时监测研究	南通维尔斯机械科技有限公司	—
531	省产学研合作项目	光-热-电型智能太阳能热水器研发	江苏浴普太阳能有限公司	—
532	省产学研合作项目	新型功能性阻燃线开发	南通神马线业有限公司	—

产学研合作

【概况】 2020年，市科技局通过小分队洽谈、点对点深入企业、线上平台对接等多种形式推进产学研合作。全年征集企业技术需求249个，及时与高校对接发布。开发如皋科技综合服务平台，吸引80余位高校专家加盟，发布技术需求近200个，开辟产学研合作新阵地。

【产学研合作项目】 年内，吉林大学(如皋)新能源汽车产业技术研究院发挥“领头雁”作用，与江苏九鼎集团有限公司签订“航空级高温固化防火玻纤布预浸料用环氧树脂开发”项目合作协议，合同金额110万元。稳步推进国际科技项目合作，如高高压电器有限公司“适用极寒地区的高压交流断路器合作研发及海外应用示范”项目、江苏力星通用钢球股份有限公司“高铁轴承滚子导轮磨加工关键技术的合作研发”项目、势加透博洁净动力如皋有限公司“车规级无油高效气浮轴承的联合研发”项目获省国际科技合作项目立项。

（韩方舟）

气象服务

【概况】 2020年，如皋气象站国家级地面气象观测仪器设备运行良好，气象观测质量稳定，气象设备稳定运行率、到报率、数据可用率平均值均为99%，全年气象观测无重大错情。乡镇自动站运行基本正常，出现故障维修及时率百分之百。完成第29次全国酸雨观测质量样品考核及能见度仪校标工作。全年报送决策气象服务材料87期，为防灾减灾工作提供决策依据。开展公共气象服务，在春运，中高考，作物播种、收割，重要节假日及重要活动期间发布预警信号72期，专题气象服务材料195期，微博、微信服务4488次，短信100万余条。召开全市基层气象防灾减灾协理员、信息员培训会，开展专业气象知识基础培训。建强气象协理员和信息员队伍，新增气象协理员、气象信息员88人，共486人，城乡覆盖率百分之百，气象预警实现村村通。完成冬小麦、油菜、物候资料、土壤水分观测及对比资料数据上传，完成生态与农业气象服务84期、特色农业气象服务49期。

【气象科研】 年内，市气象局如皋市级科技局课题“乡村振兴背景下如皋市智慧气象服务体系研究”顺利结题，南通市气象局课题“薄壳山核桃在如皋生长的气候适应性研究”在研中。全年发表科技论文(第一作者)3篇。

【气象科普宣传】 年内，市气象局线上线下双管齐下，推动气象防灾减灾知识普及。通过微博、微信等平台，定期发布气象灾害、防雷安全等科普防御小知识。完成长江青少年素质教育基地气象科普园地自动站建设。开展气象冬令营、夏令营活动,通过读书会、气象实验、参观气象科普馆等形式,多层次、多渠道引导未成年人体验气象科学,培养气象兴趣。

(王剑林)

地震监测

【概况】 2020年,市地震局测震仪器运行率99.73%,强震仪器连通率百分之百,均高于全省平均水平,将如东东和东台东黄海海域地震活动等信号与数据实时准确地传送给省地震台网中心,为南通市与省地震局会商震情提供可靠参考数据。

【地震群测群防体系建设】 年内,市地震局不断完善地震群测群防体系。加强地震宏观点建设与管理,制定《如皋市地震宏观观测点的管理办法》,进一步明确地震宏观观测员工作职责,规范地震宏观信息报送制度,推进全市宏观观测工作向制度化、规范化方向发展。强化地震群测群防队伍建设,通过发放资料、集中培训、个别指导等方式进一步提升地震宏观观测员、防震减灾助理员和地震灾情速报员业务能力和水平,1人被省地震局评为省级优秀地震灾情速报员。制定《如皋市宏观观测工作考核办法》,根据宏观观测员平时工作完成情况与现场检查情况进行量化考核,并根据考核结果进行相应奖惩,进一步增强宏观观测员责任心,提升地震宏观观测水平。

(苏　雯)

科技普及

【概况】 2020年,市科协开展应急科普工作,普及科学防疫知识。常态化开展高端专题科普报告、科技下乡、科普知识竞赛等系列活动,推动科普进农村、进社区、进企业、进学校、进军营活动50余场次。在如皋电视台全年播出科普大篷车节目50余期,在《如皋日报》上开辟科普专栏10期。8月,围绕"科技战'疫'、创新强国"主题举办2020年全国科技活动周暨第32届科普宣传周主场活动,展出各类科普展板14块,涵盖科技战"疫"成效、科技创新成就、体验美好生活和科技助力脱贫攻坚等内容。9月,围绕"决胜全面小康,践行科技为民"主题,举办如皋市2020年全国科普日主场活动,开展科普阅读与科创征文、科创作品展(省级以上创新大赛作品展、动画作品展)、专题讲座、参观学习、现场观摩5大类12项活动。

【应急科普宣传】 疫情期间,市科协推送转发疫情防控科普信息1000余条,浏览人数50余万人次;印制疫情防控科普宣传画近500套、公众防护指南3000余份、宣传海报2500余张,分发到社区、学校和企业。组织开展"新型冠状病毒知多少"有奖科普知识竞答,参与人数超6万人次。开展"'疫'线有创造,科学伴成长"原创科普主题作品征集活动,内容涵盖与防控新冠肺炎相关的健康知识、防控常识、政策宣传及日常生活中科学小创造、小发明等。开展"新冠疫情难集聚,我为春耕来直播"系列专题讲座8期,邀请东南大学心理学教授马向真面向中小学生开设心理疏导讲座,指导师生、家长学习特殊时期下心理"复位"。

【青少年科创教育】 年内,市科协组织全市近100名中小学科学骨干教师、骨干科技辅导员参加线上线下培训。围绕计算机编程、科技影像、无人机、VEX机器人、3D打印、模型搭建等项目,举办如皋市第三届中小学生公益科技夏令营,参与学生200余人。如皋市在校中小学生代表南通市组队参加省"诗词里的科学"网络挑战赛,小学组获二等奖,中学组获三等奖。市科协参与承办长三角地区科普漫画大赛、青少年科技创新大赛等品牌活动,选送科普动画作品《小水滴旅行记》《七彩世界》参赛,分别获第十一届全国青少年科学影像节活动暨首届江苏省青少年科学影像活动最佳作品称号和一等奖。长江药用植物园和江苏省如皋中等专业学校被评为省科普教育基地,白蒲小学被命名为"十三五"第五批省科学教育综合示范学校。

【高端科普报告】 年内,市科协持续推进"科普大篷车"、院士专家科普进校园活动,围绕"动植物大战""基因与健康""桥梁共振"等主题,为中小学生举办高端科普报告近20场。录制科普讲座视频20集,面向各中小学校青少年普及现代科学技术前沿知识。邀请东南大学电磁空间科学与技术研究院执行院长、毫米波国家重点实验室教授周小阳,浙江大学计算机科学与技术学院教授金小刚和省中学物理特级教师汤金波等如皋在外优秀科技人才走进校园,和学生们一起探讨科学知识,规划人生发展目标。

(王兆勇)

教育

综述

【概况】 2020年，如皋教育紧紧围绕办好人民满意教育总体目标和全市教育大会部署要求，以教育现代化示范区建设为统领，以服务如皋高质量发展为使命，统筹疫情防控和教育改革发展，“十三五”教育规划圆满收官。年内，如皋市教育现代化建设水平监测综合得分94.08分（数据来源：江苏教育评估院），继续列南通第一名。市教育局被表彰为南通市优秀集体、南通市抗击新冠肺炎疫情先进集体、省青少年科技教育先进单位、省空军招飞工作先进单位等；学生资助工作绩效评价获省优秀等次。4月22日，在全省遵循新发展理念持续排查解决突出民生问题工作会议上，如皋市委作为教育领域唯一发言单位做经验介绍，如皋教育获省委书记点赞。

扫码观看视频《使命成就荣光》

【基础设施建设】 年内，全市教育系统实施新开工项目11个、装修改造项目39个、校舍加固改造项目1个，完成跨年度项目7个，累计投资7.9亿元。加快推进如皋中学品质提升和新城高中、志颐小学、如师二附、如师三附、附小新城幼儿园等教育新建工程。9月，李渔小学投入使用。完成市二中四星高中创建改造工程。完成外国语学校等操场塑胶化改造项目10个。完成如皋中专高考考点和如皋初中、市实验初中、外国语学校中考考点所有考场空调安装。全市44个融合教育资源中心通过南通市融合教育资源中心现场验收。

【德育】 年内，市教育局继续推进生活德育，区域推进“生活德育·生态体验”实践与研究获评第二批省中小学生品格提升工程优秀项目。实施促进未成年人健康成长系统工程，制定并落实思想教育课程等未成年人健康成长任务清单9项。根据学段分别开发学生组生命教育、预防性侵教育、预防未成年人违法犯罪教育，以及教师组法治教育专题讲座素材，全面实施到校到班，实现师生教育全覆盖。制定《如皋市中小学班主任工作守则（试行）》，明确班主任工作规范，守护学生健康安全成长。6月5日，如皋市法治校长项目暨女童保护·星辰计划启动仪式在市人民检察院举行，该计划旨在做好预防少年儿童遭受性侵害工作，完善预防性侵害协同机制。6月24日，市老区建设促进会教育分会召开红色文化进校园座谈会，推动学用红色书刊活动不断深入。11月21日，如皋生活德育品牌建设工作接受教育部调研考察。12月4日国家宪法日，市人民法院高新区法庭“法律大讲堂”走进市外国语学校，普及预防未成年人犯罪、平安校园、中学生网络安全等法律知识。12月8日，如皋初级中学举行心理健康教育报告会，近200名师生参加活动。

【素质教育】 年内，市教育局深入实施素质教育，持续推进阅读、体艺、社团建设等工作，多元化、特色化成为学校内涵建设良好生态。组织学生参加省“中学生与社会”作文大赛，获初中组、高中组特等奖各1个（大赛共设初中组、高中组特等奖各3个）、一等奖18个。举办全市中小学生阳光体育运动会，设置单项体育比赛9项。如师附小获评全国青少年校园足球特色学校。开发区实验初中、搬经镇夏堡小学获评全国青少年篮球体育传统特色学校。建成省健康促进金奖学校5所、银奖学校6所，总数列南通第一。全年学校社团在各类比赛中获省级及以上奖项31项。4月24日，如皋市以“护助少年儿童健康成长，抵制有害出版物及信息”为主题的“绿书签行动”启动仪式在开发区实验小学举行。11月5日，南通市第八届特殊教育学校学生阳光体育运动会在如皋举行，来自南通市7

所特殊教育学校及南通市社会福利院240余名师生参加运动会。11月11日，“书香浸润雉水，经典传扬皋城”省“诵读学传”活动走进下原镇。11月16日至27日，在全国田径青少年(U16)铁饼铅球冬季训练营项目挑战赛中，如皋市少年体育学校投掷队5名运动员获金牌1枚、银牌3枚、铜牌3枚。11月30日，南通市足球特色幼儿园创新游戏培训活动在城东实验幼儿园举行，南通地区100余名足球特色幼儿园代表观摩城东实验幼儿园足球游戏现场，开展经验分享、专题讲座、足球游戏实践等活动。如皋市小学阶段第十二届“大阅读”教学展示观摩培训暨2020年秋季“读书节”活动在磨头小学举行。12月12日，在2020年中国(无锡)青少年啦啦操精英赛中，江安小学获学校俱乐部儿童混合大集体组爵士规定动作冠军、俱乐部儿童丙组技巧啦啦操亚军；开发区实验小学获小学组花球啦啦操示范套路和技巧自选动作双冠军。

12月12日至13日，在2020年中国(无锡)青少年啦啦操精英赛中，如皋开发区实验小学共慧啦啦操队获小学组花球啦啦操示范套路和技巧规定动作双冠军　　（市教育局供图）

【科学教育】　年内，市教育局大力推进科学教育，组织科学教师参加线上线下实验技能培训、主题教研活动观摩300余人次。组织学生参加各类科技创新大赛，获南通市级及以上各类奖项328人次，市教育局连续5年获省中小学生金钥匙科技竞赛活动优秀组织奖。继续加强STEM(科学、技术、工程、数学的英文首字母缩写)教育研究，中国教科院立项课题“小学STEM课程开发与实施研究”通过阶段评估。外国语学校、江安镇江安小学被评为第二批全国STEM种子学校。白蒲镇白蒲小学被评为省第四批科学教育综合示范学校。安定小学STEM创客团队在第十八届全国中小学创新与实践大赛中获一等奖8个。在全国信息学奥林匹克竞赛中，如皋中学两名学生分获二等奖、三等奖。在第五届全国青少年无人机大赛(江苏省赛)中，获一等奖11个。在省“我的中国梦”中小学生校园科技短视频竞赛中，28项作品获优秀科学探究奖，获奖人数列南通市各县(市、区)第一。开辟微信公众号“如皋小学科学工作坊”，推送居家科学小实验视频等学生作品1000余件。

【教育教学研究】　年内，市教育局推进教育教学改革，聚焦“思维力提升”“分层教学”“小组合作评价”等，开展主题研讨与实验研究。组织新高考选择性必修学科高效建模专题研讨，修订各学段综合质量评估方案，完善小学艺体与信息监测方案。白蒲中学、安定小学分别成为省中小学课堂教学改革区域推进现场会高中组、小学组课改现场。如皋中学“高中生历史学科史料实证素养培养的区域行动”、如师附小“跨界学习、奠基大成——小学育人路径探索20年”、安定小学“基于胡瑗‘明体达用’教育思想的课程开发与实施”3个项目成功申报省基础教育内涵建设项目。“思维导图在高中语文教学中的应用研究”获评第五届省教育科学优秀成果特等奖。全年立项国家级课题1项、省级课题16项、市级课题39项。全市教师出版教育教学专著6部，在国家级刊物(全国中文核心期刊)上发表论文19篇，在省级刊物上发表论文2289篇。10月30日，“领航杯”如皋市小学组信息化教学能手大赛在市外国语学校举行，促进信息技术与教育教学的融合创新，提高教师信息化应用能力。11月24日，省教育厅在如师附小成立省小学跨界学习研究所，推广应用国家级教学成果一等奖项目——如师附小“跨界学习、奠基大成”课改实践教学成果。

【师资队伍建设】　年内，市教育局加强师德师风建设，常态化开展教师政治学习、师德主题教育培训，全市师德师风满意度97.75%。全年获评南通“园丁奖”1人、南通市首届“领航校长”3人、“感动南通·教育人物(群体)”1个(江苏省白蒲高级中学2020高三年级组)。举办雉水校长讲坛，开展乡村教师培育站、新教师大练兵大展示等活动。联合南通师范高等专科学校开展学前教育专业教师委培工作。制定《关于2020年如皋籍优秀学子报考重点师范院校且毕业回如从教的激励办法(试行)》。全年招聘新教师510人，面向初中、高中招录定向师范生200人。实施教师

9月13日至15日，省教育厅普通高中教育教学视导组到白蒲高级中学，开展教育教学视导。图为省教育厅视导白蒲中学教育教学工作反馈会现场

（市教育局供图）

精准交流，新派出交流教师496人，占符合交流轮岗条件教师总数23.78%；交流轮岗骨干教师194人，占交流轮岗教师总数39.1%，持续高于国家规定比例。提请市委、市政府表彰德业双馨十佳教师10人、优秀教育工作者270人和优秀教师群体10个，评选"教学名师"200人。新增正高级教师4人（李继东、蒋海燕、马建锋、陈红娟）、高级教师107人、一级教师192人、二级教师470人。新增省教师发展示范基地校1所（江苏省如皋中等专业学校）、南通市第二批"四有"好教师建设团队1个，入选省名师工作室主持人1人、教育家型校长创新培育计划2人、乡村青年教师培养奖励计划1人。被列为南通市首批卓越教师培养对象25人、教育家型教师培养对象6人、领航校长培养对象3人。8月22日至23日，省初中道德与法治、学前教育、小学道德与法治、中小学英语乡村骨干教师培育站集中开班典礼暨首次研修在如皋开发区实验小学举行，4个培育站主持人、导师及120余名学员参加研修活动。

【困难学生资助】 年内，市教育局对家庭经济困难学生实行精准资助，将建档立卡、城乡低保、残疾学生、农村特困供养、边缘易致贫5类家庭困难学生全部纳入教育资助范围。全年资助4.75万人次、4096.83万元，其中，中职免学费1.96万人次、2155.34万元，中职国家助学金资助学生2102人次、210.2万元，普通高中免学费598人次、50.23万元，高中国家助学金3533人次、353.3万元，义务教育阶段学生生活补助1.56万人次、992.55万元，资助学前教育儿童6099人次、335.21万元。全年办理生源地信用助学贷款237人次、205.88万元。广泛开展社会捐助活动，全市30余个机构（公司）或个人资助家庭贫困学生2500余人，资助总额130余万元。

【如皋教育高质量发展县域经验在全省民生会议上交流】 4月22日，在全省遵循新发展理念持续排查解决突出民生问题工作会议上，如皋市委作为教育领域唯一发言单位，以《教育优质均衡，发展普惠于民，奋力开辟如皋教育现代化新局面》为题做经验介绍。

【白蒲中学接受省教育厅视导】 9月13日至15日，白蒲中学作为南通市普通高中代表，接受省教育厅视导。省教育厅普通高中教育教学视导组一行50余人，分成视导管理组、学科专家组，通过听课、个别访谈、查阅资料、问卷调查、座谈等方式，全面调研白蒲中学教育教学实践经验。视导组在视导反馈会上指出，如皋教育是省教育厅要树立的一面旗帜，白蒲中学是一个样本、一个标杆，是全省高中教育面向未来高质量发展、高品质发展、引领性发展的典型。

（吴兴红）

学前教育

【概况】 2020年年末，全市有幼儿园83所，在园幼儿33354人。其中公办幼儿园69所，就读公办幼儿园幼儿29780人，占89.3%；民办幼儿园14所（年内新增2所，即龙游湖幼儿园、朗孚幼儿园），就读民办幼儿园幼儿3574人，占10.7%。全市有普惠性民办幼儿园6所，在园幼儿2010人，全市在普惠性民办幼儿园和公办幼儿园就读幼儿31326人，占96.4%。全市有幼儿教职员工3753人，其中专任教师2223人（研究生学历4人，占0.2%；大学及以上学历1160人，占58.7%；专科及以上学历1932人，占97.8%）。年内，市政府制定《如皋市学前教育三年振兴计划（2021—2023年）》，加快学前教育发展进程。全市学前教育三年毛入园率百分之百。

【课程游戏化】 年内，市教育局通过会议培训、研讨沙龙、典型引路、项目创建、帮扶共建、督查评比、送教下乡、特级教师乡村行等系列举措，全面推进课程游戏化项目建设。"区域推进幼儿园课程游戏化项目建设"受到省级领导重视。2月14日，南通市幼儿园课程游戏化建设现场观摩研讨会暨第七次推进会在如皋市举办，南通市各县（市、区）教育局分管负责人、幼教干部、幼教教研员，省市课程游戏化项目园、帮扶园部分园长、教师代表等300余人参加会议。会议观摩土山幼儿园、大明幼儿园、新华幼儿园等6家“小微园所”，深入幼儿游戏现场、听取课程建设汇报，解读实施课程游戏化的共性问题与解决方略。

【优质幼儿园创建】 年内，外国语学校附属幼儿园、石庄镇石北幼儿园、石庄镇张黄幼儿园3所幼儿园通过省优质幼儿园复审。吉的堡幼儿园、丁堰镇刘海幼儿园、磨头镇金童幼儿园、搬经镇新芹幼儿园建成南通市优质幼儿园。

11月5日，南通市第八届特殊教育学校学生阳光体育运动会在如皋举行。图为如皋开发区实验小学与市特殊教育学校学生联合表演啦啦操热舞《歌唱祖国，天天向上》　　（市教育局供图）

义务教育

【概况】 2020年年末，全市义务教育阶段有小学60所、初中25所、特殊教育学校1所。在校小学生68175人、初中生30967人；在校小学教师4108人、初中教师2885人，其中，小学专任教师4064人、初中专任教师2787人。年内，如皋市义务教育学校标准化建设省监测达标率百分之百，创历年新高。全市小学适龄儿童入学率、巩固率、毕业率、升学率均为百分之百，适龄残疾儿童少年义务教育入学率百分之百。小学学业合格率百分之百，初中学业合格率98.8%。

【艺术教育】 年内，市教育局以“一校一乐器”项目为抓手，着力推进学生艺术技能培养，形成搬经小学千人竹笛、开发区实验小学千人葫芦丝、下原小学百人二胡等特色项目。组织教师合唱团、教师民乐团，建立健全教师合唱团、民乐团活动机制，保证各教师艺术社团常态运行。

【中考】 年内，如皋市中考取得历史性突破，总均分列南通第一，超出南通大市均分16.54分，普通高中录取控制线南通最高，校际分差南通最小，23所初中有12所初中位居南通第一方阵，所有学校进入南通前2/3，其中如皋初中总均分位列南通第一。初中毕业生升高中入学率百分之百。

特殊教育

【概况】 2020年年末，全市有特殊教育学校1所、特殊教育幼儿园1所。市特殊教育学校有教职员工45人，其中专任教师39人。有各级各类适龄特殊教育需要儿童502人，其中，融合教育223人，特殊教育学校就读279人。学前教育特殊儿童入学率、义务教育特殊儿童少年入学率均超99%，全面完成特殊教育需要儿童控辍保学工作。

【融合教育资源中心建设】 年内，全市新建融合教育资源中心15个。截至年末，全市有融合教育资源中心44个，其中，幼儿园14个、小学15个、初中14个、职业中专1个，每个镇（区、街道）实现幼儿园、小学、初中全覆盖。结合防疫要求，有序开展送教（康）上门工作。11月10日，全市44个融合教育资源中心全部通过南通市教育局、民政局、卫健委、残联四部门联合现场认定。12月16日，市教育局对全市200名中小学（幼儿园）融合教育管理人员及专（兼）职资源教师开展培训。

【特殊教育创优】 年内，市特殊教育学校组织青年教师参加特殊教育（融合教育）青年教师基本功比赛，2名教师分获省、南通市一、二等奖；9名听障学生被南京聋人高级中学、南通特殊教育中心录取；2名听障学生获如皋市美德少年、三好标兵称号。聋儿语训和送教（康）上门等工作为中重度困难残疾儿童家庭送温暖，实现精准帮扶。特殊教育典型经验被如皋电视台、学习强国等媒体报道。11月5日，南通市第八届特殊教育学校学生阳光体育运动会在如皋举行，设集体、个人项目两大类，障碍跑、脚夹球接力赛、抢收抢种、袋鼠夹球等趣味项目8个。来自南通市各县（市、区）7所特殊教育学校及南通市社会福利院240余名师生参加运动会。

（冯建卫）

高中教育

【概况】 2020年年末，全市有普通高中8所(四星级学校7所、三星级学校1所)。有普通高中教职工2083人，其中专任教师1834人；在校生17336人。年内，江安中学通过省四星级普通高中复审。

【学业水平测试】 年内，全市报考普通高中信息技术学业水平测试学生6095人，比上年增加1176人，其中，高二6074人、高三21人，一次性合格率99.67%。参加普通高中学业水平合格性考试考生6151人，比上年增加898人。

【高考】 年内，全市参加普通高校招生报名考生5204人。报考普通类考生4579人(文科863人、理科3716人)，比上年减少154人；艺体类考生625人。高等职业技术学校提前单招录取386人，比上年减少89人。参加普通高校招生统考考生4754人，比上年增加33人。全市普通高考本一上线率76.29%，为全省本一上线率3.2倍；选修学科双B及以上达标率94.75%。全市高考总分400分以上133人，其中，列全省前100名4人、全省前1000名53人。本二及以上上线率97.57%。录取总数4681人，录取率98.46%。其中本科录取4500人，占录取总数96.13%；专科录取181人。空军、海军航空兵招飞录取3人。自1989年招飞工作列入普通高校招生工作序列后，市教育局连续32年获评省招飞工作先进集体。

2020年全国部分高校(本科)录取如皋考生情况表

表44

院校名称	类别	录取(人)	院校名称	类别	录取(人)
北京大学	理科	1	河海大学	理科	29
清华大学	理科	1	河海大学	文科	5
南京大学	理科	22	南京理工大学	理科	31
南京大学	文科	3	南京理工大学	文科	1
东南大学	理科	19	南京师范大学	理科	59
东南大学	文科	1	南京师范大学	文科	29
东南大学医学院	理科	2	苏州大学	理科	102
中国人民大学	理科	2	苏州大学	文科	25
中国人民大学	文科	1	上海交通大学	理科	15
复旦大学	理科	4	浙江大学	理科	4
复旦大学	文科	5	浙江大学	文科	2
同济大学	理科	6	哈尔滨工业大学	理科	4
南京航空航天大学	理科	38	四川大学	理科	8
南京航空航天大学	文科	2	四川大学	文科	1

中等职业教育

【概况】 2020年，全市有公办中等职业学校2所，为如皋中等专业学校(简称“如皋中专”)和如皋第一中等专业学校(简称“如皋第一中专”)。两所中专均是国家级重点、省四星级职业高中、省高水平现代化职业学校、省现代化示范性职业学校、省职业学校智慧校园，如皋中专是国家中等职业教育改革发展示范学校和全省首批50所领航学校建设单位之一。年末，两所中专有在校在籍学生9266人，专任教师765人。其中专业教师456人，占比59.6%；“双师型”教师343人，占比75.2%。专任教师本科及以上学历比例为97.9%；研究生学历81人，占比10.59%；特级教师3人、正高级教师3人；高级职称308人，占比40.3%。年内，招录新生3157人，毕业3054人。全市1493名职业学校学生参加全省职教对口高考，本科上线939人，约占全省本科计划1/5，本科上线率62.9%，连续15年列全省第一。市场营销、汽车和建筑专业本科上线率分别为92.19%、89.69%和86.49%。

【专业建设】 年内，如皋中专新增五年制高职专业1个（数字媒体应用技术）。全市新增省现代化实训基地2个（如皋中专机电技术应用专业和第一中专计算机应用专业）、省职业体验中心1个（如皋中专机器人与自动化控制职业体验中心）。截至年末，全市有省现代化实训基地6个、省现代化专业群8个。

【技能竞赛】 年内，市教育局组织教师参加全省职业院校教学大赛，获一等奖2个、二等奖1个、三等奖3个。第一中专纺织服装组代表江苏省参加全国职业院校技能大赛教学能力比赛，获二等奖，为纺织服装专业组第一名。举办如皋市职业教育技能大赛比赛，设置项目5个。组织师生参加南通职业院校技能大赛，获一等奖17个、二等奖18个、三等奖23个。第一中专计算机检测维修与数据恢复组获全国职业院校技能大赛改革试点赛一等奖。

【校企合作】 年内，市政府办出台《如皋市职业教育校企合作三年行动计划（2021—2023年）》，深入推进职业教育校企合作。两所中专与企业进行订单班合作办学，开设订单班17个。

【中等职业学校标准化教育】 年内，如皋市在全国率先开展中等职业学校标准化教育。与中国计量大学签订共建标准化教育合同，组织第一批教师到中国计量大学进行标准化课程授课指导和专业培训，重点学习标准化课程体系的组成与内容、基础知识。年内，完成第一本标准化基础知识教材编写工作。

（陈　斌　李加峰）

2020年全省对口高考如皋本科线上线情况表

表45

专　业		建筑	机械	机电	电工电子	计算机	化工	农业	财会	市场营销	旅游	艺术	烹饪	汽车	纺织服装	体育	合计
全省本科计划(人)		170	445	540	545	563	232	170	445	425	320	760	120	125	180	200	5240
全市	考生(人)	74	141	178	133	220	63	81	86	97	80	101	80	64	84	21	1503
	上线(人)	64	89	106	60	122	40	33	56	87	53	42	40	59	71	17	939
	上线率(%)	86.49	63.12	59.55	45.11	55.45	63.49	40.74	65.12	89.69	66.25	41.58	50.00	92.19	84.52	80.95	62.48
	占全省份额(%)	37.65	20.00	19.63	11.01	21.67	17.24	19.41	12.58	20.47	16.56	5.53	33.33	47.20	39.44	8.50	17.92
如皋中专	考生(人)	39	70	116	69	124	29	40	53	56	42	56	43	35	45	—	817
	上线(人)	34	46	61	34	75	19	22	36	50	25	27	16	31	40	—	516
	上线率(%)	87.18	65.71	52.59	49.28	60.48	65.52	55.00	67.92	89.29	59.52	48.21	37.21	88.57	88.89	—	63.16
	占全省份额(%)	20.00	10.34	11.30	6.24	13.32	8.19	12.94	8.09	11.76	7.81	3.55	13.33	24.80	22.22	—	9.85
如皋第一中专	考生(人)	35	71	62	64	96	34	41	33	41	38	45	37	29	39	21	686
	上线(人)	30	43	45	26	47	21	11	20	37	28	15	24	28	31	17	423
	上线率(%)	85.71	60.56	72.58	40.63	48.96	61.76	26.83	60.61	90.24	73.68	33.33	64.86	96.55	79.49	80.95	61.66
	占全省份额(%)	17.65	9.66	8.33	4.77	8.35	9.05	6.47	4.49	8.71	8.75	1.97	20.00	22.40	17.22	8.50	8.07

高等教育

【开放教育】 2020年，如皋开放大学与江苏开放大学、大连理工大学、福建师范大学、中国石油大学、西安交通大学、西南大学6所名校合作办学，开设行政管理、财务管理、工程管理、药学、护理学等专业80余个。全年招生1035人，毕业1500余人。年末，在读学员3500余人。年内，与市残联合作，成功举办第一期残疾人学历提升班，首批招生27人。被评为全省办学系统年度教学先进单位、江苏地区年度优秀服务站，获奥鹏教育年度优秀服务团队奖。网上学习小组被江苏开放大学评为“优秀学习小组”。

（刘　晖）

【自学考试】 年内，全市报名参加省自学考试2327人次。毕业83人，其中，专科毕业17人，本科毕业66人。

【成人高考】 年内，全市报考成人高

考1877人次。其中免试230人，占12.25%；专科起点升本科691人，占36.81%；高中起点升本科42人，占2.24%；高中起点升专科1022人，占54.45%。应考人数1647人，实际参加考试1383人，参考率83.97%。

社会教育

【概况】 2020年，市教育局以“一镇一品”“一镇多品”培训品牌建设为引领，广泛开展现代农民职业技术培训、城乡居民培训、老年教育培训等各类培训活动，全年举办各类培训班860个，培训22万余人次。其中，现代农民教育培训工程培训4.63万人次，城乡居民培训5.62万人次，老年教育培训3.23万人次。科源三农教育特色基地被评为省社区教育培训特色品牌。以各类学习型组织创建为抓手，大力推进学习型社会建设，获评全省“百姓学习之星”6人、南通市优秀学习型组织6个、南通市优秀学习型家庭6个、南通市优秀学习型个人6人。11月，以“全民智学，助力双战双赢”为主题，开展家庭教育讲师团进社区、健康知识培训、摄影书画展览等全民终身学习活动周系列活动。

【校外教育机构管理】 年内，市教育局开展校外培训机构专项治理，加强民办教育管理。全年开展安全工作专项检查4次、校外培训机构从教人员授课内容专项检查1次、单用途预付卡市场秩序专项检查1次。对26家校外培训机构进行“双随机、一公开”检查，其中教育部门单独检查13家，联合市场监管、民政、消防部门检查13家。严格执行教学计划报备、招生宣传报备、收费报备制度，及时公布校外培训机构黑白名单62家。指导督促校外培训机构做好新冠肺炎疫情防控工作，做好复课验收及复课后管理工作，543家校外培训机构通过复课验收。11月，对14家民办幼儿园开展教学质量综合评估，促进民办幼儿园规范化管理，推动民办幼儿园办园水平和保育质量提升。

（周红林）

【老年教育】 年内，市老年大学有班级45个，在聘教师45人，在册学员999人。新冠肺炎疫情防控期间，组织学员参加网上课程学习，建立“老年大学线上云课堂”学习群，组织柔力球、广场舞、摄影等班级开展户外教学，线上和户外并举，做到“停课不停学，教学不断线”。启动“以长寿和花木文化丰富教学资源”课题研究，该课题被列为南通市重点研究课题。全面启动校本教材《如皋长寿养生》《如皋花木盆景》（暂定名）编写工作，收集资料近200万字。学校艺术团创排、复排文艺节目16个，送戏下乡7场，行程1200余千米，参演人员400余人次。柔力球班在全国老年柔力球网络中级套路比赛中获一等奖。在市级以上摄影比赛中获奖或在报刊发表摄影作品22幅，其中在《中国摄影报》“大爱之城，幸福如皋”全国摄影大赛中获奖8幅。被各级各类报刊采用抗疫主题文章、摄影作品80余篇（幅），其中绘画作品《雨洗春山佑中华》获“翰墨绘春秋·光影耀银龄”全省老年书画作品展三等奖，在南通市参赛作品中唯一获三等奖及以上奖项。歌曲《龙游河》获第五届如皋市文学艺术奖优秀奖。10篇论文被南通市老年大学选送参加全国第十四届老年教育研讨会评选，其中，《老年大学培养社会主义核心价值观的路径选择》《社会养老模式浅谈：文化养老与物质养老的联姻》《老年大学校本课程开发的思考》获优秀论文奖（《老年大学校本课程开发的思考》获优秀论文一等奖），《本地资源是老年教育的沃土》被金陵老年大学收入《教育研究》征文汇编。

（时益平）

10月，市老年大学柔力球队表演视频获全国第六届柔力球柔乐球网络视频中级套路比赛一等奖。图为获奖视频拍摄现场　（薛如生摄）

综　述

【概况】 2020年，市文体广电和旅游局持续擦亮“雉水之夜”群众文化品牌，实施每镇每年举办较大型文体活动4次以上、每村每年举办文体活动6次以上计划，群众文化活动日益丰富，公共文化服务阵地作用发挥明显。全年举办农民“乐一天”艺术节活动140场，送戏下乡90场，送图书1.8万册，送展览23场，线上线下送培训1.7万人次。7月25日，2020年如皋文化旅游资源推介会在开元名都大酒店成功举办，向与会人员展示《如皋号子》《耥花灯》《偶腾江海》《如皋等你来》等如皋特色文化节目。8月17日，由市委、市政府主办的“我们的中国梦——文化进万家暨‘雉水之夜’文旅消费季”启动仪式在市文化广场举行。8月29日，在市文化馆小剧场举办“戏剧神韵”如皋·太仓两地情戏剧交流活动。9月，市图书馆、搬经镇综合文化站、17个村(社区)综合文化服务中心共19个省公共文化服务效能提升“十百千”示范工程建设单位，全面完成提档升级，并通过南通市级验收。10月25日，第九届旅游文化节开幕式暨电影文化惠民年展启动仪式在水绘园东广场举行。

【文化设施】 年末，全市有公共图书馆2座(市图书馆、市少儿图书馆)。市图书馆为国家一级馆，年内新增江苏银行、长江镇永平社区、如皋市退役军人服务中心3家分馆，以及妇幼保健所、城管驿站2处流动服务点；市少儿图书馆为国家二级馆，年内新建李渔小学、吴窑郎孚幼儿园2家少儿图书馆分馆。有市级文化馆1家，设文化馆分馆14家。全市有备案博物馆5家，其中，国有博物馆4家(如皋市博物馆、江苏盆景博物馆、李昌钰刑侦科学博物馆、红十四军纪念馆)、非国有博物馆1家(如皋丝毯艺术博物馆)。年内，全市所有博物馆完成人数智能监测系统安装。12月14日，红十四军纪念馆正式通过省文物局确认备案，加入博物馆序列，成为省内唯一红军博物馆。红十四军纪念馆纪念红十四军建军90周年“革命文物网上秀”系列主题活动被推介为2020全国革命文物保护利用优秀案例，为全省唯一。李昌钰刑侦科学博物馆被评为第七批省级法治文化建设示范点。

(宋淑娜)

【版权保护】 年内，市新闻出版局登记一般作品900余件。加大版权保护宣传力度，将如皋原创特色卡通形象“如宝”作为版权保护形象大使，参演版权保护主题原创音乐剧，先后走进文化场馆、水绘园风景区等公共场所，普及版权知识，提高公众尊重版权、保护版权、自觉维权法律意识。开展打击网络侵权盗版“剑网2020”、打击侵权假冒、软件正版化等专项行动，不断优化版权保护环境。在下原镇衣园举办版权知识培训班，推动版权工作更好为经济建设、文化事业发展服务。如皋市衣园文化发展有限公司设计产品“蓝印情怀”获评2020年度中国版权最佳创意产品奖，并受邀参加中国版权年会(全省仅2家)。

(马　洁)

【图书发行】 年内，如皋新华书店主动到机关、企业和社区开展《习近平谈治国理政(第三卷)》宣传征订服务，在各门店显著位置设立主题展台，悬挂横幅，张贴展板，营造氛围，全年发行《习近平谈治国理政(第三卷)》23451册，创如皋新华书店政治读物单本发行总量之最。根据“学生不返校、停课不停学”新冠肺炎疫情防控总体要求，按照“定点、错时、分散”和“不扎堆、不聚集”发行思路，对课本集中消毒，通过设摊、邮寄等途径，短短一周时间将课本配送到每一位学生手中。举办“凤凰姐姐共读一本书”“‘我爱我的祖国’诗歌诵读会”“如皋籍作家新书分享会”“非遗阅华夏，文脉悦华年”“城市广场夏夜书摊”等阅读推广活动，助推对全民阅读和书香城市建设。实现营业收入

8月7日，江苏省“新时代乡村阅读季”主题阅读示范暨如皋市农民读书节《习近平谈治国理政(第三卷)》宣讲活动在长江镇田王村举办。图为市长何益军为活动致辞

（市委宣传部供图）

12850万元，利润1398.25万元，均超额完成任务指标。

（蔡晓晶）

【书香城市建设】 年内，市新闻出版局第一时间出台关于疫情防控期间“强化农家书屋作用，筑牢基层防疫战线”指导意见，利用数字农家书屋和网络平台，宣传防疫知识。加大数字农家书屋和学习强国平台推广力度，开展“你点书、我送上门”服务，畅通群众阅读渠道，坚定群众抗疫信心。数字农家书屋“开课堂、配老师”，解决学生线上学习困难问题；组织群众分批收听、收看“知农云课堂”、春季农业生产科学技术线上讲座，解决农民春耕生产紧迫问题。深化农家书屋“购书点单”服务，全年累计为农家书屋配书实洋60余万元，着力为农家书屋配好书、多配书。市新闻出版局“照着老乡开的书单买”经验被《中国新闻出版广电报》专题报道。不断深化书香城市示范市建设，织密城市“15分钟阅读圈”，通过改(扩)建、提档升级、更新换代，进一步打造群众身边最美阅读空间，建成东皋书吧20家、东皋书驿10家。深化农家书屋提升工程，建成南通市四星级农家书屋12家，数量居南通各县(市、区)第一。“全民阅读春风行动”“李渔读书节”“农民读书节”等经典阅读项目全城联动、常办常新。95后新锐儿童文学作家石若昕新书分享会作为南通唯一参加第十届江苏书展全省十大地市级重点活动被全网直播推送。如皋市被中共中央宣传部、农业农村部评为“我爱阅读100天”读书打卡活动“全国百强”县级市。8月7日，江苏2020“新时代乡村阅读季”主题阅读示范暨如皋市农民读书节《习近平谈治国理政(第三卷)》宣讲活动在长江镇田王村农家书屋举办。活动中，省委宣传部向全省农家书屋统一配送《习近平谈治国理政(第三卷)》《中国制度面对面》等主题出版物；南通市全民阅读活动领导小组赠送如皋农家书屋电子阅读器10套；如皋新华书店向田王村农家书屋赠送书籍，价值2万元；以“农村要学好用好《习近平谈治国理政(第三卷)》”为主题举办宣传讲座。

（马 洁）

【文化产业】 年末，全市有规上文化产业单位134家，其中年内净增3家。完成主营收入117.79亿元，比上年增长7.86%。江苏有线如皋分公司实现营业收入1.17亿元，互动电视用户净增20910户，宽带用户净增14650户。加快国际园艺会展中心、一下未来科技城、水木春秋度假村等12个南通市级重点文化产业项目建设，项目建设总投入约15亿元，项目建设高质量考核并列南通市县(市、区)第一名。修订完善《如皋市促进文化产业高质量发展激励办法》，进一步明确文化产业发展导向，新增对非国有博物馆和文物保护奖补条款，促进文化事业和文化产业有机融合、协同发展。市文化创意产业园通过省文化产业示范园区复核验收，长江镇南通杰克拜尼服帽有限公司和如城街道艺园永业会展科技南通有限公司获批南通市文化产业示范基地。“如e媒体”融媒体技术平台建设项目成功申报2020年度省级现代服务业(广播电视)发展专项资金，获补助100万元。审核发放2019年度文化产业激励扶持资金197.58万元。市融媒体中心(市传媒集团)面对新冠肺炎疫情带来的不利影响，拓展“媒体+产业”经营发展新格局。在南通地区率先启动实施车展、房交会、家博会，开展“5•20”集体婚礼、黑塌菜烹饪大赛、超级宝宝秀等活动60余场。全过程参与“皋兴购”美好生活季活动策划、推广，通过“如e融媒”发放“云闪付”电子消费券1000万元，让市民广泛享受这一政策红利，拉动消费。策划覆盖全市14个镇(区、街道)特色产业和特色农产品直播带货活动，打造“爱心助农蔬菜包”“滞销农产品特卖”“皋兴购•美好生活直播季”系列服务项目。系列直播活动在“如e融媒”“有赞爱逛”直播平台同步进行，累计在线观看180万人，助推上线企业形成销售12万单，形成销售收入301万元。“皋兴购•美好生活直播季”项目获评全省最佳消费扶贫直播活动。

（宋淑娜 陆 冉）

附录：

※公共文化设施选介※

【市图书馆】 总建筑面积10153平方米，设期刊借阅室，视障阅览室，少儿借阅室，亲子活动室，少儿电子阅览，视听、动漫室及图书借阅室，新市民读者俱乐部，电子阅览室等。年内，市图书馆开展活动60余场，接待读者39.8万人次，办理读者证近7000份，图书借阅32.7万册次。全年流动图书1.3万余册，赠送陕西洋县图书馆2452册，其中，助推退役军人分馆建设情况被学习强国等国家平台报道宣传。“书香之城——如皋阅读地图”微信小程序正式上线，形成“馆(站)—机构—读者”联合阅读推广格局，进一步推进全民阅读。打造“每周一故事”少儿系列阅读品牌，全年开展活动20余场。推出“书香机关，悦月读”文化阅读新品牌，为各机关单位提供“阅读菜单”、送书上门服务，促进学习型机关建设。

【市少儿图书馆】 总面积6500平方米，设低幼儿阅读室、亲子活动室、少儿图书借阅室、儿童影院等。年内，市少儿图书馆全年接待读者15.6万人次，办理借书证2904份。疫情初期，创新服务模式，利用微信平台开展“每天一故事”活动。组织志愿者居家拍摄视频《小小科学家——亲子实验》。开展图书进校园、公益小课堂等活动40场次，先后被《人民日报(海外版)》《中国日报》《中国教育报》《中国新闻出版广电报》等媒体报道。

【市文化馆】 国家一级馆，建筑面积10255平方米，有报刊阅览室、电子阅览室、棋牌室、京剧票友活动中心、新市民文化俱乐部、健身房、展览厅、演艺厅、录音棚等活动室。年内，市文化馆举办“文化年货进万家”文艺巡演14场，雉水之夜“小康迎面来，歌唱新时代”系列演出7场、“幸福小康路，美丽乡村行”系列演出20场。举办全国书法名家精品展、“四季芳菲”三月画会女画家邀请展、刘英田超国画作品展、吴学根中国画作品展、“三军过后尽开颜”书法联展、全国摄影作品展，开展“致敬建党百年”——电影文化惠民年展活动。举办暑期少儿免费艺术培训1期共14个班次，参培少儿200人次。

【市博物馆】 为中国博物馆协会团体会员，建筑面积9973平方米，设“秀水流韵”历史文化展、“秀水群英”名人展、“常绿家园”自然展三大基本陈列，另设临时展厅。馆藏瓷器、书画、铜器、玉器、印章五大类，共计2021件(套)。年内，市博物馆开展大运河如皋段考古勘探工作并取得阶段性成果。水绘园安防、防雷提升工程建设完成并通过验收。利用文物征集专项资金购买瓷器、铜器11件。举办“浓郁民族风，最美中国年”民俗展、“看不见的敌人”皋城抗击新冠肺炎疫情纪实展、“尘埃拂尽，‘钱’‘呈’似锦”——馆藏古钱币专题展、“雉水红韵”——第航书屋度藏解放战争革命文献展、“方寸之间展清凉”——宝应馆藏精品扇面展等临时展览，开展春节、端午节、国庆节、“5·18”国际博物馆日、文化和自然遗产日等重大节庆日等主题线下活动和馆藏精品赏析、如博里的生僻字、“小博”带你看展览(赏藏品、忆历史)等线上活动60余场次，全年接待观众10.6万余人次。馆藏品介绍先后被学习强国、《人民日报》、新华社等媒体客户端刊登10余次。12月21日，市博物馆获评国家三级博物馆，填补如皋市国家级博物馆空白。

文学艺术

【概况】 如皋市文学艺术界联合会下设作家协会、戏剧曲艺家协会、美术家协会、音乐家协会、舞蹈家协会、摄影家协会、书法家协会、民间文艺家协会8个专业协会，市检察院文联、市文广传媒集团文联2个行业文联。各文艺家协会拥有会员1200余名。其中国家级会员24人，年内新增3人；省级会员134人，年内新增4人；南通市级会员342人，年内新增5人。年内，如皋市选送8件作品参评省十四届五星工程奖，其中小品《汤圆》、男女表演唱《故乡的柳》分获戏剧类和音乐类五星工程奖。

【文艺创作】 年内，市文联围绕“迎接建党100周年”“全面建成小康社会”等重要主题，牵头各文艺家协会完成《2020—2022年度文艺精品创作题材规划》，制订31个不同门类创作题材、18个重点文艺作品创作生产计划。召开全市文艺工作调研座谈会，组织各文艺家协会代表就繁荣发展全市文艺工作进行广泛交流、集中探讨。以文艺方式宣传防疫知识，记录抗疫过程中动人瞬间，讲述“逆行者”感人故事，市文联全年征集各类抗疫文艺作品228件(组),其中,文学作品50件,书画作品110件,摄影作品40件,戏剧曲艺作品3件,民间文艺作品25件。从中精选50件(组)文分别发表于学习强国、《人民日报》《新华日报》、央视频、网易新闻、南通市文联官方微信等平台。组织精英骨干文艺工作者,结合地方实际,强化对重大历史、革命题材,好人好事,反映现实生活、体现时代精神的题材规划和创作,到东台开展文艺专题创作采风活动。组织文艺工作者参加南通第二届文艺创作大赛,征集参赛作品162件,涵盖8个艺术门类;通过大赛初评入围作品35件(组),22件(组)作品获奖,占入围作品62.9%,其中,获特别奖2件、一等奖4件、二等奖7件、三等奖9件、新人奖4件。年内,葛汝根《秦淮揽月》入选中国美术家协会主办的"雨花满天"全国中国画作品展;市音乐家协会舞蹈《景是故乡美》获中国厦门"新时代·中国梦"文艺展演二等奖;冒炳国书法作品《明人诗四首》入选江苏新人书法作品展。举办如皋市锦隆杯红木雕刻职业技能竞赛,选送作品参赛"淘宝城"杯南通工艺美术创意设计大赛,获铜奖3件、优秀奖4件、创新奖2件、特别贡献奖2件,参加省"艺博杯"工艺美术精品大奖赛,获金牌3件、银牌1件。选送作品参加省"职工好风采"摄影作品征集活动,获银奖1件、铜奖1件。杨建敏获中华灯谜学术委员会第七届雁云灯谜艺术奖。

【文艺活动】 年内,市文体广电和旅游局举办抗疫主题作品征集活动,创作抗疫题材作品近70件,涵盖音乐、戏剧、舞蹈、书法、绘画等艺术门类。其中,歌曲《点亮夜空的星》《天地同心》《最美的夕阳》《天使的足迹》《爱没有距离》,朗诵作品《一条伤痕累累的弹痕》等被学习强国平台录用;歌曲《天使的足迹》于2月19日被省广播电台播放传唱;歌曲《天地同心》《爱没有距离》等在江苏文化云平台及"如e融媒"App线上播放。4月22日,17位如皋市作家协会会员向市图书馆集中赠书120余本,弘扬本土文化,推动地方文化研究。5月23日,如皋市举行"五月风"文艺展示月活动之"声入人心——我是朗读者100期文集"首发式活动,纪念毛泽东《在延安文艺座谈会上的讲话》发表78周年。5月27日上午,如皋市"五月风"文艺展示月活动之"三军过后尽开颜"——张建军、许建军、吴建军书法联展在市文化馆开展,展出3位如皋本土书法家书法作品45幅。9月11日,参加"美丽南通行"——南通文艺界采风创作活动的70余位文艺家走进如皋,到如皋港苏中国际集装箱码头、江苏华夏电影胶片博物馆、江苏新空间民族管弦乐团走访参观并进行采风创作。9月29日,"书系长三角,同心颂小康"海盐·金山·如皋书法作品邀请展开幕式在浙江省海盐县博物馆举行,展出浙江省海盐县、上海市金山区和如皋市三地书法家66件书法作品,搭建海盐、金山、如皋三地文化学习提供交流平台。10月19日,如皋籍书法家陈秀骥现场拍卖书法作品60幅,将拍卖所得7.04万元全部捐给市慈善会。10月27日至11月8日,全国书法名家精品邀请展暨"大爱之城,幸福如皋"全国摄影作品展开展仪式在市文化馆举行,展出全国书法名家精品作品59幅和长寿题材获奖摄影作品50幅。12月15日,市文联邀请如皋籍著名作家、鲁迅文学院常务副院长徐可,为如皋文学爱好者举办"散文漫谈"文学讲座。12月31日晚,"小康礼赞"新年音乐会在市行政中心礼堂举行。音乐会在民族管弦乐《庆典序曲》中拉开帷幕,分《西部寄情》《梦圆小康》《启航新征程》三个篇章,由江苏女子民族乐团、江苏新空间民族管弦乐团出演。

【文艺人才培养扶持】 年内,如皋市奖励文化产业人才59人次,其中,如皋市级非遗传承人48人次,带徒传艺4人次,在文艺创作和非遗技艺大赛中获奖者7人次,奖励总金额18.63万元。市文联发挥文艺名家创作优势和示范引领作用,启动师徒结对培养青蓝工程,通过文艺名家传、帮、带,加快青年文艺人才成长,全年8个艺术门类、71组师徒结对成功。配合完成南通市群英馆推荐文艺名人人选39人,更新在外文艺人才名录55人。重点对接汪政、丁捷、吴耀华等如皋籍在外文化名人,加强与作者本人联系对接并提供相应创作服务,争取他们最新作品评奖申报权授权。扶持本土文艺名家文艺精品创作,将文学、音乐、美术等7个大类114件作品纳入市级财政给予创作资助。

【重点文艺创作项目扶持】 年内,市文体广电和旅游局修订《如皋市促进文化产业高质量发展激励办法》,将鼓励支持文艺精品创作列入奖补项目,对重点文艺精品项目予以最高不超过总投入30%进行资助,对获得省以上五星工程奖、五个一工程奖原创作品,给予上级奖励标准的2倍配套奖励,对获得南通市五个一工程奖原创作品按照南通市奖励标准给予配套扶持奖励。举办第五届如皋市文学艺术奖,46件作品参加终评,评选获奖作品29件,其中,金奖空缺,银奖6件,铜奖12件,优秀奖11件。举办原创优秀舞台文艺作品调演活动,从56件报送作品中择优选取24件作品参加展演,评选一等奖作品3件、二等奖6件、三等奖9件、优秀奖6件,优秀组织奖6个。年内重点扶持项目88个,扶持资金118.12万元。

(冯　杰　宋淑娜)

2020年如皋市文艺作品刊、展、演及获奖情况表

表46

类别	作品名称	作者	获国家级奖项	获省级奖项	主办单位	时间
戏剧	《汤圆》	缪新华、徐敬香等	—	第十四届江苏省五星工程奖	江苏省文化和旅游厅	2020.11
音乐	《故乡的柳》	作词:张少君、缪新华;作曲:李晓明、周霞	—	江苏省第十四届五星工程奖	江苏省文化和旅游厅	2020.11
音乐	《背故乡》	作词:缪新华;作曲:周霞、朱良镇	—	江苏省文艺大奖.音乐奖声乐作品三等奖	江苏省文联	2020.12
文学	《西窗的烛光,吆喝赢弱的唐诗雄起》	谢爱平	第二届巴山夜雨诗歌奖二等奖	—	中国作家协会《诗刊》社	2020.11
工艺美术	《如博竹编果盘材料包》	丁邦才	—	江苏省第七届“紫金杯”文创大赛入围	中共江苏省委宣传部等17个单位部门	2020.11
美术	《老家那年》	冒朝霖	—	小康颂·第三届江苏美术奖作品展入选	中共江苏省委宣传部 江苏省文化和旅游厅 江苏省文联	2020.10
美术	《攀登》	佘远冬	—	“戎耀今生”首届江苏省退役军人书画大赛一等奖	江苏省退役军人事务厅 江苏省书法院	2020.7
书法	《明人诗四首》	冒炳国	—	江苏省新人展入展	江苏省书法家协会	2020.9
摄影	《农民的运动会》	鲍晓明	“大爱之城　幸福如皋”全国摄影作品展入选	—	中国摄影报社	2020.10
摄影	《起飞》	范旦茹	大众摄影杂志刊登	—	中国摄影家协会主办	2020.4
摄影	《捕食》	陈正祥	大众摄影杂志刊登	—	中国摄影家协会主办	2020.4
摄影	《碧水流光》	陈正祥	中国摄影报刊登	—	中国摄影家报社	2020.4
摄影	《雾锁皋城》	陈正祥	“大爱之城　幸福如皋”全国摄影作品展入选	—	中国摄影报社	2020.10
摄影	《秋日好时光》	陈春艳	—	“蟹塘月色”摄影大赛优秀奖	省摄影家协会	2020.4
摄影	《小康证书》	李美英	—	紫金文化艺术节“小康光景”摄影大赛入选	省委宣传部、省文联、摄影家协会	2020.10
摄影	《百姓大舞台》	王　健	“大爱之城　幸福如皋”全国摄影作品展入选	—	中国摄影报社	2020.10
摄影	《烟波缥缈隐古今》	阚斌斌	“大爱之城　幸福如皋”全国摄影作品展入选	—	中国摄影报社	2020.10

续表46

类别	作品名称	作者	获国家级奖项	获省级奖项	主办单位	时间
摄影	向幸福出发	王海松	入选"大爱之城 幸福如皋"全国摄影作品展	—	中国摄影报社	2020.10
摄影	城市变奏曲	吴晓军	入选"大爱之城 幸福如皋"全国摄影作品展	—	中国摄影报社	2020.10

文化遗产保护

【物质文化遗产保护】 2020年年末，全市有各级文物保护单位53处，其中，全国重点文物保护单位2处(水绘园、如皋公立简易师范学堂旧址)、江苏省文物保护单位6处(如皋城东水关遗址、文庙大成殿、集贤里民居、白蒲镇民居、石庄汤氏宅、如皋定慧寺)、南通市文物保护单位2处[戴联奎墓石刻、何坤(昆)墓]、如皋市文物保护单位43处，总量居南通各县(市、区)榜首；有一般不可移动文物34处。年内，如皋市被列入第二批革命文物保护利用片区分县名单(苏中片区)。争取国家和省文保专项扶持补助资金470万元，完成全国重点文物保护单位水绘园安防、防雷工程建设和如皋公立简易师范学堂旧址消防、防雷工程建设，水绘园安防、防雷工程通过省文物局竣工验收。稳步推进古邗沟考古调查勘探工作，基本查明如皋十里铺至白蒲南古运河走势、运河保存状况、运河两侧保护环境等。组建由76名志愿者组成的如皋市文物保护志愿者服务队，充分利用文物安全综合管理监控平台对全市各级文物保护单位进行实时监控，全市87处不可移动文物和5家博物馆单位均落实文物安全直接责任人，并挂牌公告公示。

【非物质文化遗产保护】 年末，全市有国家级非遗保护项目1个(如皋盆景制作技艺)、省级10个(杖头木偶戏、如皋盆景制作技艺、如皋董糖制作技艺、如皋民舞倒花篮、如皋民舞莲湘、如皋风筝制作技艺、如皋丝毯织造技艺、白蒲茶干制作技艺、林梓红木雕刻、黄氏玉容丸制作技艺)、南通市级36个(比上年新增8个)、如皋市级62个。年内，如皋石锁功、搬经猪头肉烹饪技艺、蟹黄包制作技艺、薏仁酒酿造技艺、陈草賨文化习俗、如皋长牌、如皋剪纸、蔡氏面塑8个项目被命名为南通市第五批非物质文化遗产项目，周虎跃等13名传承人被命名为南通市级非物质文化遗产项目代表性传承人，九华镇文体中心、王氏手工花灯制作社、康慈医院3家单位被命名为南通市第四批非遗代表性传承基地。段昊翔、单锋、黄陈俊被命名为江苏省级非物质文化遗产代表性传承人。如皋丝毯织造技艺获国家级第五批非物质文化遗产项目公示。

10月26日，在省级非遗艺术课程基地如皋市第二中学旭日广场上，在非遗传承人指导下，同学们练习民间舞蹈倒花篮(省级非遗项目)

(图片来源于公众号"如皋发布")

年内，市文化馆与如皋市第二中学馆校共建，开展非遗课程基地建设。选取如皋盆景、风筝、灯彩、香袋制作技艺，如皋民间舞蹈倒花篮，如皋莲湘，如皋剪纸，如皋竹编等具有如皋特色且便于学校长期开展教学的项目进行常态化教学活动。开展非遗进基层活动32次，市文化馆非遗公益课堂获评2019—2020年度如皋市优秀志愿服务项目。文化和自然遗产日期间，在市文化馆大厅举办展销、展览、展演活动，全面呈现如皋传统文化，展出特色非遗项目25个，并通过江苏公共文化云平台免费对社会发出非遗产品优惠券500张。参加"记忆中的南通味儿"——"老字号·非遗嘉年华"、第三期南通非遗集市、苏韵流香扬泰盐通非遗精品大会串等活动，在省非遗保护中心等单位联合举办的"张浦杯"莲湘邀请赛中，如皋莲湘获最佳传承展示奖。

(宋淑娜)

大众传媒

融媒体

【概况】 2020年，市融媒体中心（市传媒集团）立足改革趋势，把握改革方向，在优化整合组织架构、再造策采编发评流程、打造移动传播矩阵、拓展“媒体+”综合功能、建设技术系统平台、加强人才队伍建设等方面加快融合步伐，顺利通过全省首批融媒体中心建设验收，获全国最具创新影响力区域融媒体中心、省广播电视政府奖先进单位、省媒体融合先导单位入围单位等称号。

【媒体融合生产】 年内，市融媒体中心（市传媒集团）先后策划推出《奔小康、看老乡》《我是党员我先上》《复工复产进行时》等专题栏目30余个，涌现《十一勇士》《我用声音温暖你》等精品力作，为全市奋力夺取疫情防控和经济社会发展“双胜利”营造良好舆论氛围。广播电视平台在南通及以上媒体发稿276件，其中，国家级媒体发稿6件，省级媒体发稿69件；《如皋日报》在南通级及以上媒体用稿160篇，在学习强国平台用稿188篇。正月初一，市融媒体中心采编的诚信妻子施建银报道在中央电视台“一年又一年”特别节目播出，中央广播电视总台专门发信感谢。4件平面媒体作品在全省县市报好新闻评比中获一等奖，系列报道《奔小康、看老乡》在南通市技能大比武中获一等奖，《豪情雉水，壮志天山》在县级媒体报送作品中唯一获南通市新闻奖一等奖。加快融合步伐，先后入驻央视新闻+、荔枝云等平台，运用网络直播、短视频、VR全景、H5等群众喜闻乐见形式，将采编内容在多平台呈现。将记者每天与如皋援鄂护士视频连线制成《战“疫”家书》短视频，组织如皋一线抗疫工作者“云合唱”，将如皋杖头木偶录制成防疫小短剧，邀请民间网红用如皋方言制作防疫广播音频，均取得很好的传播效果。11月20日，市融媒体中心作为全省唯一县级媒体代表，应邀参加在湖南省长沙市举行的中国新媒体大会，并在“新平台的社会责任”论坛上作交流发言，分享融媒体中心协作交流最新进展和工作经验。12月14日，融媒号“如皋市融媒体中心”作为全省首批、南通唯一县级融媒号上线学习强国平台。

（陆　冉）

新媒体

【概况】 2020年，如皋市强化网站互动交流平台功能，积极搭建与公众交流“直通车”，开展在线访谈，实施民生实事和规范性文件在线意见征集调查，督促相关单位准确回应公众关注热点和在线咨询，动态更新答问知识库31次，对公众关注的社会保障、教育卫生、交通出行等公众关注度较高的主题进行答疑释惑。着力推进基层政务新媒体健康有序发展，进一步加大政务新媒体清理、整合力度，全市政务新媒体数量进一步压缩至41个。进一步加强政务新媒体内容保障和规范运维，开展常态化监管，全市政务新媒体在2020年度省、南通检查中合格率为百分之百。

“如皋发布” 年内，市委网信办持续加强“如皋发布”微信公众号、政务微博、网络新闻发言人平台、今日头条、企鹅新媒体平台、人民号、百家号“七位一体”建设，精心组织习近平新时代中国特色社会主义思想网上学习宣传，重点做好习近平总书记重要讲话精神、重要活动和中央省市重大会议网上宣传报道。围绕全面小康、高质量发展、乡村振兴、文明城市创建、书香城市建设等中心工作，开设专题专栏。“如皋发布”先后推出“走向我们的小康生活”“高质量发展在如皋”“乡村振兴看如皋”“新时代文明实践在如皋”等专题；围绕市委、市政府中心工作，组织“如e融媒”开设“潮涌长三角，皋歌颂小康”“全力冲刺‘双过半’”等专题，围绕民生关切点，开设“实事实办”“抗疫见行动”“抗疫一线”等专题。这些专题专栏的开设，充分彰显全市上下抓生产促发展的精气神，为全市经济社会发展提供强有力舆论支持。围绕“走向我们的小康生活”“大国小鲜@基层之治”“新时代，新作为，新篇章”等重大主题积极组织稿件，有14篇主题稿件在全省被推送。

中共如皋市委新闻网 开设“学习贯彻中共十九届五中全会精神”“纪念中国人民抗日战争胜利暨世界反法西斯战争胜利75周年”“2020如皋‘两会’特别报道”“掀起招商引资热潮，打好项目建设硬仗”“战‘疫’一线党旗红”“皋城网安2020·网络安全宣传周”等专题20余个，日均发布新闻超50余条。

如皋市人民政府网站 通过信息公开、政务服务、政民互动等栏目发布信息1万余条，组织开展《如皋市学前教育三年振兴计划（2021—2023年）》《如皋市农村房地一体不动产登记颁证实施方案》《如皋市2020年稻谷生产者补贴实施方案》等政策解读30次，制作2020年如皋市城乡居民基本养老保险八项惠民政策、老年人优待政策、促进恢复生猪生产等服务性专题20个，实施2021年市政府为民办实事项目、《如皋市融资担保风险分担业务管理办法》《如皋市因病支出型贫困家庭救助暂行办法》等为民办实事和规范性文件在线意见征集13次，开展在线访谈22次，督促各相关单位准确回应公众关注热点和在线咨询379次。向上级政府网站报送如皋市经济社会发展成果和惠民举措，被南通市政府网站录用信息701条、政策解读17条、专题专栏14条，录用情况列南通各县（市、区）第一名。

“如e融媒”手机客户端 拓展“媒体+政务”功能，先后整合全市50余个部门、镇（区、街道）政务服务事项入驻，全面对接省政务服务网开设“生活帮”专栏，接入功能80余项、便民服务事项1000余个，“市长热线”“不见面审批”“就业直通车”等功能受到广泛欢迎，“如e融媒”下载安装量近40万次。策划并开设“如皋市新时代文明实践中心”“高质量文明城市·我建”“走向我们的小康生活”“抢抓新机遇实现大发展，奋力建设长江以北最强县市——市委十二届十一次全体(扩大)会议”等新闻专题19个。收集、创作发布新闻信息1.9万余条，其中，《@如皋家长，安定小学、实验小学施教区调整方案出炉，欢迎提出意见建议》《走心，才能“声”入人心！一群90后原创歌曲〈在一起〉，“声”援武汉！》《点赞如皋好房东，月免房租200万！转起！》《规上企业复工率近九成！如皋推动产业链复工！》《抗洪英雄冒小驰：家里人来看你了！》等196条融媒体作品点击量突破1万次。

【网络评论】 年内，市委网信办围绕重大主题和社会热点，加强议题设置，组织网评员撰写高质量网评文章，提升网上舆论引导力、影响力、公信力。年内，共有19篇网评作品在全省被推送，其中11篇被中央网信办全网推送。网评工作考核持续位居南通各县市前列。

【网络文化活动】 年内，市委网信办累计开展网络文化活动100余项，纵向到边、横向到底，全方位推介全市各条线看点亮点。微博话题“如皋如歌，长来长寿”阅读量破1亿次。市委党史办制作的短视频《爱国船夫重创日酋》，在中宣部、中央网信办、退役军人事务部等部门共同指导的全国“追寻先烈足迹”短视频征集展示活动中，获评优秀作品，全国仅20件。在南通市网络文化季评比中，如皋市委网信办获优秀组织奖，报送的《一位村主任关于“新冠肺炎”的方言硬核广播》获优秀项目奖，也是县(市、区)中唯一一家获评优秀作品的单位。加强网络文化传播示范基地建设，建成如皋市级网络文化传播示范基地4家(水绘园风景区、华夏电影文化中心、小咖秀科技有限公司、橙之意文化创意有限公司)、南通市级2家(水绘园风景区、小咖秀科技有限公司)。开展网络公益活动，“清凉一杯水·关爱一座城”夏季大型公益活动入选第五届江苏志愿服务展示交流会精品项目。

(史勇华 陆冉 章逸)

炎炎夏日，如皋市“清凉一杯水·关爱一座城”关爱户外工作者志愿服务项目为建筑工人、交警协警、环卫工人、外卖小哥等户外工作者提供休息场所和清凉饮品

(市文明办供图)

传统媒体

【电视】 年内，如皋电视台以持续打造“节目引导力、社会影响力”为目标，对内讲好如皋故事，对外传播如皋好声音，电视节目全年播出3.09万小时。《如皋新闻》栏目围绕中心、服务大局，聚焦全市重大活动进行全程深度报道，精心策划《疫情下的温暖》《小康路上故事多》《学习贯彻中共的十九届五中全会精神》等主题报道，打造《要闻》《面孔》《关注》等板块，推出组合式报道。策划《奔小康，看老乡》栏目，多维度多侧面采写有温度、有感召力一线故事，以小视角折射时代大主题，以入微之笔讲述小康故事，获南通市新闻界“岗位大练兵，技能大比武”一等奖。打造“江湖追梦令”爱心助学平台，累计提供勤工俭学岗位52个，帮助贫困学子63人，募集各类善款、物资超过30万元，“江湖追梦令”被评为市第十二届爱心团队。

【广播】 年内，市人民广播电台进一步加强节目本土化、创新化、互动性、及时性、实用性，全年广播节目播出6296小时。策划“抗击疫情，我们在行动”专题，通过FM98.3如皋汽车广播、“如e融媒”手机客户端、市委新闻网、“如皋融媒体中心”微信公众号同步直播，累计收听收看超3万人次。策划《幸福生活唱出来》《文明城市创建，你是主角》“青春榜样”特别报道、《讲好红色故事，传承红色基因》等专题系列报道。全媒体产品《老杨茶馆》抗击疫情方言版特别节目被央视频选用。

【报纸】 年内，《如皋日报》出版254期，围绕决胜全面小康、决战脱贫攻坚重大主题，策划推出《走进我们的小康生活》《头雁风采》等专栏，聚焦个人、企业、乡村等主体，让全面小康指标和数据化作人民群众触手可及的幸福。聚焦疫情防控，重点打造一批有深度、有温度、有独特角度的报道，弘扬如皋儿女奋勇抗疫的可贵精神。围绕“两会”，推出“两会圆桌谈”等全媒体行动，立体展示会议盛况。民生版面通过《深化高质量文明城市·我建》栏目，挖掘全市在文明公约、红白喜事新风尚等方面为民办好事、办实事经验做法；《凡人善举》栏目全年推出60余名好人、见义勇为典型人物事迹。调整副刊内容、刊出方式，配合市委、市政府决策部署，从副刊角度及时策划专题，在报纸和新媒体平台同时推出，讲好如皋故事。

（陆 冉）

社会科学

【概况】 2020年年末，市哲学社会科学界联合会下辖社科群众学术团体30个，涵盖哲学、政治、经济、文化、教育、金融等学科。年内，社科联着重强化研究本土应用性课题和省、南通市对策性课题。年初，课题“推进县域治理现代化的如皋探索”获南通市县专项立项，于7月结项。8月，市社科联完成2019年度省级立项课题“乡村振兴的基层实践与路径研究”，并通过省社科联专家组鉴定，批准结项。开展如皋市第五届哲学社会科学优秀成果评比，评选获奖项目20项，其中，一等奖2个、二等奖4个、三等奖6个、优秀奖8个。

【社科普及】 年内，市社科联加强对社科普及示范基地管理，市文化馆“跟我学非遗”系列活动、红十四军纪念馆“唤醒红色记忆，传承红色基因”系列活动成功获批2020年度省社科普及资助项目。组织各基地按照时间节点开展社科知识普及活动，将社科知识送进社区、企业、学校和机关，发挥社科普及基地的示范作用。指导市场学会、教育学会、土地学会、红十四军研究会、历史文化研究会等12家重点学会，在各自专业领域完成各类课题和论文共73篇。6月，承办南通市社科专家企业行——如皋专场活动，南通市各高校及经济金融、人力资源与社保、税收财会、市场监管、企业文化与法律咨询等领域社科专家学者与如皋市15家企业管理层代表共同探讨全球疫情影响下企业发展问题。9月，联合市委党校等部门，开展“全面小康，追梦之路”调研活动，形成调研报告上报南通市委宣传部。

【“东皋大讲堂”】 年内，市社科联充分发挥“东皋大讲堂”社科普及特色品牌优势，根据疫情防控要求，改变“东皋大讲堂”以往模式，联合相关部门，将讲座送进社区和学校。10月至12月，联合市文明办、教育局，开展“东皋大讲堂”进校园心理健康教育宣讲活动30余场，为家长们传播科学家教理念，提高未成年人心理健康水平。

（张 力）

史 志

【概况】 2020年，市委党史办（市地方志办）围绕史志事业高质量发展要求，不断强化精品意识，做好史志工作。视频《爱国船夫重创日酋》获全国“追寻先烈足迹”短视频个人优秀作品奖，《“雉水春潮”——如皋改革开放40周年影像志》获评2017—2019年度全省党史部门党史优秀成果影音类三等奖，《如皋年鉴（2019）》获评省级精品年鉴，古运盐河研究取得系列成果。年内，市委党史办（市地方志办）被评为南通市史志系统先进集体。

【党史编研】 年内，市委党史办（市地方志办）完成《中共如皋地方史（第三卷）》编纂出版工作。完成《如皋精神》“红十四军精神”部分6万余字编写任务。编纂《如皋人民革命斗争史略》，为全市基层党组织地方党史学习提供教材。参与《如皋市革命老区发展史》编写、审核工作。围绕以史鉴今、资政育人宗旨，根据时代要求和实践需要开展党史研究工作，撰写《红十四军歌谣小记》等党史研究文章10余篇在《方圆》等媒体发表，其中《新四军在如西县建立“三三”制抗日民主政权的背景、特点和历史作用》应邀在省党史学会年会上交流。

12月，《如皋年鉴（2020）》出版发行 （市委党史办供图）

【地方志编修】 年内，市委党史办(市地方志办)总结省级精品年鉴试点工作经验，结合机构改革后各单位职能变化情况，统筹推进2020版《如皋年鉴》编纂工作。在卷首彩页设置“产业发展”“城乡发展”“民生改善”等专题，在“特载”中设置“‘不忘初心、牢记使命’主题教育”“重大项目建设”“如皋市在全省营商环境评价中位列县(市、区)第一”等专题，突出展示2019年如皋市在做实产业、做优城市、做好民生、建强队伍实践中取得的成绩。推进《如城街道志》编纂，分批对初稿逐章逐节审读，每月交流修改意见，完成初稿18万字。贯彻落实省地方志办名镇志编纂新要求，压缩内容至10万余字。审读《石庄镇志》文稿100余万字，提出修改意见58条。

【史志宣传利用】 年内，市委党史办(市地方志办)着力开展史志宣传利用工作。组织地方志出版成果参加江苏书展。在《如皋日报》A4版、“如皋发布”微博每月分别开展一期“史志天地”“党史月读”活动；通过“如皋发布”微博平台，宣传30位红十四军英烈事迹；举办红色故事进校园活动2次；成立党史、新中国史宣讲团，进机关、军营、村(社区)宣讲16场次，受教育2000余人次。承办市级机关讲堂，邀请省党史专家吴雪晴为市级机关各部门党组织书记、党务工作者、“青年大学习”理论宣讲员近150人作党史、改革开放史专题辅导。加强地方志研究和宣传，新媒体作品《文天祥如皋历险记》《水绘萦梦，寿冠中华！一城一诗长江行之如皋》等分别在“方志江苏”“交汇点”“紫牛新闻”等新媒体刊发。

【《中共如皋地方史(第三卷)》出版发行】 11月，《中共如皋地方史(第三卷)》通过南通市委党史办、江苏人民出版社审定，正式出版发行。全书34万字，设4章，共30节，时间跨度为1978年至2002年，客观全面反映中共如皋县(市)委领导下，如皋人民在改革开放和社会主义现代化建设新时期的伟大实践和探索，总结如皋改革、发展历史经验，揭示历史发展规律，为如皋高质量发展、打造江北最强县市提供历史借鉴。

2013年，市委党史办(市地方志办)启动《中共如皋地方史(第三卷)》编纂工作，向退休老同志征集回忆录。2015年4月，市委印发《中共如皋地方史(第三卷)》编纂实施方案，对编纂工作进行部署。2016年年末，完成3.5万字编纂纲目制订。2018年11月，形成初稿。邀请市内外党史专家、如皋市级原领导班子成员，组织市级机关各部门、市各相关单位党组织对初稿记述内容进行审核，提出修改完善意见。2019年11月，完成编纂纲目调整和资料补充搜集。2020年5月，完成书稿修改、完善。

【纪念红十四军建军90周年系列活动】 4月至8月，如皋市举办系列主题宣传活动，纪念红十四军建军90周年。以市委、市政府名义向红十四军主要创始人及红十四军主要将士后代寄发慰问信300余份；开展如皋市首届网络文化季暨“踏寻红军足迹·传承革命精神”为主题的红色旅游线路推介活动；在《如皋日报》的《史志天地》栏目，推出纪念红十四军建军90周年专刊；组织全市党员干部在“雉水在线”学习平台开展“红十四军军史知多少”知识测试；赠送《回忆红十四军》《何昆的故事》等红色书籍1000册至如皋中学等9所学校；制作20分钟纪录片《丹心永照——红十四军在如皋》，于8月1日在红十四军纪念馆举行网络首播仪式，被学习强国、史志通等新媒体平台播放推广。

【如皋运盐河研究】 年内，市委党史办(市地方志办)深化研究汉代邗沟(后改名运盐河、通扬运河等)如皋段研究。通过查找资料、走访调查、现场踏勘、参与考古等，形成系列研究成果《如皋流淌着一条世界级古运河》《为何说如皋人的乡愁别有“咸味”》《听说过如皋村、如皋港和唐代“边检”吗?》分别在学习强国、史志通等新媒体刊发，总阅读量3万余人次，读者评论100余条。

(王小星)

【红十四军(新四军)研究会】 年末，市红十四军(新四军)研究会有会员58人。年内，市红十四军(新四军)研究会协助市委宣传部、党史办谋划红十四军建军90周年纪念活动，开展制播一部纪录片、寄发一封慰问信、组织一次竞赛测试、推出一期纪念专版、设计一张红色画报、打造一条红色线路、赠送一组红色书籍、宣传一批红军英烈“八个一”活动。寄送红十四军老战士、烈士或其后代慰问信365封。编排诗朗诵《永恒的丰碑》在纪念红十四军建军90周年网络主题活动中演出。参与《中共如皋地方史(第三卷)》编纂工作。会员全年撰写论文30余篇，其中在《大江南北》《如皋日报》等报刊上发表文章10余篇，《“唐葫芦”与沈从文》在《文汇报》副刊发表，《张学良被囚后的心路历程》被沈阳张学良国际学术研讨会录用；29篇论文分别被编入《新四军与南通》《粟裕与苏中》论文集。《探究历史，资政育人，努力为全面小康社会建设贡献力量》获全国征文优秀奖。

资料征编　先后到北京、上海、南京、南通等地，征集如皋籍新四军人物资料，撰写人物史料30余万字；征集、挖掘红十四军及土地革命战争时期通海如泰地区党组织负责人董畏民、刘廷杰等人史料。

宣传利用　整理撰写红十四军英烈事迹材料，为每周一期《浩气长存》栏目提供素材。为全市红色旅游活动提供史料，配合红十四军纪念馆开展宣传教育活动，协助做好红十四军纪念馆实物史料布展调整、馆藏文物登记等工作。弘扬革命精神与光荣传统，走进11所学校赠送红十军相关书籍，送宣讲进人行如皋市支行、安定小学、江安镇东燕小学。配合省委宣传部等单位拍摄《九九为功——传奇印章》专题片，做好《三块银圆故事》拍摄准备工作。

（谢建奇）

档　案

【概况】 2020年，市档案馆新增文书档案39616卷19279件，谱志档案14本，刊物资料183册，印章等实物档案89件，照片、视频电子档案695件。截至年末，馆藏档案199个全宗。馆藏档案主要有民国档案、革命历史档案、中华人民共和国成立后档案，史谱牒档案和人物、声像档案，科技、专门档案，实物档案等。6月22日，市委办公室印发《〈关于如皋市档案馆职能配置、内设机构和人员编制规定〉的批复》，明确市档案馆为市委直属事业单位，正科级，下设办公室、业务指导科、信息技术科、保管利用科、征集编研科5个科室，全额拨款事业编制15名。

【档案征收】 年内，市档案馆接收2019年度婚姻档案19167件、白蒲镇土地确权档案28218卷、吴窑镇土地确权档案11398卷进馆。收集整理如皋援疆（支边）档案，征集如皋援疆档案资料112件、视频1241个、照片635张、实物2件。征集如皋援鄂抗疫医务人员专题档案进馆，形成文书档案34件、照片档案67张、实物档案75件。开展地方特色档案征集，对散存于社会和个人的有价值档案资料进行征集或接受捐赠，征集部分如皋非物质文化遗产档案资料及各类书籍、家谱、书法作品91件。

【档案开发利用】 年内，市档案馆接待档案利用9000余人次，出具证明1.8万份。疫情防控期间，采用电话预约和邮箱发送等方式，满足群众查询利用需求。文档查阅科被省妇联命名为省巾帼文明岗，被团市委推荐为省级青年文明创建单位。完成《大事如皋（2019）》编纂，完成“百村万户”口述历史采集成果《青青蒲塘——苏中水乡人家的留声记忆》整理并出版。参与制作的《豪情雄水，壮志天山——纪念江苏如皋支边（援疆）六十周年》《传奇印章——一枚90多年前党的县委大印》宣传片和《勠力同心，同甘共苦，坚忍不拔，善作善成——如皋治沙精神是怎样炼成的》图片展分别获全省档案开发利用成果奖一、二、三等奖。加强档案理论研究，组织召开全市档案文化研究座谈会，报送各级档案学会学术论文，其中，4篇入选中国档案工作者年会论文集，5篇获评省优秀论文。

【档案业务指导】 年内，市档案馆指导各职能部门、各镇（区、街道）做好疫情防控期间的档案工作，确保疫情防控档案在第一时间做到有效收集和安全保管。接收如皋援鄂抗疫医护人员捐赠实物、照片等抗疫档案进馆。指导江苏电影档案展示馆开展重大突发事件网页档案收集工作，开展全国抗疫网页专题档案采集，收集视频93万个、时长约2.6万小时，图文11万篇，被省档案馆征集，相关做法被《中国档案》《档案与建设》报道。指导14个镇（区、街道）档案中心、95家市级机关部门、国有企业开展档案集中整理，完成2019年度文件材料收集、整理工作。加强重大事件、重大建设项目、重要企业等档案指导，开展土地确权、出生医学证明、疫情防控、精准扶贫等档案指导工作。开展合作社档案创建；与市教育局联合对下原、丁堰、江安等镇学校档案进行指导、检查；深入皋开集团、富皋万泰、交通产业集团等企业进行档案业务指导，引导企业档案规范管理。继续开展镇（区、街道）档案人员跟班培训，与市农业农村局联合开展农民合作社档案培训。5月，举办档案人员业务培训班，各机关事业单位、国有企业308名档案人员参加培训。

【档案信息化建设】 年内，市档案馆成立电子档案备份中心，采取本地备份和异地备份相结合方式，为各镇（区、街道）及市级立档单位提供数据备份服务。全年接收52个机关单位及14个镇（区、街道）电子档案目录和档案扫描件728.68GB。整合原市计生委及原54个乡镇再生一孩档案并完成电子档案挂接。

【档案文化宣传】 年内，市档案馆精心筹划“6•9国际档案日”系列宣传活动。组织开展“档案见证小康路，聚焦扶贫决胜期”征文活动，收到征文104篇，连续第四年获国家档案局优秀组织奖，3篇征文获优秀奖。配合省档案馆等单位联合推出的“九九为功久久红——庆祝中国共产党成立99周年”大型全媒体行动，拍摄《九九为功·传奇印章》微纪录片。《九九为功·传奇印章》微纪录片被学习强国、央视新闻移动网、紫牛新闻网、扬子晚报网等媒体转载，获全省档案开发利用成果奖二等奖。馆藏珍贵档案“中共如皋县委印章”入选长三角珍贵档案展，被省委宣传部列入献礼中国共产党建党100周年展览展品。

【档案安全】 年内，市档案馆定期组织人员对市级机关档案室、镇（区、街道）档案中心开展档案安全风险排查，提出整改措施。升级改造市档案馆库房，安装防盗窗、甲级防火门；定期组织专家排查安全隐患，全面提升规范档案馆安全管理。7月，首次举办数字档案室系统安全应急演练活动，采用情景模拟与现场实战相结合方式，提高各单位各部门应对档案管理系统突发事件综合水平和应急处置能力，预防发生网络与信息安全事件。如皋市数字档案室系统安全应急演练活动被中国档案网、江苏档案网等媒体推送。

【档案行政执法】 年内，市档案馆对各镇(区、街道)及市级机关部门开展档案年终执法检查，对检查中发现问题提出整改意见并进行督查。查处档案违法行为1例(对沈某在档案利用过程中涂改、伪造档案行为进行执法)。宣传贯彻新修订《中华人民共和国档案法》，组织全市档案人员集中观看国家档案局举办的公益大讲堂，接受新修订档案法培训。

【省档案学会档案保护技术专业委员会成立大会暨声像档案抢救保护专题研讨会在如皋举行】 10月15日，由省档案学会主办，如皋市档案局、档案馆，江苏省档案馆如皋电影史料馆承办的省档案学会档案保护技术专业委员会成立大会暨声像档案抢救保护研讨会在如皋市举行。来自全省各级国家级综合档案馆档案保护技术工作分管负责人及业务骨干，部分省级机关、省级文化事业单位、高校档案机构负责人代表100余人参加会议。会上，江苏省档案学会档案保护技术专业委员会成立；中国档案学会保护技术委员会副主任委员、上海市档案馆档案保护技术部主任张建明，中国地质大学档案馆馆长帅斌和江苏省档案馆如皋电影史料馆馆长刘建分别作《新形势下音像档案保护面临的问题及对策》《高校声像档案文化育人功能的实现路径探索》《声像档案抢救修复刻不容缓》专题讲座；与会代表参观华夏电影文化中心，现场交流声像档案抢救修复并观摩声像档案修复成果。

(刘宁宁)

历史文化研究

【概况】 2020年，市历史文化研究会有团体会员10个、个人会员72人，下设白蒲、石庄、丁堰、东陈基层分会4个和在城会员组2个。年内，市历史文化研究会以清朝诗人汪之珩编纂的《东皋诗存》为主体，开展如皋诗词收集整理工作，初步完成《东皋诗存》《莲因集》《志颐堂诗文集》收集整理主体工作，录入100万余字。继续做好《如皋戏曲》发行工作，赠送市图书馆、档案馆、博物馆、各学校等部门及文学爱好者300余本。协助市政协征集如皋文史资料，撰写文史资料稿件20余篇。参与《风雅·如皋》画册编审。收集整理《如皋家谱撮要》；精选3部如皋有影响的大姓家谱撮要报送南通市江海文化研究会，入编《南通家谱撮要》。完成中国杰出青年志愿者赵小亭纪念塑像设计制作。加强调查研究，在传承保护文物古迹、挖掘研究历史文化名人等方面提出建议，撰写调研文章，被如皋市级以上报刊刊登150余篇，其中被《江海文化研究》刊登12篇。承担江苏盆景馆和如皋非遗展示馆设计和布馆工作，完成市市场监督管理局党建文化室设计和布展，协助江安镇、下原镇完成交通要道口雕塑和旅游景点设计和文化包装，协助盆景大观成功建成国家AAAA级旅游景区。12月3日，赵小亭纪念塑像落成。

(史有生)

【《红楼梦》研究】 2020年年末，如皋红楼梦研究会有会员77个，其中，团体会员12个、个人会员65人；有市外派出机构6家，其中年内新增1家(如皋红楼梦研究会苏州东吴研究中心)。年内，如皋红楼梦研究会集中精力推进《红楼梦》大解读系统学术研究工程，探讨《红楼梦》中蕴藏如皋元素和有关史实，完成《如派红学解读〈红楼梦〉》审核、校对工作，收集冒辟疆著作《红楼梦》史实证据并论证。先后在上海举办电视剧本《冒辟疆传奇》、网剧《红楼梦》专题研讨会，在如皋召开"冒辟疆与《红楼梦》"学术研讨会、《冒辟疆著作〈红楼梦〉的若干力证》征求意见会，交流探讨冒辟疆著作《红楼梦》研究成果。全年出版《如皋红学》2期，刊登《冒辟疆著作〈红楼梦〉的若干力证》《诗中藏天机——冒辟疆的感世绝句与〈红楼梦〉中的顽石偶语比较研究》《"潇湘馆"原型就是冒辟疆的深翠山房》等研讨文章20余篇。在《如皋日报》上刊出"如皋红学"专栏37期。6月24日，如皋红楼梦研究会苏州东吴研究中心在苏州举行揭牌仪式。11月24日，如皋红楼梦研究会召开二届一次会员大会，完成换届选举。

(吴希林　刘伯健)

体　育

【概况】 2020年，如皋市开展全民运动健身模范城市创建活动，不断深化体育改革创新，持续完善体育场地设施建设供给，全民健身活动线上线下创新发展。全年承办南通市级及以上赛事6项，其中，国际赛事1项、国家级赛事1项。开展国民体质测试"镇村行"公益活动，全年完成国民体质测试3008人，国民体质合格率96.5%，较上年上升2个百分点。

【体育设施】 年内，全市新建和改建标准化篮球场36片、全民健身路径45条、羽毛球场10片、乒乓球室35间、台球室12个、棋牌室36间、健身房28间、笼式足球场2片、笼式板网球场1片、智能化全民健身设施10件组。新建全民健身步道9.96千米，推进内外护城河智能健身步道建设。

【群众体育】 年内，全市新增晨晚练健身点31个，累计有晨晚练健身点1130个。1月1日，如皋市举办2020年"农行杯"元旦健步行活动，3000余名群众参加全长4.1千米健步行活动。举办如皋市第三届"本草杯"迎新春象棋擂台赛，38名选手参加比赛。8月8日，省老年人体育节如皋分会场开幕式暨第12个全国全民健身日和南通市体育日庆祝活动在安定广场举行，1000余名老年人参加健身操、八段锦、柔力球、广场舞等健身项目。9月12日，如皋市举办第二届微马（五千米）比赛，全市各行各业400余名男女长跑爱好者参加比赛。10月25日，如皋市举行“共圆小康梦、幸福舞起来”广场舞比赛，全市18支广场舞代表队参赛。11月7日至8日，南通市青少年田径锦标赛在市奥体中心闭幕。来自南通各县（市、区）7支代表队近400名男女运动员分别参加男女甲组、男女乙组、男女儿童组三个组别16个竞赛项目比赛。11月30日，全国老年人健步走大联动江苏如皋分会场暨江苏省老年人体育节如皋分会场在市文化广场举行，全市64支队伍近1200名老年健身爱好者参加活动。

【学校体育】　年内，如城小学、江安镇葛市小学、安定小学、搬经镇夏堡小学、江安镇东燕小学和白蒲镇白蒲小学5所小学被命名为2017—2019年度省体育特色学校。在“全民战‘疫’·健康你我”全国青少年踢毽子网络挑战赛中，10名如皋选手进入前16名，其中磨头小学阮俊杰和丁沈玉两名学生分别获拐踢、磕踢第一名。在全国亲子啦啦操网络大赛中，市外国语学校小学部“博雅”啦啦操队获特等奖2个、一等奖1个。10月17日至18日，如皋市青少年篮球比赛暨优秀苗子选拔赛在市体育中心举行，全市14个镇（区、街道）中小学的30支代表队近400名男女选手参加比赛，全程比赛35场次。10月24日，如皋市举办少儿快乐体操大赛，全市18支代表队参加比赛。11月27日，在全国田径青少年（U16）铁饼铅球冬季训练营项目挑战赛中，市少年体育学校投掷队5名运动员获金牌1枚、银牌3枚、铜牌3枚。12月4日至5日，在“四方·领航人才”杯省第四届青少年游泳达标公开赛中，市体育中心少儿游泳队夺得金牌3枚、银牌5枚、铜牌3枚，以总分109分战绩获全省第八名。12月6日，如皋市青少年跳绳比赛暨学校跳绳社团联盟展示活动在市体育中心举行，全市14个镇（区、街道）及市属学校21支代表队近300名男女运动员参赛。12月13日，在中国（无锡）青少年啦啦操精英赛中，如皋开发区实验小学、常青小学、江安小学和市煊舞啦啦操俱乐部选手获6个比赛项目第一名。12月26日，如皋市青少年中长跑比赛在市奥体中心举行，全市中小学近300名男女运动员参赛。

【竞技体育】　年内，市少年体育学校入选省优秀运动队3人、省田径三线队伍1人，入选省田径队集训1人，进入南通少年体育学校5人。市文体广电和旅游局组队参加2020南通市青少年游泳比赛获得团体奖项第二名，个人奖项3个第一名；参加南通市青少年羽毛球比赛，获团体丁组男子第二名、乙组女子单打冠军；参加南通市青少年乒乓球锦标赛，获团体第一名；参加南通市快乐体操锦标赛，分获一等奖；参加省县级田径比赛，获银牌3枚、铜牌2枚，比赛总分排名全省第16名。参加全国U系列田径投掷锦标赛，如皋队员获金牌1枚、银牌1枚、铜牌2枚。参加全省中长跑竞走锦标赛暨田径冠军赛，队员缪嘉获5000米、10000米金牌各1枚。参加南通市青少年田径比赛，如皋队获金牌20枚、银牌16枚、铜牌14枚，金牌榜南通市第一。参加2020年全国田径青少年（U16）铁饼铅球冬季训练营项目挑战赛，投掷队5名运动员获金牌1枚、银牌3枚、铜牌3枚，获评优秀运动员1人、优秀教练员1人、优秀基地1个。

【足球运动】　年末，全市有足球俱乐部20个，其中年内新组建4个；从事足球运动人员近500人，比上年新增100余人。年内，如皋市举办足球赛事200场，累计参赛人员450人次，现场观众累计近2万人次。南通支云通过15场中甲赛场考验，最终以第12名战绩成功保级。1月1日，市“奥体杯”贺岁足球锦标赛在市体育中心落幕，海门海青足球俱乐部、如皋足球协会代表队分别获冠、亚军。8月27日至10月底，如皋市“体彩杯”五人制足球锦标赛在市奥体中心举办，16支球队共240名运动员参赛，历经10轮共80场次比赛。12月5日，如皋市“走在前、作表率”市级机关文化艺术节足球赛开幕，来自市级机关5支代表队参加比赛。12月12日至13日，如皋市校园足球联赛总决赛在市奥体中心举办。全市中小学组织18支代表队近350名运动员参赛，全程历经42场比赛。

【体育产业】　年内，在受新冠肺炎疫情影响连续休市50天和e球彩11月1日停售不利情况下，全年累计销售体育彩票16923.98万元，比上年增长0.05%，被省体彩中心通报表扬。市奥体中心场馆经营累计收入505万元。争取中央、省级大型场馆免费低收费开放补助150万元。组织各类企业申报体育产业引导资金，助力体育产业发展，南通支云俱乐部成功申报体育产业发展专项基金200万元。

2020年如皋承办南通市级及以上赛事活动情况表

表47

级别	序号	赛事名称	举办时间	主办单位	承办单位
国际	1	第四届“Mlily梦百合”杯围棋精英公开赛8强赛、半决赛	12月28日—1月4日	中国围棋协会 如皋市人民政府	市文体广电和旅游局 梦百合家居科技股份有限公司

续表47

级别	序号	赛事名称	举办时间	主办单位	承办单位
国家	2	《国家体育锻炼标准》达标赛江苏省如皋市分站赛	9月20日	中华全国体育总会	市文体广电和旅游局
南通	3	南通市第二届“老八所”高中校园足球争霸赛	8月26—27日	南通市体育局 南通市教育局	市体育中心
	4	南通市《国家体育锻炼标准》达标赛	9月29日	南通市体育局	市文体广电和旅游局
	5	南通市青少年篮球锦标赛	10月30日—11月1日	南通市教育局	市文体广电和旅游局　市教育局
	6	南通市青少年田径锦标赛	11月6—8日	南通市教育局	市文体广电和旅游局

文体市场管理

【概况】 年内，市文体旅游综合执法大队累计出动执法人员3416人次，检查各类文体经营单位1120余家次。没收各类违法违规出版物、印刷品427本（册），违法专用工具14台（套）；立案查处23件，办结28件（含2019年度结转案件5件），罚没总额16.3万元；开具整改通知书6件，整改达标率百分之百；接受群众举报5件，立案查处1件，办理完成率、群众满意率均为百分之百。

【文体市场专项整治】 年内，市文体旅游综合执法大队开展无证经营、游艺游戏场所、娱乐场所及跨部门联合检查等专项行动11次，累计出动检查人员210人次，检查各类文化经营单位160余家次，立案查处3家，取缔5家无证KTV，督促2家文化经营单位申领行业许可证。办理的某公司擅自从事经营性互联网文化活动案填补南通市各县（市、区）互联网文化案件办理空白，某公司擅自修缮不可移动文物案被省文物局评为2019—2020年度优秀典型案例二等奖。

【“扫黄打非”】 年内，市新闻出版局坚持专项治理与综合治理相结合、集中行动与日常监管相结合，进一步净化出版物市场、清除网上有害信息，筑牢积极健康、向上向善意识形态安全防线。创新“扫黄打非”工作方式，出台推动基层“扫黄打非”工作融入新时代文明实践所（站）建设，通过阵地、队伍、活动融合，深入推进“扫黄打非”工作向基层下沉。开展集中行动，推出全省首个以网红卡通形象为角色，以惩治非法盗版书籍、保护青少年健康阅读为主题的原创儿童绘本音乐剧《熊先生的熊生之路》，先后在景区、校园、商场演出，制作成公益宣传片在城乡书店、商场综合体、校园、镇村等播放，累计巡演12场，视频播放500余次。该视频被选送至全国“扫黄打非”办。策划系列宣传活动，开展“绿书签行动”启动仪式进校园、盗版图书鉴别课堂进基层、“爱阅护苗”21天亲子共读计划、护苗知识定向越野、护苗知识有奖问答、“5分钟讲护苗”快闪等活动。全年累计开展“扫黄打非”专场文化惠民巡演10场、“扫黄打非”主题讲堂30课，分发“扫黄打非”宣传折页、海报1万余份，提高群众“扫黄打非”自觉性和鉴别能力。组建专兼职队伍，发挥群防群治力量，从基层最小单位村民小组着手，因地制宜组建“扫黄打非”妈妈帮、小小志愿者、“五老”监督员等专兼职队伍，全年累计上报有害信息线索16条，查处6条。加强文化市场日常监管，全年检查印刷发行单位及影院等经营单位420家（次），出动人员1200余人次，收缴非法出版物817册。办理行政处罚案件12件，共处罚金6.34万元，没收违法所得1685.67元，没收非法设备、工具等8件（套）。

【电影放映阵地管理】 年内，市新闻出版局统筹做好疫情防控和帮扶纾困工作，持续对全市影院进行巡查，多种方式指导督促各单位加强疫情防范。督促各影院落实主体责任，制定完善复业防控应急预案，细化落实复业防控措施。7月中旬，落实影院复业疫情防控应急处置预案，指导各大影院有序开放、规范营业，确保放映安全。多措并举助力影院消费复苏，联合市总工会组织开展全市职工观影活动，组织开展电影党课、致敬抗疫医护人员、发放电影通兑券、集体观影等活动，引导大众回归影院，为影院消费复苏“暖场”。如皋嘉博蓝海影城成功申报省电影贷款财政贴息。深化农村电影公益放映改革，对农村电影公益放映加大监管力度，规范使用水印相机拍摄，全面核查农村电影公益放映台账；常态化开展农村电影公益放映现场调研，听取基层干部群众对公益电影放映工作意见建议；优化放映员配备，试点宣传文化公益岗位人员兼职放映员工作，将公益电影放映与未成年人“七彩夏日”“缤纷冬日”和党员政治学习等主题相结合；将电影放映阵地纳入新时代文明实践所（站）建设，改善观影条件，群众点单、以需定供。8月22日，高标准通过省电影局农村电影公益放映绩效评价考核。10月28日，市农村电影承接主体红叶电影队在全省农村电影管理技术培训班上作经验交流。

（马　洁　宋淑娜）

综　述

【概况】 2020年年末，全市拥有医院32家（含护理院6家）、乡镇卫生院（社区卫生服务中心）14家、门诊部27个、村卫生室（社区卫生服务站）354个、个体诊所73个、厂校医务室27个；共有床位6971张，每1000位常住人口拥有床位5.58张。有执业（助理）医师3376人，每1000位常住人口拥有执业（助理）医师2.73人；注册护士2855人，每1000位常住人口拥有注册护士2.07人；有卫技人员7048人、乡村医生221人、卫生员56人。年内，全市医疗卫生机构总诊疗732.39万人次，门、急诊729.79万人次，健康检查57.97万人次；出院总人数17.23万人，住院病人手术4.35万人，出院者平均住院9.4日。医疗机构实际开放总床日数234.70万床日，实际占用总床日数162.73万床日，病床周转26.7次，病床使用率69.63%。5岁以下儿童死亡率控制在4.22‰，报告甲乙类传染病发病率92.74/10万。市卫健委被国家卫健委表彰为全国计划生育发展追踪调查优秀单位，被省卫健行业党委表彰为全省卫生健康行业“党员示范岗”，被南通市委、市政府表彰为南通市打好精准脱贫攻坚战先进单位。

【医药卫生体制改革】 年内，如皋市立足提升基层医疗卫生服务能力，启动医共体建设和镇村卫生服务一体化管理改革工作。强化镇卫生院公益性质，克服医疗资源不足和疫情影响，有序开展医疗服务，逐步规范内部管理。全年镇卫生院门急诊147.4万人次，出院2.76万人次，比上年分别下降19%、34%；平均住院率1.87%，比上年下降18%；门诊次均费用147元，住院次均费用4339元，比上年略有下降。全年实现医疗总收入4.64亿元，其中，医疗业务收入3.5亿元（药品收入1.66亿元）、财政补助0.95亿元，医疗业务收入占比75.5%，减少患者医疗费用近3000万元。推动医共体、镇村一体化改革，制订《如皋市县域医疗卫生综合服务能力提升计划（2020—2022）》和紧密型医疗卫生共同体建设试点方案、镇村卫生机构一体化管理实施方案。分别以市人民医院、市中医院为龙头建立医共体2个，其中，市人民医院医共体成员单位9家，市中医院医共体成员单位5家，年内各对接3家开展试点，建成远程会诊、医学影像、远程心电、医学检验、消毒供应等主要技术服务中心，初步形成医共体格局。制定镇村卫生服务一体化管理实施细则，整合镇村医院信息管理系统（简称“HIS系统”），明确镇卫生院（社区卫生服务中心）为法人单位，对辖区村卫生室（社区卫生服务站）全面实现人员、业务、药械、财务等一体化管理。建立分级诊疗新机制，制定《如皋市医共体内双向转诊管理规范（试行）》，完善各成员单位疾病诊疗目录，建立医共体内部、医共体之间转诊管理办法。通过龙头医院举办短期培训班、学术交流、手术演示、业务讲座等活动，促进成员单位业务技术水平整体提升。通过行政推动、政策拉动、考核促动，调动人才下沉服务积极性，形成急重症患者在龙头医院住院、慢性病和恢复期患者在基层卫生院康复治疗的服务模式。年内，医共体龙头医院下基层义诊189人次，查房493人次，查验结果互认721人次，在基层建立工作室5个，成员单位上转患者1671人次，缓解基层群众看病难问题。

【医疗卫生服务】 年内，市卫健委围绕补短板、强弱项，以等级医院、重点专科、人才引进、卫生信息化等为重点，提升医疗服务品质，着力强化医疗机构管理和服务能力建设。全面提升医院等级，市人民医院通过三级乙等评审后，成为南通大学附属如皋医院；市中医院通过三级中医院复评；市第三人民医院、第四人民医院分别通过二级甲等和二级乙等综合医院评审，建成省级农村区域性医疗卫生中心；博爱医院成为南通大学附属医院如皋分院；如皋港人民医院建成二级甲等综合医院；市第二人民医院自加压力，率先在南通市各县（市、区）中建成二级甲等专科医院。截至年末，全市二级以上医院（含专科医院）15家，其中三级医院2家。专科创建取得突破，新增南通市临床重点专科6个（均为市人民医院新增）、重点建设专科4个（市人民医院3个、博爱医院1个），建成基层特色科室孵化点8个（市第三人民医院建成5个，市第四人民医院建成3个）。不断加强人才队伍建设，鼓励卫技人员提升学历水平，新增硕士8人、博士1人；招聘卫技专业人员101人，其中，本科生92人、研究生9人，公立医院57人（事业编制38人、合同制19人）、民营医院44人。招录免费培养农村订单定向医学生109人，其中，本科55人、大专24人、中专30人。133名中专学历农村订单定向医学生毕业后到村卫生室工作，充实农村卫生力量。

【卫生健康】 年内，市卫健委抢抓疫情过后补短板机遇，重要关口前移，持续推进卫生健康各项工作。不断增强公共卫生实效，新增公共卫生服务项目17大类，累计31大类，经费标准提高到100元/人。全市居民电子健康档案建档率90.3%，免费健康体检65岁以上老年人21.36万人，规范管理高血压患者15.3万人、糖尿病患者4.5万人，对6416名严重精神障碍患者登记建档、康复指导、健康体检。推进家庭医生签约服务，常住人口签约80.39万人，重点人群签约51.26万人，其中建档立卡低收入人群签约率百分之百。开展健康镇村创建工作，白蒲镇国家卫生镇创建工作通过国家卫生镇评估，在苏中苏北率先实现国家卫生镇全覆盖；九华镇建成省健康镇，14个村（社区）建成省健康村（社区）。继续实施农村户厕改造工程，修订《如皋市农村无害化卫生户厕改造技术方案（2020版）》，完成改厕1.5万座，农村改厕无害化率99.5%。开展健康支持性环境建设，创建健康食堂10家、健康餐厅（酒店）10家、健康一条街1个、健康小屋3个，维护健康主题公园3个。健康素养在线测试评估7.86万人，测试评估结果显示，健康知识知晓率73.1%，行为正确率83.7%，测试及格率77.7%。定期维护健康自助检测点、健康小屋、健康教育活动室，开展健康生活方式指导员培训工作，全年复训和新增健康生活方式指导员597人。

【院前急救】 年内，“120”急救指挥中心接听求助电话8.35万个，指挥派车3.13万车次，有效出车2.64万车次，救助2.65万人次；参加政府大型活动医疗保障46车次、257人次；专车转运新冠肺炎确诊患者、无症状感染者、发热患者和密切接触者403车次、439人次。

疾病防控

【概况】 2020年，全市人均期望寿命82.19岁。全市报告法定传染病2230例。其中甲类及参照甲类报告管理病例1种（新冠肺炎病例）7例；乙类传染病12种计1302例，死亡7例；丙类传染病7种计928例。年总报告发病率158.84/10万，比上年下降7.83%，其中报告甲乙类传染病发病率92.74/10万；总报告死亡率0.50/10万。乙类传染病前5位依次为梅毒、肺结核、淋病、猩红热、肝炎，丙类传染病前3位依次为手足口病、其他感染性腹泻病、流行性腮腺炎。

【免疫规划】 年内，全市儿童计划免疫建卡率百分之百，免疫规划疫苗累计接种19.77万针次。基础接种率分别为：脊灰疫苗99.71%、麻腮风疫苗99.84%、百白破疫苗99.63%、卡介苗99.73%、流脑疫苗99.79%、乙脑疫苗99.80%、甲肝疫苗99.82%、乙肝疫苗99.73%。18～24月龄百日咳、白喉、破伤风，4岁脊髓灰质炎病毒，2岁流行性乙型脑炎，3岁和6岁流行性脑脊髓膜炎，6岁白喉、破伤风疫苗加强接种率分别为99.82%、99.66%、99.66%、99.65%、99.68%、99.66%。乙肝疫苗首针及时率95.53%，麻风疫苗接种及时率90.07%，麻腮风疫苗接种及时率90.11%。年内，市卫健委举办预防接种上岗培训活动，培训889人次。开展新冠疫苗紧急使用接种工作，对七类重点人群接种新冠疫苗351剂次。

【急性传染病防控】 年内，市疾控中心常规开展传染病监测网络直报，网报率百分之百。应急处置水痘暴发疫情3起、聚集性新冠肺炎疫情3起、聚集性手足口病疫情2起、痢疾3例、伤寒及副伤寒2例、狂犬病1例、麻疹1例、风疹1例、疑似麻疹疫情36起、急性弛缓性麻痹病例5例，处置传染病自动预警信息243次。

【重大疾病防控】 年内，市疾控中心对既往艾滋病病毒（英文缩写“HIV”）感染者和艾滋病病人开展常规监测。发现HIV感染者51例和艾滋病病人16例，均完成个案调查和心理疏导。HIV抗体筛查标本15.79万份，随访管理HIV抗体阳性、艾滋病病人494例，CD4阳性T淋巴细胞（人体免疫系统中一种重要免疫细胞，是艾滋病病毒攻击对象，其检测结果对艾滋病治疗效果判断和对患者免疫功能的判断有重要作用）免费检测449人次。哨点监测400人，检出丙肝病毒2例、梅毒19例。新冠肺炎疫情暴发后，发现确诊病例7例、无症状感染者4例，追踪管理其密切接触者259人；针对重点人群开展流行病学调查4096人次，核酸检测15521人次、抗体检测6542人次，落实疫情监测管理、健康宣教等其他防控措施。新发肺结核病人367例，病原学阳性率55.31%；医疗机构报告、转诊肺结核病人或疑似肺结核病人数577例，转诊率百分之百；应追踪肺结核病例341例，到位335例，总体到位率98.9%；病原学阳性肺结核病人密切接触者筛查461例，筛查率百分之百。肺结核患者首次入户应管理374例，管理率百分之百；上年度肺结核登记数361例，规则服药340例，规则服药率94.2%；2019年同期肺结核患者治愈率93.9%。接收并处理学校结核病预警信息72起。及时规范处置散发结核病疫情16起，开展1177名密切接触者结核病筛查工作及后期随访管理工作。开展2020年高一新生及寄宿制初中生结核病筛查工作，筛查9845人，发现潜伏感染89例，进行预防性服药83例；发现疑似肺结核患者7例。加大重点地区到如皋学生结核病监测力度，筛查240人，发现患肺结核4人。继续推进重点人群结核病筛查工作，发现、确诊肺结核患者37例。筛查65岁以上老年人21.34万人，X线摄片检查21.26万人，发现胸部X线检查异常446人，诊断肺结核12人；筛查糖尿病患者结核病4.98万人，症状筛查4.98万人，X线摄片检查4.84万人，判定为高危人群6404人；其他因症推介和密切接触者结核病筛查2156人。市卫健委与市人民医院合作，课题“如皋市学生人群结核感染状态筛查和干预的前瞻性队列研究”获省教育学院立项。

MDR（肿瘤多药耐药性）高危人群耐多药筛查率百分之百。病原学阳性新患者耐多药应筛查181例，筛查率99.4%；病原学阳性患者分子生物学耐药应检测数208例，检测比例99.5%。报告疑似麻风病18例，发现新发麻风病例1人，麻风病人密切接触者检查20人，疫点调查820人。为全市178名麻风病人发放防护鞋356双，开展治愈存活麻风病人随访501人。查钉螺304.24万平方米，查到有螺面积0.36万平方米（历史环境复现），药物灭螺10.37万平方米，环改灭螺0.12万平方米。开展血吸虫病当地人群、流动人群监测1304例，渔船民监测136例，未发现血吸虫病人。开展血吸虫病筛查询检0.6万人次。零售层次食用碘盐含量监测160份；人群碘营养监测居民300户（份），碘盐覆盖率97.67%、合格率99.32%，合格碘盐食用率97%；人群尿碘营养监测学生200例、孕妇100例，学生尿碘值范围在8.3～903.5微克/升，孕妇尿碘值范围在7.5～570.5微克/升之间，8～10岁儿童尿碘中位数193.1微克/升，孕妇尿碘中位数113.6微克/升；儿童甲状腺肿B超检查甲肿率1.5%。血检“三热”病人（发热在38.5℃以上，临床诊断为疟疾、疑似疟疾、不明发热原因病人）2842例，RDT（疟疾快速诊断试纸条）监测496例，发现并报告输入性恶性疟疾2例病例、三间疟病例1例。

【慢性病综合防治】 年内，市卫健委推进全市慢性病综合防控示范区建设工作。开展儿童口腔疾病干预项目，在如城实验小学和开发区实验小学开展三年级儿童口腔疾病筛查和免费窝沟封闭工作。完善健康支持性环境建设，推进“三减三健”（减盐、减油、减糖，健康口腔、健康体重、健康骨骼）专项行动，组织机关事业单位职工参加第五届“万步有约”健走拓展赛。对慢性病综合防控示范区建设复评审现场评审反馈意见落实整改措施。各级医疗机构严格执行35岁以上人群首诊测血压制度，全年首诊测压率99.91%；规范高血压、糖尿病高危、疑似人群管理，全年新登记管理高血压高危人群3.5万人、糖尿病高危人群1.69万人；新发现高血压病人1.62万人、糖尿病6360人，累计为高血压病人、糖尿病病人建档22.71万份、6.63万份；高血压、糖尿病患者规范管理率分别为67.43%、67.94%。新建高血压、糖尿病患者、骨质疏松高危人群和预防老年人跌倒等自我管理小组225个，指导组员学习自我管理知识和技能。全市户籍居民死亡12985万人，新发恶性肿瘤4962例、心脑血管疾病12761例。完成2019年居民死因信息、恶性肿瘤、心脑血管事件分析报告撰写。开展人群伤残权重调查（中国人群健康状态认知度调查），完成调查291人，完成任务数97%。开展死亡漏报调查，覆盖全市14个镇（街道）14个村

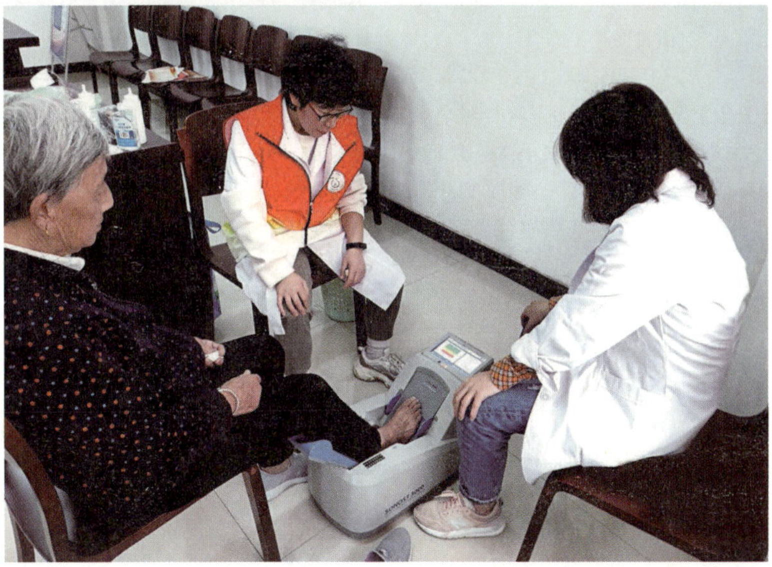

10月10日，市疾控中心联合如城街道卫生所在如城街道西郊社区举办高血压防治的宣传、讲座及义诊活动。图为工作人员现场为市民测量骨密度

（市卫健委供图）

6月30日，市疾控中心工作人员对农贸市场环境进行新冠病毒核酸采样监测 （市卫健委供图）

（社区）1.57万户，覆盖人口5.21万人，占全市人口3.68%。调查结果显示，2019年死亡漏报率为0.42%。对全社会开展慢性病防治知识宣传，编印10种常见病预防、控烟、健康素养66条和“三减三健”折页，印发8.8万份。发放《健康之窗》宣传画1752套、健康知识入户资料5000份、基本公共卫生服务系列宣传片（U盘）和健康素养66条标准课件（U盘）各14个。制作和发布主题宣传日和疾病预防控制相关微信190篇。

【卫生监测】 年内，市卫健委对全市集中式供水单位饮用水采样监测158份，合格率99.37%。公共场所饮用水采样监测50份，合格率百分之百。对11家重点高风险场所进行健康危害因素、新冠病毒监测；对5家重点公共场所进行健康危害因素、污水新冠病毒监测，评估健康风险。食品安全风险及食源性疾病监测59份，报告食源性疾病289例。监测2所学校12间教室卫生，学生因病缺课网报覆盖率百分之百、日报告率95.6%。配合南通市疾控中心完成放射哨点医院监测和哨点医院放射个人剂量收发。完成国家农村环境卫生监测项目，采集土壤、稻谷样品各20份，调查检测点、信息100份；调查农村校园20所，监测土壤中重金属含量、寄生虫情况。监测24家企业职业病危害现场，完成调查表及现场检测数据国家网报；审核28种职业病监测数据2.54万条；完成2015—2019年间肺癌、间皮瘤、膀胱癌、白血病、皮肤癌、肝血管肉瘤6种肿瘤发病数据筛查；国家职业病与职业卫生信息监测系统中审核用人单位信息卡1157张、职业性有害因素监测管理卡355张，职业病报告卡12张，疑似职业病报告卡11张。核查职业性尘肺病患者信息45例，审核3714家企业职业病危害现状调查表。对16家位医疗卫生机构消毒质量监测538份，合格率98.88%；对6家幼托机构消毒质量进行检测，采集空气、物体表面、餐具等微生物检测样本197份，合格率80.20%。

妇幼健康

【概况】 2020年，全市孕产妇7270例，出生婴儿活产数7340例，婴儿死亡率3.13‰，未发现严重多发致残出生缺陷，未发生孕产妇死亡事件。自9月开始，将原由镇（区、街道）计生部门承担的计划生育技术服务职能调整到辖区镇（区、街道）卫生院（社区卫生服务中心），同时将原村（社区）计生服务室承担的相应职能调整至村卫生室（社区卫生服务室）。至年底，全市有助产技术服务机构13家、计生技术服务机构26家。

【出生缺陷防治】 年内，市卫健委开展孕前优生检查3738对，任务完成率101%；婚前检查5024对，婚检率92.47%。开展孕前检查后早孕随访2.33万人次，妊娠结局随访4046人次。开展农村妇女叶酸增补项目，新增增补对象7392人，发放叶酸2.54万瓶，目标人群叶酸服用率94.54%。开展产前筛查和新生儿疾病筛查，产前筛查7030例，筛查率96.70%；新生儿遗传代谢性疾病筛查7331例，筛查率99.88%；听力筛查7331例，筛查率99.88%；先天性心脏病筛查5914人，筛查率99.97%，筛查阳性356人，确诊先天性心脏病89例，均转诊至上级医疗机构接收全面评估及合理治疗。

【生育全程管理】 年内，市卫健委开展孕产妇健康管理，早孕建册6673例，早孕建册率90.91%；五次规范检查6782例，规范检查率92.40%；产后访视7176例，产后访视率97.77%。家庭医生基础包签约6673例，签约率91.78%，个性化签约3983例，签约率54.79%。开展0～6岁儿童健康管理，新生儿访视7217人，访视率98.32%；健康管理6.47万人，管理率97.38%；筛查高危儿4293例，筛查Ⅰ类体弱儿3698例，专案管理率百分之百，Ⅱ类及Ⅲ类体弱儿1350例，均按要求进行转诊和随访。实施预防艾滋病、梅毒、乙肝病毒母婴传播项目，孕期初检孕妇6531人，住院产妇分娩5890人，接受艾滋病咨询率及HIV抗体、梅毒、乙肝表面抗原检测率均为百分之百。对17名梅毒感染产妇及18名新生儿均规范给予预防性治疗;乙肝表面抗原阳性产妇所生儿童215人,乙肝免疫球蛋白注射率百分之百;开展乙肝暴露儿童免疫后效果评价,检测326人。

【母婴安全保障】 年内,市孕产妇和新生儿危急重症救治中心设立基层请会诊、转诊急救专用联系电话,协调市120急救指挥中心落实请会诊接送专家车辆。市卫健委组织开展危重孕产妇和新生儿救治演练活动4次,覆盖助产机构11家。全面落实妊娠风险筛查与评估及高危专案管理,建册7088例,筛查异常4726例;评估6176例,发现黄色风险5041例、橙色风险1112例、红色风险14例、紫色风险20例,督促及时转诊。建立高危孕产妇市、镇、村共管机制,将重点孕妇特别是严重妊娠并发症、并发症孕产妇纳入监管范围。开展母婴安全飞行检查,对存在问题下发整改通知书;约谈母婴安全隐患较大医院,追踪整改结果。

【生殖健康服务】 年内,市卫健委在全市开展以乳腺癌和宫颈癌为主的"两癌"筛查工作,将目标人群由农村适龄妇女拓展为城乡适龄妇女,在高新区、九华、长江、江安、吴窑5个镇(区)开展检查,完成宫颈癌检查3.12万例。其中HPV检测6000例,阴道镜检查1494例,宫颈活检1072例,确诊宫颈癌前病变129例,宫颈癌22例;乳腺癌检查3.24万例,转诊乳腺钼靶769例,乳腺活检118例,确诊乳腺癌癌前病变2例、乳腺癌29例。宫颈癌和乳腺癌检查任务完成率分别为103.97%和108.08%。在其他9个镇(区、街道)开展"关爱女性健康行动"暨妇女病普查普治工作,检查4.15万例,检出宫颈癌7例、乳腺癌4例、子宫内膜癌1例,对查出的异常情况均给予对症处理及转诊服务。开展基本避孕服务,制订下发项目实施方案,将全市具备计生手术服务资质的医疗机构作为避孕手术免费服务协议机构,全年结算各类计生手术7034例;及时更新避孕药具发放点信息,为383个发放点统一制作安装免费发放标识牌,发放避孕药具4.58万人次,监测上报各类避孕药具不良反应(事件)1174例,上报率950例/100万人口,达优秀水平。

【托幼机构卫生保健】 年内,市卫健委对3家新办幼儿园开展招生前卫生评价,联合市教育局、市场监督管理局综合评估全市79家幼儿园卫生保健工作。11月,对全市各幼儿园园长、专兼职保健老师共355人开展卫生保健技术专题培训,发放考核合格证书355本。组织全市幼儿园园长及新上岗保健老师104人参加南通市级卫生保健培训。全年在园儿童健康体检3.1万人,体检率百分之百,为1.69万名在园儿童建立视力健康电子档案;组织托幼机构工作人员体检3584人次。

【出生医学证明管理】 年内,市卫健委根据档案材料"应收尽收"原则,整理扫描2019年以前所有出生证纸质档案59.78万页,录入信息14.55万条,归档1925盒,移交市档案馆。签发出生证明6409份,其中,首次签发出生证明6047份,补发出生证明224份,换发证明138份;废证6份。完成出生证真伪协查鉴定8份。

卫生监督

【概况】 2020年,市卫健委受理许可审批事项2967件,其中,公共场所许可639件,放射诊疗许可及变更26件,医疗机构执业许可证及变更11件,医师注册、变更注销、备案1073件,护士注册、延续及变更注册1218件。全年开展各类专项整治、专项检查26次;接处投诉举报58件;执行国家及省级"双随机"监督任务单575家,其中关闭79家,完成率86.3%,完结率百分之百。查处卫生健康违法案件82件,其中,医疗卫生类46件、公共场所卫生类12件、消毒产品卫生类2件、放射卫生类2件、传染病防治类14件、职业卫生类6件;决定罚没款56.8万元。对29家医疗卫生机构开展产前诊断(筛查)技术服务专项监督检查,对13家签发出生医学证明的医院开展专项监督,均未发现违法行为。承办的案件获省卫生行政执法优秀案例一等奖1个,南通市卫生行政执法优秀案例二等奖2个、三等奖1个。

【职业卫生监督】 年内,市卫健委开展职业健康检查机构整改"回头看",实行疑似职业病或职业病月报制度。完成57家放射设备使用单位省级申报。全年监督检查尘毒企业46家、化工企业40家、水泥行业企业3家、船舶行业企业13家、2019年度监测超标企业5家、近三年有疑似职业病和职业病发生企业23家。4月25日至5月1日,开展职业病防治法宣传周活动,依托"腾讯会议"平台对相关企业远程培训3场,在吾悦广场设置LED宣传字幕,在户外广场与老百姓面对面交流宣传防护知识,开辟"微信群快通道"为企业解疑惑,做到立问立答。

【公共卫生监督】 春节前,市卫健委专项卫生监督公共场所单位1283家。年内,对建成区381家复工复产公共场所单位进行新冠肺炎疫情防控监督。开展169所学校和托幼机构新冠肺炎疫情防控、结核病防控、传染病联防联控专项督查,累计检查715户次,培训学校管理人员471人次。开展学校生活饮用水卫生专项监督,抽检27所,合格率百分之百。实施学生近视防控"蓝盾护航"项目,抽查学校17所,对15所抽查不合格学校提出整改意见并通报市教育局

11月20日，市卫生监督所开展非法行医罚没物品集中销毁行动。图为非法行医罚没物品经工作人员逐箱清点后，运送到危险废物处置公司进行专业处置　　（市卫健委供图）

督促整改。完成大型考试卫生监督保障3次。配合市住房城乡建设局开展农村水厂回收工作，完成所有民营自来水厂回收国有。

【医疗市场监督】 年内，市卫健委始终保持惩治非法行医高压态势，召开联席会议推进各部门衔接配合。全年查处非法行医案件25件，罚没款33万余元，集中销毁非法行医涉案物品1120千克，移送涉嫌犯罪案件2件。开展医疗技术临床应用、医疗质量安全管理、中医药服务等专项监督检查，对臭氧治疗、中医"三伏贴"服务开展专项治理。强化医疗机构依法执业自我管理，13家二级及以上医院使用依法执业自我管理信息系统。

【传染病防治监督】 年内，新冠肺炎疫情发生后，市卫健委卫生监督人员迅速行动，根据疫情形势变化和市防控指挥部要求，不断调整检查重点，增加对集中医学观察、发热门诊、预检分诊等的巡查频次，实施驻点监督、精细监督。监督检查178家医疗机构医疗废物，立案12起。对3家餐饮具集中消毒服务单位开展监督抽检4轮，劝退不符合要求单位2家。实施传染病防治分类监督综合评价，评选优秀单位4家、合格单位105家。检查消毒产品经营单位83家，抽查产品180个。开展消毒产品生产企业分类监督综合评价，评选优秀企业3家、合格企业1家。对市疾控中心和37家预防接种单位开展预防接种专项监督。

【卫生监测】 年内，市卫健委抽检各类样品274份，合格197份，合格率71.9%。其中公共场所样品198份，合格率70.2%；学校饮水样品27份，合格率92.6%；学校教学环境样品17份，合格率11.8%；二次供水样品2份，合格率50%；集中消毒餐具样品15份，合格率百分之百；消毒产品样品15份，合格率百分之百。

（王　璐）

红十字救护

【概况】 2020年年末，市红十字会在全市共有基层组织180个、团体会员67个、志愿服务基地5个、志愿服务组织8个，登记志愿者1163人，注册志愿者40人。年内，成立首支心理救援队伍，由34名具备心理学、医学、教育学专业背景及实践经验社会各界爱心人士组成。年内，全市无偿献血1.04万人次。其中采集全血9803人次，采血量1.49万个单位；单采血小板554人次，共872个治疗量。向临床供应红细胞类14224.5单位，血浆类14733单位，单采血小板874个治疗量，冷沉淀凝血因子324单位。无偿献血占临床用血比例104.5%。全市新增干细胞志愿者采样入库140人，占年任务140%。

【救护培训】 年内，市红十字会先后在南通圣马信息科技有限公司、江苏神马电力股份有限公司等企业开展救护员培训1442人，完成年任务115.36%；先后在白蒲中学、长江中学等学校开展普及性培训1.28万人，完成年任务122.28%。

【养老照护】 年内，市红十字会先后深入如城街道蒲行社区、下原镇老坝村等村（社区）开展养老照护知识培训10场次，累计培训500人。继续依托红十字养老照护志愿服务队，开展以健康陪护、帮忙跑腿、电器修理、政策指导、代购物品等为主题养老照护志愿服务活动。全年累计组织开展养老照护志愿服务50次，受益54人。

【博爱家园建设】 年内，市红十字会在城南街道宋家桥社区、平明社区和东陈镇双群社区启动博爱家园创建，先后开展"有爱市集"系列活动、急救日血糖血压测定、志愿者日健康知识宣教、养老知识宣传等活动。

（赵爽佳　王　璐）

人口家庭

【概况】 2020年,全市育龄妇女28.8万人,比上年减少0.7万人,其中已婚育龄妇女20.6万人,比上年减少1万人。生育登记6159人,其中,一孩3207人、二孩2952人。出生统计7389人,其中,一孩3796人、二孩3337人、多孩256人。出生人口男女性别比(出生统计)106.8(女婴数量为100时所对应男婴数)。人口出生率5.18‰,自然增长率-3.37‰。

【计划生育家庭奖扶】 年内,全市新增农村计划生育家庭奖励扶助对象(简称"奖扶对象")6007人,新增独生子女伤残死亡家庭特别扶助对象(简称"特扶对象")349人。年审享受奖扶对象8.5万人、特扶对象4367人。全年发放计划生育奖扶金7984.272万元、特扶金3010.39万元。发放3503名持独生子女父母光荣证企业退休职工、59名持独生子女父母光荣证城镇老年居民一次性奖励金共计1135.31万元。落实计生特殊家庭联系人制度,组织春节、中秋慰问计生特殊困难家庭活动。组织镇村计生干部开展家庭医生签约服务宣传活动,协助计生特殊困难家庭签约3213人。畅通计生特殊家庭就医绿色通道,确定5家二级以上公立医院为计划生育特殊家庭提供优先便利医疗服务协议医院。

【幸福家庭创建】 年内,市卫健委组织开展"5·15"国际家庭日、"7·11"世界人口日宣传服务活动,通过开展健康讲座、发放宣传资料等形式集中宣传卫生计生政策,普及卫生健康知识。7月10日,南通市卫健委在城南街道组织开展送宣传服务到基层活动。指导省级新家庭计划项目点城东社区开展宣传服务活动,发挥示范引领作用。

【托育服务】 年内,市卫健委引导托育机构规范有序发展,指导托育机构注册使用国家托育机构备案系统备案。组织各镇(区、街道)对辖区内托育机构开展调查、政策宣传和安全风险隐患排查。组织托育机构人员参加南通市托育机构卫生保健工作培训班和卫生保健老师考试。推动普惠托育工作,成功申报国家普惠托育服务专项行动项目2个(白蒲镇幼儿园托育服务中心和如皋悦智荟管理服务有限公司普惠托育项目)、省政府普惠托育民生实事项目1个(市爱贝艺术培训有限公司普惠托育项目)。

【市计生协会】 全市建有各级各类计生协会组织502个,有协会理事1.09万人、会员12.17万人。年内,市、镇计生协慰问计生特困家庭457户,每户400～600元。赠送失独家庭彩电10台,由镇级出资为其安装有线电视、缴纳收视费。争取南通计生协会资金2.5万元/户,为2户失独家庭修建危房。为1291户共2038人办理计划生育综合医疗保险,涵盖意外身故、意外伤害、医疗费用、特定疾病、住院补贴五大方面。全年理赔239人,理赔金额48.42万元。为计生失独家庭6名家庭成员申请缴纳养老金,其中,市级补助70%,南通计生委补助30%。截至年末,全市有领取保险金失独对象128人。摸排全市1291户计生失独家庭情况,4户为抗美援朝老战士军、烈属或对越反击战战士军、烈属,其中1户成为民建南通市委"思源工程"暖心慰问对象。

(王　璐)

民政社会事务

【婚姻登记】 年内,市婚姻登记处办理各类婚姻登记1.58万件,其中,结婚登记9998件、补领结婚证2902件、补办结婚登记214件,离婚登记2686件。接受婚姻档案查询调阅4380份,回复查询公函200余份。推进婚俗改革,开展文明婚嫁移风易俗宣传活动,发放婚姻辅导资料和倡议婚事新办简办1000余份,签名承诺婚事新办简办2000余人次。开展离婚劝解服务，为离婚当事人提供各类专业婚姻家庭法律法规、心理咨询服务。全年集中婚姻家庭法律法规辅导服务24次，一对一劝解服务200余次，挽救即将破碎家庭40余个。

【收养登记】 年内，市民政局办理收养登记51例；走访61例，回访56例，保障被收养儿童合法权益。

【殡葬事业】 年内，如皋市巩固上年度殡葬领域专项整治成果，根本杜绝装棺重葬、乱埋乱葬等丧葬陋习，完成土坟、硬质化坟墓、冥亭等违规殡葬设施清理。新建镇级公益性公墓（骨灰堂）11个，改造提升村级公益性公墓183个，在全省率先实现镇级公益性安葬服务设施全覆盖，受到省政府办公厅督查激励，获省补资金263万元。开发“网上祭扫”小程序，鼓励网上祭扫。全年发放惠民殡葬补助4200人，兑付441万元。

【区划地名及界线管理】 年内，市民政局组织对全市建成小区和道路存在的未批无名、未批先用、批而不用、用而不全4类不规范地名问题进行全面摸排，排查不规范地名问题360个，并制订分类处置方案。与如东县民政局联合开展平安边界创建工作。按文明城市创建要求，更新路牌250块，全面更换惠政路、宁海路、中山路等路段地名头，更换破损广告39块，清除小广告张贴25块，清理污渍广告画面31块，处置倾斜路牌7块、倒塌路牌5块。7月，完成《如皋市地名录》编印工作。完成如皋市城区图、政区图涉及行政区划、小区、道路等标准名称审核工作。8月12日，将全市所有地名道路路牌移交如皋交通产业集团管辖。编撰《国家地名词典》词条11条、《江苏省标准地名词典》词条63条、《江苏省标准地名志》词条7条。

（冒爱锋）

劳动就业

【就业】 2020年，市人力资源和社会保障局想方设法促就业，千方百计稳就业、全力以赴保就业，全市就业形势总体平稳。新冠肺炎疫情发生后，出台《如皋市关于疫情防控期间加强企业用工保障工作的实施意见》，全力助力复工复产，切实做好企业用工保障。全面落实企业稳岗减负政策，深入实施就业扶贫保障工程，全年新增城镇就业9685人，帮扶建档立卡低收入农村劳动力年龄段人口4907人实现转移就业，落实2056家企业稳岗返还1435万元，城镇登记失业率1.74%。

【创业】 年内，市人力资源和社会保障局支持成功自主创业3823人，创业带动就业1.5万人，发放富民创业担保贷款1035万元。培育省级大学生优秀创业项目4个，“智能超声波测距技术”项目获第四届“中国创翼”创业创新大赛南通初赛三等奖。

【技能培训】 年内，市人力资源和社会保障局与9所培训学校（机构）签订职业技能培训协议，累计培训城乡劳动者就业技能5079人，其中，城乡新成长劳动力技能培训2038人，新生代农民工职业技能培训2573人，在岗职工技能提升培训2.9万人；发放3748家企业“以工代训”补贴3297.85万元，惠及职工2.4万人。

【劳动关系】 年内，市人力资源社会保障局开展进城务工人员工资支付专项检查、劳动保障书面审查、女职工劳动保护专项检查、根治欠薪夏季专项行动、五一劳动法律宣传服务月、疫情防控期间劳动关系协调网络培训班等工作。开展企业薪酬调查和制造业人工成本监测。组织开展春节期间进城务工人员工资支付专项检查，检查用人单位3142家，妥善处理工资支付矛盾纠纷27起，涉及金额3044万元。规范工程建设领域进城务工人员工资支付行为，夯实专用账户管理，全市351个专户注入资金4.21亿元，代发工资4.02亿元，代发7.12万人次。做优书面审查工作，审结企业1.3万家，审结数居南通各县（市、区）第一，在南通市劳动保障监察网格骨干培训班上作专题授课，书面审查经验做法被《中国劳动保障报》推介。持续推动劳动仲裁案前基层调裁对接制度，调解或经调解撤诉369件，调解率67.95%。

（刘海燕）

收入与消费

【概况】 2020年，城乡居民抽样调查数据显示，全年全体居民人均可支配收入37646元，比上年增长6.1%。其中工资性收入22196元，比上年增长5.9%；经营净收入5545元，比上年增长3.9%；财产净收入3140元，比上年增长6.9%；转移净收入6765元，比上年增长8.1%。城乡居民人均收入比为2.08:1，比上年缩小0.06。人均生活消费支出20880元，比上年下降0.7%。恩格尔系数（居民家庭中食物支出占消费总支出比重）29.2%。

【城镇居民收入与消费】 城镇居民人均可支配收入49118元，比上年增长4.6%；人均生活消费性支出25198元，比上年下降0.6%。年末全市城镇居民人均住房建筑面积61.4平方米，比上年增长2.3%。

2020年如皋市城镇居民人均可支配收入、消费支出情况表

表48

指标名称	总额（元）	比上年增长（%）
可支配收入	49118	4.6
其中：工资性收入	29570	4.5

续表48

指标名称	总额(元)	比上年增长(%)
经营净收入	5328	2.0
财产净收入	4898	5.1
转移净收入	9322	6.3
生活消费支出	25198	-0.6
其中:食品烟酒	7267	2.4
衣　着	1816	-6.4
居　住	4693	2.1
生活用品及服务	1536	1.5
交通通信	3213	2.5
教育文化娱乐	4139	-8.8
医疗保健	1850	2.1
其他用品和服务	684	-4.2

【农村居民收入与消费】 全年农村居民人均可支配收入23599元,比上年增长7.7%;人均生活消费支出15592元,比上年下降2.0%。年末农村居民人均住房面积61.5平方米,比上年增长1.2%。

2020年如皋市农村居民人均可支配收入、消费支出情况表

表49

指标名称	总额(元)	比上年增长(%)
可支配收入	23599	7.7
其中:工资性收入	13166	7.4
经营净收入	5811	6.1
财产净收入	988	10.5
转移净收入	3634	10.6
生活消费支出	15592	-2.0
其中:食品烟酒	4662	-1.4
衣　着	810	-10.7
居　住	2840	3.9
生活用品及服务	1019	3.1
交通通信	2197	4.4
教育文化娱乐	2475	-10.0
医疗保健	1253	-4.6
其他用品和服务	336	-11.1

社会保险

【概况】 2020年,如皋市社会保障体系更加完善,社保待遇稳步提升。城乡居民养老保险待遇确定和基础养老金调整"两个机制"落实到位,完成城乡居民基础养老金标准2次提升,分别由148元/月调整到160元/月,由160元/月调整到170元/月。统筹调整企业退休人员养老金保障水平,人均上调156.7元/月,增幅6.5%。疫情期间,认真贯彻落实《关于阶段性减免企业社会保险费的通知》《关于阶段性减免企业社会保险费有关问题的实施意见》通知精神,对全市各类缴纳社保费的企业进行减免划分,为17家大型企业减免社会保险费3403.68万元,为9007家中小微企业减免社会保险费81362万元,为1165家按单位参保个体工商户减免社会保险费2993.52万元,为125家其他单位减免社会保险费246.48万元,切实纾解企业困难,推动企业有序复工复产。

【养老保险】 城镇职工基本养老保险　年末,全市城镇职工基本养老保险参保19.74万人,年内净增参保16973人,完成市政府下达全年净增6000人任务数282.88%。基金征缴12.44亿元,年末结余1.39亿元。

企事业退休人员基本养老保险　全市发放企事业离退休人员养老金88.5万人次,养老金支出22.8亿元。年内,全市新增退休人员5163人、遗属195人,减员1793人,接收退休人员档案5035份,纳入社会化管理服务的退休人员75645人,退休人员养老金发放率、社区管理率、档案接收率百分之百。根据省人力资源社会保险厅、省财政厅《关于2020年调整退休人员基本养老金的通知》精神,统筹调整企业退休人员养老金保障水平。此次调整涉及企业退休人员65428人,人均上调156.7元/月,增幅约6.5%。在常态化认证服务基础上,运用"互联网+"智慧退管系统,持续做好异地居住退休人员手机App人脸识别认证服务,并在全市面上逐步推广。全市应认证对象71865人,认证率百分之百。

年内,第七轮第一批退休人员免费健康体检近3万人。对全市550名90周岁以上高龄退休老人、89名特困退休人员、20余名新中国成立前老工人及重病、死亡退休人员家属开展节日慰问及丧抚慰问,支付慰问金41万元。全面深化国有企业改革,平稳有序推进国有企业退休人员社会化管理服务工作。与11家国有企业签订《南通市国有企业退休人员人事档案移交协议》,接收退休人员档案1192份、人员信息1144人,并录入退管系统。

城乡居民基本养老保险　年内,全市参加城乡居民基本养老保险缴费31.4万人,年征收保费3.8亿元。全年发放居保基金8.24亿元,其中,基础养老金6.97亿元、个人账户1.27亿元。全面接轨并使用省大集中系统,自主开发的社银、社税平台成功运行,不断提升居(失)保信息化水平。完成全市1.1万名困难人员代缴城乡居民养老保险,参保登记率、全额代缴率、待遇享受率全部实现百分之百。

机关事业单位养老保险　全市机关事业单位在职参保职工1.94万人、退休人员1.24万人。机关事业养老保险基金征收4.2亿元,支出8.9亿元。全年职业年金收入2.5亿元,在南通各县市中居首位。全年向省归集职业年金收入3.56亿元。落实1775名2019年12月前已核定正式退休的"中人"职业年金待遇,完成"中人"职业年金待遇申领及核定,获省人力资源社会保障厅书面通报表扬。根据省人力资源社会保障厅、省财政厅《关于2020年调整退休人员基本养老金的通知》文件精神,完成全市机关事业退休人员2020年度养老金调整补发工作，平均涨幅4.43%。完成大学生村干部群体参保登记和机关事业单位退役军人基本养老保险关系转移接续手续办理。

【医疗保险】 基本医疗保险 年内，全市参加基本医疗保险125.56万人，其中参加职工医疗保险29.55万人，完成年计划数102.1%；缴费基数为3368元。全市职工医保基金收入10.26亿元，支出9.5亿元，住院政策范围内总体报销比例82%。城乡居民基本医疗保险参保96.01万人，完成年计划数99.70%；合计基本医疗保险参保率百分之百，超额完成市“十三五”规划99.7%参保率任务；筹资标准为940元/人，其中，个人缴纳360元（含照护保险20元），政府补贴580元。全市居民医保基金收入9.14亿元，支出12.94亿元，住院政策范围内总体报销比例71%。5月，推出“新生儿出生一件事”一站式服务，实行新生儿出生登记、医保登记、社保卡申请等事项办理一窗受理、一次办结。截至年末，办理“新生儿一件事”事项2156件，节省群众办事时间6000余天，减少申请材料8000余份。

照护保险 年内，市医疗保障局将中度失能、中（重）度失智人员纳入保障范围，增加辅具待遇。全年受理参保人员失能评定申请5592人，经评定，符合重度失能标准4023人、中度失能标准1295人，评定通过率90.2%。年内，全市享受居家照护服务9550人，入住护理机构照护605人，市财政支付各项照护保险待遇5865.95万元。

新冠肺炎疫情防控专项拨款 年内，市医疗保障局向承担新冠肺炎救治任务的市人民医院和市中医院预拨付专项资金1500万元，向10家设立发热门诊医疗机构预付医保资金9259万元，确保患者不因费用问题影响就医，确保收治医院不因支付政策影响救治。如皋市新冠肺炎患者发生医疗费用16.03万元，其中，医保支付10.92万元，财政补助5.11万元。实施企业职工基本医疗保险单位缴费部分减半征收，减收1.13亿元。

医保定点机构管理 在全市医保定点机构推广医疗保险信息交互平台建设，构建“智慧医保”建设体系。开展“打击欺诈骗保，维护基金安全”集中宣传月活动，印发宣传手册2万份，张贴宣传海报3000份。组织开展清源专项行动，扣除各定点医药机构自查自纠948.11万元。开展病历评审，抽取3166份医保住院病历集中评审，扣除不合理费用249.86万元。

【生育保险】 年内，南通地区基本医疗保险与生育保险实行市级统筹，在南通地级市范围内建立基本政策、待遇标准、基金管理、经办管理、定点管理、信息系统“六统一”的基本医疗保险制度与生育保险制度。全市城镇职工生育保险参保18.5万人，基金征缴2215.83万元，结余13148.52万元。生育保险总支出4401.79万元。

【工伤保险】 年内，全市城镇职工工伤保险参保17.44万人，基金征缴0.27亿元，结余0.93亿元。市人力资源社会保障局工伤认定1514件，其中，单位申报1337件，个人申报177件。工伤调查653人次，组织劳动能力鉴定722人次，成功调解工伤疑难案件58件。办理工伤保险报销1307人次，支出8075.86万元。追回多发待遇9.32万元，先行支付追偿到账0.45万元。根据省人力资源社会保障厅、省财政厅《关于调整工伤保险有关待遇的通知》精神，调整工伤定期人员待遇371人，补发57.44万元，每月工伤保险定期待遇增发5.27万元。完成建筑业新开工项目工伤保险参保217家。

【失业保险】 年内，全市城镇职工失业保险参保16.85万人，基金征缴0.59亿元，结余2.38亿元。全年新增失业登记5684人，发放失业职工失业保险金6856.61万元、失业职工临时物价补贴494.6万元、失业职工医疗待遇1559万元，惠及职工4.5万人。完成全市2063家企业稳岗返还资金1439万元，受惠职工6.8万人；对受疫情影响较严重但坚持不裁员或少裁员的27家服务业企业发放应急稳岗返还资金270.77万元。

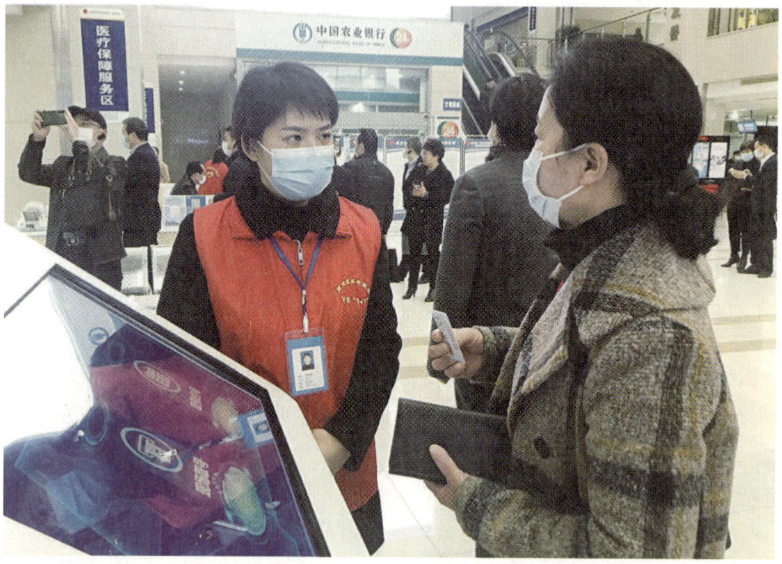

12月3日，在市医保处服务窗口，工作人员为办理医保业务的居民介绍办理流程
（市医疗保障局供图）

【被征地农民社会保障】 年内，如皋市认真贯彻省政府被征地农民社会保障政策，确保被征地农民保障做到"即征即保""先保后征"。全年新增6559名失地农民纳入保障范畴，被征地农民社会保障率百分之百。年内，被征地农民保障待遇由682元/月调整到715元/月，全年发放被征地农民保障资金4.04亿元，发放率百分之百。落实长江流域禁渔退捕工作部署，聚焦"应转尽转、应帮尽帮"，对全市95名退捕专业渔民做到专人挂钩、全程跟踪、村不漏户、户不漏人，全部纳入被征地农民社会保障体系。

（刘海燕　孙春燕）

社会救助

【民政救助】 2020年7月1日起，如皋市提高相关参照对象补助，城乡20世纪60年代精简退职老职工生活补助标准由每人每月650元提高至710元；将江滨医院内麻风病人及精神病人生活补助标准由每人每月650元提高至710元。

城乡低保　7月起，城乡居民最低生活保障标准由每人每月650元提高至710元。最低生活保障金额按照最低生活保障家庭人均收入低于最低生活保障标准之间差额确定。其中低保家庭中患大重病人员保障标准按照城乡低保标准120%发放保障金；低保家庭中老年人、未成年人、单独生活居民、归侨居民、少数民族居民，其本人每月增发低保标准10%保障金。全年保障农村低保对象5596户共9763人，落实补助资金5258万元；保障城市低保对象172户共228人，落实补助资金126万元。助力脱贫攻坚，农村低保兜底保障建档立卡户脱贫8442人；农村五保兜底保障建档立卡户脱贫3405人，城市三无兜底保障建档立卡户脱贫3人；临时救助建档立卡户1338人次，占总救助人次63.67%，平均救助209.8万元，占总救助金额67%，平均救助1490元/人次。通过主动排查，纳入"单人保"481人，41户共86人符合条件建档立卡享受低保渐退期。

临时救助　优化临时救助审批程序，在全省率先下放临时救助审批权限到乡镇，对建档立卡户和急难型困难对象不再核查家庭经济状况。全年临时救助2140人次，救助金额323.2万元；按照人均120元/月标准，发放困难群众临时补助189.36万元，惠及困难群众15539人；按时发放困难群众物价补贴1620万元。

流浪乞讨人员救助　年内，市民政局主动加强沟通协作，做好与"12345""110""120"电话有效衔接，与公安、城管等部门联合印发《关于协同推进流浪乞讨人员救助管理工作的通知》，强化流浪乞讨人员救助管理工作。规范救助服务工作各个细节，做到街头救助常态化、应急救助有效化、医疗救助及时化、未成年人救助主动化、关爱救助亲情化、安置救助规范化。严格执行一日三次巡查制度和24小时值班制度，全年上路巡查1000余次，累计救助流浪乞讨无着落人员73人次、未成年人5人，护送受助人员返乡23次，寻亲成功3人。根据"先救治，后救助"原则，简化程序，与多家医院签订医疗协议。对危重病人等救助对象，及时护送到医疗机构救治。针对食品安全、卫生防疫、消防安全等定期组织开展安全隐患大排查活动，全面排查安全漏洞。邀请社会各界人士和热心市民到救助站参观，发放"志愿救助宣传卡"，鼓励志愿者和公益组织参与流浪乞讨人员救助，形成全社会共同关心救助管理工作、关爱流浪乞讨人员良好氛围。

残疾人救助　年内，全市保障重度残疾人1.8万人，残疾人"两项补贴"发放权下放到镇（街道），累计发放资金1.42亿元。做好重残人员救助政策衔接工作，强化动态管理和信息比对，确保救助及时精准。协调市财政局、残联落实《关于进一步完善困难残疾人生活补贴和重度残疾人护理补贴制度的通知》，将三、四级精神或智力残疾人列入生活保障范围，将一、二级言语类重残人员列入护理补贴范围，自2021年1月起执行。深化亲情医护·绿色家园服务品牌内涵，江滨医院创新开展工娱康复治疗

4月9日，一名患有精神障碍的河南籍流浪乞讨人员，经市民政局救助寻亲，成功与亲人团聚。图为该流浪乞讨人员与姐姐团聚时场景

（市民政局供图）

服务体系,实施“四个一小时”(每天一小时心理疏导、一小时户外活动、一小时看电视新闻、一小时工娱训练)工程,为精神病患者病情康复起到积极促进作用。江滨医院通过各类新媒体开展为流浪乞讨精神病人寻家活动,帮助26名流浪乞讨精神病人回到亲人身边。

低保专项治理 年内,如皋市开展低保专项治理行动。核查全市城乡低保在库对象及赡养(抚养)义务人5783户共10103人,申请救助对象全面签交授权委托书,做到一户不漏。对基层经办人员进行社会救助政策辅导,提升依法精准救助水平。开展救助政策宣讲进村(居)活动,全市347个村(居)实现全覆盖。联合驻市民政局纪检组、市财政局,全面检查各镇(街道)救助资金发放、档案管理情况。7月,召开专题核对清退工作会议,明确时点,对反馈数据中金融、车辆和国土信息逐一入户核实,将不符合救助条件8户共11人及时清退。

(冒爱锋)

【医疗救助】 年内,如皋市通过组织实施精准帮扶重点困难群体,建立并实施职工、城乡居民重大疾病救治医保补偿机制,将大病保险待遇起付标准降低50%,起付标准以上各费用段支付比例提高5个百分点,推进医疗救助“一站式”结算服务。全年各类救助对象5.22万人,补贴参保资金4904.35万元,实现困难人群基本医疗有保障。门诊救助12.69万人次,救助支出1210.06万元;住院救助1.28万人次,救助支出1515.53万元。2019年度城乡医疗救助工作接受省级绩效考核,获满分。制定《如皋市健康扶贫医疗控费考核办法(试行)》,将建档立卡低收入人口住院次均费用、重复住院率、低费用率、政策范围内个人自付费用占比、政策范围外个人自费费用占比等作为重点考核指标,每季度进行通报,解决建档立卡低收入患者医疗控费问题。自7月起,统一执行南通市医疗救助政策,取消3万元起付标准和12万元封顶线规定,确保所有建档立卡低收入人口均享受到医疗救助政策保障。下半年,全市建档立卡低收入人口政策范围内个人自付费用占比从上半年15.6%下降至6%,降低9.6个百分点。

(孙春燕 王 璐)

【慈善救助】 年内,市慈善会(慈善基金会)开展“情暖江海·如皋”春节慰问和日常济困救助活动,支出385.24万元,救助3595人次。建立健康扶贫救助机制,对贫困家庭重大疾病患儿,低保、低收入、农村建档立卡户家庭给予救助,全年支出282.99万元,救助1097人次。开展慈善圆梦助学、济困助学活动,支出284.27万元,资助贫困学子1049人。慈善助推农村危房改造项目支出223.5万元,资助303户农村特困家庭危房改造,该项目获南通市最佳慈善项目奖。

慈善募捐 年内,市慈善会(慈善基金会)将慈善募捐工作转入常态化,坚持因势利导,多措并举,拓宽基金募集渠道和平台。加强检查督促,推动举牌捐赠基金到账。鼓励和促进已建冠名基金单位和个人持续捐赠、扩大冠名基金规模。积极培育新增冠名基金,主动对接有设立冠名基金和定向捐赠意愿单位及爱心人士,当年新增冠名基金1个,新增冠名基金收入8509万元;冠名基金定向捐赠收入51万元。开辟网络募捐渠道,运用腾讯平台搞好专项募集,9月,募集42.25万元。推行慈善项目劝募,发动各慈善分会,优选项目22个,通过新闻媒介、基金会网站、微信群等领域进行专项劝募。全年募集慈善资金10311.17万元。

慈善公益 年内,市慈善会(慈善基金会)继续为教育、老龄、社区环境整治等公益项目捐助提供平台。开展教学资助活动,由教育发展基金、如皋中学教育基金等冠名基金出资5669.33万元,支持如皋中学、白蒲中学、搬经中学、江安中学、如皋师范学校建设和教学科研。部分冠名基金单位出资152.33万元,支持村(居)道路修建、河道整治、农户改水等公益事业。在“中华慈善日”和重阳节、中秋节期间,市慈善会与多家志愿服务组织合作开展活动,深入敬老院和居家养老服务站慰问演出,开展心理咨询、精神慰藉、关爱帮助等活动,慈善会资助“蓝天社工”“心悦晚霞”项目参加省社会组织慈善公

1月8日,市慈善会(慈善基金会)到磨头镇开展慈善济困助学慰问活动,资助16名困难家庭学生1500元/人 (磨头镇供图)

益展览。九鼎慈善基金、星球石墨爱心基金等冠名基金单位资助52.65万元慰问高龄老人、支持老年体协体育活动。年内,市慈善会(慈善基金会)参加对口支援,先后资助陕西洋县49.8万元。安排资金支持湖北武汉和如皋抗击疫情。引导社会各界奉献爱心,募捐227.78万元资金和物资支持疫情防控。安排慈善基金63万元,慰问援鄂及如皋市防控一线医护人员家庭、在抗疫一线社区工作者和敬老院工作人员。

慈善宣传 年内,市慈善会(慈善基金会)及时宣传报道基金募集、扶贫济困等各项活动,全年被《慈善公益报》《中国社会报》《慈善》《中国乡村》等报刊录用稿件159篇。通讯《江畔有个暖心社区》《脱贫攻坚,一个县级市慈善会的责任担当》和《70家冠名基金擦亮如皋慈善"名片"》被《慈善公益报》《中国社会报》《中国乡村》、中国老区网等10余家新闻媒体采用。在《如皋日报》上开设慈善专版。在主城区利用电子屏幕、橱窗和建筑工地围墙进行户外慈善宣传。制作慈善宣传标语加图片视频,通过主城区50台LED大屏和7处电子屏幕进行户外宣传,营造人人慈善浓厚氛围。

慈善基层组织建设 年内,市慈善会(慈善基金会)进一步加强慈善基层组织建设,在组织建制上实现村居慈善工作站全覆盖。召开现场推进会,推广搬经镇龙桥村、九华镇郭李村、长江镇中心沙村等先进慈善工作站经验。市民政局等单位分类指导,督查推进,把村居慈善工作站建设和运转情况纳入民政工作考核体系,列为农村乡风文明示范村重要内容要求和全市慈善工作表彰范围;市慈善基金会对基金募集超过10万元村居给予配套奖补(配捐)。镇、村两级全年募集基金812万元。

(徐 斌)

【红十字会救助】 年内,市红十字会实施"博爱送万家"人道救助,准备款物26万余元,慰问重症患儿、困难群众、精神病人和麻风病人约3800人。实施关爱"农村天使"人道救助,救助白血病患儿1人、重症患儿2人,发放救助金1.6万元。继续对口江安镇实施"健康扶贫"人道救助,救助住院自负费用超过2万元患者6人和患有门诊特殊慢性病的建档立卡户20人,合计救助费用10.55万元。实施"关爱精神病人"送温暖活动,出资9.3万元,采购棉衣100套、单衣1000套。在日常救急、助医、助困、助学项目中,累计发放救助金18.85万元。新冠肺炎疫情发生后,市红十字会第一时间通过"人道如皋"微信公众号和线下募捐收到爱心捐款232.99万元。捐赠物资38批次,价值136.1万元,捐赠款物合计369.09万元,支持湖北武汉和如皋疫情防控工作;"99"公益日期间,启动"乡贤有爱"募捐项目,筹集捐款4万余元。

(赵爽佳)

社会福利

【老年人福利】 年内,如皋市发放尊老金5500余万元,惠及80岁及以上老人6.9万人。11月,市民政局、财政局联合发文,调整100岁及以上人员尊老金保障标准,自2021年1月起执行,其中,100~104岁老人补助标准由每人每月360元提高至500元,105岁及以上老人补助标准由每人每月420元提高至650元。

【特困老人供养】 年内,全市有特困老人5753人,其中,集中供养1077人,分散供养4676人。继续实行特困对象供养标准自然增长机制,农村五保集中供养和分散供养标准由每人每月785元提高至880元,城市"三无"老人供养标准由每人每月1655元提高至1795元。进一步规范特困人员救助供养制度,建立定期排查机制,全年将城乡低保内符合条件的293人纳入特困供养保障范围;全面统一签订分散五保关爱照料服务协议。全年保障农村五保对象5525人,落实补助资金5548万元;保障城市"三无"老人228人,落实补助资金126万元。

【儿童福利】 年内,全市有孤儿37人,其中集中供养5人。继续实行孤儿供养标准自然增长机制,集中供养标准由每人每月2200元提高至2650元,分散供养标准由每人每月1500元提高至1855元。出台《如皋市关于健全农村留守儿童和困境儿童关爱服务体系的实施意见》《如皋市农村留守儿童关爱保护和困境儿童保障体系建设专项资金补助暂行办法》,引导社会组织参与儿童关爱保护。出台《关于进一步加强事实无人抚养儿童保障工作实施意见》,强化事实无人抚养类困境儿童保障水平。对全市所有村居全面完成儿童福利政策宣讲。通过村居网格排查、内部信息比对和部门信息共享等手段,提高困难儿童精准救助率,新增月发放生活补贴困境儿童104人,困境儿童和按月发放生活补贴困境儿童分别为儿童总数5%和3.52‰,达到苏中地区满分标准。在福利院儿童起居室内新建彩绘墙,室外新建体能智能训练设施,着力培养孩子健全人格。推进农村留守儿童和困境儿童"关爱之家"标准化建设,白蒲镇林梓小学留守儿童之家和吴窑镇福康儿童关爱之家通过省民政厅考核验收。通过公益创投项目支持东陈镇北庄村创建"关爱之家"。"福彩助学活动"帮助贫困学子98人,困境儿童"微心愿"征集圆梦活动实现"微心愿"416个。

【残疾人福利】 年末,全市有持证残疾人44595人,其中,视力残疾6510人、听力残疾1292人、言语残疾182人、肢体残疾24656人、智力残疾

6月，市残联举办残疾人电动自行车维修培训班，全市28名残疾人报名参加培训。图为授课老师耐心细致地向学员们介绍电动自行车各个部件名称及作用
（市残联供图）

4099人、精神残疾5966人、多重残疾1890人。

残疾人康复服务　年内，市残联实施精准康复服务，提升残疾人生存发展能力。累计转介294名残疾儿童接受康复训练，其中，智力、孤独症儿童146人，多重（脑瘫）及肢体残疾儿童69人，听力言语残疾儿童43人，视力残疾儿童36人。根据《市政府办公室关于在新冠肺炎疫情期间做好残疾人就业和残疾人服务机构纾困解难工作的通知》，调整残疾儿童基本康复项目资金使用限制条件，残疾儿童在定点康复机构内康复训练完成时间，由原来不少于9个月调整为5个月。落实各类康复救助项目。开展白内障患者免费复明手术项目，转介白内障患者397人至市内具有相关资质医院实施免费手术。为有需求的残疾人安装矫形器47例、假肢24例、助听器52台。为74名精神病人发放800元/年服药补贴救助，为4名建档立卡贫困户家庭的持证精神病人发放3000元/年服药补贴救助，为47名肇事肇祸精神病人提供免费住院救助。开展省辅助器具适配服务便捷化试点工作，搭建线上服务平台，缩短辅具适配周期，完善硬件设施设备配置，提高适配效率，不断增强让残疾群众就近、就便、及时获得辅助器具适配服务能力，累计发放辅具1131件。“辅具租借便捷化服务”获评全省残联系统创新创优示范项目。11月12日，全省残疾人辅具服务试点工作推进会暨辅助器具管理暂行办法征求意见研讨会在如皋召开，与会人员实地参观如皋高新区（城南街道）残疾人辅助器具适配服务点、龙游湖景区辅助器具共享借用点、市残疾人辅具展示中心和辅助器具标准化仓储仓库等处。

残疾人教育就业　年内，市残联加强残疾人就业培训力度，多渠道增加残疾人就业途径。举办市镇两级电子商务、电动车维修、数据标注、农业实用技术、果蔬种植加工技术等培训班18期，培训残疾人297人次。举办残疾人专场招聘会2场，20余家招聘单位进场招聘，提供工作岗位53个。做好按比例安排残疾人就业年审工作。应对新冠肺炎疫情，采取提前预约、延长时间、分散年审等方式做好按比例安排残疾人就业年审工作，年审企业508家，做到应审尽审，按比例安排残疾人就业1114人。打造“残疾人就业直通车”项目，与梦百合家居科技股份有限公司、南通德浩服装有限公司、南通市金柜信息科技有限公司等企业签订“残疾人就业直通车”协议，开展“订单式”残疾人岗位培训24人，并实现参培人员全部就业。推动残疾人电商产业园良性发展，促进残疾人电商就业，入驻残疾人每月工资800～1500元，累计安排残疾人就业12人。实施残疾人学历提升计划，对全市3112名16～40周岁残疾人进行学历、就业状况专项调查，与如皋开放大学等学校开展合作，35名残疾人参加学历提升，其中，高中升专科29人，专科升本科6人。

【福利彩票】　年内，全市完成福利彩票销售9333.66万元，其中，电脑彩票销售7876.24万元，中福在线即开型销售371.64万元，即开票销售1085.78万元。销售总额在南通各县市列第二名，即开票销售额排名继续保持南通各县市第一。注重福利彩票公益金作用发挥，继续开展福彩助学、助残、助老活动，打造阳光福彩、公益福彩品牌形象。

（冒爱锋　夏建国　金　甜　邓琳琳）

住房保障

【城市住房保障】　2020年，市住房城乡建设局有序推进35号、252号地棚户区改造工程，完成棚户区改造2759套，超额完成省下达任务。通过现场抽签分配经济适用房1户，年审公共租赁住房（廉租住房）保障家庭170户；办理房改房上市审批269套，面积2.17万平方米；出售公有住房20套，面积1614平方米。办理住房货币补贴13人次，金额19.1万元；发放公共租赁住房（廉租住房）租赁补贴保障家庭8户计2.8万元。全年对保障房、直管公房安全检查1000余户次，小修300户次，中大维修28

户。截至年末，累计建成保障房4250套，其中，经济适用房200套、公共租赁住房（廉租房）4050套。绿杨新村保障房小区累计11批次分配经济适用房128套、公共租赁住房（廉租房）175套，发放公共租赁住房租金补贴837户计153.65万元。公共租赁住房累计保障新就业无房职工4712户、外来务工人员6488户，实现应保尽保。

【农村危房改造】 年内，市住房城乡建设局对全市新增低保户、五保户、脱贫监测户、边缘户等贫困户住房情况进行逐户排查，发现危房7户，完成解危工作。

【老旧小区改造】 年内，市住房城乡建设局完成秀水苑一期和福星小区2个小区改造任务，改造面积6.5万平方米，惠及居民511户。出台《如皋市既有多层住宅加装电梯实施意见（试行）》，确定实施方案，完成武定苑、迎春花园首批加装电梯建设，惠及居民14户。

（苏　雯）

【住房公积金】 *归集* 年内，南通市住房公积金管理中心如皋管理部新增住房公积金开户单位362个，完成目标任务226.25%，比上年增长38.70%；累计建立住房公积金制度单位2911个。新开户1.63万人，完成目标任务130.77%，实缴人数10.24万人，在南通六县（市、区）管理部中率先突破10万人大关。全年归集住房公积金15.85亿元，完成目标任务14.71亿元的107.75%，比上年增长15.41%，累计归集额108.39亿元，归集余额37亿元。

贷款 与32个房地产开发企业32个楼盘项目签订《南通市住房公积金按揭贷款合作协议书》；为3121户职工发放个人贷款12.92亿元，累计为3.09万户职工发放贷款88.78亿元，贷款余额51.65亿元，当年发放户数、贷款发放额、累计发放户数、贷款总额、贷款余额均居南通六县（市、区）管理部第一位。

住房公积金服务 住房公积金缴存、提取、职工公积金账户转移业务实现全南通市通办；在政务服务大厅自助大厅安装查询机，职工可以自助查询、打印自己需要的内容，配置自助查询终端和自动叫号系统，合理分流业务，缩短缴存职工办理业务等待时间；开通逐月提取住房公积金偿还商业贷款业务；在全省率先引入电子签章功能，实现群众足不出户办理异地贷款职工住房公积金缴存使用证明和个人住房公积金贷款结清证明。

“六稳六保”工作 做好受疫情影响企业公积金缓缴工作，年内批准68家企业缓缴公积金，涉及职工1.63万人，缓缴额4529.46万元；做好企业阶段性降低公积金缴存比例工作，允许新开户企业按最低5%比例开户缴存住房公积金，允许已开户老企业在5%—12%范围内降低公积金缴存比例，年内按5%缴存比例开户缴存住房公积金企业3家，申请降低公积金缴存比例企业14家。缓缴公积金企业，在缓缴期间其职工申请公积金贷款，缴存时间连续计算，不影响申请住房公积金贷款；对受疫情影响不能正常还款职工，不作逾期处理。

（朱宇翔）

退役军人事务

【概况】 2020年，市退役军人事务局扎实做好退役军人服务保障体系建设，全面落实各项政策制度，提升优待关爱水平，大力扶持退役军人就业创业，切实保障退役军人合法权益。推动全市各镇（区、街道）、村（居）建立退役军人事务工作领导小组，形成党委领导、政府主导、部门联合、军地协同、社会参与的退役军人工作格局。持续完善市、镇、村三级退役军人服务保障体系建设，全市410名专兼职工作人员全部到岗到位，围绕国家示范型退役军人服务中心（站）创建标准提档升级各级退役军人服务中心（站）软硬件基础设施。推行“互联网+退役军人服务”，打造直通乡镇退役军人事务视频会议系统和实时指挥调度平台。推行统一人员服装、统一工作标牌、统一亮明身份、统一文明用语和场地建设规范、服务保障规范、接待办理规范、内部管理规范“四统一四规范”做法及亲自登门拜访、亲力办好实事、亲情解决诉求“三亲”工作法，提高各级服务中心（站）办事效率和服务质量。市退役军人服务中心全年接待咨询来访5600余人次、网上咨询3700余人次，接收各类信访件171件，受理率、处理率、反馈率均为百分之百。

【优抚优待】 年内，全市新增各类优抚对象851人，其中重点优抚对象42人。严格执行自然增长机制，提高抚恤补助标准，发放各类抚恤补助金。开展优抚数据核查，核查办理残疾军人证换证。巡修、配发各类残疾辅具1482件，组织156名重点对象短期疗养和181名重点优抚对象医疗巡诊。按照每人300元标准组织1.5万名享受国家抚恤补助的优抚对象参加免费体检。全年发放水电气等五项补贴、临时物价补贴、门诊补助等补助金。市财政补贴267.25万元，为未享受医疗救助政策的优抚对象（60周岁以上农村退役士兵和60周岁以上老年烈士子女）办理住院医疗商业保险。

【退役军人安置】 年内，市退役军人事务局探索“直通车”式安置办法，不断健全“阳光安置”工作机制。军转干部全部安置公务员岗位，选岗成功率和满意度均为百分之百。退役士兵安置率百分之百，其中，事业单位岗位安置占比24.14%，国有企业岗位安置75.86%。

【退役军人就业创业】 年内，市退役军人事务局面向全市退役军人组织专场招聘活动5场次。开展退役士兵返乡适应性培训，帮助退役军人树立正确择业观。鼓励自主就业退役军人提高自身竞争力，组织180人复学提升学历，发动100余人报名参加职业技能培训。持续深化“定岗式”退役军人培训品牌，对接企业用工需求，助力退役军人实现精准就业。成立如皋市君和民现代农业发展有限公司退役军人就业创业孵化基地，坚持送教上门。寻求社会资源支持，与邮政如皋分公司签订战略合作协议，建立军邮服务站，拓宽退役军人及其家属就业创业渠道。年内，98名下岗失业转业志愿兵通过专门岗位开发实现再就业。组织退役军人参加创业创新大赛，退役军人创业项目“一棵菜的拥军情结·如皋黑塌菜产业化”和“间充质干细胞外泌体因子的产业化应用”分获全省退役军人创业创新大赛现代农业组和创新团队组三等奖。

【退役军人服务保障】 年内，市退役军人事务局指导村(社区)建立退役军人党小组，广泛动员退役军人参加退役军人“微党课”巡回宣讲，激励退役军人不忘初心、砥砺奋进。创建企事业单位“退役军人之家”7个，进一步拓展退役军人活动阵地。联合市图书馆打造全省首家“退役军人阅读书屋”，与华夏电影胶片修复技术有限公司共同建立“红色文化传承教育基地”，推出“革命文物网上秀”系列主题活动，丰富退役军人精神文化生活。常态化联系退役军人，广泛听取、认真采纳退役军人意见建议。组建市镇村三级退役军人“红色先锋”志愿服务队，开展扶贫走访、政策宣讲、纠纷调解、文明创建等志愿服务活动，不断激发退役军人内在优势。新冠肺炎疫情发生后，全市退役军人主动请缨，奋战一线，为全市打赢疫情防控阻击战贡献强大正能量，推动形成退役军人当先锋做表率，引领向上向善社会风尚良好局面。年内，1人被评为省模范退役军人。

【烈士纪念设施管护】 年内，市政府办公室下发《关于进一步加强烈士纪念设施建设管理工作的通知》，市退役军人事务局进一步落实《关于加强烈士纪念设施管护的工作方案》，完成烈士纪念设施数据采集校核工作，发放零散烈士纪念设施维修管护经费22.35万元。

(邓建芹)

民族宗教事务

【概况】 2020年年末，全市有少数民族人口6000余人，约占户籍总人口0.43%，分属于苗族、土家族、侗族、彝族、白族、壮族等37个少数民族，居住较为分散，其中苗族人口最多，有1500余人。全市有依法登记宗教活动场所36处，其中，佛教26处，道教、基督教各5处。

【民族事务】 年内，市民宗局在全市所有中小学开展“铸牢中华民族共同体意识”主题教育活动，引导广大青少年学生牢固树立正确的国家观、民族观、历史观、文化观。按照“走出去学、结合实际建”思路，抓好“红石榴”创建活动，分类别建成如城街道城西社区“小石榴籽学堂”、东陈镇南庄村“民族大舞台”、民营企业南通荣威娱乐用品有限公司“民族团结班组”等示范点。认真贯彻落实《少数民族发展资金管理办法》等民族经济政策，多措并举推进省少数民族发展资金项目，采取项目扶贫、技能培训等举措实现全市113户少数民族建档立卡低收入户脱贫。

【宗教事务】 年内，市民宗局做好宗教活动场所疫情防控和有序恢复开放工作，全市宗教活动场所严格落实“双暂停”(暂停对外开放，暂停宗教活动)措施。巩固深化宗教工作督查和“回头看”整改成果，将宗教活动场所安全专项整治列为全市33个安全生产重点行业领域之一，列入《如皋市深入开展安全生产专项整治行动工作方案》，对照方案中明确的20条部门监管责任逐条整改落实，排查整改安全隐患106个，下发整改交办单40余份，发布专项整治通报6份。深入开展以新修订的《江苏省宗教事务条例》为主要内容学习宣传贯彻活动，组织宗教界人士到红十四军纪念馆、中共如皋县委诞生地纪念墙等红色教育基地，开展“传承英烈精神、弘扬爱国情怀”主题教育。加强宗教团体建设，定期开展宗教团体负责人双月集体谈心谈话活动，稳妥推进宗教团体换届工作。引导宗教界人士和信教群众发扬济世利人优良传统，广泛开展扶贫济困、敬老助残、捐资助学、保护环境等活动。在抗击新冠肺炎疫情期间，全市宗教活动场所组织教职人员和信众向抗疫一线捐资50余万元、防疫物资价值80余万元。

(金浩然)

灾害性天气

【概况】 2020年，如皋市重大气象事件接近常年(1981—2010年，下同)，主要灾害性天气有暴雨、强对流、高温、寒潮、大风、雾和霾等。

【暴雨】 全年暴雨日数3天，出现1次暴雨过程(6月28日至29日)。如皋站全年日最大降水量66.8毫米，出现在6月14日。

【强对流】 全年出现强对流过程22次。其中12次伴有短时强降水，最大小时雨量43.5毫米(6月12日，城北街道柴湾站)；1次伴有冰雹并出现雹灾(9月8日)；21次伴有雷暴大风，陆上最大风速26.2米/秒(10级，6月13日，石庄站)。6月13日夜间，受雷暴大风影响，东陈镇、石庄镇部分房屋受损，石庄镇一高压输电线路受损，石庄镇一企业厂房、设备材料受损，合计直接经济损失20.35万元。7月18日至19日，据市应急管理局、农业农村局统计，如皋市因雷电、雷暴大风等强对流灾害性天气，死亡1人，部分民房受损，直接经济损失约5万元，农作物、经济作物等受淹1067公顷。9月8日下午，九华镇出现冰雹、雷暴天气，造成水稻、玉米、大豆等作物受灾面积482.3公顷，7个村居共2897户受灾，3个村(社区)3户农户的4间房屋受损，合计直接经济损失193万元。

【高温】 全年气温超过35.0摄氏度(含35.0摄氏度)9天，年极端最高气温36.2摄氏度(8月16日)。

【寒潮】 全年寒潮天气2次。2月14日至16日，受北方冷空气南下影响，全市出现强寒潮天气，48小时最低气温降幅12.3摄氏度，过程最低气温-1.5摄氏度，出现在16日早晨。12月29日至31日，受北方强冷空气影响，全市出现强寒潮天气，48小时最低气温降幅12.8摄氏度，过程最低气温-8.3摄氏度，出现在31日早晨。

【大风】 全年大风天气5次。受冷空气或地面气旋影响，风力一般为陆上、沿江江面6～8级。4月11日至12日，受冷空气影响，如皋市陆上和沿江普遍出现7～9级偏北大风，最大风速21.5米/秒(9级，城南街道桃园站)。12月29日至30日，受强冷空气影响，如皋市陆上和沿江普遍出现7～8级偏北大风，最大风速17.7米/秒(8级，如皋站)。

【雾和霾】 全年出现霾日数33天，比上年少8天；大雾日数34天，比上年多1天。全年出现浓雾天气11次、强浓雾天气12次、特强浓雾天气3次。出现雾和霾天气时，大气维持静稳状态，对污染物稀释、扩散不利，空气质量相对较差。

(王剑林)

防灾减灾

【概况】 2020年，如皋市减灾委员会与防汛防旱、抗震救灾、森林防火、气象灾害、地质灾害等主要灾种指挥机构和灾害管理部门之间，建立工作协同制度，健全工作规程，形成救灾合力。推进防灾避难场所建设，因地制宜规划建设防灾避难场所，初步建成避难场所10余个，人防工程建设60余个。市政府拨款80万元，为如城街道住户购买财产险。制定《如皋市2020年应急物资和装备储备清单》，落实物资采购和实物储备39个品种7372件套，生活类应急协议保障物资3个品种近11吨。召开全国综合减灾示范社区创建暨推进基层应急能力标准化建设现场会，集中培训灾害信息员395人。核准灾情，分类救助，公平公开发放自然灾害救助资金7万元。

【气象灾害防御】 年内，市气象局成立气象服务工作领导小组，做好重要节点、灾害性天气的预报、预测和预警工作。全年更新手机短信预警责任人1115人，预警信息发布实现到村到户到人。开展气象服务应急演练5次。针对梅雨期异常降水开展叫应服务，全年发布、继续发布、变更各类气象预警信号95次，发送手机气象短信100余万条，通过微博、微信发布气象信息4000余次。面对汛情复杂天气，加强与市应急管理局、水务局等部门会商研判，密切监测水情、雨情，先后启动重大气象灾害应急响应9次（Ⅱ级1次、Ⅲ级4次、Ⅳ级4次），保障安全度汛。加强对施放气球监管，重大节假日期间对如皋城区和部分乡镇开展专项巡查。开展防雷安全宣传进企业等专项活动，完成对102家重点监管单位防雷安全执法检查，全市未发生防雷安全生产事故。9月，历时6个月，整合全市各级预警发布机制，全面建成面向政府和基层群众的共建共享突发事件预警信息发布平台。

【防汛防旱】 年内，市水务局科学调度全市水利工程，有效增加河道水资源，改善城乡水环境。市防汛防旱指挥部在沿江储备编织袋10.87万只、块石2.62万吨、木材57.9立方米、铁丝2164千克、土工布1.65万平方米、柴油0.3吨，配齐移动防汛抢险器械。年内，如皋市受第四号、第八号、第九号台风影响较大，长江大通流量最高每秒8.46万立方米，逼近有水文记录以来最大流量，焦港水文站最高水位4.65米，长江潮位6次超警；梅雨期历时43天，梅雨量居如皋气象测报历史第三位。全市各级防汛部门科学调度水利工程，24小时值班，深入江堤一线巡查，及时掌握雨水工情和防汛动态，加强水利工程检查督查，快速治理险工隐患，安全度汛。2月，组织各防汛单位开展汛前检查。3月，发现焦港闸上下游存在深塘2处，危及水闸主体工程安全，整合资金160万元，调用省级防汛块石5800吨，经过1月余抛石抢险，成功修复冲刷坑。7月，组织实施长青沙西南缘深坑深塘紧急抛石防护工程，抛护块石约1.8万立方米，解除-8米深塘险情。11月，组织开展沿江水利工程汛后检查。

【地质灾害防治】 年内，市自然资源和规划局制订《2020年地质灾害防治方案》，常态化组织各镇（区、街道）自然资源所（分局）开展地质灾害隐患点、危险点巡防，落实责任到人，包片巡查。在河道汛期及强降雨、台风等极端天气易发生时段（5月至9月），重点巡查港口、码头、沿江堤内侧2千米范围等地质灾害高风险区段。全年未发生地质灾害。

（陈聪颖　王剑林　贾浩珍　郑淑一）

7月13日，长江大通流量达到8.46万立方米/秒，逼近历史最高点。当日14时30分起，如皋市启动沿江地区防汛应急Ⅲ级响应，通过“人防+技防”方式，多措并举，全力筑牢防汛安全堤坝。图为水下地形测绘现场

（市水务局供图）

农产品质量安全

【概况】 2020年年末，全市有绿色食品15个、有机农产品16个、省级绿色优质水稻基地8个。绿色优质农产品占比64.33%，其中，种植业绿色优质农产品占比68.6%，畜禽生态健康养殖占比83.2%。拥有农产品地理标志证明商标6个（如皋盆景、如皋黑塌菜、如皋白萝卜、如皋萝卜干、如皋香堂芋、白蒲黄芽菜）、农业农村部农产品地理标志登记产品2个（如皋黄鸡、下原蘘荷）。年内，市农业农村局进一步完善市、镇、村三级网格监管系统和“三定一考核”（定监管人员、定监管对象、定监管任务，年终绩效考核）监管模式，全面提升农产品质量安全监管水平。对全市规模农产品生产经营主体开展常态化监管，强化农产品质量安全监管责任。组织实施省级农产品质量安全追溯管理项目，全市42家生产主体通过验收。全市在省农产品质量追溯平台注册企业282家，出具电子食用农产品合格证30万余张，实现农产品“带证明上网、带编码上线、带标识上市”。如皋市通过省级农产品质量安全县验收，群众最终满意度84.29%。

【种植业农产品质量安全】 年内，市农业农村局强化农产品质量安全例行监测和监督抽检，扩大监测范围、增加监测频率和数量，进行四级例行监测。组织各镇（区、街道）农产品质量安全监管服务所每月对辖内生产

经营主体进行巡查和定量检测。全年如皋本级定性检测果蔬样品1.7万余份，定量检测果蔬样品近500份，检测合格率均超过99%。开展农产品质量安全专项整治“利剑”行动，检查生产经营企业183家次，出动执法人员225人次。

【畜禽产品质量安全】 年内，市农业农村局在全市开展禽蛋质量安全专项整治及畜禽养殖档案专项整治等活动，发放宣传资料2000余份。开展打击非法调运生猪专项行动，立案17起。开展养殖屠宰企业专项督查，重点开展养殖、屠宰企业专项检查，堵断小刀手蹿户蹿场行为。加强对屠宰企业督查，病死畜禽无害化处理工作到位。把好“瘦肉精”检测关，抽取猪肉样品10份，送南通市疾控中心检测，检测结果均为阴性。

【水产品质量安全】 年内，市农业农村局开展水产品质量安全宣传，发放资料116份；培训指导52人次。检查水产品生产经营企业35家，出动执法人员21人次。完成省级例行监测抽检7个、本级水产品执法抽检30个。有序开展水产苗种产地检疫工作，设置检疫申报点，开具水产苗种产地检疫合格证明12份，均用于增殖放流。

（吴婷婷）

食品安全

【概况】 2020年，全市食品产业发展态势良好。有无公害种植养殖基地101个，无公害养殖产量72.44万吨；“三品一标”（“三品”指无公害农产品、绿色食品、有机农产品；“一标”指农产品地理标志）农产品196个，种植业“三品”产量占可食用农产品总量56.17%，种植面积占比超过90%。有在业食品生产企业154家、持证食品加工小作坊145家，食品销售单位9415家（特殊食品销售单位205家），餐饮服务单位（持许可证+微型餐饮）4107家（各类食堂347家），农贸市场23家。年内，市市场监督管理局落实校园食品安全保障，保障中高考集中食宿点32家、用餐学生17582人。实地检查校外食品销售经营者153家、校外餐饮服务经营者72家、学校食堂159家。对食品安全管理员、从业人员开展食品安全知识培训10场次，培训393人次。学校食堂及校园周边“五毛食品”专项抽检837批次，不合格14批次。提升绿色优质农产品占比，绿色优质农产品比重63.35%，其中种植业绿色优质农产品占比43.5%，包括绿色食品生产基地2833公顷、有机农产品生产基地306.7公顷、省绿色优质农产品基地20780公顷。新增农业农村部农产品地理标志登记产品1个——“下原蘘荷”、新申报绿色食品21个，申报省级绿色优质农产品基地6个计8873公顷，开展新官紫桃、如皋白萝卜2个农业农村部农产品地理标志登记产品申报工作。对储存有进口畜禽水产品、水果的冷藏冷冻库开展摸底排查，摸排全市食用农产品批发市场中冷藏冷冻库2家、农贸市场冷藏冷冻库44家，从事冷藏冷冻进口畜禽水产品、水果贮存业务的非食品生产经营者9家。开展食品安全风险监测。市疾病防治控制中心监测化学污染物和食源性疾病菌45份，哨点医院监测病例达到规定要求，实验室质控比对7次，均取得满意结果。开展食品安全违法行动查处，市公安局侦破食品案件3起，抓获犯罪嫌疑人37人，其中8人被执行逮捕；公诉售假类犯罪嫌疑人20人，移送起诉7人；侦破公安部挂牌督办案件1起，查获进口肉副冻产品534余吨，追缴赃款140万余元。市市场监管局查处食品安全行政违法案件198件，罚没款330.35万余元，没收1.64万元。市农业农村局查处各类农产品违法案件38起，移送公安机关3起。

【食品领域诚信体系建设】 年内，如皋市启动食品领域诚信体系建设，强化企业主体责任落实。开展食品安全集中宣传月活动，发放宣传册、播放“食安如皋”系列宣传片，推送食品安全公益短信40余万条，现场分设公众服务咨询台，展示假冒伪劣食品，发布2019年度食品安全十大案例、征集并反馈“群众关心的食品安全问题”、通报食品安全抽检工作。制订完善应急预案，建立跨部门食品

11月10日下午，如皋市开展食品安全事故（四级）应急演练活动

（市市场监督管理局供图）

安全风险预警信息交流机制，开展食品安全四级应急演练、一般重大（三级）农产品质量安全事故应急演练，增强风险联防联控效能。加强资源统筹，针对食品产业发展和安全监管面临的重大问题，开展科技共性和关键技术研发。市科技局组织相关企业就食品安全关键技术应用研究申报江苏省重大研发计划项目。鼓励企业对科技人才的引进与培养，7个涉及食品安全的如皋市级项目获得立项，获资助资金13万元。市农业农村局持续推行“创牌立信”和分级分类监管制度，10家企业（基地）获农产品“创牌立信”示范单位。市市场监管局实施信用等级评定，推广微信二维码信用评定系统，565家单位获评定。大润发商业街创成南通市级餐饮服务示范街区，家家乐超市山水店、品德超市解放店获评南通市放心肉菜示范超市。建立健全投入品监管制度，建立农业投入品监管信息平台及监管档案，716家农资经营单位纳入监管名录，推行农业投入品市场准入及兽药饲料GSP规范管理。充分发挥行业协会在行业自我监督、自我管理、自我约束等方面主导作用，树立业界良好形象。

【食品安全监管】 年内，市农业农村局出台《如皋市2020年农产品质量安全监管标准化提升项目实施方案》，采购先进农产品检测仪器、追溯设备，对监管人员进行专业技术培训。市市场监管局以投诉举报、应急处置和信息数据三大平台为依托，在食品领域形成投诉举报统一处置、应急事件联动调度、监管数据集中归集的大数据监管综合体系，实现与部分学校食堂、农贸市场高清监控实时对接，发现问题及时截图、派单处理，全市食品安全“智慧监管”成为新常态。针对种植养殖、生产加工、流通、餐饮消费等八个环节，组织开展食品安全风险隐患大排查，排查共性问题31条、个性点位问题1051条，及时联合各环节监管部门予以整治，坚决取缔无证无照的规模化养殖、屠宰、食品生产加工小作坊及违法黑窝点、黑作坊。推进检验检测体系化运作，形成以市综合检验检测中心为核心、市食品快检中心和基层分局快检为前哨、经营者自检为基础的食品检验检测体系，全年累计快检4万余批次。对农业基地快检5.85万批次，2个批发市场及4个农贸市场快检6.4万批次，合格率均超98.5%。本级农产品例行监测样品数239个、监督抽检样品数322个，定性检测8.5万个；食品检验检测4125批次，合格率99.2%。全面部署食用农产品合格证制度试行工作，出台《如皋市推行食用农产品合格证制度实施方案》，利用省追溯平台打印电子合格证标签纸26.45万张。推进高风险、重点食品电子追溯，96家企业建立食品安全电子追溯体系，录入数据5871条，肉制品、食用植物油、白酒、食品添加剂企业食品安全电子追溯体系覆盖率百分之百，推进数占全市相关企业36.2%，占南通追溯系统总数38.9%。开展入网主体清查，排查第三方平台入网餐饮主体701家、第三方外卖平台2家。疫情期间对外卖配送各个环节采取体验式消费暗访，对不规范行为联合市食安办、公安局，开展外卖配送行业行政约谈会，下架不具资质餐饮服务单位416家，规范领证67家。推进主城区餐饮企业餐厨废弃物统一收运处置全覆盖，其中544家餐饮企业记录在册并建立规范收运台账，餐厨废弃物日收运量57吨，做到日产日清、应收尽收。全年立案查处相关违法行动3起，罚款1.56万元。

9月，市市场监督管理局长江分局对辖内农贸市场生鲜猪肉进行突击检查

（市市场监督管理局供图）

【食品安全专项治理】 年内，市农林水利综合执法大队对农产品质量安全开展专项整治，检查生产经营企业242家，抽检抽样322个，发放宣传资料1000余份。在省级例行监测中，蔬菜质量合格率百分之百，畜产品质量合格率百分之百。开展“长江禁渔”专项整治，针对广告宣传、菜单内容责令整改118家。开展进口生鲜、冷冻畜禽肉类、海产品、水产品及其制品“一票一证”制度落实情况检查，排查农产品批发及农贸市场、冷库、大中型商超餐饮服务单位等1346家，发现无照销售鲜猪肉2家、经营者销售未经检疫猪肉6家，均立案查处，罚没金额9万余元。开展食盐专项监管，对辖区内1家食品批发企业及分支机构、2351家食盐零售单位、2142家食盐使用单位开展检查，严厉打击假冒伪劣食盐及在食盐中掺杂

掺假等违法行为。对部分经营户索证索票不全问题，下达责令改正书22份。推进食品加工小作坊整治提优，对在业145家食品小作坊百分百建档。开展专项小作坊全覆盖抽检，抽检158批次，产品全部合格。加强特殊食品监管，严厉打击利用会议营销、健康讲座违法宣传、销售食品、保健食品等行为，检查694家，对排查的107家保健食品经营单位、10家会销经营企业建立管理台账，立案3件，罚没款1.7万元。将所有婴幼儿配方乳粉经营单位追溯制度建立情况列入日常监管、专项检查等工作重点内容加强监管。

（胡　俊　吴婷婷）

药品和医疗器械安全

【药品安全】 年内，全市新开药店34家，注销17家，变更251家，停止营业8家，配备执业药师药店由年初417家增至447家，执业药师配备率由87%提高至91%。市市场监督管理局落实疫情防控要求，督促全市药店做好退热、止咳购药人员实名登记和日报制，落实退热药品停售、店堂卫生消毒、应急口罩定点发放督促指导、组织工作。全年督查药店9970家次，暂停营业药店2786家次。开展处方药零售专项整治。全年检查中药饮片药店546家次，发现问题852个，整改187家。检查中药饮片医疗机构66家次，发现问题80个，整改16家，抽检中药饮片12批次，不合格2批次，立案调查3起；网络销售检查发现问题17条，简易处罚3件。完成120批次省市场监督管理局药品抽检任务，不合格3批次。立案查处药品案件52件，监督检查（含抽检）转立案查处案件35件，警告处罚352件。

【医疗器械安全】 年内，市市场监督管理局加强新型冠状病毒检测试剂、医用口罩、医用防护服、呼吸机、红外体温计5大类疫情防控用医疗器械质量监管，确保各级医疗机构用药用械质量安全。做好防控物资采购质量把关、货源组织协调，协助做好口罩生产许可指导、咨询。开展药品医疗器械检查，发出责令整改通知270份，警告处罚352件，罚没款1100元。无菌和植入医疗器械专项检查经营使用单位759家，责令整改62家，立案调查7家，警告18家，罚款8.201万元。开展避孕套专项检查487家，整改22家。检查装饰性彩色平光隐形眼镜销售单位52家，警告2家，责令整改8家，责令停业3家；发现无证经营企业3家，罚没款3万余元。全年立案调查药械案件70件，医疗器械案件18件。

【化妆品安全】 年内，市市场监督管理局对化妆品经营单位开展监督检查，检查美团、饿了么电商平台网上销售化妆品产品信息40家，母婴生活馆、婴儿用品店、商超经营单位137家，美容美发场所、大型商场超市、化妆品专营店244家，双随机抽查177家，抽查率72.5%，发现17家化妆品经营单位索票索证、化妆品标签等问题22个并落实整改。全年完成美容美发店化妆品抽样检测9个批次。

特种设备安全

【概况】 2020年，全市有特种设备使用单位4238家，有在用特种设备22933台（套）、压力管道1126段、气瓶40余万只。年内，市市场监督管理局落实特种设备监管责任，召开特种设备专业委员会会议和联合执法检查6次；市市场监督管理局领导班子成员带队检查企业88家次，发现安全隐患124条，全部整改闭环。推广特设智慧监察系统（监察端）和特种设备云平台（企业端）运用，实现企业“网上施工告知、网上报检、网上收费、网上使用登记”全网化不见面审批功能。完成油气输送管道应检尽检，工业压力管道应记尽记。组织涉危特种设备使用单位开展应急救援演练76场次，现场参与1270人次。组织开展起重机械事故应急救援演练。开展特种设备“安全生产月”活动，组织安全宣传活动62场次，印制、发放安全知识宣传资料折页3400份、展板50个，悬挂、播放宣传标语207条。

11月，市市场监督管理局如城分局开展安全用药月活动。图为执法人员对零售药店进行监督检查　（市市场监督管理局供图）

【特种设备安全监管】 年内，市市场监督管理局现场监督检查特种设备使用单位3533家，发现问题隐患6542条，整改6205条。从严处理违法违规行为，立案查处特种设备案件59起，罚没金额244.78万元。开展危险化学品安全综合治理，检查涉危特种设备使用单位125家次，发现安全隐患259条，均完成整改。对全市53家化工企业开展全覆盖专项检查，发现安全隐患16条，全部整改闭环。对化工产业平台170条“一企一策”检查问题和55条隐患清单逐条进行梳理，督促企业整改到位并审核确认。开展快开门式压力容器专项整治。实行液化石油气站“阳光充装”，全市液化气充装单位百分之百安装无死角充装监控摄像设备，开展液化石油气钢瓶安全专项检查，发现并整改隐患59条。

（胡　俊）

网络安全

【概况】 2020年，市委网信办聚力打造“皋城网安”品牌，坚决守住网络空间安全底线。制订2020年如皋市网络安全工作要点、网络安全统筹协同工作制度。各镇（区、街道）、各部门建立健全党委（党组）网络安全工作领导机构，配备网络安全专员，将网络安全工作纳入年度工作要点和相关考核体系，有计划、有重点地开展网络安全工作。加大网络安全工作协同处置力度，下发《关于组织实施如皋市“网安2020”网络安全保障系列行动的通知》，并与市公安局网安大队、市发展改革委等单位密切协作，摸排属地互联网信息系统资产，梳理汇总桌面终端及云计算服务使用情况，加强安全检查、应急处置等协同工作机制，建立网络安全制度“防火墙”，共筑网络安全屏障。加大网络安全宣传力度，在网络安全宣传周期间发动全市各单位各部门开展“花式”宣传，开展系列主题日活动，被江苏网信网专题采用活动信息7篇。在南通市“网安2020”网络安全保障系列行动中，市委网信办获网络安全知识竞赛活动优秀组织单位奖。

【网络综合治理】 年内，市委网信办探索建立网络综合治理体系，打造生态健康、风清气正网络空间。出台《关于加快建立如皋网络综合治理体系的实施意见》，制定责任清单，从总体要求、重点任务、组织保障三个方面对网络综合治理体系建立作出部署安排、明确要求。联合市公安局、行政审批局、市场监督管理局对网民举报的非法网站进行约谈处置，先后处置“叠石桥乐园”“宝聚建筑”“特博克电子”“谍博调查事务所”等7家违规网站。对于达不到立案条件但影响极为恶劣的违规网站主体进行约谈教育，责令其限期注销域名，及时消除负面影响。成立市互联网行业党委，培育互联网企业党建品牌，不断提高互联网党建质量，1人获评省互联网行业优秀党务工作者。紧跟时事热点，开展网络普法，与市司法局联合打造“雉水律师e起说”网络普法专题。

年内，市委网信办联合市司法局联合推出网络普法专题“雉水律师e起说”，围绕社会关注度高、与群众生产生活密切相关话题，邀请专业律师释法说理，剖析、宣传法律知识　（市委网信办供图）

【网络安全保卫】 年内，市公安局侦办各类涉网案件12起，比上年上升71.43%。抓获违法犯罪嫌疑人18人，比上年减少45.45%。检查涉网单位150次。市委网信办指导市域治理现代化指挥中心、教育局、市场监督管理局、水务局、财政局及部分企业采取封堵隐患端口，安装安全态势感知设备等方式及时处理木马病毒和一些网络漏洞事件。联合市公安局网安大队、如皋网络安全技术小组专家成员对如皋农商行、市教育局、市不动产登记中心、市120指挥中心等单位进行网络安全检查，查找突出问题和薄弱环节，提出有关防范对策和改进措施。8月25日，在南通各县（市）中首家举行“皋城网安2020”网络安全应急演练，从实战角度出发，通过模拟真实环境下网络攻击和防守、应急处置、专家点评等形式，检验网络安全事件应急处置能力。

（史勇华　许　虎）

交通安全

【概况】 2020年年末，全市有机动车36.78万辆，有机动车驾驶人55.22万人。年内，市公安局受理车驾管业务36.5万次，办理新车上牌业务1.88万笔，驾驶人考试6.1万人次。查处各类交通违法102.65万起，其中，超载5092起、酒驾醉驾1792起、闯禁区3682起、非法改装交通工具254起。市“110”接报交通类警情4.94万条,比上年下降1.06%。发生亡人事故211起,比上年下降2.32%;死亡211人,比上年下降2.32%。破获交通肇事逃逸事故13起,比上年下降45.83%。全年未发生一起死亡3人以上和涉危涉校交通事故。

【道路交通安全隐患整治】 年内,市公安局开展道路交通安全专项整治“飓风行动”,组织联合督导27次。全市确定5个联合执法检查组,每周开展不少于4次区域性集中整治,联合查处严重超载货车、整车重量超100吨的“百吨王”案件9起,处罚企业35家。市政府投入1.5亿元,分3年实施全市主次干道路灯照明、硬质隔离、交通标志标线、信号灯完善整改,控降道路交通事故。市公安局聘请第三方专业机构对全市685千米国道省道县道交通安全隐患进行全面排查,完善交通标志、标线等设施100处,排查交通事故隐患78处、整改77处。向企业发放《交通安全主体履责告知书》536份。

【“两客一危”企业监管】 年内,市公安局检查公路客运、旅游客运、危化品运输车辆等“两客一危”企业119家,对227名长途客运、303名公交客运、20名旅游客运及333名危险品运输驾驶人建立动态管理清单,排查企业安全隐患5处,责令整改5家。对全市13家危化品运输企业的390辆危化品运输车落实“户籍化”管理,危化品运输车辆定期检验率、报废率、违法处理率百分之百。

【道路交通事故应急救援】 年内,市公安局建立道路交通事故应急救援情报、指挥、勤务、督导等“四位一体”联动工作机制,完善危化品运输突发警情事件应急处置工作预案,成功处置2起危化品车轻微泄漏交通事故,做法被中央电视台《生命线》栏目采访报道。

(许　虎)

消防救援

【概况】 2020年年末,市消防救援大队下辖市消防中队及政府专职消防队5个,建有派出所保安消防队10个。9月17日,磨头镇政府专职消防队投入执勤。年内,市消防救援大队深化岗位练兵,探索实战化训练,开展灭火演练212次,修订预案312份。全年接警2238起,投入警力13465人次、车辆2720辆次,处置火灾951起,抢救被困人员218人,成功处置某小吃店爆炸、双马化工火灾等事故。

【消防监督执法】 年内,市消防救援大队开展消防安全检查,全年检查单位2458家,发现火灾隐患4148处,落实整改4071处,下发责令改正通知书1478份、行政处罚决定书270份、临时查封决定书101份,责令“三停”(停止施工、停止使用、停产停业)43家,组织火灾调查21起,挂牌督办重火灾隐患4家并整改销案,办理失火罪案件1起。先后开展火灾防控专项整治行动、打通“生命通道”集中攻坚行动及冬春火灾防控专项整治等活动,联合基层消防力量全面开展“地毯式”排查,推动消防安全管理标准化达标创建行动,强化隐患整改力度,推进76家单位安装电气火灾监控系统、83家企业单位安装电动车智能充电桩,推广社会单位安装独立式烟感报警器691支、简易喷淋设施60套,推动91.38%消防重点单位落实达标创建。

【消防宣传】 年内,市消防救援大队接待受教育群众5000余人,深入企业、农村、社区、学校、机关、家庭开展消防宣传276次,指导社会单位开展消防演练243次,向群众发放消防宣传手册、卡片10万余份,结合重点单位例会培训消防安全责任人、消防安全管理人、危险物品从业人员、特殊岗位人员2100余人次。

(尹　颖)

安全生产

【概况】 2020年,全年发生生产安全事故8起,比上年减少21起、下降

6月19日,市公安局如城交巡警中队民警王超在海阳路,用网络直播方式,为市民进行交通安全宣传　(市公安局供图)

73.3%。其中建筑施工类事故2起，比上年减少12起、下降85.7%；冶金机械等8行业发生事故6起，比上年减少5起、下降45.5%。

【安全监管网格化建设】 年内，市应急管理局大力推进基层安全监管网格化建设，按照“八大基本信息[村(社区)安全生产基本信息、重点生产经营单位基本信息、在建建设工程基本信息、烟花爆竹基本信息、危化物品基本信息、特种作业人员基本信息、特种设备基本信息、旅游景点基本信息]、六本基础台账(安全生产责任制、安全生产会议、安全生产检查、安全生产约谈、安全生产演练、安全生产文件收发六类台账)、四项活动记录(日常巡查记录、隐患整改复查记录、重要安全生产活动记录、安全生产事故隐患和非法违法行为报告单)、两个关键现场[村(社区)安全管理办公室现场、企业现场]、一名专兼职网格专员”建设标准，将安全监管触角延伸到每一个村(社区)，打通安全监管最后一米，切实提高安全生产源头治理能力。通过全市网格专员业务培训考核，网格员基本做到会检查、会记录、会报告，全市346个村(社区)网格化效能逐步发挥，网格员的宣传员、巡查员、信息员作用不断显现。

【安全生产宣教】 年内，市应急管理局安全生产宣传工作以“消除事故隐患，筑牢安全防线”为主题，以开展落实企业安全生产主体责任集中宣讲“春风行动”、安全生产月、百团进万企、进百企送安全、行业企业安全管家能力提升专项行动等系列活动为牵引。利用主流媒体、大屏幕滚动播放、宣传手册等形式发放宣传手册6万余份，推送短信1万余条，深入村居和企业一线播放《江苏省安全生产教育培训视频教材——深刻吸取“3·21”事故教训专篇》和《如皋市2019年度安全生产事故警示教育片》

7月至11月，如皋市在全市各企业开展“百团进万企”安全生产学习宣讲活动。图为宣讲团走进南通力威机械有限公司宣讲时，员工认真聆听

（市应急管理局供图）

4000余场次。通过如皋电视台、如皋电台24小时滚动播放安全提示标语，《如皋日报》、“如皋安监发布”等媒体每天专题报道活动开展情况，形成矩阵式、全媒体、立体化安全生产报道格局和上下一体、协同联动宣传合力。组织人员参与全国安全生产和危化品安全知识竞赛，如皋市总分位列全省第九名、南通市第三名。组建宣讲团75个，包括市四套班子领导在内宣讲团成员316人，全年宣讲360余场次，听众3.82万人。全市安监系统150余人深入企业授课，每人每月至少宣讲1次，全年累计为企业宣讲1800余场，宣讲时长1200余小时，查纠隐患6000余条。

【企业安全生产标准化创建】 年内，市应急管理局坚持鼓励企业自主创建标准化，落实安全防范措施，切实提高员工风险防范意识和技能，力求做到全员参与创建，全覆盖、全过程实施创建，确保安全生产标准化创建工作量质并举。在监管过程中，坚持对安全生产标准化实施动态管理，建立“按比例淘汰”的动态管理机制，定期组织对标准化持证企业的运行情况进行审计，对运行质量好的推荐升级，对运行质量差的报请实施摘牌。年末，全市冶金等工贸行业有二级标准化持证企业45家，其中年内新增(含复评)16家；有三级标准化(含小微)持证企业1634家，其中年内新增(含复评)186家。

【安全风险辨识管控】 年内，市应急管理局结合专项整治，督促企业提升“一图、两单、三卡”[“一图”指绘制安全生产风险分布图；“两单”指编制危险(有害)因素排查辨识清单、安全风险分级管控清单；“三卡”指员工危害特性应知卡、安全职责承诺卡、处置方法应急卡]质量，真正实现“八个必须”(重大风险源必须掌握、应急措施必须具备、处置预案必须明确、防护措施必须完备、岗位人员危险应对必须熟练、企业负责人对风险点必须清楚、监管人员对应急举措必须掌握、监管部门对属地安全方案必须心中有数)。指导督促企业及时更新危险(有害)因素辨识管控，形成安全风险评估报告，确保数据准确性。6月，如皋市提前完成安全风险辨识管控更新工作，规上企业覆盖率、规下企业覆盖率两个百分百目标，企业辨识风险源和排查治理事故隐患能力大大提升，真正做到从源头上防范安全生产事故发生。

【安全生产专项整治】 年内，市应急管理局牵头研究制订《如皋市深入开展安全生产专项整治行动工作方案》《如皋市安全生产专项整治三年行动工作方案》，成立由市委、市政府主要领导任组长，市政府分管领导任常务副组长的市安全生产专项整治领导小组，以及33个重点行业领域专项整治工作组，具体负责全市专项整治行动推进落实、检查指导、督查考核等工作。全年开展企业自查2.49万家次，查出问题隐患2.99万条，整改2.96万条；镇（区、街道）普查1.7万家次，发现问题隐患3.02万条，整改2.91万条；部门复查企业1.88万家次、船舶948艘、群租房760个，查出问题隐患2.54万条，整改2.44万条；市专治办抽查616家（次），查出问题隐患1798条，下达整改督办单15份、问题交办单35份，办理上级交办单15份。深入开展违法违规"小化工""小字头"专项治理。组织1.68万人次，排查企业、小作坊、小窝点10.24万家，发现违法违规"小化工"企业、小作坊、黑窝点25家，发现违法违规"小字头"企业1家，年内全部整改到位。深入开展全市危险化学品安全综合治理工作。全面排查评估各行业领域危险化学品生产、储存、使用、经营、运输和废弃处置等各环节安全风险，制成全市危险化学品安全风险明细图和明细表。加强园区风险管控，制订"一园一策"风险管控方案，全面建成智慧平台，重大危险源风险监测预警系统接入南通市一体化平台。

【安全生产行政执法】 年内，市应急管理局将每月最后一周周五定为全市"执法日"，聚焦安全生产特点、事故发生类型和特点，聚焦重点行业和企业、重点环节和部位，尤其是事故多发地或行业开展安全生产执法检查。持续开展安全生产行政执法工作，不断规范执法程序、加大执法力度，严肃查处违法违规行为，规范企业安全生产行为。强力推进行政执法，加大事前处罚力度，杜绝"重监管，轻执法"和"只执法，不检查"等问题，形成有违法必罚的高压态势和强大舆论氛围。凡查必改，改则到位，彻底消除事故隐患。组织"回头查"执法活动，切实防止非法违法行为前纠后犯、死灰复燃，企业主要负责人重视安全、狠抓安全逐渐成为常态。年内，事前处罚363件，处罚金592.34万元；罚金5万元以上案件立案16件；委托执法252件，处罚298.91万元；事故处罚42件，罚金323.71万元；追究刑事责任2人。

应急管理

【应急预案修订】 2020年，市应急管理局加快推动全市"统一指挥、专常兼备、反应灵敏、上下联动"应急管理体制建设，制订全市总体应急预案1个，评审发布部门专项预案29个、镇级综合预案14个，基本形成以总体预案为纲、专项预案为线、部门和基层预案为支撑，纵向贯通行政机关和业务部门、横向覆盖社会各层面应急预案体系。

【应急预案演练】 年内，市安委会成员单位采取实兵实装或网上推演形式进行多样化演练31次，涉及高坠、消防、物资调配、特种作业、危化品泄漏等科目。14个镇（区、街道）开展镇级层面应急救援演练，涉及地震、防汛抗洪、火灾等演练科目。

【救援队伍建设】 年内，市应急管理局持续加强应急救援队伍建设，对辖区1支专职队（如皋消防救援大队）和5支兼职队（高新区消防站、开发区消防站、如皋港消防站、磨头消防站和中山路消防站）进行检查调研，解决部分装备器材。广泛征集地方应急力量，累计征集内河深潜作业、大型运输作业等应急力量4支，作为政府应急队伍的有力支撑。

（陈聪颖）

【应急保供储备】 年内，市发展改革委切实增强粮食安全保障能力，适时增加小麦储备。及时修订《如皋市粮食和物资储备应急预案》，完成应急加工、网点、储运和配送等环节摸底调查工作。截至年末，全市有应急加工企业16家、应急储运企业5家、应急保障供应网点25家、应急配送企业1家。相关企业参加市级层面应急演练4次、粮食应急实物保供活动2次。完成450吨储备猪肉定点企业招标工作。制定如皋市《储备猪肉管理暂行办法》。应急保障疫情防控物资供应，牵头组建医疗物资保障组，开展医疗物资筹措、采购、发放等相关工作。接受社会各界医疗物资捐赠6.6万件套，购进医用物资273.4万件套，发放242.5万件套，全力保障全市医疗战线抗疫和社会防控需求。做好全市医用物资统计工作，全市医疗机构库存物资储备20余万件套。落实中央财政应急物资保障体系建设补助资金658万元，落实11个品种医疗防护物资入库工作。

（吴光进　陈小剑）

人民武装

【思想政治建设】 2020年，市人武部注重强化理论武装，同步参加省军区、南通军分区党委中心组集中授课辅导，严格落实每周四理论夜校活动制度，结合大交班和组织生活等时机，抓好理论学习、讨论辨析和实践深化等环节，进一步提升全体干部职工政治素养。积极开展民兵政治工作，认真抓好民兵分队集训期间政治教育，邀请地方专家为民兵宣讲中共十九届五中全会精神和红十四军革命斗争史。4月3日,组织民兵参加如皋市首届网络文化季开幕式暨纪念红十四军建军90周年网络主题活动启动仪式,实地踏访红色遗址。5月,民兵鞠小刚积极参加训练考核、“赶场”当新郎的先进事迹被“中国民兵”微信公众号专题刊发。创作“强军有我、使命在肩”文艺节目,诗朗诵《我是你的儿女你的兵》在南通市“八一”晚会成功演出,演出视频被学习强国平台推送。

【战备训练】 年内,市人武部全面加强战备工作,及时修订完善各类应急预案,补充战备物资器材,扎实抓好战备值班执勤,确保安全稳定。国庆、中秋和元旦节日前夕,组织14个镇(区、街道)民兵应急分队开展拉动演练。着眼备战需要,加紧人才储备,提高民兵分队专业对口率。严密组织战备演练活动,结合辖区实际,修订完善国防动员演练方案。4月13日至6月7日,组织首批编建任务分队集训。12月11日至31日,分批次完成物资保障连、公路护路连和专业救援分队训练任务。针对海通海洋工程装备有限公司用工需求紧迫实际,协调调整人员工作时间,采取在岗训练和基地轮训方法组织民兵船舶维修排落实训练。12月15日至26日,组织市民兵应急连轮训备勤,突出基础、专业和任务行动训练。

【后备力量建设】 年内,市人武部深化民兵调整改革,开展民兵整组工作,着力优化民兵组织结构。5月20日至29日,检查验收全市基层人武部民兵整组工作,组织所有基干民兵进行集合点验。编印《雉水精英建功军营》,宣传入伍后考学提干等发展较好现役军人典型,激发应征青年参军热情。坚持廉洁征兵,聘请50名廉洁征兵监督员,全程参与监督。严格落实疫情防控要求,协调驻如空军部队一处单独营院用于同步开展新兵役前教育训练,实现新兵参训、起运、入营无缝对接。新兵中,高中以上学历占百分之百,大学以上学历占90.32%,大学毕业生占26.13%。扎实做好报废武器装备转运交接工作,完成高炮报废转运和高炮交接工作。加强专武干部队伍建设,对专武干部加强教育引导,要求他们爱武、学武、专武,利用各种时机摔打锤炼,全面提高指挥素质。12月中旬,会同市委组织部开展为期5天的专武干部集训暨军地联合考评,通过理论授课、集中训练、述职测评和联合考评,全面提高专武干部队伍建设水平。

【学生军训】 7月30日至8月20日,市人武部会同教育部门对8所普通高中和北外附属龙游湖外国语学校5990名学生开展学生军训工作,通过开展国防知识讲授、队列训练、内务整理、体能锻炼和防空技能培训等活动,增强广大学生国防意识和纪律观念。

(石晓曦)

武　警

【概况】 2020年,武警如皋中队深入贯彻落实习近平强军思想,习近平新时代军事战略方针,始终坚持按纲抓建,依法抓建,圆满完成以如皋市看守所外围武装警戒、押解、反恐、维稳、处突、城市武装巡逻抢险救援等任务。全年完成武装押解40余次,行程约1.2万千米,执勤目标实现连续30年安全无事故。

【应急班建设】 年内,武警如皋中队大力加强应急班建设,全面兴起实战化练兵热潮。在武警南通支队组织“勤训轮换”活动中,军事成绩总排名第一。

(周　杰)

人民防空

【人防工程建设】 2020年,如皋市人防工程新立项数、新开工数,竣工数三项指标均超额完成目标任务。启动城区2018年人防工程标识标牌标注工作,解决人防工程标识不清及停车难等问题。全年组织人防工程质量监督踏勘检查40余次,专项检查3次。工程平战结合利用率91%以上。

【人防经费筹集】 年内,市人防办完成人防国有资产清查核实。坚持严把人防经费筹集源头关口,强化依法审批,坚决杜绝减缓免现象,完成全年目标任务2200%,先后通过南通市人防办、如皋市财政局对2019年度人防财务收支情况专项审计检查。

12月28日,市民兵应急连开展射击打靶项目训练现场　　(汤乾玮摄)

【指挥通信建设】 年内，市人防办聘请技术人员对全市防空警报器进行检查维护，新增警报器1台，组织九一八防空警报试鸣仪式，警报鸣响率百分之百，音响覆盖率98%。进一步完善运行人口疏散基地，开展相关专业队训练演练。年内，市人防地下指挥所定期与上级人防部门对接联调检测，全年运转正常。人防机动指挥通信系统建设项目建成并投入使用。3月，市人防机动指挥所参加南通市机动指挥车拉练活动，进一步提升遂行任务保障能力。

【人防宣传教育】 年内，市人防办加强防震减灾宣传教育阵地建设，指导如城街道长巷社区、迎新社区、城西社区、孔庙社区、陆桥社区等社区开展综合减灾示范社区创建工作，长巷社区、迎新社区被认定为国家综合减灾示范社区。开展"5•12"防灾减灾进机关活动，在城西社区成功举办南通市国家综合减灾示范社区创建现场会。组织防震减灾助理、地震宏观测报员与地震灾情速报员开展防震减灾知识业务培训，组织镇(区、街道)服务中心人员、建筑企业技术人员及农村工匠进行建筑防震安全培训。稳步推进规划编制和项目实施。完成如皋市城市抗震防灾规划与地震应急避难场所布局规划编制工作。开展地震应急避险演练。参与组织指导磨头镇邓高社区、实验初中、安定小学等社区与学校开展地震应急演练。完成地震灾情速报人员信息更新工作，利用"12322"平台开展灾情速报演练2次。

(苏　雯)

双拥共建

【拥军优属】 2020年，市双拥办慰问驻如部队官兵10余次，推动全市58个机关部门慰问走访29个对接驻军连队。年初疫情期间，支援驻如部队口罩2万只、消毒液300千克。及时看望慰问如皋籍抗洪英雄冒小驰家庭，走访慰问武汉疫情防控一线军人家属、50名健在抗日战争老战士。开展"情系边海防官兵"拥军优属活动，走访边海防官兵家庭。全年为立功受奖如皋籍现役军人及驻如部队官兵发放奖励金86.84万元。开展拥军优属优惠服务月活动，举办"双拥"文艺联欢会暨首届"最美退役军人"颁奖典礼，组织商贸企业开展拥军优属优惠服务月活动，渲染浓厚全社会拥军氛围。发挥以学雷锋义工站为代表的社会组织优势，带动更多社会力量参与拥军优属工作。开展"清明祭英烈"网上及现场祭扫活动、"9•30"烈士公祭日，向孙广裕、高福泉2名烈士的遗属代表颁授烈士光荣证。拍摄短片《人民不会忘记，祖国永远铭记》，获全省双拥公益短片大赛二等奖。

【拥政爱民】 年内，市人武部紧盯社会热点，开展双拥共建活动。组织民兵积极参与疫情防控，累计动用民兵3000余人次。组织慰问赴湖北抗疫一线如皋籍军人家庭4户，解决军属反映现实问题1个。组织全体党员捐款4700元用于支持疫情防控。7月23日，第一时间联系在抗洪中被洪水卷走负伤的"抗洪勇士"冒小驰所在部队和救治医院，核实伤情；军地联合到其家中及就诊医院进行慰问探望，相关工作被军地媒体广泛报道。10月中旬，协调东部战区陆军某旅在如驻训相关事宜，落实驻训场地、电力和饮水等保障事宜，会同地方相关单位看望慰问驻训部队官兵。7月至11月，牵头协调东部战区空军某部和地方相关单位进行多轮调解，解决一名滞留部队3年的如皋籍退役士兵信访事宜。12月下旬，与市退役军人事务局对接沟通，落实《立功受奖军人家庭送喜报工作办法》，真正让立功受奖人员及其家庭享有荣誉感、自豪感和获得感。

(邓建芹　石晓曦)

3月12日，丁堰镇人武部和退役军人服务站联合组织辖区内18名民兵、退役军人志愿者，到丁堰镇刘海村开展桂花树栽植活动　　(丁堰镇供图)

社会治理

政法委及综治

【概况】 2020年，市委政法委紧紧围绕维护国家政治安全、确保社会大局稳定、促进社会公平正义、保障人民安居乐业四大任务，聚焦综治平安、法治如皋、政法队伍、智能化建设，务实推进政法各项工作，全市社会大局持续和谐稳定，人民群众安全感98.5%，比上年提升0.15个百分点。市委政法委被省扫黑除恶专项斗争领导小组评为2019年度全省扫黑除恶专项斗争成绩突出集体，被南通市委、市政府表彰为南通市新中国成立70周年大庆暨2019中国森林旅游节安保维稳工作先进集体。

【政法领域改革】 年内，市委政法委全面深化政法领域改革，将改革任务细化为52项，逐一明确牵头部门和参加单位，统筹推进。加强对政法领域改革的组织领导，建立完善领导干部联系重点改革任务制度，构建以上率下、一抓到底责任体系。在全省首推公益诉讼特邀检察官助理制度，发挥检察“外脑”作用，参与公益诉讼办案，帮助解决证据审查、检验鉴定中专业性难题，审结刑事附带民事环境资源公益诉讼案件2件，携手南通市崇川区公检法等8个部门构建全省首个跨县域野生动物协同保护机制。全面推行车管“两个教育”（驾驶人违法记分满分教育和审验教育）网上预约学习模式，联合邮政部门推行“警邮共建”，在全市11家邮政服务网点开通邮政代办交管业务便民服务点，打通行业壁垒，最大限度满足群众“就近办、便捷办、容易办”需求。加快构建全时空、全业务公共法律服务体系，推进实体、热线、网络三大平台建设。修订完善公共法律服务标准版本2020版，建立三大标准体系78项标准，其中，国标、行标和地标类标准51项，自主制定服务标准27项。作为第一起草人与省法律援助中心联合编写《法律援助服务规范》，成功申报2020年度第一批省地方标准。

【市域治理现代化】 年内，如皋市争创市域治理示范区，优化行政资源配置，整合公共治理、“12345”市长公开电话、数字城管、网格化服务管理指挥考评职能，设立如皋市市域治理现代化指挥中心，挂大数据中心、网格化管理中心、“12345”政府公共服务中心牌子，承担市域内跨部门、跨领域、跨层级的数据共享、智能搜索、统一监管、监测预警、分析研判、联动指挥和行政问效等职责。各镇（区、街道）同步成立镇域治理现代化指挥中心，挂网格化服务管理中心牌子，承担网格化“主动发现”和“12345”“被动受理”事项“一线处置”任务。年内，市市域治理现代化指挥中心建立起数据畅通、部门联通、上下贯通、运行高效的联动指挥体系，探索形成“一个中心管全域、一个号码管受理、一个平台管全程、一张网格管治理、一套制度管保障”市域治理新模式，实现与“12345”、数字城管等业务平台联通，与“雪亮工程”视频资源对接，对相关平台功能优化并推广应用。聚焦全市重点热点工作，强化部门间协调，组织开展疫情防控、安全生产、农村乱占耕地建房、文明城市创建等主题实战演练60余次，逐步建立起数据畅通、部门联通、上下贯通、运行高效的联动指挥体系。常态应用危化品全流程监管平台开展日常监测，分析、交办预警工单360件，推动部门立案查处17件；会同有关部门排查整治群租房隐患184件。强化基于大数据的分析研判，形成危化品全流程监管平台应用、工业企业环评、非法流动加油等专报，助推相关事件规范高效处置。

【网格化服务】 年内，如皋市夯实网格基层基础，市镇两级定期组织网格员集中培训和分片轮训，常态开展每月“网格之星”、年度“最美网格员”评选、平安网格演讲比赛、“平安网格”创建等活动。2名网格员被省委政法委表彰为“双胜利”平安卫士，其中1

名网格员作为南通唯一代表参加省疫情防控先进事迹报告会。如皋市“大数据+网格化+铁脚板”治理机制被《江苏政法》推广。突出党建引领，全市1459个网格均建立党支部或党小组；深入开展“网格+”融合发展，梳理形成矛盾纠纷、社会治安、城乡管理、环境保护、民生服务等6大类、66小类、284项网格化服务管理事项清单，推动专业力量下沉、服务下倾。将141名民警、107名法官、30名检察官，70名律师、104法律工作者、67名专职调解员与网格挂钩，提供法律咨询、矛盾化解等服务，着力打造市域社会治理“党旗红”、平安如皋建设“政法蓝”、网格服务管理“马夹黄”三色基层社会治理品牌。常态开展网格巡查走访，组织开展“网格大排查大整治”“矛盾纠纷百日攻坚”“违法违规小化工整治”“民法典宣传进网格”等专项行动，摸排40万余户计140万余人，为居家隔离人员提供服务3万余次。全市网格员全年采集上报事件14.8万余件，开展安全隐患排查7000余次，为群众代办服务事项5.8万余件，开展特殊人员巡查走访5.2万余人次，排查化解各类纠纷1.5万余件。

【社会治安打防管控】 年内，全市政法系统纵深推进扫黑除恶专项斗争，破获黑社会性质犯罪组织3个、恶势力犯罪集团2个、恶势力犯罪团伙1个，铲除多人结伙作案案件61起(其中套路贷案件20起)，累计破获涉黑涉恶犯罪案件658起，抓获涉黑涉恶刑事作案成员659人，查扣涉案资产近1.5亿元。围绕社会治安重点地区、群租房、小化工、道路交通安全等重点领域开展专项整治，突出治安问题得到有效遏制，纠纷警情、刑事警情、黄赌警情比上年大幅下降，形成“整一块、清一块、长效管理一块”良好局面。

【政法队伍建设】 年内，市委政法委组织政治轮训活动，依托市委党校开展政法系统领导干部政治轮训班2期。启动政治督察工作。制定政治督察实施办法(试行)，年内对市人民检察院开展政治督察。在政法系统开展“三严三补四提升”(“三严”指严格纪律作风、制度规范、监督制约；“三补”指补强思想政治、业务能力、担当作为短板；“四提升”指提升“两个维护”践行力、执法司法公信力、高质量发展推动力、拒腐防变免疫力)，正风肃纪铸铁警活动，制定《关于深化政法队伍执法督察工作机制的实施意见》《政法队伍执法督察员工作规范》，选聘13名政法队伍执法督察员，常规性开展政法队伍执法督察。把专业能力建设作为队伍建设重中之重，推动政法各单位开展岗位练兵。制定《市政法单位党组(党委)、各镇(区、街道)党(工)委向市委政法委员会请示报告重大事项的规定(试行)》，落实保障激励机制，加强文化阵地建设，评选“十佳”和谐卫士、“十佳”人民满意政法单位，从优待警温暖警心，激发政法队伍凝聚力和向心力。全市政法队伍建设满意率96.13%，持续高于全省平均水平。

(周佳佳　章　逸)

法治政府建设

【概况】 2020年，市政府严格执行市委关于法治政府建设部署，坚持把法治政府建设贯穿于政府工作始终，不断完善工作机制，依法规范行政行为。坚持市长带头履行推进法治建设第一责任人职责，成立市长任组长的市法治政府建设工作领导组。推进法治建设第一责任人职责纳入全市党建考核，营造法治政府建设争先创优的浓厚氛围。全年依法审核市政府及政府办文件62件，审核政府重大合同6件，出具合法性审查意见书17份。

【依法决策】 年内，市政府修订《如皋市人民政府重大行政决策程序规定》，制发《如皋市人民政府关于贯彻落实“三重一大”事项决策议事规则的实施细则(试行)》，实施重大行政决策目录化管理，公布市政府2020年度重大行政决策事项目录和重点工作任务80项，落实公众参与、专家论证、风险评估、合法性审核、集体讨论决定等程序，确保决策事项合法性、合理性、科学性。向社会公开征集2020年为民办实事项目、对市政府工作建议。拓展公众有序参与渠道，充分听取企业、行业协会商会、人大代表、政协委员及市政府法律顾问意见。落实文化教育、医疗卫生、资源开发、环境保护、公用事业等重大民生决策事项民意调查制度。对专业性、技术性较强文件或决策事项，邀请专业机构论证其必要性、可行性、科学性等。普遍推行政府法律顾问制度，市、镇、村三级法律顾问全覆盖。完善决策合法性审查机制，对所有涉及重大决策的行政规范性文件和重要法律文本均进行事前合法性审查。

【规范性文件管理】 年内，市政府修订《如皋市规范性文件管理办法》，明确规范性文件制定程序，增加文件评估论证、公众参与期限、分级合法性审查和公平竞争审查等内容。公布规范性文件制定项目目录，制定或修订规范性文件11件。为应对疫情防控，转发《南通市人民政府关于全力应对疫情支持企业发展的十二条政策意见》。推行行政规范性文件“三统一”(即统一登记、统一编号、统一发布)制度，加大对行政规范性文件和政府重大合同合法性审查力度，审查市政府行政规范性文件11件，并向市政府和人大常委会报备。对4件镇(区)和部门制定的规范性文件予以备案，清理废除妨碍公平竞争行政规范性文件1件。开展涉及优化营商环境、民法典、野生动物保护规范性文件专项清理。委托第三方评估公司对《如皋市城镇排水与污水处理管理办法》《如皋市住宅专项维修资金管理办法》2份文件进行后评估。

【行政执法规范化建设】 年内，如皋市分2批次公布行政执法主体88个。加强行政执法主体和人员资格管理，严格行政执法准入制度，组织全市2742名执法人员通过执法资格考试并领取行政执法证件。积极推进行政执法全过程记录、重大执法决定法治审核、行政执法公示“三项制度”，建立健全行政执法的事前、事中、事后公开机制，对市场监管、城管、生态环境等重点民生执法领域进行督查。对舆情反映的房地产领域价格违法、虚假宣传等违法行为分析研判，组织精干力量进行案件查办。“双随机、一公开”跨部门联合抽查工作规范获批省地方标准立项。加强重点领域执法，开展机动车维修综合性能检测行业、安全生产专项、危化品综合整治等行动，开展药店处方药销售、食品安全、户外广告等专项整治工作，集中清理整治违法使用、储存瓶装液化石油气，推进长江口水域非法捕捞专项整治行动，查处9家汽修店无照经营违法行为，对施工单位扬尘措施颁布管控“十条规矩”、设置“红黑榜”，加大违法建设主体失信行为联合惩戒力度。对涉化涉重、危废收集与处置、垃圾焚烧、垃圾填埋等重点行业企业进行检查，发现环境隐患377个，整改完成率89.4%。查获非法停泊采砂船23条。推进“两法衔接”(指行政执法与刑事司法衔接)工作，督促指导各部门根据“两法衔接”移送标准工作要求，规范移送程序、优化办案流程，全面实现“两法衔接”平台优化管理。构建生态环境司法保护新模式，深化跨区生态环境司法保护改革。专题研究片惩治“非法行医”“两法衔接”问题，召开专题联席会议、个案协调会7次，组织生态环境违法诉讼案件庭审观摩活动，制作长江流域重点水域禁捕宣传画册3000份。移交市场监管领域涉嫌刑事犯罪案件8件，移送非法采砂、非法停泊滞留船只涉嫌刑事案件4件。

【行政复议与应诉】 年内，市司法局制发《如皋市行政复议法律援助工作规定(试行)》，开展行政复议法律援助工作。完善行政复议体制改革配套制度，提高行政复议案件办理质效。针对全市行政案件案发数高等问题，提出行政争议实质性化解机制等压降举措。全年发生行政案件309件，比上年减少117件，下降25.7%。其中，市政府受理行政复议案件128件，基层法院受理如皋市行政诉讼案件137件，南通市中级人民法院受理如皋市政府行政诉讼案件24件，南通市政府受理如皋市政府被复议案件10件。在审结的行政案件中，败诉27件，与上年同期持平。组织召开行政复议案件听证会31次；办结114件，办结率89.1%，其中，维持42件，撤回28件，驳回31件，调解3件，撤销、确认违法和责令履职10件。办理市政府被复议案件10件、被诉讼一审案件24件、被诉讼二审案件31件、复议共同被告诉讼案件28件。办理不服省政府征地批复申请复议案件6件，办理房屋案件2件。

(刘海波)

公　安

【概况】 2020年，市公安局主动融入市域社会治理现代化建设，全力投入疫情防控阻击战，扎实锻造警界铁骑队、当好护航排头兵，全面推进如皋公安“崛起决胜年”建设。社会治安大局持续平稳，连续29年274起命案当年全破。被省公安厅表彰为枪爆整治成绩突出集体，在南通市公安局和市委、市政府年度考核中取得“双优秀”，被市委、市政府记集体三等功，12个集体、72名个人受到市级以上表彰。拍摄微视频《他是谁》在中华全国总工会网络正能量微视频征集活动中获三等奖。

扫码观看视频《他是谁》

【“110”接处警】 年内，“110”报警服务台接有效报警16.89万起，比上年下降6.19%，其中违法犯罪警情17670起，比上年上升2.55%。接处交通事故5.13万起，比上年上升1.64%。接处火警952起，比上年下降75%。接处纠纷2.6万起，比上年上升5.25%。接处群众求助7.82万起，比上年下降15.22%。

【安全保卫】 年内，市公安局出动警力6732人次，完成全国两会、十九届五中全会、上海进博会、专项安保等重大安保活动58次，未发生重大涉稳案事件。巡逻盘查可疑人员1.92万人，比上年上升3.64%；盘查车辆1965辆，比上年下降19.40%。巡防抓获各类违法犯罪嫌疑人330人，其中刑事作案成员241人。执行排爆任务4次，排除疑似爆炸装置4个。排查水、电、油、气等治安重点目标单位各类安全隐患1107处。检查防范恐怖袭击重点目标83次，依法办理内保行政案件138起。在132所学校门前安装公安自建探头，新增150余所学校视频监控与公安联网。对287辆公交车安装自动灭火装置600套。验收许可改建扩建金融营业场所16家。

【治安管理】 年内，市公安局查处治安行政案件1.08万起；检查企事业单位4956家，督促整改消防安全隐患4125处。办理消防行政案件642起，行政拘留1人，取保候审2人。检查危险物品单位1353家，督促整改隐患143处，办理刑事案件5起、行政

12月18日，市公安局联合南通汽运集团如皋分公司、如皋飞鹤公共交通有限公司，开展防恐反恐联合演练　（邱　宇摄）

案件92起，采取刑事强制措施19人、行政拘留11人，处罚单位56家。检查烟花爆竹零售店112家，查处非法运输、储存烟花爆竹案件12起，行政拘留11人。销毁非法烟花爆竹4000余箱。检查寄递分拣中心、寄递网点609家次，督促整改安全隐患333处。

【食品、药品和环境侦查】 年内，市公安局开展食品、药品和环境领域整治，侦办"8·6"毒杀家犬案，抓获犯罪嫌疑人36人。侦办"7·25"油品案、"6·5"污染环境案"4·16"生产销售不符合安全标准的食品案和"5·21"非法出售珍贵、濒危野生动物案，采取强制措施80人。侦办污染环境案10起，非法捕捞、非法采砂案5起，采取刑事强制措施80人。

【户籍管理】 年内，市公安局办理出生登记9501人。年末，登记在册人口140.39万人，其中城镇人口92.89万人。

【刑事侦查】 年内，全市刑事发案比上年上升11.74%。故意杀人、故意伤害致人重伤或死亡、强奸、抢劫、贩卖毒品、放火、爆炸、投毒等八类案件全破。打击恶势力犯罪集团1个、团伙10个，抓获涉黑涉恶犯罪嫌疑人152人。

【禁毒工作】 年内，市公安局抓获涉毒犯罪嫌疑人34人，查处吸毒人员57人，摧毁吸贩毒团伙3个，铲除罂粟990株。

【经济侦查】 年内，市公安局查处经济犯罪案件83起，比上年下降14.4%；抓获犯罪嫌疑人172人，刑事拘留53人，逮捕43人。抓获"猎狐"逃犯2人，挽回经济损失5000余万元，收缴违法所得300余万元。

【法治工作】 年内，市公安局审核刑事案件987起，比上年增长0.61%；移送起诉各类犯罪嫌疑人1325人，比上年增长9.14%。审核行政案件784起，比上年减少9.05%；涉案1388人，比上年增长0.8%。审核办理行政复议案件31起，比上年增长3.33%。办理行政诉讼案件50起，比上年减少5.66%。

【出入境管理】 年内，市公安局受理出国（境）申请4253人次，比上年减少89.17%；临时入境如皋市境外人员1301人，比上年减少83.62%；办理外国人签证、居留许可申请180人次。

【监所管理】 年内，市看守所收押各类人员972人，比上年减少21.61%，其中刑事拘留506人，比上年减少38.74%。市拘留所行政拘留353人，比上年减少51.31%。

【水上警务】 年内，市公安局开展长江禁捕专项工作，出动警力1800余人次，走访农贸市场35家，登记卖鱼户219家，暗访餐饮店285家，张贴禁渔通告1800余份，查获违禁网器具77具。查处非法捕捞刑事案件7起，取保候审11人。检查涉水重点部位1191处、流动危化船舶286艘，督促整改安全隐患155处；拆除水上加油站（船）5家、留宿式船舶34艘及无船名号、无船舶证书、无船籍港"三无"船舶44艘；查处刑事案件42起、治安行政案件50起。

【"千警护千企"行动】 年内，市公安局开展"千警护千企"行动，组建法律服务队、安全顾问队和护企专业队，做好走访恳谈、风险预警、宣传防范等工作。组织民警挂钩联系全市重点、龙头企业、24个重大建设项目、644家规模企业及1000余家一般企业，全年走访重点项目和企业2560次，开展防疫安全、生产检查503次，帮助解决实际问题224个，督促整改治安隐患200余处，排查化解可能影响重大项目建设不稳定因素76条，侦破涉企案件37起，为企业挽回经济损失5000余万元。深化窗口服务"放管服"改革，建成自助服务区20个和"15分钟便民服务圈"4个，实现窗口服务"一门通办"。围绕全市中心工作，组织民警走访群众2.6万户，并与812户困难群众结成帮扶对子，民警个人捐款捐物20万余元，解决群众难题47件，发放安全防范宣传资料9000余份。

【见义勇为基金会】 年内，市见义勇基金会募集基金49.1万元，基金规模2000万元。全市表彰奖励见义勇为人员127人次，发放奖金、慰问金28.9万元。春节、中秋节、烈士纪念日之际，对见义勇为牺牲、伤残困难家庭20户进行慰问，发放慰问金11.5万元。组织25名获市级以上荣誉的见义勇为先进个人和见义勇为先进工作者开展红色疗养活动。为103名市级以上见义勇为先进个人、牺牲人员家属续办团体商业综合保险。组织记者、作家对32人南通市级以上见义勇为人员事迹采访，编辑出版《雉水绽放英雄花——如皋市见义勇为事迹选编》书籍。为历年来200余名见义勇为先进个人、积极分子授见义勇为荣誉奖牌。

（许　虎）

检　察

【概况】 2020年，市人民检察院批准逮捕各类案件169件245人，不批准逮捕66人；提起公诉847件1137人，不起诉182人；纠正漏捕14人、漏诉20人，纠正侦查活动违法23件。受理审查一审生效民事裁判结果监督案件19件，提请抗诉1件；提出再审检察建议案件9件，法院裁定再审4件、改判1件；作出不支持监督申请案件10件，终结审查3件。受理公益诉讼线索84条，其中，行政公益诉讼线索70条、民事公益诉讼线索14条；办理行政公益诉讼立案67件，民事公益诉讼立案11件，发出诉前检察建议76件。认罪认罚适用率93.6%，确定型量刑建议提出率76.82%，确定型量刑建议采纳率99.63%。运用认罪认罚制度促使一名零口供“黄金大盗”认罪认罚案件成为最高人民检察院向全国人大专题汇报认罪认罚工作唯一案件。年内，市人民检察院获评全国文明单位，刘涛被追授为全省杰出检察官。

【刑事检察】 涉黑涉恶案件检察　年内，市人民检察院审查逮捕寻衅滋事、敲诈勒索等九类案件犯罪嫌疑人26人，提起公诉90人，其中，审查逮捕黑恶势力犯罪13人，提起公诉1件16人，依法改变涉黑定性1件16人。开展利用信息网络实施涉黑涉恶等有组织违法犯罪专项整治工作，排查案件767件。与公安机关共同梳理保护伞线索5条。

法治化营商环境营造　联合市发展改革委制定《关于建立为民营经济健康发展提供网格化检察服务机制的意见》，畅通民营企业诉求反映渠道，开展服务保障工作，依法监督公安机关超范围、超额度冻结企业合法经营收入案件1件。合理运用不起诉检察权，探索调查核实、公开审查听证的涉民营企业案件审查模式，对1家民营企业及其法定代表人决定不起诉，对6家民营企业及法定代表人酌定不起诉，2件案件入选南通市服务保障高质量发展十大典型案例。

未成年人刑事检察　对侵害未成年人权益的犯罪严惩不贷，批捕11人，起诉23人。对涉罪未成年人宽容不纵容，依法对9名涉重罪未成年人提起公诉；对5名涉轻罪或犯罪情节轻微未成年人决定附条件不起诉或不起诉。探索开展多元化训诫、深化从业审查机制、扩大亲职教育实施范围，推动搭建“社会—校园—家庭”立体化青春守护模式。联合市教育局启动“校长项目”，由市人民检察院5名法治副校长与对应的法治学校签订女童保护·星辰计划、心理咨询云平台等五大“校长项目”意向书。疫情期间依法惩治家长群诈骗学费案件入选省人民检察院依法惩治以线上教学名义实施网络诈骗犯罪典型案例。

矛盾纠纷化解　在全省率先制定《涉法涉诉信访案件公开听证程序规定》，被省人民检察院全文转发。现场指导信访积案公开听证会1起。涉法涉诉信访案件公开听证做法被南通电视台报道。完善检调对接机制，依法办结因邻里纠纷、债权债务纠纷、交通事故纠纷等引发轻微刑事和解案件141件，涉及141人。疫情期间办理特困刑事被害人司法救助案件19件，发放救助金15.3万元；支持因疫情失业且未得到薪酬的进城务工人员群体起诉42件。

【民事检察】 年内，市人民检察院重

6月5日，市人民检察院联合市教育局启动校长项目暨女童保护·星辰计划。图为女童保护组织代表成员为志愿者培训防性侵教学技能

（市人民检察院供图）

点关注虚假诉讼监督，做实民事生效裁判检察监督工作。认真落实《关于预防和查处虚假诉讼的实施意见》，全年受理涉嫌虚假诉讼案件8件，提出再审检察建议9件，提请抗诉1件。落实"一案双审"(审查实体是否公正、程序是否违法)机制，重点对民事审判中送达违法、违法保全、适用审判程序错误等违法行为开展监督，提出检察建议5件，法院采纳4件。加强对消极执行、超标的执行、违法处置被执行人财产等类型案件监督，发出检察建议24件，法院采纳26件(含上年度发出被采纳的2件)。通过个案办理发现类案线索，依法制发加强村(居)公章管理、对公民代理资格及相关推荐材料严格审核把关等检察建议；联合市人民法院、司法局等部门，研究出台关于依法规范民事诉讼活动中公民代理行为的若干规定，净化如皋法律服务市场。

6月17日至18日，省人大常委会监察司法委一行到如皋开展检察公益诉讼立法调研，经实地走访、调研座谈，调研组认为，如皋市公益诉讼经验做法为相关立法工作提供较好实践参考。图为座谈会现场　（市人民检察院供图）

【行政检察】　年内，市人民检察院关注行政执法监督案件线索，监督行政机关依法行政。开展非诉行政案件执行小专项活动，对行政机关不作为、乱作为、违法作为等情形，发出督促依法履行职责的检察建议4份，并对行政执法活动给予必要法律指导。重点关注市人民法院对涉及国家利益和社会公共利益的行政非诉案件执行申请的审查情况、行政决定的执行情况、近年裁定终结执行案件进行审查，实现对行政非诉案件执行监督全覆盖，排查市人民法院在执行实施阶段未及时恢复对被执行人执行的情形，发出检察建议3件。实质性化解孙友某、孙某某与海门区社会保险事业管理处给付社会保险待遇纠纷案。

【公益诉讼检察】　年内，市人民检察院以小专项监督推动社会治理，开展百姓用药安全专项监督，针对药店未按规定销售处方药现象依法向市场监督管理局发出检察建议，促进行业治理；对养殖场不规范使用抗生素造成不合格鸡蛋流入市场问题开展专项监督，督促市农业农村局开展专项整治活动，排查养殖行为不规范养殖场284家并完成整改；在疫情期间开展公共卫生防疫领域专项监督，及时向职能部门发出友情提醒函；对船舶污染、大气污染、文物保护等领域实施专项监督。在全省首推公益诉讼特邀检察官助理制度，首批聘任20名行政执法机关骨干担任检察官助理，参与公益诉讼案件12件，解决证据审查、检验鉴定过程中专业性难题。尊重行政机关作为履职主体的身份地位，设立诉前磋商环节，建立"线索发现—开展调查—诉前磋商—提出建议"闭环办案模式，促使行政机关从"要我整改"变为"我要作为"。

（李章宁）

法　　院

【概况】　2020年，市人民法院受理各类案件20142件(含旧存2107件)，审执结18533件，审判核心指标位居南通基层法院前列。"数助决策"工作获最高法院三等奖，"一站式"建设工作、环境资源跨区域管辖审判工作在全省推广，获评南通市先进集体，被确定为全省多元解纷和诉讼服务示范法院、法官助理分阶培养改革试点法院，市人民法院清算与破产庭获全省法院破产审判先进集体，1人被表彰为2015—2019年全省政法系统先进个人、1人被表彰为全省法院刑事审判工作先进个人。

【刑事审判】　年内，市人民法院发挥刑罚惩治功能，审结刑事案件811件，判决罪犯1124人，决定逮捕369人。审结严重危害社会治安暴力犯罪、毒品犯罪、"两抢一盗"(抢劫、抢夺、盗窃)等多发性侵财犯罪案件231件，判处罪犯331人，判处有期徒刑十年以上22人。打击涉疫情犯罪7起8人。办理涉安全生产犯罪案件11件。开展扫黑除恶专项斗争案件清结行动，在南通率先实现黑恶案件阶段性清零目标。审结恶势力犯罪集团案件2件，集团首要分子王某、吴某一审被分别判处15年、19年有期徒刑；审结寻衅滋事、聚众斗殴等9类涉恶罪名犯罪案件55件，判处罪犯146人；审结"黄赌毒"案件29件，判处罪犯84人。依法适用财产刑，常态化开展"打财断血"专项执行活动，执行到位289.2万元。

【民商事审判】　年内，市人民法院审

结民事案件9756件,其中涉婚姻家庭、医疗、教育、就业、劳动争议等民生案件1977件。发挥家事审判"法暖黄昏""法伴成长""法润芳华"综合平台作用,妥善化解家事纠纷559起,家事审判庭被评为南通市巾帼文明岗。某村一家三口因交通事故均成为无民事行为能力人,根据最有利于被申请人原则,指定所在村委会为监护人,切实维护弱势群体合法权益。弘扬文明和睦邻里文化,妥善调处邻里纠纷105起。制定《依法服务和保障民营经济高质量发展的实施意见》,完善全面支持民营企业发展司法保障体制。依法平等保护各类市场主体合法权益,审结商事案件1545件,涉标的额38.3亿元。加强产权保护,妥善化解买卖、租赁、物权、股权等涉产权案件2422件,涉标的额9.7亿元。有效防控金融领域风险,严厉打击非法吸收公众存款等危害金融秩序犯罪。构建"套路贷"虚假诉讼及非法金融活动专项治理长效机制,审结金融、民间借贷案件2035件,涉标的额14.9亿元。服务重大项目建设,为高铁南站枢纽建设、张皋过江通道建设等项目提供司法支持。发挥破产审判职能,推动低效无效资产盘活。新收破产案件23件,审结13件,处置破产资产7.2亿元,化解债务7.39亿元,释放土地资源41.91公顷、厂房20.1万平方米,发放1796名职工工资5916.3万元。深化府院联动机制,与市委、市政府形成盘活资源、释放产能合力。出台《破产案件管理人考核办法》,规范破产管理人履职行为。完善执行与破产程序衔接,通过"执转破"化解涉企执行案件693件。针对某公司因疫情无法按期执行重整计划,充分沟通后裁定批准变更重整计划部分履行期,为企业"重生"扫清障碍。

年内,市人民法院开展非法捕捞案件集中巡回审判周活动,将开庭地点搬至广场、村委会、校园,审判非法捕捞刑事案件18起,累计旁听人员1000余人。图为8月31日,市人民法院在南通市海门区三厂镇青龙港村公开巡回审理非法捕捞案件

（市人民法院供图）

【环境资源案件审判】 年内,市人民法院全面贯彻落实长江大保护国家战略,将恢复性司法理念贯穿于环境资源审判各环节,审结刑事附带民事公益诉讼15件,48起案件所涉72名被告人预缴生态环境修复金306.3万元,向长江增殖放流鱼苗5000余尾。实施"十年禁渔、司法护江"行动,开展非法捕捞案件沿江巡回审判周活动,巡回审理并当庭宣判非法捕捞刑事案件18件。严惩破坏环境资源行为,审结涉南通、扬州、泰州三市环境资源刑事案件207件,判处罪犯462人,其中判处监禁刑175人,决定逮捕150人,监禁刑适用率37.88%;共判处罚金1277.9万元,没收违法所得1243.8万元。审结矿产品价值583万余元特大非法采矿案。王某等21名被告人通过布放猎夹等禁止使用方式非法捕猎刺猬1000余只,被分别判处有期徒刑2年至拘役4个月不等。依法保障环境民事权益,审结民事案件21件,调解、撤诉16件。经多番调解,成功化解某化工厂在关停后拆除设备时产生少量排污,导致下游6户虾农养殖虾死亡案件。强化环境行政司法裁判价值导向作用,依法纠正、确认行政违法(不作为)行为,监督、支持环境监管部门依法履职,审结行政案件47件,判决行政机关败诉2件;对环境违法行为存在,但量罚相对偏重行政纠纷,引导双方在行政执法自由裁量范围内协商,原告按协议缴纳罚款后主动撤回起诉9件。持续探索协同共治环境司法保护新格局,携手长航公安、南通市崇川区人民法院等8个部门构建全省首个跨县域野生动物协同保护机制,联合江都检察院等12家单位发起成立南水北调东线源头生态保护联盟。如皋·江都全省首例跨区域生态环境资源协同保护机制被南通市委政法委评为政法工作十大创新成果。提高专业审判能力,起草非法采砂刑事案件审理指南,统一裁判尺度,全省法院长江流域重点水域非法捕捞刑事案件审判工作座谈会在如皋召开。拓展宣传平台,适时发布《环境资源跨区域审判白皮书》及12起典型案例,《人民日报》《人民法院报》专题报道市人民法院环境资源审判工作。

【判决结果执行】 年内,市人民法院健全长效型执行攻坚机制。巩固"基本解决执行难"成果,共执结6140件,执行到位31.3亿元。健全执行联动机制,推动市委政法委出台《关于加强综合治理、从源头切实解决执行难问题的实施意见》。深化执行工作模式改革升级，试行执行案件“中间库”无纸化办案新模式。加强执行威慑惩戒力度，常态化开展涉民生、“冬猎”行动、金融债权案件等专项执行活动27次，移送拒执犯罪线索10条，全方位曝光“老赖”信息221人次，发布悬赏公告60个，促使3757人自动履行义务，司法拘留人数位居南通基层法院首位。创新司法拍卖模式，引入VR全景看房技术，司法网拍卖成交786件，成交金额3.4亿元，溢价率120%。强化善意文明执行理念，疫情期间为生产防疫物资被执行企业留出“复活”时间，助力企业恢复生产。

【审判管理】 年内，市人民法院健全审判权运行监督机制，发挥院庭长对“四类案件”（即涉及群体性纠纷，可能影响社会稳定案件；疑难、复杂且在社会上有重大影响案件；与市人民法院或者上级法院的判决可能发生冲突案件；有关单位或者个人反映法官有违法审判行为案件）监督管理作用，确保司法责任制落地。加大专业法官会议、审委会指导力度，共讨论案件763件。建立员额动态管理机制，遴选8名年轻员额法官。强化审判管理部门职责，每周通报主要审判质效数据，每月拟定结案目标，每季度开展案件质量评查，定期解析、点评发改案件。开展“清理积案”百日攻坚活动，圆满完成全年目标任务。加大长期未结案件清理力度，实行逐案提醒、督办制度，全年共清理48件。

【诉讼制度改革】 年内，市人民法院开展刑事案件认罪认罚从宽制度改革，审结案件689件955人，服判息诉率95.1%。对243件轻微刑事案件适用速裁程序，提高审判效率，平均审理天数7.6天。推行“分调裁审”机制改革，设立“诉讼与非诉讼对接中心”和“非诉讼纠纷解决分中心”，对适宜通过非诉讼途径解决纠纷，引导当事人通过人民调解、委托调解等方式解决，诉前委派调解率72.05%；对需要通过诉讼途径解决纠纷，在纠纷登记后、立案前，委派市矛盾纠纷调处中心或者人民调解工作室先行调解，17名专职人民调解员全年成功化解各类纠纷2284起。深化繁简分流机制改革，推行要素式审判、格式化文书改革，速裁庭全年受理案件2407件，结案2337件。

【审判案例调研】 年内，市人民法院承担南通市级以上重点调研课题4项，年内结题。全年调研成果获南通市级以上奖项26篇，入选《中国法院年度案例》2篇，获全省法院系统2019年度优秀案例分析一等奖、三等奖各1篇，被评为全省法院系统2019年度优秀案例分析评选先进组织单位。

（刘罗成）

6月6日，市人民法院在安定广场举办假日广场法庭活动，让市民通过旁听了解自身合法权益和法律知识 （市人民法院供图）

附录：

2020年度如皋市人民法院审结案例精选

1.“套路贷”暴力逼债侵财，恶势力犯罪集团12人被严惩

基本案情：2015年10月起，被告人吴某加入平安普惠公司，从事车辆抵押贷款中介业务，先后结识被告人王某某等人。2017年2月起，被告人吴某、王某某等人经事先共谋，以众赢公司名义开展小额贷款业务，与他人共同实施“套路贷”及其他违法犯罪活动，后又出资注册成立闪银公司，继续实施“套路贷”犯罪活动。至2018年2月，该犯罪集团先后实施敲诈勒索24起、抢劫1起、寻衅滋事5起、非法拘禁1起，该犯罪集团成员单独或者分别伙同他人先后实施敲诈勒索10起、诈骗6起、寻衅滋事2起，涉及被害人近50人，合计非法攫财近60万元。

裁判结果：市人民法院经审理认为，吴某等人为共同实施犯罪而形成较为固定的犯罪组织，多次实施违法犯罪活动，扰乱社会经济生活秩序，造成较为恶劣的社会影响，系恶势力犯罪集团。被告人吴某、王某某组织、领导犯罪集团进行敲诈勒索、抢劫、寻衅滋事、非法拘禁等犯罪活动，均系犯罪集团首要分子，应当按照集团所犯全部罪行进行处罚；其他参加者按照各自地位、作用进行处罚。根据各被告人犯罪情节，依法判处被告人吴某有期徒刑15年，并处罚金人民币18.3万元；判处被告人王某某有期徒刑7年,并处罚金人民币10万元;其余10名被告人分别被判处有期徒刑16年至拘役4个月不等,并处罚金。宣判后,12名被告人均未上诉。

典型意义:近年,社会上不断涌现披着民间借贷外衣,通过虚增债务、恶意制造违约、收取高额费用等方式非法侵占他人财物的"套路贷"诈骗等新型犯罪,并在催债过程中衍生出非法拘禁、敲诈勒索、寻衅滋事等多种违法犯罪,不仅扰乱正常的金融秩序,更严重侵害人民群众的人身财产安全。2020年是扫黑除恶专项斗争全面收官之年,市人民法院始终保持打击黑恶势力违法犯罪强大攻势,在疫情之下巧用科技法庭"隔空"开庭顺利审结该案,在南通率先实现黑恶案件阶段性清零目标,严厉打击以吴某为首的恶势力犯罪集团,有力震慑辖区内及周边地区其他"套路贷"违法犯罪分子,扎实推进平安如皋建设,切实提高人民群众的安全感和满意度。

2.提高起拍价溢价成交,"执转破"实现职工债权100%受偿

基本案情:南通某家用纺织品有限公司因经营不善陷入债务危机,涉及被执行案件23件、被执行标的1560万余元,经申请执行人申请进入"执转破"程序。

裁判结果:市人民法院经审查于2018年8月13日裁定受理该公司破产清算一案并指定管理人。在财产处置过程中,该公司资产评估价值仅975万余元,但考虑到该部分资产地理位置和增值空间,市人民法院经决定从实际出发,按实际市场价值1500万元提高起拍价起拍,最终溢价以1706万元成交。在制定分配方案时,甄别公司股东与公司之间的债务往来,最终该案的职工债权、税款债权的清偿率100%,普通债权清偿率67.02%,该案得以顺利审结。

典型意义:近年来,大量"僵尸企业"衍生批量执行案件,但因无财产可供执行或者可供执行的财产不足以清偿全部债务,导致这些执行案件陷入僵局、停滞不前。对此,市人民法院经建立"执转破"衔接机制,将此类被执行企业法人及时转入破产程序,放大破产程序公平分配案款、推动债务人财产最大化等独特优势,在消化批量执行案件同时有效释放生产要素活力,切实推进"僵尸企业"市场出清,服务供给侧改革。该案系典型的"执转破"案件,在资产处置时法院充分发挥主观能动性,实现破产财产处置价值最大化,大大提高债权人受偿比例。

3.在长江水产种质资源保护区内"电捕鱼",2被告人因非法捕捞获刑并赔偿损失

基本案情:2020年3月6日,在明知长江如皋段北汊附近水域已全面禁止生产性捕捞情况下,家住长江边的被告人周某良在长江水域实施电捕捞作业,被告人谢某丽予以协助,捕获白条、江鲈等渔获物52.1千克,次日凌晨被公安民警当场查获。经价格认定,渔获物价值共计1014元。南通市崇川区人民检察院提起附带民事公益诉讼,诉至法院。

裁判结果:市人民法院经审理认为,被告人周某良、谢某丽违反保护水产资源法规,在全面禁捕的长江如皋段刀鲚国家级水产种质资源保护区,使用禁用捕捞工具捕捞水产品50千克以上,渔获物价值500元以上,情节严重,其行为均构成非法捕捞水产品罪。审理中,两名被告人与刑事附带民事公益诉讼起诉人达成和解协议,并缴纳渔业资源损失费3042元。根据两名被告人犯罪情节,判处被告人周某良有期徒刑7个月,被告人谢某丽拘役4个月,犯罪工具予以没收。判决后,两名被告人均未上诉。

典型意义:实施长江"十年禁渔",是习近平总书记亲自作出的重要部署,是为全局计、为子孙谋的"国之大者"。该案系长江"十年禁渔"政策出台后,市人民法院判处的首例适用有期徒刑案件。该案被告人周某良、谢某丽在已经全面禁捕的长江如皋段刀鲚国家级水产种质资源保护区内,使用禁用方法非法捕捞渔获物50千克以上,属于《刑法》第340条规定的情节严重情形,其所使用的电捕方法,对渔业资源造成极大破坏,并造成水环境次生污染,对此类灭绝式的非法捕捞行为,依法应当从严惩处。该案判决彰显人民法院打击长江非法捕捞行为的决心,有利于长江渔业资源得到充分恢复,同时也警醒社会公众,"长江禁捕"并非口号,任何以身试法者必将受到法律严惩。

4.非法猎捕黄鼠狼1000余只,王某等21名被告人被判刑

基本案情:2015年11月至2019年2月间,王某义、王某英两兄弟明知黄鼬、刺猬是国家保护野生动物,仍共谋到南通地区收购黄鼬和刺猬,再贩卖至安徽省某皮毛市场。后二人在南通市通州区、海门区、启东市、如东县等地,分别与陆某昌等19人约定,由陆某昌等人捕猎黄鼬、刺猬,王某义、王某英负责收购并向其中部分人出售猎夹用于捕猎。陆某昌等19人为牟利,明知黄鼬、刺猬是国家保护野生动物,仍然在住处周围野外通过布放猎夹或用手电筒夜间照明等方式捕猎黄鼬、刺猬,出售给王某义、王某英。王某义、王某英通过上述方式共收购、加工黄鼬1220只、刺猬295只。上述黄鼬、刺猬尚未出售即被查获。经鉴定,上述黄鼬、刺猬都属于国家保护的有重要生态、科学、社会价值的"三有动物"。

裁判结果:市人民法院经审理认为,王某义、王某英为牟取经济利益,长期从事非法收购野生动物活动,主动向多人提起非法狩猎野生动物的意图,诱使他人实施非法狩猎行为,主观恶性较大,不宜适用缓刑。以非法狩猎罪对王某义、王某英分别判处有期徒刑2年、有期徒刑1年8个月;对19名直接捕猎者分别判处拘役4至5个月不等,适用缓刑,或者单处罚金3000元至6000元不等。判决后,各被告人均未上诉。

典型意义:"三有动物"是自然生态系统有机组成部分,对生态系统功能和平衡具有不可替代的作用。非法猎捕野生动物行为,不仅破坏生态系统平衡,更会促成非法野生动物交易,甚至引发公共卫生风险,威胁人民群众生命健康安全。该案判决,彰显人民法院严厉打击非法猎捕等破坏野生动物资源违法犯罪活动决心,同时警醒社会公众,切莫因贪图私利非法猎捕野生动物,全社会都应保护野生动物,做到人与自然和谐共生。

5.职业碰瓷不签订劳动合同,劳动者主张2倍工资被驳回

基本案情：章某于2018年9月25日至某机械公司工作，填写招聘登记表，后公司为其办理社会保险手续。2019年1月24日，章某与用人单位签订《退工通知单》，双方结算后工资履行完毕。2019年4月，章某向劳动人事争议仲裁委员会提起仲裁，要求支付未签订劳动合同的双倍工资及加班工资。后因不服裁决结果，章某诉至法院。审理中查明，章某曾于2014年起诉江苏某医疗器械有限公司、2015年7月起诉如皋市某电器材料有限公司、2015年10月起诉如皋市某制造有限公司、2017年起诉江苏某新能源车辆股份有限公司，以上纠纷均涉及未签订劳动合同的双倍工资。

裁判结果：市人民法院经审理认为，章某多次起诉多家用人单位，表明其对未签订书面劳动合同可以向用人单位主张2倍工资差额这一法律规定知晓、熟悉，其更具有主观故意。鉴于用人单位已为章某办理社保手续，章某的实体权利并未受到影响，最终判决对于章某2倍工资的主张不予支持。判决后章某不服，提起上诉。南通市中级人民法院依法驳回上诉，维持原判。

典型意义：《中华人民共和国劳动合同法》赋予书面劳动合同较高的法律地位，并采取倒逼机制，设定未签订劳动合同对企业实施2倍工资惩罚制度，目的是对不签订书面劳动合同的用人单位作出惩罚性民事赔偿，以督促用人单位积极签订书面劳动合同，但不应成为恶意劳动者获得不正当利益的手段。章某每年甚至每半年起诉一次用人单位索要2倍工资，符合职业碰瓷劳动者特征，该案判决有效打击非维持稳定劳动关系劳动者的不诚信行为，对于倡导诚信风尚、依法维护用人单位合法权益起到积极作用。

6.以物业公司未履行维修义务拒缴物业费被驳回

基本案情：某物业公司诉至法院要求李某支付拖欠的物业费，李某辩称因物业公司未及时修理自来水阀至房间的水管，导致水管漏水并造成损失，故反诉要求某物业公司进行维修并赔偿。市人民法院经现场勘查后发现，漏水点位于室外水井箱内、分户水表到案涉房屋供水管道之间。

裁判结果：市人民法院经审理认为，新建居民住宅供水设施均采用一户一表、抄表到户结算方式，以用户结算水表为界，水表前段供水管道由供水公司管理维护，水表后段供水设施由产权人或受委托单位进行管理维护。该案中李某户的水表至室内水管为李某户单独使用，属于李某产权部位，并非公共设施，故某物业公司对该部分水管无维修义务，仅应在原告维修时提供必要协助配合。据此，法院判决驳回李某反诉请求，并支付相应物业费。判决后李某不服，提起上诉，南通市中级人民法院依法驳回上诉，维持原判。

典型意义：水管中运输的自来水以表为界开始计收费用，为保证水权和供水设施有效统一，理应以水表为界结区分“内外”。该案漏水点位于水表之后，业主也未将该段供水设施日常管理维护责任委托给物业公司，故应由业主自行维护管理。伴随着城市建设加快，物业管理领域问题与纠纷愈发复杂和多样化，在小区管理具体实践中，仍然存在管理服务范围、责任主体不明情形，该案判决理顺业主、物业公司、供水单位关于用户供水设施管理责任，对于当前物业管理中出现的矛盾和纠纷的解决起到一定促进作用。

7.线上调解、共克时艰，快速解封保障民营企业复工复产

基本案情：2020年2月，原告常熟某加工厂诉至市人民法院，要求被告如皋某防疫物资出口企业给付加工费，并申请对该公司采取诉讼保全措施，市人民法院依法冻结被告银行账户存款。次日，被告即向市人民法院说明冻结的账户中有其涉外业务专用账户，冻结措施不仅对其公司外币流转产生不便，还直接影响其出口口罩订单业务的推进。

裁判结果：经市人民法院核实，被告确有100万只口罩出口意大利的订单在处理过程中，原告亦因被告欠付加工费而陷入经营困难。对此，市人民法院以线上方式组织双方进行调解，引导双方达成互助互利、共克时艰共识。最终双方达成调解协议，被告承诺分期履行给付义务，原告亦同意在被告履行第一期付款义务后即申请解除对被告账户的冻结措施。后双方均按约履行，两家企业均顺利复工复产。

典型意义：面对突如其来的疫情，市人民法院强化大局意识，充分发挥职能作用，先后出台《关于发挥商事审判职能支持企业应对新冠肺炎疫情的十条意见》《关于依法服务和保障民营经济高质量发展的实施意见》，以善意文明的司法理念解决涉诉企业双方纠纷和困难，最大限度减少诉讼对民营企业正常生产经营活动影响，助推民营企业稳步有序复工复产，有力保障全市经济社会高质量发展。该案是上述背景下成功妥善处理的200余件案件之一。

8.因孩子姓氏产生矛盾要求离婚，王桂兰家事调解工作室倾心调解让双方和好如初

基本案情：骆某某与袁某某系同学，后自由恋爱登记结婚，因双方均为独生子女，结婚采取“两头跑”形式，婚后夫妻二人在两头父母家中轮流居住生活。但在孩子出生后，两家老人因孩子姓氏及照顾方式方面不断产生矛盾，骆某某一气之下一纸诉状诉至法院，要求离婚。

裁判结果：市人民法院在征得当事人同意情况下，将案件分流至王桂兰家事调解工作室进行诉前调解。王桂兰根据案件特点，采取“背对背”调解方式，细心倾听双方陈述，探寻矛盾起源，找到矛盾焦点，有针对性引导双方当事人及家人化解情绪、处理矛盾，并同步开展法律宣传，纠正双方家长纠结孩子姓氏的错误观念。最终，在王桂兰耐心细致调解下，夫妻双方和好如初，该案得以圆满化解。

典型意义：2020年5月，市人民法院在打造“法暖黄昏”“法伴成长”“法润芳华”维护弱势群体合法权益综合平台基础上，再次与市妇联联手建立家事纠纷诉调对接工作机制，挂牌成立以南通市人大代表王桂兰命名的家事调解工作室，聘请6名家事纠纷特邀调解员充实调解力量，成为消除家事纠纷对立情绪、修复情感、弥合亲情的又一温情举措。自工作室成立后，王桂兰家事调解工作室充分运用“四心五法”（细心倾听陈述、耐心明理释法、公心定纷止争、暖心跟踪回访，沟通渗透法、问诊号脉法、情理

融合法、心灵碰触法、换位思考法)调解工作法开展工作,全方位引导群众培育优良家风,成功化解各类家事纠纷215件,被省司法厅、省妇联联合评为首批江苏省标准化家事调解社区工作室。

9.一家三口均无民事行为能力,村委会被依法指定担任监护人

基本案情:章某与韩某系夫妻关系,二人育有一女。韩某与女儿智力均为二级残疾,生活不能自理,日常生活起居原先均由章某照顾。2018年,章某因交通事故受伤,经鉴定罹患脑器质性精神障碍(痴呆状态),而交通事故后续赔偿因无人处理而停滞。韩某与章某的亲属均无监护能力和条件,认为由村委会做监护人比较适宜。如皋某村委会申请宣告三人为无民事行为能力人,同时申请指定村委会为其监护人。

裁判结果:市人民法院经审理认为,三名被申请人经鉴定均为无民事行为能力人,三人的近亲属均表示因年龄及家庭等客观原因不能承担监护责任,而申请人作为三人所在地的村委会自愿作为监护人,从更有利于三被申请人合法权益角度出发,判决予以准许。

典型意义:这是市人民法院审理的首起指定村委会为村民的监护人案件。一起交通事故,让一个原本勉强维持生计的家庭濒临崩溃瓦解,这样的弱势群体需要社会更多关爱。市人民法院结合鉴定意见、当事人陈述及相关证据,并听取当事人近亲属一致意见,根据最有利于被申请人原则,作出指定村委会为监护人的终审判决,既充分发挥基层自治组织堡垒作用,又维护村民合法权益,更是弘扬扶危济困、热心助人的生动实践。

10.擅自拆除查封财产,依法追究被执行人"拒执罪"

基本案情:如皋某米面厂因债务纠纷引发多起案件进入执行程序,2016年市人民法院依法查封米面厂名下的国有土地、地上建筑物及机械设备,其中包括房产4号仓库。2017年,法院拟对上述查封财产进行拍卖,遂委托评估公司进行评估,整体评估价值为1903.3万元,其中4号仓库评估价值为40.36万元。后该被告人王某(米面厂法定代表人),在明知米面厂房产被法院查封情况下,仍擅自将房产中4号仓库予以拆除。经司法拍卖,案涉米面厂资产除4号仓库外,以840万元成交。

裁判结果:市人民法院经审理认为,被告人王某在人民法院生效判决执行中,非法处置人民法院已查封财产,致使被处置财产未能拍卖变现,造成判决、裁定确定义务部分不能履行,权利人权益遭受重大损失,对人民法院的判决、裁定有能力履行而拒不执行,情节严重,其行为触犯刑律,构成拒不执行判决、裁定罪。根据其犯罪情节,依法判处被告人王某有期徒刑1年2个月。

典型意义:根据《刑法》规定,被执行人对人民法院的判决、裁定有能力执行而拒不执行,情节严重的,构成拒不执行判决、裁定罪。这是惩罚和制裁拒执行为的最后一道防线。该案中,被告人王某明知涉案财产被法院查封,仍擅自拆除查封房产,致使债权人利益遭受重大损失,法院依法以拒不执行判决、裁定罪追究其刑事责任,有效惩治拒执犯罪,维护法律权威,对那些心存侥幸、隐匿财产、肆意毁坏而拒不履行生效裁判文书确定义务的失信被执行人敲响警钟。

司法行政

【概况】 市司法局主管自收自支公益二类事业单位1家(公证处),下辖司法所14个、律师事务所16个(个人律师事务所2个)、基层法律服务所20个。全市有执业律师370人,其中,专职律师252人、公职律师112人、兼职律师5人、法援律师1人,基层法律工作者113人。2020年,市公共法律服务中心被司法部表彰为全国公共法律服务工作先进集体,市涉企矛盾纠纷人民调解委员会被司法部表彰为全国人民模范调解委员会,城北街道人民调解委员会被司法部表彰为"大排查、早调解、护稳定、迎国庆"专项活动表现突出集体,市司法局被表彰为全省"七五"普法中期先进集体、全省司法行政系统绩效评价优秀单位、全省新闻宣传工作先进集体。

【公共法律服务】 法律服务 年内,市司法局推动公共法律服务实体、热线、网络"三大平台"融合发展。疫情期间,联合江苏瀛联律师事务所融合人工智能技术,推出线上法律体检产品"法律智检"。在江苏九鼎新材股份有限公司成立公证·律师护企工作站,主动提供公证办理服务31项,其中赴外省办证事项17项。依托市联心法律关爱中心建立老年人防范诈骗公益创投项目"银色法务",维护老年人群合法权益。在如皋开发区、如皋高新区设立公共法律服务中心,派驻公共法律服务团,打造园区公共法律服务新模式。联合市工商联行业商会开展"法治体检四进四送"专项法律服务活动,主动对接12家企业,为企业发展提出法律意见31条。全市律师、基层法律工作者担任法律顾问698家,担任村(社区)法律顾问347家,建立法润民生群347个。办理各类案件2350件,"法律诊所"为群众解答法律咨询6567人次,为顾问单位避免和挽回经济损失1.49亿元,业务收费1149万元。

法律援助 年内,市法律援助中心接待群众来访8732人次,接受"12348"来电咨询3725人次。全年办理法律援助案件1916件,万人比15.51,诉讼(含仲裁)案件占比百分之百,第三方评估受援人满意率95%以上。全市办理刑事全覆盖通知类案件640件,同一案件10名以上被告人案件占比30.47%,律师指派到庭辩护率百分之百,受援人满意率百分之百。全年安排值班律师提供法律帮助、参与签署认罪认罚具结书1040人次。完善修改法律援助服务标准21项,设置疫情期间法律援助服务指引。在市电视台开辟"雉水律师e起说",全年推出10期。出台《"线上办、网上办"标准化服务规范》,借助一村(社区)一顾问优势,对70周岁以上农村老年人、重度残疾人、精准

扶贫对象等特定群体主动上门服务。“法律援助服务规范”获批2020年首批江苏省地方标准，市法律援助标准化建设项目被省依治办列入全省法治惠民实事项目。

【人民调解】 年内，全市市镇村三级调解组织排查受理调处矛盾纠纷18192件，比上年下降15.17%，调处成功率99.94%。开展矛盾纠纷排查化解“百日攻坚”行动，累计排查各类矛盾纠纷9422件，调处成功9416件。推广“兰馨调解工作室”经验做法，建立标准化家事调解工作室4个，参与辖区内重大矛盾纠纷和信访问题处置工作。开展第十届“大调解宣传月”街面服务活动，推出“4321”（“4”指组织媒体联动、专业标语、普法邮品、街面服务4项宣传活动，突出首选调解理念；“3”指开展提升预警水平、强化纠纷调处、落实非诉平台三项化解行动，集中解决社会矛盾；“2”指发布调解组织信息、开展典型案例评比两项工作，引导群众深入参与；“1”指落实1期业务培训，提升纠纷化解能力）十项系列举措，引导群众非诉方式化解矛盾。“1+14+7+N”[“1”指1个市级非诉讼服务中心；“14”指全市14个镇（区、街道）非诉讼服务中心；“7”指在信访接待中心、法院立案庭、交警大队、生态环境执法局、劳动争议仲裁院、妇联婚姻家庭纠纷调委会、涉企纠纷调委会等矛盾易发、高发部门设立非诉讼服务中心分中心7家，着力丰富完善矛盾纠纷多元化解体系；“N”指依托“12348”公共法律服务热线、“12345”市长热线、法润民生群、“无人律师岗”等热线、网络平台建立非诉讼纠纷化解案件线上受理平台，全方位、一站式受理非诉讼纠纷]非诉纠纷调解“如皋模式”全省交流、南通推广。打造《调解面对面》电视栏目，拍摄播出32期。创新发展“四乡”（以“乡音”为载体，切实做好矛盾纠纷源头预防；以“乡俗”为参考，切实做好矛盾纠纷排查预警；以“乡亲”为契机，切实做好矛盾纠纷调解化解；以“乡谊”为目的，切实做好矛盾纠纷化解长效机制）调解小组、流动调解小分队等调解志愿者队伍，通过“非接触”方式化解各类矛盾纠纷456起。建立企邻人民调解协会，化解企业复工复产、疫情影响矛盾纠纷683起。建立“每月内训”制度，调解员轮流领学，全市开展调解员各类培训活动133场次，调解员参加培训7149人次。全年核发个案补贴1159件计20.1万元。年内，3名调解员被表彰为全省优秀调解员。10篇优秀案例被司法部案例库录用。11月，南通市非诉讼纠纷解决机制建设现场推进会在如皋召开，“1+14+7+N”非诉纠纷调解如皋模式在会上交流推广。

10月13日，南通市民法典进景区、进宾馆活动启动仪式在水绘园风景区举行，通过摆放民法典宣传产品、电子显示屏、强化培训、新媒体宣传等形式宣传民法典 （市司法局供图）

【普法与依法治理】 年内，如皋市“七五”普法工作顺利通过南通市、省终期验收。如皋市生态环保法治教育中心等10处法治文化阵地被命名为南通市级法治文化建设示范点，李昌钰刑侦科学博物馆被命名为省级法治文化建设示范点。161个省级民主法治示范村（社区）通过省司法厅复核验收，未通过验收被注销1个、撤销1个；石庄镇邹蔡村等18个村（社区）被确认为第十四批省级民主法治示范村（社区）。截至年末，全市省级以上民主法治示范村（社区）占比52.44%。邀请省委依法治省办公室专职副主任马太建为市委中心组（扩大）会议作依法治国专题讲座，组织2批87名非人大任命领导干部进行任前法律知识考试，组织全市1.9万余人参加全省第三届百万党员学宪法学党章考法活动。开办车载广播普法栏目。广泛开展民法典宣传，将民法典列入市委常委会、市政府常务会议学习重点内容，南通市民法典宣传进景区启动仪式在如皋举行。全年印制普法邮品、普法快递24期共25万份，联合市委政法委印发《民法典网格宣传册》1.2万册。向全社会征集民法典相关法治文化作品196幅，其中评选优秀作品32幅。《护国旗，守宪法，爱祖国》宪法主题微视频获省级二等奖。

【社区矫正】 年内，市司法局接受矫正人员382人，解除矫正343人，提请收监执行撤销缓刑1人、监外执行1人，警告处分25人次，训诫处分24人。接受评估材料517件，开展调查评估502人。推动市政府成立社区矫正委员会，开展学习宣传《中华人民共和国社区矫正法》“九个一”（掀起一波学习热潮、组织一场专题讲座、制作一批宣传产品、开展一次街面宣传活动、出新一片宣传阵地、创作一组文艺作品、举办一场知识竞赛、组织一轮学习测试、评选一批学宣贯标兵）活动，市镇两级联动开展社区矫正法街面宣传服务活动。推行“矫务长制”试点，确定长江、如城、城北、白蒲司法所为社区矫正“矫务长制”南通市级试点单位。采取电话抽查、网上巡查、定位圈选等方式，实现疫情期间社区矫正对象在管在控。

【安置帮教】 年内，市司法局接受安置帮教对象563人，重新犯罪率控制在0.8%以下。与监狱、看守所保持释放前后紧密联系，法律文书转接齐全，与承办人员交接沟通清楚。加强与公安机关衔接，第一时间与当事人见面，核实相关情况，办理列管手续，确保无脱管现象。持续开展重点人员月走访、一般人员季走访工作，跟进做好转化教育工作。截至年末，全市有安置帮教对象2583人，其中重点对象203人。

【司法行政系统扫黑除恶专项斗争】 年内，市司法局召开扫黑除恶专项斗争工作推进会5次，部署、落实扫黑除恶工作。制发《关于进一步做好全市司法行政系统扫黑除恶专项斗争工作的意见》《关于对全系统党员干部涉黑涉恶问题开展专项检查和执纪监督的通知》《关于在扫黑除恶专项斗争中开展非法金融活动专项治理的意见》《司法行政系统扫黑除恶专项斗争工作制度》等文件。按照“一年治标、两年治根、三年治本”总要求，将非法金融专项整治、加强青少年工作、村（居）“两委”人员联审、特殊人群管理、矛盾纠纷调处、案件代理、公证事项办理一并纳入扫黑除恶专项斗争工作内容。借助户外显示屏、宣传栏和QQ、微信等平台张贴、发送扫黑除恶专项斗争宣传标语3420条，发布扫黑除恶专项斗争资料和案例1359篇，梳理上报案件线索2件。

（刘海波）

社会矛盾预防和化解

【概况】 2020年，市信访局累计受理、办理群众来信4170件，比上年上升59.64%；办理市主要领导批信369件，其中，市委书记批信139件，市长批信230件。依托“阳光信访”信息系统办理群众信访事项，来信事项及时受理率百分之百、按期办结率百分之百、群众参评率99.92%，群众满意率99.23%，“阳光信访”系统“四率”综合排名南通市第三。全年接待群众来访216批、420人次，比上年批次下降14.6%、人次下降14.1%，其中接待集体访22批、199人次，比上年批次上升37.5%、人次上升21.3%。年内，市信访局加强信访业务标准化管理，深化全市信访业务标准化建设。加大信访工作宣传力度，宣传稿件被省级以上主流报刊录用19篇，省政府信访局录用9篇、南通市信访局录用49篇，《如皋市信访系统举办“人民在心中”微讲堂演讲竞赛活动》等4篇作品被省政府信访局评定为优秀作品和优秀入围作品。加强信访工作调研，农业农村类信访情况专题调研报告获评2020年度全省信访工作优秀调研报告，房地产领域信访突出问题化解工作经验被省政府信访局在全省推广。年内，市人民来访接待中心被省政府信访局表彰为全省信访系统“人民满意窗口”建设质量提升工程示范单位。

【矛盾纠纷排查化解】 年内，市信访局按照“小事不出村、大事不出镇、难事不出市、矛盾不上行”总要求，落实市每月、镇每周、村每天矛盾纠纷排查责任，累计排查各类矛盾纠纷3657件，不稳定问题化解率92.4%。针对房地产领域信访矛盾问题，在全市集中开展矛盾纠纷大排查大化解活动，市长牵头召开责任主体单位和相关部门协商会议5次，排查交办房地产领域突出群体性矛盾30件，压实包案责任，联动化解矛盾，维护社会稳定。定期召开信访形势分析会议，加强信访信息收集研判，向市委、市政府报送不稳定预警信息42期，均得到及时处置。

7月31日，如皋市信访系统“人民在心中”微讲堂演讲竞赛活动在市博物馆举行。图为来自基层信访一线参赛选手，讲述基层信访干部听民声、解民忧，担当作为、维护稳定的人生经历

（市信访局供图）

【信访积案事项化解】 3月26日，市信访工作联席会议印发《全市压降越级进京访暨信访矛盾化解百日攻坚活动方案的通知》，集中交办群众进京访未化解事项61件、城乡建设领域信访突出问题92件，全面落实市、镇党政领导包案化解责任。4月14日，召开全市信访联席(扩大)会议暨信访矛盾化解百日攻坚推进会议，对信访矛盾积案化解攻坚工作进行再动员、再部署。7月27日，市信访工作联席会议在江安镇召开信访工作现场推进会议，总结信访矛盾化解“百日攻坚”成果，分析查找存在问题，部署在全市持续开展信访矛盾积案化解工作任务。年内，国家和省政府信访局交办的4件信访积案攻坚战事项化解率百分之百，南通市交办的14件信访积案化解率85.7%，61件群众进京访事项化解率97.6%，92件城乡建设领域信访突出问题化解率95.7%。

【信访案件督办查办】 年内，如皋市建立由市委督查室和市纪委总牵头，市信访联席办总扎口，抽调市纪委、市作风效能办、市委组织部、市委政法委、市公安局、市信访局及相关职能部门人员组成的联合督查组，对信访责任制落实及重点地区不稳定情况开展跟踪督导14次，累计督办重点信访案件251件，督办群众越访事项32件，解决重点信访苗头性问题48起，督查督办案件办结率百分之百。

【信访案件复查复核】 年内，市信访局代表市政府受理信访复查事项48件，其中，作出复查意见7件，不予受理19件，22件经政策解释申请人放弃复查申请，申请南通市政府复核6件，无纠正件，均予维持。

【信访法治化建设】 年内，市信访局不断加强信访法治化建设。3月18日，印发国务院《信访条例》修订实施15周年宣传教育活动方案，采取多种形式，总结、宣传、推广《信访条例》修订实施后信访制度改革和信访法治化建设经验、成果，在全社会营造依法办事、依法维权的良好氛围。9月1日，市信访联席会议印发《如皋市行政中心异常上访应急处置工作方案》，根据《中华人民共和国刑法》《中华人民共和国治安管理处罚法》、国务院《信访条例》等法律法规，依法、及时、妥善处置群众异常上访行为，教育引导信访群众通过合法手段依法理性反映诉求，自觉维护好正常信访秩序。

【领导干部接访活动】 年内，如皋市在全市集中开展党政领导干部接访下访包案化解突出问题活动，市委、市人大、市政府、市政协领导累计接待群众133批、157人次。其中市委、市政府主要领导集中接访群众18次，81件接待交办事项办结率百分之百；14个镇(区、街道)党(工)委、人大、政府(管委会、办事处)主要负责人累计接访群众2238批、2425人次，接访事项均得到及时处理。持续开展党政主要领导干部接访下访“百县千案”活动，8件市主要领导包案接访事项化解率百分之百。

【重复信访集中治理】 10月20日，市信访联席会议印发《开展集中治理重复信访、化解信访积案专项工作实施方案》，对455件重复信访事项分解落实化解任务。截至年末，化解报结97件，报结率21.3%。

【信访工作责任追究】 年内，市信访局加强与市纪委监委和市作风效能办沟通联系，及时提供信访失职行为问题线索14条，联动做好失职问责处置工作。全年被责令作出检查、约谈职能部门主要负责人2人，诫勉谈话副科职领导干部4人，立案调查村居干部3人。

(佘越剑)

基层治理

【社区治理】 2020年，市民政局抓好未达标社区公共服务设施建设，推动14家社区公共服务设施按期建成，其中，新建9家，扩建5家，累计补助建设资金164万元。修订《治理有效“十佳”村(社区)评比细则》，以评比促进社区治理机制不断健全完善。开展村(居)两委换届工作，截至

年内，如皋市坚持领导带案下访、定期接待群众来访、及时回访，听取群众诉求，协调化解矛盾。图为1月21日市长何益军接待如城街道群众来访

(市信访局供图)

年末，9个试点村(居)委会完成换届选举，所有村(居)完成选民登记，推选产生村(居)委会候选人。

“三社联动”促“政社互动” 建立社区事务准入机制，编制完善基层群众自治组织协助政府工作事项、基层群众自治组织依法履行职责事项“两份清单”。印发《如皋市社会工作者职业技能提升行动实施办法》，262名社区工作者参加社工考试报名。引导各类社会组织、社工人才，依托社区服务平台和小组(邻里)自治服务处，开展志愿服务进村组活动。推动如城街道孔庙、仙鹤社区“三社联动”(在社区治理中，以社区、社会组织、专业社工为载体，推动多方共同参与)示范点建设。

社区协商 推进城乡社区开展以“甄选议题、确定主体、公示方案、组织协商、公开结果、监督执行、群众评议”为主要内容社区协商“七步法”试点，推动成立社区协商议事会，建立起“四有四会”(有固定场所、专业队伍、完善机制、完整记录，会议事、会听证、会监督、会评议)社区协商机制。年内，如城街道龙游河村被确定为社区协商省级试点推荐单位。

村民小组自治 进一步推广“1654”(“1”即坚持“一个核心”不动摇，始终坚持村党组织的核心领导，党组织全程参与并积极创造条件支持村民开展自治活动，村级统一建立“小组长之家”作为交流议事场所；“6”即“六员作用”定职责，明确小组长在自治过程中发挥政策法规宣传员、社情民意信息员、矛盾纠纷调解员、群众事务代理员、组民权益监督员、自治活动组织员作用；“5”即“五项制度”促进服务，建立走访调查制度、下情上报制度、上情下达制度、代办事务制度和志愿服务制度，提升小组自治工作精准性和互助性；“4”即“四个机制”激发活力，健全培训机制、帮带机制、例会机制和退出机制)小组自治模式，指导城乡社区结合小组实际，打造社区小组自治服务“微平台”，创设小组自治议事“微机制”，建立小组邻里互助服务“微队伍”，设置邻里调解、文化娱乐等“微项目”，开展邻里互助帮扶、事务代理“微服务”，实现小组“自治有平台，服务有场所，议事有规则”，小组邻里服务处建设覆盖率70%以上。

【乡镇服务能力建设】 年内，如皋市出台《关于开展乡镇政府服务能力建设的实施方案》，在白蒲镇、长江镇推进服务能力建设改革试点。如皋市“凸显服务一体化、构建治理‘三平台’(配置镇村服务网络平台，打造镇村共治网络平台，统筹智能共享网络平台)、推进服务‘五创新’(健全乡村振兴新机制，完善脱贫攻坚新举措，构建疫情防控新体系，充实自治服务新内涵，倡导文明实践新风尚)”乡镇政府服务能力建设新模式，被省民政厅确定为第二批乡镇政府服务能力建设创新经验。

【社会组织管理】 年末，全市有登记社会组织968家，备案1824家，城市社区平均拥有社区社会组织10.8个，农村社区平均拥有社区社会组织5.04个。年内，市民政局推进市、镇(街道)两级社会组织孵化培育平台建设，引导有条件村(社区)建立社区社会组织培育指导站。截至年末，建成挂牌市级层面孵化培育平台1个、镇(街道)层面孵化培育平台8个。建立完善公益创投长效机制，推动公益服务向专业化、社会化发展。对社会组织开展能力培训、项目运作、财务管理等方面开展培训。筹集公益创投资金，发布公益创投项目，全年实施公益创投项目5个，涉及为老服务、困境儿童关爱、法律宣传等方面，资金总额12万元。依法有序组织开展全市社会组织年检工作，社会组织参检率60%以上。指导59家社会组织按期换届换证，督促11家活动不经常社会组织办理注销登记手续。规范行业协会商会收费，加强行业协会商会涉企收费情况摸底调查，鼓励行业协会商会合理设置会费标准。出台《如皋市全面开展行业协会商会与行政机关脱钩改革实施方案》，进一步去行业协会商会行政化，59家行业协会商会实现与行政机关脱钩。鼓励发动社会组织发挥自身作用，以实际行动参与省内外脱贫攻坚工作。市民政局、市社会组织促进会、市慈善会捐赠资金20万元，用于如皋、洋县民政协作对口帮扶建设项目，解决陕西省洋县两个贫困村贫困老人日间照料问题，受益383人。市种植业协会、市华理企业家商会等社会组织累计投入资金40余万元，用于陕西省汉中市、云南省镇雄县扶贫项目。

(冒爱锋)

社会信用体系建设

【概况】 2020年，如皋市持续推进行政许可和行政处罚工作“双公示”，截至年末，“双公示”平台累计录入信息4.56万条，其中，行政许可事项4.11万条，行政处罚事项0.35万条。规范信用“红黑名单”认定、审核确认、查询公示、修复矫正、异议处理等工作机制，实现信用“红黑名单”数据库共建共享共用。建立“红黑名单”常态化发布机制，发挥“红黑榜”引导和警示作用。全年发布信用红榜26期，发布2019年度海关高级认证企业名单、市长质量奖获奖名单、下半年度环保信用评价绿色等级企业名单、全国信用500强企业名单、纳税前十强企业名单、标准创新奖获奖企业名单、旅游行业诚信企业名单，涉及企业1534家。发布黑榜6期，包含2019年度海关失信企业名单、发生死亡责任事故单位、下半年度环保信用评价黑色等级企业名单、有能力而拒不履行生效法律文书确定义务企业名单等诚信“黑榜”6类，涉及企业203家，各项指标均位于南通前列。为企业和个人查询信用信息提供便利，累计为机关部门实行信用审查24106家，出具信用法人自主查询报告115份，出具个人信用报告326份，对全市831家规模企业建立信用档案。如皋市在全省政务诚信考核中被评为第一等次，在县级市城市信用监测排名中列全国第九位、全省第三位、南通第一位。

【信用产品应用推广】 年内，如皋市以完善信用承诺制为抓手，优化审批流程。印发《关于全面建立信用承诺制度的通知》，全年公示信用承诺件超过2万件。继续做好企业信用管理贯标工作，培育如皋市级信用管理贯标企业18家、南通市信用管理贯标示范企业2家。截至年末，全市有如皋市级信用贯标企业259家、南通市级示范企业17家、省级示范企业1家。实施守信联合激励、失信联合惩戒制度，针对失信行为和违法失信者，发挥政府信用监管核心作用，强化事后监管，引导社会力量广泛参与失信联合惩戒，全年报送联合奖惩案例1900余条。对环保信用评价黑色等级企业，环保部门依法对其不予办理环保行政许可、暂停受理其污染治理设施以外建设项目影响评价外，暂缓企业上市，银行停止贷款。执行差别水价，"红色""黑色"等级企业随自来水水费缴纳污水处理费和自备水源污水处理费，在规定标准基础上分别提高0.60元/立方米、1.00元/立方米。对纳税信用等级被评为D级企业，保留D级评价2年，第三年纳税信用不得评价为A级。将纳税信用评价结果通报相关部门，建议经营、投融资、土地供应、进出口、出入境、注册新公司、工程招投标、政府采购等方面予以限制或禁止。建立健全信用修复机制，失信市场主体在规定期限内纠正失信行为、消除不良影响的，可通过作出信用承诺、完成信用整改、通过信用核查、接受专题培训、提交信用报告、参加公益慈善活动等方式开展信用修复。全年举办信用修复培训班3期，参加培训企业近500家，累计信用修复150余家。

【信易+】 年内，如皋市推动"信易贷"，助力中、小、微企业发展。开发"花融保"信用产品，为22家花木盆景企业及个体户办理"花融保"信用贷款6390万元。推出"防疫快贷""复工速贷""仁心享贷"三大抗疫信用贷款产品，设立15亿元专项信贷资金用于受疫情影响暂遇困难行业及企业。推出"红领贷"信用贷款，扶持共产党员、预备党员及入党积极分子个体工商户及经营的小微企业发展，助力党员引领，支持复工复产，单户获"红领贷"信用贷款最高额300万元。参加南通市综合融资平台建设，企业注册数完成全年目标任务117%，融资额33.4亿元，企业注册数、融资额均居南通各县(市、区)第一名。

【"信用+新时代文明实践"村庄管理模式】 年内，搬经镇高明社区试行"信用+新时代文明实践"村庄管理模式，建立"信用+新时代文明实践"网格化管理制度，将党员干部整治责任区域划分到组，党员先行、干部带头，引导群众主动参与其中，自觉维护村庄环境和公共设施，优化村容村貌。创建新时代文明实践站，组织社区党员干部开展乡风文明创建，通过星级文明户、最美家庭、好婆媳评比等活动，正确引导居民摒弃陈规陋习。新建移风易俗堂，组建由社区干部和老党员牵头的"红白理事会"，规定各项流程及要求，刹住红白喜事攀比歪风。带领全体党员干部开展诚信社区创建活动，宣传学习中国好人"诚信妻子"施建银、江苏好人"情义叔"缪元林等先进人物典型事迹，建立遵守诚信、处处受益，一处失信、处处受限诚信联动机制，在全社区形成诚实守信良好氛围。

(章　旭)

如皋在搬经镇高明庄社区试点，建立诚信家庭档案，推行诚信积分制，诚信家庭可享受更高信贷额度和信贷审批绿色通道。图为高明庄社区诚信家庭档案榜

(搬经镇供图)

重要会议

【市委全会】 市委十二届十次全体（扩大）会议 1月4日，市委十二届十次全体（扩大）会议在市行政中心礼堂召开。会议听取并讨论通过市委书记张建华代表市委常委会所作题为《抢抓一体化机遇，坚持高质量发展，奋力开创“强富美高”新如皋建设新局面》工作报告，审议通过《中国共产党如皋市第十二届委员会第十次全体（扩大）会议决议》。会议强调，要以高度的政治自觉、思想自觉、行动自觉，深入学习贯彻中共十九届四中全会精神，立足如皋所处发展阶段，坚持高质量发展导向，在做实产业中提升经济发展质效；坚持走城乡融合发展之路，在做优城市中推动协同共进；坚持以人民为中心发展理念，在做好民生中增进百姓福祉；坚持党对一切工作领导，在建强队伍中激发治理效能，积极探索县域现代化治理新实践。会议明确全年经济社会发展主要预期目标，要求全市上下要聚焦前沿区建设，一体化发展要有大作为；聚焦园区打造，项目建设要有新突破；聚焦能级提升，城市发展要有高品位；聚焦产业兴旺，乡村振兴要有加速度；聚焦难点突破，三大攻坚战要啃硬骨头；聚焦短板补齐，民生福祉要有获得感；聚焦综合整治，社会治理要有实举措，努力把“强富美高”新如皋建设的美好蓝图变为生动实践。

市委十二届十一次全体（扩大）会议 8月5日，市委十二届十一次全体（扩大）会议在市行政中心礼堂召开。会议听取并讨论通过市委书记张建华代表市委常委会所作题为《抢抓新机遇，实现大发展，奋力建设长江以北最强县市》工作报告，审议通过《中国共产党如皋市第十二届委员会第十一次全体（扩大）会议决议》。会议强调，面对百年不遇的大变局和百年未有的新机遇，全市党员干部要拿出战天斗地的魄力，采取超常规举措，牢牢扭住项目建设牛鼻子，系统谋划做优城市大文章，持续打造一体化发展前沿区，更好迈出跨江融合新步伐，努力把发展信心转化为实际行动，把良好机遇转化为竞争优势，奋力推动经济社会持续健康快速发展。会议提出，做好下半年工作，要更好统筹疫情防控和经济社会发展工作，牢牢把握稳中求进工作总基调，全面落实新发展理念，紧扣“三做一建”重点任务，扎实做好“六稳”“六保”工作，以“对标张家港、行行争第一”的闯劲和拼劲，重点抓好常态化疫情防控、促进经济稳中求进、厚植产业基础、推进美丽如皋建设、增进民生福祉、决战决胜高水平全面小康六个方面工作。要深入贯彻落实新时代党的建设总要求，持续营造讲规矩、守纪律的政治生态，全面构筑聚民心、解民忧的坚强堡垒，大力弘扬敢担当、善作为的工作作风，不断提高党的建设质量，为推动如皋高质量发展走在前列提供坚强保证。

【市委常委会会议】 2020年，中共如皋市第十二届委员会召开市委常委会会议29次，其中召开市委常委会（扩大）会议2次。

1月2日，市委召开常委会会议，传达学习全省安全生产专项整治工作视频会议精神，学习《中国共产党政法工作条例》，听取全市2019年度法治建设和政法系统学习贯彻政法工作条例情况汇报、全市2019年意识形态工作情况汇报，讨论研究2020年市委中心组学习计划等议题。

1月9日，市委召开常委会会议，传达贯彻省政府办公厅关于切实做好国务院督导组第二批反馈督办问题整改工作的通知、南通市关于中央扫黑除恶督导“回头看”反馈意见整改落实工作实施方案，讨论关于如皋市2019年国民经济和社会发展计划执行情况与2020年国民经济和社会发展计划草案、2020年市级部门预算和2020—2022年中期规划草案、2019年财政预算执行情况和2020年财政预算草案等议题。

1月12日，市委召开常委会会

议，传达贯彻习近平总书记在“不忘初心、牢记使命”主题教育总结大会上的重要讲话精神。

1月22日，市委召开常委会会议，传达贯彻省委、南通市委“不忘初心、牢记使命”主题教育总结大会精神，研究部署春节期间安全稳定相关工作等议题。

2月6日，市委召开常委会会议，传达贯彻全省疫情防控工作领导小组会议精神，南通市委办、市政府办关于全面开展安全生产派驻督导工作的文件精神，部署落实如皋市派驻督导工作方案，听取招商引资和项目建设、重大城建项目建设、经济运行、财税金融相关重点工作“开门红”思路和举措汇报，讨论关于加快推进重特大项目建设的实施意见等议题。

2月22日，市委召开常委会会议，传达贯彻习近平总书记在中央政治局常委会会议和中央全面深化改革委员会第十二次会议上重要讲话精神、2020年中央一号文件(《中共中央国务院关于抓好“三农”领域重点工作、确保如期实现全面小康的意见》)精神，讨论开发园区共建管理暂行办法等议题。

3月11日，市委召开常委会会议，传达贯彻习近平总书记在中共中央政治局常务委员会会议和决战决胜脱贫攻坚座谈会上重要讲话精神，讨论如皋市2020年度综合考核实施办法、新型工业化考核办法、科技创新工作考核办法、现代服务业考核办法，听取市政协党组关于贯彻落实《中共南通市委关于新时代加强和改进人民政协工作的实施意见》主要精神汇报，讨论2020年深化新时代文明实践中心建设试点工作实施方案。

3月31日，市委召开常委会会议，传达贯彻3月27日中央政治局会议精神，讨论2020年全市扫黑除恶专项斗争工作要点、科级领导干部谈心谈话活动方案和南通市先进集体、劳动模范和先进工作者及如皋市劳动模范人选建议名单等议题。

4月25日，市委召开常委会会议，传达贯彻4月10日全国安全生产电视电话会议上习近平总书记、李克强总理安全生产重要指示批示和全国、省安全生产电视电话会议精神；讨论研究市委常委会成员、市政府领导班子成员2020年安全生产重点工作清单及有关部门安全生产工作职责规定，融入长三角区域一体化发展行动方案等议题。

5月9日，市委召开常委会会议，传达贯彻中央全面深化改革委员会第十三次会议和中共中央政治局常务委员会会议精神，全省、南通市关工委工作会议精神；讨论市委关于加强新时代人大工作和建设的实施意见、加强市人大社会建设委员会工作的意见和2020年度先进基层党组织、优秀共产党员、优秀党务工作者、十佳党员企业家和“四强”型村(社区)党组织书记标兵评选等议题。

5月13日，市委召开常委会会议，传达贯彻南通市委书记徐惠民在如皋调研时要求。会议强调，要围绕“工业投入每年500亿，百强排名挺进前20”目标，抓住当前有利时机，进一步做细做实工作，推动如皋高质量发展走在前列。要提高经济发展质量，实现经济运行的高质量；要坚持项目为王，不断突破新的重大项目，做大经济发展增量；要持续推动城市建设，不断提升城市品质；要巩固提升发展社会事业，一步一个脚印实施民生项目，持续造福于民；要提升生态文明建设水平，推动可持续发展；要抓好社会治理，维护安全稳定的社会环境。

5月30日，市委召开常委会会议，传达贯彻全国巡视工作会议暨十九届中央第五轮巡视动员部署会议精神，讨论一季度全市“两个责任”落实情况督查的通报、集中开展违法违规“小化工”百日专项整治行动方案、南通市第一巡察组对如皋安全生产巡查反馈意见整改方案等议题。

6月8日，市委召开常委会会议，传达贯彻习近平总书记在全国两会期间重要讲话和全国两会精神；讨论推进基层整合审批服务执法力量的实施方案，“2523”工业大企业培育实施方案(2020—2022年)，如城街道、城南街道财政体制调整完善意见，市红十字会改革实施方案等议题。

6月24日，市委召开常委会会议，传达贯彻疫情常态化防控最新要求、全省党校(行政学院)校(院)长会议精神、国务院江苏安全生产专项整治督导工作推进会议、全省加强基层消防安全监管工作电视电话会议精神，研究部署安全生产(消防)工作，听取全市学前教育情况调研报告、上半年脱贫攻坚工作情况汇报，讨论新时代加强和改进人民政协工作的实施意见、市委第十四轮巡察工作情况报告等议题。

7月10日，市委召开常委会会议，传达贯彻习近平总书记关于学习《中华人民共和国民法典》总体要求；传达贯彻省、南通市长江水域禁捕和退捕渔民安置保障工作会议精神，部署长江如皋段水域禁捕和退捕补偿下一步工作。

7月11日，市委召开常委会(扩大)会议。会议认为，上半年，全市上下紧紧围绕“工业投入每年500亿，百强排名挺进前20”目标要求，锐意进取、埋头苦干，经济社会发展取得阶段性成效，主要表现在：努力克服疫情影响，全力推动复工复产，经济运行加速回暖、稳定向好；紧扣全年目标任务，倾心倾力招商引资，项目建设重点突破、量质并举；以国家生态园林城市、国家历史文化名城、国家全域旅游示范区“三城”创建为抓手，不断优化功能提品质，城乡建设齐头并进、展现新貌；积极回应群众期盼，着力增优势补短板，民生改善步伐不断加快、取得成效；全面加强党的建设，持续改进工作作风，干事创业成为主流、氛围浓厚。会议提出，下半年，要高质量推动园区建设，做到标准再提高，体制再优化，责任再压实，如皋开发区、长江镇、高新区、城东工业区要瞄准万亩千亿、其他共建园区瞄准千亩百亿规模，努力打造功能完善、特色鲜明、产业集聚现代化园区；要高质量抓好产业培育，一手抓好传统产业升级，一手抓好新兴产业培育；要突出大企业培育，提升科创能力，强化服务保障，高水平服务企业壮大。

7月15日，市委召开常委会会议，研究部署防汛抗洪工作。

8月4日，市委召开常委会会议，传达贯彻省委十三届八次全会和南通市委十二届十二次全会精神，全国、全省农村乱占耕地建房问题整治工作电视电话会议精神和国务院、全省第七次全国人口普查电视电话会议精神。

8月23日，市委召开常委会会议，传达贯彻中共中央政治局会议精神、习近平总书记在企业家座谈会上的重要讲话精神，讨论成立市法治政府建设工作领导组等议题。

9月12日，市委召开常委会会议，学习习近平总书记关于安全生产重要论述摘编、《中华人民共和国公职人员政务处分法》，传达国务院安委会办公室关于天津汇洋石油储运有限公司突出问题隐患等有关情况的通报，讨论政法领域全面深化改革实施方案等议题。

9月29日，市委召开常委会会议，讨论关于强化“三重一大”事项责任推进专项问责实施办法、如皋经济洽谈会·中国长寿文化节暨中国(如皋)花木盆景艺术节工作方案等议题。

10月9日，市委召开常委会会议，传达贯彻省、南通市村(居)“两委”换届工作部署会议精神，讨论关于做好全市村(居)“两委”换届工作实施意见、全市村(居)“两委”换届工作部署会议方案等议题。

11月2日，市委召开常委会会议，传达贯彻国务院安委办《关于吉林省连续发生重大事故的通报》、南通市安委办《关于进一步深化违法违规“小字头”“停产停业”企业专项整治行动的通知》精神，听取关于行政审批服务作风效能情况的督查报告，讨论保障乡村振兴发展合理用地的实施意见，关于加快涉农资金统筹整合、聚力推进乡村振兴的实施意见(试行)，关于扩大农业农村有效投资、加快补上“三农”领域突出短板的实施意见等议题。

11月17日，市委召开常委会(扩大)会议，传达学习习近平总书记视察江苏重要指示和全面推动长江经济带发展座谈会上的重要讲话精神，贯彻落实省委常委会会议、南通市委常委会(扩大)会议部署要求，研究部署如皋市贯彻落实工作。

11月20日，市委召开常委会会议，贯彻落实中共中央、省委关于平安江苏建设重要指示和讲话精神，省、南通市产业工人队伍建设改革有关会议精神；讨论“奋力建设长江以北最强县市”大讨论活动工作方案等议题。

11月26日，市委召开常委会会议，听取11月作风效能督查情况报告，传达贯彻新冠肺炎疫情防控新要求，讨论市政府关于提请市人大常委会批准调整“十三五”规划部分指标目标的议案、2020年市级财政预算调整方案(草案)等议题。

11月28日，市委召开常委会会议，传达贯彻全国根治欠薪冬季专项行动动员部署电视电话会议精神，讨论事业单位工作人员和集体脱贫攻坚工作拟奖励名单等议题。

12月12日，市委召开常委会会议，讨论关于召开如皋市第十七届人民代表大会第五次会议和政协如皋市第十四届委员会第五次会议有关事宜。

12月31日，市委召开常委会会议，传达贯彻省委十三届九次全会和南通市委十二届十三次全会精神，讨论市委十二届十二次全体(扩大)会议方案、工作报告和关于制定如皋市国民经济和社会发展第十四个五年规划、2035年远景目标等议题。

【“不忘初心、牢记使命”主题教育总结会议】 1月14日，如皋市召开“不忘初心、牢记使命”主题教育总结会议，深入学习贯彻习近平总书记在“不忘初心、牢记使命”主题教育总结大会上的重要讲话精神，落实省委和南通市委主题教育总结大会精神。会议认为，全市主题教育工作聚焦主题主线，紧扣“守初心、担使命，找差距、抓落实”总要求，一体化推进重点措施，取得五个方面重要成果：读原著、学原文、悟原理，理论武装更加深入；学党史、问初心、找差距，信仰信念更加坚定；讲奉献、勇担当、有作为，发展动能更加强劲；听民声、察民情、解民忧，为民情怀更加彰显；抓整

1月14日，如皋市召开“不忘初心、牢记使命”主题教育总结会议

(金　潇摄)

改、建制度、提效能，政治生态更加优化。会议强调，“不忘初心、牢记使命”只有起点没有终点，全体党员干部要以高度的政治责任感和使命感，不断巩固和拓展主题教育取得的成果，不断把党的自我革命推向深入。会议要求，要继续在理论武装上下功夫，把学习贯彻新思想不断引向深入；要继续在整改落实上下功夫，让群众感受到新变化新成效；要继续在建章立制上下功夫，巩固拓展主题教育成果；要继续在服务大局上下功夫，扎实推动高质量发展走在前列。

【全市服务业重点企业座谈会】 4月30日，如皋市召开服务业重点企业座谈会，分析当前服务业发展形势，听取企业意见建议，进一步传递信心、凝聚共识、形成合力，推动全市服务业更高质量发展。会议指出，全市服务业企业要实现从弹性创业到刚性发展转变，服务业发展要有韧劲，企业要有规划、要有目标和追求；要实现从传统方法到现代模式的转变，聚焦服务业新兴领域，强化新生产要素支撑，不断发展新业态、拓展新模式、寻找新路径，推动传统服务业提档升级；要实现粗放经营到精致管理转变，要高标准、严要求，强化精细管理，提升企业形象、企业品牌；要实现从个体企业到社会主体转变，要有发展的责任、善待员工的责任、关爱社会的责任，真正将发展成果惠及于社会，用社会良好形象助推企业发展壮大；要实现从自主成长到扶持壮大的转变。

【全市庆祝中国共产党成立99周年暨“七一”大党课】 7月1日，全市庆祝中国共产党成立99周年暨“七一”大党课在行政中心礼堂举行，市委书记张建华为全市党员干部上《恪守初心使命、强化责任担当，在服务高质量发展中走在前作表率》主题党课，市四套班子全体领导与1000余名基层党员干部以同上党课的形式庆祝建党99周年。

7月1日，全市庆祝中国共产党成立99周年暨“七一”大党课在行政中心礼堂举行。图为表彰活动现场　　（邱　宇摄）

此次活动综合采用情境式党课、讲述式党课和引领式党课等形式，回顾中国共产党奋斗历程，感悟身边典型，汲取精神力量。通过情境演绎形式，回顾如皋市在不同历史阶段形成的红十四军精神、支边援疆精神、治沙精神。6名来自不同战线的优秀党员代表，围绕“推动发展我先上”“服务民生我先上”“攻坚克难我先上”，分别讲述各自立足本职、爱岗敬业、无私奉献、不懈奋斗的生动实践，展现新时代党员干部的创新、拼搏精神。

活动中，对全市先进基层党组织、优秀共产党员、优秀党务工作者、优秀党员企业家、“四强型”村（社区）党组织书记标兵和星级村（社区）党组织进行表彰。

【全市深化高质量全国文明城市建设推进会】 8月29日，如皋市召开全市深化高质量全国文明城市建设推进会。会议贯彻落实南通市委全会关于“创建更高水平全国文明城市，确保如皋实现‘两连冠’”部署要求，动员全市上下在前期大力度推进、全覆盖督查、高效率整改基础上，进一步强化勇当南通文明城市建设领头雁、全省排名争先进位的目标定位，以决战决胜、冲刺冲锋姿态，做好各项高质量全国文明城市建设工作。

会议要求，深化高质量全国文明城市建设，要聚焦短板，集中攻坚，按照指挥部的统一部署，对号入座，主动认领，自觉扛起责任。要精细整改，对每个问题的整改标准和要求，做到心中有数，拿出务实管用的整改方案，一一盘点销号，确保在规定时间内全面整改到位；要长效管理，对农贸市场管理、城乡交通秩序等“老大难”问题，逐一会办、逐个攻坚，一抓到底、抓出成效，推动文明城市建设工作迈向更高水平；要牢固树立“一盘棋”思想，广泛发动，凝聚合力，充分发挥社会组织、基层自治组织特别是社区、家庭、学校的主阵地作用。要在落细、落小、落实上下功夫，以彰显文明如皋、大爱之城为特色，创新实干，争先创优，实现全国文明城市“两连冠”。

【全市生态文明建设暨打赢污染防治攻坚战决胜推进大会】 9月4日，市委、市政府召开全市生态文明建设暨打赢污染防治攻坚战决胜推进大会，通报前阶段污染防治攻坚工作开展情况和二季度考核结果。会议要求全市上下，要聚焦重点环节强攻坚，坚持问题导向，狠抓重点环节，全力打好蓝天、碧水、净土“三大战役”，推动环境质量持续改善；要聚焦问题整改出实招，加快推进中央环保督察及

"回头看"反馈交办问题销号,全力攻坚长江经济带环保审计反馈和问题整改,同时要统筹抓好省环保督察反馈、省政府挂牌督办等环境问题治理,着力解决群众身边的环境问题;要聚焦长江保护求突破,坚持把长江生态修复摆在压倒性位置,进一步增强责任感、紧迫感,坚决守牢底线、做足转型文章、增强答卷意识,切实打造长江大保护的"如皋样板";要聚焦机制完善保决胜,必须在提升工作合力和治理能力上拿出更多硬招、实招,为决战决胜提供坚强保障。

【"十四五"规划编制座谈会】 11月11日,如皋市召开"十四五"规划编制座谈会,研究讨论全市"十四五"时期经济社会发展的基本思路。会议听取全市"十四五"规划编制工作进展情况、如皋"十四五"规划编制基本思路汇报。与会人员围绕"十四五"规划编制工作进行交流。会议要求,全市"十四五"规划编制工作必须要以中共十九届五中全会精神和习近平总书记关于"十四五"规划编制工作的重要讲话精神为引领,按照省、南通市工作要求,在具体实施过程中既要高点定位,又要切合实际,紧紧围绕补"短"、强"弱",统筹好发展与安全的关系。在规划编制内容上,要结合全市发展实际,客观分析,理性思考,围绕人均指标偏低、板块体量偏小、发展速度和裂变式发展动力不足、强化社会治理等重点和难点工作,在顶层设计、战略规划上拿出具体措施和方案,把总体目标和重点任务落到实处、落到具体。围绕重点核心内容,要寻求阶段性或长久性重大谋划,构建新的发展格局。各部门要主动对接上级部门,加强各自条线的自主研究和谋划;要紧紧围绕中央和省委、南通市委决策部署,科学确定如皋市"十四五"期间发展目标、工作思路和重大支撑,聚焦制约如皋发展的战略性、基础性、关键性问题,深入思考、谋划,补齐发展短板。

重要决策

【推动经济高质量发展激励决策】 1月23日,市委办、市政府办印发《关于2020年推动经济高质量发展的激励意见》,从支持实体经济转型发展、夯实工业强市基础,实施科技创新战略、提升企业核心竞争力,实施科技创新战略、提升企业核心竞争力,促进现代服务业发展、不断提升贡献份额,鼓励企业"走出去"、激发开放型经济发展活力,实施标准化和知识产权战略、推动质量强市建设,推动建筑业转型升级、做大做强富民产业,推动旅游业提质增效、创成国家全域旅游示范区七个方面提出激励措施,推动经济社会高质量发展。

【加快推进重特大项目建设决策】 2月16日,市委办、市政府办印发《关于加快推进重特大项目建设的实施意见》(以下简称意见)。意见明确2020年全市重特大项目建设目标提出,要优化组织体系,配强推进专班,强化考核奖惩,提升项目建设组织化水平;组建专业化招商队伍,突出产业链精准招商,务实组织各类招商活动,健全完善招商工作机制,强化专业化招商能力建设;明确开发园区共建模式,明确共建园区开发机制,明确共建园区共享机制,打造高标准项目承载平台;明确项目建设目标任务,完善项目月度观摩、季度集中开工机制,推行项目建设差别化考核,强化考核结果运用,健全完善项目建设推进机制,努力实现重特大项目建设攻坚突破,全力打造长三角最具资源和成本优势的中高端产业集聚区。

【开发园区共建管理决策】 3月3日,市委办、市政府办印发《如皋市开发园区共建管理暂行办法》(以下简称办法)。办法确定开发园区共建模式为:按照"产业关联、区域相近"原则,由如皋高新区共建丁堰镇、下原镇工业集中区,如皋工业园区共建东陈镇(城东工业区)、磨头镇工业集中区,如皋港工业园共建九华镇工业集中区,构建新的开发园区集中发展格局。办法明确各开发园区共建范围,从组织架构构建、决策机制、推进机制、指标统计、服务保障五个方面明确共建办法,确定共建体制为"政府主导、企业运营""分期实施、滚动开发""筹措资金、自求平衡",提出加强组织领导、健全工作机制、强化奖惩考核等保障措施。

【深化改革加强食品安全工作决策】 7月10日,市委办、市政府办印发《关于深化改革加强食品安全工作的实施意见》(以下简称意见)。意见着眼2021年、2025年、2035年三个重要时间节点,分近期、中期、长期三个阶段制订食品安全工作目标;要求围绕"执行最严谨的标准、实施最严格的监管、实行最严厉的处罚、坚持最严肃的问责",组织实施标准提升、全程严管、严惩重治和监管责任落实四项工程;坚持标本兼治,推行责任告知承诺制度,完善风险识别管控制度、安全隐患排查制度、供应链追溯制度、培训考核制度,落实主体责任;坚持综合施策,实施十二大攻坚行动。推动食品产业高质量发展。提高食品安全风险防控能力,推进食品安全社会共治,提升治理能力;坚持强基固本,落实党政同责规定、行业管理责任、部门监管责任,激励干部担当作为,加大投入保障力度,全面加强食品安全组织保障,保障食品安全改革任务有力有序实施。

【建立健全城乡融合发展体制机制和政策体系决策】 12月17日,市委办、市政府办出台《关于建立健全城乡融合发展体制机制和政策体系的实施方案》(以下简称方案)。方案明确以实现城乡居民基本权益平等化、基本公共服务均等化、居民收入均衡化、要素配置市场化、产业发展融合化为目标，加快形成工农互促、城乡互补、深度融合、共同繁荣的新型工农城乡关系，推进农业农村现代化。方案提出到2022年、2035年两个时间节点城乡整合发展体制机制和政策体系建立健全主要目标。明确建立城乡有序流动的人口迁徙制度、建立进城落户农民依法自愿有偿转让退出农村权益制度、建立农村集体经营性建设用地入市制度、完善农村产权抵押担保权能、建立科技成果入乡转化机制、搭建城中村改造合作平台、搭建城乡产业协同发展平台、建立城乡基础设施一体化发展体制机制、建立城乡基本公共服务均等化发展体制机制、健全农民持续增收体制机制十大重点任务，并对全市城乡融合工作任务进行分解，确保任务落地、落细、落实。

重要活动

【项目集中开工】 2月23日，如皋市举行重大项目集中开工暨江苏万达特种轴承有限公司轴承生产项目开工仪式，2020年全市首批20个重大项目集中开工，总投资108亿元，涵盖智能装备制造、新能源汽车及汽车零部件、新一代信息技术、光电及第三代半导体、现代物流等多个领域，其中，万达轴承、柏承科技、华永汽配等8个项目单体投资总额均达到或超过10亿元。

8月12日，如皋市在城东工业园区举行正威集团如皋5G新材料项目奠基暨全市重大项目集中开工仪式，包括总投资100亿元的正威如皋5G新材料产业园在内的17个重点项目集中开工，涵盖智能装备制造、新能源汽车及汽车零部件、高端新材料、新一代信息技术、工业综合体等产业，计划总投资额220亿元。

10月29日，如皋市举行日达智能终端精密模组项目暨全市“一会两节”重大项目集中开工仪式。此次集中开工项目28个，总投资超300亿元，覆盖智能装备制造、新能源汽车及汽车零部件、高端新材料、新一代信息技术和半导体等产业。

10月29日，如皋市举行日达智能终端精密模组项目暨全市“一会两节”重大项目集中开工仪式 （邱　宇摄）

【“一会两节”】 10月至11月，如皋市举办如皋经济洽谈会、中国长寿文化节、中国（如皋）花木盆景艺术节（简称“一会两节”）系列活动，提升如皋对外开放度和美誉度，丰富“长江、长绿、长寿”文化内涵，进一步掀起招商引资、项目建设新高潮。

10月28日，2020年如皋经济洽谈会、中国长寿文化节暨中国（如皋）花木盆景艺术节正式开幕。与会嘉宾首先观看城市形象宣传片《上善新如皋》。市委书记张建华发表《拥抱发展机遇、共创合作新局》主旨演讲，新加坡金鹰集团中国区总裁糜卫东、森松集团中国总部副总经理川岛宏贵、张家港广大特材股份有限公司董事长徐卫明作为嘉宾代表在会上交流发言。中科院如皋化合物半导体产业研究院、中国盆景艺术家协会秘书处揭牌。

“一会两节”期间，中国如皋经济洽谈会举办第三届中国如皋第三代半导体及智能制造研讨会、中国如皋高端电子新材料产业发展论坛、如皋市第六届“梦想之星”创业大赛、日达智能终端精密模组项目暨全市“一会两节”重大项目集中开工仪式等专题活动。其间，签订投资意向、投资协议46个，总投资395亿元；集中开工项目28个。第十届如皋中国长寿文化节举办全国书法名家精品邀请展暨“大爱之城，幸福如皋”摄影作品展、致敬建党百年——如皋市电影文化惠民年展暨第九届旅游文化节开幕式等专题活动。第十一届中国（如皋）花木盆景艺术节举办精品盆景展览、交易、创作等系列活动。

【中共十九届五中全会精神学习宣传贯彻】 年内，市委邀请南通市委宣讲团成员作中共十九届五中全会精神示范宣讲，组织140名市委宣讲团成员开展中共十九届五中全会精神专题宣讲506场，实现159个应税销售1亿元以上企业、347个村（社区）宣讲全覆盖。开展新闻宣传，依托报纸、电视、网络等载体，开辟“学习贯彻中共十九届五中全会精神”专栏，刊发宣传报道500余篇，不断加强全会精神阐释宣传工作，掀起学习宣传贯彻热潮。强化学习贯彻氛围营造，通过高炮、LED大屏、灯杆旗、主题文化墙、社区宣传栏等宣传载体，开展

3月11日，市委理论学习中心组召开专题学习研讨会，围绕“学习苏州‘三大法宝’，答好南通‘发展四问’”开展交流研讨（市委办供图）

中共十九届五中全会精神公益宣传，为各项重点工作深入开展营造良好环境氛围。

【“学习苏州‘三大法宝’，答好南通‘发展四问’，推动如皋高质量发展”专题学习研讨活动】 年内，市委结合如皋实际，面对南通“新机遇、过万亿、大项目、争先锋”要求，面对如皋“工业投入每年500亿，百强排名挺进前20”战略目标，在学习借鉴苏州“三大法宝”中掀起思想大解放、项目建设、作风效能大提升热潮。市委中心组示范引领，组织学习活动25次，其中集中研讨6次。各镇（区、街道）、各部门精心组织专题学习研讨活动。市委、市人大、市政协主要领导到各自分工联系的镇（区、街道）指导，市委宣传部先后参加镇（区、街道）和部门中心组学习旁听28次，推动学习研讨提质增效。充分运用新闻宣传、社会宣传、网络宣传、典型宣传等形式，全方位、多角度开展宣传引导，全面发动各行各业深入开展学习研讨，在全市上下营造高质量发展的浓厚氛围。

政策调研

【概况】 2020年，市委研究室（市委改革办）围绕建设长江以北最强县市、“三做一建”等事关如皋发展全局、群众关心关注的热点难点问题开展调查研究，为领导决策提供有参考价值建议意见。在《人民论坛》《群众》《江苏通讯》等国家、省级报刊发表调研文章36篇，在《新华日报》《新华网》等主流权威媒体头版刊登调研文章4篇。

【信息采编】 年内，市委研究室（市委改革办）坚持围绕大局反映情况、报送信息，做好市委及上级党委的“千里眼、顺风耳”。围绕服务决策找准信息搜集“结合点”。立足领导关心关切，全面搜集上级新政策措施、县市好经验做法及全市阶段性工作进展、存在问题和群众呼声，编发《每日动态》226期供领导参阅。围绕服务大局找准信息通报“切入点”。牢牢把握发展脉搏，定期刊发全市经济社会发展情况；每月整理印发领导批示件办理情况，加快重大项目、重点工程、重要事项的推进落实；及时发现总结各镇（区、街道）、各条线工作中取得的成绩和亮点，刊发《情况通报》22期。围绕反映实情找准信息报送“关注点”。做到市委重大决策、重大活动及时上报，好做法、新经验及时推广。全年报送各类信息2018条，其中，被省委办公厅信息刊物采用62条（《快报》27条、《江苏信息》26条、《信息专报》7条、《紧急信息》1条、《白头专报》1条），被南通市级以上采用455条、“学习强国”App采用5条，取得省级批示、内参及亮点采用数三个历史性突破，信息考核连续三年居南通市各县（市、区）首位，居全省第八位。

（丁　焱）

全面深化改革

【经济改革】 2020年，如皋市优先推动与经济发展相配套重点领域改革。深化园区共建，省级以上开发区“区街分设”全部到位，复制推广城东工业园区共建经验，全面启动五大共建园区建设，累计腾出发展空间310公顷，成功落户项目28个。深入推进“不见面审批（服务）”“一件事”、公共资源交易一体化等改革举措，深化基层审批服务执法力量整合，保持营商环境全省领先优势。深化国资国企改革发展，对三大集团现金增资15亿元，富皋万泰、城发集团获得AA+主体信用评级，交通产业集团通过AA+主体信用等级复评。

【民生事业改革】 年内，如皋市把以人民为中心的发展思想贯穿于改革始终，让发展成果更多更公平惠及人民群众。深化义务教育优质均衡改革，总均分列南通第一，普通高考本一上线率位居南通第一，对口高考全省十六连冠。全面完成41家民营医院回购整合工作，构建起完整的市、镇、村三级医疗卫生服务体系，镇级卫生院平均住院率、住院次均费用实现双下降。推动镇级民营水厂整合，全市22家民营水厂完成整合12家。常态化开展“两代表一委员”密切联系群众活动，推动“有事好商量”协商议事工作常态长效、提质增效，不断提升为民服务水平。

【先行示范改革】 年内，如皋市加快5项国家级、11项省级、9项自主改革试点任务推进落实，以试点突破撬动全局，更好发挥改革牵引作用。全力打造基层标准化改革创新先行区，获批国家级标准化项目2个，全国机械安全标准化技术委员会安全防护装置分委会在如皋成立。构建生态环境司法保护新模式，支持长江流域环境资源第二法庭建设，建强生态环境保护领域执法司法队伍，深化跨区域生态环境司法保护改革。建成市域治理现代化指挥平台，探索建设集生命体征感知、公共资源配置、宏观决策指挥、事件预测预警于一体的“城市大脑”，努力打造市域治理现代化如皋样板。

（丁 焱）

巡察工作

【概况】 2020年，市委巡察办组织巡察组4个、机动巡察组4个、村（社区）专项巡察组4个，对4个主功能区开展专项巡察，对13个部门、22个下属单位、74个村（社区）党组织开展巡察。整体联动，上下贯通，提高巡察发现问题线索的质量和成案率，制定巡察发现问题线索联审办法，建立问题线索联审机制，规范问题线索分类和处置，放大巡察震慑效应。参加南通市县联动巡察，配合南通六项专项巡察，形成“上下一盘棋”联动格局。巡察发现问题3297个，移交问题线索59个，立案查处77人，党纪政务处分33人，移送司法机关7人，挽回经济损失595.6万元。

【巡察整改】 年内，市委巡察办针对南通市委专项巡察反馈意见，严格落实责任，强化督导落实，全程跟踪整改。坚持本级巡察“每巡必回”，完成对第八轮至第十轮20个部门、104个村（社区）、34个下属单位巡察整改“回头看”，推动问题整改到位。

（谢 鹏）

组织工作

【概况】 2020年，全市新建党组织102个，撤销党组织94个。截至年末，全市有基层党组织2916个，党员67099人。有党委77个，其中，机关工作部门党委19个，事业单位党委7个，镇党委11个，村（社区）党委10个，北郊花苑集中居住区党委1个，国有企业党委12个，园区党委1个，新经济新社会组织党委16个；有党总支436个；有党支部2403个。全市有科级领导干部812人。其中市级机关科级领导干部480人，镇（区、街道）科级领导干部285人，事业单位领导干部17人，国企领导干部30人；正科职干部240人、副科职干部572人；女干部142人，占比17.49%；党外干部22人，占比2.71%。领导干部平均年龄45岁，35岁以下年轻干部49人，占比6.03%；大学以上学历756人，占比93.10%；研究生67人，博士研究生2人。

【基层党组织建设】 年内，市委组织部认真践行新时代党的建设总要求和新时代党的组织路线，围绕实施省委基层党建“五聚焦五落实”（聚焦基本组织、基本队伍、基本活动、基本制度、基本保障，把党的全面领导、党的坚强力量、党的号召要求、党的纪律规矩、党的关心服务落实到基层）三年行动计划和南通市委江海先锋培育工程，以深入推进基层党组织标准化建设为抓手，不断织密组织网络、强化组织运转、彰显组织功能。策应国企改革发展趋势，成立交通产业集团党委、城市产业集团党委。强化行业党建工作，成立物业行业党委、互联网行业党委，明确行业党委职责任务，推动形成行业党建齐抓共管工作格局。1月，召开2019年度抓基层党建、落实党风廉政建设和意识形态工作责任制述职会，各镇（区、街道）党委书记和有关部门党工委书记分别就抓基层党建、落实党风廉政建设和意识形态工作进行述职。2月，新冠肺炎疫情发生后，市委组织部第一时间发布《关于充分发挥全市各级党组织和广大党员在打赢疫情防控阻击战中的战斗堡垒和先锋模范作用的通知》，号召全体党员牢记初心使命，主动迎战疫情，冲在前，做表率。同时，出台《关于划拨党费用于支持新型冠状病毒感染肺炎疫情防控工作的通知》，专门划拨党费120万元用于支持新冠肺炎疫情防控工作。召开党建工作领导小组会议，对2019年度基层党建“书记项目”进行评比，评选优秀“书记项目”10个。3月，出台《关于印发9个类别党组织书记基层党建工作责任清单的通知》，进一步强化各级党组织抓基层党建工作主体责任，将党组织书记抓基层党建“第一责任人”职责标准化、具体化。动员全市广大党员为支持新冠肺炎疫情防控工作捐款，累计捐款489.1万元。7月，筹办全市庆祝中国共产党成立99周年暨“七一”大党课活动，活动综合采用情境式党课、讲述式党课和引领式党课等形式，回顾奋斗历程，感悟身边典型，汲取精神力量。开展星级村（社区）党组织评比，从党建引领、富民强村、生态环保、社会治理等方面进行量化考核，评选三星级、四星级、五星级村（居）党组织各10个。8月，实施做强“红色联盟”助推“百企联百村、共走振兴路”行动，围绕红色联盟协议压实责任，305个村（居）与相关企业签订联建协议。面向优秀村（居）党组织书记选聘事业人员14人。实施本土大学生村干部“归雁计划”，统一面向社会公开招录本土大学生村干部20人。10月，出台村干部专职化管理实施意见及相关配套实施办法，构建选拔任用、考核管理、教育培养、待遇保障等闭环管理机制。启动村（居）党组织换届工作，34名市级领导干部挂钩分工镇（区、街道）和联系村（居）。市镇两级派出313名科级干部、582名机关干部参与换届指导督查，市镇分级组织村（居）党组织换届试点观摩15场。市委组织部会同市纪委监委、市委政法委等16个部门，分两批次对全市347个村（居）2000余名党组织候选人进行联合审查。围绕换届目标要求，新提名党组织成员518人，跨村交流151人，调整村（居）党组织书记158人。《如皋市拓宽村（居）“两委”换届人选来源渠道》等优秀理论文章被《江苏组工信息》等录用。

【“两新”组织党建】 年内，全市新单独组建“两新”组织党组织41个，截至年末，全市非公企业单独建有党组织251个，社会组织单独建有党组织57个、联合组建党组织15个，规上企业百分之百单独建立党支部。市委组织部开展“两新”组织党务工作者专业化建设试点工作，探索构建“导师+学员”结对帮带促提升、“基地+认证”高端引领促提升、“讲坛+评比”比学赶超促提升的“两新”组织党务工作者培养模式，市级层面资格认证243人，相关做法在南通市“两新”组织党务工作者专业化建设现场推进会上交流。坚持市镇联动、以点带面，从市镇机关不担任现职或退休党员干部中选派“两新”组织专职党建工作指导员41人，打造引领民营企业党建高质量发展骨干力量。成立“两新”党建理论宣讲团，选聘宣讲团成员12人，开展集中宣讲15场次。全年拨付非公企业党建工作经费127万元。10月，省委常委、组织部部长郭文奇调研花木大世界（如皋）国际园艺城联合会党支部，认为该党支部坚持以党建为引领，将党组织建在产业链上，以产业激发组织力，推动党建与会建、企建深度融合，带动实现党建提质、产业发展和百姓致富。《华夏电影：党建聚合企业发展动力》《如皋：发挥“红色动能”助推稳企兴企》被《党的生活》杂志、江海先锋等微信公众号报道。

【党员队伍建设】 年内，市委组织部巩固深化主题教育成果，切实把“不忘初心、牢记使命”作为加强党的建设的永恒课题和全体党员干部的终身课题常抓不懈，全市70家科级单位根据市委统一部署，深入开展“机关作风整治月”活动，全面制定作风突出问题清单和关键整改措施清单，持续推动整改落实和建章立制。组织49个市级机关部门挂钩14个镇（区、街道）和24个城市社区参与疫情防控；日均安排近400名市级机关党员干部全天候参与疫情防控宣传、入户排查、卡口值勤、街面巡查、商业场所管控和电子健康通行证办理辅导等工作；从市级机关部门抽调30余名机关干部成立11个保障小组，全力保障全市各类企业平稳安全复工复产。深化“坚守初心使命、争当皋城先锋”主题实践活动，每季度开展机关、农村、社区、国企、“两新”组织、教师、医卫、窗口单位、离退休干部、流动党员等10个领域党员先锋推荐评比活动，评选“皋城党员先锋”45人。持续推行发展党员工作全程纪实管理，开展发展党员重点问题自查自纠工作，举办全市党员发展对象培训班2期，参训学员570余人；发展新党员514人。其中女性229人，占发展总数44.6%；35周岁以下党员361人，占发展总数70.2%；大专以上学历党员430人，占发展总数83.7%；“两新”组织党员210人，占发展总数40.8%；农牧渔民党员137人，占发展总数26.7%。认真做好党内关爱工作，申报各级党内关爱对象226人，发放慰问金29.5万元；做好元旦春节期间走访慰问老党员、生活困难党员工作，拨付慰问经费360余万元，走访慰问4500余名基层党员。创新打造“如皋流动党员之家”网上学习管理平台，加强流动党员信息化、精准化管理。分众化推进党员教育全覆盖，注重将党员教育重点内容与地方工作实际相结合，坚持每季度编发一期本土党课教材，全年共编发5期发至全市各基层党组织。

【干部选拔任用】 年内，市委组织部推进“江海砥柱锻造工程”，进一步强化选任标准，规范选任程序，优化选任机制，努力选准用好干部，构建“事业为上选贤能、风清气正万象新”干

年内，全市“两新”组织紧密结合行业特点和企业实际，织密筑牢疫情防控网。图为南通小樱时装有限公司党支部“On Call”小分队，把好复工“入门关”

（市委组织部供图）

部工作新局面。

把政治标准作为干部选任“第一标准”，把牢政治素质考察关。严格执行《如皋市市管领导干部任前考察政治体检实施办法（试行）》，施行7个部门联合审查制度，对拟提拔重用人选政治体检，凡政治体检反向提名超过10%比例的取消提任资格，全年提名新提拔市管干部127人，全部通过政治体检。坚持以考促学，增强全市科级干部的理论学习意识，借助年度全面考察契机，开展科级干部政治理论网络测试，均分98分。

牢固树立“讲担当、重实干”用人导向，健全完善科级干部实绩档案，实施拟提拔重用人选实绩申报制度，强化综合考核结果运用，加大实绩显著干部的提拔使用力度，提拔重用一批能担当、善作为、业绩好干部。3名2019年度综合考评较好镇的镇长被重用为镇党委书记，4名实绩突出“两懂两会”（懂产业、懂经济，会招商、会服务）干部得到提拔或重用，6名市管学校一线骨干提拔为学校正职，10名驻村成效明显第一书记提拔到副科职岗位。在“区街分设”改革中，坚持凭实绩用干部，打破论资排辈，不搞体内循环。

把年轻干部培养摆在战略位置，持续选派优秀年轻干部到基层一线历练、到主战场历练、到关键岗位历练，让好苗子迅速成长，全年50余名重点培养对象通过实践考验走上领导岗位。紧扣新时代要求和事业发展所需，融合开展干部教育培训，完成中青年干部培训班、科级干部进修班等主体班次。打通干部交流学习渠道，选派优秀干部到上级机关、发达地区挂职锻炼、洗脑练手，学成归来当好“鲇鱼”，激发当地干部活力。

坚持“分类考核法”，出台《如皋市2020年度综合考核实施办法》，针对不同单位、岗位、层级，量身定制考核细则。坚持“一线工作法”，深入脱贫攻坚、疫情防控、复工复产等工作一线，多角度、近距离考察识别干部。坚持日常研判和年度考察“对照法”，将“战时”反映与“一贯”表现相印证，多维度、过程化考察识别干部。坚持“谈话交心法”，常态化找谈科级班子、事业单位、国有企业领导干部，召开年轻干部、中青年干部、新提拔干部座谈会，多层次、立体式考察识别干部。

认真贯彻落实《干部任用条例》，强化组织部门“主动权”、干部群众“知情权”、领导干部“参与权”。讲程序、守规矩，严格执行干部选任程序要求，规范实施职数预审、青干专审、凡提四必、“双签字”等选任流程；干部考察听取“上下左右”意见，扩大民主，提高公信度；注重征求相关市领导、单位主要负责人意见建议，严格履行主要领导首推责任制，强化选人用人组织把关和领导责任。

关注基层一线，大力选用“狼性”干部，促进干部干事创业。将容缺审批、化解矛盾焦点、承担急难险重任务、处理突发事件等情况列入容错纠错实施办法，为敢为者“兜住底”；在“能下”上动真格，明确21种适用“下”的情形，坚决调“下”不胜任现职干部7人。全年上报干部鼓励激励、容错纠错、能上能下“三项机制”运用情况案例40个，其中，鼓励激励案例19个，容错纠错案例4个，能上能下案例17个，入选省、南通市“三项机制”典型案例8个。

【干部教育培训】 年内，市委组织部聚焦政治能力建设，始终以学习习近平新时代中国特色社会主义思想为首要任务，进一步优化年度培训计划安排，科学设定干部教育培训班次，全年举办各类主体班次7个、专题班次60个，覆盖各类干部群体。围绕中共十九届五中全会会议精神，推行“引进来与走出去”相结合办学模式，邀请省内外专家、领导到如皋授课，延伸到各条线干部、各类企业集中开展专题学习。突出党员先锋抗疫奉献主体，号召全市党员干部向4名如皋“皋城先锋”医护人员学习，不断提升“以人民为中心”新时代为民服务理念。紧扣主动融入长三角一体化发展、聚焦突破重大项目、推进县域治理体系和治理能力现代化等工作重点，设置专题班次21个。围绕疫情防控、服务高质量发展和促进干部健康成长目标，以线上平台、小班化、多频次为导向，先后完成农业农村、安全生产、金融等领域专题班次。党员干部带头学习、专题学习苏州“三大法宝”内核精神。年内，在确保疫情防控和复工复产两不误情况下，完成上级调训任务23批次141人。充分发挥“姚呈明理论武装工作室”作用，组织《中共中央国务院关于抓好“三农”领域重点工作、确保如期实现全面小康的意见》、南通“发展四问”、《习近平谈治国理政》第三卷、十九大系列等宣传专题，覆盖到基层干部群体。利用非物质文化遗产杖头木偶创作党的理论知识木偶剧，赴基层一线开展党性教育。全面升级扩容雉水在线学习管理云平台，实现数据存储2TB以上，上传更新发布党建理论、专业知识等培训视频141个，年人均在线学时超50个学时。

【干部管理监督】 年内，市委组织部突出政治监督，围绕建设高素质专业化干部队伍要求，不断推动干部管理监督工作向纵深发展。结合省委巡视、南通市委巡察等意见和政治监督要求，以政治能力提升为导向，全面开展政治理论测试，制作上传640余题政治理论知识学习库，每季度定期组织一次在线政治理论测试，在全市科级领导干部中开展政治理论测试。紧跟新干部选任条例，对新提拔使用市管领导干部，及时通过“一报告两评议”、个人重大事项报告查核等途径，深入开展跟踪监督。要求各用人单位党委（党组）在启动提拔任用中层干部时，通知干部监督条线派员列席，现场对党委（党组）落实民主测评、民主集中制、考察公示等制度程序进行督查指导。将选人用人专项检查嵌入市委巡察工作之中，先后完成3轮、13家选人用人专项检查工作，反馈交办问题35条。认真贯彻落实中央关于全面从严治党要求和加强信访工作的一系列决策部署，织密群众监督之网。认真查核个人重大事项报告材料，确保“凡提必核”、动态管理。全力主动做好村“两委”换届工作中信访查核工作。对接报、批转、交办的信访件及其他线索问题，明确调查方案后，组成调查小组，进行调查、走访、核实，均实现有效办结。

【公务员及高层次人才队伍建设】 年内，市委组织部围绕全市高质量发展需要，精准开展优秀青年人才招录工作，成功选调硕士研究生14人。组织开展市级机关（街道）工作人员公开选调，为市纪委监委、市委办等9家单位选调乡镇公务员14人，实现用人单位满意度、人员岗位匹配度“双提升”。配合上级完成南通市管干部年度考核，11名领导干部考核优秀（10人受嘉奖，1人记三等功）。组织实施2019年度镇（区、街道）、市级机关部门、科级领导干部及中心工作条线4400余人年度考核评优工作，对评优标准、参评基数、推优程序等严格把关，1198人被市委、市政府记三等功或嘉奖。研究制定和印发《如皋市公务员平时考核实施办法（试行）》，挑选部分机关部门、镇（区、街道）作为南通市挂钩联系试点单位。如皋市平时考核工作经验在南通市公务员平时考核工作推进会上作交流。召开全市干部人事档案工作暨专项审核全覆盖培训动员会议，并组织各单位档案工作人员集中参加知识测试，推动干部人事档案专项审核实现机关、事业单位及国有企业全覆盖。8月，印发《关于在全市机关事业单位开展违规借调（借用）工作人员清理工作的通知》，针对公务员违规借调（借用）情形进行摸排，督促限期清理、逐一销号。推进公务员职务与职级并行职级晋升工作，经过自行摸排、制订方案、职数预审、民主推荐、组织考察等一系列程序，完成首批晋升三级主任科员463人、四级主任科员100人。

【党员干部现代远程教育（党员电化教育）】 年内，全市党员干部现代远程教育、党员电化教育、党建信息网络传播管理围绕市委中心工作，主动服务基层学习宣传贯彻中共十九大精神、“不忘初心、牢记使命”主题教育和中共十九届四中、五中全会精神。雉水先锋微信公众号发布内容157期、信息610余条，单条最高阅读数40万人次。在江苏先锋综合服务平台设置如皋板块，将如皋党建网、如皋“网上村村通”、如皋党建频道等平台上载到江苏先锋综合服务平台，上传符合地方特色和主导产业发展教学资源30余部。充分利用远教大课堂、流动课堂、实践课堂“三大课堂”，结合固定学习日、远教培训周等活动，创新推行远教“导学单”和远教“样板课堂”模式，将远教与党员“三会一课”、学用转化等相融合，进一步提升远教平台宣传教育、服务群众等功能，远教工作居南通市各县（市、区）第一。推进电教课件资源建设，变“单打独斗”为“开门运作”，通过联合开发、市场化运作等方式抓好教材资源库建设，全年制作完成《第一书记》等电教片8部。立足基层党员教育需求，结合时代特色，以如皋特有杖头木偶为表演形式，创作3集系列木偶短剧《偶来讲习》，进一步学习宣传习近平新时代中国特色社会主义思想。《偶来讲习》获南通市特等奖并被推荐参加省和国家评选。11部电教片在南通市“初心·使命”党员教育全媒体作品创作大赛获奖，其中，特等奖1部、十佳作品2部，获奖总数居南通市各县（市、区）第一。围绕“不忘初心、牢记使命”主题教育开展全市“初心·使命”党员教育全媒体作品大赛和“初心是什么、使命干什么、奋斗比什么”微感言微视频评选活动，对《党歌新唱》等38件党员教育全媒体作品和市人大机关第一党支部姚呈明等20人的微感言视频评选结果给予通报表彰。

【机关党建】 市级机关工委直属党组织57个，其中机关（直属机关）党委19个（下辖二级党委3个、二级总支3个、支部257个）、党总支19个（下辖支部51个）、党支部19个，有党员6660人（在职党员5219人，占比78.36%；退休党员1441人，占比

5月29日，由市级机关工委、市文明办、市地方金融监管局、人行如皋支行主办，农行如皋市支行承办的“新时代、新金融、新作为”道德讲堂在市文化馆举行

（市委组织部供图）

21.64%)。

政治建设　年内,市级机关工委组织机关党组织书记和专职副书记赴江西瑞金、于都开展党性教育,按季度开展机关党员先锋评选推荐活动,8名机关党员被评为"皋城党员先锋"。制定机关党组(党委)书记、机关党组织书记基层党建工作责任清单,优化党建绩效考核办法,分层级开展述职评议。机关各级党组织充分利用机关党员政治生活馆、部门教育阵地资源,开展活动600余次。接待连云港、新疆维吾尔自治区伊宁市等省内外单位学习考察30余批次。

思想文化建设　年内,市级机关工委举办学习《习近平谈治国理政》第三卷、社会治理法治化等专题讲座,开展机关党的理论知识竞赛等活动,增强学习的针对性和实效性。举办党史专题讲座,开展"我是党员我先上"征文书画摄影比赛,压实理想信念教育。开展"带头移风易俗,弘扬时代新风"主题活动,深入推进机关道德讲堂建设,培育和践行社会主义核心价值观。持续推进书香机关建设,打造"东皋书驿"阅读阵地,组织优秀图书进机关,按月开展机关"悦月读"活动。举办"走在前,作表率"机关文化艺术节,开展篮球、足球、羽毛球、乒乓球、象棋、游泳、趣味运动会等文体比赛,各类活动累计近1万人次参与。

组织建设　年内,市级机关工委认真贯彻落实《中国共产党党和国家机关基层组织工作条例》,组织开展市级机关优秀主题党日案例评选活动,确保党内活动质量和效果。选优配强机关党组织书记和党务工作者,举办机关党建业务培训班,推行机关党务工作者资格认证制度,党务干部素质不断提升。严格党员发展工作程序,全年新发展党员72人,清理不合格党员5人。健全困难党员职工关爱帮扶机制,帮扶困难党员职工46人,进一步增强队伍凝聚力。深入开展机关党建课题调研工作,形成优秀调研文章21篇。开展机关党建工作专项督查,督促整改问题104个,进一步提升支部建设规范化水平。11月,省级机关党支部书记培训班暨党建工作现场会在如皋举办。

作风纪律建设　年内,市级机关工委在机关深入开展党风廉政宣传教育活动,通过专题培训、参观警示教育基地、以案释纪、故事分享等方式,增强机关党员干部规矩意识和纪律意识。牢固树立人民立场,新冠肺炎疫情发生后,动员各部门党组织组建党员突击队,成立疫情防控临时党支部,44家疫情防控非重点责任部门挂钩全市14个镇(区、街道)和24个城市社区,4000余名机关党员奔赴防疫一线,累计捐款及协调各类物资近100万元。持续推进"党员干部进社区、志愿服务作表率"活动,指导机关党员将志愿服务与脱贫攻坚、文明创建等工作有机结合,全年累计实施服务项目1136项,参与19621人次。持续深化机关党建服务品牌建设,市农业农村局"高领三农"、市水务局"水润皋地"等新建党建服务品牌初显成效,市市场监督管理局"明鉴市场"、行政审批局"五星审批服务"等品牌内涵持续深化,"一支部一品牌"党建服务品牌群逐渐形成。

项目化党建　年内,市级机关工委围绕市委、市政府中心工作和机关党建重点工作任务,以项目化推进机关党建领航工程、固本工程、强基工程和清风工程。扎实推进机关党建"书记项目",全市实施"书记项目"56个。举办市级机关优秀"书记项目"评选活动,市财政局"打造'三服务一提升'工程,推动党建业务深度融合"等10个项目获评市级机关十佳优秀"书记项目"。《如皋市项目化推动机关党建工作高标准实施》被《江苏组工信息》在全省组织系统内推介。《项目化党建之如皋实践》在中央和国家机关工委《机关党建研究》杂志社举办的学习贯彻习近平总书记"7•9"重要讲话精神优秀成果征集活动中获评一等奖。

智慧化党建　年内,市级机关工委探索实施"雉水党建云海工程",指导市级机关各部门党组织结合部门业务和职能工作打造"小精专"的特色"互联网+党建"平台。在中央和国家机关门户网站旗帜网举办的"互联网+党建"典型案例评选活动中,《"智"育红云朵朵,"慧"就党建云海——江苏如皋市级机关"互联网+党建"探索与实践》案例获评三等奖。

(周凯翔)

宣传工作

【概况】　2020年,如皋市宣传思想战线深入学习贯彻习近平新时代中国特色社会主义思想,自觉承担起举旗帜、聚民心、育新人、兴文化、展形象的使命任务,推进宣传思想各项工作创新创优,为新时代如皋高质量发展提供坚强思想保证和强大精神力量。

【党员干部理论学习】　年内,市委宣传部加强各级党委(党组)中心组学习策划组织。市委中心组全年开展学习25次,其中集中研讨6次。组织开展中心组学习旁听督查28次,推动各级中心组学习规范化、制度化。在全市基层党组织和广大党员中组织开展"学习苏州'三大法宝',答好南通'发展四问',推动如皋高质量发展"专题学习研讨,专题组织学习《习近平谈治国理政(第三卷)》和中共十九届五中全会精神。学习强国平台推广使用形成热潮,全年参与度平均值位居南通首位。

【基层理论教育】　年内,市委宣传部创新基层理论宣讲形式,疫情防控期间组织开展"中央一号"文件(《关于抓好"三农"领域重点工作、确保如期实现全面小康的意见》)"宅急送"宣讲活动,融线上线下同步学习于一体,更加快捷、广泛地把党中央惠民

年内，为做好疫情期间党员冬训工作，如皋市充分发挥如皋杖头木偶戏传统艺术魅力，以疫情防控和组织生产两不误为主题，编排、线上发布《过年》《鸭叫声声》等木偶剧。图为《鸭叫声声》剧照　（市委组织部供图）

政策送到“宅”在家的群众手中；充分发挥如皋杖头木偶戏传统艺术魅力和广泛群众基础，创编5部木偶短剧并在线上线下广泛开展巡演，观看人数10万余人次。“党员冬训·偶来讲”项目获省冬训创新奖。深入实施理论宣讲“十百千”工程，举办第三届“百姓名嘴”理论宣讲比赛，1位“百姓名嘴”在全省“我身边的小康”百姓名嘴风采展示活动中获二等奖。姚呈明理论武装工作室被中宣部评为全国基层理论宣讲先进集体。

【主题宣传】　年内，市委宣传部加强选题策划，在各媒体平台开设“走向我们的小康生活”“抗击疫情，我们在行动”“复工复产进行时”“奋力冲刺‘双过半’一把手访谈录”“小康路上故事多”“头雁风采”等专题专栏，全媒体互动进行系列宣传报道，广泛凝聚全市上下高质量发展强大合力。注重典型宣传，从镇（区、街道）、部门、企业等层面推出抢抓机遇、奋勇拼搏先进典型，推荐入围南通群英馆人物300余人，市人民检察院刘涛获评全省杰出检察官。

【城市形象宣传】　年内，市委宣传部紧扣全市经济社会发展亮点，针对媒体各自特点，选准宣传角度，主动报送宣传素材，在南通市级以上媒体刊登如皋相关稿件数1740篇，比上年增长70%，其中，《人民日报》头版头条1篇、图片新闻报道50余篇，中央电视台《新闻频道》报道4篇，《新华日报》报道38篇，《江苏新时空》报道10篇，“学习强国”平台录用490篇。制作专题片《远方的家（长江行）》《记住乡愁（如皋古城）》，相继在中央电视台4套播出，着力提升如皋知名度和影响力。

【媒体深度融合】　年内，市委宣传部优化调整融媒体中心考核办法，加大媒体平台节目栏目突破创新、各类工作争先创优、公司高效运营管理鼓励力度。市融媒体中心全年策划开展全媒体新闻行动100余场，平均点击量10万余人次。拓展“如e融媒”“媒体+政务”功能，整合全市50余个部门、镇（区、街道）的政务服务入驻“如e融媒”，全面对接省政务服务网，接入功能80余项、便民服务事项1000余个。市融媒体中心作品获南通市新闻奖一等奖1件，南通市各县（市、区）唯一一等奖。融媒体中心建设高分通过省委宣传部云验收。

【全民阅读】　年内，市委宣传部持续推动阅读设施提档升级，建成东皋书吧20家、东皋书驿10家，新建图书馆分馆3家、少儿图书馆分馆2家、馆外流动服务点2处，对城市社区和行政村农家书屋实施“分类规划、各上台阶”措施，形成东皋书屋—东皋书吧—东皋书驿—农家书屋四级优质阅读设施体系。坚持以“如皋如歌，阅读悦美”品牌为统领，组织开展“全民阅读春风行动”“李渔读书节”“农民读书节”“新时代乡村阅读季”等阅读推广活动，如皋市被中宣部、农业农村部评为“我爱阅读100天”活动全国百强县级市。8月7日，全省“新时代乡村阅读季”主题阅读示范活动在如皋市举办。

（周逸旋）

精神文明建设

【概况】　2020年，如皋市认真贯彻落实中央系列会议精神和省、市决策部署，以推动社会主义核心价值观落细落小落实为根本任务，以深化高质量全国文明城市建设、推进新时代文明实践中心建设试点为主线，着力加强公民道德建设、群众性精神文明创建、未成年人思想道德建设，全市精神文明建设工作取得新进展，如皋市以全国所有县级文明城市中第11名成绩成功蝉联全国文明城市称号。

扫码观看视频《飘扬在心中的旗帜》

【高质量文明城市建设】　年内，市文明委围绕勇当南通文明城市建设领头雁、实现文明城市建设“两连冠”、全省排名争先进位的目标定位，建立健全重点责任单位快速响应、问题“摸排、挂账、销号”、巡访督查交办、责任人曝光问责等系列机制，有效解决颐园区间路贯通和海月寺修缮利用、人民医院停车难、农贸市场基础设施提档、龙游河沉船清拖等创建难点问题。持续加大基础设施投入，施划公共停车泊位近2000个，改造提升城乡农贸市场17个、城市公共卫生间23所，“15分钟便民服务圈”更趋完善。印发《如皋市城区犬类管理暂行办法》，开展文明养犬进社区，遛狗牵绳、及时清理宠物粪便成为越来越多养犬人自觉行为。探索围墙、围挡建设标准，对城区32个建筑工地及待建地块围墙围挡、城市出入口至城区主要公路沿线、建成区主要道路及重要路口公益宣传整体提档升级，对城区各类电箱（柜）全面出新、美化，增加高炮宣传50处，增设公益宣传小品48个，设计更换灯杆旗220个、道路名牌122个、公交站台及自行车挡雨棚公益宣传画300余个。

【社会主义核心价值观教育实践】 年内，市文明委结合不同主题，设计制作“文明·如皋年”“文明·如皋人”“文明健康、有你有我”等本土特色系列公益宣传画100余幅，在全市城乡广泛刊播。依托如皋文明网，“文明如皋”微信、微博，编发各类专题微信近1000条，弘扬时代新风。常态开展镇村、部门道德讲堂活动2000余场。组织开展“凡人善举·身边好人”推荐选树和学习宣传活动，各镇（区、街道）轮流举办月度“如皋好人”发布活动6次，累计评选表彰月度“如皋好人”67人（组）、第十三届爱心团队爱心大使20个，推出“凡人善举·身边好人”暖心人物、故事报道56篇，建立城乡好人文化阵地300余个。丰富好人“走红毯”“发证书”“授奖杯”“免费体检”“来，我们宠你”等多重礼遇，学好人、当好人氛围更加浓厚。从慧玉当选中国好人，冒小驰、冒建芳、刘涛、吴云华当选江苏好人。强化诚信制度化建设，深化信用平台归集公示功能，将红黑名单嵌入有关办事流程，实现“逢办必查”，累计发布红榜26期、黑榜6期。深入推进“诚信建设万里行”主题宣传活动，将诚信教育纳入开学第一课，开展“与信用同行、筑梦新时代”信用知识竞赛，着力营造知信、用信、守信良好氛围。开展诚信缺失突出问题专项治理行动，广泛开展诚信主题教育实践活动，不断增强诚信理念、规则意识、契约精神。

【群众性精神文明创建】 年内，市文明办印发《关于做好2020年度群众性精神文明创建工作的通知》，建立省级、南通市级文明单位半年述职制度，部署推进年度群众性精神文明创建和文明共建工作；依托江苏文明单位在线平台，加强省级文明单位日常管理，结合2019—2021年度江苏省文明村镇、文明单位预申报，推动一批单位持续做优单位创建工作，发挥好示范带头作用；发动文明单位积极参与抗疫，带头落实“一米线”、文明餐桌“如六条”“文明健康，有你有我”、母婴室设置等要求，培育文明风尚，展示文明风采。市人民检察院获评第六届全国文明单位，城北街道平园池村获评第六届全国文明村，长江镇石小华家庭获评第六届全国文明家庭。

【新时代文明实践中心建设】 年内，市文明办依托姚呈明理论武装工作室，孵化培育宣讲志愿者近1000名；发挥杖头木偶传统艺术魅力和广泛群众基础，创编《书记买树》《喜事新办》等木偶短剧6部，“线上点单+线下宣讲”覆盖超700万人，“偶来讲”理论宣讲志愿服务项目获省志愿服务展示交流会银奖；创新“小巷党课”“90”“00”话文明等系列载体，将党的创新理论送进小巷、送到群众家门口，真正打通基层理论宣传的“最后一千米”。在推动实践所站建设全覆盖基础上，创新设立“港港经”百姓茶馆文明实践点，将之打造成为群众身边的理论传播点、便民服务点、新风涵育点。赵小亭纪念塑像建成，成为传承弘扬志愿者精神新地标。以“微笑之城、大爱如皋”志愿接力马拉松、第二届“志愿服务347”主题活动为统领，通过“两代表一委员”“党员干部进社区，志愿服务作表率”等载体，推动6.6万名党员干部入户大走访，细化设置“十送”基本项目子菜单，推出“微微如爱”邻里互助小程序，策划开展系列文明实践活动2000余场次。8月27日，如皋作为南通市县（市、区）唯一代表在全省新时代文明实践中心建设工作推进会上作经验交流。

【未成年人思想道德建设】 年内，市文明办以志愿服务“满天星”为品牌，大力推进学生志愿服务站点建设，增强学生社会责任感、创新精神和实践能力。建立劳动教育示范基地20个，加强劳动教育。评选第十届如皋市“美德少年（新时代好少年）”60位，培育选树未成年人身边的榜样。录制“宣传部长思政课”，在全市中小学生中广泛开展思想政治教育，被学习强国全国平台推送。开展优秀“童”字系列作品创作活动，开设《最美童音》专栏，打造如皋市“知书达礼好少年”主题活动品牌，开展未成年人“八礼四仪”“走近如皋”等主题教育实践活动，让广大未成年人在实践中认知社会、服务社会。建立未成年人心理健康教育“向日葵”工作坊，成立“抗疫护心”志愿服务队，编创校园心理剧《开学啦》，缓解孩子心理压力。参加省首届心理健康月活动，开展各类讲座（团辅）、心理健康剧目欣赏、心理健康老师培训等活动100余场次。策划开展第三届“加油，考试季”活动，帮助广大考生和家长减压放松，助推考生轻松应试。

（陈　飞）

统战工作

【概况】 2020年，如皋市统战系统围绕高质量发展大局，聚焦中心任务，聚力实践创新，以补短板、强弱项、增优势为重点，扎实推进各领域工作。

统一战线工作考核排名南通第三，统战宣传工作在南通市统战系统实现“三连冠”。

【新的社会阶层人士统战】 年内，市委统战部优选雉水文化传媒公司、如一律师事务所等会员单位建立新的社会阶层人士联谊会会员之家7个，精心打造“雉水同心”新的社会阶层统战工作品牌，制定实施一季一主题活动制度、会员新增退出机制，先后开展“同心抗疫”、民法典宣讲、非遗传承进校园等公益活动，打造“同心律师‘e起说’”“如宝带货”“清凉一杯水，关爱一座城”“‘新’连心志愿服务”等实践创新项目。市新的社会阶层人士联谊会被省委统战部表彰为先进集体。

【党外人士统战】 年内，市委统战部组织召开全市党外知识分子座谈会，举办党外知识分子“我身边的抗疫先锋”事迹报告会，开展“我为高质量发展献一计”活动，形成调研报告6篇。建立网络代表人士数据库，定期召开全市网络代表人士座谈会，联合宣传部门赴陕西洋县开展“传承红色基因、共建清朗空间”主题教育活动。优化完善市委常委、市政府党员副市长与党外代表人士联系交友制度的意见，制定实施执行会长轮值制度。动态更新全市党外年轻干部数据库，走访全市20余个机关部门和14个镇（区、街道），对全市120名党外年轻干部进行日常研判，筛选有培养潜力党外年轻干部52人。举办为期5天的全市党外中青年干部培训班，促进党外中青年干部提升理论素养，增强参政议政和干事创业的能力，全市28名党外中青年干部参加培训。推动党外干部多岗位实践锻炼，全年新提拔副科职党外干部3人，市政府必配部门和法、检两院全部配齐党外领导干部。

【非公经济领域统战】 年内，市委统战部出台《关于思想意识形态工作考核实施意见》，开设“如商红色讲堂”，江中建设集团获评南通市民营经济人士理想信念教育实践活动基地。推动建立“1+N”工作合作机制，与市税务局、司法局、检察院等部门联合开展惠企政策宣传、法治体检进商会等活动10余次。扎实开展民营企业服务月活动，建立《市委统战部联系服务港澳台侨资企业制度》，下沉企业一线200余人次，协调解决矛盾和问题52个。先后召开长三角异地如皋商会会长招商引资专题工作会议、如皋市级商会招商引资专题工作会议和京津冀异地如皋商会会长招商引资专题工作会议，广泛动员商会参与招商引资。组织上海—如皋农产品流通商会、建筑、服装等商会10余家企业走进洋县，加强产业扶贫开发；组织南京如皋商会、南京慈善总会赴洋县捐款11万元，助力洋县中学111名贫困学子；华理企业家商会对口支援云南省镇雄县捐款10万元。

（全浩然）

老干部工作

【概况】 2020年年末，全市有离休干部236人，其中，行政机关离休干部70人、事业单位离休干部94人、企业单位离休干部72人，80—89岁离休干部86人、90岁及以上离休干部150人。有退休干部11399人。全市有老干部党总支部15个；老干部党支部121个，其中，市级机关老干部党支部57个，镇（区、街道）老干部党支部64个。年内，市委老干部局“霞映皋城”志愿服务总队被评为市第十二届爱心团队，市人大老干部党支部被评为省级示范党支部。

【老干部党建】 年内，市委老干部局实施“雉水银发先锋计划”，围绕“霞耀党徽、霞映皋城、霞彩生活”3条主线，做好18项具体工作，推动老干部工作融入服务市域治理体系和治理能力现代化进程。扎实开展离退休干部党支部达标创优工作，制定《离退休干部党组织书记基层党建工作责任清单》，进一步压实党组织抓基层党建工作主体责任。持续推进离退休干部党组织标准化规范化建设，定期指导、督促做好党组织书记调整、支部换届等，指导新建老干部党支部7个，到期换届38个，调优配强老干部党支部书记25人。113个建制离退休干部党支部全部通过省“六有一提升”工程达标验收。推进离退休干部党支部品牌创建工作，采取座谈摸底、试点先建等方法，组织8个单位部门培育各具特色党建品牌。市卫健委“医路丹心·晚霞溢彩”、长江镇“长江银发”老干部党建品牌分别被评为南通市离退休干部党建“十佳品牌”、优秀品牌。征集党建创新案例25篇，“‘霞映皋城’为新时代文明实践增光添彩”案例被省委老干部局网站宣传推介。主动破解党建工作难题，成功建成市级“离退休干部党员之家”，突出展示、教育、活动、交流、管理和服务六大功能，打造共享式党建活动新阵地，被评为2020年度市级机关十佳“书记项目”。

【老干部政治思想建设】 年内，市委老干部局健全完善离退休干部“不忘初心、牢记使命”长效机制，推动学习贯彻习近平新时代中国特色社会主义思想走深走实。市老干部理论宣讲团走进基层，解读中共十九届五中全会精神、《习近平谈治国理政（第三卷）》等，引导广大老干部切实增强“四个意识”，坚定“四个自信”，做到“两个维护”。组织老干部集中收看中组部网上专题报告会4场，做到常学常新，提高政治思想素质。举办《抢抓长三角一体化机遇，推动如皋高质量发展》市级专场报告会，组织老干部到红十四军纪念馆等教育基地开展“红色课堂”教育。适应疫情防控常态化特点，推行“互联网+”教育模式，组织离退休干部订阅使用中组部、省市“离退休干部工作”等微信公众号，利用市离退休干部党建工作群、基层支部工作群推送线上教材10期，确保疫情期间党员教育不断线。开展“畅谈奔小康，助推双胜利”主题党日活动，组织老干部结合亲身经历和切身体会，通过集中畅谈与个别交流、参观学习与专题征文等形式，收集整理老干部原汁原味心声感言63篇，引导离退休干部与市委、市政府同心同向。

【老干部服务管理】 年内，市委老干部局督促落实好全市离退休干部政治生活待遇，组织县处级老领导参加市委全委会、市政府工作报告征求意见会，听取通报如皋经济社会发展情况。疫情期间，第一时间印发《致全市离退休干部党组织和离退休干部的一封信》，积极引导广大离退休干部坚决听从党中央和习近平总书记指挥，科学做好疫情防控，守护好自己健康安全。扎实推进离休干部看病就医“三有一落实”（有一条就医绿色通道、有一名家庭签约医生、有一套医疗特困帮扶机制，落实提高享受医疗待遇政策）工作，召开全市离休干部“两个服务规范”座谈会，根据疫情状况优化离休干部家庭医生签约服务，推动离休干部看病就医绿色通道服务和家庭医生签约服务水平不断提升。扎实开展老干部工作信息化平台信息采集工作，强化培训、指导、核查，确保采集数据高质量，为老干部信息化建设提供坚强保障。研究出台干部荣誉退休制度，举办市管干部集体荣退仪式，增强职业荣誉感和组织归属感，实现在岗和退休无缝对接。常态化开展“心连心”大走访，全年走访下访近500人次。实施党内关爱“暖心”行动，开展纪念抗战75周年离休干部走访、百岁离休干部祝寿等活动，让离休干部有更多幸福感和荣誉感。

【老有所为】 年内，市委老干部局深入开展“走进新时代·共助新发展”主题实践活动，组织四套班子老领导围绕重大项目建设等开展季度调研，举办“银发闪耀映初心，余热生辉担使命”四套班子老领导读书班。组织老干部开展“学习苏州‘三大法宝’，答好南通‘发展四问’，推动如皋高质量发展”建言献策、“我看脱贫攻坚新成就”专题调研等活动，引导老干部融入如皋高质量发展大局。持续推进“银发生辉·七彩乐龄”工程，以“霞映皋城”老干部志愿服务队建设为抓手，深度聚集整合老干部专业人才，先后组织各类志愿服务1500人次，受益群众2万人。疫情防控期间，老干部积极参与社区巡查、移风易俗宣传，深入企业等助力复工复产，全市离退休干部党员捐款累计超过54万元。组建高质量文明城市建设老干部巡访团，设立市容环境、交通秩序、文明旅游、服务窗口、特定场所工作小组5个，身体力行宣传、引导并带动广大市民争当文明市民，投身高质量文明城市建设。建成东皋书驿和志愿服务驿站，为全市书香城市建设现场推进会提供参观现场，相关工作经验被《中国老年报》宣传推介。分层次评选老干部作用发挥先进典型，表彰20名市级离退休干部“正能量先锋”，努力营造崇尚先进、老有所为浓厚氛围。

【文化养老】 年内，市委老干部局加强老干部活动中心和老年大学两个主阵地建设，完善活动保障机制，创新“党建+社团”模式。利用市老年大学“慧老汇”网络服务平台开展“抗疫优秀作品”展播、“银发”阅读活动。突出传统节日文化传承，组织老干部开展“赠联送福”义务为民写春联、迎新春老干部春联展，组织老干部艺术团开展“迎新春·百姓大舞台”文艺演出节目编排制作活动及“弘扬优良传统，奋进美好新时代”国庆中秋老干部书画展。注重重大事件学习宣传，组织开展“战疫情，颂英雄”和“关爱公共环境，共建美好家园”书画作品征集展出、“迎七一·颂党恩”庆祝中国共产党成立99周年老干部书画展及学习民法典书画展、剧本创作、微视频拍摄等活动。紧扣活动质量提升，组织老干部参加“翰墨绘春秋·光影耀银龄”江苏省老年书画摄影展、“共圆小康梦·绽放银发美”全市老干部书画摄影作品展开展仪式，与海安市、崇川区等县（市）区老干部开展门球交流联谊活动，增进老干部身心健康。

（汪海银）

机构编制管理

【概况】 2020年，市委编办坚定不移把加强党的领导贯穿到机构编制工作各方面各环节，进一步明确机构编制有关事项动议、论证和审议决定等环节的工作规则，逐步形成统筹兼顾、重点突出、规划科学的机构编制法定化工作格局。坚持严管活用机构编制资源，把重点领域、关键环节作为推进基层治理体系和治理能力现代化主攻方向，持续深化体制机制改革，优化完善机构设置、职能配置、运行机制，努力将制度优势转化为治理优势，将治理优势转化为发展优势。全年办理事业单位设立登记9家、注销登记37家、变更登记359家；机关统一社会信用代码证初领2家，变更14家；事业单位非法人统一社会信用代码证初领10家，撤销6家；机关非法人统一社会信用代码证撤销1家；上级授权垂管机关统一社会信用代码证初领1家，变更1家。落实《省委编办关于补齐短板、按标准做好市县疾控机构编制配备工作的通知》，研究制订《关于加强疾控体系建设的实施方案》，在镇（街道）和市人民医院、中医院设立疾控分中心，按照辖区常住人口万分之1.19比例，核定市疾控中心全额拨款事业编制数，净增加疾控专业编制近20个。年内，通过“校园招聘”等形式招录首批10名疾控专业人才。强化教育系统机构编制保障水平，促进教育优质均衡发展。进一步加强对中小学校机构编制的日常管理，制定印发全市中小学“三定”规定和服务事项清单，合理核定各学校编制，科学设置学校内设机构。年内，市委编办被南通市委、市政府记集体二等功。

年内，“12345”政府公共服务中心整合全市77条政府服务热线，完善与“110”“119”“120”协同机制，实现“一个号码”受理公众和企业的求助、投诉等非紧急诉求
（市编办供图）

【基层整合审批服务执法力量改革】 年内，如皋市全面推开基层整合审批服务执法力量改革工作。组织开展调查研究，详细摸排镇（街道）职能的机构、编制、人员、经费来源等情况，对市行政审批局、城管局、市域治理现代化指挥中心等市级相关部门开展专项调研活动，广泛征求意见，出台《关于推进基层整合审批服务执法力量的实施方案》，确定改革工作路线图、时间表和任务书。理顺权责关系，全面梳理县乡两级共同承担且层级间职责不清事项，形成镇（街道）权责清单和公共服务事项目录清单，对县、镇（街道）共同承担且层级间职责不清事项，聚焦市场监管、农业农村、文体旅游、安全生产等重点领域，依据法律法规及相关规范性文件，制定属地管理主体责任和配合责任清单，进一步明晰权责边界。下沉资源力量，用编进人计划制定时优先向镇（街道）倾斜，赋予镇（街道）更加灵活用人自主权；全市派驻镇（街道）执法队员推行属地管理，接受镇（街道）管理调配；全面整合基层网格，将公安、民政、人社等部门辅助人员全部下沉整合进基层网格。提升业务素养，重点开展综合执法、审批服务、指挥中心等方面业务培训15次，培训2800余人次，确保培训内容、培训对象、培训方式全覆盖。打破数据孤岛，制定出台政务信息资源共享管理办法，依托市域治理现代化指挥平台，利用互联网、大数据、人工智能等技术手段，归集整合全市大数据管理、“12345”政府公共服务、数字城管、网格化服务管理等信息资源，实现各条线数据信息融合关联、实时共享。会同市司法局，制订相对集中行政处罚权工作方案，报省委编办待批复。年内，完成《如皋市镇（街道）权力清单和责任清单（第一批）》和《如皋市“属地管理”主体责任和配合责任清单（第一批）》编制、印发。市域治理现代化指挥平台“1+9”（“1”指党的建设；“9”指经济发展、社会治理、城市建设、财政管理、综合执法、为民服务、市场监管、农业农村、联动指挥）功能模块打造等创新工作取得明显成效。11月中旬，基层整合审批服务执法力量工作通过南通市检查评估组评估验收，基层“1+4”（“1”指加强党的全面领导；“4”指审批服务窗口、综合执法队伍、镇村治理网格、指挥调度中心）治理格局初步形成。

【“区街分设”体制机制改革】 年内，如皋市根据南通市委、如皋市委编委关于省级及以上开发园区“区街分设”体制调整决策部署，全面完成如皋经济技术开发区与城北街道、如皋高新技术产业开发区与城南街道“区街分设”行政管理体制调整各项工作，重新界定开发园区与所在街道的管辖边界、职责定位，明确由街道承担农业农村、社会事业、公共服务等职能，推动开发园区社会事务剥离、管理体制优化，回归开发开放主业，更好承担经济发展、投资服务职责。

【市域治理现代化体系建设】 年内，如皋市整合“12345”政府公共服务、数字城管、网格化服务管理等职能，将市政府办公室所属如皋市公共治理服务中心更名为如皋市市域治理现代化指挥中心，挂如皋市大数据中心、如皋市网格化服务管理中心、如皋市“12345”政府公共服务中心牌子。在全市14个镇（区、街道）同步设立指挥中心机构。同时，完善市级层面“一办四中心”［“一办”指市域治理体系和治理能力现代化领导小组办公室；“四中心”指市域治理现代化指挥中心（联动指挥中心）、大数据中心、网格服务管理中心、“12345”政府公共服务中心］组织架构，聚焦党委政府的“大脑”、领导决策的“参谋”、市域治理的“枢纽”三个目标，确立汇聚共享、智能搜索、集约服务、分析研判、监测预警、联动指挥、行政问效七大功能定位，切实推动市域治理现代化“实时、实战、实效”。

（刘小龙）

党校教育

【概况】 2020年年末，市委党校有高级讲师9人、讲师13人、助理讲师3人，40岁以下教师18人，硕士研究生16人。拥有教室96个，其中阶梯教室6个、多功能教室4个、多媒体教室12个，可同时容纳1000人培训，是集培训、教学、办公、会议、餐饮、住宿、锻炼等功能于一体的综合性党员教育培训基地。年内，市委党校围绕中共十九大和十九届二中、三中、四中、五中全会精神，深入全市各镇（区、街道）、村（社区）和市级机关各部门宣讲120场次。与市委宣传部共同打造的全国首家理论武装工作室——姚呈明理论武装工作室被中宣部表彰为全国基层理论宣讲先进集体。常态化开展党校选学，以菜单式选学模式开设各类专题选学课程13场次，全年参学人数近1200人。聚焦党的理论教育和党性教育主业主课，发挥党校党员干部培训主阵地作用。突出重点课程设置，设计党的理论教育、党性教育、专业化能力培训（市情研究）、知识培训（能力素质提升）4个课程模块，强化马克思主义思想教学、马克思主义方法论运用，追求理论教育和党性教育实效。通过“晒课—评课—选优”程序，挑选党校成熟教师进课堂，全年理论课中党校师资授课50场次、占23.1%。设计“皋e云党校”教学培训规范流程，实现33个班次培训管理精细化、数字化。全年举办中青年干部培训班、科级干部进修班、公务员初任培训班等主体班次5个和专题班次31个，累计教学日181天，培训2781人次。

【现场教学】 年内，市委党校在古色、银色、绿色、金色、红色如皋5大类、12个专题现场教学基础上，突出打造“绿色如皋”和“红色如皋”专题品牌。注重理论与实践相结合，透过现象挖掘经验启示，修改完善现场点教学设计，提升“绿色如皋”“红色如皋”现场教学点教学效果。全年举办省直机关第十期党支部书记培训班、嘉兴市委党校中青年干部培训班、南通市委党校年轻干部培训班、南通市委党校省选调生和优秀青年人才培训班等40个班次现场教学，参培学员2700余人次。市党风廉政教育馆成为市内外党员干部重要廉政教育示范基地，全年接待168批共6000余名党员干部参观学习。

【教科研资政服务】 年内，市委党校秉承“教学是中心，科研是基础”理念，以青年教师赛课、周二学习日、专题研讨月等形式促进教师研讨，提升科研能力。以教学带科研、以科研促教学，深化科研支撑教学作用。发挥党校学理论支撑优势，坚持理论研究与应用研究相结合，聚焦如皋经济社会发展中重点热点难点问题，积极为市委、市政府决策做好资政服务。全年刊发科研论文37篇，其中省级及以上31篇；调研课题39项，其中省级课题2项，地市级课题7项，课题成果获奖3项，《加强基层党内政治生态建设的路径》获如皋市党建研究会一等奖，《美丽乡村建设的基层实践与路径研究》获南通市第十五届哲学社会科学优秀成果二等奖；《关于我市工业低效用地的调研报告》《践行枫桥经验，推进网警融合，全面提升基层社会治理能力水平》《关于加快如皋市属国有企业实体化转型的路径研究》3篇调研报告获市委常委批示。编发《时文荐读》《建言献策》《党校视角》，服务于全市党政干部学习提升、企业经营管理。

（刘　帅）

11月2日至6日，南通市基层党务工作者示范培训班在如皋市委党校举办。图为开班典礼　　（市委党校供图）

重要会议

【市十七届人民代表大会第四次会议】 1月11日至13日，市十七届人民代表大会第四次会议召开。会议听取并审议市人民政府工作报告、市人大常委会工作报告、市人民法院工作报告和市人民检察院工作报告；审查并批准市2019年国民经济、社会发展计划执行情况和2020年国民经济、社会发展计划报告，市2019年财政预算执行情况和2020年财政预算报告；通过《关于支持长江镇跨过长江去、加快建设融入长三角一体化发展前沿区的决议》等6个方面建议。

【市十七届人大常委会会议】 2020年，市十七届人大常委会召开常委会会议9次，即市十七届人大常委会第二十五次至第三十三次会议。

第二十五次会议 1月3日，市十七届人大常委会召开第二十五次会议。会议听取市第十七届人大常委会代表资格审查委员会关于代表变动情况和补选代表资格审查报告；审议并表决通过市人大常委会工作报告(稿)、2020年工作要点(草案)、市第十七届人民代表大会第四次会议有关事项和2019年度基层人大工作先进单位、市十七届人大三次会议优秀代表建议、2019年度市人大代表履职先进个人表彰事项。

第二十六次会议 3月26日至27日，市十七届人大常委会召开第二十六次会议。会议听取并审议市政府关于全市新冠肺炎疫情防控工作、2019年度全市环境保护专项工作报告。审议市政府关于全市体育场馆建设、运营和管理情况审议意见落实情况报告和《国务院住房公积金管理条例》《江苏省农业综合开发管理条例》执法检查报告落实情况报告。听取并审议市人民检察院、自然资源局、水务局、商务局、传媒集团关于市人大代表评议意见整改落实情况报告，对上述单位相关工作满意度进行测评。审议并表决通过市人大常委会专题询问办法(修订草案)和市人大常委会关于接受陈慧华辞去市第十七届人民代表大会常务委员会委员职务请求的决定；审议并表决通过市人大常委会主任会议、市人民政府提请的人事任免事项；审议并表决通过市人民法院提请的人事任免事项，任命唐明渠为市人民法院副院长，决定由唐明渠代理市人民法院院长职务；审议并表决通过市人民检察院提请的人事任免事项。

第二十七次会议 6月11日至12日，市十七届人大常委会召开第二十七次会议。会议听取并审议市政府关于全市脱贫攻坚工作情况报告，围绕脱贫攻坚工作开展专题询问。听取并审议市人民法院关于破产审判工作情况报告和市人大常委会执法检查组关于检查《中华人民共和国非物质文化遗产法》《中华人民共和国土壤污染防治法》实施情况的报告，审议市政府落实市人大常委会《关于市政府现代农业发展情况报告的审议意见》情况报告，对上述相关工作满意度进行测评。审议并表决通过市人大常委会关于加强镇人大预算审查监督工作的指导意见和市人大常委会主任会议、市人民法院、市人民检察院提请的人事任免事项。

第二十八次会议 8月6日至7日，市十七届人大常委会召开第二十八次会议。会议听取并审议市政府关于2020年上半年国民经济和社会发展计划执行情况，2019年财政决算、2020年上半年财政预算执行情况，2020年市级财政预算调整方案，2019年市级财政预算执行和其他财政收支审计工作报告。审议市政府关于落实市人大常委会《关于深化殡葬改革推进移风易俗的议案办理情况报告的审议意见》《关于“国家全域旅游示范区”创建工作报告的审议意见》情况报告，以及市人民法院关于落实市人大常委会《关于市人民法院民事审判工作报告的审议意见》情况报告。会议对上述工作满意度进行测评。审议并表决通过市人大常委会关于批准2019年市级财政决算、

2020年市级财政预算调整方案、市人大常委会关于内务司法工作委员会更名为监察和司法工作委员会的决定；审议并表决通过市人大常委会关于接受孙亚辞去市人民检察院检察长职务请求的决定，任命吴晓栋为市人民检察院副检察长，决定由吴晓栋代理市人民检察院检察长职务；审议并表决通过市人大常委会主任会议、市监察委员会提请的人事任免事项。

第二十九次会议　9月28日至29日，市十七届人大常委会召开第二十九次会议。会议听取并审议市政府关于镇卫生院（社区卫生服务中心）运行情况报告、市人大常委会执法检查组关于检查《中华人民共和国农产品质量安全法》实施情况报告、关于全市扫黑除恶专项斗争工作审议意见落实情况报告。会议对上述工作满意度进行测评。审议并表决通过市政府、市人民法院、市人民检察院提请的人事任免事项等。部分南通市人大代表在会上报告履职情况。

第三十次会议　10月26日，市十七届人大常委会召开第三十次会议。会议审议并表决通过市政府提请的人事任免事项和市人大常委会关于接受孙恒辞去市政府副市长职务请求的决定，决定任命林文美为市人民政府副市长。

第三十一次会议　11月5日，市十七届人大常委会召开第三十一次会议。会议审议并表决通过市人大常委会关于在全市各级人大代表中开展为"十四五"规划建言献策倡议书、补选如皋市第十七届人民代表大会代表的决定等事项。

第三十二次会议　11月30日，市十七届人大常委会召开第三十二次会议。会议听取并审议市政府关于2020年为民办实事项目实施情况、关于市十七届人大四次会议代表建议办理情况报告和重点督办建议办理情况、关于"支持长江镇跨过长江去、加快建设融入长三角一体化发展前沿区"议案办理情况报告。会议对上述工作满意度进行测评。审查和批准市"十三五"规划部分指标目标调整方案、2020年市级财政预算调整方案。听取并审议市2019年度企业国有资产管理情况报告、2019年度国有资产管理情况综合报告。审议并表决通过《如皋市第十七届人民代表大会常务委员会代表资格审查委员会关于个别代表的代表资格的报告》、市人大常委会关于召开市第十七届人民代表大会第五次会议的决定、关于接受蒋丽辞去如皋市人民政府副市长职务请求的决定、市人大常委会主任会议提请的人事任免事项等。

第三十三次会议　12月30日至31日，市十七届人大常委会召开第三十三次会议。会议审议并表决通过市政府和市监察委员会提请的人事任免事项和市人大常委会关于接受何益军辞去市政府市长职务申请的决定、接受程瑞琴辞去市政府副市长职务申请的决定，决定由副市长王鸣昊代理如皋市政府市长职务。听取和审议市政府关于2019年度市级预算执行和其他财政收支审计整改情况报告，并进行工作满意度测评。听取市人大常委会任命的"一府两院"相关人员报告履职情况，并进行满意度测评。审议并表决通过市人大常委会工作报告（稿）、2021年工作要点（草案）、关于民生实事项目人大代表票决制的实施办法和市人大常委会相关表彰事项。

工作监督

【概况】　2020年，市人大常委会听取和审议专项工作报告及计划、预算、审计报告13项，作出决议、决定和审议意见34项，跟踪督查16次，工作评议单位5家，开展专题询问2次。全面贯彻市委决策部署，切实履行人大常委会监督职能，对城市建设重点工程推进，文明创建，主城区疫情防控、市场保供等工作进行督查。年内，市人大常委会有15项关于专项工作报告的审议意见、执法检查报告、调研报告得到市委主要负责人肯定与批示，关于脱贫攻坚、破产审判、土壤污染防治、非遗保护等议题审议意见和部门工作评议意见得到市政府主要负责人批示和重点推进落实。

【专项工作报告审议】　年内，市人大常委会听取和审议市政府关于环境保护、新冠肺炎疫情防控、脱贫攻坚、镇卫生院（社区卫生服务中心）运行、为民办实事和代表建议意见办理、"支持长江镇跨过长江去、加快建设融入长三角一体化发展前沿区"议案办理工作专项报告和市人民法院关于破产审判工作专项报告，并对工作满意度进行测评。

【审议意见落实情况监督】　年内，市人大常委会跟踪监督市政府关于2019年度环保工作、全市体育场馆建设运营和管理、现代农业发展、国家全域旅游示范区创建、"深化殡葬改革推进移风易俗"议案办理、扫黑除恶专项斗争及市人民法院民事审判等专项工作报告审议意见落实情况。跟踪监督《国务院住房公积金管理条例》《江苏省农业综合开发管理条例》执法检查报告落实情况。跟踪监督市人民检察院、自然资源和规划局、水务局、商务局、传媒集团5个单位评议后整改工作。市人大常委会会议分别审议上述工作，并进行满意度测评，实现人大监督工作有效"闭环"。

【代表议案建议督办】　年内，市人大常委会主动融入"支持一体化、参与一体化、共建一体化"大局，调研视察市十七届人大四次会议提出的"关于支持长江镇跨过长江去、加快建设融入长三角一体化发展前沿区的议案"办理情况，听取和审议议案办理工作报告。结合前沿区建设目标，建议市政府做出体制性探索、创新性突破，协同性推进，编好长江镇融入长三角区域一体化发展规划，研究制定鼓励“先行先试”办法，给予个性化政策支持，努力将长江镇培育成特色鲜明、自主可控、具有核心竞争力的强劲增长极。对上年度“关于深化殡葬改革，推进移风易俗”议案办理情况进行“回头看”，赴有关镇实地察看殡仪和红白理事会运作现场，持续跟踪审议意见落实情况，确保议案办理工作取得实效。持续深化“六督一评”（人大常委会主任会议集体督办、常委会领导领衔督办，职能委室协调督办、各委室对口督办、代表参与督办、借力媒体舆论督办、人大代表背靠背测评）工作机制，加强代表建议督办工作。市人大常委会会议听取和审议市政府建议办理专项工作报告，对“关于加快大数据与实体经济深度融合、推动如皋高质量发展的建议”等8件重点处理建议开展专项督办，进行分项满意度测评，推动一批重点、难点问题得到解决。坚持建议办理评价“部门、代表双认定”制度，建议办理满意率、落实率实现“双提升”。市十七届人大四次会议期间收到代表建议439件，闭会期间收到代表建议1件，年内全部答复完毕。市人大代表对建议办理态度满意413件、基本满意25件，满意和基本满意率为99.54%；对办理结果满意408件、基本满意29件，满意和基本满意率为99.32%。

【工作评议】 8月至10月，市人大常委会组织全市人大代表对市公安局、民政局、交通运输局、应急管理局、医疗保障局5家单位工作开展评议，广泛征集意见，发出评议情况通报5份，向被评议部门反馈意见建议167条。市政府常务会议专题研究5个被评议部门整改方案，推动部门进一步转变作风、提升行政效能。策应市委“大抓项目、抓大项目”工作要求，开展“提升项目服务效能、推动高质量发展”主题活动，对市重大项目办、行政审批局、自然资源和规划局、住房城乡建设局、应急管理局、生态环境局、司法局7个部门服务项目情况开展专项评议，发现7大类23条问题，推动形成“市委清单式交办督办、部门销号式整改落实、人大常委会持续性跟踪推进”问题整改机制，推动项目预审指标设置、中介服务效能、“联审联办”机制进一步优化。

【专题询问】 3月，市十七届人大常委会第二十六次会议审议通过《如皋市人大常委会专题询问办法（修订草案）》，进一步规范市人大常委会专题询问工作。6月11日，市十七届人大常委会第二十七次会议听取和审议市政府关于全市脱贫攻坚专项工作报告，围绕脱贫攻坚工作调研中社会普遍反映的，事关群众切身利益重点内容进行“背靠背”选题，从脱贫户返贫、困难群众危房、困难人群就业等12个方面问题，组织对市农业农村局（扶贫办）、民政局、卫健委、医疗保障局、人力资源社会保障局、住房城乡建设局、教育局7个部门开展专题询问，助推全市高质量打赢脱贫攻坚战。9月7日，市人大常委会召开“提升项目服务效能、推动高质量发展”专题询问会，组织对市重大项目办、行政审批局、自然资源和规划局、住房城乡建设局、应急管理局、生态环境局、司法局7个部门服务项目情况进行专题询问，全方位检视项目服务各个环节“痛点”“堵点”“难点”问题，推动市政府及相关部门转变作风、提升效能。

6月11日，市人大常委会围绕全市脱贫攻坚工作开展专题询问。图为市政府工作部门主要负责人回答市人大常委会组成人员询问 （市人大办供图）

【生态环境状况报告制度落实】 年内，市人大常委会围绕全市环境状况、环境保护目标完成情况，年度环境保护工作报告审议意见落实情况，以及突出环境问题清单，开展专题督查与推进整改工作。持续推行镇（街道）生态环境状况报告制度，14个镇（街道）依法落实生态环境保护责任，切实解决突出生态环境问题，全市市考以上断面水质全部达到优Ⅲ类及以上。

【计划预算执行监督】 年内，市人大常委会听取和审议2020年上半年国民经济、社会发展计划执行情况报告，常态化跟踪计划执行情况，加大对重点指标监测力度和动态分析，支持政府克难奋进冲刺年度目标。调研全市“十三五”规划完成情况和“十四五”规划编制情况，适时调整“十三五”规划部分指标目标，推动“十四五”规划编制更加符合时代要求和发展规律。听取和审议2020年上半年财政预算执行情况报告及2019年度财政预算执行情况和其他财政收支情况审计工作报告，审查批准2019年财政决算及2020年财政预算调整方案，督促市政府及相关部门进一步提升财政预算资金使用绩效。注重审计工作监督，首次实现同级审一级预算单位全覆盖；紧盯资金“趴在账上”闲置、虚列项目资金，促进依法依规收缴财政资金，其中直接上缴国库资金0.73亿元；强化审计整改工作跟踪监督，审计发现问题整改率、问题金额整改率分别为96.32%、95.98%，创历史新高。

4月至5月，市人大常委会就全市贯彻实施《中华人民共和国非物质遗产法》情况进行调研和督查。图为5月8日，调研组一行在杨林才永泰竹刻工作室调研

（市人大办供图）

【为民办实事项目监督】 年内，市人大常委会强化对市政府2020年为民办实事项目实施情况跟踪督查，督促市政府及相关责任部门抢抓项目进度、严控项目质量、确保项目实效。市人大常委会第三十二次会议听取并审议市政府为民办实事项目实施情况专项报告，并进行满意度测评。针对实施项目中子项目偏多且部分子项目与群众生产生活贴合不够紧密、部分项目实施进度比较缓慢等问题，提出要奋力冲刺、科学高效、保质保量地推进到位，要严把实事项目规划设计关、施工质量关、项目验收关和工程管护关，把实事办好好事办实。对2021年为民办实事项目谋划工作，提出探索实践民生实事项目人大代表票决制等建议。

法律监督检查

【概况】 年内，市人大常委会把全面推进法治如皋建设作为重要职责，不断推进依法行政、公正司法、基层治理工作，为全市经济社会发展提供有力法治保障。对《中华人民共和国非物质文化遗产法》《中华人民共和国土壤污染防治法》《中华人民共和国农产品质量安全法》3部法律法规实施情况进行检查，推动相关法律法规贯彻实施。依法备案审查市政府规范性文件，对市政府出台《如皋市国有土地上房屋征收与补偿办法》《如皋市城区犬类管理暂行办法》等12份规范性文件进行备案审查，做到有件必备、有备必审、有错必纠。不断完善涉法涉诉信访工作协调机制和信访事项办理反馈机制，全年有效督办人民群众来信来访113件(次)，做到件件有答复、事事有回音，有效维护人民群众合法权益。市人大常委会专职委员王桂兰的家事调解工作室，自2020年5月成立至年底，成功调处家庭纠纷188起，被命名为江苏省首批标准化家事调解社区工作室。

【《中华人民共和国非物质文化遗产法》实施情况检查】 4月至5月，市人大常委会对全市贯彻实施《中华人民共和国非物质文化遗产法》情况开展检查。检查组一行实地察看如皋盆景制作、永泰竹刻、红木雕刻、林梓潮糕制作等非遗代表性项目，听取市文体广电和旅游局、发展改革委、人力资源社会保障局、教育局等部门贯彻实施情况汇报，针对如皋市非遗保护传承宣传推广力度不够、专业人才比较薄弱、代表人物青黄不接、自身造血能力不强等问题，建议市政府及相关部门要强化政府主导、形成保护合力，强化宣传教育、提高保护意识，强化保护措施、促进项目传承，强化造血功能、实现活态发展，强化人才培养、增强传承后劲，强化统筹规划、打造展示平台。

【《中华人民共和国土壤污染防治法》实施情况检查】 4月至5月，市人大常委会对全市贯彻实施《中华人民共和国土壤污染防治法》情况开展执法检查。检查组听取市政府办、生态环境局、发展改革委、农业农村局、自然资源局等部门及如城、城北、长江、白蒲、丁堰等镇(街道)情况汇报；实地检查了解部分关停化工企业、垃圾填埋与处置现场、土壤修复地块、农药化肥经营场所贯彻实施情况并听取相关人员建议意见。针对土壤污染防治法宣传贯彻力度仍显不够、土地利用规划与产业布局不够科学、土壤污染源头治理相对缓慢、治理费用难以落实到位、监管执法能力有待提升等问题，建议市政府及相关职能部门要不断强化土壤污染防治法治意识，继续夯实工作基础，突出防治工作重点，不断提升监管水平，推动全市土壤污染防治工作再上新台阶。

【“一法一条例”实施情况检查】 6月，市人大社会建设委员会牵头成立执法检查组，对《中华人民共和国安全生产法》和《江苏省安全生产条例》(以下简称“一法一条例”)贯彻实施情况开展执法检查，重点检查各级政府履行法定职责情况，政府有关监督管理部门和工会履行法定职责情况，生产经营单位履行主体责任和法定义务情况，安全生产事故应急救援与调查处理情况。听取市安全生产委员会和发展改革委、住房城乡建设局、教育局、交通运输局等10家安委会成员单位工作汇报，检查长江镇、丁堰镇、白蒲镇、江安镇、石庄镇5个镇政府和城北、城南、如城街道办事处等政府派出机构依法履职情况和所有安委会成员单位台账资料，委托各镇人大主席团和各街道人大工委对机关公职人员，企业主要负责人、分管负责人、安管员、一线工人等对象进行问卷调查。针对安全生产认识不够到位、安全生产责任落实还有差距、安全监管力量不能满足需求、安全生产培训存在流于形式现象、安全生产隐患依然存在等问题，建议市政府及相关职能部门明晰工作职责、进一步落实安全生产责任，夯实安全基础、进一步提升安全生产水平，强化监管检查、进一步提升联动执法合力，完善领导机制、进一步理顺安全生产体制机制，加大宣传力度、进一步提高干群安全生产意识。

【《中华人民共和国农产品质量安全法》执法检查】 9月，市人大常委会对全市贯彻实施《中华人民共和国农产品质量安全法》情况开展检查。检查组听取市政府专项汇报和市农业农村局、市场监督管理局、自然资源和规划局、财政局等部门工作汇报，召开座谈会，深入农产品生产和流通现场实地考察、检查，听取服务单位建议意见。针对法律法规宣传普及尚需强化、农产品质量安全监管有待加强、农产品溯源管理体系还不完善等问题，建议市政府及相关职能部门要加强宣传教育、不断提高全社会农产品质量安全意识，要强化全程监督、筑牢农产品质量安全体系，要加强检验检测、健全农产品质量安全预警机制，要深化部门协作、进一步加大执法检查力度。关于检查《中华人民共和国农产品质量安全法》贯彻实施情况报告获市政府主要领导批示。

人事任免

【概况】 2020年，市人大常委会坚持党管干部、依法任免有机统一，对市委决定重要人事安排，及时启动工作程序，依法行使任免权。全年任命“一府一委两院”(“一府”指人民政府，“一委”指监察委员会，“两院”指人民法院、人民检察院)相关人员35人，免职28人，接受辞职请求12人，接受市人大常委会委员辞职请求2人。

【任前初审】 年内，市人大常委会注重任前初审与任后监督相结合，开展对“一府一委两院”提请任命人员任前调查。坚持任前法律知识考试、供职发言、宪法宣誓等工作制度，增强被任命人员法律意识。

【任后监督】 年内，市人大常委会加强人大选举和常委会任命人员任后监督，组织“一府一委两院”相关人员62人向人大常委会报告履职情况，进行满意度测评，并将测评结果向报告人和所在单位反馈，报市委作为考核和任用干部参考依据。

视察调研

【概况】 年内，市人大常委会组织就全市债务管控和国资管理、项目服务、少数民族工作、地方志编纂、建筑企业深化改革、一村(社区)一法律顾问、民商事压降和矛盾化解、“十三五”规划完成情况和“十四五”规划编制、养老服务体系建设等工作开展视察、调研活动25次。配合省、南通市人大常委会开展视察调研和监督议题23项，开展立法调研4项。

12月31日，在市人大常委会第三十三次会议上，接受任命的人员向宪法宣誓

（市人大办供图）

【债务管控和国资管理情况视察调研】 4月，市人大常委会对全市债务管控和国资管理情况开展视察调研。先后听取市财政局、审计局、地方金融监管局、自然资源和规划局等部门专题汇报，召开国企整合改革单位、主功能区、各镇、银行金融机构等层面座谈会，了解基本情况，征求建议意见，并就镇级政府性债务化解工作进行调研。针对国企改革配套措施仍需完善、债务结构优化任重道远等问题，提出持续优化国企资产结构、持续深化国企改革、持续提高风险防范能力、加快推进镇级债务提级管理工作等建议。

【项目服务工作视察调研】 6月至7月，市人大常委会围绕重大项目督查，深入开展“提升部门服务效能，推动高质量发展”主题活动，综合运用“专项调研+主题活动”“代表评议+专题询问”“满意度测评+跟踪问效”等多种刚性手段，注重突出重点与兼顾一般相结合，通过“听、看、议、评、问、督”等一系列“硬核”举措，重点围绕市重大项目办、行政审批局、自然资源和规划局、住房城乡建设局、应急管理局、生态环境局、司法局7个项目服务链条上“关键部门”履职情况，与50余名项目业主面对面交流，实地调研项目现场20余个，组织市镇两级人大代表开展评议活动，广泛征求意见，多维度、全方位、整链条地为项目服务“把脉问诊”，切实找出项目服务各个环节难点问题7大类23条。集聚众人之智，为项目服务提出问题解决途径18个。对调研成果认真梳理，形成调研报告报市委，推动政府及其相关部门单位修炼履职内功，突破发展难题，提升服务效能，全力为项目建设提供“店小二”“保姆式”优质高效服务，激发市场主体投资热情，汇聚起项目服务强大合力。

【少数民族工作视察调研】 6月至8月，市人大常委会对全市少数民族工作开展视察调研。听取市委统战部、市教育局、市城管局、市民族团结促进会、城北街道、白蒲镇等部门和单位汇报，走访南通荣威塑胶有限公司、左中右电动汽车服务如皋有限公司、如皋市苏田劳保用品厂等企业。针对民族工作重要性认识还需进一步加强，少数部门和镇（区、街道）、村（社区）对民族工作重要意义认识不足，对民族工作长期性、复杂性、敏感性认识不足，思想观念上存在误区，民族工作机制还需进一步完善，统筹谋划民族工作能力还需进一步增强等问题，建议市政府及相关部门要全面贯彻党的民族政策，深化民族团结进步教育，铸牢中华民族共同体意识，加强各民族交往交流交融，促进各民族共同团结奋斗、共同繁荣发展。

【地方志编纂工作调研】 7月，市人大常委会对地方志编纂工作开展视察调研。听取市委党史办（市地方志办）工作汇报，查阅近年来地方志书编修编纂成果，针对专业人才队伍建设、方志文化功能发挥等问题，提出要进一步重视各领域专业志编修、加强对相关单位组织业务指导，进一步创新多元化编纂方式、引导社会力量参与工作，进一步提高方志资源开发利用水平、深入拓展社会服务功能，推进新时代方志工作高质量发展。

【建筑企业深化改革工作视察调研】 7月至11月，市人大常委会对全市建筑企业深化改革发展工作开展视察调研。调研组听取市政府关于“十三五”以来如皋市建筑企业发展情况汇报，召开市政府办、住房城乡建设局、财政局、地方金融监管局、税务局及部分建筑企业、市镇人大代表座谈会，并赴华南地区的部分如皋建筑企业施工现场参观、视察，听取情况介绍和建议意见。针对全市建筑企业综合实力相对不强、规模效益有所下滑、资本运作路径不宽、专业人才依然紧缺等问题，建议市政府及相关部门要在深化改革创新中激发更多内生活力，在破解资金难题中增添更多发展后劲，在强化人才支撑中培育更多工匠劳模，在优化服务环境中赢得更多市场空间，推动全市建筑企业奋力加快发展方式转变和转型升级，推动企业核心竞争力和行业综合实力显著提升。

【一村（社区）一法律顾问情况视察调研】 8月至9月，市人大常委会对全市一村（社区）一法律顾问情况开展视察调研，听取市政府及部分镇（街道）工作情况汇报，召开部分村（社区）党组织书记、人大代表、村（社区）法律顾问座谈会。针对思想认识不够到位、运行机制不够完善、法律顾问综合素养参差不齐、法律服务质效有待提升等方面问题，从进一步提高法治意识、创新管理方式、扎实服务措施、加强素质建设等方面积极建言献策，推动市政府及相关部门进一步落实措施，将全市村（社区）法律顾问工作推向深入。

【民商事案件压降和矛盾化解工作视察调研】 10月至11月，市人大常委会对全市民商事案件压降和矛盾化解工作开展视察调研。听取市政府及相关部门、镇（街道）工作情况汇报，召开专职人民调解员、村（社区）党组织书记、网格员、网格信息员代表座谈会。针对对非诉讼纠纷解决机制重要性认识不够到位、矛盾纠纷多元化解工作合力还需加强、考核奖惩与保障机制有待完善、调解员队伍专业化建设仍需强化等方面存在问题，建议市政府及相关部门、镇（街道）进一步提升对民商事案件压降和矛盾化解工作认识、优化各级各类调解组织发展环境，完善各调解组织间工作衔接与信息互动机制、增强同类型矛盾纠纷集约化处理能力，优化矛盾纠纷多元化解绩效考核评估制度、为民商事案件压降和矛盾化解工作注入源源不断动力，加强调解组织队伍建设、夯实矛盾纠纷非诉解决基础，深入宣传非诉讼方式解决矛盾纠纷优势、引导人民群众转变观念，推动形成以“源头预防为先，非诉机制挺前，法院裁判终局”为核心诉讼源头治理新实践。

【“十三五”规划完成情况和“十四五”规划编制情况调研】 11月，市人大常委会围绕“十三五”规划完成情况和“十四五”规划编制情况开展专题调研，听取市发展改革委关于如皋市“十三五”规划指标目标调整方案、“十四五”规划编制进展情况，建议市政府及其相关部门坚持目标导向与问题导向相统一，对“十三五”指标设置开展“回头看”，深入分析和着力破解制约如皋高质量发展瓶颈因素和短板问题，找准与周边县市差距，逐步明晰和丰富建设长江以北最强县市内涵，指标设置既要稳健、也要积极，指标之间做到相互衔接，进一步提高规划编制科学性与精准度，全力以赴做好“十四五”规划编制工作。

【养老服务体系建设情况视察调研】 12月，市人大常委会对全市养老服务体系建设情况开展视察调研。调研组听取市政府及市民政局、财政局等部门工作汇报，视察九华镇、吴窑镇、长江镇养老服务体系建设现场，召开相关镇（街道）村（社区）负责人、人大代表座谈会，赴浙江省缙云县等养老服务体系建设先进地区学习考察。针对养老服务体系建设存在不平衡现象、养老服务队伍建设有待加强、养老服务整体水平仍需提高等问题，建议市政府及相关职能部门尽快改变农村敬老院护理人员严重缺乏状况，重点推进居家养老服务体系建设，切实加大对农村养老服务扶持力度，不断提升智慧养老服务水平，进一步营造人人关心养老事业、人人关爱老年群体良好社会舆论氛围。

人大代表工作

【概况】 2020年年末，全市有江苏省十二届人大代表6人、南通市十五届人大代表88人、如皋市十七届人大代表401人。年内，市人大常委会积极推进代表工作机制创新、制度创新，畅通常委会和人大代表、人大代表和选民群众联系渠道，大力支持和保障代表依法履职、发挥作用。

6月19日，市人大常委会开展“市人大常委会主任、副主任接待代表日”活动
（市人大办供图）

【代表工作机制创新】 年内，市人大常委会出台《如皋市人大常委会主任、副主任接待人大代表日制度》，结合常委会议题和建议督办工作，开展市人大常委会领导接待日活动，接待人大代表58人，收集建议意见78条，梳理合并交办市政府及其相关部门11件。推进落实“两代表一委员”密切联系群众制度，市级以上人大代表接待群众5784人次，收集建议意见3658条，办结1822条。市人大常委会领导与人大代表、人大代表与选民群众之间双向联系实现制度化、常态化。出台《如皋市人大代表建议、批评和意见重点处理工作办法》，进一步规范重点处理代表建议提出、交办、督办和评价总结工作，推动做好议案建议办理工作。

【代表履职渠道建设】 年内，市人大常委会邀请人大代表参加常委会专题视察、执法检查和专题询问等活动，扩大代表对常委会工作参与度。围绕全市中心工作和民生需求，组织人大代表小组开展视察、调研等活动264次。开展“为‘十四五’规划建言献策”集中调研活动，确定调研课题118个，撰写调研报告104篇、建议48条，其中4篇调研报告入选南通市人大《“我为‘十四五’规划献良策”调研报告选编》。开展人大代表“双带”（带头、带动）活动，推动一、二、三产业融合发展，带动农民增收致富，实现产业振兴、全面小康。密切机关与人大代表联系，拓宽人大代表知情知政渠道，全年邀请人大代表列席政府常务会议，旁听法院庭审，参加司法执行、检察开放日等活动160余人次。大力宣传代表先进事迹和履职成果，表彰代表履职先进个人，充分激发代表履职热情。

基层人大工作

【概况】 2020年，市人大常委会加强同镇(街道)人大工作联系,坚持市人大常委会领导分片联系镇(街道)人大工作制度,指导各镇(街道)人大开展视察、调研、评议等活动,服务党委政府中心工作,切实履行法定职责。出台加强镇人大预算审查监督工作指导意见,推动预决算审查监督上水平、见实效。定期开展基层人大交流活动,展示工作亮点,交流经验做法,推动基层人大工作迈上新台阶。各镇(街道)人大发挥制度优势,遵循客观实际,做好规定动作,拓展自选动作,各项工作取得新进展新成效。在部分镇试点开展民生实事项目人大代表票决制,建立"党委领导、群众参与、代表票决、政府执行、人大督评"工作模式,重大民生实事项目从"为民做主"向"由民做主"转变。强化对镇(街道)人大工作考核评价,继续开展人大工作先进单位创建和评比活动,以典型引领基层人大工作水平不断提升。

【街道选民代表议政会制度建立、推行】 年内,市人大常委会党组研究制定《关于在街道建立选民代表议政会制度的指导意见》,在全市推行街道选民代表议政制度,弥补街道因没有人民代表大会和本级人大代表而导致监督力量薄弱之不足,打造发展共商、民生共议、难题共解基层治理新模式。指导如城、城北、城南3个街道人大工委,严格对照推荐标准,按照单位推荐、人大工委初审、组织部门考察审核、党工委讨论和通过公示"一推两审一公示"推选程序,完成第一届选民代表推选工作。3个街道共推荐产生选民代表210人,其中80.7%选民代表来自基层一线。7月,如城街道、城北街道、城南街道相继召开第一届选民代表议政会议。在会议期间,3个街道共收到事关经济社会和民生发展热点、难点的建议、意见159条。收到的各选民代表建议、意见由各街道人大工委负责审核受理、转交办理、督办和办理结果通报。

(吉小燕)

如皋市第十七届人民代表大会第四次会议代表优秀建议表

表50

序号	优 秀 建 议	建议人
1	关于加快数据与实体经济深度融合、推动如皋高质量发展的建议	葛云彩
2	关于处置"僵尸企业"的建议	徐群生
3	关于打造如皋花木盆景全渠道销售新平台的建议	丁 非等
4	关于既有多层住宅加装电梯的建议	缪新华
5	关于对已实施改造的老小区回头看、切实提高居民生活幸福指数的建议	王 辉
6	关于规范城区养犬管理的建议	钱晓彬
7	关于加大垃圾分类处理力度的建议	景雪玲等
8	关于在城区居民小区新建电动车集中充电点的建议	刘 卫
9	关于实施创新驱动战略、加强打造长三角区域一体化创新高地的建议	林 凯
10	关于依法恢复不动产(商品房)预告登记的建议	黄海松
11	关于整顿规范房屋装修乱象的建议	张宏祥
12	关于完善困难群体临时救助体系的建议	张志勇
13	关于建立通畅小区消防通道长效管理机制的建议	邹 苏
14	关于紧扣新定位、赋予新动能、推进如港新城大发展的建议	张建军
15	关于及早谋划快速交通规划、实时对接南通航空港枢纽建设,促进如皋加快融入长三角一体化发展的建议	彭深海
16	关于提升我市基层公共文化设施利用率的建议	汤雯涓
17	关于建立多部门协作机制、有效落实全市医疗卫生机构病理性和化学性医疗废物集中规范处置的建议	李淑云
18	关于进一步加强中小学心理健康教育的建议	陈 健
19	关于逐步消除"空挂户口"实现户口与居住地统一的建议	葛 军
20	关于加大对镇级政府性债务管控、防范债务风险的建议	周永刚
21	关于加大处置农村闲置资产力度的建议	张山明
22	关于加快推进镇卫生院与村卫生室一体化建设的建议	孙如江
23	关于全面推进村级慈善工作站、加快完善慈善救助体系的建议	邵晓泉等
24	关于理顺我市机电排灌职责关系、提高行政效能的建议	张建平

重要会议

【概况】 2020年，市政府召开政府常务会议19次；召开各类专题会议101次，会议主题涉及企业脱困、招商引资、房地产、农业、交通工程建设等方面。

【市政府常务会议】 1月6日，第十七届市政府召开第四十三次常务会议，讨论研究政府工作报告(征求意见稿)，如皋市2019年国民经济、社会发展计划执行情况与2020年国民经济、社会发展计划(草案)报告等议题。

1月22日，第十七届市政府召开第四十四次常务会议，传达国家、省、南通市关于新型冠状病毒感染导致的肺炎疫情防控相关精神，研究如皋市防控工作方案；传达全省应急管理工作会议精神，通报相关安全事故调查报告，讨论2019年推动经济高质量发展激励政策兑现和2020年推动经济高质量发展激励意见、国有企业“三重一大”事项报告备案实施方法、国有企业项目投资监督管理暂行办法等议题。

2月21日，第十七届市政府召开第四十五次常务会议，传达各级安委办关于做好疫情防控期间安全生产工作、加强复工复产安全防范和安全服务等有关通知精神，听取全市安全生产工作情况汇报；讨论研究2020年全市经济社会发展主要预期目标、市政府重点工作、市政府为民办实事项目等任务分解表，研究讨论城市建设和管养体制方案、金融工作考核办法、“阳光扶贫”助保贷款实施办法、造林绿化工作实施意见、关于进一步完善城市建设推进机制的意见、关于建立健全全市项目招引推进机制等议题。

3月9日，第十七届市政府召开第四十六次常务会议，听取市十七届人大四次会议代表建议、市政协十四届四次会议委员提案基本情况及议案办理建议，讨论研究市政府党组及领导班子全面落实党风廉政主体责任制清单、2020年创建国家全域旅游示范区工作考核办法、现代服务业考核办法、关于实施市场准入联审联办制度的意见、安全生产目标管理考核办法等议题。

4月3日，第十七届市政府召开第四十七次常务会议，传达中央政治局会议精神，听取2020年重大城建项目和搬迁项目推进情况汇报，研究讨论2020年度全市打赢污染防治攻坚战任务清单、打赢污染防治攻坚战考核办法、关于进一步打造资本市场“如皋板块”助推经济高质量发展的若干政策意见、关于促进生猪生产转型升级的实施意见等送审稿。

4月24日，第十七届市政府召开第四十八次常务会议，传达学习习近平总书记、李克强总理关于安全生产重要指示批示和国家、省电视安全生产电话会议精神，研究讨论市政府领导班子成员2020年安全生产重点工作清单、有关部门安全生产工作职责规定、打好防范化解重大金融风险攻坚战实施方案、安定小学施教区调整方案等议题。

5月22日，第十七届市政府召开第四十九次常务会议，传达省和南通市集中开展违法违规“小化工”百日专项整治行动视频会议精神，研究讨论集中开展违法违规“小化工”百日专项整治行动方案、南通市第一巡察组对如皋安全生产巡查反馈意见整改方案、深化公共资源交易平台整合共享的实施方案、“2523”工业大企业培育实施试行方案(2020—2022年)等议题。

6月23日，第十七届市政府召开第五十次常务会议，传达省委办公厅、省政府办公厅《关于深入解决形式主义突出问题、持续为基层减负的通知》精神，中共中央办公厅、国务院办公厅《关于做好当前信访工作的通知》精神、国务院江苏安全生产专项整治督导工作推进会议精神，讨论四套班子领导开展“百团进万企”安全生产学习宣讲活动建议方案等议题。

8月4日，第十七届市政府召开

第五十二次常务会议，传达学习南通市委十二届十二次全会精神，国务院、全省第七次全国人口普查电视电话会议精神，讨论研究安全生产专项整治三年行动工作方案等议题。

8月22日，第十七届市政府召开第五十三次常务会议，传达学习习近平总书记对制止餐饮浪费行为作出的重要指示精神，研究讨论如皋市贯彻《国家积极应对人口老龄化中长期规划》实施方案、规上服务业企业培育实施方案等议题。

9月4日，第十七届市政府召开第五十四次常务会议，传达国务院安委会办公室关于天津汇洋石油储运有限公司突出问题隐患等有关情况通报，研究讨论城乡公交一体化运营改革实施方案、公共交通线网规划修编方案、公共交通成本规制及政府补贴办法、公交客运服务监督考核评价实施办法等议题。

9月14日，第十七届市政府召开第五十五次常务会议，传达学习习近平总书记在扎实推进长三角一体化发展座谈会上重要讲话精神、在经济社会领域专家座谈会上重要讲话及关于"十四五"规划编制重要指示精神，并就有关议题进行研究讨论。

10月13日，第十七届市政府召开第五十七次常务会议，传达国务院办公厅贯彻落实习近平总书记在全国抗击新冠肺炎疫情表彰大会上重要讲话和有关重要指示精神、省教育厅副厅长顾月华调研白蒲中学时讲话精神、南通市城镇小区配套建设幼儿园治理攻坚电视电话会议精神，并就有关议题进行研究讨论。

11月13日，第十七届市政府召开第五十九次常务会议，听取安全生产工作开展情况、全市信访维稳工作情况汇报，讨论2020年市融媒体中心(传媒集团)工作目标责任制考核办法，并就下一阶段安全生产特别是专项整治工作、市融媒体中心建设等议题进行研究讨论。

11月26日，第十七届市政府召开第六十次常务会议，传达学习习近平总书记视察江苏重要指示和在全面推动长江经济带发展座谈会上重要讲话精神、国务院联防联控机制会议精神，听取2020年政府为民办实事项目、建议提案及"关于支持长江镇跨过长江去、加快建设融入长三角一体化发展前沿区"议案办理情况汇报，研究讨论关于2020年市级财政预算调整方案(草案)报告等议题。

12月19日，第十七届市政府召开第六十一次常务会议，传达学习习近平总书记在中央政治局第二十五次集体学习时讲话精神，听取森林防火、城市地下管网、校园和校车、农业机械、成品油(含加油站)领域安全生产专项整治工作情况汇报，听取日达智造项目推进情况和国林汇泰、金嘉花园等项目尽职调查报告，传达南通市危险化学品使用安全专项治理工作推进视频会议精神，讨论2021年市级部门预算(草案)等议题。

政府施政

【概况】 2020年，市政府坚持稳中求进工作总基调，坚持新发展理念，坚持高质量发展，抢抓长三角一体化发展机遇，围绕"奋力建设长江以北最强县市"目标，统筹疫情防控和经济社会发展，较好完成全年目标任务。实现地区生产总值1305亿元，比上年增长5.3%；一般公共预算收入72亿元，税占比84.7%、南通第一；固定资产投资476.5亿元，比上年增长10.1%；社会消费品零售总额458亿元，比上年增长7%；进出口总额248.9亿元，比上年增长1.1%。城镇、农村居民人均可支配收入分别为49118元、23599元，比上年分别增长4.6%、7.7%；城镇登记失业率降至1.74%；完成上级下达节能减排任务。

【促进文化产业高质量发展激励办法】 3月11日，市政府办印发《如皋市促进文化产业高质量发展激励办法》，提出进一步推动现代文化产业建立健全体系，培育新兴业态，打造新增长极，切实增加文化和旅游产品供给，构筑思想文化建设和文明道德风尚高地。对招引重大文化产业项目，培育规模文化企业，做强重点文化服务业企业，创建文化产业示范园区、基地、企业，非遗项目产业化，文艺精品创作，非国有博物馆发展，文物保护单位提档升级，文化产业人才招引培养，法人企业和个人参加、承办各类会展、文创和非遗项目技艺大赛，彰显"长寿文化""古城文化""红色文化"等品牌特色和对全市文化事业发展做出特殊重大贡献的企业、单位、个人和项目加强鼓励，给予奖励补助。

【促进服务业转型发展政策】 3月20日，市政府办出台《关于进一步促进服务业转型发展的若干政策意见》，提出对在如皋市注册且不占用土地及岸线资源的贸易型企业和年应税销售20亿元以上的建材贸易企业、将市外发生的业务整合到如皋市开票纳税的总部型服务业企业、经营交通运输和船货代业务企业，在如皋市注册从事融资租赁、融资保理等新型金融业态企业，实行分档补助，用于企业人才引进、技改投入、信息化建设、做大做强等方面。

【进一步打造资本市场"如皋板块"政策意见】 5月15日，市政府出台《关于进一步打造资本市场"如皋板块"、助推经济高质量发展的若干政策意见》，进一步鼓励企业坚定不移地走上市挂牌、资本经营的发展道路，提出要大力培育上市挂牌后备梯队，全力推进企业上市和新三板挂牌，鼓励上市挂牌企业做优做强，鼓励设立和引进创投股投基金，加快推动经济高质量发展，打造资本市场"如皋板块"。

【县域医疗卫生综合服务能力提升三年计划】 6月21日，市政府办印发《如皋市县域医疗卫生综合服务能力提升计划(2020—2022)》，提出不断完善医疗卫生服务体系，积极探索医共体建设，加快推进分级诊疗，着力打造就医环境，全面提升医疗卫生综合服务能力，努力为人民群众提供服务更优、质量更高的医疗卫生健康服务，实现“大病不出县”。目标至2022年，市人民医院、中医院达到三级甲等医院服务水平，镇卫生院(社区卫生服务中心)达到国家推荐标准，建成4家以上农村区域医疗卫生中心，县域内就诊率上升到90%，外转率明显下降，群众满意度和获得感显著增强；全市村卫生室(社区卫生服务站)全部达到省级标准，每万人口拥有全科医生6.4人，真正让群众享受到更加方便、更加实惠、更加均等的基本医疗服务和公共卫生服务；通过医疗、医保、医药“三医”联动，建设覆盖城乡居民的医疗卫生服务体系、医疗保障体系、药品供应保障体系，织牢织密织实医疗制度网络。

【学前教育三年振兴计划】 10月12日，市政府印发《如皋市学前教育三年振兴计划(2021—2023年)》，提出坚持市级统筹、市镇共建管理体制，坚持学前教育事业以公益普惠为主、办学主体以公办园为主、经费投入以公共财政投入为主、专任教师以公办为主、管理以教育部门为主的办园体制，构建城乡均衡、布局合理、优质协调、公民办并举的公共服务体系，形成“广覆盖、保基本、高质量、有特色”办园格局。目标至2023年，学前三年毛入园率百分之百，普惠性幼儿园覆盖率90%以上，省、南通市优质园覆盖率90%以上。城镇地区平均每1万名常住人口配套设置1所9～12个班级规模的幼儿园，每个镇(区、街道)至少设有1所省优质公办中心幼儿园、1所特殊儿童融合教育资源中心。85%以上幼儿园班额符合规定标准。公办园具有独立法人资格，每班达“两名教师一名保育员”省规定标准。幼儿园专任教师总数与在园幼儿总数之比不低于1:15，其中事业编制幼儿教师占比达幼儿教师总数50%要求，本科及以上学历教师占比50%以上。财政性学前教育经费在同级财政性教育经费中占比高于5%，幼儿园公用经费预算定额标准达到小学同等水平。全市幼儿园管理规范，保教质量优质，园园有特色，0～3岁婴幼儿早教服务体系基本构建。

《如皋市学前教育三年振兴计划(2021—2023年)》提出要构建“广覆盖、保基本、高质量、有特色”办园格局。图为12月15日如皋高新区桃园幼儿园开展“我和瓜蒌的故事”主题系列活动，感悟美好生活　(陈　丽摄)

【加快补足“三农”领域突出短板】 11月27日，市政府出台《关于扩大农业农村有效投资、加快补上“三农”领域突出短板的实施意见》，提出从高标准农田建设、畜牧业高质量发展、水产养殖池塘生态化改造、农业安全生产保护能力、智慧农业设施建设、乡土人才培养等方面着手，大力实施农业农村领域补短板工程，进一步推进农业农村现代化建设，推动企业“联村带农”，带动资本进入农村，建立健全财政优先保障、金融重点倾斜、社会积极参与的多元投入格局，推动农业优结构、增后劲，促进农业丰收农民增收，巩固脱贫攻坚成果，为振兴乡村、加快推进农业农村现代化奠定坚实基础。目标到2022年，全市建成高标准农田11640公顷，标准化生态健康养殖占比85%以上，全面治理黑臭水体223条，建成智慧镇2个，每个镇建成数字村(社区)2个以上。

【民生实事项目】 年内，市政府实施民生实事项目10个。完成城乡客运一体化运营改革，制定成本规制及财政补贴办法，完成星星公交并购重组和飞鹤公交线路经营权回收，优化运行城乡公交线路92条，上线运行电动公交车88辆，建成公交站亭34个、站牌223个。加强生态环保监测与治理能力建设，开展大气、水质网格化管控监测，建成并运行考核断面水质自动监测站4个、大气环境自动监测点14个，完成镇级污水处理厂提标改造5个，建成村庄生活污水处理设施6个、如泰运河及通扬运河重要支流周边农户生活污水处理设施惠及2000户。实施供水安全保障提升工程，完成镇级民营水厂整合，区域供水入户率百分之百；区域供水三期管网基本建成，完成20万吨/天净水处理厂、60万吨/天深度处置中心土建工程、输水管线工程量的70%。实施城区农贸市场新建工程，东皋市场主体封顶，新城市场完成桩基工程、土方开挖。主城区投放生活垃圾分类设施覆盖居民小区50个，12个小区实现“两定一撤”(定时定点分类投放，楼栋撤桶并点)四分类，设置垃圾分类亭，居民日常生活垃圾按照可回收物、厨余垃圾、有害垃圾和其他垃圾“四分类”标准进行分类投放。单位食堂及餐饮单位餐厨废弃物规范收运处置实现全覆盖。凌青建筑装潢垃圾资源化处置中心建成运行。继续推进城区水系综合提升和居民小区综合整治工程，完成内外城河综合提升工程和秀水苑一期、福星新村等老小区改造及绿化集中整治。实施就业帮扶工程，帮助11869名困难人员实现就业；推进“阳光扶贫”助保贷款，审核助保申请对象2658人；安置转业军官20余人、转业士官20余人，安置率百分之百，下岗失业退伍志愿兵实现再就业。继续完善应急防控体系建设，市应急指挥服务中心完成硬件装修、软件开发，与南通市应急指挥中心和市域治理现代化指挥中心实现数据对接；搬经镇消防站完成基础设施建设和装备器材采购；江安镇消防站建筑主体基本完工，完成办公设备、营区智能化设施采购；白蒲镇消防站主体封顶。推进教育高质量发展，新城高中和青少年宫完成桩基施工，志颐小学、附小幼儿园开始主体结构施工，如皋中学品质提升工程完成总工程量50%；实验小学西侧福星新村3幢居民楼搬迁99户，交房94户。推进医共体建设，市人民医院、中医院分别与6个镇卫生院开通远程会诊、影像技术服务等；升级镇卫生院、村卫生室信息系统，实现镇村卫生机构一体化管理；新增南通市临床重点(建设)专科10个，申报省级重点(建设)专科7个；招引本科及以上卫技专业人才101人，招录免费培养农村订单定向医学生109人。

（倪建军）

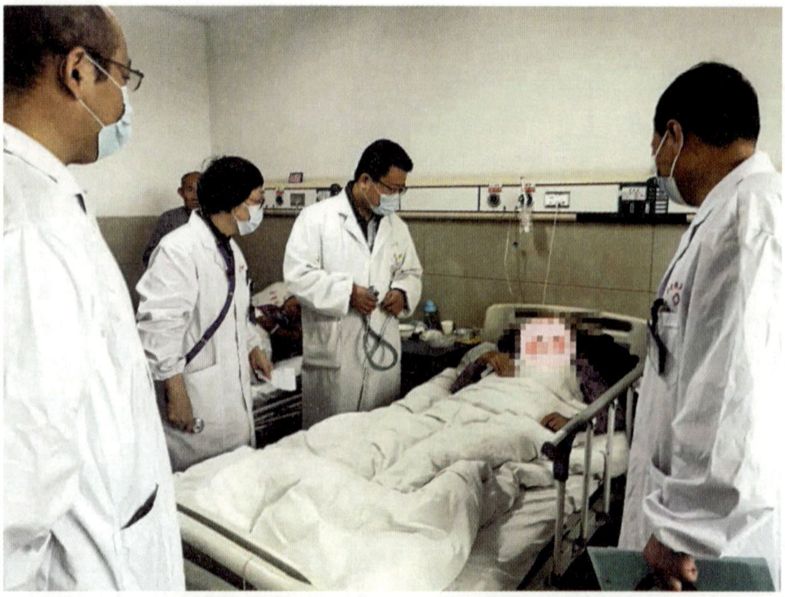

年内，如皋市以市人民医院、市中医院为龙头，分别对接3家镇卫生院，启动医共体建设试点。图为10月30日，市人民医院临床、护理专家在磨头镇卫生院查房　（磨头镇供图）

服务型政府建设

【概况】 2020年，市行政审批局加强实体大厅集约化建设，梳理行政许可、行政确认、行政奖励、行政裁决、行政给付、行政其他6类政务服务事项907条，确保行政审批、政务服务事项全部纳入政务大厅集中办理，各类事项“应进尽进”。深化“一窗受理、全科服务”模式，完善知识库，运用二维码告知办理方式，开展预约服务、延时服务、上门服务等个性化特色服务，实现群众和企业办事“只进一扇门、只跑一个窗、最多跑一次”。全面优化市场主体全生命周期服务。实行企业开办一件事一次办，线上整合公安、银行、税务、人社等部门相关审批业务，线下专设企业开办全流程绿色通道“一站式”服务专区，实现业务办理线上融合、线下聚合。开展“政银合作”，推动企业开办全流程信息共享、同步审批，常态化实现75%以上开办企业0.5个工作日内全流程办结。推行公章刻制政府买单，企业开办全过程零收费。实行简易注销登记，推广应用“注销企业全链通”平台，网上办理企业注销事宜。办理施工许可144件。组织公共资源交易活动883件，标的额64.18亿元。受理各类行政审批事项82万余件，按期办结率百分之百，综合评议满意率百分之百。协调服务重大项目事项115件次，召集各类评审会、协调会、现场踏勘2000余次，解决企业、群众办事遇到各类难题。

【政务公开】 年内，38个政府部门、14个镇(区、街道)通过政府网站主动公开政府信息14828条，其中市政府、市政府办文件及人事任免等政府信息278条。围绕政府出台的重大政策和群众关注的社会热点，组织开展政策解读38次，制作服务性专题20个。

公共卫生信息公开　依法及时、准确发布启动一级响应、停止集市集会、商场暂停营业等各类通告20余条，坚持做好疫情防控常态化下疫情信息发布；修订《如皋市突发公共卫生事件应急预案》《如皋市突发重大动物疫情应急预案》等应急预案，普及公共卫生安全知识，提高社会公众特别是应急预案执行人员风险防控意识和应对能力。通过“12345”热线解答疫情防控、苏康码申领等诉求办件97件。

政务服务事项公开　全面落实“放管服”改革，推进政务服务事项实施清单及办事指南标准化建设，全面优化办事流程，优化政务服务网个人、法人空间，推动政务服务从“群众跑腿”向“数据跑路”转变，让办事群众和企业动态掌握办事流程进度。

经济政策公开　通过LED显示屏发布网上办税缴费事项清单194个，推出疫情防控相关优惠政策解读、涉税操作等掌上“雉税学堂”线上课程24期，通过“皋直播”举办“网上办、自助办、预约办”网络直播，依托“如皋审批服务”平台推广税收“暖企”十条政策。

市场监管规则和标准公开　加强重大行政决策和涉及民生事项公开，定期发布食品安全监督抽检信息和监督抽检不合格食品核查处置情况，对295名执法人员信息全面公开，及时公开“双随机、一公开”检查结果。

预决算信息公开　市政府及65个单位通过省预决算公开统一平台，公开预决算公开管理文件、政府预决算、调整预算、部门预决算，主动发布财政预决算信息277条。

依申请公开办理　进一步规范依申请公开工作中受理、承办、审核、答复和归档流程，更好保障公民、法人和其他组织依法获取政府信息权利。全市全年依申请公开政府信息办件744件(含上年转办37件)，申请内容主要集中在房屋搬迁、土地征用、社保医疗等方面，除34件结转2021年处理外，均依法办结。年内，如皋市本级没有因信息公开被行政复议认定违法或行政诉讼败诉情况。

政府信息资源管理　严格政府信息保密审查程序。全面推进基层政务公开标准化规范化。印发《如皋市全面推进基层政务公开标准化规范化工作实施方案》，实施政务公开标准化规范化工程，加强上下对接、试点指引、横向联动，全力推动编制任务落地落实。全市共有19个部门、14个镇(区、街道)参与基层政务公开标准目录编制工作，形成标准目录成果43个，如期完成编制工作。

年内，如皋市通过“部门联办、一窗通办、就近即办”，整合新生儿户口登记、社会保障卡申领、医保参保登记等事项，在南通率先推出“新生儿出生一件事”服务。图为8月4日，各派出所户籍民警参观学习“新生儿出生一件事”试点经验

(市公安局供图)

【“一件事”改革】　年内，市行政审批局升级完善如皋市智慧审批“一网通办”平台，线下增设多个“一件事”服务窗口，为办事群众提供全程高效线上线下服务。上线“一件事”服务64项，其中，个人生活类13项、企业经营类23项、项目建设类9项，公共服务高频类19项，“一件事”月均网办量1200余件。3月，市行政审批局牵头市卫健委、公安局等部门推出“出生一件事”服务，从少数乡镇试点转变为全市全覆盖，月均办件400余件。6月，联合多部门在全省率先推出“电力接入工程项目审批一件事”改革，审批时长由10余个工作日压缩到少于5个工作日。

【工程建设项目审批服务】　年内，市行政审批局将工程建设项目审批划分为立项用地许可、工程建设许可、施工许可、竣工验收4个阶段，设置综合窗口4个和水、电、气等市政公用服务窗口，实现“一个系统”统一管理、“一个窗口”综合服务、“一张表单”整合材料审批模式。优化服务举措，实行一个阶段一个窗口牵头，向前延伸至企业注册，向后延伸至不动产权办理，将同阶段其他行政许可、技术审查、强制性评估、中介服务、市政公用服务及备案等事项纳入相关阶段办理或并行推进。研究出台《建设工程设计方案联合审查实施意见》，建设联合审查网上办件平台，申请人提交一套资料，网上流转，变原来“串联”审查为“并联”审查，减少申请人重复提交材料40%，压缩审批时间50%以上。深化“容缺审批”机制，全年办理容缺项目25个，单体项目审批进程提速20%以上。推动项目早开工、早投产，强化帮办代办，抽调业务骨干组成上门帮办团队，实行一企一案、专人专办，协助企业解决项目审批中遇到问题，指导镇(区、街道)代办团队共同做好帮办代办工作。

【公共资源交易管理】　年内，市行政审批局研究出台《关于进一步加强工程建设招标投标管理工作的通知》《政府投资项目管理暂行办法》等文件，推进公共资源交易领域阳光防范体系建设。建立联席会议制度，对公共资源交易领域存在的共性或个性问题进行研究。全年召开联席会议17次，讨论重大项目招标采购文件53项，统筹协调解决各类问题39件，项目流标率比上年下降15.6%。强化“不见面”交易，实现全流程电子化，全年完成不见面交易标段404个。

（王仲仲）

【不动产登记】 年内，市自然资源和规划局颁发不动产权证书39945本，其中，一手房转移登记7779件，二手房转移登记8790件，转移抵押合办登记5358件，抵押权登记13264件，首次登记、换发证、变更登记、遗失补证等其他登记4754件。出具不动产登记证明1.86万份、首次登记证明单1.8万份，办理查封登记1641件、注销登记1.12万件。受理企业、个人不动产登记查询2.72万件。打造“互联网+不动产登记”服务新模式，实施“预约办、智慧办、即时办”提速工程，与市地方金融监督管理局、人行如皋市支行联合出台《关于提升我市不动产登记便利度的公告》，对个人购买商品房、存量房时转移登记和抵押登记合并办理，加快实行银行贷款批贷前置，缩短业务办结时限，除经公证的继承、受遗赠等复杂不动产登记及大宗批量不动产登记外，实现大部分不动产登记业务对外3个工作日办结、对内0.5个工作日办结；推进如皋农商行、中国银行如皋支行等9家银行设立便民服务点，启用不动产登记电子证照，方便市民在户口迁移、子女入学、融资抵押等场景查验使用；在企业用地挂牌成交后，提前组织开展测绘、权属调查、成果审核入库等工作，通过与税务、金融机构间协同合作，实现交房(地)即发不动产权证，全年办理交房(地)即发不

2020年如皋市工程建设项目招投标情况表

表51

项目分类＼主要内容		项目数（个）	标的额（万元）	节资额与预算比	节资额与控比
公开招标	房屋建筑	57	405336.20	58903.11	17023.95
	装饰装修	4	7262.52	2315.71	1080.46
	市政设施	58	69090.19	19486.17	10871.12
	水利工程	22	21449.33	8417.02	5712.80
	勘测监理设计	27	6391.79	1371.25	1000.00
	材料设备	23	17419.22	1879.24	1664.94
	小型项目	486	46441.72	23092.63	8852.69
	其他类型	12	2429.01	2226.34	613.04
邀请招标		29	37931.79	5535.71	5178.30
流标转直接发布备案		77	17157.27	1389.27	1389.27
合计		795	630909.04	124616.45	53386.57

其中国有投资项目

项目分类＼主要内容		项目数（个）	标的额（万元）	节资额与预算比	节资额与控比
公开招标	房屋建筑	48	349475.58	53321.85	16343.43
	装饰装修	4	7262.52	2315.71	1080.46
	市政设施	58	69090.19	19486.17	10871.12
	水利工程	22	21449.33	8417.02	5712.80
	勘测监理设计	25	6032.16	1252.88	881.63
	材料设备	13	6742.98	1193.48	979.18
	小型项目	481	45925.65	12920.26	8687.96
	其他类型	11	2124.08	2099.27	572.09
邀请招标		11	13263.65	2129.69	2115.24
流标转直接发布备案		72	14379.26	1169.28	1169.28
合计		745	535745.40	104305.61	48413.19

2020年如皋市国有产权交易项目情况表

表52

项目分类＼主要内容	项目数（个）	预算价（万元）	成交额（万元）	增加额（万元）
拍　卖	85	1248.78	1363.44	114.66
网络竞价	46	1768.45	1770.36	1.91
协　议	2	61782.00	61782.00	—
合　计	133	64799.23	64915.80	116.57

2020年如皋市政府采购(集中采购)项目情况表

表53

项目分类 主要内容	项目数(个)	标的额(万元)	节资额(万元)
公开招标	64	28897.33	3686.87
竞争性谈判	30	4405.24	707.90
竞争性磋商	46	23896.15	5265.02
询价	14	1741.40	178.49
单一来源	43	10816.50	852.90
合计	197	69756.62	10691.18

动产权证2364本。11月,如皋市不动产登记系统异地容灾项目启动招投标工作,通过数据异地备份,实现重要不动产登记业务双在线。

(郑淑一)

【"12345"政府公共服务】 年内,市市域治理现代化指挥中心不断优化政务服务质量,依托原"12345"市长公开电话,通过直接整合、并联整合、协约管理等方式,整合全市34个部门(单位)77条8位数政府服务热线,完善与"110""119""120"等紧急救助平台协同机制,实现"一个号码"受理公众和企业求助、建议等非紧急类诉求,同步提供政策解答、协同办事等服务。依托"南通百通"如皋频道、如e融媒等手机平台拓宽"12345"在线受理渠道,深化"三延"工作法(群众诉求延伸到事件现场,群众所盼延伸到政策层面,群众所怨延伸到民主考量)和老干部专家组协调解决问题等特色做法,构建全天候、全媒体、全覆盖、全方位、全质效"12345"政府公共服务新体系。年内,"12345"政府公共服务中心受理各类诉求7.38万件,直接答复5.1万件,形成工单交办至网络单位2.28万件,办结率99%,各网络成员单位反馈率99%,解决东大街房屋维修等20余件群众反映强烈的"老大难"热点问题,群众满意率和基本满意97%。

(章　逸)

市政府投资项目工程建设

【概况】 2020年,市政府投资项目工程建设中心代建项目14个,计划投资总额4.3亿元,总建筑面积11.21万平方米。其中上年结转续建项目6个,建筑面积3.59万平方米;当年新增计划内政府投资项目8个,建筑面积7.62万平方米。截至年末,竣工交付使用项目6个,建筑面积2.39万平方米;在建项目8个,建筑面积8.82万平方米。

【工程变更】 年内,市政府投资项目工程建设中心审核全市各建设单位提请评审政府投资项目工程变更63个,项目总投资20.67亿元,申报工程变更总额2534.37万元,评审确认工程变更总额2480.37万元,约占项目总投资1.2%,累计核减工程变更资金53.91万元。办理容缺审批政府投资项目16个,建筑面积150.32万平方米,计划投资总额120.65亿元。

【重点工程】 市中医院内科病房综合楼项目　为市政府为民办实事项目,计划投资19742万元,建筑面积3.3万平方米,2018年12月全面开工建设。2020年12月土建工程通过竣工验收。

陆桥社区公共服务中心项目　计划投资1000万元,建筑面约2287平方米,项目合同价548.73万元,于2020年6月29日开工建设。截至年末,综合楼完成基础验收,实现封顶;消防水池浇筑、便民疏导点钢结构主体工程完工。

保安公司二期工程　计划投资1000万元,占地面积约2万平方米,包括扣押车辆保管场、押运车辆保管场、大宗涉案物品保管场、消防水池等项目建设,于2020年4月底正式开工建设,12月全面竣工。

(徐美燕)

外　事

【外事服务】 2020年,市委外事办全力服务复工复产。在做好外防输入的前提下,及时协调相关涉外问题,支持瑞泰船务等海工企业开展外轮修造业务,全年完成80余名境外货轮人员在如皋港换岗。协助梦百合家居科技股份有限公司顺利派遣工作人员赴塞尔维亚。推进企业邀请外国人来华工作,精准对接服务,申办邀请外国人到如皋20余人次。与省外事办调研组沟通,南通泰慕士服装有限公司、南通荣威娱乐用品责任有限公司、梦百合家居科技股份有限公司等重点外贸企业提出的业务板块受疫情影响、签证办理难等情况被纳入省外办政策调研报告《疫情防控常态化背景下我省涉外企业有"六盼"——以苏州南通两市为例》中。8月,做好以色列驻沪领事馆领事葛丽茉一行到如皋进行商务访问的服务保障。9月,为荷兰北布拉邦省一家生产动物蛋白配料企业与如皋市长寿集团牵线搭桥,助推双方开展合作洽谈。11月28日,做好由瑞典斯堪尼亚集团投资建设的重型卡车制造基地新闻发布会、揭牌仪式及庆典活动的外事服务保障。

【涉外管理】 年内,市委外事办组织相关涉外部门、单位和企业参加南通市委外事办举办的外事礼宾礼仪讲座,帮助相关人员深入了解礼宾工作内涵。提升处置能力,及时处置一起如皋市居民所在货船疑似被海盗劫持信息。严把“输入关”,打赢“转运战”,成立口岸运转工作组,组建24小时点对点转运专班,实行无缝对接、闭环管理,全年转运境外入境人员440人。严格按照疫情防控工作要求,与市卫健委、公安局等部门密切配合,组织人员加入南通驻昆山接转工作专班,对轮值隔离中转运至如皋市涉外集中隔离点人员落实后续隔离和防控措施。全年转运境外回国人员253人,未发生境外新冠肺炎输入案例。及时调整因公出国出境和外国人来华邀请工作,加强对出入境人员必要性审核,降低疫情输入风险。会同市公安局、交通运输局、卫健委等部门成立涉外联防联控机制,全面摸排如皋籍在国外人员和在如皋外籍人员底数,掌握所有到如皋籍海外入境人员信息,提前进行分析研判。提醒在如皋常驻及短暂停留外国友人做好个人防护并配合当地疫情防控工作;对海外留学生通过发布《给海外留学生的一封信》《答留学生家长问》和邮递爱心包裹等方式,传达市委、市政府关心关切,做好相关政策解释;对在外商务人员及务工人员,由派出单位提醒其做好安全防范工作。动员各界人士守望相助、参与疫情防控工作,其中一名侨商通过市外事办向安定小学、实验初中、如皋中学、市一中捐赠口罩4万只,助推复学。3月,梦百合家居有限公司向塞尔维亚捐赠医用防护服1000套、口罩5万只,助力中塞友谊。

(江　宇)

台湾事务

【概况】 2020年年末,全市有正常运转台资企业38家、台属企业11家,常住如皋台胞48人。年内,市委统战部召开台企台胞代表座谈会,联合市人大、市政协开展台企台胞走访活动。制定《市委统战部党员干部挂钩联系港澳台侨企业制度》,29名党员分8组集中走访台资企业等,了解企业生产生活状况,宣传惠企政策,协调解决企业困难,倾听企业的意见和建议,共同推进企业健康发展。走访调研台资企业24家,协调解决问题12个。南通市台办、省台办网站录用如皋市对台信息69篇。

【对台经济】 年内,全市新批台资项目12个,增资项目3个,总投资3.4亿美元,实际利用台资3640.6万美元,其中柏承科技项目总投资20亿元,于2月开工建设。南通斯密特森光电科技有限公司被确认为国家知识产权示范企业、国家专精特新小巨人企业、省专精特新小巨人企业、省企业技术中心;顺帆家庭用品(南通)有限公司与江苏理工学院建立产学研合作校企联盟,签订技术开发合同,共同推进“瓶胆保温性能智能检测系统的开发”项目科技成果转化。

(金浩然)

人才人事

【人才引进】 2020年,如皋市持续推进“222”人才引进工程,全市引进海外留学回国人员40人、硕士以上研究生和高级职称以上人才212人、本科学历和中级职称人才2261人,新增参保高校毕业生4334人。开展就业政策宣传月和就业促进月、高校毕业生暑期专场招聘等活动,举办各类专场招聘会46场。组织知名企业赴省内高校、甘肃省兰州市、陕西省西安市、广西壮族自治区桂林市等地开展专场校园招聘28场,累计参会企业283家次,提供大学生就业岗位5392个,吸引近1万名高校毕业生应聘,达成就业意向854人;与甘肃机电学院、陕西工业职业技术学院、咸阳职业技术学院签订共建人才开发合作基地协议,建立与高校长期合作平台。

【人才津补贴】 年内,如皋市及时兑现各类人才津补贴。上半年,发放2019年度人才项目配套经费23.95万元,2019年度企业社保补贴、引才奖励和就业资助114.5万元,7名企业高层次人才购房补贴27万元,12名博士后人员生活津贴14万元及2018年相关人才项目绩效考评奖23.75万元,计203.2万元。下半年,发放456名高层次人才生活津贴、本科生综合补贴356.3万元,2名企业高层次人才购房补贴10万元,12名企业高层次人才2019年度个税奖励4.6万元,1名海外高层次人才2019年度个人所得税奖励0.6万元,计371.5万元。

【人事】 年内,市人力资源社会保障局完善人事招录工作,全年招聘事业人员527人、合同制人员47人,考试服务1.24万人次,安全率百分之百。核准岗位变动500余人次,做好事业单位人员考核奖励、事业单位工资奖金审核工作及全市评比表彰工作,确保零差错。安排19名专业技术人才对口支援洋县。在全市范围内摸底调研政府购买服务岗位人员情况,进一步加强政府购买服务岗位人员规范管理。全年评定各级各类职称1266人,其中,初级职称708人、中级职称356人、高级职称202人(其中正高级职称2人)。新增专业技术人员8786人,完成南通下达年度目标任务数135%。发放职称证书2043本,补办初级职称证书36本,审核中转补办中级、高级职称证书材料4份,对专业技术人员开展继续教育鉴证400份。年内,市人力资源社会保障局受理建设工程高级职称申报105人,通过评审87人。受理综合工程中级职称申报361人。组织教育系统教师申报职称初定、评审,组织推荐讲师10人、高级讲师11人、中小学幼儿园高级职称112人。

(刘海燕)

重要会议

【市政协第十四届委员会第四次全体会议】 1月10—13日，市政协召开第十四届委员会第四次全体会议。市委书记张建华在开幕式上发表讲话。会议学习和讨论张建华在开幕式上讲话，听取并审议市政协常委会工作报告和提案工作报告。与会委员列席市第十七届人大四次会议，听取和协商政府工作报告和市人民法院、市人民检察院工作报告。会议一致通过《如皋市政协第十四届委员会第四次会议决议》，选举政协如皋市第十四届委员会常务委员3人。市政协第十四届四次会议期间，广大政协委员和各专门委员会，紧扣市委、市政府重点工作部署和民生领域中重要问题，提交提案458件。

【第十四届市政协常委会议】 1月2日，市政协第十四届委员会召开第十六次常委会。会议听取市政协第十四届三次会议委员提案办理情况通报；调整部分政协委员；审议通过市政协第十四届常委会工作报告（草案）、提案工作报告（草案）；审议通过市第十四届委员会第四次会议议程和日程（草案），大会秘书长、副秘书长、提案委员会建议名单；审议通过2020年政协协商工作计划。

1月12日，市政协召开第十四届第十七次常委会。会议协商通过部分常委、委员调整方案；通过市政协十四届四次会议大会选举办法（草案）、常委建议名单和监票人、计票人名单；听取各组讨论情况报告；审议通过市政协第十四届委员会第四次全体会议决议（草案）。

7月17日，市政协召开第十四届第十八次常委会。会议协商通过政协机关委室副主任人选及部分委员调整变动情况；邀请省政协副秘书长作题为《贯彻落实新要求，干出新时代政协新样子》专题讲座。在前期通过"如皋智慧政协"委员履职平台征集意见，组织如城街道工委、工商委员组协商议事活动，召开各金融机构、市地方金融监管局座谈会征求意见，到外县市学习调研基础上，专题协商讨论市金融支持实体经济发展工作情况，对金融支持实体经济发展提出建议意见。

12月16日，市政协召开第十四届第十九次常委会。会议学习十九届五中全会及习近平总书记视察江苏讲话精神；协商通过免去政协常委及增补政协委员名单。在前期组织部分政协常委对全市基层医疗卫生服务体系建设情况进行深入调研，赴仪征市和浙江省德清市两家全国基层医疗卫生体系建设先进典型学习，向政协委员及群众发放调查问卷1784份征求意见的基础上，专题深度协商全市基层医疗卫生体系建设情况，通过《市政协常委会关于着力构建高质量基层医疗卫生服务体系的建议案（草案）》。

【第十四届市政协主席会议】 4月30日，市政协主席会议专题协商全市河长制推进落实情况。在组织部分委员现场参观，召开部门座谈会，学习借鉴无锡新吴区、苏州太仓市、上海崇明区先进经验，广泛听取社会不同阶层人士建议意见基础上，对河长制推进落实情况进行专题协商。

8月25日，市政协主席会议专题协商市政府民生实事项目和重点项目实施情况。与会人员视察焦港闸、通皋大道、如皋高铁南站、李渔小学、58号搬迁地块等建设现场，经过协商讨论，提出要提高政治站位、增强加快工作推进自觉性和紧迫感，真正把民生实事项目打造成凝聚人心民心工程建议。

8月28日，市政协主席会议协商全市科技创新平台建设工作。主席会议成员通过赴海安、启东两市考察学习，调研市内部分创新平台，召开专题协商会议等方式，对科技创新平台建设工作进行协商，提出要进一步加强企业创新平台建设、加强新型研发机构建设、加强科技孵化器建设、加强人才队伍建设、加强组织推进等建议意见。

10月20日，市政协主席会议协商市级国资国企改革工作。主席会议成员视察张八里花苑小区建设项目、交通产业集团工程质量检测中心、内外城河提升项目，召开协商会议，提出市级国资国企改革要正确把握改革发展方向、探索快速发展新路子、争取经济效益和社会效益双丰收、推进党风廉政建设进一步走向深入等建议意见。

10月21日，市政协召开主席会议协商讨论建筑业高质量发展问题。在前期先后召开全市特级、一级企业负责人座谈会，实地察看项目施工现场，并赴启东、海门学习借鉴先进经验基础上，针对全市建筑业转型升级发展中存在问题，提出要进一步提高建筑业社会地位、尽快出台扶持激励政策、积极帮助企业化解历史包袱、加大对建筑业转型升级扶持引导力度、加快建筑业人才引进和培养等建议意见。

11月6日，市政协主席会议专题协商持续推动高中阶段教育优质发展工作。调研组实地察看白蒲中学，座谈听取市教育局、如皋中学、白蒲中学、如皋第一中学、江安中学等单位情况汇报，提出教育部门要抢抓高中教育发展良好机遇，用好用足政策；要认真研究高考新模式，确保高考成绩持续高位走强；要激发教师潜能，建设高素质教师队伍；要发挥好校长“车头效应”，推动高中教育持续高质量发展建议意见。

11月10日，市政协主席会议专题协商市人民检察院认罪认罚从宽制度落实及生态环境司法保护工作。主席会议成员在听取市人民检察院检察建议基本情况介绍后，经过协商讨论，建议检察机关要自我加压，继续高位发展，把认罪认罚从宽制度落实和生态环境司法保护工作进一步做实做好，助推县域治理体系和治理能力现代化。

【市政协领导班子座谈会】 5月27日，市委书记张建华专程主持召开市政协领导班子座谈会。市政协主席、党组书记张元健代表市政协党组汇报市政协近年工作情况。政协主席会议各位成员结合自身工作，围绕市委、市政府工作重心，对加强项目承载能力建设、积极发挥异地商会作用、提高金融业支持实体经济能力、因地制宜发展城市夜经济等提出建议意见。张建华就进一步做好政协工作，要求市政协树立新理念实现新作为，提高参与服务大局主动意识，提升凝聚各界力量深度和广度，发挥政协独有优势提高工作质效，创新探索履职新路径，建好委员和机关干部两支队伍。

11月10日，市政协主席会议专题协商认罪认罚从宽制度落实及生态环境司法保护工作
（市政协办供图）

参政议政

【提案办理】 2020年，市政协收到委员提案458件。提案中，被确定立案交办376件，其中集体提案和联名提案91件，占立案总数24.2%。在立案交办提案中，关注对接融入苏南、振兴实体经济，立案交办75件，占提案总数20%；关注城乡建设治理、促进生态发展，立案交办175件，占提案总数46.5%；关注保障改善民生，助推社会和谐，立案交办95件，占提案总数25.3%；关注政府职能转变、提升服务效能，立案交办31件，占提案总数8.2%。其中年内解决、列入计划解决及被采纳建议353件，占93.88%；列入2021年或后期办理计划8件，占2.13%；所提问题留作参考或因客观原因暂不能解决15件，占3.99%。委员对提案办理结果满意率95.2%，基本满意率4.8%。

【视察调研】 年内，市政协组织委员视察调研工业企业技术改造工作、地方特色农产品种质资源保护传承及产业化推进情况、财政收支预算执行情况、5G在社会民生中作用发挥、气象应急预警服务、高铁南站与城市交通快速路网有机融合、文化产业政策贯彻落实、宗教场所建设和规范管理、网络信息安全工作等社会关注度高热点问题，呼应民意，积极建言，助力相关民生问题有效解决。3月19日，市政协视察调研高铁南站与城市交通快速路网规划有机融合工作，先后察看紫光路南延、高铁南站、通皋大道等项目施工现场，并建言献策。3月24日，市政协专委会视察调研工业企业技术改造工作，参观超达装备、天南电力、延康汽车零部件及威格电气技改项目，召开座谈会，听取市发展改革委关于全市工业企业技改工作情况介绍后，为工业企业技改工作建言献策。9月29日，市政协专委会视察调研气象预警服务工作，在参观市气象局新址及硬件建设情况、观摩2020年国庆假日“全国天气预报大会商”视频会议、移动气象指挥系统模拟演练、听取市气象局相关气象预警服务工作情况介绍基础上，与会人员对气象预警工作建言献策。11月中旬至12月上旬，市政协调研组对全市文化产业发展情况进行视察调研，在召开座谈会，走访部分文化产业骨干企业，到张家港市、锡山区等文化产业发展较发达地区参观后，为如皋文化产业高质量发展出谋划策。11月12日至13日，市政协社会和法制委员会会同市委统战部（民宗局）等单位，对宗教活动场所实地调研，召开宗教活动场所负责人座谈会，并赴浙江省余姚市、桐乡市考察，就宗教场所管理和宗教文化创新发展建言献策。12月28日，市政协专题调研全市财政收支预算执行情况，在听取市财政局工作汇报后，建议财政部门要进一步加强对国有公司支持和协同监管力度，不断加强和提升财政资金激励有效性，进一步加强对各镇（区、街道）行政负责人和财政所长（分局长）业务培训工作，与审计部门联动进一步加强重点项目和重点资源监管工作，不断强化监管提升公共财政资金使用效率。

【社情民意】 年内，市政协整理编发反映民生热点问题《社情民意专版》12期。其中关于建立村级河道“自己的河道，自己管护”机制建议被市政府采纳并要求相关部门认真研究落实，同时要求结合全国农村黑臭河道整治试点工作，将农村河道管护作为“有事好商量”协商议题；关于进一步完善和优化医保报销政策、省市共建共养如皋市焦港泵站、规范和落实在职乡村医生社会保险缴纳、提高施工企业招投标竞争力等社情民意，均得到市委、市政府批转落实。

2020年如皋市政协委员优秀提案表

表54

提案编号	案　由	提案人
001	关于全力打造融入长三角一体化发展前沿区的建议案	蔡舒萍等
002	关于强化我市住宅小区消防安全工作、保障居民人身财产安全的建议案	章艾华
273	关于在行政规范性文件制定及重大涉及民生行政决策中引入政协协商机制的提案	社法民宗和港澳侨台委员会
327	关于积极稳妥推进我市既有多层住宅加装电梯的提案	邵海建等
220	关于加强非在编幼儿教师队伍建设的提案	教育委员组
103	关于重视地方特色农产品种质资源传承保护、提纯复壮、扩繁工作的提案	工商委员组
289	关于解决我市高中教师队伍建设突出矛盾的提案	社会保障委员组
372	关于启动实施困难职工“助保贷款”、助推我市脱贫攻坚的提案	冒海清
036	关于高质量推进乡村振兴生态宜居先进村（社区）建设的提案	苏　强
018	关于建立全市应急处置体系、保障人民群众生命财产安全的提案	张　勇
011	关于推动建设高质农产品直供基地融入长三角一体化的提案	王东方等
007	关于加强新时代人才培养、管理，充分发挥人才作用的提案	姚新国
322	关于进一步加强农村生活污水治理工作的提案	石　剑
320	关于进一步优化存量企业扶持政策、推动产业稳步提升的提案	郑淑一
329	关于进一步对如皋实体经济企业降成本促发展的提案	王长忠
008	关于成立市内紧密型医共体、织密三级医疗网络的提案	朱东兵
030	关于加快大数据与实体经济深度融合、推动如皋高质量发展的提案	葛云彩
259	关于切实优化营商环境、促进民营经济成长的提案	张建高
043	关于进一步提升内外城河建设管理水平的提案	张美伦
304	关于深化我市国企改革发展的提案	韦　华
054	关于打造宜居环境、建设绿色美好乡村的提案	陈庆华

政治协商

【概况】 2020年，市政协组织开展常委会专题协商2次，主席会议协商、视察调研及专委会视察17次，形成专题协商报告16份，得到市委、市政府主要领导批示18次。围绕“加快融入长三角区域一体化发展”议题开展委员论坛活动，征集书面建言46篇，遴选22篇汇编成册，为助推如皋市高质量发展贡献政协智慧。

【“矛盾化解在基层，问题解决在一线”调研协商】 2月至5月，市政协专题调研“矛盾化解在基层，问题解决在一线”工作，查找基层治理方面薄弱环节，研究矛盾化解有效措施。调研组在调研走访部分镇（区、街道）和村（社区），组织召开村（社区）书记、网格员代表及政协委员代表座谈会，外出学习考察基础上，召开主席会议深度协商并向市政府提出建议。市政府要求相关部门从体制机制上认真研究落实。市政协对各镇（区、街道）信访责任分解落实、“一战两整治”工作推进、村居信访维稳考核奖惩和评价体系、“无访”社区创建等工作进行督查，向市委、市政府提出推动信访责任制落实督查建议。市委、市政府要求相关部门认真研究，优化工作机制，强化评价导向，改进考核方法，形成具体意见提交政府常务会议研究。

【学前教育调研协商】 3月至5月，市政协成立学前教育专题调研组，先后走访全市17所幼儿园，组织召开专题座谈会11个，与200余名幼教工作者和近50名镇（区）及相关部门负责人沟通交流，并实地赴张家港、扬中、海门、海安等县（市、区）参观学习，从管理体制机制、资源供给、内涵发展、队伍建设、经费保障等方面提出建议意见。所提建议意见被市委、市政府采纳，正式出台《如皋市学前教育三年振兴计划（2021—2023年）》。

【城东工业区南扩调研协商】 7月，市政协对城东工业区南扩规划可行性进行调研协商。调研组实地走访如皋工业园区、如皋高新区、东陈镇、丁堰镇，并召集市发展改革委、自然资源和规划局、住房城乡建设局、交通运输局、水务局、生态环境局分管负责人进行座谈，认为城东工业区南扩规划可行。

【“夜经济”调研协商】 6月至7月，市政协调研组围绕“夜经济”课题开展深入调研，先后赴苏州市姑苏区、无锡市滨湖区、常州市武进区、盐城市盐南高新区、扬州市广陵区和浙江省温州市鹿城区等地学习，提出既要政府合理引导，更要遵循市场规律，必须加大组织领导、发挥好政府主导力量，完善配套政策、激发市场主体活力，加大宣传引导、调动百姓参与积极性等建议。

【“虚拟委员”网上议政】 年内，市政协开通“虚拟委员”网上议政平台。市民围绕经济社会发展重点和民生热点，通过网络有序参与议政建言，提供提案线索，参与命题议政，献策提案办理，跟踪问效，提交建言件1000余件，其中49件被转为正式提案，300余件由政协专委会或委员组进行代言。围绕老旧小区加装电梯民生热点问题，近1000名群众参与议政，提交建言件261件，其中，56条建议被吸纳进《积极稳妥启动实施既有多层住宅加装电梯》重点提案，9条建议被吸纳进试行方案。围绕非在编幼儿教师队伍建设难点问题，“虚拟委员”提交建言件289件，其中20条建议得到办理落实，部分建议被相关调研报告吸纳转化。围绕启动实施困难职工“助保贷款”等重点提案办理，426名“虚拟委员”参与办理质效评估，提交评议件321件。市政协创立“虚拟委员”参政议政机制做法被新华社刊发通稿宣传，被《半月谈》《人民政协报》、学习强国平台予以深度报道。“虚拟委员”参政议政机制被评为省政协创新案例。

【重大行政决策前专题协商】 年内，市政协配套出台政协委员参与重大行政决策前协商办法，对政协委员参与重大行政决策前协商原则、程序、工作要求等作出具体规定。4月初，市政协在有关安定小学、如城实验小学施教区调整行政决策决定前，开展民主协商活动，提出协商意见。市政府在常务会议讨论时对协商建议予以采纳，并专题研究；将政协民主协商纳入行政规范性文件制定及重大涉及民生决策程序，对《如皋市规范性文件管理办法》《如皋市人民政府重大行政决策程序规定》进行修订。

民主监督

【提案监督】 2020年，市政协发挥提案民主监督作用，探索创新提案办理协商方式，建立新机制。创建提案办理事项“清单”闭环系统，立案交办提案全面实行办前协商并形成办理“清单”、办中推进依据“清单”、办后评估围绕“清单”机制。建立并全面实施提案办理成效“2+3”确定制（即办理方自我认定和提案人反馈认定，市委办、市政府办、市政协提案委共同审核确定），实现由“自办自定”到“民主核定”转变，增强办理成效认定准确性。年内，12件重点提案首次由市委办、市政府办、市政协办“三办”联合下发办理通知，明确市级10名党政分管领导、6名政协分管领导全面领办督办，市委、市政府主要领导首次领衔督办。市政府常务会议首次听取重点提案办理情况汇报。组织对2018年“实施乡村振兴八大基础工程”重点提案滚动办理成效进行视察性“回头看”，增强督办实效。立案交办提案办理质量优秀率94.8%。创建委员提案和提案办理"双向评议"系统，提案人和办理方首次全面实行网上双向互评问效，评议提案参评率百分之百，评议办理参评率92.8%。

【民主评议】 9月上旬至10月下旬，市政协组织全体政协委员对市住房城乡建设局、如皋生态环境局开展民主评议，主要对市住房城乡建设局重点工程建设等8个方面，对如皋生态环境局高质量发展考核指标等10个方面进行评议。委员参评率99.5%，提出建议意见294条，涉及市住房城乡建设局131条、如皋生态环境局163条。市住房城乡建设局、如皋生态环境局结合评议反馈意见，逐条落实改进和提升措施，并将整改方案报市政府常务会议研究，推动重点难点工作落地落实。

【专题民主监督调研】 10月26日，市政协组织召开专题民主监督安全生产专项整治座谈会，听取市应急管理局(安全生产专项整治办公室)关于安全生产专项整治基本情况汇报，并建言献策。3月至11月，市政协采取"四不两直"方式，对照污染防治攻坚考核扣分点，持续跟踪监督全市污染防治工作。11月20日，市政协专题民主监督全面建成小康社会短板指标实现情况。与会政协委员听取市统计局关于全市全面建成小康社会指标总体完成情况、短板指标实现情况及各指标在南通地区排名情况介绍，为推进各项指标的完成建言献策。

【"有事好商量"协商议事品牌打造】 年内，市政协创新探索"协商民主在基层"县市实践，聚力做强"有事好商量"品牌，推动政协协商与基层协商相互赋能、与基层群众自治有机结合，形成具有如皋特色协商议事模式。在全市14个镇(区、街道)、347个村(社区)和14个界别委员组"有事好商量"协商议事室建设提档升级基础上，全年开展协商议事活动1300余场次。构建"专委会+界别"协商联合体，选取关注度高、关联性强议题，联合开展协商议事活动；引导基层协商因地制宜，探索"组级协商""上门协商""微协商"等灵活方式，把协商平台搭建到群众"家门口"。以《如皋市城区犬类管理暂行办法》颁布实施为契机，围绕文明养犬议题，通过融媒体直播、线上线下互动，使协商议事更加开放、更有新意，吸引3万余名网友观看。在全省政协系统开展的"有事好商量·民生专题协商议事月"活动中，如皋结合市委"两代表一委员"密切联系群众工作机制，实现共融互通，在全省首家实现所有村(社区)"有事好商量"协商议事全覆盖、"两代表一委员"参与协商全覆盖、市镇村三级领导与群众"面对面"协商全覆盖。"有事好商量·民生专题协商议事月"活动中，全市开展协商议事377场次，参加总人数6700余人，其中群众代表2300余人，形成协商建议清单1800余条。各镇(区、街道)政协工委主动对接市域治理现代化指挥中心和"两代表一委员"反馈交办平台，加快成果有效转化，推动民生事项解决。这一创新做法被新华社客户端、《人民政协报》等媒体专题报道。

9月18日，市政协和市融媒体中心(市传媒集团)联合推出直播节目《有事好商量》，直击文明养犬。图为市政协委员在议事直播间对《如皋市城区犬类管理暂行办法》进行解读
(市政协办供图)

文史编研

【概况】 年内，市政协把握文史服务时代、服务发展、服务社会性质定位，助力高质量发展。召集部分文史工作者，围绕丰富内外城河历史文化元素，就沿河各类历史文化景观新建重建、改造提升、规范管理，提出一系列具体方案，助力内外城河改造。完成文史画册《风雅·如皋》编辑，图文并茂全面呈现如皋厚重历史文化，展示如皋发展软实力。推进文史进校园，打造"一校一品"校园特色文化，免费在部分学校定期开设17种特色课程，邀请非遗传承人和文化名家，传承普及如皋历史文化、红色文化、非遗文化，激发青少年热爱家乡、报效祖国热情。

【《如皋政协志》编纂出版】 12月，历经3年打磨，《如皋政协志》完成编纂工作，由苏州大学出版社出版发行。《如皋政协志》上限起于1956年，下限止于2019年，全书共8章，86.5万字，客观、系统，多层面、多角度记述如皋政协64年发展历程和工作实况，集中展示如皋政协牢固树立鲜明政治导向，牢牢把握团结、民主两大主题，积极履行政治协商、民主监督、参政议政等职能，在各个时期生动实践中取得的成就和经验，为推动如皋政协各项事业发展提供可资参考的历史借鉴。

政协委员工作

【概况】 2020年年初，市十四届政协委员会有委员385人。年内，增补市政协委员22人，因工作变动等原因调离25人，撤销委员资格2人。截至年末，市十四届政协委员会有委员380人，分布在14个镇(区)工委和14个界别委员组，其中，14个镇(区、街道)委员组138人，农业委员组17人、文化体育新闻委员组17人、工商委员组24人、人力资源环境委员组13人、经济委员组37人、教育委员组17人、医疗卫生委员组26人、民宗侨台委员组21人、法制委员组17人、城建委员组18人、科技科协委员组13人、工青妇委员组12人、社会保障委员组10人。有南通市政协委员22人。

【委员履职管理】 年内，市政协充分用好“智慧政协”履职平台，实现委员服务与委员管理信息化、智能化。定期利用平台发布学习资料、通知公告，便于委员及时知情明政、高效履职；新增“网络议政”模块，实现议政建言智能化；自动完成委员履职考核积分累计和排序，形成激励和倒逼机制，提高服务管理效能。与高校合作，组织委员骨干培训班2期，参培委员90余人。搭建委员组及委员履职成果展示平台，在《如皋日报》上设“政协视窗”专版14期，集中展示委员组履职成果，深度采访报道政协委员14人，展示委员履职记录及音频42人。常态化组织政协委员参加市委、市政府重要会议，强化业务培训，提升履职水平。

【扶贫济困】 年内，市政协组织全体政协委员继续传递善举，传承爱心。重点对部分捐助对象进行跟踪帮扶，资助103名困难学生17.25万元。组织企业家委员赴洋县进行苏陕对口协作，开展扶贫济困、助教助学、就业帮扶活动，分别向洋县部分贫困村、学校及困难学生捐助14万元，对接就业岗位100余个。截至年末，政协委员慈善爱心基金累计资助特困学生463人，捐赠总额72.7万元。

(刘亚丽)

2月10日，市政协工商委员组捐赠市人民医院防疫口罩1.5万只

(市政协办供图)

重要会议

【中共如皋市第十二届纪律检查委员会第五次全体(扩大)会议】 4月20日,中国共产党如皋市第十二届纪律检查委员会第五次全体(扩大)会议召开,出席会议市纪委委员15人,列席会议294人。

市委书记张建华出席全会并讲话,要求全市各级党组织要深刻领会习近平总书记关于新时代全面从严治党历史性成就的精辟论述,总结如皋市管党治党成效,在对标找差中奋勇前进;深刻领会习近平总书记以全面从严治党新成效推进国家治理的战略部署,持续深化从严管党治党,为县域治理现代化走在前列提供保障;深刻领会习近平总书记关于完善党和国家监督体系的重大要求,深入推进纪检监察体制改革,着力增强监督的严肃性协同性有效性。

全会认真学习贯彻十九届中央纪委第四次全体会议、十三届省纪委第五次全体会议、十二届南通市纪委第五次全体会议精神,审议通过市委常委、市纪委书记、市监察委员会主任史有根代表市纪委常委会所作《坚定不移深化全面从严治党,为开创"强富美高"新如皋建设新局面提供坚强保障》工作报告,提出2020年全市党风廉政建设和反腐败工作重点抓好八个方面工作:始终牢记初心使命,切实践行"两个维护";始终坚定人民立场,切实回应群众关切;始终坚持探索创新,切实抓好"三项改革";始终强化首要职责,切实规范权力运行;始终突出政治定位,切实提升巡察质效;始终紧盯"四风"问题,切实树新风扬正气;始终保持高压态势,切实深化标本兼治;始终强化自身建设,切实锻造铁军队伍。

【全市党员干部警示教育大会】 1月14日上午,如皋市召开全市党员干部警示教育大会。与会人员观看警示教育片《初心》。市委书记张建华在讲话中要求:全市广大党员干部要把守初心、担使命作为终身必修课,严格按纪律和规矩办事,用忠诚和担当推动如皋高质量发展走在前列,用清廉和实干托起社会和谐、人民幸福。在具体工作中,要坚定信念,压实责任,在全面从严治党中恪守初心;要严守政治规矩,坚定忠诚品格,把管党治党的政治责任放在心上、扛在肩上、抓在手上,体现在责任落实上、政策落实上和工作落实上,始终忠诚于党,忠诚于人民,忠诚于马克思主义;要严抓纪律教育,坚持纪法底线,加强党纪国法的日常教育,加强爱岗敬业的履职教育,加强典型案例的警示教育;要严格权力监督,扎牢制度笼子,强化制度供给,强化制度衔接,强化制度执行监督检查,确保制度时时生威、处处有效。

【全市总结表彰暨作风效能建设大会】 3月14日,如皋市召开全市总结表彰暨作风效能建设大会,回顾总结2019年全市重点工作,表彰2019年度各条战线先进集体和先进个人。会议分析存在问题,动员全市上下深入学习借鉴苏州"三大法宝",牢固树立"对标张家港,行行争第一"鲜明导向,坚定事在人为的信心,发扬事不过夜的作风,以舍我其谁的担当、时不我待的劲头,苦干实干加油干,推进经济社会各项事业实现跨越式发展,奋力开创"强富美高"新如皋建设新局面。

党风廉政建设

【概况】 2020年,市纪委监委加强党规党纪和法律宣传教育,制订《2020年全市党风廉政建设教育方案》,以基层支部、基层单位为主体,一月一主题,下发宣讲提纲,面向全体党员和公职人员开展遵守纪律教育。一月一督查,检查教育效果。制作警示教育片《初心》获南通市警示教育片评选三等奖;2篇作品获南通市纪委"亲情廉语"微视频评比二等奖,5篇作品获优秀奖,市纪委监委获优秀组织奖;摄影作品《马路对面的眺望》参加省“廉廉看·我拍我说”纪检监察摄影故事大赛,获故事类三等奖。把好党风廉政建设意见回复关。建立健全科级领导干部廉政档案,加强党员领导干部任前廉洁情况考察,严把入口关,坚决防止“带病进岗”“带病提拔”,全年回复评先评优、提拔重用的党员干部党风廉政意见函49批共5730余人次。加强政治生态监测,制发《如皋市政治生态监测评估实施办法》,建立健全政治生态评估工作机制,优化监测评估指标体系,分类设置评价指标并科学设定权重,结合日常监督、政治巡察、作风督查、信访举报等常态工作,采取发放调查表、走访调研、数据采集分析等手段进行定量打分和定性描述,对单位政治生态具体情况准确“画像”。突出问题导向,坚持发现问题与推进整改相结合,切实发挥政治生态监测评估“探照灯”“测量仪”作用。对14个镇(区、街道)开展监测评估,深入剖析存在问题成因,针对性提出整改措施和意见,严格督促整改,校正工作偏差。对案件查办过程中发现的面上或普遍性问题,制发纪律检查建议4份、监察建议14份,督促相关部门加强整改,防范类似问题再次发生。

【党风廉政建设责任制落实】 年内,市纪委监委强化清单导航,出台《落实全面从严治党主体责任对照清单》,制定《基层党组织主要负责人履行全面从严治党“第一责任人”清单》,解决基层党组织负责人清单制定不准确、照单履责难到位问题。对清单制定实施两级审核,增强清单规范性、针对性、可操作性。修订制发履责纪实簿800余本,加强履责纪实信息平台运用监督管理,上报履责信息1691条,督促推动全市党员领导干部履责尽责。严格实施“季度考核、年终考评”常态化督查考核机制,按季度明确督查重点,组建6个督查组开展常态督查,督查情况向市委常委会专题报告,并向全市通报。对存在问题制发督办函93份,督办交办问题192个,督促相关单位限期落实整改。认真落实南通对如皋市落实党风廉政建设责任制检查考核反馈意见,将年度检查反馈四大类11个问题分解为34项具体整改任务,细化责任主体、规定整改时限、逐项对账销号。

【党内问责】 年内,市纪委监委积极探索构建党内问责工作标准化体系,实现问责情形具体化、案例化。规范党内问责文书及操作流程。对党员、公职人员受到开除、留置以上处分、处理情形的,立即核查所在单位主体责任人履责纪实簿,同步倒查主体责任履行情况,并跟进问责追责。全年党内问责问题66起,问责党员干部71人、党组织24个。灵活运用纪律处分、组织处理等手段,增强综合效果,通报批评26人、诫勉28人、处分17人。坚持为负责者负责、担当者担当,及时发布容错免责典型案例6起,旗帜鲜明地鼓励干部担当作为。

正风肃纪

【概况】 2020年,市纪委监委坚持对违反中央八项规定精神问题“零容忍”态度,强化监督检查、严肃查处问责、加大通报力度,有效形成越往后越严高压态势。全年针对违规吃喝、违规使用公车、违规滥发津补贴等四风问题开展明察暗访40余次。查处违反中央八项规定精神案件70件,处理111人,其中,查处形式主义、官僚主义问题37人,查处享乐主义、奢靡之风问题74人。对11起违反中央八项规定精神典型问题、38名党员干部点名道姓通报曝光,充分发挥震慑和警示作用。

【作风效能建设】 年内,市纪委监委深化“机关作风整治月”活动,着力整治部门“松软散”、干部“庸拖懒”,督促推动全市党员干部、公职人员学好苏州“三大法宝”、答好南通“发展四问”如皋问卷。围绕关键节点加强教育提醒和专项督查,建立健全节日期间“四风”问题提醒、值班、报告和督办制度。对招商引资、项目建设、行政审批、为民办实事、政务服务等领域机关部门作风效能突出问题开展专项督查,深入透视、找准“病灶”、开准“药方”,向市委提交专题报告,做到见人见事见细节。深入推进民主评议百名科长活动,进一步创新政风行风热线节目形式,实施融媒体同步视频直播,加强对投诉件办理、建议采纳、长效机制建立的常态化督查,持续擦亮品牌特色。交办并督促276件群众投诉问题妥善处理,做到件件有结果、有反馈。

【专项治理】 年内,市纪委监委统筹推进违规收受礼品礼金、违法违规“小化工”、公款私存及挪用村级集体资金等专项监督、专项治理项目11个,实行项目化管理、工程式推进,强化过程控制,及时发现问题、解决问题。违法违规“小化工”整治政务立案4人,诫勉谈话5人。公款私存及挪用村级集体资金专项治理立案查办2人,涉及资金67.6万元。彻查涉黑涉恶腐败,追查黑恶势力背后“关系网”和“保护伞”,倒查镇(区、街道)党(工)委、政府(管委会、办事处)主体责任和部门监管责任,全年查办涉黑涉恶腐败、“关系网”“保护伞”案件47件,党纪政务处分30人,向南通市纪委监委移送留置类案件问题线索1件。

监督执纪

【概况】 2020年,市纪委监委聚焦做好“六稳”工作、落实“六保”任务,贯彻长江经济带“共抓大保护、不搞大开发”战略等强化监督检查,做到党中央、省、南通市重大决策部署到哪里，监督检查就跟进到哪里，对上有政策、下有对策，有令不行、有禁不止现象坚决纠正、严肃查处。抽调精干力量参加市委赛麟项目工作组，认真开展调查、摸清基本情况，为领导决策提供依据。深化以“行权网监察”为龙头，“交办事项办件监察、重大项目管理监察、便民服务窗口视频监控”为主体“四位一体”电子监察体系，实施网上监察全覆盖，强化定期通报、跟踪督办，及时督办超期办件48件，保障政令畅通。切实把政治监督贯穿监督执纪问责和监督调查处置全过程，及早发现处置党员干部和公职人员在政治态度、政治立场、政治本质、政治担当、政治能力上苗头性倾向性问题，提请各级党政领导班子成员运用第一种形态(第一种形态指党内关系要正常化，批评和自我批评要经常开展，让咬耳扯袖、红脸出汗成为常态)处置940人次。

【问题线索处置】 年内，市纪委监委推行重要信访件会办、会商、会审“三会”机制，全体班子成员与重点对象所在镇(区、街道)分管负责人实行“二对一”包案制度，主要负责人坚持每月接访。主动与大信访进行对接，将30名重点信访人员纳入大信访名单，联合进行稳控化解。全年收接业务内信访件457件，未发生涉纪进京赴省越级访。对因化解不力导致信访问题久拖不决、信访群众持续上访的，及时跟踪问责，制发专题通报2份，诫勉谈话4人，立案调查3人。规范化、科学化完善问题线索处置流程，全年实施监督谈话函询845人次，经核实没有严重问题的及时提请相关党政领导班子成员运用好第一种形态。

【案件查办】 年内，市纪委监委实施典型案例内部通报制度，每月选编《党纪政务立案典型案例》，拟制《30类常见违纪违法事实表述》，为各审查调查主体案件查办提供精准指引。运用“四种形态”(第一种形态是党内关系要正常化，批评和自我批评要经常开展，让咬耳扯袖、红脸出汗成为常态；第二种形态是党纪轻处分和组织处理要成为大多数；第三种形态是对严重违纪的重处分、作出重大职务调整应当是少数；第四种形态是严重违纪涉嫌违法立案审查的只能是极少数)处置问题线索1439件，立案查办639件(其中留置案件10起)。严肃查处农业资源开发、集体资产经营管理、农民集中居住安置房工程建设等领域严重违纪违法案件。撰写审查调查综合工作讲义成功入选省纪委监委16门课程讲义。

2月3日，市疫情防控工作专项督察小组在综合超市督察新冠肺炎疫情管控情况
(市纪委监委供图)

【重要领域监督】 年内，市纪委监委加强重要领域监督，紧紧聚焦“三大攻坚战”、安全生产责任履行等重要领域，强化监督的再监督。探索实施“嵌入式”监督，督促运用“阳光扶贫”、农村集体“三资”、污染防治、安全生产问题线索处置、政府隐性债务、医用耗材采购等监管平台加强过程监管，及时督促职能部门抓重点、补短板、强弱项，推动责任落细落实。污染防治攻坚领域运用第一种形态处理60人次，立案查处12人次；扶贫领域运用第一种形态处理15人次，立案查处9人次；安全生产领域运用第一种形态共处置19人次，立案查处6人次。

【疫情防控监督】 年内，市纪委监委把纪律挺在疫情防控工作最前沿，制订督察方案，组建10个专项督察小组分片分条线督查，做到监督全覆盖、无盲区。发现问题立即交办，紧盯后续整改进度，直至完成整改销号，处理结果在微信公众号“如皋发布”及时公开。制发疫情防控交办单384份，整改问题886个，对1个党组织和7名党员干部实施问责。

(谢　鹏)

如皋市总工会

【概况】 2020年年末，全市有基层工会3861个，会员35.58万人，其中，独立基层工会3522个、联合基层工会339个，镇(区、街道)总工会14家;有系统(产业、行业)联合工会13家。年内，如皋市发布《如皋市总工会机关职能配置、内设机构和人员编制规定》，明确市总工会设部(室)5个[办公室(宣传教育和网络工作部、经费审查办公室)、组织部(产业工会工作办公室、直属工会工作部)、劳动和经济工作部、权益保障部(法律顾问处、女职工部)、财务资产管理部]，有下属事业单位5个(法律顾问处、职工技术交流站、职工学校、文化宫、职工服务中心)。

年内，市总工会继续做好"春送岗位、夏送清凉、金秋助学、冬送温暖"传统品牌，组织新一轮市级机关党员干部与11户特困职工家庭结对帮扶，开展春节送温暖活动，为11名特困职工送去春节慰问和健康体检。与市人力资源社会保障局合作召开"职在民企、就有未来"专场招聘会，进场招聘企业168家，提供就业岗位2952个，达成意向性就业396人，促就业工作经验在全省工会促进就业创业工作推进会上交流。开展金秋助学活动，为25户困难职工家庭学子提供助学金8.5万元。开展特困职工家庭高中以上学子励志教育素质拓展，通过在开沙岛职工疗休养基地开展素质拓展训练和抗疫精神宣讲，激励学子正视困难、奋发向上。创新开展"一线职工疗休养"活动，重点覆盖医疗卫生、公安、环卫、物资保障、交通运输等新冠肺炎疫情防控一线服务人员和复工复产人员，分三批组织130名一线职工到南通市开沙岛职工疗休养基地及溧阳市天目湖职工疗休养基地进行疗休养活动。全年慰问抗疫一线人员59.3万元、驰援武汉医护人员家属64.8万元。市总工会获全国工会财务工作先进单位称号。

【工会组织建设】 年内，市总工会下发《关于做好2020年工会组建工作的通知》，明确组建工会目标和要求，针对小微企业难建会、职工服务难覆盖等新情况，组织各镇(区、街道)专职工会主席赴张家港实地学习，并以磨头镇为试点单位召开全市小微企业组建联合工会现场会，12个镇(区、街道)完成小微企业联合工会组建。完善工会组织及会员信息管理系统，确保新建一家增录一家，截至年末，该管理系统内有企业工会682家、会员10.58万人，初步实现规范化、动态化实名制数据管理。加强基层工会干部队伍建设。组织开展全市基层工会干部培训和全市规模企业工会主席专题培训，从政治理论和工会业务两方面提升基层干部综合素质。

【工会宣传教育】 年内，市总工会走进14家典型示范企业，宣讲十九届四中全会精神，用新时代新思想持续引领职工。举行"点赞中国之治"演讲比赛，引导企业职工用切身体会，表达听党话感党恩跟党走的心声。组织思政教师走进各镇(区、街道)42家企业，以"人民至上、生命至上、发展至上"新理念感动职工。邀请劳模工匠走进如皋中专和第一中专，用劳模精神工匠精神提振青年学子职业理想。线上线下同步推进"移风易俗·我当先锋"示范道德讲堂，引导广大职工群众勇做移风易俗先锋模范。利用报纸、微信、网站等媒体，发出向如皋援鄂英雄学习倡议书，下发给各基层工会进行发布推广，并印发给各企业进行宣传学习。协调组织漫画家吴信礼，如皋"十大工匠"之一、非遗传人杨林才为11位驰援武汉人员制作竹刻漫画像，留住他们抗疫感人画面。驰援武汉医护人员花蕊获评南通市劳模，洪美琳获评省五一巾帼标兵。反映抗疫群体英雄事迹短视频《他是谁》获全国中华总工会"网聚职工正能量，争做中国好网民"三等奖。开展劳模推荐评选，推选全国劳模1人、南通市先进集体14

5月15日，南通市"夺取双胜利、苏工在行动"化工行业班组长安全生产培训班在如皋港化工园区举行　　（市总工会供图）

个、南通市劳模（先进工作者）20人、如皋市劳模49人。

【职工综合素质提升】　年内，市总工会以劳模精神、工匠精神、劳动精神为引领，突出重点工程、重点项目，组织开展劳动竞赛和技能比武，完成重点工程项目1个、市级项目2个、行业（部门）项目16个。推动各镇（区、街道）打造一镇一赛特色项目，着力打造"效益型""智力型"职工队伍，完成一镇一赛项目14个。深化圆梦行动，资助"典型培育示范引"企业优秀职工升学本科班40人、大专班16人。

【职工权益维护】　年内，市总工会积极化解劳资矛盾，深入典型培育示范引领企业开展调研，了解企业负责人及广大职工诉求，及时发现和解决问题、掌握企业信息，全力维护企业职工队伍稳定。全年参与并化解劳动争议43余起。市总工会投入5万元，聘请6名社会律师，在市人民法院、市劳动人事争议仲裁院设立工会法律援助服务站，全年接待法律咨询368人次，办理案件补偿、赔偿金额35.12万元。发挥"娘家人"作用，做好信访工作，全年接待职工来访37次、79人次。

【劳动保护】　年内，市总工会全面提升劳动保护教育馆内容，组织5000名职工进馆参观学习。与市应急管理局联合开展"夺取双胜利、苏工在行动""劳动保护双月"活动、各级劳动保护示范创建活动及劳动保护监督员巡查工作。承办南通市"夺取双胜利、苏工在行动"化工行业班组长安全生产培训班。组织动员职工积极参加2020年度全省职工"网上安康课堂"劳动安全卫生知识普及教育竞赛活动，513家企事业单位参与"安康杯"竞赛。出资71万元，采购高温慰问物资1.38万份，直接慰问到一线职工。组队代表南通参加省第一届劳动保护和安全生产竞赛，获三等奖，3名参赛队员获省五一创新能手称号。

【产业工人队伍建设改革】　年内，如皋市推动产业工人队伍建设改革工作，建立产业工人队伍建设改革联席会议制度，出台《如皋产业工人队伍建设改革试点工作方案》《如皋产业工人队伍建设改革试点单位工作任务》，选取2个镇（区）、1个行业、6家企业试点，出台配套政策12项，组织专项活动11个。切实加强党对产改工作领导，形成"党建带工建、工建助产改"良好态势。将加强和改进产业工人队伍思想政治建设，作为改革首要任务，推动新思想内化为产业工人坚定信念，外化为产业工人自觉行动。突破各种"天花板""独木桥""玻璃门"问题，着力建立产业工人地位提升、职业发展、待遇提高相关机制，搭建产业工人成长发展"立交桥"，新增产业人才32人，"两新"组织发展党员190人，占全市党员发展计划37.3%，党代表、人大代表中产业工人分别占比20%、5.51%。持续推动政策资源向试点集聚、在试点落地，形成分类指导、分层推进，典型引路、提质扩面工作机制。如皋市相关改革工作和试点企业南通六建建设集团、双钱集团（如皋）轮胎有限公司等特色做法在南通市产业工人队伍建设改革部署会上交流，《劳模工匠进校园，思政教师进企业——如皋"双进"宣讲活动加强职工思想政治工作》《让疫情防控一线职工享受"娘家"温暖》等被学习强国、新华网、中工网、《中国县域经济报》等主流媒体报道。

【"皋兴购"消费促进活动】　年内，根据市委、市政府统一部署，市总工会与相关部门共同承办"皋兴购"消费促进活动。市总工会出资150万元，利用微信公众号开展答题抢券活动4次。参与答题2.97万人，通过"云闪付"平台以电子消费券形式发放餐饮消费券2.25万张，工会实际支出116万元，带动社会消费1600余万元。着力推动如皋和洋县消费扶贫协作，全市各级工会累计采购70余万元物资资助洋县。创新扶贫方式，组织劳模赴洋县疗休养；组织工会干部到洋县考察培训，对接慰问困难职工12万元。

（应　晶）

共青团如皋市委

【概况】　2020年年末，全市有青少年50.2万人，其中团员青年3.6万人，团员在青年中占比7.1%。团员青年中，有学生团员0.92万人。全市有市直团组织61个，其中，青工系统团组织32个、青农系统团组织14个、市直学校团组织15个；市少年先锋队工作委员会直属学校少先队7个。年内，共青团国家税务总局如皋市税务局长江税务分局支部委员会获评全国五四红旗团支部，如皋师范附属小学张石俣芊获评全国优秀少先队员。团市委获评全省报刊宣传先进单位，承办“书香浸润雉水·经典传扬皋城”全省“诵读学传”示范活动，“‘雉水青心’青年学习社跑出青年学习‘接力赛’”项目被确定为全省共青团工作“10100”创新创优工程立项项目。市“雉水青心”青年学习社获评省级青年学习社（2019—2020年度）。

【组织建设】 年内，团市委持续推动团的组织有形有效双覆盖。坚持“党建带团建”，借鉴党的组织建设、队伍建设、作风建设有益经验，重点推进省级以上园区团建工作，开展“新形势下如皋市非公企业团建工作现状研究”课题研究。截至年末，全市新建非公领域团组织521家，南通六建建设集团团建工作作为南通团建典型在全省非公企业团组织书记示范培训班上交流。全面加强团员团干部先进性管理，全面加强中学中职学校团的建设，从严规范团员管理程序，全年发展团员1300人。推进“学习近平总书记讲话，做合格共青团员”教育实践活动常态化制度化，围绕全面建成小康社会等主题部署全市团组织开展教育实践。开展团员团干部典型选树活动，共青团国家税务总局如皋市税务局长江税务分局支部委员会获评全国五四红旗团支部，共青团如皋市住房和城乡建设局工作委员会获评省五四红旗团委，江滨医院团支部、中国移动江苏如皋分公司团支部获评省五四红旗团支部。

【工农青年工作】 年内，团市委多向发力，助力青年创业就业。推进“银团合作”，全年发放贴息贷款1339万元、低息贷款3200万元，扶持创业青年195人。推出“新农菁英贷”，发放4250万元，成功发放防疫专项贷款1500万元，新增就业岗位600余个。聚焦农村青年，深入推进“新农菁英”培育发展计划，建立“新农菁英”人才库117人，寻访、推荐14人加入省“新农菁英”人才库。帮助1家农业企业成功认证高新技术企业。举办第八届“创青春”青年创业大赛，优选项目10个，服务优秀项目在如皋落地生根。推进“匠人匠心”计划，联合市人力资源社会保障局培育青年高技能人才12人。联合花木盆景产业联合会新设盆景基础班，促进新型职业农民培育。拓展阵地，服务青年人才招引。建好用活非公企业团组织阵地，强化青年职工思想政治引领，服务青年社会融入、婚恋交友等需求，常态化开展青年团建联谊活动，新建电子产业园“青年e家”“小镇青年汇”“共青团影院”“雉水青心”等青年集聚点，打造雉水青年人才联谊会、华夏创业沙龙、“如城青年说”等青年服务品牌。依托青年商会载体，推进青年企业家培养“新动力”计划，开展青年企业家座谈交流会3场。

【学少工作】 年内，团市委持续加强青少年思想政治引领。围绕重大节点，发动全市各级团组织、少先队组织以主题团课、队课形式，开展青年典型宣讲活动。通过组织抗疫一线青年榜样、身边优秀青年典型走进青少年身边，用生动活泼方式讲好党的先进理论、五四精神、社会主义制度优势、青年抗疫故事、防疫知识等，引导全市青少年听党话、跟党走。抗疫期间，少先队员们通过录制微视频，制作手抄报、泥塑作品、剪纸，开展与湖北省武汉市少先队结对、“在家升国旗，我上微团课”等方式表达爱国之情。深化青少年“成长护航工程”，充分发挥未成年人成长指导中心、青年之家等阵地平台作用，为青少年健康成长保驾护航。推进希望工程圆梦行动，筹集爱心助学金和助学物资12.16万元，资助贫困家庭学生36人。筹集、捐赠洋县贫困小学爱心资金1.4万元，资助贫困学生8人；推动如皋青商资助2.5万元，开展“同舟共济·青春偕进”活动，重点关爱医护人员子女等青少年。

【青年志愿者工作】 年内，团市委聚力公益引领社会文明新风尚。突出规范化管理，以小亭青年志愿服务队为依托，从阵地建设、资源整合、制度制定、考核管理等方面进一步规范全市青年志愿服务的开展。围绕“冬日送温暖”“平安春运”“保护母亲河”“全国文明城市建设”“扶贫济困”等主题开展志愿服务活动50余场。举办如皋市首届“微爱”公益项目大赛，引导优秀项目参加省市公益项目大赛，其中6个项目在南通市第六届公益项目中获重点扶持，进一步推动志愿服务项目社会化、制度化和科学化运作。疫情防控重点时期，全市建立镇（区、街道）、各条线青年突击队26支，参与团干部、青年团员、青年志愿者等各类青年群体1500余人，其中青年志愿者751人，开展“青集结”“青宣传”“青建功”“青保障”四大行动，活跃在疫情防控、复工复产一线，为疫情防控工作贡献“青春力”。

【青少年宣传教育】 年内，团市委抢占互联网思想引航新战场，每周有3.5万余名青少年参与学习“青年大学习”网上主题团课。征集“马克思主义青年说”稿件43篇，其中22篇被南通团市委微信公众号“青春南通”刊载发布。在各基层团组织中开展“青年大学习”暨青马走基层活动，成立青年理论学习小组，常态化举办大学习、大研讨活动。利用新媒体平台推出“雉水大地庆丰收·团团为您拼一单”——如皋“团购有你”主题直播带货平台，推介如皋农业品牌。

（张　森）

如皋市妇联

【概况】 2020年年末，全市有镇（区、街道）基层妇联组织14个、村（社区）妇联345个、机关妇联组织34家、区域化妇联组织72家、新领域妇联32家，5家国有企业均建立妇联组织；有专兼职妇女干部1257人。年内，市妇联启动镇（区、街道）妇联换届工作，联合市委组织部出台《关于做好镇（区、街道）妇联换届选举工作的意见》，14个镇（区、街道）妇联主席由党政领导班子中女性领导兼任，明确专职副主席。新建政协机关妇联、如皋港集团妇联。建立三八红旗手（集体）工作室9家，获南通市示范三八红旗手（集体）工作室命名4家。姐妹微家实现村（社区）全覆盖，获南通市示范姐妹微家命名2家，4个姐妹微家案例分别获南通市品牌服务案例一、二、三等奖。3月，市妇联作为县级妇联代表在省妇联十三届二次执委会上发言。在南通市妇联系统改革创新实践项目评比中，市妇联关爱扶家“倾情护航，益童花开”——残疾贫困母亲子女关爱项目获二等奖；“法润万家”——“春泥护花，法润芳华”巾帼普法进家庭项目、“让爱在家”——“有效陪伴，幸福成长”家庭教育指导项目获三等奖。

【妇女发展】 年内，市档案馆查阅科被表彰为省级巾帼文明岗；市恒孚稻米农地股份合作社被评为省级巾帼示范专业合作组织，南通杰克拜尼服帽有限公司被评为省级巾帼示范电商服务站；城北街道平园池村获评省美丽家园示范点；长江镇郭园居委会三组史长庆等8户家庭获南通百佳美丽庭院（阳台）奖；市财政局等3家单位被表彰为南通市巾帼建功先进集体；马亚梅被表彰为省巾帼建功标兵；缪剑云等4人被表彰为南通市巾帼建功先进个人。截至年末，全市累计成功创建全国巾帼文明岗8个、省级40个、南通市级81个、如皋市级307个。3月，市妇联线上开展春风送岗招聘活动，参加招聘企业69家，提供女性就业岗位2276个。4月至5月，开展送教下乡活动4场，培训400余人。5月，联合江海高级技工学校开展女大学生创业导师行动，组织40余名护理专业学生赴南通市申丞市北康复医院参观学习。市女企业家协会在南通杰克拜尼服帽有限公司开展“共克时艰，化危为机”专题交流会并举行“双百”领航活动（指面向全省法律工作者遴选百名专家，组成法律顾问团，面向全省女企业家开展百场法律公益讲座）。6月，市妇联向全市广大家庭发出“百村万户争创美丽庭院（阳台）”行动倡议。6月至8月，送母婴护理培训至如城街道、丁堰镇、搬经镇、城北街道，培训409人。8月，与市农业农村局联合开展巾帼新农人高质量发展培训。9月，联合江海高级技工学校、市人力资源社会保障局等部门开展第三届育婴员职业技能竞赛，评选一等奖1名、二等奖3名、三等奖6名、优胜奖50名。11月，组织女企业家赴上海参加第三届中国国际进口博览会。

9月，市第三届育婴员职业技能竞赛在市江海技工学校举行，评选一等奖1名、二等奖3名、三等奖6名　（市妇联供图）

【妇女群众宣传教育】 年内，郭永霞家庭获评第十二届全国五好家庭、省抗疫最美家庭，获评省五好家庭、省最美家庭、第四届省书香家庭各1个。2人获2019年度省三八红旗手称号，市税务局第一分局、长江镇便民服务中心获2019年度省三八红旗集体称号。3月，开展云上庆三八系列活动，在如皋妇联微信公众号发布市委、市政府致全市广大妇女同胞的一封信。邀请全国基层理论宣讲先进个人姚呈明作题为《社会治理的“她力量”》宣讲。邀请省十三次妇代会代表、南通市妇联执委姜燕作《关爱自己，关注健康》女性保健知识讲座。开展“学习苏州‘三大法宝’，答好南通‘发展四问’”大讨论。4月，与市级机关工委、市教育局联合举办“书香机关，品味经典”朗诵比赛活动。在“4·23”全民阅读日暨如皋市第七届李渔读书节启动活动上，表彰如皋市第六批书香家庭。参与“在你身边·抗击疫魔”健康守护行动，募集善款10余万元，向湖北捐赠医疗防护物资、中医药材等。通过微信公众号、微信群等新媒体平台，及时向广大妇女群众传递疫情动态、防控进展、防控知识。征集“防疫抗疫她故事”文章85篇，获南通市抗疫征文二等奖1篇、优秀奖5篇，如皋市妇联等

5家单位获征文优秀组织奖。开展捎书、守护安全、网课指导、早教服务、送全家福等个性活动关爱援鄂医护家庭，因需提供心理咨询16期。4月，在援鄂医疗队员返岗欢迎仪式中，11位医护人员家庭获如皋市最美家庭称号，6位援鄂护士获市三八红旗手称号。先后举办“大妈说彩礼”“大妈说高考”“大妈说中考”“大妈说民法典”等主题沙龙活动，通过向全市妇女发放倡议书、开展网络直播、组织板凳会等形式，推动移风易俗、家风家教建设。11月，联合市委组织部、市委党校先后举办近400人参加的妇联干部培训班、近50人参加的妇女干部能力提升培训班。发放《伊学到底，释放Women的卡路里》读本，邀请专家教授授课，开展现场教学。组织作品参加第二届省女性融媒体创意大赛，3个作品入选初赛，选派2名作者参加融媒体创作成长训练营。开展妇情信息编报，被省妇联网站录用105条、南通妇联网站录用94条。“大妈说高考”活动被《新华日报》《交汇点新闻》报道，田贞家庭故事被《莫愁》杂志录用，省妇联首批示范姐妹微家——申徐舒心姐妹微家先进事迹在省妇联“Women+”云平台展播，《江苏如皋：300多个“姐妹微家”奏响和谐“欢乐颂”》在学习强国平台发表，《以“三强化”“三突破”为抓手，推动县域妇联改革深植基层》在《中国妇运》上发表，《关于进一步加强新形势下党建带妇建工作的实施意见》被收入《江苏省县级妇联改革制度文件汇编》。

【妇女儿童权益维护】 年内，王桂兰家事调解工作室、城南街道益家和家事纠纷调解室被命名为省标准化家事调解工作室。下原镇邹庄社区兰馨调解工作室“马某某、杨某某婚姻家庭纠纷调解案”、长江镇二百亩社区婚姻家庭纠纷调解室“沈某某赡养问题调解案”入选南通市婚姻家庭纠纷调解十大优秀案例。“娘家一角，撑起法治申徐‘半边天’”获评如皋市十大法治事件。市妇联获南通市第六届“家庭学法达人赛”优秀组织奖。利用三八妇女维权周、“4•15”国家安全日、“6•10”反邪教宣传日等重要节点，广泛开展“大妈说民法典”“法润芳华”等法律宣传活动。通过快板、微视频等形式宣传民法典婚姻家庭篇亮点。成立巾帼网格员、妇情信息员“双员”队伍，其中，巾帼网格员3743人，妇情信息员4989人。依托综治中心建立妇女儿童维权站，提供法律咨询、权益维护、普法宣教、心理疏导及帮扶救助等一站式服务。以网格为依托，重点排查涉妇女儿童案件线索，联合公安、矛盾调处中心等部门，构建“发现采集、定责派单、处理反馈”闭环处置机制。全年全市网格上报婚姻家庭矛盾纠纷950件，未成年人权益保护类事件116件，均第一时间得到处置和化解。全年开展关爱妇女儿童相关主题活动17次。5月，会同市人民法院、司法局等单位举行王桂兰家事调解工作室揭牌仪式。6月，召开平安家庭创建工作推进会。联合市人民检察院开展星辰计划未成年人保护活动，组建志愿者队伍，建立强制报告制度，开展强制性亲职教育。8月，在白蒲镇钱园社区开展“莲蓬细雨普法”基层行活动，开展以“婚姻家庭幸福的法律智慧”为主题的法律知识讲座。出台《关于在全市“大数据+网格化+铁脚板”联动协同社会治理机制中加强妇女儿童权益保护工作的实施意见》《关于开展妇女议事“家家访、月月谈”新时代文明实践主题活动的通知》，确定每月8号为集中议事日，严格落实“1+3+N”议事模式（“1”是必议项，即涉及妇女儿童权益的重点热点事项；“3”是必谈项，即必谈婚姻家事纠纷、家庭暴力现象、未成年人性侵案件线索；“N”是多议项，即围绕党委政府中心工作、妇女群众需求、乡村文明培树等进行有针对性议事）。11月，承办全省妇联维权工作现场会，与会人员观摩王桂兰家事调解工作室。联合市公安局加大家庭暴力打击力度，对家庭暴力案件坚持“三优先”原则（优先接警、优先处置、优先救助）。持续推进“两癌”救助实事项目和省妇女儿童公益社工项目。

【家庭儿童工作】 年内，如皋泰慕士爱心妈妈获评2019年感动中国·江苏十大感动人物；“朝夕家长学吧”被表彰为南通市十佳家长学吧；周庄社区新时代家教家风教育实践基地通过省妇联复验。新建爱心母婴室4家（市行政审批局、妇产医院、市中医院、广慈医院）。1月，联合市财政局开展“守初心、心系儿童，献真情、情暖冬日”活动暨全民阅读春风行动。继续做好爱心妈妈结对关爱工作，4月，为泰慕士爱心基金会孩子们送开学第一课——《做守法小公民》，为泰慕士爱心基金会8名孤儿一对一结对大学生志愿者。6月，与市特殊教育学校儿童共同庆祝六一儿童节。8月，举办泰慕士爱心妈妈与市人民医院爱心妈妈分享交流会。花木大世界绿荫护苗项目持续帮扶困难大学生。周萍基金会为学校捐资，并给帮扶儿童家庭送去口罩、消毒液等防护用品和慰问金。组织开展《江苏省家庭教育促进条例》宣传，全面推进家长学吧建设。整合各类民风馆、民俗馆、博物馆和乡情馆，将家教家风内容贯穿其中，开展传承好家风、传播好家教活动。

（张　峰　胡莹莹）

如皋市科协

【概况】 市科协下辖镇（区、街道）科协14个、企业（园区）科协65个、学校科协1个，学会12个、专业协会13个。2020年，市科协先后获全国科普日优秀组织单位、县级科协创新发展能力提升先进单位、省科协系统先进集体和省、南通省市青少年创新大赛优秀组织单位等称号。

10月2日，市科协邀请省高档数控机床及成套装备创新中心主任夏志杰（前排左一）到江苏万达特种轴承有限公司进行技术指导　　（张　勇摄）

【科技服务】　年内，市科协走访中科院老专家技术中心、南京农业大学等科研院所和高校团队，邀请相关院士、专家、教授走访江苏华夏电影胶片修复技术有限公司等企业，为企业"把脉问诊"。围绕如皋产业特点，推动江苏氢能产业院士协同创新中心落户如皋，推动百盛激光、莱能斯光学镜头、东大特钢、镁合金材料等项目落户如皋。推动海外专家与江苏阿尔法电梯有限公司合作开发直流电梯项目、南京理工大学与江苏万达特种轴承有限公司合作开发大轴承项目、在外能人与南通佳宝机械有限公司合作开发物流机械项目等。

（王兆勇）

【老科技工作者协会】　年内，市老科协下设分会32个，会员1125人，其中科普讲师团成员168人。年内，获评南通市老科技工作者协会特色奖和助力企业技术创新先进集体，如皋市老科协乡村振兴工作委员会获评南通市助力乡村振兴先进集体，白蒲分会获南通市老科协工作特色奖。7名会员被南通市老科协表彰为助力企业技术创新先进个人，5名会员被南通市老科协表彰为助力乡村振兴先进个人。

调查研究　年内，市老科协紧跟全市中心工作，聚焦民生热点，进行选题论证，以任务清单形式下达调研课题。撰写调研报告61篇，获市镇和机关部门领导批示23篇，其中，获市领导批示6篇（市党政主要领导批示3篇），2篇转化为人大代表或政协委员建议提案，1篇转化为规范性文件，6篇推荐到市科技局获评优秀软课题论文。4月，市老科协课题成果《关于优化耕作制度、稳定粮食生产、提高土地综合利用效益的建议》被市农业农村局采纳应用。11月，市老科协课题组针对新冠肺炎疫情形势下社区防疫工作，联合市卫健委、如城街道开展调研，形成《关于加强如城城区医疗卫生体系建设的建议》，成为市政协重点提案。进一步推动调研成果的利用转化，论文《关于设施农业项目备案问题研究及建议》《培育新型农民，助力乡村振兴》获省老科协助力"强富美高"新江苏建设建言献策竞赛活动三等奖。

科普宣传　年内，市老科协紧扣助力农业发展，开展农业科普宣传。疫情期间开展线上培训，下半年小规模多批次把科普课堂搬到田间地头，进行现场教学。开展民法典宣传，维护公民合法权益。9月下旬，联合市司法局、市科协举办民法典宣传教育活动，授课16场次，受众近3000人。举办"公众看环保科普宣传游"、垃圾分类宣讲、青少年科普夏令营等活动宣传《中华人民共和国固体废物污染环境防治法》，保护长江资源，"江河守护行动"项目获省青年志愿服务项目大赛环保类项目一等奖。

助力乡村振兴　年内，市老科协指导新建农业科技示范园7家、农业科技示范村7家、农业合作社6家、家庭农场13家、农业项目公司12家。江苏弘玖水产公司和如皋金诚鸽业合作社被认定为南通市级示范科技园。组织全市老科技工作者进一步参与做好助力乡村振兴服务工作，为家庭农场、农业合作社、农业企业进行全方位服务。开展美丽乡村行活动，举办绿色科普宣传活动，培训职业农民1200人次，累计发放职业农民资格证书3000余份。3月，联合市农业农村局、市科协，组织开展网络直播，助力农业复耕复种。8月，编印出版、免费赠阅农业科普知识丛书之十《蔬菜病虫害绿色防控技术》5000册。

助力企业创新　年内，市老科协指导新建助企工作站1家、企业分会2家、助企示范企业3家、示范基地5家，实施助企服务项目25个，初步探索出具有如皋特色助力企业创新之路。江苏九鼎新材料股份有限公司被命名为南通市老科协助企创新服务工作站。5月，市老科协召开企业家座谈会，形成《企业复工复产情况及其建议》报市委、市政府和相关部门。5月中旬至6月中旬，牵头协调市科技局、省科技镇长团如皋分团、科技和工业分会组成助企复工小分队，深入10余家企业送温暖、送政策、送科技，助力企业渡过难关，推动企业尽快复工复产。参与招商引资，引进投资5亿元的江苏曼淇威交通设备有限公司项目，年内完成征地6.1公顷，新建厂房3.86万平方米；参与引进总投资2800万元生猪养殖项目建成投产。

（杨　澄）

如皋市侨联

【概况】 2020年年末，全市有归侨侨眷7000余人，其中归侨2人，华侨分布于美国、加拿大、英国、日本、澳大利亚、法国、德国、新加坡等26个国家。年内，市侨联加大与上海、苏南侨界接轨力度，参与“融入苏南、接轨上海”系列活动，做好引资引才引智工作。与上海市崇明区侨联、张家港侨联结对签订友好合作协议；组织招商人员到上海金山区，考察兴塔工业区、缇曼生物科技有限公司等，就共同促进侨资侨智合作融合和产业发展开展对接交流。牵线如城工业园、磨头镇与江苏万石集团智能制造产业有限公司进行项目对接洽谈；跟踪服务美国AZZ电气公司GIL高压输变电项目，落户如皋工业园区；引进南通博阳模具科技有限公司，落户磨头镇。

【联络联谊】 年内，市侨联结合传统节日广泛深入开展“走基层、进侨家、送温暖”活动，对侨界重点人士、生病困难侨眷和老归侨走访慰问、精神关爱、精准帮扶。春节，走访慰问重点归侨侨眷30余人，发放慰问物资1万余元；高温季节，重点走访慰问包括如皋籍欧洲侨领吴培、旅美旅法如皋侨胞季波、英国留学生彭珏楠等为抗疫做出贡献的海外华人华侨代表、留学生眷属代表；国庆中秋前夕，举办“同根同梦、情暖中秋”侨界中秋主题文艺活动，现场链接海外侨胞，邀请全市400余名归侨侨眷观看；重阳节，举办重阳节座谈暨空巢侨眷慰问活动，组织部分在如皋侨界人大代表、政协委员及归侨侨眷、海外留学生等50余人参观沪苏通长江公铁大桥、如皋南站枢纽项目建设现场、如皋宋庆龄幼儿园、乐享休闲农庄等高质量发展现代化设施及部分侨港资企业，向海外侨胞传递家乡发展巨变讯息。

10月23日，在市侨联推动下，侨企如皋市泰雅特针织时装有限公司与南京特殊教育师范学院开展校企合作，帮助残疾人就业。图为校企合作协议签订活动现场 （市侨联供图）

【为侨服务】 年内，市侨联针对疫情期间海外侨胞反映，因个别回国人员谎报个人情况、不配合防疫安排导致网民对侨胞有过激言论现象，及时向上级侨联反映侨情信息，做好海外侨胞情绪安抚工作。针对部分海外侨胞侨眷对集中隔离措施不理解情况，及时做好思想政治和宣传解释工作，引导他们服从政府防控安排。为侨企排忧解难，协助侨企南通濠河酒业有限公司对接江南大学（如皋）食品生物技术研究所开展产学研合作，助推侨企如皋市泰雅特针织时装有限公司与南京特殊教育师范学院签署校企合作协议。结合纪念《中华人民共和国归侨侨眷权益保护法》颁布实施30周年，联合如城街道开展广场侨法咨询活动，制作并发放宣传图册2000余份。

【侨界同心抗疫】 年初，市侨联发挥自身独特优势，破解疫情下防护罩“一罩难求”难题，通过省侨联联系海外侨领采购防疫物资。通过侨居博茨瓦纳共和国侨领南庚戌为如皋采购医用防护服3309件、3M隔离服296件；通过旅居比利时侨胞吴培，采购防护服3600套；协助市抗疫指挥部从英国、俄罗斯、韩国、日本、希腊等国家采购防护服、口罩、隔离衣等物资15万余件，价值人民币约315万元。向海外侨胞发出倡议，号召广大海外侨胞与祖（籍）国人民患难与共。美国南加州华人华侨联合总会会长蔡成华组织美国南加州侨胞为中国抗疫一线捐款捐物、奔走采购，得到中国驻洛杉矶总领事张平赞扬和省委、省政府、省侨联及南京市政府感谢；美国明尼苏达州华商总会会长冒国和发起当地华人华侨捐款捐物，购买口罩、呼吸机、防护服等捐赠湖北省中医院、孝感市第一人民医院；华裔新生代、少年钢琴家季显恩在法国巴黎举行慈善义演，将演出所获款项全部用于购买医用口罩等防护用品，捐赠给武汉；澳大利亚华人、江苏木槿生态建设有限公司总经理丁木槿，发起捐赠防护物资行动，募捐7.49万元，购买防护服450套，捐赠如皋市人民医院。

（王晓云）

如皋市工商联

【概况】 2020年年末，如皋市工商业联合会（总商会）有市级行业商会33个、镇级商会14个、异地商会12个；

会员5678家。其中,工商联直属会员2318家,行业商会会员3360家,总量位居南通第一。年内,新组建行业商会1家(如皋市印染行业商会)。江安镇商会、无锡市总商会如皋商会、如皋市化工(新材料)商会、如皋市浙江商会4家商会完成换届选举。南通六建建设集团、中如建工集团入选2020年中国民营企业500强,分别居166位、353位,较上年排名分别上升4位和14位。江苏力星通用钢球股份有限公司入选省民营企业创新100强,居第52位。梦百合家居科技股份有限公司为全国抗击新冠肺炎疫情提供有力物质支撑,被全国工商联通报表扬。如皋福建商会、如皋安徽商会、在沪企业家商会、花木盆景产业联合会、华理企业家商会、江安镇商会6家商会被省工商联认定为全省2019—2020年度"四好"商会。7月,如皋市工商联与张家港市工商联缔结友好工商联。

【非公有制经济领域政治引领】 年内,市工商联在民营经济领域深入贯彻中共十九大和十九届二中、三中、四中、五中全会及中央经济工作会议精神,认真学习贯彻习近平总书记在企业家座谈会上和视察江苏重要讲话精神,按照市委、市政府工作部署,加强民营经济领域政治引领,促进"两个健康"(非公有制经济健康发展和非公有制经济人士健康成长)。深入开展"守法诚信经营、坚定发展信心"主题理想信念教育活动,加强世情国情党情教育,引导广大民营经济人士特别是年轻一代企业家传承红色基因、坚定发展信心。开展商会系统党员冬训活动,提升商会党建工作能力。创新设立"如商红色讲堂",邀请市委领导、理论专家进行宣讲辅导,抓住关键力量,建强商会组织。开展"占领思想阵地,坚定理想信念"新时代民营经济领域意识形态工作专题讲座,解读热点问题,牢牢把住民营经济领域党的建设主动权,守好民营经济领域意识形态主阵地。

【非公有制经济健康发展】 年内,市工商联聚力抗击新冠肺炎疫情和复工复产,做好民营企业服务。联合市税务局进商会专题辅导惠企税费政策,设置商会税务联络员。联合市司法局开展"法治体检进商会"活动,建立沟通联络机制,开展线上线下法律服务。联合市人民检察院编写风险提示手册和法律指导手册,引导企业守法经营。邀请专家、学者为企业家讲授当前最前沿经济发展形势和先进企业管理理念,分析如何应对新冠肺炎疫情对企业和经济发展的影响,引导企业逆行而上。协调相关部门解决企业防疫物资筹措、复工审批、用工服务等事宜。

5月8日,市工商联在苏州市举办首期"如商红色讲堂",主题为"携手如商共建,赋能如皋发展" (市工商联供图)

【光彩事业】 年内,市工商联引导民营企业家承担社会责任。新冠肺炎疫情防控期间,全市各商会累计捐款1600余万元,捐赠急需医疗物资价值6000余万元,参与捐赠企业800余家。持续推进精准扶贫,引导广大民营企业参与"百企联百村、共走振兴路"行动,重点推动和指导16家市级商会及14家镇级商会发挥作用,组织230余家企业与村居结对,组织农产品沪皋流通销售商会、建筑业、服装等商会10余家企业走进洋县,参与东西部协作项目,提供技术、管理、订单,培养扶贫产业链当地人才。南京如皋商会组织10名企业家,赴洋县开展捐资助学专题活动,捐款11万元助学洋县中学111名贫困学子;与洋县职业中学开展劳务扶贫对接;考察当地农产品,把优质农产品引入南京餐饮消费市场。建筑业商会向洋县溢水镇木家村捐赠生活物资价值2万元。华理企业家商会向云南省镇雄县捐款10万元助推脱贫攻坚。

(环志刚)

如皋市残联

【概况】 如皋市残联下设镇(区、街道)残联14个、残疾人专门协会5个。年内,市残联深化残疾人之家建设,新建搬经镇万全社区、焦港社区和丁堰镇茄儿园社区残疾人之家并投入运营。截至年末,全市有残疾人之家28家,在残疾人之家接受就业、康复等服务残疾人300余人,其中建档立卡残疾人94人。排查、适老化改造重度残疾老年人家庭77户。改善残疾人生活设施条件,无障碍改造300户,在省残联下达任务基础上超额完成50户。根据市政府办公室《关于在新冠肺炎疫情期间做好残疾人就业和残疾人服务机构纾困解难工作的通知》,向20家残疾人之家发放房租补贴2万元;向16家主动复工复产的残疾人之家发放补贴11.17万元,惠及残疾人291人;为24家盲人按摩服务机构发放歇业补贴4.8万元;为2名残疾人发放自主创业补贴1.2万元;向13家为残疾人之家提供辅助性就业项目企业发放补贴1.95万元。

【残疾人文体】 年内,市残联加强残疾人事业宣传工作,努力营造良好助残扶残社会氛围。持续在残联门户网站、微信公众号新媒体平台,大力宣传残疾人创业就业典型等。年内,石晓华家庭获全国文明家庭称号。市残联组织征文参加南通市残联举办的"自强不息、精准扶贫"征文活动,获三等奖1篇,市残联获优秀组织奖;组织作品参加南通市残疾人文化艺术作品评选活动,获美术类二等奖1件、三等奖2件,书法类一等奖1件,摄影类一等奖1件,民间文艺作品二等奖1件、三等奖1件,市残联获优秀组织奖。

(夏建国　金　甜　邓琳琳)

如皋市关工委

【概况】 2020年年末,全市有镇(区、街道)关工委14个、村(社区)关工委347个、市直系统关工委5个(教育、民营经济、农业、法院、公安)。年内,教育系统在各市直学校、各镇(区、街道)中小学、部分幼儿园建立校(园)关工组织66个;民营经济系统在14个镇(区、街道)分别成立民营经济关心下一代工作委员会分会,在规模企业建立关工组织486家;公安系统在基层派出所建立关爱工作站20个。全市有从事关心下一代工作老干部、老战士、老专家、老教师、老模范(简称"五老")8868人。年内,市关工委以宣传基层和"五老"先进典型及工作品牌为重点,在各级各类报刊网站发表稿件46篇,被南通市关工委评为宣传工作优秀单位。

【青少年主题教育】 年内,市关工委联合市教育局在全市青少年中广泛开展"爱党爱国、立德立行"主题教育活动。撰写、印发主题宣讲材料1500份,分发给各学校和校外教育辅导站,为开展主题教育宣讲做参考。聘请宣讲员26人,举办宣讲活动84场,受教育青少年10万人。在省、南通市关工委组织开展的主题教育系列活动中,27个校外教育辅导站和学校获全省"我为国旗点赞"活动优秀组织奖,情景小品《升旗》获南通市老少同台主题教育会演一等奖。

【关爱工作站】 年内,市关工委指导市公安局关工委在各派出所建立关爱工作站,在先期培育2家试点单位成功后,实现全市20个基层派出所关爱工作站全部挂牌、建班子。各派出所关爱工作站充分发挥老公安长期从事执法工作、法律功底深厚优势,确定24名退休民警作为驻所关爱工作站成员,在青少年群体中广泛开展法治宣传教育,选派法治副校长和法治辅导员193人,在校园开展法治宣传800余次,发放宣传资料4万余份。在南通市"法润童心"普法知识竞赛中,如皋市获团体优秀奖。

【校外教育辅导站】 年内,市关工委易地重建市级校外教育辅导总站,制定《如皋市校外教育辅导总站职责》,聘请6名"五老"担任专职辅导员,5名有专业特长在职教师任兼职辅导员。推进校站结合,与市教育局联合印发《关于进一步做好中小学在职教师志愿者参加校外教育辅导站工作的实施意见》,各学校向结对辅导站选派2—3名在职教师兼任辅导员,全市新增在职教师辅导员120人。市关工委被表彰为全省校外教育辅导站工作先进集体,如城街道十里社区、城北街道北郊花苑、搬经镇叶庄社区3个社区辅导站被评为全省优秀校外教育辅导站,李建华等6人被表彰为全省优秀校外教育辅导员。选送作品参加"我的中国梦"全省中小学校园科技短视频创作比赛,获奖28件。

【"三好"标兵评选】 年内,市关工委在全市开展"在家庭做好孩子、在学校做好学生、在社会做好公民"(简称"三好")标兵竞赛评选活动,评选市"三好"标兵200人,其中,小学生100人、初中生70人、高中(含职高)生30人。15名同学被评为南通市"三好"标兵。如皋开发区第三实验小学、石庄镇石南社区校外教育辅导站被南通市文明办、关工委评为"三好标兵"竞赛评选活动常态化建设先进单位。

【老少同台讲好中国故事朗诵比赛】 8月15日,市关工委与市教育局联合举办"颂时代楷模,赞中国精神"——"泰慕士"杯老少同台讲好中国故事朗诵比赛,评出一等奖4名,二等奖、三等奖各8名。比赛视频报送参加全省"颂时代楷模,赞中国精神"老少同台讲好中国故事朗诵比赛,市级校外教育辅导总站等4家单位被评为先进单位,8人被评为优秀朗诵者。

(田芝华)

如城街道

【概况】 如城街道是市委、市政府所在地，是如皋经济、政治、文化、交通中心，与江苏南通国家农业科技园区管理办公室、如皋工业园区实行三套班子一体化运作，辖城市社区8个、城郊社区15个、城郊村2个、纯农村村9个。2020年，如城街道有18个村（社区）村营收入超100万元，长港、宗岱2个经济薄弱村村营收入均超50万元。大力发展特色农业，新增规模农业项目8个。2月9日，科技部公布2020年国家农业科技园区综合评估结果，南通国家农业科技园区以全国第三名优异成绩通过综合评估，被评为优秀等次。

【城乡建设】 年内，如城街道推进14个新开地块、4个扫尾地块工作，累计搬迁约2200户，搬迁面积约65万平方米。完成建龙路、科技路、滨河路东延扫尾，新建农路3.8千米，修复许庄、西郊、宏坝等社区后街后巷破损道路，城乡交通明显改观。新建污水管网4500米，"十个必接"基本实现应接必接。新建改建农村厕所2411户。盆景大观创成国家AAAA级旅游景区，盆景风情小镇被列入省级特色小镇创建名单，龙游河村获国家森林乡村称号，顾庄社区顾家庄、大明社区大缪马和钱长村夏家庄被正式命名为省特色田园乡村。

【生态环境保护】 年内，如城街道以"河长制"为抓手，推进水环境治理，新增养鱼河道22条，环西大桥、东陈大桥两处市考以上断面水质均达地表水Ⅲ类标准，龙池港被评为省生态河道。提高农业废弃物处理水平，规模养殖场粪污综合利用率超98%，废旧农膜回收利用率百分之百，秸秆机械化还田率超96%。加大农村生活垃圾治理力度，收运处理率百分之百。提升农村基础设施建设和管护水平，完成357户农村分散农户生活污水治理改造；新增绿化造林23.8公顷，龙游河村成功创建国家森林乡村。

【社会事业】 年内，如城街道完成居保征缴2.14万人，完成率居全市第一；新增城镇就业2235人，新增创业180人。统筹推进救孤、助残、济困等民政事业发展，救助困难群众106户22.02万元，为辖区1517名残疾人发放两项补贴1104万元，为7443名高龄老人发放尊老金580万元，为35名下岗、失业转业志愿兵提供就业岗位。进一步提升学前教育水平，为辖区10所幼儿园配置空调。深入开展"两代表一委员"活动，139名"两代表一委员"参与活动771人次，接待群众427人，收集群众建议意见245条。做好信访维稳工作，接待群众来访737人次，党政领导干部接访下访274次，成功化解信访问题19件，实现信访问题增量下降、存量减少目标。着力打造园区社会治理现代化指挥中心，推进"人防技防"整体发展。强化安全生产责任制落实，对27个行业安全专项整治工作形成闭环管理，查处违法企业27家，企业安全培训900余人次，未发生较大以上安全事故。

【龙游河村获国家森林乡村称号】 年内，如城街道龙游河村被国家林业和草原局命名为国家森林乡村。

龙游河村根据村庄原有地形地貌、自然景观等，对村庄布局进一步细致科学规划，最大程度保护乡村自然生态系统原真性和完整性。建造集中居住区、活动室、自来水入户工程，建立垃圾清运专职队伍，对农村厕所进行改造，系统治理村庄内环境脏、乱、差现象；开展长效绿化行动，发动村民在"四旁"（村旁、宅旁、路旁、水旁）义务植树，加强养护管理，生态绿量增长明显，村庄绿化率百分之百，真正实现河面水清、两岸树绿、道路宽广。坚持适地适树原则和树种适应性，发动村民义务在宜林地、房前屋后和空地栽植以经济林木为主的冬青、香樟、桃、李、桂花、银杏、梨等树种，保持四季常绿，提高村庄绿化质量和效益。巩固村庄生态环境和村庄绿化成果，落实管理责任制和护林养绿公约，配备专职养护人员和清扫人员，做到责任明确，管理到位，形成浓郁乡村森林氛围。通过科普宣教、乡贤事迹宣传等丰富、活跃乡村生态文化，在全村普遍形成良好的植绿爱绿、保护生态、爱护环境氛围。

（范海彬）

2020年如城街道社会经济主要指标一览表

表55

项　目	计量单位	2020年	2019年	项　目	计量单位	2020年	2019年
一、乡镇基本情况				法人企业个数	个	3027	3078
乡镇行政区域面积	公顷	13242	13242	其中：规上工业企业	个	60	71
居民委员会个数	个	23	23	法人企业从业人员	人	86246	85733
村民委员会个数	个	11	11	其中：规上工业企业	人	10397	10870
耕地面积	公顷	2995	3011	建筑业企业个数	个	52	49
耕地灌溉面积(有效灌溉面积)	公顷	2993	3008	建筑业企业从业人员数	人	24621	24966
农业机械总动力	千瓦	30075	54200	六、贸易			
二、人口与就业				限上社会消费品零售总额	万元	512945	519153
户籍户数	户	61775	61525	商品交易市场个数	个	30	28
户籍人口	人	188361	188384	营业面积50平方米以上的综合商店或超市个数	个	124	116
常住户数	户	88658	51100	七、财政收入			
常住人口	人	211272	156463	财政总收入	万元	202782	244666
乡镇从业人员数	人	130208	131500	其中：一般公共预算收入	万元	167591	167142
其中：第一产业	人	8562	8573	八、社会事业			
第二产业	人	64014	64054	乡镇公路里程	千米	852	852
第三产业	人	57632	58873	金融机构网点数	个	51	51
三、乡镇经济				农民专业合作社个数	个	77	77
地区生产总值	万元	2958757	2746201	农民专业合作社成员数	户	16281	16200
其中：第一产业	万元	45095	42252	学校总数	所	14	13
第二产业	万元	830300	786148	其中：小学校数	所	8	7
第三产业	万元	2083362	1917801	在校学生总数	人	37310	36155
四、农业生产				其中：小学在校学生数	人	19500	17603
农作物播种面积	公顷	5233	5154	教师总数	人	2301	2108
其中：粮食作物播种面积	公顷	1880	1878	其中：小学专任教师数	人	1038	843
农业保险面积(种植业)	公顷	1298	1230	幼儿园、托儿所	所	18	21
市级以上农业龙头企业个数	个	11	12	医疗卫生机构个数	个	94	73
市级以上农业龙头企业销售收入	万元	91565	92268	医疗卫生机构床位数	床	2400	2311
粮食总产量	吨	11879	11815	执业(助理)医师数	人	650	860
肉类总产量	吨	2068	2896	自来水用水户数	户	56120	51100
禽蛋产量	吨	696	529	住楼房户比重	%	99	99
水产品产量	吨	1847	1810	人均住房面积	平方米	50	47
五、企业情况				提供住宿的社会工作机构	个	2	1

续表55

项　目	计量单位	2020年	2019年	项　目	计量单位	2020年	2019年
提供住宿的社会工作机构床位	床	220	202	城乡居民基本医疗保险参保人数	人	102783	152783
提供住宿的社会工作机构收养人数	人	128	115	城乡居民基本养老保险参保人数	人	72833	112240

2020年如城街道各村(社区)基本情况表

表56

名　称	党组织书记	主　任	村(居)民小组数(个)	人口数(人)	耕地面积(公顷)	村集体经济收入(万元)
安定村	石建平	石建平	19	3413	166.01	100.65
大明社区	钱德宏	钱德宏	19	3796	166.78	302.11
光华村	范广建	范广建	21	3874	175.65	104.45
贺洋社区	钱祖平	钱祖平	26	3579	219.69	290.05
龙游河村	单小平	单小平	21	3440	219.55	89.20
宗岱村	蔡　浩	蔡　浩	23	3232	196.29	56.48
钱长村	钱爱东	钱爱东	24	3599	254.60	82.89
新官村	黄　勇	黄　勇	20	2563	202.40	54.54
沿河村	冒建山	冒建山	24	3190	288.53	249.42
长港村	张赟赟	张赟赟	19	2692	220.00	99.25
老南村	薛　华	薛　华	18	2489	166.08	71.88
大殷社区	张　勇	张　勇	26	4671	15.81	389.90
方庄村	王张平	王张平	31	4557	244.40	91.55
凌青村	陈　军	陈　军	25	4130	242.60	243.58
新民社区	蔡建明	蔡建明	24	4878	211.77	159.82
顾庄社区	宗　刚	宗　刚	17	3677	168.23	191.65
纪庄社区	纪昌俊	纪昌俊	25	4601	38.96	307.67
十里社区	周新民	周新民	34	6335	270.24	385.05
安定社区	唐　红	周建萍	—	4392	—	—
花园社区	袁　艳	袁　艳	—	4203	—	—
孔庙社区	许　燕	石　维	—	5794	—	—
陆桥社区	朱晓燕	范从兵	—	3568	—	—
蒲行社区	康辉嵘	何平平	—	3600	—	—
秀水社区	储湘君	宋镜文	—	4380	—	—
长巷社区	郝　蕾	李沁亚	—	3460	—	—
迎新社区	周　楠	戴　蓉	—	4399	—	—
红星社区	孙　建	孙　建	9	2869	73.33	210.34

续表56

名　称	党组织书记	主　任	村(居)民小组数(个)	人口数(人)	耕地面积(公顷)	村集体经济收入(万元)
宏坝社区	章志华	章志华	3	3711	—	399.18
仙鹤社区	冒亚琴	冒亚琴	7	1790	—	194.78
西郊社区	曹俊飞	曹俊飞	10	2312	—	73.25
许庄社区	李小妹	李小妹	14	3692	—	290.38
城东社区	季银冠	季银冠	24	5245	—	456.19
城南社区	陆小建	陆小建	12	4284	—	254.16
城西社区	陈召建	陈召建	25	5551	172.00	536.66

城北街道

【概况】 城北街道地处如皋市北郊，成立于2013年，由原袁桥镇、柴湾镇所辖区域和原如城镇所辖新生、新王庄、太平、鹿门、邓元、城北、东风、庆余、普济9个社区及邵庄、陆桥、阚庄3个村合并而成。辖区面积150.41平方千米，辖村20个、社区19个(北郊花苑、柴湾小区为新型社区)，有村民小组932个。2020年，城北街道新增单体投资1000万元以上重大农业项目数13个，其中，竹菊园、养猪场、玫瑰园等新注册项目5个，存量企业增资项目8个，合计总投资额5.1亿元。生猪存栏2.56万头，规模养殖占比95%；家禽存栏110万羽，规模养殖占比98%；牛存栏2220头，规模养殖占比99%。全年申报如皋市级示范农场2家，润杰农场获批南通市级示范家庭农场；南通明旺达肠衣有限公司、江苏弘玖水产有限公司获批南通市级农业产业化龙头企业，江苏千牧股份公司获批省级农业产业化龙头企业。全面超额完成村级经济发展各项考核任务，城镇居民人均可支配收入比上年增长8%，农村居民人均可支配收入比上年增长9%；38个村(社区)(普济社区为纯城市社区)集体收入均超50万元，其中，超70万元村(社区)31个，超100万元村(社区)20个。全面完成农业保险投保任务，一般种植面积投保率小麦76.48%、水稻90.29%，高效设施农业投保率90.25%。全年经农村产权交易平台流转项目96个，流转土地999.93公顷。

【城乡建设】 年内，城北街道实施政府投资项目143个(新增项目121个，存量项目22个)，总投资1.5亿元，其中金轮路支线、花庄路连接线及延伸线、柏承南侧道路等10个建设工程投入使用。开展搬迁攻坚活动，完成邓元千骏搬迁地块、紫光路北延、雪袁线两侧低效用地盘活和企业提档升级项目搬迁；长寿集团地块、藕池路项目农户签约率90%以上，搬迁评估面积2.9万平方米。完成土地征收8宗、面积44.3公顷，土地挂牌5宗、面积37.9公顷，低效闲置用地收回9宗、面积67.8公顷，城乡建设用地增减挂钩拆旧复垦地块1264宗、面积77.4公顷，占补平衡项目地块270宗、面积44.5公顷，高标准农田占补平衡项目48宗、面积6.1公顷，工矿废弃地复垦项目14宗、面积10.1公顷。强化城市精细化管理，提升物业管理水平，开展老镇区环境秩序整治，在全市示范推进垃圾分类，倡导文明新风尚。持续推进庆余路街景改造，拆除、整改违章53户、面积4611.5平方米。实现39个村(社区)新时代文明实践站建设全覆盖，培育城北社区“四点半”学校、北郊花苑的“谦德”志愿服务队、新生社区“小冬青”志愿服务队等服务品牌。新生社区获评省级“扫黄打非”进基层示范点，里庄村农家书屋获评南通市四星级农家书屋。推进全域旅游示范区建设，平园池村被列为全国乡村旅游重点村，平园池村藕池庄、花园桥社区被列为江苏省特色田园乡村建设试点村庄。成功举办“江风海韵，长寿之都”南通乡村休闲旅游节开幕式和如皋平园池第四届荷花节、如皋市首届菊花节，吸引近100万名游客观光旅游。

【生态环境保护】 年内，城北街道6家企业安装生物质锅炉烟气在线监控设施8台，天然气锅炉低氮燃烧改造10家，治污设施升级改造2家，工业炉窑整治8台，餐饮场所油烟设施改造和在线监测设施建设2家。关停“散乱污”企业5家，提升改造4家；关停化工企业1家，迁移2家；取缔无资质预拌混凝土搅拌站点8个。严格落实工地扬尘治理“六个百分百”(施工工地周边百分百围挡、出入车辆百分百冲洗、拆迁工地百分百湿法作业、渣土车辆百分百密闭运输、施工现场地面百分百硬化、物料堆放百分百覆盖)要求。完成农村改厕2238户。新增新型垃圾分类车辆160

辆、垃圾分类收集桶4.5万个，累计建立生产垃圾临时堆放点85处、建筑垃圾临时堆放点32个、农膜农药收购点69个、农膜回收点71个。成功创建生态健康养殖示范场7个。省级、南通市级地表水考核断面水质全面达到三类水以上标准。完善村（社区）网格化巡查监管机制，环境信访总量与上年相比下降26.06%。

【社会事业】 年内，城北街道完成建养一体化道路1条；提档升级道路2条；维修农村道路1.5万平方米、农桥3座；打造"四好农村路"5千米；完成村通居路工程2个，建设里程4千米。新建污水管网3.7千米，完成万寿路、仁寿路、起风路、戴庄路及大寨河、跃进河等两侧污水截污纳管；整治黑臭河道8条；补齐污水处理设施建设短板，新建柴湾、袁桥小型村庄生活污水处理站3个，累计建成27个，污水处理设施覆盖率92%。深入开展殡葬改革、移风易俗工作。实施精准脱贫攻坚工程，年内1506户共2894名建档立卡贫困人口全面实现"两不愁、三保障"，危房改造113户，安装自来水294户。及时足额发放低保、五保、重残、重点优抚对象等群体保障资金，全年累计发放3929人次计2293.85万元；疫情期间救助困难人员499人，发放救助款79.01万元；临时救助城乡困难群众188人，发放临时救助金31.8万元。新增计生奖扶对象730人、特扶对象17人，实现家庭医生签约服务全覆盖。走访慰问退役军人1346人，发放慰问金10万余元；推进退役士兵就业创业，联合区内两家企业为退役军人提供优质岗位。逐步完善卫生服务体系，整合辖区内3家民营医院，建成城北街道社区卫生服务中心；医疗机构镇村一体化管理到位，初步形成"1+1+1+37"（1个街道社区卫生服务中心、1个街道社区卫生服务中心分中心、1个门诊部和37个村卫生室）医疗卫生体系。教育优质均衡发展，中考均分居全市第一方阵，达如皋中学统招分数线51人，提前录取如中初高中衔接班6人，录取白蒲中学强基班2人，录取乡村教师定向师范生3人；开发区实验小学和何庄小学晋升甲类学校；教管中心、实验初中、袁桥初中被评为市义务教育阶段教育教学工作先进集体一等奖。

【平园池村获评全国文明村】 11月20日，在北京举行的全国精神文明建设表彰大会上，城北街道平园池村被表彰为全国文明村。

平园池村以农业项目开发为主抓手，大力发展休闲农业精品项目，打造荷塘月色、农耕民俗文化馆、画隐园微型盆景园、千亩水竹园等乡村旅游景点，成功创建国家AAA级旅游景区、省三星级乡村旅游区、全国乡村旅游重点村。推进乡风文明建设，利用各旅游景点搭建志愿者服务载体和平台，组织党员群众开展志愿活动，帮助村民解决生产生活困难；组建旗袍队、文艺演出队，开展美丽乡村建设、脱贫攻坚、移风易俗等主题志愿文艺演出。持续改善乡村人居环境，关闭铸造厂2家，实施河道整治、生态护驳坡、景观绿化、污水处理设施建设等民生项目，打造彩色步行道、骑行道；对老街进行品质化包装，打造"记得住"村庄标识。

【花园桥社区获国家森林乡村称号】 1月19日，国家林业和草原局官网公布第二批国家森林乡村名单，城北街道花园桥社区上榜。

花园桥社区通过走高效农业发展之路，流转土地256公顷，土地流转率91.2%。吸引落户花木种植户25户，其中拥有二级园林绿化企业资质3家，形成以花木种植为主导产业的"一村一品"特色，被列为江苏省特色田园乡村建设试点村庄。截至年末，花园桥社区绿化覆盖面积123公顷，绿化覆盖率43.9%。

（张晖宇）

2020年城北街道社会经济主要指标一览表

表57

项　目	计量单位	2020年	2019年	项　目	计量单位	2020年	2019年
一、乡镇基本情况				二、人口与就业			
乡镇行政区域面积	公顷	15041	15041	户籍户数	户	53011	53172
居民委员会个数	个	19	19	户籍人口	人	164439	165409
村民委员会个数	个	20	20	常住户数	户	46329	46603
耕地面积	公顷	8551	8551	常住人口	人	169756	144975
耕地灌溉面积(有效灌溉面积)	公顷	7877	7828	乡镇从业人员数	人	79395	86042
农业机械总动力	千瓦	84839	75693	其中：第一产业	人	12541	12919

续表57

项　目	计量单位	2020年	2019年	项　目	计量单位	2020年	2019年
第二产业	人	46154	52137	营业面积50平方米以上的综合商店或超市个数	个	64	57
第三产业	人	20700	20986	七、财政收入			
三、乡镇经济				财政总收入	万元	140701	135223
地区生产总值	万元	1922472	1784859	其中:一般公共预算收入	万元	83349	81872
其中:第一产业	万元	98610	92088	八、社会事业			
第二产业	万元	1139024	1086864	乡镇公路里程	千米	345	293
第三产业	万元	684838	605907	金融机构网点数	个	29	29
四、农业生产				农民专业合作社个数	个	90	90
农作物播种面积	公顷	14359	14199	农民专业合作社成员数	户	11528	11528
其中:粮食作物播种面积	公顷	10414	10358	学校总数	所	8	8
农业保险面积(种植业)	公顷	8269	9387	其中:小学校数	所	5	5
市级以上农业龙头企业个数	个	13	12	在校学生总数	人	12417	12083
市级以上农业龙头企业销售收入	万元	334532	286890	其中:小学在校学生数	人	7225	6950
粮食总产量	吨	74116	73327	教师总数	人	939	945
肉类总产量	吨	8027	11001	其中:小学专任教师数	人	390	360
禽蛋产量	吨	8676	6439	幼儿园、托儿所	所	30	14
水产品产量	吨	2007	1962	医疗卫生机构个数	个	57	59
五、企业情况				医疗卫生机构床位数	床	874	935
法人企业个数	个	2526	2707	执业(助理)医师数	人	354	384
其中:规上工业企业	个	139	149	自来水用水户数	户	41887	46500
法人企业从业人员	人	69763	73437	住楼房户比重	%	94	92
其中:规上工业企业	人	26040	27866	人均住房面积	平方米	59	50
建筑业企业个数	个	9	9	提供住宿的社会工作机构	个	1	1
建筑业企业从业人员数	人	5573	5867	提供住宿的社会工作机构床位	床	200	200
六、贸易				提供住宿的社会工作机构收养人数	人	138	142
限上社会消费品零售总额	万元	75939	120383	城乡居民基本医疗保险参保人数	人	98910	104855
商品交易市场个数	个	8	8	城乡居民基本养老保险参保人数	人	31468	32420

2020年城北街道各村(社区)基本情况表

表58

名　称	党组织书　记	村(居)委会主　任	村(居)民小组(个)	人口数(人)	耕地面积(公顷)	村集体经济收入(万元)
东风社区	张爱军	暂　缺	12	4642	—	67.00
城北社区	章金元	徐海旭	13	5340	—	270.20
新生社区	谭洪兵	洪小军	17	4735	27.71	218.70
新王庄社区	李　勇	李　勇	25	5902	89.05	224.00
太平社区	徐　龙	徐　龙	28	10210	—	160.00
邓元社区	施林友	宗式华	32	5942	41.11	193.00
鹿门社区	戴小兵	戴小兵	27	5338	279.30	85.00
里庄村	高兴勇	高兴勇	27	3926	238.77	158.70
复兴村	芦忠林	芦忠林	28	3793	312.43	55.00
双楼庄村	王正华	王正华	25	3438	292.64	60.00
万新村	张　浩	张　浩	26	3801	167.93	228.02
柴湾社区	徐相民	徐相民	32	4341	209.46	97.00
志勇村	张英兰	张英兰	36	4476	388.27	237.58
镇南社区	张　伟	张国友	22	4858	22.39	370.87
杨宗社区	陈　勇	何秀宏	23	3501	178.70	92.66
戴庄村	丁建龙	杨立宣	26	3443	248.36	120.00
平园池村	刘炜建	秦德来	24	3278	238.93	239.90
双龙社区	陈兆青	陈兆青	24	4267	168.36	76.06
天河桥村	刘　军	刘　军	27	3837	312.56	75.93
桥港村	谢同兴	谢同兴	27	3759	303.41	158.00
陆姚社区	朱从俊	朱从俊	31	4696	262.35	81.76
十里墩社区	秦炎圣	秦炎圣	17	2590	178.07	82.00
纪港村	陈秋影	陈秋影	17	2650	225.43	127.31
袁桥社区	刘培华	刘培华	31	3853	291.98	134.02
浦东社区	胡爱琴	胡爱琴	33	4160	241.67	145.67
何庄社区	谢仁国	谢仁国	27	4565	202.51	199.80
八角井村	吴海兵	吴海兵	25	3281	253.12	93.30
野林村	孙国平	孙国平	23	3025	248.33	216.08
花园桥社区	顾海燕	顾海燕	26	3404	263.35	106.30
民实村	刘伟托	朱伯明	27	3196	284.83	65.78
顾巷村	陈久龙	陈久龙	21	2629	189.08	87.61
复兴庄村	谢荣山	谢荣勤	26	3567	297.60	63.00
狮垛村	张永龙	张永龙	16	2698	207.93	83.39
朱厦村	陈怀宽	暂缺	21	2588	208.77	62.00
陆桥村	张昌建	张昌建	23	4856	132.14	123.16

续表58

名　称	党组织书　记	村(居)委会主　任	村(居)民小组(个)	人口数(人)	耕地面积(公顷)	村集体经济收入(万元)
邵庄村	印国兵	印国兵	30	4453	241.87	113.00
阚庄村	刘松志	刘松志	29	4126	222.98	72.00
庆余社区	郑国权	郑国权	5	7049	—	56.00
普济社区	周　鹏	周魏魏	3	6580	—	—

城南街道

【概况】 城南街道位于主城区东南，与市政府毗邻，是国家卫生街道，省健康街道，辖行政村7个、社区10个。2020年，城南街道实现村集体收入3416.51万元，农村产权交易涉农资金交易316个，成交额4420万元。全年化解村级债务42.96万元，比上年下降12.22%。新增百亩特色农业种植、养殖项目6个(浩森小微盆景、马塘草坪、左邬瓜蒌、左邬水蛭、鸿丰种养循环和爱琴种养循环)，新增粮食种植规模主体12家，累计新增土地流转78.5公顷。新增高标准农田建设面积280公顷，完成率200%；新增成片造林面积37.24公顷，完成率130%；新增家庭农场8个，新增省级示范农场1个(国强家庭农场)、南通市级示范农场2个(新元家庭农场、平康果蔬家庭农场)、省级示范合作社1家(如皋鑫顺生猪养殖合作社)，总经营面积46.17公顷。实现项目农业投入3.7亿元，新增单体投入1000万元以上农业项目7个。

【城市建设】 年内，城南街道坚持城乡融合并进，发展承载力持续提升。完成23个地块、322公顷土地清表和12个地块交地工作，搬迁719户；完成12个村(社区)的实用性村庄规划。不断完善产业园基础配套设施，完成智能制造产业园和光电科技产业园配套道路卓然路、讯发路建设及世睿二期、左一、腾锐、正海磁材、东旭等项目用地红线及规划条件。新庄公墓配套、新桃路东侧雨水管网、敬老院和桃园文体广场大楼消防改造等配套设施建设方案及施工图设计。全力做好盐通高铁站、张八里花苑、龙游河公园三期等项目建设服务工作。完成地震安全性评价，通过省地震局专家评审，获正式批文。

【生态环境保护】 年内，城南街道耕地占补平衡复垦入库315.42公顷，完成率231.9%。城乡建设用地增减挂钩复垦入库218.98公顷，完成率167.2%。提档升级农村人居环境，有序推进区域水环境治理及黑臭水体整治、垃圾分类工作，持续深化“河长制”工作，拆坝建桥4座、拆坝不建12座，建成小型村庄污水处理设施9座，改厕667座，综合整治生态河道15条，总长度21.15千米。

【社会事业】 年内，城南街道完成居民养老保险17338人，完成率101.28%；完成企业职工保险1659人，完成率296.25%；完成居民医疗保险39203人，应缴尽缴。完成5个征地保障地块进保291人。不断健全社会保障体系，累计发放各类民政补助1038.87万元，优抚补助1014.96万元。新改建农路8.65千米，创建“四好农路”12.7千米，新增农桥1座。继续加大对养老事业投入，在街道敬老院安装监控点位24个；实施敬老院污水接管工程，做好敬老院建筑安全隐患排查，完成敬老院消防改造工程并通过验收。累计投入约150万元，完善敬老院硬件设施。发放独生子女父母奖励金6.774万元、计划生育奖励扶助金421.104万元、独子伤残死亡特别扶助金170.47万元、并发症特别扶助金2.52万元。加强安置小区管理，清理“僵尸车”76处，乱堆放、乱种植2000余处，更换移风易俗宣传栏24组、公益广告852处，定期维修项目900余个，协调市城乡住房建设局落实维修项目100余个，零星维修项目800余个。举办“夏日纳凉”一周乐、“同庆丰收·共迎小康”文艺巡演、“情浓月圆中秋·颂歌祖国华诞”等主题活动，全年综合文化服务中心开展大型群众文化活动18场。张八里社区、宋家桥社区成功创建南通市四星级农家书屋。不断优化公共文化服务设施，投入近13万元提档升级东皋书吧2个，投入近70万元对文化站消防设施进行改造，24小时图书馆、村(社区)农家书屋日均阅读量近220本，文化站对辖区内常住人口人均服务6次/年。对城南街道社区卫生服务中心实施装修提升和消防改造并通过验收，完成村卫生室乡镇一体化管理，建成中医阁10家。全年免费体检65岁以上老年人1.54万人、严重精神障碍患者257人，专案管理筛查体弱儿112人。开展家庭医生签约服务工作，一般人群签约2.22万人，重点人群签约2.68万人。

(薛丹丹)

2020年城南街道社会经济主要指标一览表

表59

项　目	计量单位	2020年	2019年	项　目	计量单位	2020年	2019年
一、乡镇基本情况				法人企业个数	个	1152	989
乡镇行政区域面积	公顷	7361	7361	其中:规上工业企业	个	38	35
居民委员会个数	个	10	10	法人企业从业人员	人	165840	149621
村民委员会个数	个	7	7	其中:规上工业企业	人	3660	3622
耕地面积	公顷	3958	3958	建筑业企业个数	个	13	12
耕地灌溉面积(有效灌溉面积)	公顷	3317	3301	建筑业企业从业人员数	人	153077	135150
农业机械总动力	千瓦	24190	27862	六、贸易			
二、人口与就业				限上社会消费品零售总额	万元	21057	19636
户籍户数	户	18159	18128	商品交易市场个数	个	1	1
户籍人口	人	63966	64166	营业面积50平方米以上的综合商店或超市个数	个	49	53
常住户数	户	17175	15742	七、财政收入			
常住人口	人	58807	55722	财政总收入	万元	102580	80063
乡镇从业人员数	人	31435	31241	其中:一般公共预算收入	万元	68208	47048
其中:第一产业	人	3721	4149	八、社会事业			
第二产业	人	14659	14784	乡镇公路里程	千米	404	398
第三产业	人	13055	12308	金融机构网点数	个	6	6
三、乡镇经济				农民专业合作社个数	个	75	74
地区生产总值	万元	381303	354075	农民专业合作社成员数	户	21058	20926
其中:第一产业	万元	36882	34575	学校总数	所	5	6
第二产业	万元	189869	184347	其中:小学校数	所	2	2
第三产业	万元	154552	135153	在校学生总数	人	6385	4781
四、农业生产				其中:小学在校学生数	人	3072	2673
农作物播种面积	公顷	7152	7055	教师总数	人	423	411
其中:粮食作物播种面积	公顷	4718	4691	其中:小学专任教师数	人	190	167
农业保险面积(种植业)	公顷	3937	4202	幼儿园、托儿所	所	6	6
市级以上农业龙头企业个数	个	4	4	医疗卫生机构个数	个	23	22
市级以上农业龙头企业销售收入	万元	68060	61817	医疗卫生机构床位数	床	85	85
粮食总产量	吨	32815	32492	执业(助理)医师数	人	66	56
肉类总产量	吨	3397	4758	自来水用水户数	户	17175	15742
禽蛋产量	吨	674	499	住楼房户比重	%	92	90
水产品产量	吨	1128	1103	人均住房面积	平方米	50	50
五、企业情况				提供住宿的社会工作机构	个	1	1

续表59

项　目	计量单位	2020年	2019年	项　目	计量单位	2020年	2019年
提供住宿的社会工作机构床位	床	96	83	城乡居民基本医疗保险参保人数	人	53111	43776
提供住宿的社会工作机构收养人数	人	67	65	城乡居民基本养老保险参保人数	人	33187	35000

2020年城南街道各村(社区)基本情况表

表60

名　称	党组织书　记	村(居)委会主　任	村(居)民小组数(个)	人口数(人)	耕地面积(公顷)	村集体经济收入(万元)
张八里社区	刘春和	邱元锋	28	4054	217.00	192.98
建设社区	陈建平	陈小兵	21	3268	140.00	363.70
平明社区	王国藩	王国平	18	2995	186.07	244.21
新庄社区	任缪根	丁正龙	24	3877	226.67	322.04
宋家桥社区	陈　勇	李世明	24	3276	216.00	387.19
杨花桥村	张　锋	张　锋	39	4652	236.00	374.38
桃北村	杨明华	徐轶秋	27	4426	260.00	241.75
明池村	杨志中	张海建	25	2730	168.67	201.19
肖陆村	张　磊	张启军	28	3560	245.00	116.41
新华社区	张志勇	张　兵	29	3496	255.00	177.32
申徐村	陈大彬	陈大彬	23	3166	496.00	174.95
左郛村	丁于林	朱友国	27	3711	230.40	141.00
育华村	郭张林	周海俊	36	3629	246.67	116.07
马塘社区	邓晓彬	刘　华	40	5007	368.15	96.89
桃林社区	杨晓东	吴小海	36	4366	286.53	94.82
天堡社区	李世俊	曹国建	22	3278	192.80	141.00
夏庄社区	阮建林	阮建林	21	4216	216.31	73.05

长江镇

【概况】 长江镇位于如皋市最南端，紧邻长江下游入海口，与苏州张家港市隔江相望。镇区规划总面积204平方千米，辖社区27个、行政村6个、场圃4个和1个江滩经营办事处。2020年，综合实力位列全国千强镇第64位，比上年前移5位。

【新农村建设】 年内，长江镇新建"四好农路"20条约70千米、通居公路5千米，改建农桥15座。实施高标准农田建设74公顷，流转土地900公顷。新增农业项目投资2.8亿元，完成规模农业项目11个，创建国家级、省级示范合作社各1家。完成村集体收入3924.8万元，比上年增长12.36%，其中21个村(社区)集体收入超100万元。

【如港新城建设】 年内，如皋港工业园区提前完成污水管网年度建设任务，华江路、德源路、长江东路等城区骨干道路和园区基础设施建设工程如期竣工，城市路网进一步完善。投入1000万元提升绿化、亮化水平，首批共享单车投入运营，建成海坝社区文化休闲广场。万科·东昇和院、中南·江滨悦、中骏·雍景湾3个房产项目相继落户，建筑面积2万平方米的五星级酒店加快建设，建筑面积3.2万平方米的商业综合体金雅名都荟项目如期开业。

【生态环境保护】 年内，长江镇巩固长江岸线环境综合治理成果，全面完成长江如皋段禁捕退捕任务。提前完成污水管网年度建设任务，全面检测维修郭园片区污水管网，完成郭园生活污水处理厂一级A提标改造工程。整治清理河道23条、黑臭河道9条。知青社区获国家森林乡村称号。位于长江镇的如皋水上绿色综合服务区建成运营。

【社会事业】 年内，长江镇投入4200万元推进红星南区、北区临时电改造工程。落实“就业扶贫”工程，新增城镇就业1569人，建档立卡户就业率百分之百。组织禁捕退捕渔民再就业培训，落实社保费减免，企业职工养老保险净增2100人，城乡居民养老参保2.38万人。高考本科录取率、中考如皋中学录取率再创佳绩，长江高中省四星级品牌影响力持续提升。如皋师范第三附属小学封顶，新城区幼儿园开工建设，村(社区)示范卫生室覆盖率百分之百，卫生院改扩建工程完成筹备工作。组织开展“4·23”全民阅读、“护苗2020”扫黄打非绿书签、“农民丰收节”等活动，送戏下乡30余场，送电影下乡60场次，送图书进农家书屋3000余册。打造阅读高质量阵地“东皋书吧”，南通冠洲国际贸易有限公司成功打造成南通市文化产业示范基地。信访案件受理率、按期办结率、息诉罢访率同步提升，平安法治创建、普法宣传教育、矛盾纠纷化解专项行动取得成效，群众安全感连年递增。

扫码观看视频《如皋有座岛 岛上有宝藏》

(周　莉)

2020年长江镇社会经济主要指标一览表

表61

项　目	计量单位	2020年	2019年	项　目	计量单位	2020年	2019年
一、乡镇基本情况				四、农业生产			
乡镇行政区域面积	公顷	12236	12236	农作物播种面积	公顷	11468	11416
居民委员会个数	个	27	27	其中:粮食作物播种面积	公顷	8981	8984
村民委员会个数	个	6	6	农业保险面积(种植业)	公顷	7338	9179
耕地面积	公顷	7685	7685	市级以上农业龙头企业个数	个	6	6
耕地灌溉面积(有效灌溉面积)	公顷	7225	7619	市级以上农业龙头企业销售收入	万元	35560	34560
农业机械总动力	千瓦	56890	54189	粮食总产量	吨	59470	59197
二、人口与就业				肉类总产量	吨	4824	6723
户籍户数	户	49263	49554	禽蛋产量	吨	16510	12342
户籍人口	人	136603	137493	水产品产量	吨	2035	1986
常住户数	户	47195	43195	五、企业情况			
常住人口	人	130016	119850	法人企业个数	个	1756	1728
乡镇从业人员数	人	91710	87516	其中:规上工业企业	个	152	159
其中:第一产业	人	13888	14522	法人企业从业人员	人	59712	57126
第二产业	人	51623	47895	其中:规上工业企业	人	29098	29182
第三产业	人	26199	25099	建筑业企业个数	个	13	9
三、乡镇经济				建筑业企业从业人员数	人	2415	2248
地区生产总值	万元	2225760	2064904	六、贸易			
其中:第一产业	万元	70419	65649	限上社会消费品零售总额	万元	112863	141738
第二产业	万元	1147731	1093850	商品交易市场个数	个	8	8
第三产业	万元	1007610	905405	营业面积50平方米以上的综合商店或超市个数	个	120	119

续表61

项　目	计量单位	2020年	2019年	项　目	计量单位	2020年	2019年
七、财政收入				其中:小学专任教师数	人	309	343
财政总收入	万元	189745	191088	幼儿园、托儿所	所	6	6
其中:一般公共预算收入	万元	108886	116191	医疗卫生机构个数	个	58	51
八、社会事业				医疗卫生机构床位数	床	458	240
乡镇公路里程	千米	708	701	执业(助理)医师数	人	250	251
金融机构网点数	个	18	18	自来水用水户数	户	43195	43195
农民专业合作社个数	个	122	121	住楼房户比重	%	96	96
农民专业合作社成员数	户	31300	31200	人均住房面积	平方米	65	65
学校总数	所	9	9	提供住宿的社会工作机构	个	3	3
其中:小学校数	所	5	5	提供住宿的社会工作机构床位	床	620	610
在校学生总数	人	17347	16960	提供住宿的社会工作机构收养人数	人	210	201
其中:小学在校学生数	人	7977	7660	城乡居民基本医疗保险参保人数	人	100100	98292
教师总数	人	1120	1181	城乡居民基本养老保险参保人数	人	53720	53610

2020年长江镇各村(社区)基本情况表

表62

名　称	党组织书　记	村(居)委会主　任	村(居)民小组数(个)	人口数(人)	耕地面积(公顷)	村集体经济收入(万元)
田王村	于玉兵	于玉兵	15	3086	194.5	115.22
车马湖社区	邹永利	邹永利	25	4135	210.9	221.02
顾桥社区	钱汉祥	邹济胜	29	3821	313.7	269.41
郭南村	郭建青	吴永华	30	3670	179.1	129.77
薛窑社区	薛凤鸣	刘翔起	28	4068	248.7	135.60
蔡埠庄村	薛建中	薛建中	27	3239	201.3	92.28
刘胜村	薛海鹰	薛海鹰	21	3129	182.0	108.93
范刘社区	李　猛	李　猛	23	4132	235.8	327.36
谢楼村	陈建军	陈建军	25	3762	308.7	80.00
田桥社区	包永荣	包永荣	26	4122	209.4	80.83
郭园社区	胡小其	胡小其	42	6648	231.3	231.01
义圩社区	薛井全	薛井全	28	4419	248.0	230.40
富圩村	郭　丽	郭　丽	20	3011	188.7	54.86
杨洲社区	包小青	包小青	24	4120	264.2	284.75
场东社区	毛勤芹	毛勤芹	4	300	33.3	68.99
头案社区	魏国圣	魏国圣	18	3440	213.4	119.09

续表62

名　称	党组织书　记	村(居)委会主　任	村(居)民小组数（个）	人口数（人）	耕地面积（公顷）	村集体经济收入（万元）
蒲港社区	吴新建	吴新建	31	5009	289.0	123.92
永丰社区	丁勇胜	丁勇胜	30	5001	340.2	97.85
知青社区	黄春轩	黄春轩	27	4453	261.4	95.94
长青社区	孙建华	孙建华	32	4747	221.0	196.66
二案社区	王　勇	王　勇	32	8672	254.9	132.77
海坝社区	石红兵	石红兵	19	4168	64.4	71.24
永平社区	吴永永	吴宏明	14	3004	55.1	81.22
平南社区	孙玉才	孙玉才	31	5051	219.8	88.69
三洞口社区	曹亚军	曹亚军	21	4121	279.2	219.27
永福社区	袁志兵	袁志兵	19	4060	296.7	360.43
镇龙社区	陈玉红	陈玉红	15	2800	261.1	252.58
永建社区	袁　华	袁　华	27	4441	1056.5	858.53
五零社区	丁媛晶	丁媛晶	17	3557	376.3	258.65
长江社区	龚建坤	龚建坤	26	4856	239.3	232.89
永平闸社区	周小兵	周小兵	27	4156	131.6	62.59
中心沙社区	杨　捷	杨　捷	17	3656	191.2	139.5
二百亩社区	石鑫军	石鑫军	18	3540	130.5	90.57

白蒲镇

【概况】 白蒲镇位于如皋市东南部，是全国重点镇、全国建制镇示范试点镇、省历史文化名镇、省百家名镇，是著名黄酒之乡、红木雕刻之乡。辖行政村15个、社区14个。2020年，完成一般公共预算收入2.17亿元，比上年增长6.7%。固定资产投资14.72亿元，比上年增长22.36%。新增装机容量35049千伏安，比上年增长49%。工业用电量2.7亿千瓦时，比上年增长3.84%。新增应税销售1亿元及以上企业3家，新增规模企业6家，新培育限上企业2家。完成工业应税销售68.79亿元，比上年增长7.15%。实现规模工业总产值51.96亿元，比上年增长12.56%；规模工业应税销售47.21亿元，比上年增长8.8%。完成服务业应税销售10.8亿元。外贸进出口总额6.3亿元，比上年增长12%。城镇、农村居民人均可支配收入分别为50992元、24478元，比上年分别增长8.2%、8.5%。

扫码观看视频《白蒲镇》

【项目建设】 年内，白蒲镇注重领导招商、产业链招商、以商引商，紧盯智能装备、光电线缆、高端新材料等产业项目，强化总部经济招引，在上海、苏南等地成功召开投资环境说明会，实现到账外资129万美元。累计新签约单体投资1亿元以上项目15个，其中，10亿元项目3个、5亿元项目3个、1亿元项目9个。加快项目建设进度，累计新开工单体投资1亿元以上项目7个；竣工项目4个，竣工率百分之百；转化项目3个。完成新材料产业园搬迁20户，占地53.33公顷新材料产业园初具规模；盘活低效土地22.9公顷，占地66.67公顷的高端装备产业园加快建设中。

【科技创新】 年内，白蒲镇不断增强创新驱动能力。申报高新技术企业15家，培育高新技术后备企业5家，实施成果转化合作项目4个。新增发明申请84个，新增有效发明专利51个。

【小城镇建设】 年内，白蒲镇推动蒲东新城建设，完成搬迁156户。新增房产开发面积6.8万平方米。投入129.88万元完成林梓社区传统村落保护修缮工程，重点对吕岱墓、吕岱祠实施修缮。实现消防站建设主体封顶，全面完成林梓小学食堂、镇安息堂配套项目建设。全面完成惠蒲路改造项目,建成友谊桥并投入使用。拆坝建桥18座,建成一事一议财政奖补道路11.3千米,完成白林路暗渠改造工程。全面完成文昌路仿古灯提升改造工程。拆除违章建筑5506平方米。新建AA级标准旅游厕所1座、A级厕所2座。11月,以“丰收蒲塘,同奔小康”为主题,举办第三届长寿之旅嘉年华暨农民丰收节活动,传播农耕文化,推动白蒲“旅游+农业”融合发展。

【生态环境保护】 年内,白蒲镇勇敢大桥、林梓大桥断面水质均值为Ⅲ类。完成天然气锅炉低氮燃烧改造任务14台。深入推进秸秆禁烧禁抛和还田综合利用,两季秸秆综合利用率96%。大气环境质量处于全市第一方阵。完成白蒲污水处理厂日处理能力5000吨、林梓污水处理厂日处理能力1500吨一级A扩容提标改造工程,新建污水管网4.6千米,建成小型污水处理设施22座。改造公厕9座。实施农村改厕5430座,建成分散式农户污水处理1000余座。继续推进“河长制”工作,累计疏浚河道49条共34.9千米,整治生态河道5条,黑臭水体5条。

【社会事业】 年内,白蒲镇开展“爱心白蒲”精准帮扶活动,1018名结对帮扶人员结对帮扶社会弱势群体、建档立卡户1126户。组织开展脱贫攻坚“回头看”,建档立卡低收入户实现全部脱贫。完成危房改造38户,建档立卡户实现危房“清零”。实现城乡居民医保、职工“五险”动态全覆盖,全面落实“五道医疗保障线”。全年发放尊老金275.5万元、残疾人两项补贴593.96万元。新建为民服务中心并投入使用。完成村(社区)广播村村通工程。加大教育投入,投资1930万元新建白蒲幼儿园。推进基础教育优质均衡发展,中高考再创佳绩,高考本一上线率96%、中考普高上线率59%。在全市率先完成2家镇级水厂回购工作,完成新姚水厂管网改造,解决约1.5万人用水难问题。全面完成公立卫生院改制,高分通过国家卫生镇创建。举办“我们的村晚”等文化节庆活动,不断丰富广大群众精神文明生活。镇历史文化教育基地被评为南通市社区教育特色基地。

(施　露)

2020年白蒲镇社会经济主要指标一览表

表63

项　目	计量单位	2020年	2019年	项　目	计量单位	2020年	2019年
一、乡镇基本情况				其中:第一产业	万元	83294	77182
乡镇行政区域面积	公顷	14489	14489	第二产业	万元	533085	509717
居民委员会个数	个	14	14	第三产业	万元	324772	303878
村民委员会个数	个	15	15	四、农业生产			
耕地面积	公顷	8017	8017	农作物播种面积	公顷	15699	15544
耕地灌溉面积(有效灌溉面积)	公顷	8009	8004	其中:粮食作物播种面积	公顷	12456	12390
农业机械总动力	千瓦	144782	140941	农业保险面积(种植业)	公顷	10791	10484
二、人口与就业				市级以上农业龙头企业个数	个	3	3
户籍户数	户	36332	36539	市级以上农业龙头企业销售收入	万元	11350	12605
户籍人口	人	118872	119977	粮食总产量	吨	91893	91191
常住户数	户	32344	32442	肉类总产量	吨	9680	13281
常住人口	人	97619	106526	禽蛋产量	吨	4841	3569
乡镇从业人员数	人	57183	57473	水产品产量	吨	4190	4096
其中:第一产业	人	10236	10508	五、企业情况			
第二产业	人	29610	29517	法人企业个数	个	960	951
第三产业	人	17337	17448	其中:规上工业企业	个	50	50
三、乡镇经济				法人企业从业人员	人	31650	31480
地区生产总值	万元	941151	890777	其中:规上工业企业	人	5746	6085

续表63

项　目	计量单位	2020年	2019年	项　目	计量单位	2020年	2019年
建筑业企业个数	个	4	4	在校学生总数	人	8942	8770
建筑业企业从业人员数	人	4033	4179	其中:小学在校学生数	人	4532	4442
六、贸易				教师总数	人	725	740
限上社会消费品零售总额	万元	5497	8202	其中:小学专任教师数	人	257	266
商品交易市场个数	个	6	9	幼儿园、托儿所	所	10	10
营业面积50平方米以上的综合商店或超市个数	个	210	216	医疗卫生机构个数	个	40	40
七、财政收入				医疗卫生机构床位数	床	420	420
财政总收入	万元	35158	37600	执业(助理)医师数	人	260	260
其中:一般公共预算收入	万元	21679	20413	自来水用水户数	户	32344	32442
八、社会事业				住楼房户比重	%	95	95
乡镇公路里程	千米	575	572	人均住房面积	平方米	53	53
金融机构网点数	个	12	12	提供住宿的社会工作机构	个	1	1
农民专业合作社个数	个	40	38	提供住宿的社会工作机构床位	床	200	200
农民专业合作社成员数	户	2026	2200	提供住宿的社会工作机构收养人数	人	120	113
学校总数	所	9	9	城乡居民基本医疗保险参保人数	人	74064	73521
其中:小学校数	所	6	6	城乡居民基本养老保险参保人数	人	28396	28859

2020年白蒲镇各村(社区)基本情况表

表64

名　称	党组织书　记	村(居)委会主　任	村居民小组数(个)	人口数(人)	耕地面积(公顷)	村集体经济收入(万元)
黄行村	袁　鑫	袁　鑫	31	3686	356.60	66.33
姚家园村	丁铁军	丁铁军	31	4054	293.30	84.60
钱园社区	潘建国	潘建国	39	4887	264.50	90.52
朱家桥村	杨建新	杨建新	37	4517	266.53	81.69
松杨社区	马建兵	马建兵	21	5203	214.40	75.70
蒲东社区	姚红军	姚红军	41	5342	278.00	74.24
蒲西社区	朱承姜	朱承姜	35	5704	195.20	75.74
前进社区	徐继业	徐继业	24	3349	207.00	126.64
朱窑村	李　伟	李　伟	36	4500	280.00	72.20
姜北村	秦金平	秦金平	29	4015	236.00	66.07
康庄村	叶新华	王海峰	31	4370	248.00	82.10

续表64

名　称	党组织书　记	村(居)委会主　任	村居民小组数(个)	人口数(人)	耕地面积(公顷)	村集体经济收入(万元)
文峰社区	顾　晨	顾　晨	38	4576	214.40	58.93
杨家园村	姚　军	姚　军	26	4030	141.50	76.37
沈桥村	沈　烽	沈　烽	34	4491	202.80	61.28
唐堡村	陈桂峰	陈桂峰	32	4261	218.00	124.02
邓杨村	许鹏程	许鹏程	30	3367	195.00	85.45
顾岱村	孙建娟	孙建娟	30	3645	246.70	109.77
新陆村	杨建兵	冒开锋	38	4556	410.90	84.80
斜庄社区	吴际国	吴际国	24	3640	281.70	95.95
文著社区	薛卫东	薛卫东	32	4773	329.00	99.41
月旦社区	季小燕	季小燕	32	5852	440.00	120.58
沈腰村	李思泉	李思泉	26	3218	218.00	83.04
蒋殿社区	陈建华	陈建华	35	4090	375.00	73.28
桥口村	张亚伟	张亚伟	43	4601	372.00	122.63
合兴村	陈永建	陈永建	29	3178	210.00	132.43
林梓社区	吴大胜	金建成	46	5993	253.00	155.14

搬经镇

【概况】 搬经镇位于如皋市西部，北依海安县，西接泰兴市，素有“如皋西门户，秀美金搬经”之称，是全市面积最大、人口最多建制镇，为全国重点镇、国家卫生镇、全国文明镇、省重点中心镇。2020年，完成规模工业产值68.48亿元、规上工业应税销售35.37亿元，比上年分别增长12%、20.1%；企业实缴税金1.9亿元，比上年增长10.01%；完成工业投入10.53亿元，比上年增长26.52%；服务业应税销售突破23亿元。新增应税销售1亿元工业企业3家（南通中塘金属构件有限公司、南通凤凰橡胶制品有限公司、南通群辉门窗有限公司）、新开业规模企业4家（南通泉绮纺织有限公司、南通市泳宇新型建材有限公司、南通中塘金属构件有限公司、如皋聚辉机械零部件有限公司）、服务业限上企业3家（南通市远博环境工程有限公司、江苏臻佰细胞工程有限公司、江苏梵泊细胞工程有限公司）、服务业规上企业3家（如皋市格宁贸易有限公司、江苏明峻逸华能源有限公司、南通益晶机电设备安装有限公司）。现代农业蓬勃发展，落户单体投资1000万元以上规模农业项目5个，培育如皋示范家庭农场2个，发展家庭农场165家，新增特色农产品基地4个，新增高标准农田633.33公顷，入选全国农业产业强镇。

【项目建设】 年内，搬经镇新增装机容量32838千伏安，比上年增长16.73%；工业用电量35585.58万千瓦时，比上年增长6.08%。抓实全员招商，新设张家港、上海招商办事处，全年签约诚志体训、永得利等单体投资1亿元项目14个。编制“腾笼换凤”资源信息库，对接优质项目15个，低效用地盘活考核位居全市各镇首位。强化要素保障和全程帮办服务，累计出让建设用地12.45公顷，新开工海泰科特一期、兰佛卡等单体投资1亿元项目5.5个，竣工高泰磨具、元生酒业等单体投资1亿元项目5个，转化群辉门窗、泉绮纺织等单体投资1亿元项目6个。

【科技创新】 年内，搬经镇深入实施创新驱动战略，围绕智能装备制造、高端新材料、汽车及航空零部件产业三大主导产业，鼓励企业以高端化、智能化为主攻方向，推动技改扩能、研发创新和绿色发展，推动企业结构调优、效益提升。新增高新技术企业4家，高新技术制造业投资占工业总投资51.28%，产值占比36.16%。申请发明专利55件，获专利授权及外市引进发明专利62件，完成PCT申请3件。新增省四星级上云企业1家。对接高校院所科技人才和创新成果，推动顺帆家庭用品(南通)有限公司、南通非标轴承有限公司、如皋市中皋农产品科技发展有限公司、南通市华冠电器有限公司、南通华多种猪繁育有限公司、江苏福旺重工科技有限公司等企业产学研深度融合，成功申报“雉水英才”1人。

【小城镇建设】 年内，搬经镇将全镇开发利用“一张图”理念贯彻城镇建设始终，以凤凰大道、永兴路交叉点为圆心向外辐射，统筹规划产业发展、交通出行、教育文化、市政管线等，推动城镇开发有序南移。实现总部经济大楼主体封顶，快速推进商务酒店、梧桐苑、常春花苑等重点项目，现代化综合中心片区逐步成型。新建道路25.3千米，维修道路3.7千米，维修增补路灯185盏。新建复兴桥、白池桥、丰收河桥、卢庄桥4座交通桥。搬经消防站基本建成，搬北污水处理厂、武穆变电所投入使用，自来水厂完成回购运行。完善镇村垃圾处理市场化运作机制，全面推广垃圾分类收集和统管直运，常青垃圾中转站建成启用，镇区垃圾中转站加快提升，实现生活垃圾日产日清。

【生态环境保护】 年内，搬经镇坚持源头减量、污染防治、生态修复协同并进，提升生态环境质量。开通镇级环保热线电话，办理环保案件25件，停产整顿企业7家。销号处理各级环境信访234件，省级信访总量比上年下降94%。大力推进控源截污，疏浚整治三、四级河道30条共43千米，登记挂牌管理雨水排口230个；新增生态湿地2处；新建污水管网10.8千米，沿线400余户商户污水纳管全覆盖；4个镇级污水处理厂、28个村级污水处理站达标运行，焦港河、如泰河省考断面水质全年均值保持优Ⅲ类。深入开展煤炭减控、扬尘治理、码头粉尘、秸秆双禁、危废处置等专项整治，空气质量持续改善。建成镇级畜禽粪污中转中心、建筑垃圾临时堆纳场、农药包装和废旧农膜回收点各1个，新增秸秆综合利用点3处，土壤污染实现源头管控。

【社会事业】 年内，搬经镇财政支出中民生投入占比71.2%。抗击新冠肺炎疫情中，坚持“外防输入、内防反弹”，党员干部冲锋一线，全面抓好人员场所排查管控，疫情形势持续向好，实现全镇零病例、零感染。高标准完成常青小学扩建工程，中考成绩保持乡镇第一，各小学教学质量均被列入甲等行列，搬经镇获如皋市教学质量考核一等奖。成功通过国家卫生镇复评，投资1.2亿元的市人民医院第八分院开工建设，38个基层卫生服务站稳定运行。完成镇敬老院消防标准化建设，为民服务中心正式挂牌运行。建档立卡贫困户顺利脱贫，改造危房41户，省定经济薄弱村全部达标。深入开展安全生产专项整治，闭环销号安全隐患29条，自查整改安全隐患3135条。镇域治理现代化指挥中心实体化运作，社会矛盾纠纷化解实效突出，化解信访积案34件、社会矛盾405起，重复上访下降23%，越级上访下降54.5%。全镇如皋市级文明村比例68.6%，成功通过全国文明镇复评。丁亚峰获评省见义勇为先进个人，获评如皋爱心大使5人。

（陆晓冬）

2020年搬经镇社会经济主要指标一览表

表65

项　目	计量单位	2020年	2019年	项　目	计量单位	2020年	2019年
一、乡镇基本情况				其中：第一产业	人	14987	15042
乡镇行政区域面积	公顷	17485	17485	第二产业	人	24654	27118
居民委员会个数	个	18	18	第三产业	人	16115	17692
村民委员会个数	个	17	17	三、乡镇经济			
耕地面积	公顷	9990	9990	地区生产总值	万元	739988	674832
耕地灌溉面积（有效灌溉面积）	公顷	8608	8741	其中：第一产业	万元	86741	80817
农业机械总动力	千瓦	121552	111908	第二产业	万元	353394	330243
二、人口与就业				第三产业	万元	299853	263772
户籍户数	户	41566	41733	四、农业生产			
户籍人口	人	133363	134569	农作物播种面积	公顷	21629	21357
常住户数	户	37091	37091	其中：粮食作物播种面积	公顷	13297	13241
常住人口	人	104913	119601	农业保险面积（种植业）	公顷	10728	11121
乡镇从业人员数	人	55756	59852	市级以上农业龙头企业个数	个	3	3

续表65

项　目	计量单位	2020年	2019年	项　目	计量单位	2020年	2019年
市级以上农业龙头企业销售收入	万元	22643	20881	金融机构网点数	个	15	15
粮食总产量	吨	85575	84965	农民专业合作社个数	个	78	78
肉类总产量	吨	12031	16753	农民专业合作社成员数	户	11300	11300
禽蛋产量	吨	11015	10268	学校总数	所	8	8
水产品产量	吨	2612	2552	其中:小学校数	所	5	4
五、企业情况				在校学生总数	人	9000	8775
法人企业个数	个	1046	752	其中:小学在校学生数	人	6000	5475
其中:规上工业企业	个	48	47	教师总数	人	540	602
法人企业从业人员	人	47662	37843	其中:小学专任教师数	人	280	304
其中:规上工业企业	人	6198	6152	幼儿园、托儿所	所	12	12
建筑业企业个数	个	4	4	医疗卫生机构个数	个	49	41
建筑业企业从业人员数	人	10650	9480	医疗卫生机构床位数	床	317	317
六、贸易				执业(助理)医师数	人	220	223
限上社会消费品零售总额	万元	15989	16926	自来水用水户数	户	37091	37091
商品交易市场个数	个	12	13	住楼房户比重	%	90	90
营业面积50平方米以上的综合商店或超市个数	个	109	112	人均住房面积	平方米	60	60
七、财政收入				提供住宿的社会工作机构	个	1	1
财政总收入	万元	31541	25771	提供住宿的社会工作机构床位	床	240	240
其中:一般公共预算收入	万元	16796	13751	提供住宿的社会工作机构收养人数	人	60	60
八、社会事业				城乡居民基本医疗保险参保人数	人	98900	102690
乡镇公路里程	千米	490	490	城乡居民基本养老保险参保人数	人	34855	67000

2020年搬经镇各村(社区)基本情况表

表66

名　称	党组织书　记	村(居)委会主　任	村(居)民小组数(个)	人口数(人)	耕地面积(公顷)	村集体经济收入(万元)
搬经社区	葛志昊	袁柳军	26	6450	100.0	131.0
加马社区	倪晓健	倪晓健	30	4002	472.0	75.0
谢甸社区	谢　俊	谢　俊	32	4095	262.5	90.0
加力社区	顾　兵	章　敏	36	4500	266.7	82.0
搬东社区	张　健	张　健	20	3220	150.0	114.0
严鲍社区	陈庆华	陈庆华	23	3202	276.0	103.0

续表66

名 称	党组织书 记	村(居)委会主 任	村(居)民小组数(个)	人口数(人)	耕地面积(公顷)	村集体经济收入(万元)
朱夏社区	陈继露	陈继露	41	5475	338.7	60.0
群岸社区	夏茂锋	夏茂锋	29	3980	308.4	112.0
鞠桥社区	谢裕荣	谢裕荣	15	2529	193.9	54.6
湖刘社区	杨 军	杨 军	30	4380	333.0	35.0
兴夏社区	鞠海进	鞠海进	34	3292	248.6	83.0
中心社区	王正国	王正国	41	6562	457.1	82.0
高明庄社区	陈志康	陈志康	29	3508	297.3	88.6
鲍庄社区	陈 晨	陈 晨	21	3283	305.5	52.0
叶庄社区	金银建	金银建	37	6040	397.9	100.0
横埭社区	周晓祥	周晓祥	37	4753	280.2	108.0
袁庄社区	袁 霞	王明东	22	3473	239.4	53.4
董王社区	印国兰	卢龙海	20	2871	231.3	54.0
焦港村	刘支平	刘支平	26	3418	323.3	87.0
丁许村	张 伟	张 伟	28	3282	302.5	74.0
万富村	鞠久宏	鞠久宏	42	4409	329.7	86.0
梅甸村	鞠生如	鞠生如	24	3088	203.3	80.0
芹界村	许新明	许新明	36	5320	399.0	60.0
夏堡村	季万进	周 建	22	2780	263.1	95.0
任庄村	高 政	高 政	15	2350	175.0	80.0
林上村	汪宝剑	汪宝剑	27	2994	292.0	84.3
肖马村	周海兵	周海兵	29	3420	327.0	92.8
龙桥村	闫海春	闫海春	19	2056	192.4	84.2
港桥村	李宏明	单小东	26	3120	266.7	82.0
晓庄村	倪宏绒	倪宏绒	20	3027	307.2	89.0
刘庄村	王德志	王德志	31	4190	300.0	67.0
卢庄村	刘碧晴	刘碧晴	36	5222	466.0	45.0
万全村	魏 莉	魏 莉	25	3442	266.4	68.0
土山村	陈建明	陈克勤	21	3112	231.7	83.0
楼冯村	郝舒航	郝舒航	21	2515	215.6	33.0

江安镇

【概况】 江安镇位于如皋市西南部，南与靖江市接壤，西与泰兴市毗邻，是中共如皋市第一个独立支部、中国工农红军第十四军诞生地，著名革命老区，是南通市级中心镇、江苏省水美乡镇、国家级卫生镇。辖行政村18个、社区13个，村(居)民小组719个，镇区建成区面积5平方千米。2020年，一般公共预算收入完成全年目标任务123.5%，完成率及增幅均位列全市乡镇第一名。完成工业应税销售47.26亿元，比上年增长26.43%。新增规上工业企业2家，净增应税销售超1亿元企业2家(江苏玉兔集团有限公司、江苏凯迅达高铁传动技术开发有限公司),小微企业升级规上企业5家。江苏汤臣汽车零部件有限公司被评为国家级专精特新小巨人企业。完成外贸进出口总额2.51亿元,比上年增长31.41%,完成率119.67%,完成率排名全市第一。引进高效农业项目7家,总投人2亿元。新增家庭农场10家,新增省级示范家庭农场1家(市双富生态家庭农场)、南通市级1家(市紫藤家庭农场)、如皋市级3家(市石美琴家庭农场、市绿园家庭农场、市乔兰家庭农场)。建成水稻、小麦万亩高产示范片。实现服务业应税销售31.46亿元,比上年增长152.29%;实现服务业税收9897万元,比上年增长54.47%。新增规上服务业企业1家、限上批零住餐企业6家。江安镇在全市综合考核中位列乡镇第三,获南通全面建成小康社会暨决战"过万亿"先进集体等称号。联络新社区入围全国亿元村名单。

【项目建设】 年内,江安镇拆旧复垦27.20公顷、占补平衡27.66公顷。新开工单体投资1亿元以上项目4个[合宏精密机械科技有限公司模具及自动化设备生产项目、江苏东跃模具科技有限公司精密模具生产项目、江苏安锦电气有限公司防爆智能设备及监控大屏生产项目、江苏北辰环境科技有限公司人工智能电子产品(传感器)],竣工项目3个(如皋聚诚精密模具有限公司年产5000套精密模具项目、如皋市坤瀚智能装备有限公司动感健身单车与非标自动化生产设备制造项目、江苏玉兔集团有限公司肉制品生产技术扩建项目),转化项目4个(江苏汤臣汽车零部件有限公司轻量化汽车零部件技改项目、江苏汤臣汽车零部件有限公司重型汽车悬架结构件生产技改项目、江苏狄龙紧固件制造有限公司年产30亿支10级以上尖端紧固件生产项目、如皋聚诚精密模具有限公司年产5000套精密模具项目)。

【科技创新】 年内,江安镇新增高新技术产业企业7家(江苏汤臣汽车零部件有限公司、江苏江海船舶设备制造有限公司、南通沪达机械设备有限公司、江苏罗门扬环保工程有限公司、江苏朗迈电器有限公司、江苏宽程装备科技有限公司、江苏永佳电子材料有限公司)。新增省"双创"人才1人。

【小城镇建设】 年内,江安镇完成迎春路污水管网改造、小龙河绿化景观提升、三座砖瓦厂生态修复工程。全面建成实验学校周边亮化工程。江安大桥建成通车。实现二级消防站建设主体工程封顶,新购进消防车2辆。成功回购民营水厂3家。推动房地产开发,政府红绿灯西侧地块在经历189轮报价后成功出让。加紧实验学校周边等地块搬迁,推进G40高速改扩建工程搬迁、征地、安置工作。完成农村道路提档升级6.5千米。整治破落建筑494处。

【生态环境保护】 年内,江安镇在宽4.5米以上主干道安装垃圾分类收集亭724个,疏浚农村河道、整治黑臭水体60条,清理拉马河违法圈圩、违法建设4处,完成农厕改造1675户,新建农村公厕7个。焦港河断面江安段水质达到或优于III类,夏秋两季秸秆禁烧、禁抛工作全市第一,PM2.5年均浓度和空气优良天数率均处于历史最好水平,环境信访比上年压降56%。评选最美庭院8216家。持续推进植树造林,筑牢绿色生态屏障。承办全市人居环境整治现场会2次。全面开展违法违规"小化工"专项整治、危险化学品安全综合治理、特种作业专项整治、建筑施工领域专项整治等行动,关停"四个一批"化工企业3家。年内,周庄社区获国家森林乡村称号,江安镇、胜利社区分别获评省生态文明建设示范乡镇、省生态文明建设示范社区。

扫码观看视频《江安号子》

【社会事业】 年内,江安镇落实精准扶贫工程,"两不愁三保障"全面实现。持续推进社保扩面,职工养老保险净增数663人,增幅65.33%。居民养老保险征缴27919人,保费4171万元。城乡居民医疗保险征缴9.06万人。发放尊老金395.5万元、重度残疾人两项补贴1300.5万元,临时救助困难家庭32.18万元,慈善救助10.85万元。发放优抚金2100余万元,为1090个优抚对象免费健康体检,成功创建四星级退役军人服务站。建立江安镇爱心教育基金会,基金总额400余万元,捐赠江安中学笔记本电脑80台。江安中学高考一本上线率86.9%,本科上线率百分之百,南通排名第九,获如皋市高中教育质量综合评估特等奖和高中综合考核优秀等次。中考中,省重点高中上线率60.3%,普通高中上线率66.8%。东燕小学被命名为中国工农红军南通如皋红军小学。加快建设公立医院,完成综合楼基础工程建设。对全镇65岁以上老年人、慢性病人及建档立卡低收入人群开展免费健康检查2.29万人,适龄妇女"两癌"筛查7500人。组织开展"4•23"全民阅读、农民丰收节等活动,各村(社区)均举办"乐一天"农民文体艺术节。推进移风易俗,深化殡葬改革,全市移风易俗现场会在江安镇召开。镇域治理现代化指挥中心投入运行,全年网格员上报事件6347件、社情民意报告2035起,走访服务3569人次。年内,江安镇3人被评为市见义勇为先进个人(全市共6人)。

(石建海)

2020年江安镇社会经济主要指标一览表

表67

项目	计量单位	2020年	2019年	项目	计量单位	2020年	2019年
一、乡镇基本情况				法人企业个数	个	913	815
乡镇行政区域面积	公顷	11836	11836	其中:规上工业企业	个	34	28
居民委员会个数	个	13	13	法人企业从业人员	人	19255	19327
村民委员会个数	个	18	18	其中:规上工业企业	人	3650	3421
耕地面积	公顷	6632	6632	建筑业企业个数	个	3	3
耕地灌溉面积(有效灌溉面积)	公顷	6219	6203	建筑业企业从业人员数	人	680	565
农业机械总动力	千瓦	107900	104318	六、贸易			
二、人口与就业				限上社会消费品零售总额	万元	5010	6139
户籍户数	户	36436	36559	商品交易市场个数	个	5	5
户籍人口	人	116119	117208	营业面积50平方米以上的综合商店或超市个数	个	98	106
常住户数	户	32633	32131	七、财政收入			
常住人口	人	87499	103013	财政总收入	万元	29059	23270
乡镇从业人员数	人	50252	48958	其中:一般公共预算收入	万元	15571	12061
其中:第一产业	人	9780	10806	八、社会事业			
第二产业	人	26798	24640	乡镇公路里程	千米	627	583
第三产业	人	13674	13512	金融机构网点数	个	9	9
三、乡镇经济				农民专业合作社个数	个	91	133
地区生产总值	万元	554917	499889	农民专业合作社成员数	户	15223	22250
其中:第一产业	万元	57953	53838	学校总数	所	7	7
第二产业	万元	261093	241439	其中:小学校数	所	4	4
第三产业	万元	235871	204612	在校学生总数	人	8254	8493
四、农业生产				其中:小学在校学生数	人	5219	5353
农作物播种面积	公顷	12827	12644	教师总数	人	665	641
其中:粮食作物播种面积	公顷	8934	8923	其中:小学专任教师数	人	298	290
农业保险面积(种植业)	公顷	7890	7860	幼儿园、托儿所	所	4	4
市级以上农业龙头企业个数	个	7	6	医疗卫生机构个数	个	48	48
市级以上农业龙头企业销售收入	万元	21264	16741	医疗卫生机构床位数	床	402	402
粮食总产量	吨	55154	54819	执业(助理)医师数	人	201	216
肉类总产量	吨	9829	16625	自来水用水户数	户	32633	32131
禽蛋产量	吨	3380	2516	住楼房户比重	%	90	90
水产品产量	吨	2440	2386	人均住房面积	平方米	48	48
五、企业情况				提供住宿的社会工作机构	个	1	1

续表67

项　目	计量单位	2020年	2019年	项　目	计量单位	2020年	2019年
提供住宿的社会工作机构床位	床	336	336	城乡居民基本医疗保险参保人数	人	79012	80604
提供住宿的社会工作机构收养人数	人	94	91	城乡居民基本养老保险参保人数	人	27919	27728

2020年江安镇各村(社区)基本情况表

表68

名　称	党组织书　记	村(居)委会主　任	村(居)民小组数(个)	人口数(人)	耕地面积(公顷)	村集体经济收入(万元)
朗庙村	范存波	徐远国	26	3395	157.60	189.66
新建村	吴正义	吴正义	27	3543	288.90	77.44
佘圩村	陈　宏	陈　宏	21	3128	161.60	85.97
百新村	蔡海军	蔡海军	18	2872	160.00	113.39
宁通社区	黄海红	许德泉	23	4520	98.00	106.18
北元村	石　伟	石　伟	24	3374	182.30	108.62
环池社区	黄海涛	暂　缺	23	3627	143.00	85.21
六团村	徐　林	徐　林	30	4459	254.00	224.77
申九村	蒋留芳	蒋留芳	20	2952	196.00	80.84
鄂埭村	陈明锦	陈明锦	17	2519	129.50	134.09
陈庄村	赍云飞	孙修华	21	3115	200.50	60.24
周庄社区	孙新桃	孙新桃	25	4051	259.10	154.95
葛市村	金　锋	金　锋	16	2367	183.30	168.17
徐葛社区	王道吉	杨宏芳	18	2312	133.00	92.15
镇中社区	周亚平	周亚平	24	7846	171.40	80.31
周群社区	殷海洋	殷海洋	25	4208	314.00	124.05
徐柴村	彭兴良	彭兴良	21	3575	160.00	104.35
黄建村	卢兴圣	卢兴圣	23	3554	305.00	132.40
黄市新社区	高新兵	高新兵	27	4337	253.30	146.67
中心社区	徐友华	徐友华	23	4829	334.00	144.46
陈严村	周　峰	周　峰	19	3401	155.50	148.88
联络新社区	张海鹏	张海鹏	23	4447	209.00	140.93
曹杜村	肖海燕	肖海燕	20	3157	132.00	95.93
马堡村	叶昌宏	叶昌宏	19	2907	206.70	64.02
戈堡社区	缪宏飞	缪宏飞	17	2438	135.00	58.51
徐黄社区	卢　晶	陆建宏	19	3228	165.60	73.17
合作村	周学良	周学良	19	3012	159.00	165.84

续表68

名　称	党组织书　记	村(居)委会主　任	村(居)民小组数(个)	人口数(人)	耕地面积(公顷)	村集体经济收入(万元)
胜利社区	蔡海军	孙珍林	37	6013	335.30	167.65
章庄社区	孙福建	孙福建	31	4146	335.50	117.22
黄庄村	王兴宏	王兴宏	29	4304	346.70	93.53
西庄村	钱兴中	钱兴中	34	4483	353.40	93.10

磨头镇

【概况】 磨头镇位于如皋市中部，是全国环境优美镇、国家级生态镇、国家级卫生镇，辖行政村16个、社区5个。2020年，磨头镇新增规模工业企业10家，完成规模工业产值24.18亿元，比上年增长14.7%；规上工业应税销售27.5亿元。完成工业用电量1.2亿千瓦时，比上年增长5.6%。完成工业新增装机容量1.56万千伏安，规模工业投资额比上年增长7.3%。新增限上服务业企业2家、规上服务业企业5家。实现服务业应税销售16.14亿元，比上年增长26.37%；服务业税收7131万元，比上年增长4.9%；限上服务业企业完成销售额5.51亿元。完成华夏花卉游客咨询中心提档升级。完成外贸进出口总额1.67亿元。深化现代农业发展，新增规模农业项目7个，总投资2.1亿元。成功创建省绿色优质农产品基地，水稻绿色高产基地创建顺利通过省级验收。

【项目建设】 年内，磨头镇在上海、广东等地召开投资环境说明会，与广东省东莞市长安镇政府等建立合作关系。全年签约项目15个，其中，外资项目2个，单体投资10亿元项目1个、5亿元项目4个、1亿元项目3个，工业地产项目7个。组建专业化服务团队，强化部门协调联动，提升服务质量和效率。全年新开工亿元项目10.5个，其中，单体投资10亿元项目1个(城控地产)，5亿元项目2个(格诺新材料、华都精工)，1亿元项目6.5个(博阳、同华、华智、泰昇、好润、利昂、宏灿)；完成技改项目1个(科迪医用)。奕诚、宏灿、鑫昌泰、超阳等11个项目实现竣工；实现转化项目4个(众翔、众跃、丰沃德、沃能)，有效盘活土地20.53公顷。

【共建园区建设】 年内，磨头镇建立共建园区组织架构和工作机制，开展搬迁、征地等基础性工作，完成搬迁40户。推进道路、管网等基础设施建设，实施工业园区跨204国道污水管网衔接、园区主干道振兴路建设等工程，提升园区承载力。推进宏灿与城控2个项目建设，为园区承载10亿元以上产业链项目提供功能支撑。其中一期工业地产项目宏灿项目建成标准厂房11栋和综合大楼1栋，总建筑面积44955平方米；二期工业地产项目城控项目施工建设中，占地8.87公顷，规划建设标准厂房16栋。侧重引进智能制造、科创型项目，先后落户高端设备及自动化设备类企业近50家，基本完成装备制造产业上下游产业链布局。

【科技创新】 年内，磨头镇以科技创新助推高质量发展，全年申报高新技术企业7家，完成产学研合作项目解决技术需求3个，引进成果转化项目1个。申请职务发明专利53个，新增有效发明专利32个。构建人才项目全流程服务体系，全年申报省双创人才项目2个、入围1个，落户省外高端人才项目2个。

【小城镇建设】 年内，磨头镇合理谋划用地区域，实施村庄规划编制、土地利用总体规划调整、园区空间布局优化等工作。以卓吾广场为核心，实施日升河绿化、龙游河南北路建设等工程，“宜居小镇”沿河景观名片形象初显。不断完善“四好农村路”，启动姚李路、张窑路、星狄路等道路提升工程，打造精品循环线路。流转土地33.33公顷，搬迁150户，形成周边道路水系调整方案，助推机场建设。

【生态环境保护】 年内，磨头镇扎实推进污染防治，新建污水管网2.5千米，实现污水处理厂正常运转，城镇污水管网体系进一步完善。建成大气自动检测站，PM2.5平均浓度35.7微克/立方米，优良天数比例90.2%，位居全市前三。全面落实河长制工作，扎实推进河面清、河岸清、河障清“河道三清”百日攻坚活动，对全镇486条河道及家沟家塘的枯死树木、渔网、沉船及河坡秸秆杂草、各类垃圾集中整治，改善辖区流域水环境。

【社会事业】 年内，磨头镇超额完成社保参保扩面任务，净增715人，完成率255%。城乡居民参保2.18万人，完成率103%，城乡居民基本医疗、基本养老保险实现全覆盖。全年发放基础养老金4900万元，惠及2.02万人。社会救助提标扩面，发放低保救助、医疗救助、临时救助三项救助金420.6万元，惠及困难群众2944人次。坚持优先发展教育事业，完成磨头初中校园道路重建、中心道路附属设施建设、宿舍楼外立面改造，磨头幼儿园老教学楼提升改造等工程。建成融合教育资源中心1个，全镇3个融合教育资源中心通过市教育局验收。江海高级技工学校磨头校区正式启用。全面推进扶贫加油站建设、自来水厂回购、镇级公墓运营、农贸市场提升改造、镇公立卫生院建设等民生事业。镇敬老院实现公建民营。组建镇域社会治理现代化建设工作领导小组，建成镇域治理现代化指挥中心。重点推进危险化学品、金属冶炼、涉爆粉尘、有限空间作业等安全生产专项检查，检查企业467家，排查隐患1725个，责令停产停业整顿企业9家，立案处罚企业19家，整改完成率99.5%。

（沈　越）

2020年磨头镇社会经济主要指标一览表

表69

项　目	计量单位	2020年	2019年	项　目	计量单位	2020年	2019年
一、乡镇基本情况				市级以上农业龙头企业个数	个	2	2
乡镇行政区域面积	公顷	10315	10315	市级以上农业龙头企业销售收入	万元	9300	9236
居民委员会个数	个	5	5	粮食总产量	吨	35782	35576
村民委员会个数	个	16	16	肉类总产量	吨	6138	8742
耕地面积	公顷	5510	5510	禽蛋产量	吨	932	694
耕地灌溉面积(有效灌溉面积)	公顷	3998	3983	水产品产量	吨	993	976
农业机械总动力	千瓦	41402	38634	五、企业情况			
二、人口与就业				法人企业个数	个	696	598
户籍户数	户	23943	23992	其中：规上工业企业	个	44	38
户籍人口	人	80460	80840	法人企业从业人员	人	18985	18766
常住户数	户	21016	21016	其中：规上工业企业	人	5489	5380
常住人口	人	62906	70814	建筑业企业个数	个	8	8
乡镇从业人员数	人	37270	37659	建筑业企业从业人员数	人	3096	3096
其中：第一产业	人	8023	8137	六、贸易			
第二产业	人	14452	14583	限上社会消费品零售总额	万元	4021	3942
第三产业	人	14795	14939	商品交易市场个数	个	1	3
三、乡镇经济				营业面积50平方米以上的综合商店或超市个数	个	65	62
地区生产总值	万元	508527	473219	七、财政收入			
其中：第一产业	万元	51761	48496	财政总收入	万元	20776	17839
第二产业	万元	239635	228412	其中：一般公共预算收入	万元	8751	7948
第三产业	万元	217131	196311	八、社会事业			
四、农业生产				乡镇公路里程	千米	490	490
农作物播种面积	公顷	10519	10397	金融机构网点数	个	7	7
其中：粮食作物播种面积	公顷	5413	5399	农民专业合作社个数	个	75	73
农业保险面积(种植业)	公顷	4189	4500	农民专业合作社成员数	户	11146	11131
学校总数	所	4	4	自来水用水户数	户	21016	21016

续表69

项　目	计量单位	2020年	2019年	项　目	计量单位	2020年	2019年
其中:小学校数	所	3	3	执业(助理)医师数	人	138	138
在校学生总数	人	4759	5083	住楼房户比重	%	97	97
其中:小学在校学生数	人	3051	3245	人均住房面积	平方米	62	62
教师总数	人	320	326	提供住宿的社会工作机构	个	1	1
其中:小学专任教师数	人	166	172	提供住宿的社会工作机构床位	床	258	258
幼儿园、托儿所	所	3	3	提供住宿的社会工作机构收养人数	人	55	52
医疗卫生机构个数	个	26	26	城乡居民基本医疗保险参保人数	人	55024	58920
医疗卫生机构床位数	床	345	345	城乡居民基本养老保险参保人数	人	21179	23115

2020年磨头庄镇各村(社区)基本情况表

表70

名　称	党组织书　记	村(居)委会主　任	村(居)民小组数(个)	人口数(人)	耕地面积(公顷)	村集体经济收入(万元)
磨头社区	陈俊波	陈俊波	23	4289	2133.47	157.92
丁冒村	薛明慧	薛明慧	20	3370	3650.22	61.45
天阳社区	洪　伟	洪　伟	17	2917	2698.98	68.20
星港村	沈良安	沈良安	34	4170	4933.91	75.31
严狄村	石李宏	石李宏	24	4165	3347.90	111.19
董堡村	章刘明	章刘明	21	3448	3307.78	68.49
曹石村	冒　诚	冒　诚	22	3756	2676.36	52.60
邓高社区	吴志伟	吴志伟	18	3706	3900.45	84.94
新徐村	章建安	章建安	29	4512	4885.39	75.55
兴韩村	裴俊华	裴俊华	24	3255	3772.34	124.65
高李村	高　彬	高　彬	25	3540	3037.53	140.49
顾沈村	周炜炜	周炜炜	29	4265	4233.97	54.70
朗张村	沙　尉	沙　尉	17	3173	3493.98	52.78
高庄社区	高之勇	高之勇	21	4013	4004.12	50.94
老户村	陈广权	陈广权	30	3872	2823.40	174.07
场西村	刘宏芳	刘宏芳	29	3169	4777.59	104.18
场东村	张来富	张来富	39	4745	6319.86	68.46
新联社区	范本莲	范本莲	28	3415	4075.41	113.26
塘湾村	丁小平	丁小平	41	5395	6554.84	101.52
新港村	鞠久富	鞠久富	31	3453	5345.17	96.49
十字桥村	程玉宇	程玉宇	28	3193	4503.87	100.08

丁堰镇

【概况】 丁堰镇位于如皋东大门,与如东县接壤,是国家卫生镇、江苏省文明镇、南通市工业重镇,辖村5个、社区8个,常住户15776户,常住人口5万人。2020年,丁堰镇全部工业应税销售87.22亿元,工业实缴税金3.31亿元,比上年增长18.3%。完成限上企业销售额40.98亿元,增幅168.96%。服务业应税销售28.3亿元,比上年增长176.57%;外贸进出口31.6亿元,比上年增长1.02%。梦百合家居科技股份有限公司、南通杨天机电设备有限公司、如皋市丁堰纺织有限公司、江苏明德玩具股份有限公司、如皋市西东色织厂有限公司、南通泰利达集团公司6家企业税收超500万元。外向型经济考核全市第一,工业经济总量继续位居全市面上镇第一。不断探索农村产业兴旺融合发展的新途径,持续推进高标准农田、适度规模经营、社会化服务联盟建设"三个全覆盖"及新型合作农场建设。完成高标准农田建设3946.7公顷,占耕地面积98.3%;完成适度规模经营主体205个,经营面积3020公顷,占高标准农田面积87.8%;拥有粮食烘干中心14家,社会化服务联盟实现全覆盖,粮食生产全程机械化水平95%以上;发展新型合作农场7个、培育省级示范家庭农场2个、如皋市级示范家庭农场6个、省级农业龙头企业1个、南通市级农业龙头企业1个、如皋市级农业龙头企业2个、省级绿美村庄1个、省级休闲农业精品村1个。

【项目建设】 年内,丁堰镇对签约项目抓开工、开工项目抓进度、投产项目抓达效。先后组织在苏州、昆山、上海、张家港召开投资环境说明会4次,全年签约落户单体投资1亿元及以上项目13个。新开工1亿元项目10.5个,截至年末,在建项目13个。项目竣工率百分之百;实现项目转化达产5个,转化率71.4%。储备重大项目10个,其中,单体投资20亿元项目1个、10亿元项目1个、5亿元项目3个、1亿元项目5个。项目建设考核居全市第一。

【科技创新】 年内,丁堰镇不断强化创新驱动能力,推进产学研融合发展。新增高新技术企业6家,高新技术产业产值占规模工业总产值59.12%,研发费用占销售收入3.52%。与上海应用技术大学、南通大学深入推进产学研合作,全年签约产学研合作项目9项,签约金额200余万元,南通恒康数控机械股份有限公司、南通欧意姆制冷设备有限公司2家企业入选省瞪羚企业。

【生态环境保护】 年内,丁堰镇持续加强大气环境质量的监测和管控,根据大气监测站监测结果,全镇PM2.5浓度为27微克/立方米。水环境质量总体良好,通扬运河、如泰运河两个省考断面水质均为优Ⅲ类地表水标准。建立土壤环境治理联防联控长效机制,进一步增强危险废物风险防范能力,全面排查危险废物风险隐患,督促1家企业处置危险废物323.33吨。环境信访举报较上年下降44.4%。设立镇级环境信访举报电话,提升初信初访化解率。借力"环保管家"服务平台,以消除环境监管盲区为重点,建立帮扶机制;健全网格监管体系,落实长效巡查机制。刘海村成为全市唯一入选中国农民丰收节"千村万寨展新颜"展示活动村庄。

【小城镇建设】 年内,丁堰镇完成9条建养一体化道路主体工程建设,完成丁新西路慢车道施工。探索创新环保工作新模式"环保管家"服务平台应用。建设污水管网1.3千米,完成堰南社区、五角场一体化泵站及配套管网建设。完成丁堰纺织厂东宿舍及一号提升站至污水处理厂污水管网工程。改厕938户,完成分散农户生活污水生态治理300户。改善人居环境,全面展开农村垃圾、家沟家渠、河道整治工作,销号式整改破损房屋55户。

【社会事业】 年内,丁堰镇累计发放80岁以上尊老金178.67万元、重残补助382.2万元、各类民政优抚资金762.62万元,安排五保老人生活补助51.03万元,落实义务兵役费及退役士兵一次性补助191.9万元。扶持就业困难人员264人,新增外来劳动力及返乡就业320人,新增创业64人。不断完善保障体系,为全镇低保、五保、建档立卡户等重点对象缴纳医疗保险66.35万元;疫情防控期间,为困难群众发放临时生活补贴6.15万元。居民养老保险参保覆盖率98.5%;职工保险扩面净增310人;居民医保参保全覆盖。镇卫生院被列为全市医共体建设示范点,与市人民医院开展双向转诊,年内实现心电图和影像即时会诊。改进镇卫生院医疗条件与医疗水平,月均营业额比上年上升300%,群众门诊、住院人均费用均下降11%。完成丁西小学食堂煤改电、校园监控改造工程,丁堰小学多功能教室、篮球场改造工程。丁堰小学被评为全国青少年足球特色学校、全国"儿童创想教育"实验学校、省节水型学校。开展道德讲堂、家风家训宣讲、乡村阅读季、农民"乐一天"艺术节等活动,提升群众生活品质。进一步明晰安全责任体系,开展安全生产检查,常态化开展安全隐患排查整改,连续五年安全生产综合考核居全市各镇第一,被表彰为南通市安全生产先进集体。持续推进矛盾调解法治化建设工作,建立镇公共法律服务中心,在村居公共服务中心设立公共法律服务岗位。各村居全面推行法律顾问制度,助推法治乡村建设。

（宗位泽）

2020年丁堰镇社会经济主要指标一览表

表71

项　目	计量单位	2020年	2019年	项　目	计量单位	2020年	2019年
一、乡镇基本情况				五、企业情况			
乡镇行政区域面积	公顷	7048	7048	法人企业个数	个	737	510
居民委员会个数	个	8	8	其中:规上工业企业	个	43	40
村民委员会个数	个	5	5	法人企业从业人员	人	20737	14350
耕地面积	公顷	4071	4071	其中:规上工业企业	人	9735	9056
耕地灌溉面积(有效灌溉面积)	公顷	4062	4042	建筑业企业个数	个	1	1
农业机械总动力	千瓦	58145	54854	建筑业企业从业人员数	人	221	221
二、人口与就业				六、贸易			
户籍户数	户	15776	15932	限上社会消费品零售总额	万元	8170	3436
户籍人口	人	50015	50547	商品交易市场个数	个	2	2
常住户数	户	14365	14406	营业面积50平方米以上的综合商店或超市个数	个	28	28
常住人口	人	39822	45706	七、财政收入			
乡镇从业人员数	人	23116	23248	财政总收入	万元	37607	31729
其中:第一产业	人	6859	7218	其中:一般公共预算收入	万元	19122	16658
第二产业	人	13209	13087	八、社会事业			
第三产业	人	3048	2943	乡镇公路里程	千米	336	325
三、乡镇经济				金融机构网点数	个	6	6
地区生产总值	万元	626998	603393	农民专业合作社个数	个	45	46
其中:第一产业	万元	38281	35519	农民专业合作社成员数	户	19969	19978
第二产业	万元	438365	435880	学校总数	所	4	4
第三产业	万元	150352	131994	其中:小学校数	所	3	3
四、农业生产				在校学生总数	人	1323	1706
农作物播种面积	公顷	8008	7934	其中:小学在校学生数	人	940	1328
其中:粮食作物播种面积	公顷	6155	6129	教师总数	人	190	192
农业保险面积(种植业)	公顷	5638	5784	其中:小学专任教师数	人	114	98
市级以上农业龙头企业个数	个	2	2	幼儿园、托儿所	所	7	7
市级以上农业龙头企业销售收入	万元	15740	26939	医疗卫生机构个数	个	24	23
粮食总产量	吨	44185	43875	医疗卫生机构床位数	床	60	50
肉类总产量	吨	3562	5120	执业(助理)医师数	人	56	51
禽蛋产量	吨	397	295	自来水用水户数	户	14300	14300
水产品产量	吨	1544	1510	住楼房户比重	%	95	95

续表71

项　目	计量单位	2020年	2019年	项　目	计量单位	2020年	2019年
人均住房面积	平方米	50	50	提供住宿的社会工作机构收养人数	人	76	93
提供住宿的社会工作机构	个	1	1	城乡居民基本医疗保险参保人数	人	28494	28330
提供住宿的社会工作机构床位	床	120	165	城乡居民基本养老保险参保人数	人	10986	10934

2020年丁堰镇各村(社区)基本情况表

表72

名　称	党组织书　记	村(居)委会主　任	村(居)民小组数(个)	人口数(人)	耕地面积(公顷)	村集体经济收入(万元)
堰南社区	刘明祥	刘明祥	37	4800	416.0	95.98
凤山社区	时小飞	时小飞	29	4698	317.0	77.44
新堰社区	许　剑	许　剑	22	3066	299.5	67.32
皋南社区	戴磊磊	戴磊磊	42	5924	324.9	96.80
鞠庄社区	王章全	王章全	61	6794	684.9	121.04
刘海村	陈拥军	陈拥军	29	3968	369.9	106.79
红桥村	万国华	万国华	41	4711	488.0	97.04
朝阳村	钱海林	钱海林	31	3262	320.0	112.41
夏圩村	倪建平	倪建平	28	3250	397.4	81.80
赵明村	季永泽	季永泽	49	5488	575.9	62.04
茄儿园社区	沈建龙	沈建龙	6	1615	1.9	—
三河社区	周志南	周志南	5	1368	—	—
三桥社区	宗媛媛	孙　林	5	1071	—	—

东陈镇

【概况】 东陈镇位于如皋东北部,东与如东县相邻、北与海安市接壤,是清朝四部尚书戴联奎故里,古迹有贾公庙、贾公桥遗址,是国家卫生镇、全国环境优美镇、中国老年宜居名镇、江苏省文明镇。辖村11个、社区12个。2020年,完成全部工业应税销售33.05亿元,比上年增长14.35%;完成规上工业产值39.92亿元,比上年增长12.13%。完成服务业应税销售22.68亿元,比上年增长82.64%;实现服务业税收9827万元。新增新开业规模工业企业2家,新增限上服务业法人单位2家、规上服务业企业2家。投入资金9085.7万元,完成规模农业项目5个;新增注册家庭农场3个,面积83.11公顷。新增南通市级示范家庭农场1家,新增农业奖补项目4个。新增花木种植面积28.67公顷。全年通过农村产权交易平台完成涉农资金交易项目372个,交易金额1649.73万元,其中成交土地流转项目31个,成交总面积681.33公顷。整合庄园休闲农庄、徐湾翠梨路绿化亮化造景工程和徐湾生态家庭农场,打造精品生态旅游休闲景区,建成东陈特色乡村田园文化旅游观光点。村营收入稳定增长,9个村(社区)实现村营收入超70万元,17个村(社区)超50万元。

【项目建设】 年内,东陈镇完成外资到账142万美元。与如城街道整合招商资源，聚焦重大项目招引，围绕先进智能制造和5G产业，推进城东工业区招商，重点引进10亿元以上项目，新签约落户万达轴承、正威5G新材料、薏仁酒、运动器材、鑫程敬老院5个单体投资1亿元以上项目，其中万达轴承、正威5G新材料年内开工建设。纳博木业、康升金属材料、丞宇科技、佳士捷电气及巨久管业5个单体投资1亿元及以上项目顺利竣工，柳航电力、名鼎电气、纳博木业、邦正新材料及康升金属5个项目转化达产，竣工率百分之百，转化达产率62.5%。盘活低效用地29.11公顷，超额完成任务。东陈镇在全市项目建设年度考核中排名第四。

【科技创新】 年内，东陈镇新增高新技术企业3家、高新技术入库企业3家。了解企业需求，对接相关院校，为四川大学教授周建飞与南通思瑞机器制造有限公司、河南工业大学教授张永太团队与南通赛孚机械设备有限公司搭建合作平台，提升人才项目针对性。年内全镇签订30万元产学研项目3个、5万元产学研项目1个。

【小城镇建设】 年内，东陈镇不断优化城镇功能布局，提升镇区环境，对中山东路实施四级立体综合改造，路面拓宽为双向四车道并完成沥青路面提升，实施雨污管网配套、人行道彩色透水沥青、行道绿化及沿街商铺店招和外立墙面改造，综合整治沿线违建、占道经营等影响市容秩序问题。改善农村交通条件，完善道路桥梁等基础设施，有序推进建养一体化12条道路主体收尾工程及道路配套工程，乐园大桥、夏池桥建成通车，雪北桥工程、杭桥北路主体工程进入扫尾阶段，雪岸大桥启动全封闭施工。

【生态环境保护】 年内，东陈镇坚持“绿水青山就是金山银山”理念先导，新增绿化造林面积28.15公顷。开展大气污染防治，全年完成2家VOCs源头替代项目，建成大气自动监测站并投入运行，完成5家天然气锅炉低氮改造项目。做好对辖区内建筑工地、码头日常巡查监管，健全24家码头长效规范管理机制。持续推进水污染防治，水自动监测站建设完成三通一平(水通、电通、道路通和场地平整)；加强市考断面沿线支流治理，东陈大桥断面水质稳定在Ⅲ类以上；推进镇区污水管网铺设，累计完成截污纳管1.3千米及康居路污水管网改造扫尾工程；青山、雪岸污水处理厂负荷率超过70%，凌云和尚书等村庄小型污水处理设施建成并投入使用。不断加强土壤污染防治，关停东陈溶剂厂，完成华大漆业场地土壤调查检测并通过市级专家评审，完成180家企业固定污染源排污登记管理；做好畜禽业固定污染源清理整顿。

【社会事业】 年内，东陈镇不断巩固脱贫攻坚成果，对全镇低收入户“拉网式”排查，排查出脱贫监测对象20户54人，量身定制“一户一策”，确保脱贫不返贫，为建档立卡户安装自来水8户，改造危房16户。加大对农村留守儿童和困境儿童关爱力度，保障困境儿童26人，北庄村创成省级农村留守儿童和困境儿童“关爱之家”。全镇集中五保61人，分散五保户259人，新增尊老金享受者643人、累计4602人，累计发放资金362万元。优化农村人居环境，完成改厕任务1190户；拆除村级垃圾收集中转点35处，各村(社区)建立建筑垃圾和生产性垃圾集中堆放点80余处，新增分类垃圾桶712个；打造生态河道13条；评选“最美庭院”3808户。推进东陈敬老院、卫生院消防改造及丁北幼儿园等民生工程建设。推进镇村卫生机构一体化管理，加强村卫生室规范化建设，用政策和机制稳定乡村医生队伍。全力做好就业帮扶，落实落细各项稳就业、保就业政策措施，开展线上招聘“春风行动”。努力提升师资资源和教学水平，全年新增如皋市学科带头人1人、骨干教师4人、教坛新秀2人、中小学高级教师4人，全年有40余人次在南通、如皋市各类教育教学比赛中获奖。丁北幼儿园成功创建省优质幼儿园。

(丁鹏飞)

东陈镇俯瞰图　　(东陈镇供图)

2020年东陈镇社会经济主要指标一览表

表73

项　目	计量单位	2020年	2019年	项　目	计量单位	2020年	2019年
一、乡镇基本情况				法人企业个数	个	681	657
乡镇行政区域面积	公顷	11232	11232	其中:规上工业企业	个	39	33
居民委员会个数	个	12	12	法人企业从业人员	人	19416	19812
村民委员会个数	个	11	11	其中:规上工业企业	人	3339	3242
耕地面积	公顷	6429	6429	建筑业企业个数	个	7	5
耕地灌溉面积(有效灌溉面积)	公顷	5572	5535	建筑业企业从业人员数	人	8111	8722
农业机械总动力	千瓦	70973	69603	六、贸易			
二、人口与就业				限上社会消费品零售总额	万元	4809	4618
户籍户数	户	25403	25531	商品交易市场个数	个	2	2
户籍人口	人	77524	78133	营业面积50平方米以上的综合商店或超市个数	个	42	46
常住户数	户	23093	22940	七、财政收入			
常住人口	人	59760	70205	财政总收入	万元	40596	26769
乡镇从业人员数	人	35699	34394	其中:一般公共预算收入	万元	15295	15179
其中:第一产业	人	9619	9571	八、社会事业			
第二产业	人	9869	9296	乡镇公路里程	千米	970	950
第三产业	人	16211	15527	金融机构网点数	个	9	9
三、乡镇经济				农民专业合作社个数	个	69	69
地区生产总值	万元	578079	534500	农民专业合作社成员数	户	2152	2152
其中:第一产业	万元	64269	59314	学校总数	所	6	6
第二产业	万元	318975	303520	其中:小学校数	所	4	4
第三产业	万元	194835	171666	在校学生总数	人	1853	2058
四、农业生产				其中:小学在校学生数	人	1283	1256
农作物播种面积	公顷	10928	10813	教师总数	人	263	303
其中:粮食作物播种面积	公顷	7962	7923	其中:小学专任教师数	人	130	158
农业保险面积(种植业)	公顷	6345	6875	幼儿园、托儿所	所	4	4
市级以上农业龙头企业个数	个	1	2	医疗卫生机构个数	个	31	31
市级以上农业龙头企业销售收入	万元	4458	6958	医疗卫生机构床位数	床	201	201
粮食总产量	吨	54898	54046	执业(助理)医师数	人	163	155
肉类总产量	吨	7680	10920	自来水用水户数	户	22792	22641
禽蛋产量	吨	4561	3405	住楼房户比重	%	93	92
水产品产量	吨	4051	3963	人均住房面积	平方米	50	50
五、企业情况				提供住宿的社会工作机构	个	1	1

续表73

项　目	计量单位	2020年	2019年	项　目	计量单位	2020年	2019年
提供住宿的社会工作机构床位	床	72	72	城乡居民基本医疗保险参保人数	人	51500	50547
提供住宿的社会工作机构收养人数	人	52	51	城乡居民基本养老保险参保人数	人	21198	21821

2020年东陈镇各村(社区)基本情况表

表74

名　称	党组织书　记	村(居)委会主　任	村(居)民小组数(个)	人口数(人)	耕地面积(公顷)	村集体经济收入(万元)
洪桥社区	冒爱军	冒爱军	16	4953	75.72	68.13
杨庄社区	苏　华	苏　华	22	2503	316.15	117.43
汤湾村	汪正荣	汪正荣	27	2712	171.24	55.93
山河社区	秦宝山	秦宝山	23	3259	185.66	83.05
杭桥村	仲维平	仲维平	21	1190	212.79	55.47
蒋宗村	蒋银华	蒋银华	20	2115	203.74	50.65
范桥村	徐吉建	徐吉建	23	2197	205.61	59.80
尚书村	朱伯军	朱伯军	20	2043	248.35	93.37
北庄村	薛伯林	薛伯林	18	1352	248.61	56.39
南庄村	陆晓高	陆晓高	19	1634	292.00	84.31
冯堡社区	李爱国	李爱国	23	2020	287.06	63.06
石池村	张　建	张　建	30	2922	412.13	54.34
徐湾社区	孙　光	孙　光	23	2406	314.98	93.11
南东陈社区	张　伟	张　伟	25	3834	136.04	106.63
双群社区	潘海燕	潘海燕	21	987	84.29	95.18
雪岸社区	崔怀林	崔怀林	33	4813	236.75	132.99
南凌社区	王海峰	王海峰	22	3155	291.23	52.64
雪东社区	冒炜炜	冒炜炜	27	4892	307.16	87.91
万富社区	许　杰	许　杰	35	5231	484.46	99.16
凌云社区	贲娅男	贲娅男	24	2836	318.54	80.59
雪洪村	姚　磊	姚　磊	27	3136	249.74	77.07
刘亮村	蔡晓燕	蔡晓燕	25	2405	289.51	162.51
刘杨村	沈　剑	沈　剑	27	3135	328.06	71.12

下原镇

【概况】 下原镇地处如皋中南部，为如皋市特色镇。2020年，完成工业应税销售19.4亿元，比上年增长22.78%；完成工业税金6562万元。新增规上工业企业10家。完成服务业应税销售12.04亿元，比上年增长61.39%。新增规上服务业企业1家、限上服务业企业4家。全社会固定资产投资8.6亿元，比上年增长61.05%，其中服务业固定资产投资1.22亿元，比上年增长10.5%。实现工业用电量7464万千瓦时，比上年增长4.26%。实现外贸进出口额2.65亿元。"下原蘘荷"获国家级地理标志认证，晓琴家庭农场建成省级示范家庭农场，绿野休闲观光中心成功创建省主题创意农园，"蒲禾大米"成功申报省绿色产品，花园头村被评为省健康村，沈阳社区被评为省健康社区。

【项目建设】 年内，下原镇以医疗器械产业、纺织服装产业、机械电子产业、智能装备产业、汽车零配件产业五大特色产业为重点，开展大项目建设突破年活动。先后在上海、张家港等地成功举办下原投资环境说明会，签约落户单体投资1亿元及以上项目8个，其中，单体投资20亿元项目1个、5亿元项目2个。盘活闲置低效用地24.2公顷。全年新开工单体投资1亿元及以上项目7个，其中5亿元项目1个；竣工项目3个，转化项目1个。新增重大农业项目4个、高标准农田400公顷，修建防渗渠17.5千米，新建泵站6座。

【科技创新】 年内，下原镇组织6家企业申报高新技术企业，南通安琪医疗用品有限公司通过认定，南通福美新材料有限公司等4家企业进入高新企业培育库，江苏惠沣环保科技有限公司被认定为南通市首批科技创新型企业。开展产学研合作项目4个，其中合作经费超30万元项目2个。新增有效发明专利29件，新申请发明专利24件，PCT专利申请2件，江苏惠沣环保科技有限公司通过知识产权质押融资500万元。下原镇科技创业中心（省级科技企业孵化器）和智汇空间（南通市级众创空间）运行良好，众创空间全年新增团队5个、企业7家，孵化器新增企业14家，毕业企业5家。

【小城镇建设】 年内，下原镇以通皋大道建成通车、桃园路提档改造为契机，融入下原历史文化元素，努力打造镇区特色东大门。全年投资800万元强化功能配套，不断提升镇区服务供给能力。有序推进老204国道镇区段空地绿化补栽、广告治理、过路天线地埋等工程，不断提升沿线靓丽度；完成桃李路改造提升工程，实施河口护坡、人行道全线贯通、绿化修补等工程，提升沿线企业外在形象。开展垃圾堆放点、店招店牌和出店经营等专项整治活动，依法处置违建乱建、占道经营等违法违规行为。争取公交线路直达及共享单车入驻，群众出行更加便捷。完成蔡荡安置区二期配套设施建设。全年建成硬质化道路17.6千米，改造桥梁4座，成功创建"四好农路"示范镇。

【生态环境保护】 年内，下原镇环保信访反馈交办事项整改率百分之百，关闭化工生产企业1家，开展"六小行业"（经营性小餐饮店、小食品店、小浴室、小美容美发店、小歌舞厅、小旅店等小食品生产经营单位和小公共场所的泛称）等专项整治"回头看"。持续加强内河码头堆场扬尘在线监测管理，改造码头9座，拆除1座；切实落实河长负责制，常态化开展巡河工作，清理黑臭河道25条（段），地表水达III类水体标准。新建空气自动监测站1座并实现数据传输，PM2.5指数居全市中等以上水平。新增植树造林27.2公顷，成活率、保存率均超98%。

【社会事业】 年内，下原镇新增城镇就业217人，劳动力回引外引152人。建档立卡低收入人口实现全部脱贫，2个经济薄弱村集体收入均为50万元以上。社会保障体系持续完善。完成供水安全保障提升工程。教育优质均衡发展，普高率54.8%，再创历史新高。全面建成退役军人服务保障体系。持续推动移风易俗，充分发挥"红白理事会"作用，深入推进假僧假道等专项整治。稳步推进镇域治理现代化，开展扫黑除恶、"阳光信访""百日攻坚"等工作。有序推进安全生产专项整治和三年行动，重大挂牌督办安全隐患全部整改销号，社会大局保持和谐稳定。

【下原科技产业园】 年内，下原镇持续抓好"三带两园"（"三带"指桃李路沿线产业带、康园路沿线产业带、204国道沿线产业带；"两园"指医疗器械产业园、通皋大道产业园）承载能力建设，投资6000万元建设下原科技产业园，实施园区形象提升工程，进一步增强承载能力，建成园区道路1.1千米、供水管网1.1千米、排水管网2.6千米、污水管网1.9千米、污水提升泵站1座、亮化工程1.1千米，完成绿化面积1.5万平方米，园区建设达"三通一平"要求。加大医疗器械产业招引，生产研发共享平台及检测项目进展顺利，中小企业园区项目一期2万平方米实现主体竣工，特色产业集聚效应显著增强。截至年末，希格玛紫外线光疗仪、贝览得美妆用品、泰赛生物健康用品、国准医疗器械生产及检测、惠沣环保热熔喷胶膜及医用高分子材料、永发医用设备生产6个优质科技型项目落户，在手在谈项目有投资10亿元的卫生护理用品项目、投资5亿元的汽车模具项目、投资2000万美金的电动助力车项目等高新技术项目。

（水润民）

2020年下原镇社会经济主要指标一览表

表75

项　目	计量单位	2020年	2019年	项　目	计量单位	2020年	2019年
一、乡镇基本情况				法人企业个数	个	425	392
乡镇行政区域面积	公顷	7076	7076	其中:规上工业企业	个	30	23
居民委员会个数	个	8	8	法人企业从业人员	人	19542	18977
村民委员会个数	个	7	7	其中:规上工业企业	人	5452	5114
耕地面积	公顷	3978	3975	建筑业企业个数	个	2	2
耕地灌溉面积(有效灌溉面积)	公顷	3575	3557	建筑业企业从业人员数	人	3914	3809
农业机械总动力	千瓦	29819	26232	六、贸易			
二、人口与就业				限上社会消费品零售总额	万元	5241	3961
户籍户数	户	16751	16787	商品交易市场个数	个	4	4
户籍人口	人	58798	59203	营业面积50平方米以上的综合商店或超市个数	个	70	68
常住户数	户	14526	14633	七、财政收入			
常住人口	人	45835	51606	财政总收入	万元	14706	17839
乡镇从业人员数	人	31012	30460	其中:一般公共预算收入	万元	8879	9899
其中:第一产业	人	5789	5794	八、社会事业			
第二产业	人	13542	13342	乡镇公路里程	千米	256	216
第三产业	人	11681	11324	金融机构网点数	个	8	8
三、乡镇经济				农民专业合作社个数	个	85	82
地区生产总值	万元	297614	275318	农民专业合作社成员数	户	22254	22231
其中:第一产业	万元	31024	28896	学校总数	所	4	4
第二产业	万元	117952	111362	其中:小学校数	所	3	3
第三产业	万元	148638	135060	在校学生总数	人	3421	3423
四、农业生产				其中:小学在校学生数	人	2155	2166
农作物播种面积	公顷	6999	6929	教师总数	人	265	251
其中:粮食作物播种面积	公顷	5540	5512	其中:小学专任教师数	人	139	131
农业保险面积(种植业)	公顷	5433	5075	幼儿园、托儿所	所	6	6
市级以上农业龙头企业个数	个	0	0	医疗卫生机构个数	个	22	22
市级以上农业龙头企业销售收入	万元	0	0	医疗卫生机构床位数	床	112	112
粮食总产量	吨	38514	38221	执业(助理)医师数	人	133	129
肉类总产量	吨	2302	3034	自来水用水户数	户	14526	14633
禽蛋产量	吨	1355	1003	住楼房户比重	%	97	97
水产品产量	吨	528	517	人均住房面积	平方米	59	50
五、企业情况				提供住宿的社会工作机构	个	1	1

续表75

项 目	计量单位	2020年	2019年	项 目	计量单位	2020年	2019年
提供住宿的社会工作机构床位	床	85	80	城乡居民基本医疗保险参保人数	人	45321	45107
提供住宿的社会工作机构收养人数	人	80	78	城乡居民基本养老保险参保人数	人	18574	18378

2020年下原镇各村(社区)基本情况表表

表76

名 称	党组织书记	村(居)委会主 任	村(居)民小组数(个)	人口数(人)	耕地面积(公顷)	村集体经济收入(万元)
曙光村	丁邦宏	丁邦宏	24	3369	214	58.24
花园头村	李晓兵	李晓兵	27	4047	290	79.08
野树社区	许万建	许万建	29	4469	295	59.75
文庄社区	张桧焱	张桧焱	33	4512	300	81.21
老坝村	陆海波	陆海波	34	4256	280	80.72
沈阳社区	许金峰	许金峰	32	4250	324	89.82
下原社区	熊 伟	熊 伟	32	4801	210	81.31
张庄村	吴皋南	吴皋南	24	3201	195	58.06
桃园社区	于永国	于永国	27	3257	221	58.87
陈桥村	周建华	周建华	26	3222	167	58.12
邹庄社区	葛 军	葛 军	29	4101	227	81.19
蔡荡村	姜 哲	姜 哲	29	3969	230	58.38
藕池村	李永清	李永清	23	3108	212	57.25
白李社区	秦小军	秦小军	25	3794	179	56.57
腰庄社区	王建军	王建军	35	4635	165	58.18

吴窑镇

【概况】 吴窑镇位于如皋市中南部，镇区建成区面积450公顷，辖行政村9个、社区8个，村(居)民小组402个。2020年，吴窑镇完成全口径增值税1.5亿元；一般公共预算收入完成率105.5%。完成工业应税销售23.4亿元，比上年增长10.74%；规上工业应税销售15.6亿元，比上年增长17%。服务业应税销售24.5亿元，比上年增长220%；限上批发零售业销售额2.7亿元，比上年增长26.7%。新增规模工业企业5家，规模服务业企业1家、限上企业3家。完成规模工业固定资产投资5.5亿元，比上年增长12%。创建绿色优质水稻基地1066.7公顷，新增绿色优质小麦基地1个，如皋市丰迪肠衣有限公司被认定为如皋市级农业龙头企业。江中集团全年实现施工产值268亿元，被认定为中国AAA级信用企业(14星)，跻身江苏省建筑业百强企业，创成国优奖1个。

【项目建设】 年内，吴窑镇举办吴窑(张家港)投资环境说明会等招商活动6次，搜集项目信息68条，签约项目15个，其中，单体投资1亿元以上项目7个、2亿元以上项目2个、5亿元以上项目1个(友恒体育用品)。年内，艾贝思凯、黛奥比、友恒和王家风范4个项目开工建设，颖拓、发力、力威、捷皋整体橱柜和友恒体育5个项目竣工，思凯林、远业、发力、力威和捷皋木质橱柜5个项目实现转化。

【科技创新】 年内，吴窑镇引进省外高端人才1人，新增"雉水英才"1人。全年申请发明专利27件，PCT申请3件，获发明专利转让13件。南通联恒新材料有限公司与江南大学、远业液压与兰州理工大学实施产学研合作，技术合同成交额分别为100万元、30万元。

【小城镇建设】 年内，吴窑镇协助做好北沿江高铁吴窑站线定位、勘测，完成前期风险矛盾调查评估。完成镇区规划调整。加大对出店经营、占道经营等违规经营行为查处力度，拆除破旧店牌店招30余处，增设便民疏导点2个，对便民疏导点进行规范、提升。开展违章建房巡查，拆除违法建设14处5665平方米。建设"建养一体化"道路11.03千米，提档升级道路3.95千米，新建通居路13.01千米，完成603省道提档升级施工。对全镇危桥进行全面摸排，新建桥梁2座。有序开展污水处理厂提标改造等工作，新建公厕5座，改厕90户，推进老庄河南路东段建设，完成内河码头整治任务。

【生态环境保护】 年内，吴窑镇新增绿化面积74.6公顷。完成占补平衡15.8公顷、增减挂钩9.93公顷，新增农用地5.73公顷。开展最美庭院、最整洁户、文明家庭等评比活动，立新社区被评为江苏省绿美村庄。开展人居环境大整治，清理小广告1340处，拆除破旧房屋86间，对露天粪坑实现全面遮盖，清理河道、沟渠150千米，代表如皋市通过南通"百千工程"验收。推进"垃圾不落地"工作，建设垃圾中转点53个、废旧农膜回收点19个和农药包装废弃物回收点，加快垃圾中转站改造。建成秸秆临时堆放点30余个，完成秸秆还田面积1133公顷。

【社会事业】 年内，吴窑镇901户建档立卡低收入户全部脱贫，陈家村通过省级第三方评估和省扶贫办抽验。采集发布就业岗位900个，新增城镇就业392人。落实长江禁捕和退捕补偿政策，引导12名渔民转岗转业。超额完成居保、医保征收，社保扩面工作完成率302.7%，职工养老保险"助保贷款"完成率131%。落实残疾人和优抚对象补助政策，对低保五保户实行动态管理，实现失地农民和生活困难户应保尽保。加大对留守儿童和困境儿童关爱力度，在福康居家养老服务中心建成"关爱之家"。强化临时救助托底保障功能，临时救助困难家庭76户，累计发放救助金11.3万元。全年救助困难户87户，发放慈善款10.4万元。成功整合镇级民营水厂供水资产。实现敬老院公建民营，完成敬老院消防审验，镇卫生院运营步入正轨。高标准打造镇级退役军人实训基地和五星级退役军人服务站，2名下岗志愿兵实现再就业。广泛开展群众文化体育活动，建成镇三星级东皋书吧，立新社区建成四星级农家书屋。提升教学水平，232名学生达普高分数线，江中小学被评为甲类学校。建成镇域治理现代化指挥中心，发挥全科网格在基层社会治理中重要作用，强化出租房、流动人口管理及涉稳事项摸排，进一步提升主动防控能力。全年排查各类矛盾纠纷381起，成功化解380起，化解成功率99.7%。

（张凌成）

2020年吴窑镇社会经济主要指标一览表

表77

项　目	计量单位	2020年	2019年	项　目	计量单位	2020年	2019年
一、乡镇基本情况				常住人口	人	50144	56455
乡镇行政区域面积	公顷	6436	6436	乡镇从业人员数	人	29551	29365
居民委员会个数	个	8	8	其中：第一产业	人	7963	7889
村民委员会个数	个	9	9	第二产业	人	14276	14210
耕地面积	公顷	3371	3371	第三产业	人	7312	7266
耕地灌溉面积(有效灌溉面积)	公顷	2867	2863	三、乡镇经济			
农业机械总动力	千瓦	33838	31756	地区生产总值	万元	334162	307501
二、人口与就业				其中：第一产业	万元	26625	24932
户籍户数	户	18850	18905	第二产业	万元	152901	148717
户籍人口	人	63858	64230	第三产业	万元	154636	133852
常住户数	户	18001	16827	四、农业生产			

续表77

项　目	计量单位	2020年	2019年	项　目	计量单位	2020年	2019年
农作物播种面积	公顷	6187	6127	八、社会事业			
其中:粮食作物播种面积	公顷	4441	4434	乡镇公路里程	千米	401	401
农业保险面积(种植业)	公顷	3297	3136	金融机构网点数	个	4	4
市级以上农业龙头企业个数	个	1	1	农民专业合作社个数	个	97	97
市级以上农业龙头企业销售收入	万元	6073	6000	农民专业合作社成员数	户	21178	21178
粮食总产量	吨	28308	28121	学校总数	所	3	3
肉类总产量	吨	3330	3386	其中:小学校数	所	2	2
禽蛋产量	吨	1849	1611	在校学生总数	人	3503	3989
水产品产量	吨	478	468	其中:小学在校学生数	人	2360	2589
五、企业情况				教师总数	人	266	248
法人企业个数	个	597	597	其中:小学专任教师数	人	148	135
其中:规上工业企业	个	25	25	幼儿园、托儿所	所	5	5
法人企业从业人员	人	30107	29789	医疗卫生机构个数	个	23	23
其中:规上工业企业	人	8468	8456	医疗卫生机构床位数	床	82	81
建筑业企业个数	个	5	5	执业(助理)医师数	人	68	67
建筑业企业从业人员数	人	15311	15297	自来水用水户数	户	16934	16827
六、贸易				住楼房户比重	%	95	95
限上社会消费品零售总额	万元	24478	24500	人均住房面积	平方米	50	50
商品交易市场个数	个	2	2	提供住宿的社会工作机构	个	2	2
营业面积50平方米以上的综合商店或超市个数	个	25	25	提供住宿的社会工作机构床位	床	304	304
七、财政收入				提供住宿的社会工作机构收养人数	人	132	131
财政总收入	万元	19981	17146	城乡居民基本医疗保险参保人数	人	46136	46134
其中:一般公共预算收入	万元	11926	11908	城乡居民基本养老保险参保人数	人	18551	18549

2020年吴窑镇各村(社区)基本情况表

表78

名　称	党组织书记	村(居)委会主　任	村(居)民小组数(个)	人口数(人)	耕地面积(公顷)	村集体经济收入(万元)
吴窑社区	沈红兵	沈红兵	28	6767	137.40	51
黄石社区	贾小芳	贾小芳	21	4132	164.20	51
钱庄社区	张跃全	张跃全	21	3799	203.07	78
立新社区	严永丰	严永丰	25	4468	268.73	144

续表78

名　称	党组织书记	村(居)委会主　任	村(居)民小组数(个)	人口数(人)	耕地面积(公顷)	村集体经济收入(万元)
小马社区	王天华	马汝洪	25	3479	206.21	70
三元社区	孙志勇	孙志勇	23	3916	141.82	72
大石社区	石海燕	石海燕	24	3534	168.21	72
四房社区	郭海燕	郭海燕	18	3348	199.80	67
沈徐村	蔡成良	蔡成良	25	4302	154.13	51
陈家村	倪绍云	倪绍云	30	4285	258.08	77
何柳村	沈　峰	沈　峰	20	3588	161.33	70
沈甸村	沈徽宁	沈世军	28	3860	211.33	60
龙河村	郝忠林	郝忠林	22	3322	183.13	56
平田村	张海均	张海均	26	4185	235.99	56
长西村	李文泉	李文泉	22	3100	201.60	71
长庄村	张台建	石祚祥	24	3313	200.40	51
老庄村	于海旭	于海旭	20	2856	208.20	55

九华镇

【概况】 九华镇是如皋市南大门，辖村14个、社区5个。2020年，完成财政总收入3.82亿元，其中一般公共预算收入2.12亿元，比上年增长7.5%，总量位居全市面上镇第二。完成全部工业应税销售55亿元，比上年增长14.61%。完成工业实缴税金2.72亿元，比上年增长12.86%，税金率4.88%，排名持续保持全市各镇第一。规模企业应税销售完成42.09亿元，比上年增长10%。净增应税销售1亿元以上企业3家、首超5亿元企业1家，全镇应税销售超1亿元企业突破10家；新开业规模工业企业5家，完成率250%。南通星球石墨股份有限公司成为全市唯一科创板上市过会企业。服务业体量得到提升，新增入库企业6家，共13家；实现服务业应税销售14.19亿元，比上年增长127.11%。多式联运和运输代理业营业收入增幅全市排名第一，限上住宿餐饮营业额增幅全市排名第二。实现农民人均纯收入23599.2元。坚持以乡村振兴为抓手，以富民增收为主线，以打造“一村一品”为着力点，形成“千亩水产养殖、千亩绿色稻米、千亩设施果蔬”农业产业格局。高效农业面积2866.7公顷，占总耕地面积69%。建成千亩以上农业园区3个、百亩以上农业园区16个，薛永炎农场“公司+基地+农户”经营模式获农业农村部关注调研，姜园村耕读生态园建设项目获评全省农业重点项目。

【项目建设】 年内，九华镇成功举办2020年投资环境说明会暨上汽联创智能网联科技(江苏)公司奠基仪式。利用资源和产业优势，推动高端装备制造、汽车零部件、电子信息三大产业集群加快形成。全年洽谈项目80余个，其中10亿元以上项目9个，签约1亿元项目7个。全年实际到账外资201万美元。盘活曼特威、万盛船舶等低效用地20公顷。中唱、森海智能2个文化企业项目分别投资1.5亿元、1亿元，被列为南通市级重点建设项目，年内实现竣工。

【科技创新】 年内，九华镇获认定高新技术企业7家。完成高新技术产业投资1.7亿元，占固定资产投资22%；实现高新技术产业产值24.45亿元，占规模工业产值41.12%。完成产学研合作项目6个，技术合同登记成交额8366万元。企业研发投入占主营业务比重超3.5%，工业战略性新兴产业总产值占工业总产值比重43.2%。人才工作考核全市面上镇第一，南通特耐流体设备有限公司总经理韦光宇获评省“双创”人才，江苏奕隆机电科技有限公司刘伟入选如皋市第九期“雉水英才”。江苏通王机械制造有限公司、江苏翔鹰五金弹簧有限公司2家企业通过A级质量信用评价。

【小城镇建设】 年内，九华镇完成富华路、联创路、市场路桥梁等园区路桥建设，完成福田路等级提升工程，龙舌路建成通车，农路“建管养”工作持续位居全市第一。建设雨污水管网6.3千米，实现小型污水设施全覆盖，完成九华污水处理厂尾水湿地工程建设。完成自来水厂整合回购任务。

【生态环境保护】 年内，九华镇落实“河长制”各项工作，对全镇404个河道水体进行分色调查，整治三级河道3条、四级河道及家沟家塘70条、黑臭水体5条，打造生态河20条，绿化、亮化、美化镇区河道4条。完成农村改厕1239户，远超市交700户标准要求，新增村公共厕所5座。强化工地扬尘管控、企业日常监管、危废固废源头治理，清理“散乱污”企业13家，环境信访总量比上年下降50%，PM2.5平均浓度38微克/立方米，空气质量优良天数比率88%。

【社会事业】 年内，九华镇创成如皋唯一南通市“四好农路”示范镇，累计新建农村公路28条共74.6千米，新建、改造农村危桥30座。城乡居民养老保险参保完成率102.58%；企业职工养老保险新增参保缴费1014人，增幅70.99%；新增就业273人。做好G40扩建搬迁失地保障工作，办理失地进保388人。实现965户建档立卡低收入户全部脱贫，无返贫现象；全年排查建档立卡低收入户情况4轮，建档立卡低收入户自来水全面安装到位，改造危房37户。4个省市经济薄弱村全部脱贫摘帽，小马桥扶贫加油站全面竣工试运营。推动全民阅读，郭李社区创成四星级农家书屋，为全市书香城市建设推进会提供观摩现场。3个原创节目参加全市群众文艺会演，全年举行新时代文明实践文体活动1000余场。弘扬文明新风成功举办首届“九华好人”评选活动。建成全市首家镇级红色主题教育基地，对散落民间的烈士墓进行集中安葬、统一管护。完善全镇智慧技防和雪亮工程布点设计，新建点位30个、接入原有监控130个。在全市率先建成智慧云平台，组建镇域治理现代化指挥中心。开展安全生产专项整治，“一年小灶”任务全面落实，稳步推进32个重点领域专项整治，全年未发生较大以上安全事故。实施食品“三小”(食品小作坊、小餐饮、小食杂)行业放心工程，开展食品安全检查529次，立案19起。

(陈志锋 姚美芳 王燕华)

2020年九华镇社会经济主要指标一览表

表79

项 目	计量单位	2020年	2019年	项 目	计量单位	2020年	2019年
一、乡镇基本情况				第二产业	万元	238049	225514
乡镇行政区域面积	公顷	6961	6961	第三产业	万元	196555	172223
居民委员会个数	个	5	5	四、农业生产			
村民委员会个数	个	14	14	农作物播种面积	公顷	6758	6697
耕地面积	公顷	3892	3892	其中：粮食作物播种面积	公顷	4873	4852
耕地灌溉面积(有效灌溉面积)	公顷	3638	3612	农业保险面积(种植业)	公顷	3927	4310
农业机械总动力	千瓦	42785	39096	市级以上农业龙头企业个数	个	0	0
二、人口与就业				市级以上农业龙头企业销售收入	万元	0	0
户籍户数	户	21506	21664	粮食总产量	吨	33386	33195
户籍人口	人	69330	69787	肉类总产量	吨	1828	2520
常住户数	户	18910	18910	禽蛋产量	吨	2397	1763
常住人口	人	55551	60915	水产品产量	吨	2495	2438
乡镇从业人员数	人	32762	32736	五、企业情况			
其中：第一产业	人	7727	7806	法人企业个数	个	683	672
第二产业	人	16936	16906	其中：规上工业企业	个	47	42
第三产业	人	8099	8024	法人企业从业人员	人	23812	23963
三、乡镇经济				其中：规上工业企业	人	7093	10039
地区生产总值	万元	473159	433598	建筑业企业个数	个	4	4
其中：第一产业	万元	38555	35861	建筑业企业从业人员数	人	594	594

续表79

项　目	计量单位	2020年	2019年	项　目	计量单位	2020年	2019年
六、贸易				其中:小学在校学生数	人	2431	2312
限上社会消费品零售总额	万元	1426	6965	教师总数	人	253	245
商品交易市场个数	个	3	3	其中:小学专任教师数	人	139	148
营业面积50平方米以上的综合商店或超市个数	个	52	52	幼儿园、托儿所	所	7	7
七、财政收入				医疗卫生机构个数	个	22	29
财政总收入	万元	38161	36200	医疗卫生机构床位数	床	322	322
其中:一般公共预算收入	万元	21182	19700	执业(助理)医师数	人	152	154
八、社会事业				自来水用水户数	户	18454	18454
乡镇公路里程	千米	358	358	住楼房户比重	%	90	90
金融机构网点数	个	9	9	人均住房面积	平方米	65	65
农民专业合作社个数	个	59	57	提供住宿的社会工作机构	个	2	2
农民专业合作社成员数	户	15619	15242	提供住宿的社会工作机构床位	床	750	420
学校总数	所	4	4	提供住宿的社会工作机构收养人数	人	317	255
其中:小学校数	所	3	3	城乡居民基本医疗保险参保人数	人	56881	45838
在校学生总数	人	3558	3491	城乡居民基本养老保险参保人数	人	30302	21524

2020年九华镇镇各村(社区)基本情况表

表80

名　称	党总支书　记	村(居)委会主　任	村(居)民小组数(个)	人口数(人)	耕地面积(公顷)	村集体经济收入(万元)
九华社区	孙良沂	孙良沂	41	6445	242.10	125.09
郭李社区	夏名炎	夏名炎	34	5417	205.32	86.55
二甲村	李昌忠	李昌忠	33	4038	179.98	95.18
洋港村	邹建设	邹建设	24	3079	148.79	82.02
赵元村	赵志丽	赵志丽	30	3673	168.75	64.40
马桥村	黄国荣	黄国荣	26	4148	205.75	64.01
如海村	张　雨	李锦英	13	2075	81.86	64.65
龙舌村	孙志钢	孙志钢	25	2603	141.94	80.98
杨码村	薛延秋	薛延秋	31	4182	214.09	75.54
郭洋村	高新星	高新星	22	3113	134.50	60.07
郑甸社区	杨小春	杨小春	24	3604	195.59	91.77
小马桥村	马国成	马国成	26	3236	167.91	70.57

续表80

名　称	党总支书　记	村(居)委会主　任	村(居)民小组数(个)	人口数(人)	耕地面积(公顷)	村集体经济收入(万元)
姜元村	徐学志	徐学志	23	3035	171.90	86.00
云屏村	花国彬	花国彬	30	3687	209.83	95.53
丝渔村	马红兵	马红兵	21	2978	133.22	69.47
耿扇村	吴亚明	吴亚明	24	3333	240.31	53.13
营防社区	张　杰	张　杰	27	3839	191.35	114.31
营西村	李凤英	李凤英	19	2413	134.91	79.86
四圩社区	郭富森	郭富森	29	3956	198.24	196.22

石庄镇

【概况】 石庄镇地处如皋市西南部，南依长江，西接靖江市，与张家港市隔江相望。辖村10个、社区11个，村(居)民小组501个，镇区人口2.81万人。2020年，完成全口径增值税1.86亿元。实现全部工业应税销售47.2亿元，比上年增长14.73%；规上工业应税销售35.5亿元，比上年增长11.46%；实缴税金2.08亿元，税金率4.42%；规模工业产值50.5亿元，比上年增长16.84%。完成工业用电量1.96亿千瓦时，比上年增长4.73%。完成服务业应税销售37.05亿元，目标任务完成率105.87%；实现服务业税收4800万元。新增规模企业4家，应税销售超1亿元企业9家，进入全市工业应税销售百强企业6家。建成500万元以上规模农业项目9个，总投资近1.5亿元；累计建成家庭农场21家；新增66.67公顷地方特色农产品生产基地1个。新建100万元以上农产品电子商务示范企业7个，投资额超2500万元。

【项目建设】 年内，石庄镇实现外资到账592万美元，完成率148%，居各镇第一位。在上海、苏州等地召开投资环境说明会4次，新签约单体投资1亿元以上项目7个，在手在谈重点项目8个。全年新开工单体投资超1亿元项目4个(汇舸环保设备、中易达环保建材、华旭配件、上海电气)；竣工项目6个(上海电气技改扩、睿联环保设备、华景环保设备、中易达环保建材、华旭配件、上海电气一体化污水处理)，往年开工项目竣工率120%；实现转化项目3个。

【科技创新】 年内，石庄镇完成高新技术产业产值20.21亿元，比上年增长21%，占全部工业产值40.02%。新实施"产学研用"合作项目5个，其中30万元以上成果转化合作项目2个。净增高新技术企业1家。新增省外高端人才1人。

【小城镇建设】 年内，石庄镇总投资近2亿元的业琛商业广场主体封顶，与肯德基、外婆家、屈臣氏等知名连锁品牌完成合同签订。推进智能装备产业园建设工程，完成主干道建设，不断拓展发展空间。投资120万元，完成全镇20个村(社区)实用性村庄建设规划编制。投入近1200万元，对镇村交通提档升级，东板桥路北延、建业路主雨水管网工程基本完工，建成一事一议道路11.75千米，建设通居路5.6千米。不断完善基础设施，全面完成市级下达1.23千米污水主管网建设任务，开展全长5.27千米石庄"龙游河"生态休闲廊道建设工程，完成张氏木楼、闵氏故居、汤氏老宅等传统建筑修缮工程并通过验收。

【生态环境保护】 年内，石庄镇以外包形式引进第三方机构，对镇级污水处理厂及各村小型污水处理设施进行日常维护，确保正常运行。投入近800万元用于人居环境整治，新建垃圾中转站22个，设置垃圾四分桶5000余个，引导群众改善生活习惯。整治河道48条，打造生态河道12条，整治黑臭河道12条，环西河两岸整治成果被学习强国平台推广。不断推进化工企业整治，关停6家，改造升级2家，关闭拆除"散乱污"个体及"小字头"企业20余家。全年环境信访量较上年下降26%。

【社会事业】 年内，石庄镇新增城镇就业385人，农村劳动力就地转移392人，培训劳动力798人，超额完成市级下达医保扩面净增目标，城乡居民基本医疗、基本养老保险动态全覆盖。全镇建档立卡低收入户761户共1532人，挂钩联系党员418人，全年累计走访2893人次，累计脱贫率百分之百。21个村(社区)集体经济收入均达50万元以上，"两不愁、三保障"基本实现。切实兜牢"底线民生"，列入城乡低保382户共769人，全年发放生活补贴426万元。农村"五保"450户(集中供养61人)，全年发放生活补贴369.03万元。完成省级危房改造5户、自来水入户200户工程。促成优质教育资源共享联盟机制建立，逐步提高石庄小学、初中教学水平。在石庄高中设立奖教资金，营造尊教、重教氛围。持续完善老年事业，建成张黄港社区老年活动中心。开展“假日课堂”惠民项目。全面持续开展安全整治工作，检查隐患1251条，整改完成率百分之百，立案查处企业13家，处罚金额17.3万元。全面推进信访积案化解，全年累计化解各类信访积案47件；排查各类社会矛盾纠纷499件，调解成功率99.6%。石庄镇司法所被评为省优秀人民调解委员会。加大扫黑除恶专项行动力度，累计受理各类黑恶线索举报件30余件，抓获犯罪嫌疑人3人。

（郭仕成）

2020年石庄镇社会经济主要指标一览表

表81

项　目	计量单位	2020年	2019年	项　目	计量单位	2020年	2019年
一、乡镇基本情况				肉类总产量	吨	4854	4334
乡镇行政区域面积	公顷	8506	8506	禽蛋产量	吨	4162	3961
居民委员会个数	个	11	11	水产品产量	吨	762	745
村民委员会个数	个	10	10	五、企业情况			
耕地面积	公顷	4643	4643	法人企业个数	个	595	595
耕地灌溉面积(有效灌溉面积)	公顷	3918	3908	其中：规上工业企业	个	42	34
农业机械总动力	千瓦	32635	30456	法人企业从业人员	人	10698	10698
二、人口与就业				其中：规上工业企业	人	3944	3404
户籍户数	户	24815	24938	建筑业企业个数	个	5	4
户籍人口	人	82234	83024	建筑业企业从业人员数	人	658	658
常住户数	户	22002	22002	六、贸易			
常住人口	人	64800	73249	限上社会消费品零售总额	万元	15103	13555
乡镇从业人员数	人	41812	40371	商品交易市场个数	个	4	4
其中：第一产业	人	11682	12315	营业面积50平方米以上的综合商店或超市个数	个	92	102
第二产业	人	20970	19239	七、财政收入			
第三产业	人	9160	8817	财政总收入	万元	29014	32726
三、乡镇经济				其中：一般公共预算收入	万元	15044	16918
地区生产总值	万元	509341	478770	八、社会事业			
其中：第一产业	万元	47591	44611	乡镇公路里程	千米	442	422
第二产业	万元	272667	258290	金融机构网点数	个	9	9
第三产业	万元	189083	175869	农民专业合作社个数	个	8	8
四、农业生产				农民专业合作社成员数	户	5693	5693
农作物播种面积	公顷	7593	7522	学校总数	所	5	5
其中：粮食作物播种面积	公顷	4795	4811	其中：小学校数	所	3	3
农业保险面积(种植业)	公顷	3729	3729	在校学生总数	人	7437	7091
市级以上农业龙头企业个数	个	3	3	其中：小学在校学生数	人	3268	3376
市级以上农业龙头企业销售收入	万元	46500	47650	教师总数	人	570	563
粮食总产量	吨	28619	28576	其中：小学专任教师数	人	195	211

续表81

项　目	计量单位	2020年	2019年	项　目	计量单位	2020年	2019年
幼儿园、托儿所	所	10	10	人均住房面积	平方米	55	55
医疗卫生机构个数	个	30	30	提供住宿的社会工作机构	个	1	1
医疗卫生机构床位数	床	250	250	提供住宿的社会工作机构床位	床	162	162
执业(助理)医师数	人	180	175	提供住宿的社会工作机构收养人数	人	61	59
自来水用水户数	户	18892	18600	城乡居民基本医疗保险参保人数	人	49268	54116
住楼房户比重	%	96	96	城乡居民基本养老保险参保人数	人	19381	19268

2020年石庄镇各村(社区)基本情况表

表82

名　称	党组织书记	村(居)民小组数(个)	人口数(人)	耕地面积(公顷)	村集体经济收入(万元)
永兴社区	许宏兵	6	1060	580.3	58.26
张黄港社区	张再权	15	1577	1018.0	50.64
石北社区	倪劲松	35	3577	3217.0	86.80
张杨园社区	蔡显俊	25	3736	2854.0	139.86
砖桥社区	张智慧	27	3109	2421.8	52.39
石庄社区	孙玉林	27	7876	82.3	50.22
石南社区	缪德兵	23	3714	2266.4	92.70
闸口社区	石高付	21	2617	2112.1	62.80
新生港社区	钱爱兵	26	3443	2155.3	75.91
草张庄社区	沈红霞	27	3630	3643.1	85.02
铁篱社区	张　兵	30	3541	3583.0	84.05
何正村	王海泉	27	2781	2854.0	73.25
思江村	马宏兴	20	2843	2460.0	68.59
楼房村	刘兴华	34	3627	2556.2	80.71
唐埠村	蒋宏建	32	3417	2403.2	85.67
洪港村	蒋桂华	22	3382	2754.0	73.31
凤龙村	陈文生	30	2577	2972.0	64.70
杨庄村	杨中华	22	3578	2504.7	64.76
邹蔡村	邹　平	24	3293	2845.5	114.95
蔡炎村	李世国	25	3476	3191.7	86.40
海圩村	明长平	30	4472	4125.0	82.98

新任市领导

何益军 中共如皋市委书记

何益军，男，1973年7月出生，汉族，江苏句容人，1994年8月参加工作，1994年1月加入中国共产党，大学学历，硕士学位。

1990年9月至1994年6月，扬州大学农学院植保专业学习，取得大学学历；1994年8月至1997年9月，南通市港闸区房地产开发公司工作人员、办公室副主任；1997年9月至1998年9月，任南通市港闸区房地产开发公司、南通市城镇房地产开发公司总经理助理；1998年9月至2001年5月，任南通市港闸区团委副书记(主持团委工作；1995年4月至1998年12月，参加南京大学经济管理专业自学考试，取得大学学历)；2001年5月至2001年11月，任南通市港闸区团委书记；2001年11月至2001年12月，任南通市港闸区团委书记、港闸区闸西乡党委副书记；2001年12月至2003年3月，任南通市港闸区闸西乡党委副书记(正科)；2003年3月至2005年1月，任南通市港闸区闸西乡党委副书记、乡长；2005年1月至2005年3月，任南通市港闸区陈桥乡党委书记；2005年3月至2006年8月，任南通市港闸区陈桥乡党委书记、人大主席(2003年4月至2005年12月，扬州大学农学院农业推广专业学习，取得硕士学位)；2006年8月至2007年1月，任南通市港闸区陈桥乡党委书记、乡长；2007年1月至2007年12月，任南通市港闸区陈桥乡党委书记；2007年12月至2008年12月，任南通市港闸区陈桥乡党委书记、人大主席；2008年12月至2009年3月，任南通市港闸区陈桥乡党委书记；2009年3月至2009年9月，任南通市港闸区陈桥街道党工委书记；2009年9月至2016年6月，任南通市城乡建设局副局长、党组成员；2016年6月至2016年7月，任中共如皋市委副书记、如皋市政府市长人选；2016年7月至2017年1月，任中共如皋市委副书记，如皋市政府副市长、代市长、党组书记；2017年1月至2020年12月，任中共如皋市委副书记，如皋市政府市长、党组书记；2020年12月起，任中共如皋市委书记。

王鸣昊 中共如皋市委副书记，如皋市政府党组书记、市长

王鸣昊，男，1982年9月出生，汉族，浙江湖州人，2007年7月参加工作，2005年1月加入中国共产党，研究生学历，硕士学位。

2001年9月至2005年7月，清华大学精密仪器与机械学系测控技术与仪器专业学习，取得大学学历；2005年9月至2007年7月，清华大学精密仪器与机械学系仪器科学与技术专业学习，取得研究生学历、硕士学位；2007年7月至2007年9月，清华大学继续教育学院教师；2007年9月至2009年6月，任海安经济开发区管委会副主任(挂职)；2009年6月至2010年5月，任海安经济开发区管委会副主任、海安县政府办公室副主任；2010年5月至2012年1月，任南通经济技术开发区招商一局副局长；2012年1月至2016年8月，任共青团南通市委副书记、党组成员；2016年8月至2020年5月，任共青团南通市委书记、党组书记；2020年5月至2020年12月，任江苏南通苏锡通科技产业园区党工委副书记、江苏南通苏通科技产业园区党工委副书记(正处职)；2020年12月至2021年2月，任中共如皋市委副书记，如皋市政府党组书记、副市长、代市长；2021年2月起，任中共如皋市委副书记，如皋市政府党组书记、市长。

程瑞琴 中共如皋市委常委、政法委书记

程瑞琴，女，1980年4月出生，汉族，江苏海安人，2002年8月参加工作，2001年6月加入中国共产党，省委党校研究生学历。

1998年9月至2002年6月，苏州科技学院汉语言文学专业学习，取得大学学历；2002年8月至2003年12月，任海安县西场镇人大秘书；2003年12月至2005年3月，任海安县计经委综合计划科办事员；2005年3月至2007年7月，任海安县计经委综合计划科副科长；2007年7月至2009年7月，任海安县发改委综合计划科科长；2009年7月至2011年3月，任海安县西场镇副镇长；2011年3月至2011年12月，任海安县西场镇党委副书记；2011年12月至2012年2月，任海安经济开发区管委会委员、项目建设推进办公室主任；2012年2月至2012年3月，任海安县大公镇党委副书记、镇长人选，大公科技产业园党工委副书记、管委会主任；2012年3月至2014年12月，任海安县大公镇党委副书记、镇长，大公科技产业园党工委副书记、管委会主任(2011年9月至2014年7月，省委党校宪法学与行政法学专业学习，取得研究生学历)；2014年12月至2015年4月，任海安县大公镇党委副书记、镇长；2015年4月至2016年10月，任海安县大公镇党委书记；2016年10月至2016年11月，任如皋市政府副市长人选；2016年11月至2017年1月，任如皋市政府副市长；2017年1月至2020年12月，任如皋市政府副市长、党组成员；2020年12月起，任中共如皋市委常委、政法委书记。

秦金春　中共如皋市委常委、市纪委书记、市监委主任

秦金春，男，1970年1月出生，汉族，江苏南通人，1991年8月参加工作，1991年6月加入中国共产党，大学学历，硕士学位。

1987年9月至1991年8月，华中理工大学电子材料与元器件专业学习，取得大学学历；1991年8月至1995年1月，任南通电容器厂车间工艺员、车间主任助理；1995年1月至1997年8月，任南通华容电子集团一厂厂长助理；1997年8月至1997年12月，任南通华容电子集团永兴分厂综合科副科长(主持综合科工作)；1997年12月至1998年12月，任南通市纪委、监察局工作人员；1998年12月至2002年12月，任南通市纪委、监察局科员级纪检监察员；2002年12月至2005年10月，任南通市纪委、监察局副科级纪检监察员；2005年10月至2009年6月，任南通市纪委、监察局正科级纪检监察员(2003年7月至2005年12月，南京大学公共管理专业学习，取得硕士学位)；2009年6月至2012年8月，任南通市纪委、监察局纪检监察二室副主任；2012年8月至2013年11月，任南通市纪委、监察局监察综合室副主任(主持监察综合室工作)；2013年11月至2013年12月，任南通市纪委、监察局案件审理室副主任(主持案件审理室工作)；2013年12月至2017年12月，任南通市纪委、监察局案件审理室主任；2017年12月至2020年9月，任南通市纪委案件审理室主任；2020年9月至2020年12月，任南通市纪委监委案件审理室主任；2020年12月至2021年2月，任中共如皋市委常委、市纪委书记、市监委主任人选。2021年2月起，任中共如皋市委常委、市纪委书记、市监委主任。

顾　凡　如皋市政府副市长、党组成员

顾凡，女，1983年5月出生，汉族，江苏南通人，2003年8月参加工作，2005年12月加入中国共产党，省委党校研究生学历。

1998年9月至2003年6月，南通高等师范学校教育学专业学习，取得大专学历；2003年8月至2005年8月，任南通师范第二附属小学教师(借共青团崇川区委工作)；2005年8月至2007年12月，任共青团崇川区委科员(2004年10月至2007年12月，参加南京师范大学法学专业自学考试，取得大学学历)；2007年12月至2009年5月，任南通市崇川区侨办主任助理；2009年5月至2010年2月，任南通市崇川区侨办副主任；2010年2月至2012年6月，任南通市崇川区外事侨务办副主任；2012年6月至2016年1月，任南通市崇川区城东街道党工委委员、纪工委书记；2016年1月至2016年12月，任南通市委宣传部理论处干部(副科职；2013年9月至2016年7月，省委党校科学社会主义专业学习，取得研究生学历)；2016年12月至2020年12月，任南通市委宣传部文化改革发展处处长；2020年12月起，任如皋市政府副市长、党组成员。

缪小华　如皋市政协党组副书记、副主席

缪小华，男，1963年11月出生，汉族，江苏如皋人，1981年7月参加工作，1987年1月加入中国共产党，省委党校研究生学历。

1981年7月至1982年1月，任如皋县交通局工程队会计；1982年1月至1988年4月，任如皋县统计局农业股副股长(其间：1985年9月至1987年7月，南通工业管理干部学院财会专业脱产学习，取得大专学历)；1988年4月至1994年3月，任青团如皋县(市)委副书记(其间：1988年9月至1991年7月，省委党校外经专业学习，取得省委党校大学学历)；1994年3月至1996年10月，任共青团如皋市委书记；1996年10月至2000年4月，任如皋市戴庄乡党委书记、人大主席；2000年4月至2000年12月，任如皋市柴湾镇党委书记；2000年12月至2001年2月，任海安县政府副县长；2001年2月至2007年11月，任海安县政府副县长、党组成员(2000年3月至2002年12月，省委党校政治经济学专业学习，取得省委党校研究生学历)；2007年11月至2010年4月，任南通市房产管理局副局长、党组成员；2010年4月至2011年6月，任南通市住房保障和房产管理局副局长、党组成员；2011年6月至2012年1月，任如皋市政府副市长、党组成员；2012年1月至2012年3月，任中共如皋市委常委、政法委书记，如皋市政府副市长、党

组成员；2012年3月至2020年12月，任中共如皋市委常委、政法委书记；2020年12月至2021年2月，任如皋市政协党组副书记、副主席人选；2021年2月起，任如皋市政协党组副书记、副主席。

唐明渠 如皋市人民法院党组书记、院长

唐明渠，男，1972年2月出生，汉族，江苏建湖人，1996年8月参加工作，2009年10月加入中国共产党，大学学历，硕士学位。1992年9月至1996年8月，苏州大学法学专业学习，取得大学学历；1996年8月至1999年6月，任南通市崇川区人民法院书记员（1997年12月任科员）；1999年6月至2001年12月，任泰州市中级人民法院书记员；2001年12月至2003年4月，任泰州市中级人民法院助理审判员（2003年4月明确副科级）；2003年4月至2008年10月，任南通市中级人民法院助审员（其间：2005年2月至2008年3月，上海交通大学法律专业学习，取得法律硕士学位）；2008年10月至2009年10月，任南通市中级人民法院执行局审判员；2009年10月至2011年10月，任南通市中级人民法院民二庭副庭长、审判员；2011年10月至2012年1月，任南通市中级人民法院执行局实施处处长（正科职；2011年1月至2012年1月，挂职如皋市人民法院副院长、审判委员会委员）；2012年1月至2016年4月，任南通市中级人民法院审判管理办公室主任、审判委员会委员；2016年4月至2020年3月，任南通市中级人民法院立案一庭庭长、审判委员会委员；2020年3月至2020年5月，任如皋市人民法院副院长、代院长；2020年5月至2021年2月，任如皋市人民法院党组书记、副院长、代院长；2021年2月起，任如皋市人民法院党组书记、院长。

吴晓栋 如皋市人民检察院党组书记、检察长

吴晓栋，男，1976年10月出生，汉族，江苏海门人，1999年8月参加工作，1998年6月加入中国共产党，大学学历。

1995年9月至1999年7月，西北政法学院行政法专业学习，取得大学学历；1999年8月至2000年8月，任南通市人民检察院反贪局见习书记员；2000年8月至2004年6月，任南通市人民检察院反贪局书记员（科员级）；2004年6月至2009年10月，任南通市人民检察院反贪局、研究室（检委办）、人民监督员办公室助理检察员（其间：2006年9月至2008年7月，中国政法大学国际法学院刑法学专业研究生课程班结业）；2009年10月至2010年3月，任南通市人民检察院案件监督管理处（人民监督员办公室）检察员（2009年12月明确副科级）；2010年3月至2013年4月，任南通市人民检察院案件监督管理处副处长兼人民监督员办公室副主任，检察员（副科职）；2013年4月至2016年7月，任南通市人民检察院政治部组织人事处处长、检察员（正科职）；2016年7月至2018年10月，任南通市人民检察院办公室主任、检察员；2018年10月至2019年2月，任南通市港闸区人民检察院党组书记、副检察长（主持工作）、检察委员会委员；2019年2月至2020年1月，任南通市港闸区人民检察院党组书记、副检察长、代检察长、检察委员会委员；2020年1月至2020年7月，任南通市港闸区人民检察院党组书记、检察长、检察委员会委员；2020年7月至2020年8月至2021年2月，任如皋市人民检察院检察长人选；2020年8月起，任如皋市人民检察院党组书记、副检察长、代检察长；2021年2月起，任如皋市人民检察院党组书记、检察长。

新闻人物

许　钱 全国劳动模范

许钱，男，1973年4月出生，如皋人，大专学历，工程师。任南通六建建设集团北京总部天津直营项目部经理。

许钱是掌握多项建筑业相关专业技能的多面手，历时6年将南通六建建设集团北京总部天津直营项目部打造成江苏省进天津建筑业企业10强。秉持精品理念，强化质量意识，实施精细化管理，将质量标准推行到一线，着力提升施工质效。在工地主入口设置钢筋绑扎、模板支设、砌体砌筑、防水施工等建筑关键环节质量样板，向员工推行质量标准，对员工加强教育培训，建立职工业余学校学习制度。职工业余学校被评为天津市优秀进城务工人员业余学校。对员工开展技能竞赛，促技术转化成技能。在天津市第七届建筑业技能大赛中，3名员工分获钢筋工第三名、优秀奖，镶贴工第五名；南通六建建设集团北京总部天津直营项目部获优秀组织奖。创建技师工作室，课题研究成果累计获全国工程建设优秀QC成果二等奖1个，全国工程建设优秀质量管理二等奖1个、三等奖3个，天津市QC成果二等奖1个。参建的1个项目在住房城乡建设部抽查中以零问题列天津市南开区第一名，1个项目获天津市建筑工程结构海河杯奖。他先后被授予天津市五一劳动奖章、被评为江苏出省施工先进个人。2019年4月，被全国中华总工会授予全国五一劳动奖章。2020年11月，被中华全国总工会表彰为全国劳动模范。

（应　晶）

赵颖东 全国敬老爱老助老模范人物

赵颖东，男，汉族，1975年9月出生，如皋人，中共党员，大专学历，如皋邮政分公司搬经支局投递员，中共南通市委、如皋市委第十二届代表。

在家里，他用心赡养父母，让父母晚年生活幸福安

康。在邮路上，他作为全国精神文明重大典型“爱心邮路”先进群体中优秀代表，结对帮扶搬经镇搬经社区4组的章瑞兴老人22年。他免费帮老人订《老年周报》，主动跟老人“学”下棋，让老人闲暇时充满乐趣；农忙时帮老人收种，老人过生日时带着全家为老人过生日，老人生病时求医问药、精心照料；积极奔走，争取政策支持，先后为老人翻修房屋3次。除了章瑞兴老人，他还积极帮扶邮路上其他需要帮助的老人们，为他们购买生活用品、传递党的政策、宣传普法知识等。他先后获助人为乐类中国好人、江苏最美交通人、南通市劳动模范等称号。2020年12月，赵颖东被国家卫健委、全国老龄办表彰为全国敬老爱老助老模范人物。

（刘　稷）

张石俣芊　全国优秀少先队员

张石俣芊，女，汉族，出生于2011年8月，如皋师范学校附属小学四年级一班学生、少先中队中队长。

她牢记老师教导，一直用新时代好少年标准严格要求自己，争做一名德、智、体、美全面发展好少年。她深知美好生活来之不易，牢记红领巾光荣传统，努力学习本领，争做一名志存高远好少年。她从一年级开始竞选为班长，有良好的学习习惯和学习方法，成为学习的小能手、老师的小帮手、同学的好榜样，连年被评为“三好学生”。她坚持阅读大量课外读物，善于在阅读中思考，认真做读书笔记；善于观察生活，喜欢用笔生动地记录下生活的美好。她争做一名爱心有礼的好少年，把自己看过的课外书整理出来捐给贫困地区小朋友，主动帮家长干力所能及的家务，孝敬长辈懂礼貌。她遵守公德，主动监督身边的人遵守交通规则、遵守公共秩序。她兴趣广泛，喜欢跳舞、绘画、主持、运动……她善于从生活中发现规律，喜欢科学。在2019年百万少年争当江苏好少年展评活动中被表彰为江苏好少年。2020年12月，被共青团中央、教育部、全国少工委联合表彰为全国优秀少先队员。

（吴兴红）

丁亚峰　江苏省见义勇为先进个人

丁亚峰，男，汉族，1968年7月出生，如皋人，搬经镇个体窗帘店业主。

2017年5月30日中午，搬经镇搬经社区一居民在使用煤气时，因煤气罐软管破裂导致煤气泄漏，发生爆燃。邻家经营窗帘店的店主丁亚峰第一时间冲到现场，没有一丝犹豫，冒着生命危险冲进厨房，在大火中果断将漏气的液化气钢瓶阀门关闭，避免煤气爆炸等严重事故发生。在救援中，丁亚峰的右臂、面部被烧伤，经诊断为浅二度烧伤。2020年7月，被南通市政府表彰为南通市见义勇为模范；11月，被省政府表彰为见义勇为先进个人。

（许　虎）

朱银圣　全省抗击新冠肺炎疫情先进个人

朱银圣，男，汉族，1965年1月出生，如皋人，中共党员，大学学历，市人民医院党委副书记、院长，副主任医师。

面对2020年新冠肺炎疫情，他兼顾医者与管理者双重责任，为做好全市疫情防控谏言献策。他以高度的敏感性率先发现如皋首例确诊患者，又以高度的责任心、高效的行动力带领市人民医院干部职工组建隔离病区，迎难而上，紧紧筑牢如皋疫情防火墙。

2020年1月27日，市人民医院被指定为如皋市定点收治医院，他仅用一天时间，腾空感染性疾病科病房大楼，对整个病房大楼实行隔离管理，组织19名医护人员全面进驻。对收治的每一位患者，他组织如皋市级专家一一会诊，邀请南通专家远程会诊。他深知科学化心理疏导与干预同样至关重要，创意运用“云上谈心”，多次连线出征援鄂、隔离病区医护人员，对在防控一线医务人员进行心理疏导咨询与危机干预。在他努力推动下，市人民医院建成并启用南通市首家县市级医院核酸检测实验室。他重视感控管理，优先保证一线抗疫人员口罩、防护服、防护面罩等防疫物资供应，实现医护人员“零感染”；收治的确诊病例零死亡，全部治愈出院。11月，朱银圣被省委、省政府表彰为全省抗击新冠肺炎疫情先进个人。

吕　军　全省抗击新冠肺炎疫情先进个人

吕军，男，汉族，1973年6月出生，如皋人，中共党员，硕士研究生，市中医院党委副书记、副院长，主任中医师。

2020年新冠肺炎疫情初期，吕军主动请缨担任市新冠肺炎防控第二治疗点医疗队队长、临时党支部书记。面临时间紧、物资缺、人员少等诸多困难，他带领团队争分夺秒改造隔离病房、完善防护流程、拟定实战模板，仅用3天时间高标准完成医疗点组建任务。全国疫情防控最严峻时刻，他火速递交请战书，成为江苏省第二批驰援湖北省黄石市医疗队成员。在黄石市煤炭矿务局职工医院感染病区战‘疫’期间，因身着密闭防护服而闷热、缺氧，8个小时不能上洗手间，5个小时不能喝一口水，4、5个小时连续查房成为常态。为详细掌握病区108名患者情况、量身定制个性化方案，他强忍腰肌劳损疼痛，逐一梳理医嘱，每每错过回驻地班车，晚饭大都就着盒饭草草打发。他注重发挥中医优势特长，引入中药进行辨证施治，想方设法指导当地医院煎制中药，部分患者服用中药汤后，病情出现积极变化。在夜以继日奋战28天后，他所在病区内所有患者全部康复出院，无一人转重症或死亡，出院患者无一人复阳。2020年11月，吕军被省委、省政府表彰为全省抗击新冠肺炎疫情先进个人。

黄彩华　全省抗击新冠肺炎疫情先进个人

黄彩华，女，汉族，出生于1971年1月，如皋人，中共党员，大学学历，如城街道第一社区卫生服务中心党支部书记、主任，如城街道卫生所所长，副主任医师。

在2020年新冠肺炎疫情发生第一时间，她凭着职业敏感，立刻组织人员成立临时抗疫工作办公室、制订抗疫工作预案、建立24小时应急值班机制，扛起疫情防控责任。作为如城街道卫生所负责人，她冲锋在前作表率。在最初防护设施不完备情况下，她带头到密切接触者家中测体温，做安抚工作。发现疑似病例后，她顾不上吃晚饭，连夜协助街道办事处组织封楼，带领工作人员到疫点进行环境消杀，通宵达旦地挨家逐户敲门做思想工作。当有疫情发生，她立刻组织发动人员连夜逐户摸排，配合市疾控中心，快速锁定密切接触者，有效控制疫情传播。她累计协调处理市防控指挥部交办单406份，管理密切接触者170人，协助管理集中隔离点3处、隔离人员485人。她平均每天只能睡3个多小时，长时间高强度工作导致她心肌炎犯了，咳嗽气喘不止。但她仍不下火线，躺在沙发上召集大家研究工作。在她感召下，如城街道卫生所所有工作人员都坚守在疫情防控第一线，将辖区群众健康牢牢护在身后。2020年11月，黄彩华被省委、省政府表彰为全省抗击新冠肺炎疫情先进个人。

沙留强　全省抗击新冠肺炎疫情先进个人

沙留强，男，汉族，1969年12月出生，如皋人，中共党员，大学学历，市疾病预防控制中心党支部书记、主任，主管医师。

2020年新冠肺炎疫情发生时，沙留强立即结束未休完的病假，赶到单位部署物资储备，完善预案及各技术方案，开展人员培训，一丝不苟地落实各级各项抗疫决策部署。如皋首例新冠肺炎病例出现后，他迅速调整思路、抽丝剥茧，圆满完成所有病例流调工作，被南通市疾控中心认为“调查精准、处置正确”。他组织参与全部确诊病例、无症状感染者和可疑病例技术调查，审阅流调报告49份。他全力助力复工复产复学，组建7个疫情防控指导组，奔赴全市各镇(区、街道)企业、学校开展复工复产复学等培训，指导企业2379家、学校管理人员及教职工2200人。他顾全大局，在人手紧缺情况下，仍抽调3名专业人员参与南通小海高速口检测站检测工作。他进一步提升新冠肺炎防控能力和水平，组建新冠肺炎核酸检测实验室，学习掌握检测技术。他在工作中善于总结，撰写论文《如皋市一起新型冠状病毒肺炎聚集性疫情流行病学调查分析》被国家级医学期刊《世界最新医学》刊登，《打好组合拳，暂夺双胜利》被《新华日报》刊登，《我们这支队伍》等文章被中国网转载。2020年11月，沙留强被省委、省政府表彰为全省抗击新冠肺炎疫情先进个人。

黄智勇　全省抗击新冠肺炎疫情先进个人

黄智勇，男，汉族，1977年12月出生，如皋人，中共党员，大学学历，市人民医院医务科科长，副主任医师。

2020年新冠肺炎疫情发生时，他主动放弃春节假期休息，全身心投入到抗击新冠病毒一线队伍中，每天不停地在发热门诊、院疫情防控指挥部、重症监护病房之间奔波忙碌；作为市人民医院新冠肺炎救治专家组成员，他认真学习掌握抗击新冠肺炎病毒前沿知识，灵活运用诊疗指南、诊断会诊病例，竭尽所能不漏诊、不误诊。在市人民医院组建援鄂医疗队时，他主动请缨，被任命为市人民医院援鄂医疗队小组组长。到武汉后，他不顾疲劳与水土不服，立即组织大家补充生活用品，梳理进宾馆消毒及清洗流程，狠抓细节，苦练隔离衣穿脱；他无微不至地照顾战友，积极主动帮助南通队做好后勤及生活保障。在方舱医院，他与600余名患者同一空间，忍受重重的隔离装置带来的种种不适与不便。他管理病人100余个，一天工作12小时不吃不喝是常事。下班后，万分疲倦的他仍与患者用微信沟通，接受病人各类咨询。工作之余他负责南通队宣传工作，撰写的稿件被荔枝新闻采用。他先后被武汉经济技术开发(汉南)区新冠肺炎疫情防控指挥部表彰为白衣卫士，被武汉体育中心方舱医院表彰为先进标兵，被湖北省政府表彰为新时代“最美逆行者”。完成援鄂任务回到工作岗位后，他立即夜以继日地投入紧张的疫情防控、专家会诊、日常诊疗救治工作。2020年6月，被省人力资源社会保障厅、省卫健委联合记功；11月，被省委、省政府表彰为全省抗击新冠肺炎疫情先进个人。

（王　璐）

张　勇　全省抗击新冠肺炎疫情先进个人

张勇，男，1967年9月出生，如皋人，中共党员，大学文化，1989年5月参加公安工作，任市公安局党委副书记、副局长。

张勇从警31年，先后受到各级表彰28次，立个人三等功1次，获嘉奖10次，曾获评省人民满意警察、南通市社会治安综合治理和平安建设先进个人等称号。

2020年新冠肺炎疫情发生后，如皋公安迅速成立市公安局疫情防控领导小组。张勇具体负责维护稳定、指挥调度、治安管理等业务，同时兼任市社会及社区防控工作组组长。疫情防控期间，张勇主动协调、一线指挥，组织牵头各类警种扎实做好“外防输入、内防反弹”工作，统筹推进疫情防控和维护稳定工作，实现通道查控确诊病例漏查漏管“零发生”、重点防控目标失管失控“零发生”、公安监所在押人员感染“零发生”、公安机关内部聚集性感染“零发生”四个“零发生”阶段性战果，为如皋抗击新冠肺炎疫情斗争取得胜利做出突出贡献。11月，被省委、省政府表彰为全省抗击新冠肺炎疫情先进个人。

（许　虎）

葛 军 全省抗击新冠肺炎疫情先进个人

葛军，男，汉族，1974年1月出生，如皋人，中共党员，江苏省委党校研究生学历，市交通运输局党组成员，副局长。

在2020年抗击新冠肺炎疫情的战斗中，葛军身兼数职，既是市抗击新冠肺炎领导小组副组长，又是市疫情处置指挥部成员，同时统筹管理全市19个交通卡口疫情联防联控工作，日夜忙碌在疫情战地。他不仅要完成各组分配给他的重要任务，还要负责与公安、卫健委、城管等部门配合协调做好工作。不管何时，他每次都会提前到达工作地点。忙得昏天暗地的他，哪怕过生日，也顾不上好好喝口水、吃顿饭。为把每一项工作做好，他从不放过任何一个环节，从不疏忽任何一个细节，脚踏实地，负重前行，默默无闻，无怨无悔，带领奋战在抗疫一线所有交通人，坚持做到不分昼夜、不畏严寒、不怕苦累，坚决守好进出如皋第一道防线。2020年11月，葛军被省委、省政府表彰为全省抗击新冠肺炎疫情先进个人。

（宋新堂）

道德楷模

从慧玉 诚实守信类中国好人

从慧玉，女，汉族，1952年11月出生，如城街道方庄村村民。

2011年，从慧玉的独子意外去世，生前经营的装饰公司留给从慧玉老两口50余万元债务。虽然放弃对儿子财产的继承权，从法律意义上讲，老两口并没有“子债父母偿”义务，但从慧玉夫妇认为“人家挣钱不容易，再难也要还。”他们用儿子的死亡赔偿金、到账的一笔工程款、亲戚援助的9万元，首先还清银行贷款和工程款。剩下的债务，从慧玉和丈夫决定打工赚钱来偿还。

老伴四处打零工，从慧玉则成了饭店“超龄洗碗工”。每天凌晨3点多，从慧玉就起床打理菜地、到农贸市场卖菜，接着去饭店洗碗、洗菜，晚上11点回到家，头上再戴个灯套下田干活。雪上加霜的是，2016年，一直陪伴支持她的老伴又因交通事故意外去世，留下她独自扛起儿子的债务。从慧玉咬牙坚持，经常酱油挂面拌一拌就是一顿饭，日常生活能简则简，想尽办法把钱还上。“现在我已经没有大额外债了，”2019年7月，从慧玉终于可以笑着对旁人说，“亲戚们帮助我的几万块钱可以卖菜慢慢还。”

从慧玉打工8年替亡子还清债务的事迹，被人民网、新华网、澎湃新闻、荔枝新闻等媒体纷纷以《六旬母亲8年洗碗替子还债感动债主》《洗碗8年为去世儿子还巨债，只为信义两个字》《如皋六旬母亲8年洗碗替子还债感动债主——阿姨，我们需要您这样的好人！》为题跟踪报道，在网上引起强烈反响，网民们纷纷为她点赞。2020年4月，从慧玉当选诚实守信类江苏好人；10月，当选诚实守信类中国好人。

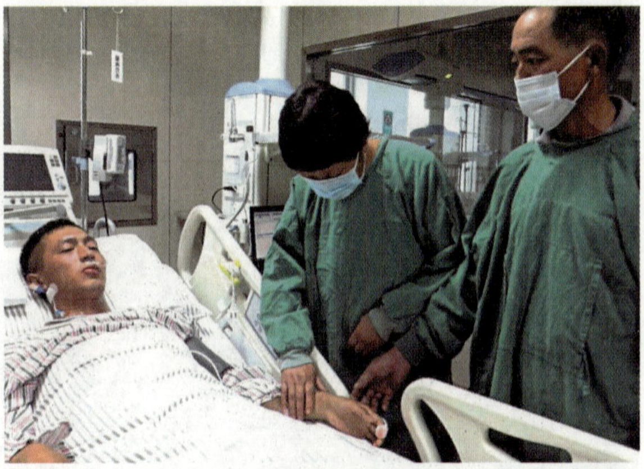

7月24日，抗洪勇士冒小驰家人在副市长张百璘等人陪同下，赶往安徽省合肥市中国人民解放军联勤保障部队第901医院，探望刚刚脱离危险的冒小驰

（图片来源于《如皋日报》）

冒小驰 爱岗敬业类江苏好人

冒小驰，男，1995年出生，东陈镇人，中国人民解放军陆军某集团军某旅排长。

2020年7月22日，合肥市庐江县同大镇白石天河石大圩段突发险情，冒小驰与27名党员骨干组成突击队，危急关头筑成人墙帮助群众撤离。刚把身边最后两名群众安全护送过去，水势骤然暴涨，冒小驰瞬间被洪水卷走。在队员们合力救援下，冒小驰被救起并迅速送至医院抢救，经过4次肺泡灌洗手术、呼吸机辅助呼吸、连续抗感染治疗，才脱离危险。2020年11月，冒小驰当选爱岗敬业类江苏好人。

冒建芳 孝老爱亲类江苏好人

冒建芳，女，1966年出生，吴窑镇三元社区居民。

28年前，冒建芳的丈夫突发急性脑出血去世，留下两个年幼的女儿、没有收入的公婆和债务。为了维持生活、偿还债务，冒建芳远赴毛里求斯打工3年。1999年，冒建芳带着公婆组建新的家庭，她和丈夫一起细致安排老人饮食起居，在老人生病时24小时轮流陪护。2020年11月，冒建芳当选孝老爱亲类江苏好人。

吴云华 孝老爱亲类江苏好人

吴云华，男，1952年出生，磨头镇顾沈村村民。

20世纪70年代，吴云华的姑父突然去世，没有子女的姑姑整日以泪洗面。吴云华和家人商量后决定将姑姑接到家中赡养。2017年，吴云华的姑姑突发中风住进医院，不久，妻子查出卵巢癌晚期。吴云华每天往返家中和医院数次，一边抽空务农补贴生活，一边精心照顾两个病人。在吴云华不辞劳苦精心照料下，94岁高龄的姑姑身体基本恢复健康，妻子病情稳定。2020年12月，吴云华当选孝老爱亲类江苏好人。

图为2020年8月27日，敬业奉献类江苏好人刘涛（中）生前调查零散英烈设施保护工作时场

（市人民检察院供图）

刘　涛　敬业奉献类江苏好人

刘涛，男，1984年出生，生前系市人民检察院第三检察部副主任，二级检察官。

刘涛从事检察工作10年，先后在民行、案管、公益诉讼等岗位工作，办理的案件曾被最高人民检察院评为全国检察机关执行监督优秀案件。2012年4月，刘涛主动请缨援疆，到新疆维吾尔自治区伊宁县检察院挂职检察长助理，推动当地民行工作业绩在伊犁哈萨克自治州实现从中游到前列的跨越。2020年10月13日，刘涛在工作岗位上突发心脏骤停，经送医抢救无效牺牲，年仅36岁。2020年12月，刘涛当选敬业奉献类江苏好人。

白蒲镇"惠姐妹"巾帼志愿服务队　市第十三届爱心团队

白蒲镇退休教师顾景惠于2010年自费在村里成立中老年舞蹈队，带领群众学跳舞、编舞蹈、传播文明新风尚。2018年创办"惠姐妹微家"，带领"惠姐妹"巾帼志愿服务队，为困难群众提供帮助，进行"微宣传"，开展"微议事"，弘扬"微家风"，实施"微公益"，组织"微联谊"。根据群众关心关注和现实需求，编写、创排三句半、数来宝等节目，《家和万事兴》《婆婆也是妈》《两家争姓氏》《子女要尽孝》《快活老太》《移风易俗当尖兵》等一系列原创作品登上百姓大舞台，公益演出20余场次，深受群众喜爱。服务队组织周边妇女群众谈"好家风好家训"、说婚俗改革，开展文明殡改宣传、"九九重阳节，浓浓敬老情""尊师敬老送温暖"等活动。"惠姐妹"巾帼志愿队成为妇女群众排忧解难的心灵驿站和传播时代风尚的新风驿站。

搬经镇叶庄社区校外教育辅导站教师志愿队　市第十三届爱心团队

搬经镇叶庄社区校外教育辅导站成立于2001年5月，2020年年末有参与志愿教师15人。建站20年，广大教师志愿者始终遵循"立德育人"宗旨，精心组织、周密安排，利用双休日、节假日，对辖区内留守儿童、学困儿童进行思想道德教育和文化基础知识辅导。组织学生开展"传承红色基因，放飞梦想"活动，通过瞻仰红十四军纪念馆、吴庄烈士陵园，慰问社区烈属，引导学生不忘历史、筑梦当下。开设书法、绘画、乐器、舞蹈等课程，专聘优秀在职教师利用每周双休日开展语文、数学、英语等课程作业免费辅导。与常青小学、常青初中加强合作，依托各自资源优势互相支持，吸纳优秀年轻教师加入志愿服务队。升级和创新校外辅导活动内容和形式，建立"四点半学校"，便捷学生和家长。打造"雏鹰追梦"社会实践品牌，组建"雏鹰追梦"小记者站，开展调查采访活动，提升实践能力，广受学生和家长好评。

城南街道新华社区新风华彩爱心团队　市第十三届爱心团队

城南街道新华社区新风华彩爱心团队成立于2018年2月，坚持党建引领，构建"党建+志愿+N"模式，统筹党员、志愿者、企业家、医生等资源，常态化开展接地气有活力的志愿活动，暖心服务老年群体。筹措2.5万元，帮助新华社区19组一名困难孤寡老人修缮房屋，积极联系爱心企业捐赠家电，逢年过节为老人送新衣等物资，让老人安度晚年；争补助、筹善款、花人力，为一名困难家庭老人改建房屋、清理垃圾。策划开展"爱满夕阳红、敬老新风尚"主题实践活动，组织社区30余名90周岁以上老人欢聚一堂，共享百岁盛宴，举办"尊老爱老，志愿服务送健康"体检、捐赠爱心款等活动。新风华彩爱心团队共计帮扶老年人300余名，开展活动60余场，筹措爱心资金6万余元。2020年12月，新华社区获评南通市志愿江海优秀志愿服务社区。

东陈镇南东陈社区"爱心之家"志愿服务队　市第十三届爱心团队

2018年7月，东陈镇南东陈社区充分发挥各类志愿服务组织与非公企业党建联盟力量，启动"爱心之家"建设，收回社区用于出租的7间房屋作为康复室、操作室、厨房和餐厅，为社区孤寡贫困老人、残疾人等困难群体提供住宿、养护、医疗、文化娱乐等日常生活照料及午餐服务，由社区干部每日轮值。"爱心之家"成立后，帮扶残疾人17人、孤寡老人11人。吸纳社会爱心人士，逐步壮大志愿服务力量，建起一支拥有40余人的志愿服务队伍，拓展服务内涵，为困难群体提供物资募集、医疗服务、生活照料等服务。为帮助残疾人更好融入社会，志愿服务队主动联系爱心企业，为他们提供强度较轻的工作岗位和自食其力平台；吸纳部分残疾人进入志愿服务队，让残疾人、孤寡老人自我服务、互帮互助，在团结友善氛围中实现自我价值。

梦百合"益起来"爱心志愿者团队　市第十三届爱心团队

梦百合家居科技股份有限公司热心慈善事业，成立梦百合"益起来"爱心志愿者团队，为公益事业累计投入资金近6000万元。2020年新冠肺炎疫情暴发后，梦百合"益起来"爱心志愿者团队第一时间行动，组织140套0压床垫和枕头作为如皋首批驰援物资，火速送往武汉火神山医院。18位年轻志愿者放弃春节假日带领离工厂较近的100余名工人做好防护措施，"两班倒"开启0压床垫生产线。28天内，梦百合"益起来"爱心团队开展捐赠活动15次，覆盖72家医院、慈善机构，总计捐赠床垫17270张、枕头200件和医用防护服688套。在积极支援国内抗疫同时，向塞尔维亚捐赠口罩37.92万只、PVC手套7万双、防护服180套；及时调整梦百合塞尔维亚生产基地生产结构，采购口罩机2台，成立由14名爱心成员组成的"梦百合援塞小组"，搭载政府专机前往塞尔维亚，每日生产口罩10万只，满足塞尔维亚全国日供应量80%需求，有效解决当地口罩紧缺问题。

市人民法院如皋开发区法庭　市第十三届爱心团队

市人民法院如皋开发区法庭爱心团队遵循未成年人利益最大化，保障妇女合法权益，实现老年人老有所养、老有所依原则，发挥专业特长，为弱势群体排忧解难。2017年，与市老龄办、司法局共同建立全国首家"法暖黄昏"老年人司法权益保障工作站，累计化解涉老年人权益诉讼纠纷28起。审结的南通市首例当事人直接申请指定监护人案，圆满解决老人监护和赡养问题，被中央电视台《夕阳红》和《道德与法》栏目关注报道。2018年，与市妇联、教育局、团市委等单位共同建立"法伴成长"少年家事权益司法保护基地，开展"我是小法官"走进法庭和模拟法庭活动，引导学生在案例中知法、学法、守法。与市妇联共同建立"法润芳华"优良家风传承司法护航驿站，通过"春泥护花、法润芳华"巾帼普法进家庭等系列活动，提升妇女法律素养，激励女性培育和传承优良家风。2020年，与市妇联共同创建王桂兰家事调解工作室，优选辖区内妇联主席和"老舅妈"调解员共同组成调解团队，聚力诉前调解，实现妇联组织调解和法院诉讼调解的优势互补，全年办理婚姻家庭类案件442件，其中调解结案215件，调撤率48.64%。王桂兰家事调解工作室获评省标准化家事调解社区工作室。发挥女干警多的优势，主动对接吴窑江中小学"法苑春蕾班"，定期送款送物，在生活、学习和精神上提供帮助。市人民法院如皋开发区法庭获评省优秀人民法庭、南通市首批"五星级人民法庭"、南通市公正司法示范点、南通市巾帼文明岗等称号。

市人民医院"雉水仁医"医疗服务志愿队　市第十三届爱心团队

2020年新冠肺炎疫情暴发初期，市人民医院"雉水仁医"医疗服务志愿队及时调整人员配备，安排8名青年骨干充实到24小时发热门诊一线，医生分三班轮岗、护理人员分两班轮值。为克服一次性隔离防护服十分紧缺的困难，当班人员上岗后不饮水、休息时候仅靠坐在椅子上，不去休息室解除防护装备，确保每一套防护用品发挥最大效用。为组建隔离病区，仅用一天时间统筹完成感染科搬迁工作，迅速建立以原感染科医护为班底、其他科室党员医护志愿者支援组成的隔离病区。团队成员第一时间响应驰援湖北号召，先后派出8名成员逆行，在武汉与病毒开展为时两个月的殊死战斗。与此同时，为确保援鄂工作及隔离病区正常后续运转，成立梯队志愿者队伍，夜以继日奋斗在抗击疫情第一线。

下原镇"从善"助学联盟　市第十三届爱心团队

2012年11月，下原镇黄爱华、邵贤斌等10余位当地企业家和社会爱心人士发起成立"从善"助学联盟。助学联盟成立后，每年自发为下原教育捐资，累计筹集善款100余万元，受助特困儿童、优秀学生及教师1000余人次，鼓励下原镇师生努力拼搏、从善向上。定期组织"从善"教育沙龙，开展"从善"教育活动，观摩学生文艺表演，弘扬"从善"精神。热心其他公益事业，先后出资10余万元为居民铺设水泥路，连续数年为村里的孤寡老人置办年货，疫情期间通过市红十字会捐赠医用手套、医用口罩、医用防护服等物资……

陈子芬　市第十三届爱心大使

陈子芬，女，1964年3月生，中共党员，下原镇陈桥村人，如皋市绿野生态农业观光中心总经理。

新冠肺炎疫情阻击战打响以来，陈子芬积极响应党委政府号召，发挥党员模范带头作用，主动承担社会责任，为一线抗疫人员捐赠消毒液、洗手液、手套等物资；发挥自身人脉广、渠道多等优势，积极协调配合防护物资生产材料调度。在得知下原镇集中医学观察点医院床位紧张后，主动提出将自己经营的三星级乡村旅游点——绿野生态农业观光中心作为观察点，腾出标准客房40间。在尽己所能做好集中隔离人员生活保障同时，她积极组织村民复耕复种，她说："我把生态园管理好，疫情过后，让大家来赏桃花、摘桑葚、挖竹笋，就是为社会做贡献。"

市第十三届爱心大使、公益顺风车如皋站爱心车主刘冬建 （市文明办供图）

刘冬建 市第十三届爱心大使

刘冬建，男，1973年12月生，如城街道老南村村民，公益顺风车如皋站爱心车主。

2013年3月，刘冬建申请加入公益顺风车队。近八年中，累计发布“免费顺风车”信息3000余条，无偿搭载陌生乘客1000余人次。每年高考季，他都会参加“高考爱心护航”活动，“提前在车里准备一些水、橡皮、铅笔、水笔等考生必备的用品，路上给他们点鼓励，做些力所能及的事。”在顺风车南通站的志愿者档案里，记录着刘冬建一次又一次志愿善举，爱心募捐、慰问孤困老人、走进敬老院帮扶……2020年年初新冠肺炎疫情暴发后，他第一时间主动报名参加老南村疫情防控及市里组织的交通卡口防控工作，忙的时候仅仅能匆匆吃上几口泡面。他与身边的骨干志愿者共同筹备设置的顺风车老南村服务站点成为村民困难需求服务站。刘冬建曾先后获评全国最美顺风车志愿者、顺风车南通站优秀志愿者等称号。

刘　琴 市第十三届爱心大使

刘琴，女，1970年3月生，如皋高新区新华幼儿园教师。

刘琴10余年中一直致力于关心关爱困难学子成长，她主动当起一名留守儿童的“爱心妈妈”，悉心照顾其生活起居。为帮助该留守儿童养成良好卫生习惯，克服因为缺少父母关怀而产生的自卑心理，刘琴经常把他带回家给他洗衣做饭，让他感受家庭温暖，这名留守儿童在她鼓励关怀下越来越健康自信，逢人就夸他的“刘妈妈”。当刘琴了解到肖陆村一名学生因患白血病，使原本贫困的家庭雪上加霜后，她第一时间伸出援助之手，为她捐款捐物；听说一名学生由于家庭贫困上不起大学，她决定资助他完成学业。刘琴用自己的点滴奉献为孩子们赢得美好明天，成为孩子们心中当之无愧的“爱心妈妈”。

刘　涛 市第十三届爱心大使

参见P310 “刘　涛　敬业奉献类江苏好人”

冒建芳 市第十三届爱心大使

参见P309 “冒建芳　孝老爱亲类江苏好人”

冒小驰 市第十三届爱心大使

参见P309“冒小驰　爱岗敬业类江苏好人”

孙祥山 市第十三届爱心大使

孙祥山，男，1953年11月生，白蒲镇林梓社区居民。

2019年12月11日下午，住在通扬运河边的孙祥山隐约听到有人落水的呼救声，他顾不上天寒飞奔过去救人。他奋力向水中甩出麻绳，可是由于风力太大，落水者怎么也抓不住绳子。河边驳坡的石块陡峭，距路面5米多，根本无法下水施救。孙祥山快速返身往附近居民家中寻找竹梯，匆忙中他被堆积的杂物磕伤大腿，他顾不上疼痛，一路奔向河边，并喊来周围群众。在众人合力之下，孙祥山沿着竹梯，下水攥住溺水者冰凉的手，将她一点点拉上岸。成功救人后，他让妻子帮助落水妇女换洗、取暖。尽管孙祥山因为受伤受凉在家休养多日，但他毫无怨言，婉言谢绝被救者家属送来的慰问品。

吴功明 市第十三届爱心大使

吴功明，男，1950年8月生，城南街道张八里社区居民。

吴功明打螺蛳有几十年历史，周围人都亲切地称他为“打螺爷爷”。2020年5月6日，吴功明像往常一样去河边打螺蛳，意外在岸边拾得一个装有1700元现金的钱包，相当于卖500千克螺蛳的价钱。但他顾不上自己还有50余千克螺蛳没卖，一心想着要尽快把钱包还给失主。根据钱包里的身份证信息，他多方打探，几番辗转终于亲手将钱包送还失主。当失主执意要拿出些钱来感谢吴功明时，他连连摆手道，“我只有一百斤螺蛳没有卖，但你这钱包里可是一千斤螺蛳啊，你肯定比我更着急！”虽然吴功明的生活条件艰苦，每日打螺更是劳累，但是他却觉得：“拾金不昧是做人最基本的道理，打螺虽然辛苦，但挣的钱干干净净，花起来才安安心心。”面对意外之财不贪婪，诚信送还失主的故事传开后，社区群众交口称赞。

王　羽 市第十三届爱心大使

王羽，男，1994年12月生，中共党员，搬经镇高明庄社区居民。

王羽的母亲吴兰芳10余年前被查出患上癌症，几年后，父亲王友文也罹患肝癌，原本不富裕的家庭雪上加霜，王羽和姐姐的读书费用及家里生活开销都要靠亲戚接济。为改善家境，父亲王友文借款9万余元做生意，结果亏得血本无归。2013年，王友文病重去世，弥留之际，他满心愧疚对着妻子一笔笔地反复念叨着债务。王羽临近毕业时，才渐渐地知道父亲留下的债务。他下定决心，一定要还清欠款，了却父亲遗愿。毕业后，王羽找到一份稳定工作，他勤俭节约努力攒钱，年底返乡时，逐个到债主家登门拜访，致谢还钱，直至还清全部欠款。

吴云华 市第十三届爱心大使

参见P309 “吴云华 孝老爱亲类江苏好人”

张志军 市第十三届爱心大使

张志军，男，1972年9月生，长江镇头案社区卫生室负责人。

一身白大褂、一个口罩、一副手套，一支体温枪(计)、一本笔记本，是这位抗疫路上乡村医生的“标配”。他日夜奔波在疫情防控一线，用责任与担当筑起农村社区防疫网。接到疫情消息的第一时刻，张志军便冲在一线，高速公路卡口、从武汉到如皋人员家里、镇区交通卡口……哪里最危险，就能在哪里看到他的身影。他忙得回不了家，偶尔路过家门口，只是跟家里人挥挥手。他认为，身为一名医生，在危难时期理应争分夺秒，做好防疫工作，舍小家顾大家，是应该的。在长江镇出现全市首例新冠肺炎患者后，该患者所在楼栋单元成为人人避之不及的危险地带，但张志军第一时间报名参加现场防控，每天背着沉重的消毒器，穿着厚重的防护服，多次往返于该单元上下，汗水经常浸透衣裳，甚至连饭都顾不上吃。有人问他：“在这里半个多月，担心自己被感染吗?”他坦诚地说：“害怕肯定是害怕的，但既然来到这里，就要对群众负责，为他们做好服务工作，而且要做的事情太多，也没时间想那么多。”

张周林 市第十三届爱心大使

张周林，男，1978年1月生，石庄镇草张庄社区居民，苏宁易购石庄店负责人。

张周林自妻子受到好心人捐赠得以肺移植成功后，他怀着一颗感恩的心走上公益之路，用自己力所能及的力量回馈社会，帮助他人。从2019年10月起，他先后为石庄镇21个村(社区)低收入户捐赠生活家电价值5万余元，为不幸失火的贫困家庭送去全套家电。新冠肺炎疫情暴发后，张周林心系一线，自费购买防护用品，为卡点工作人员送去遮雨棚和矿泉水，捐赠全部库存的9台空气净化器助力抗疫。在得知有贫困学生因为缺少设备无法完成线上课程消息，张周林捐赠电视机8台，并一一送上门将电视安装调试好。张周林用爱心温暖他人，延续善念火种，照亮身边他人。

(陈 飞)

年度荣誉

2020年如皋市获市(厅)级及以上集体荣誉名录

表83

单位(团队)名称	被授予称号	授予单位	授予时间
如皋市	国家节水型社会建设达标县(区)	水利部	2020.11
如皋市	全省“放管服”改革工作成绩突出地区	省政府办公厅	2020.5
如皋市	全省全域旅游示范区	省文化和旅游厅	2020.6
如皋市	省级耕地保护激励单位	省自然资源厅	2020.6
如皋市	全省学生资助绩效评价优秀县市	省教育厅、省财政厅	2020.11
城北街道人民调解委员会	“大排查、早调解、护稳定、迎国庆”专项活动表现突出集体	司法部	2020.1
如城镇龙游河村	国家森林乡村	国家林业和草原局	2020.1
下原镇文庄社区	国家森林乡村	国家林业和草原局	2020.1
长江镇知青社区	国家森林乡村	国家林业和草原局	2020.1
江安镇周庄社区	国家森林乡村	国家林业和草原局	2020.1
城北街道花园桥社区	国家森林乡村	国家林业和草原局	2020.1

续表83-1

单位(团队)名称	被授予称号	授予单位	授予时间
市公共法律服务中心	全国公共法律服务工作先进集体	司法部	2020.3
共青团国家税务总局如皋市税务局长江税务分局支部委员会	全国五四红旗团支部	共青团中央	2020.5
市供销合作社	全国百强县级社	中华全国供销合作总社	2020.8
城北街道平园池村	全国乡村旅游重点村	文化和旅游部	2020.9
市生态环境局	第二次全国污染普查表现突出集体	国务院第二次全国污染普查领导小组办公室	2020.9
市委宣传部	"我爱阅读100天"读书打卡活动"全国百强"	中宣部、农业农村部	2020.10
城北街道平园池村	第六届全国文明村	中央文明委	2020.11
市人民检察院	第六届全国文明单位	中央文明委	2020.11
江安镇联络新社区	全国乡村特色产业亿元村	农业农村部	2020.11
南通斯密特森光电科技有限公司	国家专精特新"小巨人"企业	工业和信息化部	2020.11
江苏思源赫兹互感器有限公司	国家专精特新"小巨人"企业	工业和信息化部	2020.11
江苏汤臣汽车零部件有限公司	国家专精特新"小巨人"企业	工业和信息化部	2020.11
南通星球石墨股份有限公司	国家制造业单项冠军企业	工业和信息化部	2020.12
江苏南通国家农业科技园区	全国优秀园区	科技部	2020.12
市涉企矛盾纠纷人民调解委员会	全国人民模范调解委员会	司法部	2020.12
如皋港现代综合物流园	全国优秀物流园区	中国物流与采购联合会	2020.12
市老区建设促进会(市扶贫开发协会)	老区宣传工作特等奖	中国老区建设促进会	2020.12
市总工会	全国工会财务工作先进单位	中华全国总工会	2020.12
市城市管理局	"强基础、转作风、树形象"专项行动表现突出单位	住房城乡建设部	2020.12
市科协	全国科普日活动优秀组织单位	中国科协办公厅	2020.12
市卫健委	全省抗击新冠肺炎疫情先进集体	省委、省政府	2020.11
市司法局	全省"七五"普法中期先进集体	省委宣传部、省法宣办、省司法厅	2020.1
城北街道新生社区	全省示范社区书屋	省新闻出版局	2020.2
市财政局	全省财政系统信息宣传工作先进单位	省财政厅	2020.3
如城街道顾庄社区顾庄	全省首批省级传统村落	省住房城乡建设厅	2020.4
石庄镇石庄社区凤鸣	全省首批省级传统村落	省住房城乡建设厅	2020.4
市住房城乡建设局团委	全省五四红旗团委	团省委	2020.5
市委政法委	全省扫黑除恶专项斗争成绩突出集体	省扫黑除恶专项斗争领导小组	2020.5
如皋生态环境局	全省生态环境保护执法大练兵先进集体	省生态环境厅	2020.5
如皋开发区总工会	全省推动厂务公开民主管理工作先进单位	省厂务公开协调小组	2020.5
下原镇	省级耕地保护激励单位	省自然资源厅	2020.6
市国土资源局长江分局支部委员会	全省自然资源系统先进基层党组织	省自然资源厅党组	2020.6

续表83-2

单位(团队)名称	被授予称号	授予单位	授予时间
市档案馆	《档案与建设》期刊宣传工作先进单位	省档案馆	2020.7
城北街道平园池村	全省美丽家园省级示范点	省妇女联合会	2020.9
市科协	第三十一届全省青少年科技创新大赛基层赛事优秀组织奖	省科协等单位	2020.9
市财政局	全省预算绩效管理工作考核先进单位	省财政厅	2020.9
市市场监督管理局	上半年全省药品稽查执法工作成绩突出的先进集体	省药品监督管理局	2020.9
东大街历史街区	省级夜间文旅消费集聚区	省文化和旅游厅	2020.9
市木偶艺术团	全省群众文化“百千万”工程优秀文艺团队	省委宣传部、省文明办、省文化和旅游厅、省文联	2020.10
市科协	全省科协系统先进集体	省人力资源和社会保障厅、省科协	2020.10
市财政局	全省法治财政标准化管理先进单位	省财政厅	2020.10
市教育局	全省空军招飞工作先进单位	中国人民解放军东部战区空军政治工作部、江苏省高等学校招生委员会	2020.10
城北街道新生社区	全省“扫黄打非”进基层示范点	省“扫黄打非”工作领导小组办公室	2020.11
市公安局	全省惩治整治枪爆违法犯罪专项行动成绩突出集体	省公安厅	2020.11
城北街道平园池村藕池庄	全省第五批次特色田园乡村	省特色田园乡村建设工作联席会议办公室	2020.12
城北街道花园桥社区花园桥庄	全省第五批次特色田园乡村	省特色田园乡村建设工作联席会议办公室	2021.12
城北街道平园池村	全省传统村落	省住房和城乡建设厅	2020.12
城北街道平园池村	全省休闲旅游农业精品企业(园区)	省农业技术推广总站、省休闲旅游农业协会	2020.12
城北街道新生社区	全省“扫黄打非”省级示范点	省新闻出版局	2020.12
市应急管理局	全省防灾减灾能力提升先进集体	省减灾委员会办公室	2020.12
市应急管理局	全省应急管理普法宣传工作先进单位	省应急管理厅	2020.12
市档案馆查阅科	省级巾帼文明岗	省妇联	2020.12
王桂兰家事调解工作室	全省标准化家事调解工作室	省妇女联合会、省司法厅	2020.12
城南街道益家和家事纠纷调解室	全省标准化家事调解工作室	省妇女联合会、省司法厅	2020.12
市人民检察院普通犯罪认罪认罚办案团队	全省检察机关优秀办案团队	省人民检察院	2020.12
市人民来访接待中心	全省信访系统“人民满意窗口”建设质量提升工程示范单位	省政府信访局	2020.12
下原镇花园头村	全省健康村	省爱卫办	2020.12
下原镇沈阳社区	全省健康社区	省爱卫办	2020.12
江安镇	全省生态文明建设示范镇	省生态环境厅	2020.12

续表83-3

单位(团队)名称	被授予称号	授予单位	授予时间
城北街道	全省生态文明建设示范镇	省生态环境厅	2020.12
江安镇胜利社区	全省生态文明建设示范社区	省生态环境厅	2020.12
九华镇小马桥村	全省生态文明建设示范社区	省生态环境厅	2020.12
市卫健委	全省卫生健康行业“党员示范岗”	省卫健行业党委	2020.12
城北街道平园池村藕池庄	第三批全省传统村落	省住房城乡建设厅	2020.12
白蒲镇林梓社区林梓	第三批全省传统村落	省住房城乡建设厅	2020.12
石庄镇张杨园社区张杨园	第三批全省传统村落	省住房城乡建设厅	2020.12
如城街道村镇建设档案室	全省城建档案管理工作先进单位	省住房城乡建设厅	2020.12
市住房和城乡建设局	全省市县防震减灾工作优秀单位	省地震局	2020.12
市新的社会阶层人士联谊会	全省新阶层工作通报表扬集体	省新的社会阶层人士联谊会	2020.11
市委编办	集体二等功	南通市委、市政府	2020.3
市行政审批局	南通市二等功公务员集体	南通市委、市政府	2020.3
市卫健委	南通市打好精准脱贫攻坚战先进单位	南通市委、市政府	2020.12

2020年如皋市获市(厅)级及以上奖励先进个人名录

表84

姓　名	工作(学习)单位	被授予称号	授予单位	授予时间
丛慧玉	如城街道方庄村	诚实守信类中国好人	中央文明办	2020.10
许　钱	南通六建建设集团	全国劳动模范	中华全国总工会	2020.11
赵颖东	如皋邮政分公司搬经支局	全国敬老爱老助老模范人物	国家卫健委、全国老龄办	2020.12
张石俣芊	如师附小	全国优秀少先队员	共青团中央、教育部、全国少工委	2020.12
朱银圣	市人民医院	全省抗击新冠肺炎疫情先进个人	省委、省政府	2020.11
吕　军	市中医院	全省抗击新冠肺炎疫情先进个人	省委、省政府	2020.11
黄智勇	市人民医院	全省抗击新冠肺炎疫情先进个人	省委、省政府	2020.11
黄彩华	如城街道第一社区卫生服务中心	全省抗击新冠肺炎疫情先进个人	省委、省政府	2020.11
沙留强	市疾病预防控制中心	全省抗击新冠肺炎疫情先进个人	省委、省政府	2020.11
张　勇	市公安局	全省抗击新冠肺炎疫情先进个人	省委、省政府	2020.11
葛　军	市交通运输局	全省抗击新冠肺炎疫情先进个人	省委、省政府	2020.11
丁亚锋	搬经镇	全省见义勇为先进个人	省政府	2020.11
苏　燕	如皋生态环境局	第二次全国污染普查表现突出个人	国务院第二次全国污染普查领导小组办公室	2020.9
王汉杰	如皋生态环境局	第二次全国污染普查表现突出个人	国务院第二次全国污染普查领导小组办公室	2020.9
许　永	市信访局	2020年四季度全省信访系统“岗位之星”	省政府信访局	2021.1
戴小妹	市城乡建设档案馆	全省城建档案管理工作先进工作者	省住房和城乡建设厅	2021.1

续表84

姓　名	工作(学习)单位	被授予称号	授予单位	授予时间
任继军	搬经镇建设局	全省城建档案管理工作先进工作者	省住房和城乡建设厅	2021.1
阙海鹏	新生社区居民委员会	省优秀管理员	省新闻出版局	2020.2
周　云	市人民法院	全省法院个人一等功	省高级人民法院	2020.2
卢建辉	市人民法院	全省法院刑事审判工作先进个人	省高级人民法院	2020.4
孙菁雯	市人民检察院	全省优秀公诉人	省人民检察院	2020.6
许海霞	市生态环境局	全省生态环境系统优秀青年	省生态环境厅	2020.6
薛　峰	市公安局	全省禁毒工作先进个人	省禁毒委员会	2020.6
刘　涛	市人民检察院	全省检察机关对口支援工作先进个人	省人民检察院	2020.8
张海飞	市公安局	全省公安机关校园安全稳定工作成绩突出个人	省公安厅	2020.8
刘　涛	市人民检察院	全省杰出检察官	省人民检察院	2020.11
邹阳兵	市公安局	全国交警系统训练标兵	公安部交通管理局	2020.11
明　波	市公安局	全省空军招收飞行学员政治考核工作先进个人	东部战区空军政治工作部、省公安厅	2020.11
魏宏海	市公安局	全省惩治整治枪爆违法犯罪专项行动成绩突出个人	省公安厅	2020.11
杨志锋	市应急管理局	全省防灾减灾能力提升先进个人	省减灾委员会办公室	2020.12
马亚梅	江苏品德超市	省巾帼建功标兵	省妇女联合会	2020.12
黄卫东	市人民法院	南通市公务员记个人二等功	南通市委、市政府	2020.3
徐国栋	市人民检察院	全市安保维稳工作先进个人	南通市委、市政府	2020.3
袁华丽	市生态环境局	全市绿色生态南通建设先进个人	南通市委、市政府	2020.3
张永龙	狮垛村村民委员会	南通市明星村书记	南通市委	2020.7
沙　宏	市应急管理局	南通市安全生产目标管理责任制考核优秀个人	南通市政府	2020.4

组织机构及负责人名录

中国共产党如皋市委员会

书　记　张建华(12月29日免)　何益军(12月29日任)

副书记　何益军(12月25日免)　王鸣昊(12月29日任)
丁兴华

常　委　张建华(12月25日免)
何益军　王鸣昊(12月29日任)
丁兴华　马金华　缪小华(12月29日免)
程瑞琴(女,12月29日任)　刘向阳
史有根(12月16日免)
秦金春(12月16日任)
缪爱诚　茅红宇(女)　祝国庆(12月29日免)
夏　淼(12月29日任)　高　峰
石慧宏(挂职)　陈鸣华(挂职,9月24日任)

如皋市人大常委会

主任、党组书记　吴道健

党组副书记　陈万圣

副主任　陈万圣
邵晓泉(党外,8月3日免)
张　勇　钱志刚

党组成员　龚卫东(1月12日任)

如皋市人民政府

党组书记　何益军(12月31日免)
王鸣昊(12月31日任)

党组副书记　茅红宇(女)

市长　何益军(12月29日辞)
王鸣昊(12月29日提名,12月31日任代市长)

副市长　王鸣昊(12月31日任)
茅红宇(女)　陈晓彬　黄文斌
张亚鸾(女)　张百璘
程瑞琴(女,12月29日辞)
顾　凡(女,12月29日提名,12月31日任)
顾留忠
孙　恒(科技镇长团团长挂职,9月24日止)
林文美(女,科技镇长团团长挂职,9月24日提名,10月26日任)

党组成员　陈　迪(挂职,9月24日任)
刘　栩(挂职,11月30日任)

中国人民政治协商会议如皋市委员会

主席、党组书记　张元健

党组副书记　冒　平(1月19日任)
缪爱诚(12月31日任)
缪小华(12月31日任)

副主席　缪小华(12月16日任)　冒　平
杜永红(党外)
郑振明(党外)　严世斌
刘晓洁(女)

党组成员、秘书长　许映亮

中共如皋市纪律检查委员会

书　记　史有根(12月16日免)
秦金春(12月16日任)

副书记　马铁军　郭　建(11月26日免)
倪新建(12月29日任)

常　委　刘培林　吴敬民　符　行(7月16日免)
江其林(7月16日任)

如皋市监察委员会

主　任　史有根

副主任　马铁军　郭　建(11月26日免)

倪新建(12月31日任)
委 员 符 行(7月16日免) 江其林 孙 健
朱小青(7月16日提名人选)

根据市纪委监委派驻机构改革方案,原市纪委监委派驻第一至第十八纪检监察组更名为市纪委监委派驻市委办公室、市人大机关、市政府办公室、市政协机关、市委组织部、市委宣传部、市委政法委、市人民法院、市人民检察院、市发展和改革委员会、市市场监督管理局、市教育局、市公安局、市财政局、市供销合作总社、市住房和城乡建设局、市交通运输局、市卫生健康委员会纪检监察组,相关派驻纪检监察组人员按新机构名称任职。

市纪委监委派驻市委办公室纪检监察组组长
殷亚平(女,11月28日任)
市纪委监委派驻市人大机关纪检监察组组长
陈 建(11月28日任)
市纪委监委派驻市政府办公室纪检监察组组长
程继红(女,11月28日任)
市纪委监委派驻市政协机关纪检监察组组长
陈建宏(11月28日任)
市纪委监委派驻市委组织部纪检监察组组长
李益民(11月28日任)
市纪委监委派驻市委宣传部纪检监察组组长
施建石(11月28日任)
市纪委监委派驻市委政法委纪检监察组组长
章 兵(11月28日任)
市纪委监委派驻市发展和改革委员会纪检监察组组长
徐春建(11月28日任)
市纪委监委派驻市人民法院纪检监察组组长
周 标(11月28日任)
市纪委监委派驻市教育局纪检监察组组长
万久平(女,11月28日任)
市纪委监委派驻市公安局纪检监察组组长
吴 琼(11月28日任)
市纪委监委派驻市财政局纪检监察组组长
韩国强(11月28日任)
市纪委监委派驻市人民检察院监察组组长
徐 剑(11月28日任)
市纪委监委派驻市住房和城乡建设局纪检监察组组长
刘国林(7月10日免) 王宏兵(11月28日任)
市纪委监委派驻市交通运输局纪检监察组组长
殷桂平(11月28日任)
市纪委监委派驻市供销合作总社纪检监察组组长
俞晓荣(11月28日任)
市纪委监委派驻市卫生健康委员会纪检监察组组长
郭继锋(11月28日任)
市纪委监委派驻市市场监督管理局纪检监察组组长
冯 健(11月28日任)

市委工作机构、部门管理机构、合署挂牌机构和直属事业机构

市委办公室

主 任 杜晓峰
副 主 任 刘志伟(11月28日免) 贲如江
沈晶晶(女,1月12日任)
张 兵(1月12日免) 孙 鑫(挂职)
黄大鹏(11月28日任)
市档案局副局长 冒玉书

市委组织部

部 长 缪爱诚
常务副部长 纪成如
副 部 长 郝晓东(6月10日免) 陈 实
部务委员 姜洪峰(1月12日免)

市委宣传部

部 长 高 峰
常务副部长 陈建军
副 部 长 薛建兵(11月28日免)
居小刚(1月12日免) 纪树华
钱钰璐(女,1月12日任)
刘志伟(11月28日任)

市委统战部

部 长 缪爱诚
副 部 长 顾卫国(11月28日免)
薛建兵(11月28日任) 陆爱斌
姚大平 朱益红(女)

市委政法委

书 记 缪小华(12月31日免)
程瑞琴(女,12月31日任)
常务副书记 马小平
副 书 记 钱志强 高生健
丁陆一(兼,9月29日任)
居小刚(9月29日免)
政治处主任 殷高林

市委研究室

主 任 许映华(1月12日任)
副 主 任 沈晶晶(女,1月12日免)

市委机构编制委员会办公室

主 任 纪成如(兼)
副 主 任 张世闻 姚建军

市委巡察工作办公室

主 任 马铁军(兼,11月28日免)
倪新建(兼,11月28日任)

专职副主任　冯　峰

市委第一巡察组

组　　长　倪　兵

副 组 长　黄成智(7月10日免)　张来建　明小海
　　　　　黄　麟(11月28日任)

市委第二巡察组

组　　长　吴金林

副 组 长　冯文明(1月12日免)　秦　宗
　　　　　尹小庆(11月2日任)

市委第三巡察组

组　　长　倪新建(兼,11月28日免)

副 组 长　刘正林　陶益军　许　鹏(7月10日免)
　　　　　张　云(女,11月28日任)

市委第四巡察组

组　　长　陈　建

副 组 长　许海霞(女)　丁小建

市委老干部局

局　　长　陈　实(兼)

副 局 长　严金宏　薛爱平　张海兵

市委机要局(市委办公室挂牌机构)

副 局 长　徐关保

市委全面深化改革委员会办公室

副 主 任　范小华(1月12日免)

市公务员局(市委组织部挂牌机构)

局　　长　纪成如(兼)

市委党建工作领导小组办公室(市委组织部挂牌机构)

副 主 任　陈　波

市考核工作委员会办公室(设在组织部)

副 主 任　贾华兵

市级机关工作委员会(在市委组织部挂牌)

副 书 记　丁　群

市委非公有制企业和社会组织工作委员会(在市委组织部挂牌)

副 书 记　彭之俊

市新闻出版局(在市委宣传部挂牌)

局　　长　居小刚(1月12日免)
　　　　　纪树华(兼,5月30日任)

副 局 长　张小波　王贞慧(挂职,11月28日起)

市互联网信息办公室(市委宣传部挂牌机构)

主　　任　纪树华

市委网络安全和信息化委员会办公室(设在宣传部)

副 主 任　丁　群(女)

市精神文明建设指导委员会办公室

主　　任　钱钰璐(1月12日任)

副 主 任　陆　兵

市民族宗教事务局(在市委统战部挂牌)

局　　长　陆爱斌

副 局 长　陈洪波(1月12日免)　丁卫兵　倪东波

市委台湾工作办公室(在市委统战部挂牌)

副 主 任　潘文胜(女)　田晶晶(女)

市法学会

副 会 长　黄庆庆

市事业单位登记管理局

副 局 长　郁　梅(女)

市委离退休干部工作委员会

书　　记　陈　实(兼)

副 书 记　薛海华(1月12日免)　田芝华(1月12日任)

市委党校、市行政学校

市委党校校长　丁兴华(兼)

市行政学校校长　茅红宇(兼,女)

常务副校长　石留权(1月12日任)

副 校 长　施国华　环立忠
　　　　　孙海云(女,11月28日任)

市委新闻中心

主　　任　陈建军(兼)

副 主 任　邵亚丽(女)　徐鑫焱(女)

市委党史工作办公室

主　　任　徐亚军

副 主 任　侯　晖(女)　顾小平
　　　　　薛海华(1月12日任)

市档案馆

馆　　长　谢晓明

副 馆 长　徐爱军(女)　陈　红(女)
　　　　　陈永圣(1月12日任)

市人大常委会办公室、各工作委员会

办公室

主　　任　龚卫东(1月12日任)

副 主 任　吉小燕(女)

研究室

主　　任　朱华杰

副 主 任　盛聪锋(5月30日免)

信访督办室

主　　任　刘金城(9月29日提名)

副 主 任　景雪玲(女)

财政经济工委

主　　任　彭深海

副 主 任　钱建宏(女)

人事代表联络工委

副 主 任　冒　燕(女)

内务司法工委(8月,更名为市人大常委会监察和司法工作委员会)

主　　任　谢晖来(8月4日提名,8月7日任)

副主任　张　轶(8月4日提名,8月7日任)

教科文卫工委

主　　任　林　凯

副主任　洪　军(女,1月12日免)

外事民宗侨台工委

主　　任　杨国斌

副主任　张媛媛(女)

环资城建工委

主　　任　朱留宽

副主任　朱兴雨

农业农村工委

主　　任　朱国镔

副主任　胡欣荣

专职委员　周荣明　姚呈明　张爱民　王桂兰(女)
丁建兰(女)　神俊华　孙世军(1月12日任)

市政府工作机构

市政府办公室

主任、机关党组书记　陈小燕

副　　主　　任　张小星(7月10日免)
居小刚(5月30日任,9月29日免)
龚卫东(1月12日免)　陈晓华
丁陆一　章剑峰　吴正隆
王贞慧(女,11月28日免)
戴轶楠
孙　锴(挂职,9月29日任)

机关党组成员　胡银飞　陈　宜(女)　周小荣

市发展和改革委员会

主　　　　任　顾季青(9月29日辞)
郭　建(9月29日提名,10月26日任)

党　组　书　记　顾季青(9月29日免)
郭　建(9月29日任)

党组副书记　倪新福　吕　庆

副　　主　　任　倪新福　曹　霞(女,7月10日辞)
冒　军　章建德
葛　波(1月12日任)
戴海峰(9月29日任)

党　组　成　员　徐春建

市教育局

局　　长　张　俊(11月28日辞)
郭其龙(11月28日提名,12月31日任)

党组书记　张　俊(11月28日免)
郭其龙(11月28日任)

党组副书记　王　红(女,1月12日免)
郭其龙(5月30日任,11月28日免)
左伯华(兼,8月23日任)

副局长　王　红(女,1月12日辞)
郭其龙(11月28日辞)　田小飞
丁　非(党外)　冯志刚
缪德军(挂职,8月23日任)
朱爱华(女,挂职,8月23日任)

市科学技术局

局长、党组书记　宗爱君

党组副书记　陈广建

副　局　长　李伟华　徐　强　冒　峰
蔡建兰(女)
佘小宇(挂职,第十三批科技镇长团,9月30日起)

市公安局

局长、党委书记　陈晓彬

政　　　委　邢新华

党委副书记　邢新华　张　勇　周绍亮(1月12日免)

副　局　长　张　勇　陆书俊(1月12日免)
邱　俊(5月30日辞)　郑云娟(女)
张　新　张　斌　李　祝(5月30日任)

副　政　委　郑云娟(女,2月20日免)

党委委员　李　祝　章春建

市民政局

局　　长　缪永辉

党组书记　缪永辉

副局长　刘　荣　程学军(女)　张叶庆　颜海群

市司法局

局长、党组书记　卢延林

党组副书记　狄邦建(5月30日免)

副　局　长　陶建军　缪霄峰　丛　越
沈孝峰(7月10日辞)
陈非非(女)　孙　锴

市财政局

局长、党组书记　冒海清

党组副书记　杨　玉

副　局　长　杨　玉　张建明　蔡志斌　丁正付
张小俊

市人力资源和社会保障局

局　　长　胡晓勇

党组书记　胡晓勇

副局长　瞿　进(7月10日辞)　薛宜发　周昌峰
程　蓉(女)

市自然资源和规划局

局长、党组书记　石　剑

党组副书记　朱贵宏　冒国华

副　　局　　长　朱贵宏　冒国华　周长海(5月28日辞)
陶文建　范　彦
党　组　成　员　秦爱华(8月5日任)

市住房和城乡建设局

局长、党组书记　苏　强
党组副书记　韩　欣
副　　局　　长　王建华　张建军　顾新建
刘建华(7月10日辞)
袁权民(1月12日辞)　王　庆
赵仁奇(挂职)
党　组　成　员　陈志坤(1月12日任)

市城市管理局

局长、党组书记　何福平
党组副书记　沙　进(11月28日任)
副　　局　　长　陈爱明(7月10日辞)
朱志兵(11月28日免)
沙　进(11月28日任)　翟建兵
孙夏兵　杨海燕(党外)
袁权民(1月12日任)　陈文红(挂职)

市交通运输局

局长、党组书记　吴小平
党组副书记　卢玉兰(女)
副　　局　　长　刘佩骏(7月10日辞)
高学明(1月12日辞)　洪　勇
田　骏　葛　军
范迪平(7月10日辞)　刘志俭
肖　宏(11月2日任)
总　工　程　师　卢玉兰(女)

市水务局

局　　长　徐　海(1月12日辞)
朱建军(1月12日提名,3月26日任)
党组书记　徐　海(1月12日免)　朱建军(1月12日任)
副局长　沈亚林(1月12日辞)　管　峰　陈大平
总工程师　丁小星(9月29日任)

市农业农村局

局长、党组书记　朱为民
党组副书记　花爱梅(女,7月10日免)
夏茂宏(1月12日免)
副　　局　　长　花爱梅(女,7月10日辞)
夏茂宏(1月12日辞)　姜石泉
张玉峰(7月10日辞)
戴春祥(3月26日批捕)　陈玉峰
季浩民　王志斌　周　杰(11月2日任)
党　组　成　员　俞晓荣(11月28日免)　陈　慎
总　农　艺　师　陈　慎

市商务局(口岸办)

局　　长　王建云(女,11月28日辞)
顾卫国(11月28日提名,12月31日任)
党组书记　王建云(女,11月28日免)
顾卫国(11月28日任)
党组副书记　秦　天(9月29日免)
佘　飞(9月29日任)
副　局　长　郭成凤(女)　刘加峰　吴志强
朱伟锋(1月12日任)
党组成员　吉俊国
市口岸办副主任　刘加峰(兼,1月12日任)

市文体广电和旅游局

局　　长　谢裕斌
党组书记　陈仁高
党组副书记　谢裕斌　沙　进(11月28日免)　阮强舟
副　局　长　陈仁高　沙　进(11月28日辞)
阮强舟　张国平
朱志兵(11月28日任)　冒　逊
姚寓韶(党外)　范建兵　杨　阳
吴爱兵　胡建锋

市卫生健康委员会

主　　任　马军华
党组书记　马军华
党组副书记　石留权(1月12日免)
副　主　任　周咏梅(女,1月12日辞)　秦龙银
陶　亮(7月10日免)　谢宇晨
康　岚(女)　吴海燕(女)
谢仁圣(挂职,1月12日免)　夏建国
党组成员　章献方(兼)　郭继锋

市退役军人事务局

局　　长　冯　昕
党组书记　冯　昕
党组副书记　夏　勇
副　局　长　夏　勇　陈子富
党组成员　施　才

市应急管理局(年内,市应急管理局党组改设为党委,相关人员担任的党组书记职务调整为党委书记,党组成员职务调整为党委委员)

局　　长　陆海峰
党委书记　陆海峰
副局长　秦永忠(1月12日辞)　杨　建　张善良
陈海峰　崔建备(11月2日任)
总工程师　徐　兵
党委委员　张　斌(1月12日任)
安全生产委员会办公室副主任　张　斌(1月12日任)

市审计局

局　　长　张文斌(8月17日辞)

　　　　　薛　煜(8月17日提名,9月28日任)

党组书记　张文斌(7月10日免)

　　　　　薛　煜(7月10日任)

党组副书记　康建芳(女)

副 局 长　康建芳(女)　朱宏彬(党外)　龚志鸿

总审计师　汤春华

市统计局

局长、党组书记　章　彬

党组副书记　宗　晓(1月12日免)

副 局 长　宗　晓(1月12日辞)　季　康(党外)

　　　　　黄爱军

党组成员　谢晓飞

总统计师　石红梅(7月10日任)

市市场监督管理局

局长、党组书记　贾宏斌

副 局 长　沙　群　章新祥(1月12日辞)

　　　　　王志刚　纪　勇　石昭峰　李晓东

　　　　　张　晔　谢　娟(女)

党组成员　陈建国　冯　健

　　　　　谭志明(1月12日任)

市行政审批局

局　　长　范晓强

党组书记　姜跃进(1月12日免)

　　　　　范晓强(兼,1月12日任)

党组副书记　杨晓峰　范荣华

　　　　　朱贵宏(兼,1月12日任)

副 局 长　姜跃进(1月12日辞)　杨晓峰

　　　　　范荣华　谢　健　徐　猛

　　　　　陈　岗　张亚军

　　　　　周巧良(1月12日辞)　田向阳

党组成员　刘宝林(9月29日任)

总工程师　卢宗志

市医疗保障局

局长、党组书记　张智娟(女)

副 局 长　薛正刚　徐爱宁(女)

市信访局

局长、党组书记　孙　鑫

副 局 长　明小虎　施俊杰

　　　　　居怀军　黄国建

市地方金融监督管理局

局长、党组书记　邱德华

党组副书记、副局长　王荷春

副局长、党组成员　宗　晓(1月12日任)

合署办公、挂牌机构、部门管理机构和市政府直属事业机构

市委外事委员会办公室(设在市政府办公室)

副 主 任　江　宇(女)

市政府研究室

副 主 任　周小荣

市市域治理现代化指挥中心(5月30日,市公共治理服务中心更名为市市域治理现代化指挥中心)

党组书记　居小刚(1月12日任　9月29日免)

　　　　　丁陆一(9月29日任)

主　　任　龚卫东(1月12日免)

　　　　　居小刚(1月12日任　9月29日免)

　　　　　丁陆一(9月29日任)

副 主 任　王　岳(9月29日免)　卢　建

　　　　　卢应锋(1月12日任)　费建国(9月29日任)

　　　　　徐邵鑫(挂职,5月30日任)

市粮食和物资储备局(为市发展和改革委员会挂牌机构)

副 局 长　吕　庆

市政府教育督导室(与市教育局合署调整为设在市教育局)

副 主 任　陈强燕

市社会矛盾纠纷调处中心

主　　任　缪小华

常务副主任　狄邦建(5月30日免)

副 主 任　吴亚军　明曙光　戴世燕(11月28日任)

市委全面依法治市委员会办公室(设在司法局)

副 主 任　申爱学

市人民防空办公室

副 主 任　韩　欣

市文物局

副 局 长　张国平(兼)

市政务服务管理办公室

副 主 任　范亦男(女)

市融媒体中心(市广播电视台)[1月12日,如皋市广播电视台更名为如皋市融媒体中心,挂“如皋市广播电视台”牌子,相关人员担任的原文广传媒集团职务自行消失]

市融媒体中心主任(市广播电视台台长)

　　　　　薛建兵(1月12日任,11月28日免)

　　　　　刘志伟(11月28日任)

市传媒集团董事长、总经理、党委书记

　　　　　薛建兵(1月12日任,11月28日免)

　　　　　刘志伟(11月28日任)

市融媒体中心总编辑　王贞慧(女,11月28日任)

市融媒体中心副主任　姚寓韶(党外,1月12日任)

严保林(1月12日任)
张　强(1月12日任)　何　军(1月12日任)

市政府投资项目工程建设中心

主　任　张加琴
副主任　薛小青　缪世兴　张锦贵(1月12日免)
陈　萍(9月29日任)

市政协办公室、各工作委员会

办公室

主　任　严佩兰(女)
副主任　顾艳枫(女,1月12日辞)
刘亚丽(女,1月12日提名,7月17日任)

经济科技和农业农村委员会

主　任　孙德祥
副主任　沈德君

教卫文体和文史委员会

主　任　孙天骄
副主任　邱贵平(5月30日免)

环境资源和城乡建设委员会

主　任　陈晓仲
副主任　朱生全

社法民宗和港澳台侨委员会

主　任　詹文天
副主任　刘　霞(女)

委员工作委员会

副主任　刘亚丽(女,1月12日辞)
顾艳枫(女,1月12日提名,7月17日任)

提案委员会

主　任　万有富
副主任　吴小蓉(女)

如皋市人民法院

党组书记　章智敏(女,3月26日免)
唐明渠(3月26日任)
党组副书记　顾雪红(女)
院　长　章智敏(女,3月26日辞)
唐明渠(3月26日提名)
副院长　顾雪红(女)　黄卫东　任　锋　李斯武
政治处主任　袁夏华(1月12日任)
执行局局长　周　云(女)
专职委员　吴剑平(女,党外)
周　云(女)

如皋市人民检察院

检察长　孙　亚(7月29日辞)　吴晓栋(7月29日提名)
党组书记　孙　亚(8月23日免)　吴晓栋(8月23日任)
党组副书记　高　丽(女)
副检察长　高　丽(女)　王　珺(女,1月12日辞)
李国平　李文祥(1月12日提名,3月27日任)
贺小雄(挂职,5月30日起,11月止)
专职委员　倪伯斌　卢海琴
政治部主任　范小华(1月12日任)

如皋市消防救援大队

大队长　郑　伟
教导员　唐铁军

中华人民共和国如皋海关

关　长　陈夫忠(1月29日任)
副关长　黄　海　张晓春(1月29日任)　王晓军

如皋出入境边防检查站

站　长　王建华
政　委　忽伟军
副站长　王爱军　崔恒宽

中华人民共和国南通如皋海事处

副处长　顾立刚(主持工作)　蒋楠隽
李佳华(6月10日任)
李承前(挂职,7月26日任)

群众团体

工商联

主　席　杜永红
党组书记　顾卫国(11月28日免)
薛建兵(11月28日任)
副主席　顾卫国(11月28日辞)
薛建兵(11月28日提名)
副主席、党组副书记　缪爱国
副主席　余国平　常伟华

总工会

主席、党组书记　周太荣
副主席　周维宽(1月12日辞)　沙旭宇
章　军　苏小燕(女)　陈光荣
陈非非(兼,女,不驻会)
瞿　进(7月10日免)
吴小红(女,挂职,9月7日止)

团市委

书　记　崔　金(7月10日免)　储　凯(8月23日任)
副书记　顾　滩(女,8月23日免)　陈新煜(7月10日任)

章　衡(挂职,4月10日免)
金　霞(女,8月23日任)

妇　联

主席、党组书记　李晓红(女)
副　主　席　张　峰(女)　缪剑云(女)

侨　联

主　席　朱一飞(党外,1月26日辞)
副主席　王晓云(女)

科　协

主席、党组书记　张　勇
副　主　席　段月祥(1月12日辞)　黄存华
吴国章(1月12日辞)
秦永忠(1月12日提名,4月2日任)
陈洪波(1月12日提名,4月2日任)

文　联

主　席　张小凤(女)
副主席　田　祥(1月12日提名,7月16日任)

残　联

理事长、党组书记　戴　斌
党组副书记　谢万华(1月12日任)
副理事长　陈永圣(1月12日辞)
谢万华(1月12日提名)
郭锦泉　陈久平

红十字会

会　长　茅红宇
常务副会长　石留权(1月12日辞)
副会长　章献方

市社科联

主　席　陈建军(兼)
副主席　吴　华(7月10日免)
吴小燕(11月28日提名,12月16日任)

镇(区、街道)

如皋经济技术开发区(国家级)

党工委书记　张建华(4月30日任,12月29日免)
党工委常务副书记　马金华(6月10日免)
郝晓东(6月10日任)
管委会副主任　郝晓东(6月10日免)　赵宏祥
曹汉清(6月10日免)
吴　鹏(6月10日任)
杨　飞(6月10日免)
孙得利　顾季青(9月24日任)
王建云(12月29日任)
纪工委书记　吴　鹏(6月10日免)
曹汉清(6月10日任)
党工委委员　缪　晗(挂职,6月10日任)
张小平(9月29日任)

城北街道

党工委

书　记　赵宏祥
副书记　卢小冬(3月31日任)
周海如(女,兼,3月31日任)
郭锡兵(兼,3月31日任)
邱　俊(挂职,3月31日起)

办事处

主　任　赵宏祥(3月31日免)　卢小冬(3月31日任)
副主任　张伟伟(3月31日免)　贾根建(3月31日免)
冒　俊(3月31日任)　张红建(3月31日任)
丁新建(3月31日任)
印　霞(女,3月31日任)
徐　军(3月31日任)
孙　健(挂职,7月10日止,工资行政关系在公安)
娄劲松(挂职,7月10日起,工资行政关系在公安)

人大工委

主　任　黄亚周
副主任　陆建高(3月31日提名,6月12日任,8月7日辞)

长江镇

党委

书　记　卢志敏
副书记　许　薇(女)　刘金城(9月29日免)
杨海鹏(7月10日免)　高源兵(9月29日任)
黄山虎(挂职,工资行政关系在公安)

人大主席团

主　席　张建军(6月10日辞)
秦　天(9月24日提名,1月13日任)
副主席　钱福良(7月10日辞)
刘　康(9月29日提名,1月13日任)

政府

镇　长　许　薇(女)
副镇长　高源兵(9月29日辞)
汪　东(9月29日提名,1月13日任)
陈红军　陈凤芸(9月29日辞)　陈佳佳
顾　潍(女,8月23日提名,1月13日任)
孙　强(9月29日提名)
朱　永(挂职,7月10日止,工资行政关系在公安)
殷燕军(挂职,7月10日起,工资行政关系在公安)
石卫明(第一书记挂职)
卞　明(挂职,第十三批科技镇长团,9月30日起)

李飞鹏(挂职,第十三批科技镇长团,9月30日起)

如皋港工业园区

党工委

书　记　卢志敏

副书记　许　薇(女)

管委会

主　任　许　薇(女)

副主任　金其林(9月29日任)　杨明华(9月29日任)

如皋港现代物流园区

管委会主任　杨海鹏(7月10日免)
吴　荣(9月29日任)

管委会副主任　夏　刚　汪　东(9月29日免)
周向阳(1月12日免)
苏志强(9月29日任)

如皋高新技术产业开发区

党工委

书　记　石　兵

副书记　刘亚东
何李川(5月30日免)　李小军(5月30日免)
刘志斌(挂职,5月30日止)
王玉娟(挂职,5月30日起)

管委会

主　任　刘亚东

副主任　丛明昌(5月30日任)　沈剑梅(女,5月30日免)
何李川(5月30日任)　丁　飞(5月30日免)
田学平　谢书平(5月30日免)
符　行(5月30日任)　肖智杰(11月28日任)

纪工委

书　记　季美华(女,1月12日免)　宗小海(7月10日任)

城南街道

党工委

书　记　石　兵(兼,5月30日免)
刘亚东(兼,5月30日任)

副书记　李小军(5月30日任)　阮爱银(女)
刘志斌(挂职,5月30日起,7月10日止,工资行政关系在公安)
杨　明(挂职,7月10日起,工资行政关系在公安)

人大工委

主　任　丛明昌(5月30日辞)
丁　飞(5月30日任)提名人选

办事处

主　任　李小军(5月30日任)

副主任　谢书平(5月30日任)　沈　燕(女)
季陈中　叶　雯(女,5月30日辞)　杨　飞
陈元枝(挂职,第十三批科技镇长团,9月30日起)

如皋工业园区

党工委

书　记　刘向阳(兼,7月10日免)　崔建村(7月10日任)

副书记　崔建村(7月10日免)　沙海军(7月10日任)
张长健　金　晖(7月10日任)
陈爱明(挂职,7月10日止)
杨　明(挂职,7月10日止,工资行政关系在公安)

管委会

主　任　崔建村(兼,7月10日辞)　沙海军(7月10日任)

副主任　马京武(7月10日任)　杨明华(7月10日辞)
周小芳(女,7月10日辞)　陈　晖(7月10日辞)
郭震寰(党外)　张　婧(7月10日任)
张昌明(7月10日任)　张开玉(7月10日任)
郭鸿业(挂职,第十三批科技镇长团,9月30日起)

如城街道

党工委

书　记　崔建村

副书记　沙海军(7月10日免)　仲纪元(7月10日任)
冒爱群(7月10日任)
丁红林(女,7月10日任)
刘志斌(挂职,7月10日起,工资行政关系在公安)

人大工委

主　任　仲纪元(7月10日辞)
周小芳(女,7月10日提名,11月30日任)

副主任　殷小红(女)　彭理英(女)

办事处

主　任　沙海军(7月10日辞)　仲纪元(7月10日任)

副主任　范存莲(女)　郝　强(7月10日辞)
王宏波(7月10日任)
张静静(女,7月10日任)
张志红(女,7月10日任)
周长慧(女,7月10日任)　范　群(挂职)
袁　鹏(挂职,7月10日止,工资行政关系在公安)
丁　力(挂职,7月10日止,工资行政关系在公安)
孙夏华(挂职,7月10日起,工资行政关系在公安)
孙文钦(挂职,7月10日起,工资行政关系在公安)

纪工委

书　记　宗小海(7月10日免)

如皋市长寿旅游度假区(7月10日机构撤销)

党工委

书　记　刘向阳(兼,7月10日免)

副书记　唐建如(7月10日免)
吴亚兵(7月10日免)
钱钰璐(女,1月12日免)

管委会

主　任　唐建如(7月10日免)

副主任　郭桂忠(7月10日免)　张昌明(7月10日免)
张开玉(7月10日免)　徐　浩(7月10日免)

张　婧(女,7月10日免)

江苏南通国家农业科技园区管理办公室(7月,江苏南通国家农业科技园区管理办公室党工委成立)

党工委

书　记　刘向阳(7月10日任)

副书记　崔建村(7月10日任)

管委会

主　任　崔建村

副主任　吴亚兵(7月10日任)　郭桂忠(7月10日任)

陈　晖(7月10日任)

纪工委

书　记　许　鹏(7月10日任)

丁堰镇

党委

书　记　储开平

副书记　刘小冬　杨　海(1月12日免)

佘　飞(1月12日任　9月29日免)

申　进(挂职,7月10日止,工资行政关系在公安)

阚书宏(挂职,7月10日起,工资行政关系在公安)

人大主席团

主　席　薛献忠(1月12日辞)

洪　军(1月12日提名,2月19日任)

副主席　郭继平(1月12日辞)

吴　畏(1月12日提名,2月19日任)

政府

镇　长　刘小冬

副镇长　顾　琴(1月12日提名,2月19日任)　张金森

吴　畏(1月12日辞)

林璐璐(女,1月12日辞)

谢锦宇(9月29日辞)

方烁淼(1月12日提名,2月19日任)

程　飞(第一书记挂职,1月12日止)

姜　哲(第一书记挂职)

白蒲镇

党委

书　记　张　成(1月12日任)

副书记　张　成(1月12日免)　陈慧华(1月12日任)

王亚明(1月12日免)　沙亚峰

朱敏建(挂职,7月10日止,工资行政关系在公安)

马小锋(挂职,7月10日起,工资行政关系在公安)

人大主席团

主　席　陈慧华(1月12日辞)

王亚明(1月12日提名,2月22日任)

副主席　侯茂华

政府

镇　长　张　成(1月12日辞)

陈慧华(1月12日提名,2月22日任)

副镇长　宗炳生　徐拥军　戴海峰(9月29日辞)

朱金建　尹　颖(1月12日提名,2月22日任)

陈彬彬(第一书记挂职,1月12日止)

下原镇

党委

书　记　柳杰军(7月10日免)　张亚东(7月10日任)

副书记　张亚东(7月10日免)　崔　金(7月10日任)

赵红飞

薛松祥(挂职,7月10日止,工资行政关系在公安)

袁　鹏(挂职,7月10日起,工资行政关系在公安)

人大主席团

主　席　孙世军(1月12日辞)

杨　海(1月12日提名,2月25日任)

副主席　张　建

政府

镇　长　张亚东(7月10日辞)

崔　金(7月10日提名,7月28日任)

副镇长　曹武元　蔡爱忠(1月12日提名,2月25日任)

邓陈胜　严循国(1月12日辞)

曹慧华　陶周嵩(挂职,9月29日止)

张学军(第一书记挂职,5月30日止)

陈伟嘉(第一书记挂职)

九华镇

党委

书　记　丁山燕

副书记　孙　康(1月12日免)　张小兵(1月12日免)

姜洪峰(1月12日任)　吴　为(1月12日任)

马小锋(挂职,7月10日止,工资行政关系在公安)

薛松祥(挂职,7月10日起,工资行政关系在公安)

人大主席团

主　席　薛美银(女,5月30日免职退休,12月31日辞)

副主席　肖茂华

政府

镇　长　孙　康(1月12日辞)

姜洪峰(1月12日提名,2月25日任)

副镇长　郭　庆(8月23日辞)　胡素华(女)

吴　为(1月12日辞)　苏伯全

陈　亮(5月30日提名,8月1日任)

史进华(第一书记挂职,1月12日止)

高新星(第一书记挂职)

石庄镇

党委

书　记　薛　煜(7月10日免)　陈　飞(7月10日任)

副书记　陈　飞(7月10日免)　徐　建

杨海鹏(7月10日任)

阚书宏(挂职,7月10日止,工资行政关系在公安)
石祥圣(挂职,7月10日起,工资行政关系在公安)

人大主席团

主　席　丁　毅

副主席　林炳文

政府

镇　长　陈　飞(7月10日辞)
杨海鹏(7月10日提名,8月20日任)

副镇长　刘　华　王正华　唐铜香
金志华(5月30日任,8月20日任)
葛桢松(3月31日辞)
吴　伟(第一书记挂职,1月12日止)
吴锋成(第一书记挂职)

江安镇

党委

书　记　朱建军(1月12日免)　孙　康(1月12日任)

副书记　王　鹏　申　燃(1月12日免)
张小兵(1月12日任)　郭　庆(8月23日任)
陈　飞(挂职,7月10日止,工资行政关系在公安)
丁亚波(挂职,7月10日起,工资行政关系在公安)

人大主席团

主　席　申　燃(1月12日提名,3月3日任)

副主席　马　彬

政府

镇　长　王　鹏

副镇长　唐晓星　吴红云(女)　陈志坤(1月12日辞)
朱伟锋(1月12日辞)
陈小强(1月12日提名,3月3日任)
余鲲鹏　秦虎跃(1月12日提名,3月3日任)
张　进(第一书记挂职)

搬经镇

党委

书　记　刘　莉(女)

副书记　张　兵(1月12日任)　梅志祥　张兴龙
喻晓春(挂职,7月10日止,工资行政关系在公安)
陈云龙(挂职,7月10日起,工资行政关系在公安)

人大主席团

主　席　杨建华

副主席　张　斌

政府

镇　长　刘　莉(女,1月12日辞)　张　兵(1月12日任)

副镇长　石明良　许　鹏　陈小强(1月12日辞)
袁　健　王钰崧(女)
储　凯(1月12日提名,2月22日任，8月23日辞)
冯细华(第一书记挂职,1月12日止)
杨　鹏(第一书记挂职)

东陈镇

党委

书　记　焦晓斌

副书记　张　勇　谢小丽(女,1月12日免)
冒　华(1月12日任)
陈云龙(挂职,7月10日止,工资行政关系在公安)
喻晓春(挂职,7月10日起,工资行政关系在公安)

人大主席团

主　席　谢小丽(1月12日提名,2月28日任)

副主席　吉爱明(7月10日辞)

政府

镇　长　张　勇

副镇长　冒　华(1月12日辞)　王　洁
朱亚光　佘　飞(1月12日辞)
盛聪锋(5月30日提名,7月28日任)
张津诚(7月10日提名,7月28日任)
沈　伟(第一书记挂职,1月12日止)
吴　杰(第一书记挂职)

吴窑镇

党委

书　记　袁天明

副书记　石晓鹏　周　勇
娄劲松(挂职,7月10日止,工资行政关系在公安)
朱　永(挂职,7月10日起,工资行政关系在公安)

人大主席团

主　席　周永刚

副主席　薛宜全(7月10日辞)

政府

镇　长　石晓鹏

副镇长　田　祥(1月12日辞)　蔡爱忠(1月12日辞)
严海兵　钱锦锋
吴　伟(1月12日提名,2月27日任)
殷小宏(5月30日提名,7月21日任)
阮铁均(第一书记挂职,1月12日止)
丁邦民(第一书记挂职)

磨头镇

党委

书　记　戴　峰(1月12日任　7月10日免)
柳杰军(7月10日任)

副书记　王　红(女,1月12日任)
李丽萍(女)
黄　震(挂职,7月10日止,工资行政关系在公安)
申　进(挂职,7月10日起,工资行政关系在公安)
杨　阳(第一书记挂职,1月12日止)

人大主席团
主　席　薛　涛
副主席　单芝龙
政府
镇　长　戴　峰(1月12日辞)
　　　　王　红(女,1月12日提名,2月21日任)
副镇长　赵小成　刘剑锋(1月12日辞)
　　　　蔡　娟(女)　陈　飞
　　　　王正权(1月12日提名,2月21日任)
　　　　殷小宏(第一书记挂职,5月30日止)

国有资产公司(集团)

市传媒集团[1月12日,如皋市文广传媒集团更名为如皋市传媒集团,继续与市融媒体中心(市广播电视台)合署办公,相关人员担任的原文广传媒集团职务自行消失]
董事长、总经理　薛建兵(1月12日任　11月28日免)
　　　　　　　　刘志伟(11月28日任)
党委书记　薛建兵(1月12日任,11月28日免)
　　　　　刘志伟(11月28日任)
党委副书记　王贞慧(女,11月28日任)
副总经理　姚寓韶(党外,1月12日任)
　　　　　严保林(1月12日任)
　　　　　张　强(1月12日任)
　　　　　何　军(1月12日任)
如皋港集团
党委书记、董事长、总经理　马玉东
副总经理　黄　俊(11月28日免)
　　　　　陈　然
纪委书记　陈　然
富皋万泰投资发展有限公司
党委书记、董事长　张书强
党委副书记、总经理　章爱平
副总经理　许　强(9月29日免)
　　　　　赵天海(5月30日任)　周　静(女)
纪委书记　赵天海(5月30日免)
　　　　　薛建明(5月30日任)
党委委员　卢晓剑　许益飞
　　　　　赵天海(5月30日任)　薛建明
　　　　　周　培(女)　许强(9月29日免)
纪检监察组组长　赵天海(1月12日任,兼)
市城市产业发展集团有限公司(5月30日成立党委)
党委书记　曹金林(5月30日任)
党委副书记　魏志兵(5月30日任)
董事长　曹金林
总经理　魏志兵
副总经理　孟志远　胡成建(9月29日任)
纪委书记　韦　华(11月28日任)
市交通产业集团有限公司(5月30日成立党委)
党委书记　张　健(5月30日任)
党委副书记　张小平(5月30日任,9月29日免)
　　　　　　刘建华(9月29日任)
董事长　张　健
总经理　张小平(女,9月29日免)
　　　　刘建华(9月29日任)
副总经理　许　宁　张兆民(5月30日任)
　　　　　孙宏琛(11月28日任)
纪委书记　黄　俊(11月28日任)
纪检监察组组长　陈　然(1月12日任,兼)
江苏皋开投资发展集团有限公司
党委书记、董事长　薛晓云
党委副书记　周　峰(3月31日任)
　　　　　　许　强(9月29日任)
总经理　许　强(9月29日任)
副总经理　陈　群(3月31日免)　周　峰
　　　　　许　强(9月29日免)
　　　　　严循国(3月31日任)
　　　　　徐宏建(3月31日任)
　　　　　桑西方(3月31日任)
　　　　　石　勇(3月31日任)
纪委书记　葛拥军(11月28日任)
如皋市富港工程建设有限公司
董事长、总经理　许　宁(5月30日任)
副总经理　杨　洋(9月29日任)

其他机构

市接待办公室
主任、党组书记　贲如江
副主任　程　飞(1月12日任)
市供销合作总社
理事会主任、党组书记　张益群
党组副书记　王　岳(9月29日任)
理事会副主任　王　岳(9月29日提名,11月23日任)　何玉堂
　　　　　　　孙克千(7月10日免)　王红德
监事会主任　章琪运(1月12日辞)
　　　　　　周咏梅(女,1月12日提名,3月17日任)
市招商局
局　长　秦　天(9月29日免)　佘　飞(9月29日任)
副局长　吉俊国　葛　波(1月12日免)
　　　　陈　飞(挂职)　纪国杰(挂职)

环向荣(挂职) 林 波(挂职)

国家税务总局如皋市税务局

局长、党组书记 沙 兵

副 局 长 黄建兵(11月2日任) 严建军 周 昇 周宏兵 范晓军 倪锦祝 仲 巍(11月4日免) 石 俊(4月11日免)

纪检组组长 顾宝丰

南通市如皋生态环境局

局长、分党组书记 黄晓勤

副 局 长 陈文扣 耿银文 徐宣安 苏 燕(女,党外) 许 疆

如皋市气象局

局长、党组书记 陈新育

副 局 长 肖 霁 张开进

纪检组组长 张开进

市管企事业单位

市党员干部现代远程教育中心

主 任 吴晓晖

副主任 章志刚

市疾病预防控制中心

主任、书记 沙留强

副 主 任 张晓莉(女) 吴 坚 周祥国(党外)

市卫生监督所

所长、书记 范旻昊

副 所 长 何云祥 周 宇(女)

市交通运输综合执法大队

大 队 长 陈建华

教 导 员 唐幸炜

副大队长 范晓兵 石 峰 汤建平 张小燕 赵玉军

副教导员 周小兵

市社会保险基金管理中心

主任、书记 丁玉林

副 主 任 谢仁杰 周晴晖(女) 季苏岷(女)

副 书 记 陆江华

技工学校

校 长 张永飚(党外)

副校长 田岱越 韶庆生

市人才服务中心

主任、书记 张建华

副 主 任 赵晓建

市城市建设管理综合执法大队

大 队 长 杨小卫

教 导 员 姚松来

副大队长 李建军(1月12日免) 张 敏(女) 赵四军 葛 伟

副教导员 吴 昊

市农技推广中心

主任、书记 丁 峰

副 主 任 袁小华 吴小兵(9月29日任)

市事业单位登记管理局

副局长 郁 梅(女)

市财政结算管理中心

主 任 谢晓红

副主任 张 伟(女) 陆建英(女)

市预算管理审核中心

主 任 章晓峰(7月10日任)

副主任 秦 军 陈 宏(女)

市机关后勤服务中心(8月3日,更名为市机关事务服务中心,机构规格不变)

主 任 谢向阳(7月10日免)

市文体旅游综合执法大队

大 队 长 陈建波

教 导 员 孙 伟

副大队长 郭 勇

市农林水利综合执法大队

大 队 长 陈 慎

教 导 员 陈小明

副大队长 马 宏 倪玉堂 汤小勤

市公共资源交易中心

主 任 陈 萍(女,9月29日免) 刘宝林(9月29日任)

副主任 胡 静(女) 丁树华

市房屋征收管理办公室

主 任 陈志坤(1月12日任)

白蒲中学

校长、书记 缪德军

副 校 长 石春梅(女) 黄建锋(8月23日免) 丁文桂(8月23日免) 宋 勇(8月23日任)

校长助理 张文跃(8月23日任)

石庄中学

校 长 陈强燕(兼,8月23日免) 邹晨光(8月23日任)

书 记 陈强燕(兼,8月23日免) 马 华(8月23日任)

副书记 邹晨光(8月23日任)

副校长 马 华(8月23日任) 吴建军(8月23日免) 丁锁勤(8月23日任) 邹晨光(8月23日免) 朱建华 毛 娟(女,8月23日任)

江安中学

校 长 陈 锋(8月23日免) 杨 勇(8月23日任)

书 记 陈 锋(8月23日免) 杨 勇(8月23日任)

副校长 严 勇(8月23日免) 章小建

陆小祥(8月23日免)
张志成(8月23日任)　孙兴华(8月23日任)

市一中

校长、副书记　鞠九州
书　　记　陈　军(8月23日免)
陈宽林(8月23日任)
副　校　长　陈　军　许金松　薛　钧
王　华　丁文桂(8月23日任)

搬经中学

校长、书记　陈宽林(8月23日免)
严　勇(8月23日任)
副校长、副书记　卢海兵(8月23日免)
副　校　长　洪海军　祝存建(8月23日任)
宋　勇(8月23日免)

市二中

校长、书记　柳永红
副书记　陈　亮(8月23日免)　曹正国(8月23日任)
副校长　陈　亮(8月23日免)　曹正国
纪友根　潘建国

长江中学

书　记　杨　勇(8月23日免)　黄建锋(8月23日任)
校　长　杨　勇(8月23日免)　黄建锋(8月23日任)
副校长　蔡　建　张志成(8月23日免)
丁锁勤(8月23日免)
吴建军(8月23日任)　陆小祥(8月23日任)

如皋中专

校　长　贾建军
书　记　王　军
副书记　贾建军
副校长　郭夕国　徐年华　徐　峰　陆克平

第一中专

校长、书记　曹江泉
副校长　韩克山　费建国(9月29日免)
刘　剑　陈玉华　陆晓丽(女)

市通用技术教育实验学校(市青少年素质教育实践基地)

校长、书记(主任)　朱新华(8月23日免)
陈　亮(8月23日任)
副　书　记　吴国建　陈　亮(8月23日任)
副校长(副主任)　吴国建　邱永忠
副　校　长　曹树泉　周　栋　朱沈国

如皋初中

校　长　孙兴波

市人民医院

院长、副书记　朱银圣
书记、副院长　朱小平
副　院　长　卢弘栩　石国平　石高寒
郭江宏(5月29日任)

纪委书记　张文怡(女)

市中医院

院长、副书记　贾　运
书　　记　薛瑞华(5月29日免)
副　书　记　吕　军(5月29日任)
副　院　长　沈安明(党外)　吕　军　刘　俊
韶建生(5月29日免)　谢轶群(女)
纪委书记　吴宏匀(女)

条管企事业单位

中国邮政集团有限公司江苏省如皋市分公司

总经理、党委书记　施鎏鑫(12月9日免)
王嵩阳(12月9日任)
副　总　经　理　许卫权　沈　荣　冯国华
纪委书记、工会主席　许卫权

中国电信股份有限公司如皋分公司

总经理、党委书记　徐东建
副总经理、纪委书记　戴云卿
副总经理、工会主席　仇春彬
副　总　经　理　汤毓謇

中国联合网络通信有限公司如皋市分公司

总　经　理　张　雨(12月15日免)
邱　易(12月15日任)
副总经理　蔡　琴(女,12月15日免)
总经理助理　张　权(12月15日任)
刘国芹(女,12月15日任)

中国移动通信集团江苏有限公司如皋分公司

经　理　王　恺
副经理　吴光燕　吕娟娟(女)

国家电网江苏省电力公司如皋市供电公司

总经理、党委副书记　吴　强(4月28日免)
管建明(4月28日任)
党委书记、副总经理　李　勇
副　总　经　理　周　鑫　王　震　纪斌斌
纪委书记、工会主席　徐　华

江苏省如皋市烟草专卖局(南通市烟草公司如皋分公司)

局长、经理、党组书记　吴　彬
副　局　长　王鸿俊
副　经　理　单友兰

如皋市盐务管理局(江苏省盐业公司如皋支公司)

经理、书记　郑小军(1月19日免)
陈　旭(1月19日任)
副经理　鲁　骏　陈　旭

中国人民银行如皋市支行

党组书记、行长　曹建平(11月5日免)
窦佐伟(11月5日任)

党组成员、纪检组组长兼总稽核　徐晓东
党组成员、副行长　吴小红(女)

中国工商银行股份有限公司如皋市支行
行长、书记　王　曙
党委副书记　周治平(7月16日免)
纪委书记　周治平(7月16日免)
汤小军(8月13日任)
副行长　李　军　朱　建　许瑞静(女)

中国建设银行股份有限公司如皋市支行
行长、书记　金瑛珲(5月8日)
副行长　朱鹏祥(6月6日免)　章世维
顾　鹏(挂职,6月6日任)
周礼伟(挂职,7月2日任)
纪委书记　曹广勇(11月20日免)
陆亚建(11月20日任)

中国银行股份有限公司如皋支行
党总支书记、行长　顾鹏飞
纪检委员、副行长　陆卫东
副行长　邱　晔　丁保兵　杨燕红(女)

中国农业银行股份有限公司如皋市支行
党委书记、行长　石　慧(女)
党委副书记、副行长　周　铭
党委委员、副行长　缪世杰　倪存波
党委委员、纪委书记　顾庆庆

中国农业发展银行如皋市支行
行长、党支部书记　丁　炜
副行长兼客户部主管　蒋青云
副行长兼综合部主管　黄　成

交通银行股份有限公司南通如皋支行
行长、书记　曹　霞(女)
副行长　宗位滨　朱　敏
行长助理　宗　祥

江苏如皋农村商业银行股份有限公司
党委书记、董事长　钱海标
行长、党委副书记　徐晓兵
监事长、纪委书记　张士锋
副行长　展爱云(女)　张　俊
殷开峰(6月30日免)
吴慧阳(女,9月30日免)
黄璀迎(8月2日任)
叶雁琳(女,10月28日任)

招商银行股份有限公司如皋支行
行长、书记　高　华(女)
副行长　蔡海峰
行长助理　季筱磊(女)

上海浦东发展银行如皋支行
行长、书记　谢鸿飞
副行长　王　艳(女)

中国民生银行股份有限公司如皋支行
行长　赵国林
行长助理　陈　圆　邢　燕

南京银行股份有限公司如皋支行
副行长(主持)　赵　威
行长助理　陈　坚　张　强

江苏银行股份有限公司如皋支行
行长、书记　石　瑀
副行长　杨建明
行长助理　龚　婷(女)

中信银行股份有限公司南通分行如皋支行
行长　黄　飞
副行长　杨　洋　胡　敏(女)

华夏银行股份有限公司南通分行如皋支行
行长　花嘉乐
副行长　秦　捷
行长助理　徐雅丽(女)

兴业银行股份有限公司如皋支行
行长　张锦年
副行长　顾敏敏(女)　王　敏

中国邮政储蓄银行如皋市支行
行长、书记　项志宙
纪检委员、副行长　张　明
副行长　范谷雨

无锡农村商业银行股份有限公司如皋支行
行长　黄海东

江苏张家港农村商业银行股份有限公司如皋支行
行长　赵小静

江苏常熟农村商业银行股份有限公司如皋支行
行长　钱怡静(女)
行长助理　薛　慧

南通如皋润泽村镇银行股份有限公司
党支部书记、董事长　刘晓霞(女)
监事会主席、党支部副书记　董　静(女)
行长　李瑞峰
行长助理　殷俊华

中国人民财产保险股份有限公司如皋支公司
总经理、支部书记　冒建勋
副经理　陈伏虎　周宏建
高志伟(7月31免)
徐正华(8月1日任)　许志祥

中国人寿保险股份有限公司如皋支公司
经理、书记　杨　陈(4月29日免)　曹　军(4月29日任)
副经理　戴海娟(女)　孙建东

中信证券股份有限公司如皋健康南路证券营业部
总经理　曹培荣

副总经理　陆晓霜(女,5月1日免)　黄　嘉(8月1日任)

华泰证券股份有限公司如皋福寿路证券营业部

总经理　纪　熙

东海证券股份有限公司如皋中山东路证券营业部

总经理　沙　晨

长城证券股份有限公司如皋海阳路证券营业部

总经理　丁婉清

中国银河证券股份有限公司如皋健康路证券营业部

总经理　张元潮

如皋中学

校　长　左伯华

书　记　左伯华(9月21日免)　季小军(9月21日任)

副书记、纪委书记　蒋　晶(女,9月21日任)

副校长　钱国祥(9月21日免)

李　兰(女,9月21日免)　刘　建

蒋　晶(女)　季小军

刘国良(9月21日任)

重要文献

重要报告

高质量建设长江以北最强县市
奋力谱写"强富美高"新如皋现代化篇章

——在市委十二届十二次全体(扩大)会议上的讲话

(2021年1月5日)

何益军

同志们:

这次会议的主要任务是,全面贯彻中共十九大和十九届二中、三中、四中、五中全会及中央经济工作会议精神,深入落实习近平总书记视察江苏重要讲话指示精神,按照省委十三届九次全会和南通市委十二届十三次全会部署要求,回顾总结去年工作,研究部署"十四五"和今年工作,审议市委关于制订国民经济和社会发展第十四个五年规划和2035年远景目标的《建议》,动员全市上下在新起点上开好局、起好步,加快跨江融合,高质量建设长江以北最强县市,奋力谱写"强富美高"新如皋现代化篇章。

下面,根据市委常委会讨论精神,我讲四个方面的意见。

一、在积极应对风险挑战中砥砺奋进,高质量发展取得新成就,"强富美高"新如皋建设迈出坚实步伐

2020年,面对新冠肺炎疫情和经济下行压力,市委坚持观大势、谋全局、干实事,坚决贯彻中央和省委、南通市委决策部署,统筹推进疫情防控和经济社会发展,坚定高质量发展方向不动摇,紧抓"六稳""六保"工作不放松,纵深推进全面从严治党,经济社会发展保持总体平稳、稳中有进的良好态势。

一是坚持慎终如始,疫情防控有力有效。始终把人民生命安全和身体健康放在第一位,果断决策、科学应对,迅速构筑起联防联控、群防群治的严密防线。全市广大党员干部、医护人员和志愿者投身疫情防控一线,累计排查1.5万余人,集中医学观察4356人,7名确诊病例、4名无症状感染者全部治愈出院。11名医护人员驰援湖北,社会各界踊跃捐款捐物,在这场"全民抗疫"的战役中贡献了如皋力量。精准有序推进复工复产复市,及时推出援企稳岗、减税降费、融资支持等举措,减免各类税费26.2亿元,兑现奖补资金4.4亿元,切实把政策红利转化为企业发展动力。全市上下齐心战疫情、协力保生产,在应对大考中展现了使命担当、汇聚了磅礴力量。

二是坚持系统谋划,发展格局持续拓宽。全面审视如皋发展所处的阶段特征、主要挑战和关键任务,在发展变局中谋求战略主动,以利长远、打基础的定力推动一批大事要事取得突破。以长三角一体化重大交通基础设施、省现代综合交通运输体系建设为契机,全力以赴向上争取,北沿江高铁如皋西站正式设立,张皋过江通道完成大临开工前期准备,如皋对外交通的大格局进一步拓展、发展的区位优势日益凸显。主动融入长三角一体化发展大局，制定出台我市行动方案，如皋—张家港、如皋—锡山高质量跨江融合发展实验区行动计划稳步实施，累计举办长三角投资促进会等对接活动30余次，全方位融入苏南、对接上海的步伐显著加快。以体制机制优化为抓手扎实推进园区建设，完成省级以上开发区“区街分设”，有序推进五大共建园区建设，腾出发展空间近5000亩，成功落户亿元以上项目46个，园区建设水平全面提升。

三是坚持稳中求进，经济后劲显著增强。预计全年地区生产总值突破1300亿元、增长7%。完成一般公共预算收入72亿元，税占比84.7%、南通第一；预计完成全部工业应税销售1700亿元、增长7.5%，服务业应税销售1800亿元、增长35%；完成外贸进出口总值251亿元，实际到账外资及港澳台资3.4亿美元，港口集装箱吞吐量突破50万标箱。预计全年工业投入超300亿元，新签约10亿元以上项目32个、计划总投资近1400亿元，成功引进金鹰产业园、日达精密、广大特材等百亿级项目；新开工亿元以上项目72个，新竣工项目67个、转化达产项目39个，正威5G新材料、宏茂海上风电等省市重大项目推进顺利。实施“2523”工业大企业培育等行动计划，加快推动转型升级，新增规模工业企业160家、服务业企业50家，新认定高新技术企业107家，斯密特森、思源赫兹、汤臣汽配入选全国第二批专精特新“小巨人”企业，总数位居全省县级市第一。新增贷款总量260亿元，增幅、增量均创历史新高，新增报会企业3家、过会企业1家。被省政府列为推动“放管服”改革工作成绩突出地区，创成国家基层标准化改革创新先行区。

四是坚持统筹推进，城乡面貌明显改善。始终突出城乡统筹，持续强化配套、提升风貌，创成南通唯一的省级全域旅游示范区，盆景大观景区获评国家AAAA级旅游景区，内外城河生态景观综合提升、老旧小区改造等工程有序推进，美丽如皋建设迈出坚实步伐。高铁南站基本竣工，通皋大道一期、盐通铁路建成通车，紫光路北延等工程加快推进，打通颐园区间路等城市“堵点”，内通外联的交通格局更加完善。深入实施乡村振兴战略，新增投资1000万元以上农业重大项目49个，农产品出口总额突破2亿美元、稳居南通之首；全国首个小微盆景基地正式揭牌，搬经镇入选国家农业产业强镇，新增2个省级特色田园乡村。深入推进长江大保护，关停化工生产企业33家，生态红线区风险基本归零，全面完成长江如皋段禁渔退捕任务。坚决打好污染防治攻坚战，认真抓好中央环保督察反馈问题整改，省级以上环境信访总量下降90%以上；PM2.5平均浓度34.8微克/立方米，优良天数比例达84.3%，达到环境空气质量二级标准，改善幅度居南通前列；市考以上断面水质全部达到优Ⅲ类及以上，地表水环境质量保持南通第一、全省前列。

五是坚持发展为民，民生福祉不断增进。深入践行以人民为中心的发展思想，突出惠民生、保稳定，全面完成10项民生实事工程，全年民生支出98.3亿元。预计城乡居民人均可支配收入分别增长6.5%、7.5%。建档立卡低收入人口全部实现脱贫，经济薄弱村年集体经济收入均超50万元。就业创业服务优质高效，城镇登记失业率降至1.7%。社会保障体系持续完善，社保、医保参保率和保障水平不断提高。学校布局持续优化，普通高考各项核心指标均列南通第一，职教对口高考本科上线率保持全省第一。紧密型医共体建设试点有效推进，镇村卫生机构一体化管理取得突破。殡葬服务设施供给工作获省政府通报表扬。文体旅游事业加快发展，如皋丝毯织造技艺入选国家级非遗项目，东大街获评省级夜间文旅消费集聚区。深化高质量文明城市建设，高分蝉联全国文明城市称号。市域治理现代化试点稳步推进，扫黑除恶专项斗争扎实开展，社会公众安全感满意度达98.7%。集中治理重复信访、化解信访积案，进京登记访批次和人次分别下降74.2%、73.7%。安全生产专项整治和三年行动扎实开展，实现生产安全亡人事故和死亡人数“双下降”，社会大局保持和谐稳定。

六是坚持政治引领，党的建设全面加强。深入学习宣传贯彻习近平新时代中国特色社会主义思想和中共十九届五中全会精神，全市党员干部“两个维护”的政治自觉、思想自觉、行动自觉持续增强。全面落实意识形态工作责任制，媒体融合纵深推进，理论宣讲“十百千”工程深入实施，姚呈明“理论武装工作室”获评全国基层理论宣讲先进集体。用好用活“三项机制”，加大优秀年轻干部选拔使用力度，提拔重用一线干部123名，担当尽责、干事创业的氛围更加浓厚。牢固树立大抓基层导向，优化村（社区）党组织书记市镇共管机制，以筹备“两委”换届为契机强化村干部队伍建设，基层党组织战斗力持续提升。全面压实“两个责任”，推动南通市委巡察问题立行立改，扎实推进市委巡察全覆盖，集中整治形式主义、官僚主义，保持反腐败高压态势，风清气正的政治生态持续优化。支持人大、政府、政协履职尽责，全面加强党管武装、党校、老干部、工会、共青团、妇联等工作，团结奋进的良好局面不断巩固。

同志们，艰难方显勇毅，磨砺始得玉成。2020年是极不平凡的一年，我们遇到的困难比预想多，我们取得的成果比预期好。这些成绩的取得是在省委、南通市委的坚强领导下，全市人民团结一心、奋力拼搏的结果。在此，我代表市委，向奋战在全市各条战线上的广大干部群众，向给予真诚理解、鼎力支持的老干部和社会各界人士，表示衷心的感谢，致以崇高的敬意！

在看到成绩的同时，我们也必须清醒地认识到，发展越是向前，面对的形势越复杂、考验越严峻。一是受新冠肺炎疫情、国际经贸摩擦等影响，经济下行压力仍然很大，部分经济指标增速明显放缓，企业运行困难增多，优质项目储备不足，产业结构调整仍需发力；二是长三角一体化进程加快，我市与苏南县市相比，创新能力不够强，城市和平台能级还有较大差距，把区位势能转变为发展动能的步伐需要进一步加快；三是优质公共服务供给与群众期盼还有差距，城市管理、环境保护、社会治理等领域还存在诸多难题；四是少数党员干部创新突破、担当实干的精气神还需提振，眼界、理念、能力与如皋当下发展的要求还不相适应；等等。对此，我们必须高度重视，采取有效措施，切实加以解决。

二、深入学习贯彻中共十九届五中全会和习近平总书记视察江苏重要讲话指示精神，奋力谱写“强富美高”新如皋现代化篇章

中共十九届五中全会对我国未来发展作出系统谋划和战略部署，擘画了未来五年以及十五年的发展新蓝图。大会之后，习近平总书记首次地方视察选择江苏、来到南通，勉励江苏在改革创新、推动高质量发展上争当表率，在服务全国构建新发展格局上争做示范，在率先实现社会主义现代化上走在前列，近期召开的省委和南通市委全会相继对贯彻落实“两争一前列”指示要求进行了研究部署，明确了具体工作抓手。我们要以高度的政治自觉，深入学习领会总书记重要讲话指示和十九届五中全会精神，认真贯彻落实中央和省委、南通市委决策部署，坚决扛起新的重大使命，高质量建设长江以北最强县市，奋力谱写“强富美高”新如皋现代化篇章。

会上下发的我市规划《建议》，总结了“十三五”期间形成的工作基础、经验和不足，分析了新发展阶段面临的新机遇新挑战，明确了实现“十四五”目标任务的“五大战略抓手”等等，全市上下要深刻学习领会，切实加以贯彻落实。这里围绕打好“十四五”开局战，重点强调必须坚持的几个原则和需要把握的几个方面。

“十四五”期间，是我市发挥多重国家战略叠加和区位交通格局优势、实现更高质量发展的重要机遇期，也是扛起历史使命、加快迈向现代化的开局起步期。承前启后、开局起步，必须坚持以新思想定向领航。决胜全面建成小康社会取得决定性成就，新冠肺炎疫情防控取得重大战略成果，我们更加深切体会到，以习近平同志为核心的党中央坚强领导是根本保证，习近平新时代中国特色社会主义思想是力量源泉，任何时候都必须坚决地以新思想为指引，坚持“知其然、知其所以然、知其所以必然”，更加彻底地用新思想解放思想、统一思想，紧密结合如皋发展实际，推动视野格局、思维理念、工作方法全面适应新征程新使命，更加创造性地推动中央和省委、南通市委决策部署有效落实。承前启后、开局起步，必须坚持以新理念引领发展。作为长江以北经济总量第二的县市，面向“十四五”，实现更高质量发展，奋力建设长江以北最强县市，重任在肩、时不我待。围绕这一目标，总体上考虑分两个阶段，“十四五”期间主要在总量上追求最强，但绝不是唯GDP论，也不是好高骛远，而是要立足市情实际，坚定发展信心，保持战略定力，将五大新发展理念贯穿于发展全过程各领域，一体落地布局、一体推进落实，推动质量变革、效率变革、动力变革，努力以总量快速做大带动均量快速提升，加快建成总量和均量并举、质量和效益并重的长江以北最强县市。承前启后、开局起步，必须坚持以系统思维谋划全局。近年来，市委、市政府推出一系列关键举措，实施一系列重要项目，以重点突破带动整体推进，在整体推进中实现重点突破，这启示我们要坚定正确的工作方法不动摇，加强系统谋划，牢牢扭住发展“牛鼻子”，既抓重要领域、重要任务、重要项目，又抓关键主体、关键环节、关键节点，把下先手棋、打主动战的事情办好，把固根基、扬优势、补短板、强弱项的事情办实，将系统思维真正转化为工作能力和方法，切实提升谋大局、抓落实、促发展的能力水平。

行则将至，做则必成。我们要以功成不必在我的境界和建功必定有我的担当，一棒接着一棒传、一任接着一任干，精准把握所处的发展阶段特征，按照现代化建设规律，系统推动实施“四大行动”，更好地把行动成效转化为发展优势，把发展优势转化为发展胜势。

一是实施执政能力提升行动。坚持党的全面领导，持续健全各项事业领导机制，把党的领导落实到各领域各方面各环节。突出科学决策、民主决策、依法决策，统筹协调经济社会发展中的重大事项，全面提高常委班子把握新发展阶段、贯彻新发展理念、服务构建新发展格局的能力。注重加强各级党组织建设，不断增强党在基层的政治领导力、思想引领力、群众组织力、社会号召力，着力把各级班子建设成为扛起使命、担当作为的坚强集体。更加注重党员干部能力建设，及时总结在推动发展、化解难题中形成的宝贵经验，不断提升驾驭经济、防范风险和改革创新的能力。

二是实施发展质效提升行动。总体看，我市经济发展进入注重创新引领、质量加速提升阶段，建设实至名归、当之无愧的长江以北最强县市，必须找准“牵一发而动全身”的重大战略性抓手，以强化科技创新为牵引，优化创新资源配置，更好发挥企业创新主体作用，促进创新链、人才链、产业链有机衔接，全面激活经济发展潜能；以推进重大项目为支撑，一手抓五十亿、百亿级旗舰型项目攻坚突破，一手抓优质中小项目、存量技改项目释放潜力，为持续做大经济总量夯实基础；以深化投融资体制改革为撬动，突出区域性资本资产运作管理中心建设，加快打造资本市场“如皋板块”，助推经济跨越式增长；以推进区域协同为路径，突出功能互补、联动发展，加快提升中心城区能级，全力建设城市副中心，积极构建“一主一副”城市发展格局；以创新社会治理为突破，深化平安如皋、法治如皋建设，全面筑牢发展根基。

三是实施民生品质提升行动。当前，我市民生发展进入加快品质提升、促进共同富裕的阶段，必须认真践行以人民为中心的发展思想，处理好发展与富民的关系，集中资源分好总量“蛋糕”，不断增加民生事业投入，加大优质教育、医疗等资源供给，持续增强老百姓的获得感幸福感。处理好发展与生态的关系，以美丽如皋建设为抓手，持续打好污染防治攻坚战，加快沿江产业转型发展，推动我市长江大保护工作走在前列，让生态成为更加普惠的民生。处理好发展与安全的关系，坚守安全生产底线，积极探索系统治理、综合治理、依法治理新路子，全面提升本质安全水平，让安全发展成为最基本最重要的民生。

四是实施争先创优提升行动。进入新发展阶段，我们将面临一些新情况新问题新挑战，必须坚定“行行争第一”的追求，紧扣“工业投入三年超千亿、百强排名挺进前二十”目标定位，深入学习借鉴苏州“三大法宝”，激发“狼性”精神，敢啃“硬骨头”、勇破“娄山关”、善开“顶风船”，突出清单化管理、项目化推进、责任化落实，干一件成一件、积小胜为大胜，在发展速度上争先进位、在发展质量上扛旗夺杯、在贡献份额上追赶超越，推动形成党员干部带头干、广大群众积极干、全市上下齐心干的生动局面，在雉水大地奏响接续奋斗的恢宏乐章。

三、奋力推动“十四五”开好局、起好步，高水平开启全面建设社会主义现代化新征程

今年是开启全面建设社会主义现代化国家新征程、向第二个百年奋斗目标进军的起步之年，也是如皋奋力建设长江以北最强县市的发力之年。做好全年工作，必须坚持以习近平新时代中国特色社会主义思想为指导，全面贯彻中共十九大和十九届二中、三中、四中、五中全会以及中央经济工作会议精神，深入贯彻习近平总书记视察江苏重要讲话指示精神，认真落实省委和南通市委部署要求，紧扣“强富美高”总目标，坚持稳中求进工作总基调，立足新发展阶段，贯彻新发展理念，构建新发展格局，以推动高质量发展为主题，以深化供给侧结构性改革为主线，以改革创新为根本动力，以满足人民日益增长的美好生活需要为根本目的，坚持系统观念，贯彻“三个全方位”工作要求，更好统筹发展和安全，高质量建设长江以北最强县市，奋力谱写“强富美高”新如皋现代化篇章，确保“十四五”开好局、起好步，以优异成绩庆祝建党一百周年。

今年经济社会发展的主要预期目标是：地区生产总值增长8%以上，一般公共预算收入增长6%以上，全部工业应税销售增长15%以上，服务业应税销售增长12%以上，实际利用外资及港澳台资3.5亿美元、力争4亿美元，外贸进出口增长2%左右，固定资产投资增长10%以上；居民消费价格涨幅控制在3%左右，城镇登记失业率控制在2%以内，居民人均可支配收入增长快于经济增长，单位GDP能耗下降、主要污染物排放完成上级下达任务。

围绕全年目标，重点抓好八个方面的工作：

（一）毫不放松抓好常态化疫情防控。当前疫情防控取得重大战略成果，但外防输入、内防反弹的压力持续存在，大战仍在进行，大考远未结束。各级党员干部要把疫情防控作为一项重要政治任务，坚决防止出现麻痹思想、侥幸心理、松劲心态，把疫情防控中形成的好经验、好做法坚持下去，继续落实落细各项常态化防控举措，不断巩固疫情防控成果。坚持“可知可控、精准防控”，突出“人”“物”同防，强化学校、养老机构、农贸市场等重点场所防控，抓好重点人群核酸检测和健康监测。加强进口冷链食品集中监管，规范开展采样检测和预防消杀，确保预防在先、发现在早、处置在快。科学推进公共卫生应急管理体系建设，加强应急物资储备和培训演练，进一步健全防控救治等体制机制，增强应急处置能力。深入开展新时代爱国卫生运动，倡导文明健康生活方式，不断增强群众自我保护和管理意识。

（二）凝心聚力推进科技创新。以创建国家创新型县市为引领，坚持把科技创新与产业转型同部署、同推进、同落实，为高质量发展提供强有力科技支撑。突出企业创新主体地位。深入实施高新技术企业培育“小升高”行动计划，培育形成以创新型领军企业、瞪羚企业为重点的企业创新“矩阵”，全年新认定国家科技型中小企业200家、高新技术企业110家。强化创新政策支持，引导企业加大研发投入，确保全年研发经费投入占地区生产总值比重达2.7%。强化科创载体服务作用。启动省技术创新中心建设，推进高新区争创国家级高新区，支持各主功能区创建国家级科技孵化器，搭建多层次科创空间载体。做优做强中科院化合物半导体研究院、吉林大学汽车产业研究院、中乌第三代半导体研究院等科创平台，推动科技创新与产业发展深度融合。充分发挥科技镇长团桥梁纽带作用，持续深化产学研合作，支持共建博士后工作站等创新载体，全年新建省级以上研发机构4家以上，努力推动更多科技成果在如皋转化。构建良好创新创业生态。借鉴科创委工作机制，完善科技创新领导体制，推动科创资源高效配置。建立市场化产业引导基金运行制度，提升金融服务科技创新的能力，全年发放“苏科贷”“高企融资直通车”等各类科技贷款2.5亿元以上。深入实施“雉水英才”等人才计划，深化产业工人队伍建设改革，年内引育各类高层次创新创业人才30人。推进“院士专家如皋行”等活动，办好第20届科技人才洽谈会，着力提高对外知名度、提升人才吸引力。

（三）坚定不移壮大实体经济。坚持招大选优并举、内培外引并重，持续狠抓项目建设，加大存量企业培育，推动产业集聚集群发展，不断提高发展质量和效益。打好项目建设持久战。围绕打造“3232”产业体系，突出科技创新、亩均投入、税收贡献等要素，优化项目预审标准，着力招引一批创新能力强、投资规模大、产业层次高、带动潜力足的旗舰型项目，力争全年招引10亿元以上重特大项目不少于32个、百亿级重大项目持续突破。进一步完善项目建设月度观摩和重大项目服务机制，确保金鹰产业园、正海磁材、斯堪尼亚重卡等重特大项目如期开工、快速推进。坚定实施“腾笼换鸟”，多措并举做好闲置土地、低效用地、僵尸企业用地的盘活利用，着力提升工业用地“亩产率”。做好企业培育大文章。深入推进工业大企业、专精特新“小巨人”培育工程，鼓励和支持广大企业加快技改升级，加速培育“链主企业”、知名品牌，聚力推进产业基础高级化、产业链现代化。强化政策支持力度，抓好上市挂牌后备企业培育，确保全年新增上市公司1家、报会2家。更好发挥金融支持实体经济作用，力争制造业贷款增量30亿元以上。纵深推进建筑业改革，优化企业治理结构，引进优秀管理人才，探索国有企业通过混改提升建筑业竞争力的路径，提高建筑业整体业态水平。建立健全市领导挂钩联系优势产业链和重点企业机制，实施企业家素质提升工程，积极构建亲清政商关系，培养更多创新意识强、家国情怀深的“张謇式”企业家。建好开发园区主战场。四大主功能区是全市项目建设的主阵地、高质量发展的主力军，要聚焦提升贡献份额，狠抓项目建设，瞄准产业发展，狠抓转型升级，突出科技创新，狠抓高企培育，以实际成效扛起应有担当、实现争先进位。五大共建园区要深入推进规划编制、形态提升和功能完善，加快推动重特大项目落户，着力打造项目集聚强磁场。各镇工业集中区要围绕“一区一特色”，进一步明晰产业定位、突出生态集约、完善功能布局、提升发展质态。

（四）更大力度推进改革开放。坚持以改革增活力、以开放促发展，抢抓长江经济带发展、长三角一体化发展、“一带一路”建设等战略机遇，纵深推进改革开放，主动服务构建新发展格局。更深层次推动重点改革。深化“放管服”改革，打造“如意”服务创新品牌，确保营商环境评价和政务服务能力保持全省前列。深化国资国企改革，加快健全管资本为主的国有资产监管体制，着力降成本、拓市场、强队伍，不断提升国有资本规模和质量。高水平建设国家标准化改革创新先行区，着力提升对重点领域的引领支撑效应。更高质量推进跨江融合。紧扣一体化、高质量，深入落实与苏州张家港市、无锡锡山区的战略合作协议，积极推动长江镇与张家港凤凰镇、金港镇的跨江共建。深入研究上海“五个中心”和苏南现代化示范区建设带来的对接空间，加快承接上海创新要素外溢、苏南产业梯度转移，充分发挥我市旅游和农业资源丰富的优势，着力打造长三角最具资源和成本优势的中高端产业制造基地、生态休闲旅游基地、优质农产品供应基地。更高水平扩大对外开放。鼓励有条件的企业做强总部经济，积极参与国际产能合作、扩大国际营销网络、有效规避贸易壁垒，更好融入全球产业链、供应链。准确把握国际产业转移新趋势、外商投资政策新动向，引导外资及港澳台资企业增资扩股和利润再投，突出招大引强、招新引高，稳步提升外资及港澳台资质态，确保全年实际利用外资及港澳台资3.5亿美元以上。加快提升如皋港跨境电商产业园建设水平，培育外贸新业态新模式，抢抓日达精密、斯堪尼亚重卡等重大外资及港澳台资项目落地契机，积极申报综合保税区，加快建设外贸强市。

（五）全面提升生态环境质量。坚持绿水青山就是金山银山理念，把保护生态环境摆在更加突出位置，高水平、大力度推进生态文明建设。突出抓好长江大保护。刚性落实长江经济带发展负面清单，深化化工产业安全环保整治提升行动，加快淘汰落后过剩产能、培育壮大新兴产业，推动沿江产业转型、布局转优、动能提升。严控长江岸线开发利用，巩固非法码头整治成果，持续打击违法占用岸线行为。建立健全长效管控机制，持续巩固长江禁渔退捕成效。统筹推进沿江生态环境修复，构筑更多自然景观和滨水绿带，让绿色成为沿江的鲜明底色。持续打好污染防治攻坚战。坚持精准治污、科学治污、依法治污，提升生态环境智慧管理水平。加强断面管控和水质监测，加快黑臭水体整治和农村区域治水探索，推进污水管网、分散农户生活污水处理设施等建设，力争年内市考以上断面水质保持优Ⅲ类及以上。聚焦重点区域、重点行业，深化工业废气、工地扬尘等污染源治理，确保PM2.5平均浓度、空气质量优良天数比例完成南通下达任务。加大重点地块风险管控力度，深入开展危废专项整治，提升固废处置能力，全面消除环境安全隐患。扎实化解突出环境问题。强化上级交办问题整改销号，紧盯整改实效，定期开展“回头看”，严防敷衍整改、问题反弹。规范环境初信初访办理，压实网格责任，压降信访总量。集中力量整治突出环境问题，最大限度化解越级环境信访。深化环保执法司法联动等改革创新，继续保持环境执法高压态势，坚决遏制环境违法行为，不断提升群众对生态环境的满意度。

（六）更实举措推动城乡发展。坚持“四化同步”，推动城市建设与乡村振兴同频共振，着力构建新型工农城乡关系。做优城市功能品质。统筹中心城区产业、配套、文旅、创新、生态“五大片区”建设，高标准谋划实施东大街历史文化街区、龙游河生态三期、如泰运河生态廊道等重大城建项目，加快国家历史文化名城、国家生态园林城市创建进程。加强老城风貌保护提升，扎实推进老旧小区改造、城市破旧区域更新和内外城河生态景观综合提升等工程，完善小游园等市民休闲配套场所，加强停车设施规划建设，提升城市精细化管理水平。完善新城基础设施建设，推进万达广场、希尔顿酒店等一批功能配套项目，规划建设金融集聚区，打造现代化高品质城市新区。全面推进北沿江高铁、张皋过江通道、通皋大道二期等重大交通工程，畅通城市道路"微循环"，统筹构建外畅内序、互联互通的市域交通体系，以交通格局大改变提升城市发展新能级。推进乡村全面振兴。坚持把解决好"三农"问题作为工作重中之重，加快农业农村现代化步伐，持续促进农业高质高效、乡村宜居宜业、农民富裕富足。进一步稳定粮食生产面积，推动生猪生产转型升级，加强地方种质资源保护和开发利用，确保粮食和重要农副产品稳产保供。围绕国家农业科技园区核心区、国家农业产业强镇等重点区域，加大农业龙头企业培育和招引力度，推动花木盆景、黑塌菜等一批地方特色优势产业品质化、标准化、品牌化发展，加快省级农高区申报进程，持续构建区域优势布局和专业生产格局。深度发掘乡村多重价值，培育壮大乡村旅游、休闲农业、农村电商等新产业新业态，促进农村一、二、三产融合发展。接续推进农村人居环境整治提升行动，以南通乡村振兴示范村、先进村培育为抓手，扎实做好农房建设管理、农村庭院环境整治等各项重点工作，打造特色田园乡村、美丽宜居乡村。持之以恒推进移风易俗，坚决制止餐饮浪费，深化文明殡葬改革和乱建"土庙"专项整治成效，构建长效监管机制，提高乡村社会文明程度。促进城乡融合发展。大力实施乡村建设行动，分类推进被撤并老镇区镇容街貌整治提升、公共服务设施改善、环境秩序管理优化等重点工作，统筹推动城乡居民生活基本设施协调发展。持续深化"百企联百村、共走振兴路"行动，大力培育新型农业经营主体，推进"强村加油站"建设，完善农企利益联结机制，做好巩固拓展脱贫攻坚成果同乡村振兴有效衔接。激发农村资源要素活力，稳步推进农村土地"三权分置"改革，积极探索集体经营性建设用地入市等改革试点，优化乡村产业发展用地政策体系，释放城乡发展新空间。

（七）尽心尽力办好民生实事。坚持把人民群众对美好生活向往作为奋斗目标，织密民生保障网络，全面发展社会事业，持续增进民生福祉。提升就业增收水平。突出抓好重点群体就业，实施职业技能提升行动，大力发展新就业形态和灵活就业，全年新增就业人数不少于1.3万人。持续推进全民参保计划，深入实施工伤保险"同舟计划"、养老保险"助保贷款"，确保应保尽保、应发尽发。统筹完善社会救助、社会福利、慈善公益、优抚安置、残疾人帮扶等制度，全力做好普惠性、基础性、兜底性民生建设。扩大优质服务供给。持续优化教育资源布局配置，加快新城高中、如皋中学品质提升、志颐小学、如皋初中新校区等工程建设，推动如师二附、如师三附等学校年内建成，启动如皋中专升格职业技术学院、第一中专升格技师学院工作，争创国家级义务教育优质均衡发展示范县市，加快建设"高质量教育县域样板、长三角北翼教育名城"。全面推进紧密型医共体建设，加强镇村卫生服务一体化管理，持续提升医疗卫生服务水平。加强镇级水厂监督管理，强化供水安全保障，实现城乡供水一体化、均衡化。推进文化强市建设。推动高质量全国文明城市建设不断走深走实，扎实推进新时代文明实践中心全国试点工作，持续擦亮"微笑之城·大爱如皋"品牌。深化媒体融合，加快"如e融媒"等新平台建设，全面提升新闻舆论传播力、引导力、公信力。实施文化惠民工程，完善文旅公共服务设施，鼓励支持文化艺术精品创作，积极承办各类体育赛事，更好满足人民群众精神文化需求。

（八）持续提升社会治理水平。聚焦矛盾源头化解、隐患源头防控，提升社会治理水平，增强群众安全感满意度，努力打造市域治理现代化"如皋样板"。深化社会治理创新。以市域治理现代化指挥中心建设为抓手，构建市镇两级全覆盖社会治理架构；深化完善"大数据+网格化+铁脚板"治理机制，加强网格化管理体系建设，进一步夯实社会治理基层基础。筑牢安全稳定基石。扎实推进安全生产专项整治三年行动，努力实现事故总量和较大事故持续下降，切实提升全市本质安全水平。抓好食品、药品、公共卫生和交通运输等领域的安全监管，切实维护人民群众生命财产安全。深入推进领导干部接访下访，集中开展信访积案、越级进京访等专项治理，努力实现"三降两升"目标。加强平安法治建设。依法严厉打击各类违法犯罪活动，常态化开展扫黑除恶斗争，全力防范化解重点领域风险隐患。打造新时代智慧技防雪亮工程体系，推动全市尽快形成一批高水平智慧技防建设示范点，营造和谐有序的社会环境。

四、持续提升党的建设水平，为奋力谱写"强富美高"新如皋现代化篇章提供坚强政治保证

全面贯彻落实新时代党的建设总要求，坚定不移深化全面从严治党，努力把各级党组织打造得更加坚强有力，把广大党员干部锤炼得更加奋发有为，确保各项决策部署一贯到底、落地见效。

（一）进一步突出政治引领，夯实理想信念根基。坚持用习近平新时代中国特色社会主义思想定向领航，深入贯彻落实习近平总书记视察江苏重要讲话指示精神，把稳思想之舵，绷紧政治之弦，增强"四个意识"、坚定"四个自信"、做到"两个维护"，确保各项事业始终沿着正确政治方向前进。扎实推进不忘初心、牢记使命制度建设，在学习新思想中增强发展信心，在思想大解放中谋求突破之策，真正把学习成果转化为推动工作的强大力量。严格落实意识形态工作责任制，精心开展高水平全面建成小康社会、建党100周年、撤县建市30周年等主题宣传，以凝聚人心、鼓舞信心的主流思想舆论筑牢意识形态领域主阵地。坚持和加强党的全面领导，积极支持人大、政府、政协、监察机关、审判机关、检察机关依法依章履行职责，重视做好统战、人武、群团、党校、老干部等工作，凝聚高质量发展强大合力。

（二）进一步夯实基层基础，构筑坚强战斗堡垒。坚持大抓基层导向，深入推进“五聚焦五落实”行动计划，以村（社区）“两委”换届为契机，选优配强“两委”班子，全面推行村干部专职化管理，把基层党组织建设得更加坚强有力。实施“两新”党建“红领+”工程，深化机关党建领域品牌创建，探索标准化、项目化、特色化“三化”并进的基层党建新路径，推动各领域基层党组织全面进步、全面过硬。坚持“以实绩论英雄”，把干部放到发展一线培养锻炼和考察识别，让忠诚干净担当的高素质干部脱颖而出、走上前台。坚持严管与厚爱结合、激励和约束并重，用活用好“三项机制”，把敢担当善担当的干部大胆使用起来，把不作为慢作为的干部坚决调整下来，真正让基层干部心无旁骛谋发展、尽心竭力惠民生。

（三）进一步强化正风肃纪，营造良好政治生态。加强市委常委会自身建设，严格执行民主集中制，落实“三重一大”事项决策制度，促进权力规范透明运行。市委常委要带头自觉遵守廉洁自律各项规定，切实强化引领、当好表率。压紧压实“两个责任”，紧盯“关键少数”、引领“绝大多数”，推动领导干部特别是“一把手”管好班子、带好队伍，确保管党治党责任落到实处。加强政治巡察，扎实做好巡察“后半篇”文章，充分发挥巡察利剑作用。深入落实中央八项规定精神，紧盯“四风”问题，深化群众身边腐败和作风问题专项整治，精准有效运用“四种形态”抓早抓小、防微杜渐，对形式主义、官僚主义准确画像、抓住本质、时刻防范，巩固拓展基层减负成果，推动党风政风持续好转。始终坚持“无禁区、全覆盖、零容忍”惩治腐败，大力构建“不敢腐、不能腐、不想腐”的有效机制，不断把“廉洁如皋”建设推向深入，努力营造风清气正的政治生态。

同志们，百舸争流，奋楫者先；千帆竞发，勇进者胜。让我们更加紧密地团结在以习近平同志为核心的党中央周围，在省委和南通市委的坚强领导下，进一步解放思想、开拓创新，主动作为、奋勇争先，推动各项工作开好局、起好步，高质量建设长江以北最强县市，奋力谱写“强富美高”新如皋现代化篇章，以优异成绩迎接党的百年华诞！

政府工作报告

——在如皋市第十七届人民代表大会第五次会议上

（2021年2月23日）

代市长　王鸣昊

各位代表：

现在，我代表市人民政府向大会作工作报告，请予审议，并请市政协委员和其他列席人员提出意见。

2020年和“十三五”工作回顾

过去的一年是极不平凡的一年，市政府在中共如皋市委的正确领导下，在市人大、市政协的监督支持下，深入学习贯彻习近平新时代中国特色社会主义思想和中共十九大、十九届二中、三中、四中、五中全会精神，坚持稳中求进工作总基调，坚持新发展理念，坚持高质量发展，抢抓长三角一体化发展机遇，围绕“奋力建设长江以北最强县市”目标，统筹疫情防控和经济社会发展，较好完成全年目标任务。实现地区生产总值1305亿元、增长5.3%；一般公共预算收入72亿元，税占比84.7%、南通第一；固定资产投资476.5亿元、增长10.1%，社会消费品零售总额458亿元、增长7%，进出口总额248.9亿元、增长1.1%；城镇、农村居民人均可支配收入分别为49118元、23599元，增长4.6%、7.7%；城镇登记失业率降至1.74%；完成上级下达节能减排任务。

过去的一年，面对突如其来的新冠肺炎疫情，我们坚决贯彻国家、省和南通市的决策部署，坚持人民至上、生命至上，在疫情暴发初期果断踩下“急刹车”、按下“暂停键”，统筹抓好“四早”防控和“四集中”救治，用12天时间实现本地确诊病例“零新增”，再用不到一个月的时间实现本地确诊病例全部治愈“清零”，保持患者“零病亡”、医护“零感染”。在疫情得到有力有效控制并做好常态化防控的前提下，用力踩足复工复产“大油门”、按下经济恢复“快进键”，先后出台扶企惠企、稳定外贸等政策措施，帮助企业纾困解难，两个月基本实现生产生活秩序正常化。回望这一年，我们进行了惊心动魄的抗疫大战，经受了艰苦卓绝的历史大考，“六稳”工作有力落实，“六保”任务全面完成，全市上下用忠诚担当、实干奋斗谱写了高质量发展和“强富美高”新如皋建设新篇章。

一、实体经济在共克时艰中企稳回升。坚持用发展战略的确定性应对各类挑战的不确定性，用稳增长的硬任务落实好促发展的硬道理，经济发展稳中有进、向上走强。工业经济稳中向好。不折不扣落实税费减免、要素保障等政策，推动工业经济循环畅通发展，实现规模工业产值1223亿元、规模工业应税销售1063亿元，分别增长6.8%、14.8%。完成技改投入137.3亿元、占规模工业投入45.7%。深入实施“2523”大企业、“专精特新”企业培育工程，新增10亿元企业2家、亿元企业44家、纳税超亿元企业1家、规模工业企业175家，星球石墨入选国家制造业单项冠军示范企业，思源电气、斯密特森、汤臣汽配入选全国第二批专精特新“小巨人”企业。新增省五星级上云企业1家、省级示范智能车间4家。新增贷款总量269.5亿元，增幅南通第一。新增上市报会企业3家、过会企业1家。现代服务业提速发展。实现服务业增加值604亿元、应税销售1826亿元，分别增长6.6%、36%。新增规模服务业企业50家、限上批零住餐企业99家。发放“皋兴购”消费券促进消费超1亿元，夜间经济等新业态有序发展。实现旅游综合收入135亿元。创成省全域旅游示范区，获评国家4A级景区、省级夜间文旅消费集聚区各1家。平园池村入选全国乡村旅游重点村。建筑业逆势上扬。建筑业施工总产值突破1500亿元、入库税收13亿元。重点企业新签合同额增长超50%。获鲁班奖2个、国优奖5个。现代农业稳产增效。粮食生产再获丰收。项目农业投入26亿元，高标准农田、适度规模经营面积占比分别达61%、65%。新增小微盆景基地800亩。15万头生猪稳产保供基地开工建设。培育种养循环示范点20个，畜禽粪污综合利用率达98.6%。搬经镇入选全国农业产业强镇。

二、项目质效在久久为功中持续提升。坚持大抓项目、抓大项目，落实领导挂钩联系重大项目和月度观摩机制，更大力度抓招商、攻项目、强载体，高质量发展根基进一步夯实。招大引强实现突破。坚持重兵会战、精兵招引，在上海、北京、深圳等地开展投资促进周活动，成功举办“一会两节”，新签约10亿元以上项目24个，金鹰产业园、广大特材、日达智造等百亿级项目和斯堪尼亚重卡等重大外资及港澳台资项目成功落户。项目建设扎实推进。开展“大项目突破年”活动，新开工亿元以上项目84个，完成投资109亿元，其中10亿元以上工业项目18个、5亿元以上服务业项目4个，竣工项目93个、竣工率78.2%，转化达产项目66个、转化率35.1%。入选南通市高端制造业项目5个。省、南通市重大项目完成年度投资计划。园区建设取得实效。完成省级以上开发区“区街分设”。有序推进五大共建园区建设，盘活提升低效用地6178亩，成功落户10亿元以上项目30个。

三、改革开放在开拓创新中纵深推进。坚持以创新驱动、改革开放应对变局、开拓新局，区域发展竞争力不断提升。创新能力显著增强。完善“多位一体”科技人才服务体系，出台支持科创型企业发展等政策意见，新认定高新技术企业107家，新增省级工程技术研究中心4家，获批省级资金类科技计划项目5项，新签产学研合作项目118项，引进高层次双创人才30名，发放科创型企业贷款3.6亿元。主导或参与制定国家、行业标准9项，组建全国标准化分委会1个，新增国家级标准化试点项目2个、省级1个，创成国家基层标准化改革创新先行区。重点改革蹄疾步稳。全省率先启动“一件事”改革，推动网上跨部门协同审批，整合基层审批服务执法力量，“放管服”改革获省政府督查激励。强化农村综合改革，累计完成产权交易额22.5亿元，发放承包土地经营权抵押贷款1.9亿元，建成农民合作社综合社7家。深化国资国企改革，新增AA+主体信用评级企业2家，完成开发区国企体系重构。对外开放不断深化。实际到账外资及港澳台资3.3亿美元，新批超亿美元项目6个。完成服务外包执行额16.2亿美元、增长25.3%，其中离岸外包5.1亿美元、增长127.3%。新增境外投资项目16个、投资额1.8亿美元。外经营业额1.7亿美元。新开国际国内航线2条，集装箱吞吐量突破50万标箱。跨境电商产业园正式运营。

四、城乡建设在统筹融合中提升能级。不断优化市域发展格局，坚持统筹协调、融合发展，高质量推进城乡建设。城市品质持续提升。完成新城区功能提升、如泰运河生态廊道、金融集聚区等规划编制。突出抓好32项重大城建项目，基础设施投入超10亿元。内外城河综合提升、龙游河三期、老旧小区改造等工作有序推进，新改建城市道路3800米、桥梁4座，新增绿化面积60公顷，城区垃圾分类投放设施覆盖率百分之百，既有多层住宅加装电梯试点工作顺利推进。完成城市搬迁80.5万平方米，棚户区改造66.5万平方米。创成省级生态园林城市、国家级节水型社会建设达标县，国家级户外广告试点通过验收。交通建设持续推进。如皋南站建成运营，通皋大道一期建成通车，老204国道二期改造完成，紫光路北延工程加快建设，内联外通交通格局更加完善。完成农村公路提档升级10千米，桥梁改造15座，通居路60千米，安全生命防护工程65千米。完成城乡客运一体化运营改革。镇村环境持续改善。深入推进农村人居环境整治，农村无害化卫生户厕普及率99.5%、生活垃圾集中收运率百分之百、生活污水处理设施行政村覆盖率95%。扎实开展农村乱占耕地建房专项整治行动。新增省级生态文明建设示范镇、示范村各2个，建成省特色田园乡村5个，创成省传统村落5个。

五、三大攻坚在克难奋进中决战决胜。对标“高”站位，对表“严”要求，坚持补短板、强弱项，三大攻坚战取得决定性胜利。污染防治成效显著。全面落实河长制、断面长制、点位长制，攻坚体系不断健全。中央、省环保督察和“回头看”交办问题整改全部销号。新建污水管网35千米，完成5个污水处理厂提标改造，建成分散式农户生活污水处理设施2000户，完成82条黑臭河道整治。市考以上断面优Ⅲ比例百分之百，地表水环境质量位居全省第六、南通第一。镇级大气自动监测站全面建成，PM2.5平均浓度34.8微克/立方米，优良天数比例84.3%，达到国家空气环境质量二级标准。凌青建筑装潢垃圾资源化处置中心、上海电气炉排炉改造、飞灰填埋场二期建成投运。省级以上环境信访总量下降90%。坚定推进长江大保护，关停化工生产企业33家，长江退捕安置、岸线项目清理整治全面完成。风险隐患有效防控。全力防范化解政府隐性债务风险，推进乡镇债务提级管理，完成年度化债任务，实现债务规模、债务率“双下降”，全年债务成本下降49个基点。强化金融风险整治，扎实做好防范和处置非法集资工作。脱贫攻坚全面胜利。巩固提升“两不愁三保障”成果，建档立卡低收入户全部脱贫，32个经济薄弱村全部达标。建成强村加油站1个。与陕西洋县对口协作任务全面落实。

六、民生福祉在普惠共享中日益增进。自觉践行以人为本发展理念，大力增进民生福祉，较好完成10件为民办实事项目，财政支出中民生投入占比78.6%。千方百计稳定就业。持续推动就业惠民、创业富民，新增就业9685人、创业3823人，发放富民创业贷款1035万元，落实稳岗返还资金1700万元，实施“百企联百村”联建项目190个。保障体系不断健全。城乡居民医保、职工“五险”实现动态全覆盖，城乡居民基础养老金、城乡低保等标准持续提高，全面落实残疾人“两项补贴”、重点优抚对象抚恤优待政策和退役士兵安置政策。优化公共服务供给。不断加快教育现代化步伐，普通高考本一上线率76.3%，核心指标均列南通第一，李渔小学投入使用，如皋中学品质提升、志颐小学等工程顺利推进。健康如皋建设深入推进，紧密型医共体、镇村卫生一体化工作取得突破，国家级卫生镇实现全覆盖。文体宣传事业加快发展，获省群众文艺“五星工程奖”2件、省档案开发利用成果一等奖1项，丝毯织造技艺获批国家级非遗项目，市木偶艺术团获评省群众文化“百千万”工程优秀文艺团队，举办“梦百合杯”世界围棋赛，支云足球俱乐部成功保级，融媒体中心入围省媒体融合先导单位。

七、社会大局在和谐共治中保持稳定。坚持安全发展理念，提高本质安全水平，全力打造更高水平的平安如皋。安全生产形势平稳。紧扣“两个不放松”和“务必整出成效”总目标，扎实开展安全生产专项整治，“一年小灶”任务全面落实，33个重点领域专项整治稳步推进，全市生产安全事故起数、死亡人数分别下降72.4%、73.3%。民主法治扎实推进。“七五”普法深入推进，市镇村法律顾问聘用实现全覆盖，行政案件数量下降30.8%。非诉服务中心成立运行，涉企矛盾纠纷人民调解委员会荣获全国模范称号。社会治理共建共享。市域治理现代化指挥中心建成运行，初步构建市镇村三级联动指挥体系。深入开展扫黑除恶专项斗争，群众安全感98.7%。集中治理重复信访、化解信访积案，进京登记访批次和人次分别下降74.2%、73.7%。移风易俗纵深推进，殡葬改革工作获省政府督查激励。切实加强政府自身建设，自觉接受人大法律监督、工作监督和政协民主监督，主动接受社会公众舆论监督，办理人大代表建议440件、政协委员提案376件，代表、委员满意和基本满意率均达百分之百。此外，人武、统计、供销、气象等工作不断加强。海事、海关、边检等口岸单位高效运转。积极支持工青妇、残联、科协、工商联等群团组织发挥作用。外事、红十字会、关心下一代、慈善、老科协、老区建设、老年体协、历史文化研究、见义勇为、长寿研究等工作取得新进步。

各位代表，“十三五”时期，如皋经济社会发展取得了历史性成就，为建设长江以北最强县市奠定了坚实基础。

五年来，我们始终坚持发展为要，深入践行高质量发展新理念，突出总量与质量并行，综合实力显著跃升。高水平全面建成小康社会取得决定性成就。地区生产总值、全部工业应税销售、服务业应税销售、建筑业施工产值突破千亿大关。三次产业比重由7.3:51.4:41.3调整到5.9:47.8:46.3。战略性新兴产业、高新技术产业产值占规上工业比重分别达32.3%和40%。获批国家制造业单项冠军2个、专精特新“小巨人”企业6家，省特色产业集群4个、生产性服务业集聚示范区3个。获批国家可持续发展实验区、国家农业绿色发展先行区。综合实力位居全国百强县市第24位。

五年来，我们始终坚持改革为先，坚定践行“改革不停顿、开放不止步”重要遵循，突出开发与开放并驱，发展活力显著增强。率先开展相对集中行政许可和综合行政执法改革，营商环境评价全省领先，全面深化“2+1+1”国资国企运营体系改革，创成国家基层标准化改革创新先行区。扩大高水平对外开放，完成外资及港澳台资到账17.5亿美元，外贸进出口年均增长5%，如皋港保税物流中心(B型)开关运营，集装箱吞吐量年均增长66%。积极实施创新驱动发展战略，高新技术企业270家，研发投入占GDP比重2.6%，万人发明专利拥有量25件。获批国家级农业科技园区核心区、省级高新区。

五年来，我们始终坚持品质为重，认真践行“城市让生活更美好”发展要求，突出精致与精细并重，城乡面貌显著变化。累计完成城市建设投入50亿元。城镇化率从55.3%提高到62.2%。城市空间不断拓展，完成城市总规、新城功能提升等规划修编，新城建设框架全面拉开。

功能配套不断提升，突出用水点亮城市，改造提升龙游河、内外城河、宝塔河、茅雉河等城市河道15千米，新增绿地453公顷。综合交通不断完善，北沿江高铁、盐通高铁正式设站，张皋过江通道即将大临开工，通皋大道正式通车，城区"八横八纵"骨干路网基本建成，行政村双车道四级公路实现全覆盖。创成中国人居环境奖、国家节水型城市。

五年来，我们始终坚持生态为基，积极践行"绿水青山就是金山银山"发展理念，突出治标与治本并施，环境质量显著提升。长江大保护纵深推进，关闭化工生产企业127家，拆除规模养殖场612个，整治黑臭河道455条，新建污水管网285千米，污水集中处理率96.8%。环境质量大幅改善，市考以上断面水质均达优III类，地表水环境质量全省领先，单位GDP能耗较"十二五"期末下降26.7%，优良天数比例上升17.8%、PM2.5平均浓度下降59.7%，创历史最高水平。监管机制不断健全，建立生态环境执法司法联动和镇区生态补偿机制，成立全省首家生态环境保护执法司法联动中心，省高院在我市设立长江流域环境资源第二法庭。

五年来，我们始终坚持民生为本，自觉践行以人民为中心的发展思想，突出富民与惠民并举，群众生活显著改善。财政支出中民生投入占比保持78%以上。累计实施民生实事项目66件。城乡居民人均可支配收入年均分别增长7.8%、8.7%。社会保障体系不断完善，城乡社会保险覆盖率99.8%，城镇登记失业率控制在2%以内。基本公共服务标准化、均等化水平稳步提升，省教育现代化监测综合得分连续五年领跑南通，人民医院、中医院建成三级乙等医院，区域供水三期工程扎实推进，全面完成镇级民营医院、民营水厂公益性回归整合。高分蝉联全国文明城市称号。连续多年被评为全国公益百强城市，省级双拥模范城创建实现"四连冠"。

春华秋实，时间是最伟大的书写者，忠实地记录着奋斗的足迹。在这段砥砺奋进的历程中，我们主动作为，扎实工作，全力保持经济社会持续健康发展，取得了来之不易的成绩。这是全市人民在市委的正确领导下，在历任老领导、老同志打下的坚实基础上，凝心聚力、同心共建的结果，是市人大及其常委会法律监督和工作监督的结果，是市政协民主监督和积极支持的结果，是全市人民热忱支持、团结协作的结果。在此，我谨代表市人民政府，向全市人民，向人大代表、政协委员和离退休老同志，向驻如部队、武警官兵、公安干警和消防救援指战员，向关心和支持如皋发展的社会各界人士，致以衷心的感谢和崇高的敬意！

我们也清醒地看到，全市经济社会发展中还存在着一些问题和不足：主导产业规模偏小，产业链尚不完整，创新能力整体不强，龙头型、创新型企业不多，开发园区集聚度、支撑度、贡献度亟待提高；交通区位优势尚未充分释放，城市功能和品质还有待提升，城市发展能级还不够高；公共服务供给与群众需求还有差距，社会治理、环境保护等领域还存在不少短板；极少数党员领导干部政绩观、发展观出现偏差，"三重一大"决策程序未能严格履行，担当意识、服务能力与高质量发展要求还有差距。对此，我们将采取切实有效措施，认真加以改进解决。

"十四五"时期的目标任务

今后五年是如皋扛起历史使命、加速迈向社会主义现代化的起步期，是加快战略机遇转化、全面融入长三角一体化的窗口期，也是建设长江以北最强县市、实现更高质量发展的关键期。我们唯有胸怀大局、把握大势，准确识变、科学应变、主动求变，善于认识机遇、用好机遇、转化机遇，更加彻底地解放思想，更加科学地应对挑战，方能在危机中育先机、于变局中开新局。我们唯有谋定战略、完善战术，聚焦聚力关键抓手，以投资拉动、科技驱动、资本带动为引领，以产业升级、城市更新、交通转型为重点，全神贯注、全力以赴、全面突破，方能在新一轮区域竞争中抢占先机、赢得主动。我们唯有保持定力、高点定位，鼓足"比学赶超"的争先劲头、激发"滚石上山"的"狼性"斗志，一张蓝图绘到底、一棒接着一棒传、一任接着一任干，方能乘势而上、行稳致远，昂首阔步迈进"十四五"。

根据市委十二届十二次全会精神和《市委关于制订如皋市国民经济和社会发展第十四个五年规划的建议》，市政府制订了"十四五"规划纲要(草案)，提请大会审议。

"十四五"时期我市国民经济和社会发展的总体要求是：高举中国特色社会主义伟大旗帜，深入贯彻中共十九大和十九届二中、三中、四中、五中全会精神，坚持以习近平新时代中国特色社会主义思想为指导，深入落实习近平总书记对江苏工作重要讲话指示精神，统筹推进"五位一体"总体布局，协调推进"四个全面"战略布局，坚持新发展理念，坚持稳中求进工作总基调，以推动高质量发展为主题，以深化供给侧结构性改革为主线，以改革创新为根本动力，以满足人民日益增长的美好生活需要为根本目的，统筹发展和安全，全方位融入苏南、全方位对接上海、全方位推进高质量发展，积极服务构建新发展格局，不断把"强富美高"新如皋建设推向前进，高质量建成长江以北最强县市。

综合考虑全市经济社会发展现状和未来五年发展趋势，"十四五"时期我市经济社会发展的主要预期目标是：到"十四五"期末，经济质量效益显著提升。经济持续健康较快发展，地区生产总值达1900亿元、年均增长8%以上，一般公共预算收入达120亿元、年均增长10%以上，"一城两区三基地"取得突破性标志性成果，在经济总量上成为长江以北最强县市。经济结构更加优化，创新能力显著提升，内需潜力不断释放，改革开放持续深化，农业现代化走在前列。产业基础高级化和产业链现代化水平明显提高，产业园区经济效益、区域竞争力以及对全市贡献度大幅提升，规上企业、高新技术企业、百亿级企业全面突破。民生发展水平显著提升。实现更加充分更高质量就业，低收入群体增收成果巩固拓展，中等收入群体比重明显提高，城乡居民收入较大幅度提升、差距持续缩小。公共服务体系优质均衡，教育现代化走在前列，率先创建全国义务教育优质均衡发展县市，高质量公共卫生健康体系基本建成，社会保障和养老服务体系更加完善，人口结构更加优化，高素质人才和年轻人比重显著提高，人民群众获得感、幸福感、安全感进一步增强。城市发展能级显著提升。生活、生产、生态"三生融合"的国土空间布局持续优化，新型城镇化和乡村振兴协同推进，城乡融合发展水平、生态宜居品质显著提升，成为美丽江苏如皋样板。主、副城区功能和品质全面提升，经济和人口承载能力明显增强，城市管理现代化水平显著提高，争创国家生态园林城市、国家历史文化名城，城市美誉度、集聚度和首位度进一步提升。对外交通格局进一步拓展，多式联运枢纽功能明显增强，深度融入沪苏通大都市圈，切实成为南通跨江融合桥头堡。社会文明程度显著提升。习近平新时代中国特色社会主义思想深入人心，社会主义核心价值观融入社会发展各方面，城市文化与精神守正创新、与时俱进，现代公共文化服务体系基本建成，文化事业繁荣发展，文化产业活力迸发，文化品牌更加响亮，文化自信充分彰显，全国文明城市和文化强市建设迈上更高水平。市域治理效能显著提升。社会主义民主法治更加健全，法治化水平全面提升，系统完备、运行高效、富有特色的市域治理制度体系基本建成，重大风险防范化解能力、突发公共事件应急能力、防灾减灾救灾能力显著增强，平安建设体系更加完善，发展安全保障更加有力，社会治理体系和治理能力现代化建设走在前列。

为实现上述目标，"十四五"期间，我市经济社会发展的总体思路是：聚焦"高质量发展高地"，主动融入国内大循环为主体、国内国际双循环相互促进的新发展格局，坚持把实体经济作为经济发展的着力点，注重强化改革举措系统集成、协同高效，持续提升高端要素集聚、协同、联动能力，积极推动产业链供应链优化升级，加快构建现代化产业体系，不断增强经济创新力和竞争力。聚焦"跨江融合先锋"，深入贯彻"三个全方位"的总体思路，扎实推进"一城两区三基地"建设，以交通互联互通为先导，以产业协同发展为支撑，以满足民生需求为重点，主动对标苏南先进地区，积极构建协同发展生态，争当南通地区更高质量融入长三角一体化发展先锋。聚焦"美丽城市典范"，全面贯彻省委关于建设美丽江苏的部署要求，抢抓长三角城市群发展机遇，围绕美丽宜居城市和美丽田园乡村两个维度，突出生态优先，强化规划引领，坚持"三生融合"，注重沿江、沿河、沿路"三沿"联动发展，持续优化功能配套，不断丰富文旅内涵，全面提升生态环境质量，全力打造美丽江苏如皋样板。聚焦"民生幸福标杆"，自觉践行以人民为中心的发展理念，尽力而为、量力而行，问题导向、精准施策，大力实施富民惠民安民新举措，全面提高公共服务供给能力和共享水平，不断增强人民群众的获得感、幸福感和安全感，加快建设最具爱心的民生幸福地。

各位代表，"十四五"规划纲要描绘了未来五年的宏伟蓝图，我们将以饱满的精神、充足的干劲、务实的作风，扎实推进各项目标任务落实。我们坚信，在市委正确领导下，经过全市人民的共同努力和不懈奋斗，"十四五"规划蓝图一定能够变成美好现实。

2021年主要工作

今年是"十四五"规划的开局之年，做好今年政府工作事关全局、意义重大。我们将按照省、南通和我市市委全会部署，围绕高质量建设长江以北最强县市，立足新发展阶段、践行新发展理念、构建新发展格局，突出"三做一建"工作重点，更好统筹发展和安全，确保"十四五"开好局、全面建设社会主义现代化起好步，以优异成绩庆祝建党100周年。

今年经济社会发展的主要预期目标是：地区生产总值增长8%以上，一般公共预算收入增长6%以上，全部工业应税销售增长15%以上，服务业应税销售增长12%以上，实际利用外资及港澳台资3.5亿美元、力争4亿美元，外贸进出口增长2%左右，固定资产投资增长10%以上；居民消费价格涨幅控制在3%左右，城镇登记失业率控制在2%以内，居民人均可支配收入增长快于经济增长，单位GDP能耗下降、主要污染物排放完成上级下达任务。

围绕上述目标，重点抓好八个方面的工作：

一、坚持项目至上，持续扩大有效投入，着力培育业态高端、产出高效的经济发展新引擎。秉持"项目为王、质效为先"理念，持之以恒大抓项目、抓大项目，为高质量发展提供硬核支撑。

高质量招引优质项目。围绕"3232"产业体系，持续猛攻重特大项目，密切跟踪央企、大型上市企业和产业链头部企业新一轮发展规划，聚焦日韩欧美、港台，深耕上海、苏南、珠三角等区域，突出科技创新、亩均投入、税收贡献等要素，进一步优化项目预审标准，着力招引一批战略型、基地型、功能型项目，力争全年招引10亿元以上项目不少于32个、百亿级重大项目持续突破。继续强化"一把手招商"意识，配强招商力量，办好科技人才洽谈会和各类专题招商活动，切实提高招商成效。

高效率建设重大项目。开展"重大项目质态提升年"

活动，健全月度观摩、集中开工、重特大项目“一项目一领导组”等机制，集中力量突破重特大项目，力争全年新开工100亿元以上项目2个、50亿元以上项目8个、20亿元以上项目12个、10亿元以上项目21个，入选南通市高端制造业项目5个。重点推动莱赛尔纤维等21个重大项目快开工，力促森松新能源等110个项目快建设，确保宏茂特钢、万达轴承等104个项目快达产，力争项目竣工率、转化率大幅提升。

高强度裂变扩张项目。鼓励骨干企业以规模提升、生产提“智”实现裂变扩张，实施超亿元技改项目30个、建成省级智能车间3个，确保纳税500万元以上企业技改全覆盖、规上企业技改面60%以上。大力支持企业利用资本市场直接融资，完善上市企业培育梯队，建立“一对一”挂钩服务制度，主攻企业入轨、上市挂牌，新培育上市企业2家、报会2家。

二、坚持科技强市，加快集聚创新资源，着力增添引领加速、提升质量的创新创业新动能。以创建国家创新型县市为引领，突出创新核心地位，完善科创领导体制，推动产业链、创新链双向融合。

大力培育创新主体。深入实施高新技术企业“倍增计划”，加快培育和打造一批占据主导地位、具备先发优势的创新型领军企业，新认定国家科技型中小企业200家、高新技术企业158家。建立企业研发投入普惠性奖励制度，新增省级企业研发机构4家，研发投入占GDP比重提升至2.7%。深化产学研协同创新，落地科技成果转化项目140个。深入推进标准化和质量提升行动，主导或参与制(修)订各级标准6项。加强知识产权保护利用，万人发明专利拥有量26.5件，确保国家知识产权强县工程示范市通过验收。

大力集聚创新资源。启动省技术创新中心建设，推动省级高新区创建国家级高新区，支持各主功能区创建国家级科技孵化器，搭建多层次科创空间载体。做优做强中科院化合物研究院、吉林大学汽车产业研究院、中乌第三代半导体研究院等科创平台，建成省级创新平台4家、省级众创空间2家，新增新型研发机构1家。充分发挥科技镇长团作用，持续推进产学研合作。深入实施“148高层次人才梯队”(指在全市专业技术人才队伍中择优选拔10名中青年首席专家、40名中青年科技领军人才和80名中青年科技带头人)培养工程、“雉水英才”引进计划，力争新引进顶尖专家和高端团队4个、培育高层次创新创业人才30名。

大力优化创新生态。探索建立科创委，完善科技创新领导体制，推动科创资源高效配置。建立市场化产业引导基金运行制度，提升金融服务科技创新的能力，全年发放“苏科贷”“高企融资直通车”等各类科技贷款2.5亿元以上。健全“1+6”人才政策体系(“1”为《关于加快推进人才创新创业发展的若干政策意见(试行)》，“6”为鼓励人才创新创业、引荐人才奖励、支持企业引才用才、建设在外人才工作站、人才住房保障和子女入学6个专项配套政策)，探索有偿投资等创新创业资助方式，高品质建设青年人才公寓、国际社区，在住房、教育、医疗、社会保障等方面提供更优的人才政策。

三、坚持转型升级，做实做强实体经济，着力打造集聚集约、特色鲜明的现代产业新优势。坚持把发展经济着力点放在实体经济上，加快推进主导产业高端化、产业链条现代化，提高经济质量效益和核心竞争力。

培育壮大产业集群。深入实施“产业强链”行动计划，建立“八个一”工作推进机制，围绕智能装备、汽车和汽车零部件产业细分领域实行产业链垂直整合、上下游联动发展，推动新材料向价值链高端攀升，加快新一代信息技术全链条提档升级，增强生命健康产业发展新动能，促进五大制造业突破千亿级，不断提升产业集群优势。加快完善商贸物流流通体系，积极培育跨境电商、数字经济等新型业态，推动信息服务产业提质增效。加快推进东大街历史街区提档升级，支持长江药用植物园、平园池荷香民俗园创建国家AAAA级景区，争创国家全域旅游示范区。服务业应税销售突破2000亿元。大力推进建筑业改革和格局重构，努力打造航母级建筑集团，确保建筑业总产值超1600亿元。

推动企业转型升级。实施引航企业培育计划，发挥日达智造、斯堪尼亚重卡等企业的“链主”效应，培育一批掌握全产业链和关键核心技术的产业生态主导型企业。加大“2523”大企业、制造业单项冠军、专精特新“小巨人”培育力度，力争新增销售超百亿企业1家、50亿元企业1家、亿元企业30家、新开业规模企业60家以上。实施“千企升级”计划，优化产业配套半径，鼓励中小微企业围绕大企业生产需求，提升协作配套水平，促进大中小企业融通发展。

精准服务实体经济。落细落实支持市场主体发展的政策举措，着力解决融资、用地、用工等方面的难题，加快低效资产盘活，确保新增制造业贷款30亿元以上，盘活闲置用地完成南通下达任务。深化开发园区“去行政化”改革，完善市场化招商、企业化运作模式，加快建设氢能、光电及第三代半导体等一批产业园区，推动如皋港化工新材料产业园升格为化工园区。探索共建园区托管机制，重点打造城东工业区和磨头、下原工业园区。健全市领导挂钩联系优势产业链和重点企业机制，构建亲清政商关系，实施中生代企业家“磐石”工程、新生代企业家“雏凤”工程，培养更多创新意识强、家国情怀深的“张謇式”企业家。

四、坚持改革开放，不断激发内生动力，着力建设更有效率、更富活力的开发开放新高地。以更深层次改革激发活力,以更高水平开放抢抓先机,以更大力度推进跨江融合,为高质量发展注入新动能。

持续深化重点改革。深入推进"放管服"改革,完善涉企经营许可事项清单,深化"互联网+"监管、信用监管,对新产业新业态实行包容审慎监管,打造"如意"服务创新品牌,确保营商环境评价和政务服务能力保持全省前列。强化国资国企监管,完善"2+1+1"运营体系,支持国有企业开拓市场化业务。推动镇级债务提级管理,完成年度政府性债务化解任务。推进市域治理与网格化服务管理有效融合,构建"大数据+指挥中心+综合执法队伍"新体系,提高市镇两级指挥中心实战实用实效水平。统筹推进6项国家级和7项省级改革试点。

加快扩大对外开放。持续提升外贸质量,支持企业参加各类展会和交易平台,推动电子模组配件、机电等高科技产品形成外贸新增量。积极实施"走出去"战略,支持梦百合、明德、超达、六建等优势企业抓住RCEP签署和中欧投资协定完成谈判的机遇,在"一带一路"沿线国家(地区)布局境外产业链。推动现有外资及港澳台资企业增资扩股、提档升级,重点推进金鹰产业园、斯堪尼亚重卡等14个超3000万美元项目,稳步提升外资及港澳台资质态。充分发挥开放口岸、海关特殊监管区功能,积极申报综合保税区,大力培育进出口贸易集散地。

纵深推进跨江融合。深入落实长三角一体化发展战略江苏实施方案和南通行动计划,精准对接上海"五大中心"和苏南现代化示范区建设带来的合作空间,加强区域协调联动,落实与苏州张家港、无锡锡山区的战略合作协议,积极推动长江镇与张家港凤凰镇、金港镇跨江共建。加快承接上海创新要素外溢、苏南产业梯度转移,优选科技含量高、产出贡献大的项目落地,着力打造长三角最具资源和成本优势的中高端产业制造基地。

五、坚持统筹融合,始终突出三农优先,着力擘画产业兴旺、农村兴盛的乡村振兴新样板。以建设国家农业绿色发展先行区为引领,以培育乡村振兴示范村、先进村为抓手,加快农业农村现代化步伐。

全力促进农业高质高效。按照"特色产业规模化、主导产业品牌化、优势产业效益化"思路,毫不松懈抓好粮食、生猪等重要农产品生产,建成15万头生猪稳产保供基地。以"花木盆景"和"三黑三白"(指黑塌菜、黑猪、黑鱼和大米、白萝卜、黄芽菜特色农业产业)为切入点,构建绿色粮油、生态果蔬、优质畜禽、特色水产等全产业链体系,加强东串猪、黑塌菜、白萝卜、黄芽菜等种质资源保护和开发利用,建成中国小微盆景基地二期工程。推动品牌化建设、标准化生产、全程化监管,加快省级农高区申报进程,实现规上农业生产主体监管全覆盖、可追溯率85%以上。筹建农业投资公司,探索建立乡村振兴产业专项基金,完善涉农保险、信贷等金融支持体系。

全力促进乡村宜居宜业。大力实施乡村建设行动。优化乡村河道、田园、村落等空间要素,因地制宜编制实用性村庄规划。完善城乡基础设施,完成农村桥梁改造30座、通居工程50千米。推进城乡污水处理提质增效,加快3个达标区建设,整合15座镇级污水处理厂、226个村庄生活污水处理设施,建成分散农户生活污水处置设施2.5万户,改造提升农村供水管网153.8千米,完成乡镇生活垃圾中转站升级改造。提升农村人居环境整治水平。健全河道长效管护机制,建设农村生态河道15条。持续开展省市特色田园乡村、美丽宜居乡村试点建设。

全力促进农民富裕富足。做好巩固拓展脱贫攻坚成果同乡村振兴有效衔接,健全防止返贫动态监测和帮扶机制。培育壮大新型农业经营主体,大力推动农业从业人员职业化,新增新型合作农场20家、示范家庭农场30家、高素质农民2790名。壮大村级集体经济,构建高质量"百企联百村"联建体系,建成强村加油站4个。稳步推进农村土地"三权分置"改革,积极探索集体经营性建设用地入市等改革试点,优化乡村产业发展用地政策体系,释放城乡发展新空间。

六、坚持精明增长,聚力提升品质内涵,着力彰显内外兼修、功能联结的城市发展新魅力。以创建国家历史文化名城为抓手,突出规划引领,突出扩容提质,突出精细精致,全力打造现代文明和历史文化交相辉映的生态宜居康养地。

做优做强城市功能。推进"多规合一",完成国土空间规划编制。完善新城区功能提升规划,修编城区控制性详规,深化如泰运河、通扬运河周边城市设计。统筹中心城区产业、配套、文旅、创新、生态"五大片区"建设,高标准谋划实施东大街历史文化街区、龙游河三期、如泰运河生态廊道等重大城建项目。完善新城基础设施建设,推进万达广场、希尔顿酒店等一批功能配套项目,建成高新区邻里中心、东皋农贸市场,开工建设人民医院新院区,规划建设金融集聚区。实施汪明路、中央大道东延等21条城市道路延展工程。加快农贸市场达标提升,实现规范运行管理。完善市民休闲配套场所,改造城区林荫路4条,新增绿化面积40公顷。科学把握土地出让结构、节奏和规模,完成城市搬迁65万平方米。

有序推进城市更新。统筹棚户区、反差地段改造和破旧区域更新,全年开工33.6万平方米、完成18.6万平方米的老旧小区改造任务,扩大既有小区多层住宅加装电梯覆盖面。巩固全国文明城市创建成果,持续开展城市"微治理",深化国家规范户外广告设施试点城市建设,完成海阳路、福寿路户外广告整治提升,扎实开展小区违章搭建、乱停乱放、毁绿占地等突出问题整治,新建城市公厕3座,新增停车泊位400个。

完善综合交通体系。全面推进北沿江高铁、张皋过江通道、通皋大道二期、G40高速改扩建等重大交通工程,加快如皋西站综合枢纽设计,协同建设交通路网衔接工程。完成老204国道三期改造和紫光路北延建设,开工建设226省道白蒲段。强化道路通行安全保障,实施40千米干线公路亮化提升,完成22条县道和214个交通事故多发点位安全隐患治理。

七、坚持绿色发展,更加注重精准治理,着力塑造生态优良、水秀气净的美丽如皋新形象。坚持生态优先、绿色发展,加快美丽如皋建设,坚决守好高质量发展的生态本底,促进人与自然和谐共生。

深入推进长江生态保护。大力实施长江经济带生态环境保护修复三年计划,编制沿江岸线功能优化"一张图"和沿江生态带发展规划,推进夹江两岸船舶、钢结构等存量企业有序退出,探索"生态+城市片区开发+旅游"模式,建成沿江生态景观带示范段。严厉打击违法占用岸线行为,强化沿江码头、堆场环境监管。持续巩固化工产业安全环保整治提升成果,推动保留企业问题隐患整改销号、已关闭退出企业全面实现"两断三清"。全面做好长江禁渔工作。

持续推进污染防治攻坚。落实河长制、断面长制、支流长制,开展区域水环境综合治理,全面消除农村黑臭河道,实施城北街道片区通扬运河、白毛港疏浚整治,启动东司马港以南、通扬运河以西、如海运河以东1个片区7个镇1个街道255平方千米的水环境治理,确保市考以上断面水质保持优Ⅲ类及以上。开展扬尘整治"654"专项行动["6"指建设工地、拆卸现场、闲置地块、道路街巷、渣土运输、"三场一站"(砂石场、煤堆场、散装货物堆场、混凝土搅拌站)等六类现场。"5"指全领域贯标、全流程管理、全天候测查、全主体定责、全社会监督"五全"要求。"4"指主体自查自纠、市级巡查交办、纪检督查问责、社会监督曝光"四查"机制],加强重点企业VOCs排放监测管控,确保PM2.5平均浓度、空气质量优良天数比例完成南通下达任务。切实加强土壤修复治理,开展土壤环境调查,编制固体废物处置能力建设专项规划,推动污染地块全面纳管、持续减量、安全利用。

切实提升环境治理能力。强化"三线一单"(指生态保护红线、环境质量底线、资源利用上线和生态环境准入清单)管控,严格落实生态环境保护共同监管责任,强化水源地风险、排污、空间和执法管控。完善并落实好水环境"双向"补偿制度,建立乡镇空气环境质量量化考核机制。强化生态环境执法司法联动中心常态化运行,开展企业环境信用等级评定,建立环境违法"黑名单"制度。加强重点行业节能管理和绿色改造,推广"环保管家"新模式,严格控制新上高耗能项目,提升生态系统碳汇能力。

八、坚持共建共享,切实优化服务供给,着力创造百姓满意、社会认可的上善之城新生活。坚守为民初心,始终突出民生工作的普惠性、基础性和兜底性,聚焦重点,精准发力,努力交出一份温暖厚重的民生答卷。

慎终如始抓好疫情防控。全面落实"外防输入、内防反弹"措施,巩固拓展疫情防控成果。坚持人、物同防,加强进口冷链食品集中监管仓运行管理,做到"应进尽进,应检尽检"。严格医疗机构院感防控,加强高风险人群疫苗接种等防护工作。加快公共卫生应急体系建设,强化应急储备,继续推进二级以上医院PCR实验室建设,全方位提升应急处置能力。

久久为功优化公共服务。以建设"高质量教育县域样板、长三角北翼教育名城"为目标,持续优化教育资源布局,加快新城高中、如皋中学品质提升、如皋初中新校区、志颐小学、仙鹤幼儿园等工程建设,推动如师二附、如师三附、附小新城园等学校年内建成,启动如皋中专升格职业技术学院、第一中专升格技师学院工作,争创全国义务教育优质均衡发展县市,让教育如皋的金字招牌成色更足。深化健康如皋建设,实施人才提升工程,完成搬经镇、江安镇卫生院主体工程,全面推进紧密型医共体建设,强化市镇村卫生服务一体化管理,通过国家卫生城市复审。推进"互联网+医疗卫生"服务,打造全民健康信息平台。实施文化惠民工程,完善文旅公共服务设施,鼓励文化艺术精品创作,开展大运河古掘沟段考古工作。举办南通支云足球主场赛事、"梦百合杯"世界围棋公开赛等特色品牌赛事。加快"如e融媒"等新平台建设,全面提升媒体融合水平。持续推进广电智慧镇和社区建设。完善社会保障体系,持续推进稳就业工作,加大援企稳岗力度,新增就业2.6万人,稳步提高医疗保障、低保五保救助标准,发展慈善事业,推行因病支出型贫困家庭救助、自然灾害人身意外伤害和家庭财产综合保险,落实好残疾人"两项补贴",健全普惠托育服务体系,规范发展多种形式婴幼儿照护服务,协同发展多元养老模式,居家上门养老服务比例11%以上。

毫不松懈加强社会治理。扎实开展安全生产专项整治三年行动,认真落实省委危化品专项巡视反馈整改意见,持续做好违法违规"小字头""停产停业"企业等专项整治,坚决杜绝重特大事故,有效遏制较大事故,实现生产安全事故起数、死亡人数"双下降"。压紧压实党政领导责任、部门监管责任和企业主体责任,扎实推进安全生产治理体系和治理能力现代化,推动安全生产形势全面稳定向好。巩固省食品安全示范市创建成果,守护好百姓"舌尖上的安全"。实施"八五"普法,健全领导接访下访、包案化解机制,完善社会治安防控体系,持续推进扫黑除恶专项斗争,切实增强人民群众安全感。

悠悠万事,民生为重。今年,我们编排了6个方面12项民生实事候选项目,提交各位代表进行大会票决后,实行清单式管理、项目化推进,着力解决好人民群众的操心事、烦心事、揪心事，努力让人民群众有更多的获得感、幸福感、安全感。

切实加强政府自身建设

各位代表，新时代呼唤新担当，新征程砥砺新作为。我们将永葆初心、牢记使命，用实干创造，用奋斗作答，奋力书写高质量建设长江以北最强县市的时代答卷。

一、以一往无前、担当担责的政治定力直面大考。深入学习贯彻习近平新时代中国特色社会主义思想，进一步把握政治大局，不断提高政治判断力、政治领悟力、政治执行力，切实加强政府系统党的建设，坚持以党的全面领导统领政府工作的组织、推进和落实，始终以严明的政治纪律和政治规矩保障政令畅通。全面落实意识形态责任制，凝聚推动高质量发展的强大正能量。

二、以一抓到底、依法依规的法治定力努力备考。深入贯彻习近平法治思想，自觉运用法治思维和法治方式推进政府工作，带头执行民主集中制、"三重一大"决策程序等制度，严格按照法定权限和程序行使权力，依法接受人大法律和工作监督、政协民主监督及监察监督、司法监督，办好人大代表议案、建议和政协委员提案，强化审计监督、社会监督、舆论监督，深入推进政务公开，让权力在阳光下运行。

三、以一着不让、务实务细的实干定力奋力赶考。全面提升能力素质，大兴求学之风，争做学习型干部，开展研究型工作，提高专业化能力。传承治沙精神、沿江开发精神，弘扬务实作风，争做"狼性"干部，当好攻坚克难的"行动派"。准确把握解放思想和守住底线、加快发展和保持定力、建强队伍和破解矛盾的关系。践行民本情怀，注重普惠普遍、实用实效、公开公平，让发展指标体现更多的"幸福指数"。

四、以一以贯之、从严从深的纪律定力从容应考。坚决贯彻全面从严治党各项要求，严格执行中央八项规定及其实施细则精神。以斗争精神破解作风建设突出问题，坚决整治形式主义、官僚主义，推动政府效能整体提升。狠抓重点领域廉政风险防控，着力整治群众身边的腐败问题和不正之风，加强公共资金、国有资产等重点领域的监察和监督，严控政府一般性支出、"三公"经费，永葆为民、务实、清廉的政治本色。

各位代表！征途漫漫，唯有奋斗。让我们在中共如皋市委坚强领导下，在市人大、市政协监督支持下，以功成不必在我的胸怀、功成必定有我的担当，以永不懈怠的精神状态、一往无前的奋斗姿态，切实担负起高质量建设长江以北最强县市的历史使命，奋力谱写好"强富美高"新如皋现代化篇章！

重要文件选摘

关于2020年推动经济高质量发展的激励意见

（略）

一、支持实体经济转型发展，夯实工业强市基础

1. 对单个工业制造型企业实缴税金增幅、应税销售增幅、亩均税金和销售税金率达到全市平均水平的，应税销售首次达到5亿元、10亿元、20亿元、30亿元、40亿元、50亿元、100亿元的分别奖励5万元、10万元、20万元、30万元、40万元、50万元、100万元。当年达到新增新开业规模工业企业标准，在一季度、二季度、三季度入库的，分别奖励10万元、5万元、4万元。

2. 对存量规模工业企业技术改造项目当年购置生产性设备投资额（采用融资租赁方式的技改设备投资，以当年实际支付的融资租赁费用为准）达到500万元（不含税）的进行补助，其中设备投资额（增值税发票额已入账且设备安装到位）500万元～1000万元（含）、1000万元～3000万元（含）、3000万元～5000万元（含）、5000万元以上的分别按照设备投资额的5%、6%、8%、10%奖励。上述技术改造项目不含化工、印染、水泥及能源类项目；生产性设备投资不含二手设备、自制设备、落后设备、交通运输工具、模具等易耗品；安装费用、单台价值低于5万元（以入账增值税发票额为准）的设备均不予补助。

凡2017年1月1日以后通过我市项目联合预审的新增用地工业项目，需完成容缺审批联系单确定的设备投入后，再行申报技术改造项目补助；存量规模工业企业扩建新增用地项目，由所在镇（区、街道）审核确认未享受供地、财税优惠政策后，可申报上述相应标准的技术改造项目补助。

3. 对新获得国家级制造业单项冠军、专精特新"小巨人"、独角兽（科技部火炬中心联合长城企业战略研究所、胡润研究院发布）企业认定的，一次性奖励50万元；对新获得省级制造业单项冠军、专精特新"小巨人"、瞪羚、"省优秀高成长企业"认定的企业，一次性奖励20万元。对当年被认定为国家智能制造试点示范、省级智能工厂（工业互联网标杆工厂）、省示范智能车间的，分别给予50万元、20万元、20万元奖励。对新认定为国家、省级重大装备首台(套)的分别奖励20万元、10万元。

4.对于首次获得2000万元以上军工订单并成功交付的企业,一次性奖励40万元。

5.鼓励工业企业加大工业互联网及两化融合软件投入,对当年软件投入总额超过60万元(重点关注设计、生产、供应链、销售、售后服务方面的信息化建设,不含企业自主软件开发费和嵌入式系统软件费,包含软件购置费、二次开发费、项目实施服务费)且实施完毕投入使用的,其中软件购置投入按20%(由如皋本地软件企业提供的软件部分增加5%)的比例予以补助,其他部分按10%的比例予以补助,最高补助不超过50万元[同一个项目及合同只能奖励一次;单个项目金额低于3万元(含),以及现用软件的续费费用,不予奖励]。对当年被认定为省五星级、四星级、三星级"上云"企业给予6万元、5万元、4万元奖励。

二、实施科技创新战略,提升企业核心竞争力

1.对获得国家科学技术奖特等奖、一等奖、二等奖、三等奖的第一完成单位分别奖励200万元、100万元、50万元、30万元,参与完成单位分别奖励50万元、30万元、20万元、10万元;对获得省科学技术奖或国家级行业协会科技进步奖一、二、三等奖的第一完成单位,分别奖励20万元、15万元、10万元。

2.对当年进入省高企培育库且申报国家高新技术企业的给予5万元奖励,对在孵企业另奖励孵化年房租的50%;当年首次认定(含省内迁移如皋并完成变更手续)的国家高新技术企业给予15万元奖励,重新认定的给予8万元奖励,对在孵企业另奖励孵化年房租的百分之百。同一企业奖励孵化年房租最高不超过5万元。

3.对企业与高校院所(含境外研发机构)开展产学研合作,进行科技研发和技术攻关,形成成果转化,对企业转型发展有重大促进作用,单个项目当年实际支付产学研合作费用在30万元及以上的,奖励实际支付额的30%,同一企业最高不超过50万元。

4.当年新认定的省重点实验室(企业研究院)、院士工作站、工程技术研究中心(企业技术中心、工业设计中心)等企业创新平台,分别给予50万元、30万元、10万元奖励。同一类技术中心项目只奖励一次,就高不就低,不重复计奖。镇(区、街道)建设并由第三方专业机构托管,新认定的国家级、省级科技企业孵化器分别给予60万元、30万元奖励;新认定的国家级、省级众创空间(星创天地)分别奖励20万元、10万元;新认定的省级科技企业加速器奖励20万元。

5.对高校院所与我市共建具备独立法人资格且运行正常的产业技术研究院等研发机构,扶持政策期满后,给予当年设备投资额30%的补贴,最高不超过100万元;给予当年技术合同成交额2%的奖励,最高不超过30万元;给予当年营业收入总额10%的奖励,最高不超过50万元。对高校科技成果转移中心等合作平台,给予当年产学研合作成交额10%的补贴,最高不超过50万元。

6.鼓励科技金融融合,对符合条件的科技型企业提供科技信贷、科技担保、科技保险等政策支持,按皋政发〔2019〕78号《市政府关于深化科技金融融合促进科技型企业发展的实施意见》实施。

三、促进现代服务业发展,不断提升贡献份额

1.对实体服务业企业应税销售增幅、实缴税金增幅达到全市实体服务业平均水平的,应税销售每净增1亿元,奖励5万元,总额不超过50万元。当年注册新增规上服务业企业,一季度、二季度、三季度、四季度入库的,分别奖励15万元、10万元、5万元、4万元;当年注册并进入限上服务业企业,在一季度、二季度、三季度、四季度入库的,分别奖励6万元、4万元、3万元、3万元。

2.支持发展生产性服务业。对现代物流、冷链物流、检验检测等生产性服务业企业设备投资500万元(不含税)以上的技术改造项目,参照工业企业奖励标准给予补助。对当年获评的省级生产性服务业领军企业、互联网平台经济示范企业、两业融合试点企业(集聚区)、养老服务创新示范企业等省级创建荣誉的,一次性奖励10万元。

3.加快发展总部经济。对《财富》杂志近三年公布的名列世界500强、中国500强的服务业企业,当年在如皋设立省级、南通市级以上区域性总部的,分别一次性奖励20万元、10万元。

4.大力发展现代物流产业。鼓励港口物流企业入驻物流园区开展业务,对新获得省级及以上重点物流基地和重点物流企业的,分别奖励15万元、10万元。对首次获得国家AAAAA、AAAA、AAA级物流企业的,分别奖励20万元、5万元、4万元。

5.积极推动铁路货运物流拓展规模总量,对通过如皋铁路货运站始发的企业,按总运费的10%给予补助(考核时结算给货运站运营企业,由运营企业补贴给货主企业);对到达的货物按照每吨10元进行补助。上述两项补助额合计最高不超过200万元。

四、鼓励企业"走出去",激发开放型经济发展活力

1.上年度贸易额正增长的外贸企业按出口退税总额高低排列,第1~2名各奖励30万元,第3~5名各奖励20万元,第6~10名各奖励15万元,第11~15名各奖励10万元,第16~20名各奖励5万元。

2.对具备取得进出口经营资格或对外贸易经营者备案登记且近年有进出口实绩的我市企业自行参加市场化运作的境外展览会,给予展位费不超过实际支出80%的补助。参加由市政府统一组织的境外展览会,另对国际交通费用给予定额补助:赴亚洲国家(地区)的交通费,每人补助3000元;南美、非洲交通费,每人补助9000元;其余国家(地区)交通费,每人补助6000元。同一企业参加同一展会,补助不超过2人的交通费。对参加广交会、华交会企业给予展位费不超过实际支出的50%的补助。鼓励具备条件的服务业集聚区举办高质量展会,对企业或协会事先申报并经发改委审核、市政府确认的在我市组织的全国性行业展会,一次性给予20万元补助。

3. 对上年度企业境外商标注册、境外专利认证、出口产品认证、管理体系认证,给予不超过费用50%、单个项目不超过10万元、同一企业不超过50万元的补助。对上年度获得省、市“重点培育和发展的国际知名品牌”的企业分别给予10万元、5万元补助。

4. 对上年度企业参加国外反倾销、反补贴、保障措施调查、美国337调查、反垄断调查等贸易纠纷的应诉案件律师费,以及对进口商品反倾销、反补贴、反垄断、保障措施调查申请并被商务部立案调查的案件律师费给予不超过80%补助,同一案件补助金额不超过100万元。

5. 对我市当年开票销售300万元以上的跨境电商企业(自营进出口),按开票销售额的1.5%给予补助,最高补助75万元。对首次被省认定的我市外贸综合服务试点企业,且自营进出口总值达5亿元,给予一次性30万元补助。对上年度自营进出口总值达10亿元的国家级、省级进出口商品交易中心,分别一次性奖励50万元、30万元。

6. 对上年度我市企业投保出口信用保险短期险货物贸易险,按企业当年实缴保费给予不超过40%补助,单个企业支持总额不超过50万元。

7. 对当年在境外建设展示中心、分拨中心(海外仓)、批发市场、零售网点、售后服务网点等国际营销网络的投资企业,年度投资额达到50万美元的,按实际投资额的2%给予补助,最高不超过15万元。对当年获得国家商务部或省商务厅各类试点企业荣誉称号的外经企业,分别一次性给予5万元、4万元的奖励。

五、实施标准化和知识产权战略,推动质量强市建设

1. 单独承担国际专业标准化技术委员会(或国际标准化组织国内技术对口单位)、全国专业标准化技术委员会、分技术委员会和工作组秘书处工作的单位,分别资助经费30万元、20万元、15万元、10万元。新完成国际标准、国家标准、行业标准、地方标准研制项目,标准经批准发布实施后,作为标准第一(主要)起草单位的,分别奖励30万元、20万元、10万元、5万元(同一企业承担同一标准中几个章节的,按一个标准计算,奖项不重复计算);作为标准第二、第三起草单位的,按照第一起草单位的奖励额度分别给予70%、50%的奖励。新完成团体标准研制项目,标准经批准发布且实施一年以上,作为标准第一(主要)起草单位的,给予不超过10万元的奖励。承担国家级、省级标准化示范项目通过验收的分别奖励10万元、5万元。对获得中国标准创新贡献奖、如皋市标准创新奖的单位分别奖励20万元、10万元。

2. 对新获得国家行政认定的“驰名商标”企业或“国家商标战略实施示范企业”奖励50万元;对获得国家地理标志保护项目(国家地理标志商标注册、国家地理标志产品保护)的主申报单位奖励20万元;对获得集体商标注册的主申报单位奖励5万元;对获得“江苏省产业集群品牌培育基地”的单位或“江苏省商标品牌战略实施示范企业”奖励20万元。对首次行政认定中华老字号、江苏省老字号的企业分别给予20万元、10万元奖励。

3. 对获得中国质量奖、江苏省质量奖、南通市质量奖、如皋市质量奖的单位分别奖励100万元、50万元、30万元、20万元;对获得中国质量奖提名奖、江苏省质量奖提名奖、南通市质量奖提名奖的企业按相应质量奖奖励金额的50%予以奖励。对获得企业信用管理省级示范的企业,奖励5万元。

4. 国内职务发明专利和非职务发明专利获得授权的,每件资助10000元、8000元。企业从本市外引进的近三年内获得授权的与研发生产相关联的发明专利,每件资助6000元。对有效发明专利维护费给予资助,自申请之日起维持有效7年以上(含7年)的每件资助800元。对PCT专利申请进入外国国家(地区)公布阶段的,每件奖励2万元,授权再奖2万元。(对省知识产权局给予的发明专利和PCT专利补贴,同一件专利按就高原则,不重复奖励。)对认定为国家知识产权示范企业和优势企业的,分别奖励5万元、2万元。对通过国标《企业知识产权管理规范》第三方认证的企业,每家奖励4万元。贯彻省《企业知识产权管理规范》(贯标)的合格企业,每家奖励1万元。

六、推动建筑业转型升级,做大做强富民产业

1. 鼓励企业做大做强。凡注册在我市的建筑业企业,当年在如实缴税金首次超1500万元、2000万元、5000万元、1亿元、1.5亿元的,分别奖励15万元、20万元、50万元、100万元、150万元。

2. 鼓励企业创品牌。凡注册在我市的建筑业企业,首次入围中国企业500强、中国民营企业500强(专业企业中国50强、ENR中国承包商80强)的,分别奖励20万元、10万元,同一企业按“就高不就低”的原则,不重复享受。

3. 鼓励企业提档升级。对注册在我市的建筑业企业,当年资质晋升为施工总承包特级资质的建筑业企业,奖励100万元;在本市承接工程获评江苏省建筑产业现代化示范工程的奖励10万元;当年批建的国家、省工程技术研究中心,分别给予20万元、5万元的奖励;创国家级和省级建筑业技术研发奖项的分别奖励10万元、5万元。

4. 鼓励企业工程创优。对当年获得鲁班奖的独立承建企业,奖励100万元;对当年获得国优奖或詹天佑奖的独立承建企业,奖励80万元。当年获得“中国钢结构金奖、中国安装之星、中国装饰工程奖、参建鲁班奖”的企业，每项奖励20万元；创成一个国家级新技术应用示范工程的，奖励10万元；创成一个省级优质工程的，奖励5万元。

5.鼓励安全文明标准化施工。本市建筑业企业在市域范围内获得国家级、省级安全文明标准化示范（平安）工地的，分别奖励10万元、6万元。

七、推动旅游业提质增效，创成国家全域旅游示范区

1.当年新招引重大旅游项目投资达到50亿元、30亿元、10亿元，且通过南通市项目考核验收的，分别奖励投资方300万元、200万元、100万元，项目经南通认定开工、竣工、达效分别拨付奖励金额的30%、30%、40%。当年新认定为“如皋市特色旅游民宿”，客房达到50间，且通过南通市项目考核验收的，奖励30万元，项目竣工、达效分别拨付奖励金额的60%、40%。

2.当年新评为国家AAAA、AAA级旅游景区的，分别一次性奖励80万元、30万元；新评为江苏省五星、四星、三星级乡村旅游区的，分别一次性奖励50万元、30万元、20万元；新评为省级工业旅游示范区、省级自驾游基地的，分别一次性奖励30万元、10万元；经审批新对外开放的收费景点，游客达到10000人次以上的，一次性奖励10万元；当年新评为国家四星、三星级旅游饭店的，分别一次性奖励50万元、10万元。

3.进入“如皋市旅游在线统计系统”的旅行社，年度组织外地游客来本市旅游达到1000人次的，一日游（一个收费景点、一正餐），给予3元/人次奖励；二日游（一个收费景点、一正餐、一晚住宿），给予30元/人次奖励；三日游及以上（至少两个收费景点、两正餐、两晚住宿），给予60元/人次奖励。

4.当年建成由旅游主管部门认定主营本地长寿食品或长寿文化礼品的旅游购物店或文创产品展销体验场所，面积达200平方米以上，且年开票额达500万元、200万元、100万元的，分别一次性奖励25万元、10万元、5万元。

属于同类升级创建的，给予级别之间的差额奖励；旅游企业被降级或摘牌的，当年不得享受任何奖补及参与旅游系统评先评优，不得进入“如皋市旅游在线统计系统”。

八、其他

（略）

——摘自2020年1月23日市委办公室、市政府办公室《关于2020年推动经济高质量发展的激励意见》（皋办〔2020〕6号）

关于进一步打造资本市场“如皋板块”助推经济高质量发展的若干政策意见

（略）

一、大力培育上市挂牌后备梯队

第一条　按照“培育一批、股改一批、辅导一批、上市挂牌一批”的工作要求，强化上市挂牌后备梯队建设。分为上市挂牌入轨企业（以下简称入轨企业）、上市挂牌重点后备企业（以下简称重点后备企业）、上市挂牌后备培育企业（以下简称后备培育企业）三个层次。

（一）入轨企业是指已制订详细的上市挂牌工作计划，并成立专门的工作班子，与证券公司、会计师事务所、律师事务所等中介机构签订了正式合作协议的企业。入轨企业须将相关材料（上市挂牌的方案计划、与中介机构签署的合作协议、首期费用支付证明、上市挂牌推进计划表、项目组联系人名单等）报上市办进行备案，自协议签订后，半年内因主观因素无实质性进展的，不再视为入轨企业。

（二）重点后备企业是指基本符合上市挂牌条件和要求，具有明确的上市挂牌目标，一年内拟与中介机构签订上市挂牌服务协议的企业。

（三）后备培育企业是指明确表达了上市挂牌意愿，未来三年内启动上市挂牌的企业。

（四）重点后备企业、后备培育企业按照企业自愿申报，所在镇（区、街道）推荐，上市办审核，市分管领导审定的流程，确认名单，列入全市三年培育计划，实行动态管理，每半年调整一次。

第二条　妥善解决企业的历史遗留问题。

（一）入轨企业在处理历史沿革问题过程中，涉及以前所上项目未有项目审批备案的、未按要求办理环评等相关手续的，相关部门指导企业及时补办；涉及补办不动产权证的，在符合国土空间规划的情况下，企业采取有关补救和整改措施，确保工程质量安全、消防符合要求的前提下，按要求补充相关资料，相关部门及时给予办理；若企业现状与现行政策不相符的，组织专题会商研究，形成统一意见，经市政府同意后相关部门即启动帮办、补办程序，完善相关手续。

（二）入轨企业向省政府提交历史沿革合法性确认文件、向中国证监会（证券交易所、股转系统）提交有关部门出具的访谈证明和无违法证明手续等方面，市各相关部门要建立绿色通道及时办理;涉及市以上部门的,各相关部门要积极向上级主管部门沟通,做到特事特办、急事急办,最大限度压缩办理时限。

第三条 对于入轨企业、重点后备企业在报告期内可能出现的行政处罚,各相关部门要解放思想、主动服务,及时督促企业规范运营,力保不误企业上市挂牌进程。

第四条 入轨企业、重点后备企业拟募集资金投资项目优先核准或备案,所需建设用地、环境容量优先协调解决。

第五条 降低企业规范成本

(一)进入上市挂牌轨道企业在同一控制人前提下,实施涉及两个或两个以上法人企业资产、股权等重组行为而形成的财政贡献(拟上市主体通过现金支付向实际控制人购买资产的除外),其地方财政贡献部分由财政全额补助给企业,用于科技创新和技术改造项目。

(二)上市挂牌入轨企业从入轨当年起连续3年内(不足3年上市挂牌的,至上市挂牌日止),企业上缴的企业所得税[剔除上述(一)因企业股份制改造产生的企业所得税],每年超过当年全市平均增幅的地方财政贡献部分,由财政全额补助给企业,用于科技创新和技术改造项目(企业所得税按实际纳税所属年度计算)。

(三)个人将经评估增值的非货币性资产投资于入轨企业,以及入轨企业将未分配利润、盈余公积、资本公积(股本溢价除外)转增股本,应当依法缴纳个人所得税,依法纳税后,其地方财政贡献部分由财政全额给予补助。

(四)为缓解企业因股改等缴纳税收造成资金压力,境内IPO企业在上市材料报证监会或证券交易所受理后、新三板挂牌企业在申报材料报股转系统受理后,对上述(一)至(三)的补助,由市政府即时兑付给企业,用于企业的科技创新和技术改造。

(五)本条第(二)款补助以实际奖励计算年的地方财政贡献为限,不以兑付年的地方财政贡献为限。

二、全力推进企业上市和新三板挂牌

第六条 企业在境内外实现上市,给予300万元资金补助。

(一)境内IPO项目,凡聘请具有相应从业资质的中介机构实施改制并变更设立股份有限公司,或聘请具有相应从业资质的中介机构新设立股份有限公司并承继原企业资产、业务的,在其办理工商注册登记后,财政给予企业50万元资金补助。

(二)境内IPO企业,完成上市辅导备案并报证监会(证券交易所)受理的(以收到省证监会或证券交易所文件为准),财政给予企业100万元资金补助。

(三)境内IPO企业,通过中国证监会发行审核并在相应交易所挂牌的(以收到中国证监会批文和完成交易所挂牌仪式为准),财政给予企业150万元资金补助。

(四)境外IPO企业,本市内资控股企业实施境外上市的,成功向相关交易所递交申请(以收到该交易所受理函等证明文件为准),财政给予企业100万元资金补助,正式挂牌后(以收到该交易所同意挂牌等证明文件为准),财政给予企业200万元补助。

第七条 对前三家在上交所科创板实现上市的企业予以重奖,首家实现科创板上市的企业在第六条补助的基础上再给予一次性奖励100万元,第2家奖励60万元,第3家奖励40万元。

第八条 企业在新三板实现挂牌,最高给予220万元资金补助。

(一)新三板挂牌项目,凡聘请具有相应从业资质的中介机构实施改制并变更设立股份有限公司,或聘请具有相应从业资质的中介机构新设立股份有限公司并承继原企业资产、业务的,在其办理工商注册登记后,财政给予企业50万元资金补助。

(二)新三板成功挂牌的(以收到股转系统正式文件并办理完相应的挂牌手续为准),财政给予企业50万元资金补助。

(三)企业在新三板挂牌后首次进入创新层,给予一次性奖励20万元。

(四)企业在新三板挂牌后首次进入精选层,给予一次性奖励100万元。

(五)企业从新三板精选层转板到A股,参照境内上市补助标准补足差额。

第九条 本市企业在江苏股权交易中心成功托管挂牌交易的,以非上市股份有限公司挂牌交易的给予一次性10万元资金补助,以有限责任公司挂牌交易的给予一次性5万元资金补助。

第十条 企业通过并购重组等方式取得境内上市公司股权并成为第一大股东且将境内上市公司注册地迁至如皋,给予300万元资金补助;本市外新三板挂牌企业将注册地迁至如皋,在首次进入精选层后,给予120万元资金补助。

第十一条 境外上市公司主要生产基地和纳税地在本市,并符合《关于印发企业境外上市认定标准的通知》(通金融办发〔2017〕123号)相关要求,在南通市政府认定为我市上市公司后,给予100万元奖励。

三、鼓励上市挂牌企业做优做强

第十二条 上市公司再融资、新三板挂牌企业融资,在取得证券监督管理部门批文且发行成功后,按照募集资金中投资在我市的资金规模(以企业招股说明书公布的募集资金投向内容为准)进行奖励,上市公司按0.5%,新三板挂牌公司按2%,最高奖励100万元。

第十三条 本市上市公司、新三板挂牌企业对本市企业实施兼并重组的,在兼并重组后(以证券交易所公告为准)，按实际出资额的2%给予一次性奖励，最高奖励200万元(与第十二条不重复奖励)。

四、鼓励设立和引进创投股投基金

第十四条　在本市新设立的投资基金公司(本市国有资本参股的除外)，经中国证券投资基金业协会备案，且已完成对本市企业的首笔投资，首笔投资不得低于1000万元(含1000万元)，可申请50万元一次性启动资金补贴。

第十五　条入轨企业、重点后备企业、后备培育企业在上市挂牌之前成功引入本市国有资本参股的，根据到账资金的2%进行奖励，累计不超过100万元。

五、相关制约措施

第十六条　上市公司、新三板挂牌企业的原始股东，其股份须托管在本市证券公司营业部并在本市减持退出，其收益应税款项必须在本地缴纳。如违反，则收回企业所享受的政策意见中的所有财政补助和奖励。

第十七条　在我市注册的投资机构(基金)所持有的上市挂牌企业股份，须托管在本市证券公司营业部并在本市减持退出，其收益应税款项必须在本市缴纳。如违反，则取消或收回所享受的本意见中的所有财政补助和奖励。

第十八条　企业不得弄虚作假，骗取享受上市挂牌优惠政策，一旦发现，将收回给予的所有财政补助和奖励，并依法追究其相关责任。已开始享受上市挂牌优惠政策的企业，不得主观停止上市挂牌步伐，不得迁址如皋市外，否则由上市办会同财政收回所有奖励。

六、其他

第十九条　本意见的兑现程序。

(一)由符合奖励对象向市上市办提出申请、作出遵守本政策意见制约措施的承诺并提供相关附件，由上市办会同财政局、税务局进行审核，提出奖励意见报市政府批准实施。

(二)所有的补助、奖励由财政直接拨付给相关企业，由企业按规定用于科技创新和技术改造及视情奖励给有功之人。鼓励各镇(区、街道)制订企业上市挂牌激励政策意见，支持所属企业上市挂牌。

第二十条　企业在上市挂牌过程中出现的其他情形，采取“一事一议”的办法协调解决。

第二十一条　本意见自2020年1月1日起实施，原皋政发〔2017〕90号文件停止执行。本意见由市上市办负责解释。

——摘自2020年6月3日市政府《关于进一步打造资本市场“如皋板块”助推经济高质量发展的若干政策意见》(皋政发〔2020〕21号)

关于扩大农业农村有效投资
加快补上“三农”领域突出短板的实施意见

(略)

一、指导思想

以习近平新时代中国特色社会主义思想为指导，深入贯彻习近平总书记关于“三农”工作的重要论述，坚持农业农村优先发展，对标实施乡村振兴战略，围绕我市“三农”领域突出短板，抢抓长三角一体化发展战略机遇，千方百计扩大农业农村有效投资规模，加快谋划实施一批牵引性强、有利于生产消费“双升级”的现代农业农村重大项目，全力推动高质量发展走在前列，奋力建设长江以北最强县市，全面开启农业农村现代化新征程。

二、工作目标

大力实施农业农村领域补短板工程，进一步推进农业农村现代化建设，推动企业“联村带农”，带动资本进入农村，建立健全财政优先保障、金融重点倾斜、社会积极参与的多元投入格局，推动农业优结构、增后劲，促进农业丰收农民增收，巩固脱贫攻坚成果，为振兴乡村、高水平全面建成小康社会，加快推进农业农村现代化奠定坚实基础。到2022年建成高标准农田17.46万亩，标准化生态健康养殖占比85%以上，全面完成223条黑臭水体治理，建成2个智慧镇，每镇建成2个以上数字乡村(社区)。

三、实施举措

(一)加快推进高标准农田建设。对项目区实施田块整治、灌排设施建设和田间道路整修等工程，确保2020年完成6.4万亩，至2022年建成17.46万亩集中连片、旱涝保收、节水高效、稳产高产、生态友好的高标准农田。

(二)加快推进畜牧业高质量发展。提升畜牧业信息化水平，加强大数据、人工智能、云计算、物联网、移动互联网等技术在畜牧业的应用，提高圈舍环境调控、精准饲喂、动物疫病监测、畜禽产品追溯等智能化水平，实现全产业链信息化闭环管理。大力推进畜禽养殖废弃物资源化利用，对畜禽粪污全部还田利用的养殖场(户)实行登记管理，不需申领排污许可证。完善畜禽粪污肥料化利用标准，支持农民合作社、家庭农场等在种植业生产中施用粪肥。到2022年畜禽养殖场标准化生态健康养殖占比85%以上。

(三)加快推进水产养殖池塘生态化改造。按照相关规定和农业农村部农村主推的模式，建设相应比例的养殖尾水净化处理区域，并配套相应的处理设施和设备，推广生态健康养殖技术模式，达到对养殖尾水有效处理，实行池塘养殖尾水达标排放或循环利用。到2022年，全市重点完成13个区域，总计4700亩左右的连片100亩以上的养殖池塘生态化改造。

（四）加快提升农业安全生产保护能力。提升渔政、农机、农资执法装备水平，巩固粮食生产全程机械化示范市创建成果，实施设施农业"机器换人"和绿色环保农机装备提升工程，集成示范推广农机化新技术新装备，进一步提高农业综合执法规范化水平和信息化水平。强化动物疫病、农作物病虫害监测预警设施、应急防控和物资储备等工程建设，指导养殖场开展标准化生产改造和设施装备提升。加快农作物病虫疫情监测分中心、重大病虫疫情区域应急防控设施和物资储备库、区域农药风险监测试验站等建设。到2022年，全市形成有效控制动物疫病、预防疫情传播的措施，不断增强对突发性、新发疫病和不明原因疫病的快速应急反应和处置能力。

（五）加快推进智慧农业设施建设。加快推进新兴信息技术在农业生产领域的应用，完善乡村新一代信息基础设施、"三农"信息服务体系、设施资源整合共享机制，构建起以网络预订为主要承载方式，以区域内城乡居民、机关团体企事业单位为服务目标客户，以销售本地农产品为重要内容，以构建智慧物流配送网络为支撑的区域电商发展格局。到2022年，创建成市有运营中心、乡镇有服务平台、村有服务站点的市域惠农服务网络。

（六）加快推进农产品冷链物流设施建设。提升优化农产品分拣包装、冷藏保鲜、仓储运输、初加工等基础设施，重点推进中皋农产品冷链物流、皋德食材冷链物流、弘玖食品（黑鱼）加工产业园等早日建成投产。到2022年，农业龙头企业、农民合作社、家庭农场等新型经营主体围绕果蔬、畜禽产品、水产品等鲜活农产品建设一批立足田间地头、设施功能完善、经济效益良好、紧密衔接市场的农产品仓储保鲜冷链设施。

（七）加快推进一、二、三产业融合载体建设。以国家农业绿色发展先行区建设为抓手，推动南通国家农业科技园区核心区、现代农业产业示范园、现代农业科技园、特色农产品优势区、农业产业强镇、优势特色产业集群等提档升级。开展现代农业生产性服务设施建设，加强农业种质资源保护，加强农业重大科技创新能力建设。到2022年，做好黑塌菜、东串黑猪等地方特色农业种质资源的收集保护、提纯复壮及开发利用工作。

（八）加快推进农村人居环境整治。全面提升村容村貌，加大乡村公共空间治理，深入开展美丽乡村建设。扎实推进农村生活垃圾分类治理，到2022年底，农村村居（社区）垃圾分类覆盖率达40%，每个镇（区、街道）各1座生活垃圾中转站和转运车辆完成升级改造，建立健全"村保洁、镇收集、市转运"的农村生活垃圾收运处置体系。开展生态型农田建设，创新生态排水工艺，探索构建农田生态系统。提高秸秆机械化还田质量，进一步健全秸秆收储体系，培育壮大秸秆收储利用主体，拓宽秸秆利用渠道。深入推进规模养殖场资源化利用设施提档升级。开展农村生态河道建设，加强河道疏浚、水系连通和安排整治修复。到2022年，因地制宜建设资源化处理设施，解决农田尾水污染问题，推动非规模养殖场户资源化利用设施建设。建立完善废旧农膜回收利用体系，持续推进农药零差率集中配送及包装废弃物回收处置试点，提高秸秆综合利用率，不断改善农村水环境。

（九）加快推进农村污水处理和供水。积极推动水务一体化建设、运行、管理机制。加快乡镇污水收集管网建设，逐步改造生态处理和简易式生活污水处理设施，实现乡镇污水处理设施全覆盖全运行。加快推进农村生活污水处理设施建设，着力提升行政村村庄生活污水治理覆盖率，逐步向自然村延伸，注重与农村改厕有机衔接，完善设施运行管理体系。按照城乡供水一体化目标要求，扎实开展镇、村供水专项规划编制工作，进一步降低管网漏损率，充分保障管网供水末端水压和水质。继续实施农村供水工程，不断提升供水保障水平。积极开展农村黑臭水体治理，纳入水环境区域治理总体布局，实行运作机制化、管护长效化，2020年底全面完成223条黑臭水体治理任务。

（十）加快推进数字乡村建设工程。推进农村地区信息基础设施建设，加快建成光纤传输网络，到2022年全市农村地区光纤传输网络全面建成，光纤到户全覆盖；深化农村4G网络全覆盖，加快推进农村地区5G基站建设，建成城乡一体的新一代广播电视网，推动5G网络在农村地区试商用和建设部署。全面推进应急广播系统建设，实现乡村全覆盖。继续推进智慧村镇、数字乡村建设工作，至2022年建成2个智慧镇，每镇建成2个以上数字村（居、社区）。

（十一）加快推进农村公路和电网提档升级。完善农村路网，围绕争创"四好农村路"全国示范市（县）、打造农村交通服务乡村振兴样板实施方案，提升市域大循环线路150千米，镇域不少于15千米的循环线路，每镇打造平安放心路不少于2条、美丽农村路不少于1条。完善城乡交邮融合网点线路，完成入选交通运输部首批"交邮融合，客货同网"农村物流服务品牌的试点打造。继续实施桥梁改造和安全生命防护工程，提升拓展"走如意路、往皋处行"农村公路品牌效应。围绕已列入省"十四五"项目库项目，继续实施农村公路提档升级。继续实施农村通居路建设，切实解决进村进户"最后一百米"。以加强电网薄弱的镇区及发展较快的重点镇区布点为主，至

2022年末理顺全市供电网络,加强全市网架,对规划建设的变电站均适度超前地方经济发展对电力的需求,推进农村电力设施提档升级。

(十二)加快推进乡土人才培养。盘活线上线下多种乡土人才资源,滚动培养"三带"人才,搭建带领技艺传承、带强产业发展、带动群众致富等方面发挥引领示范作用的乡土人才传承平台,鼓励其成立技能大师工作室,推荐申报企业首席技师、乡土人才传承示范基地、乡土人才大师示范工作室。开展乡土人才职称评价,核发职业资格证书或职业技能等级证书,在职业技能培训费用补贴、大师工作室建立、产业技术扶持和资金投入等方面给予优惠政策支持,到2022年,推动乡土人才成为助推乡村振兴的人才"生力军"。

四、资金支持

(一)强化"三农"领域财政支农政策。市政府进一步落实执行财政支农政策主体责任,公共财政更大力度向农业农村倾斜。进一步整合涉农资金设立乡村振兴"大专项",采取"大专项+项目化任务清单"的管理模式,合理优化涉农资金配置,聚焦支持农业农村重点领域、重大工程、重要平台和主导产业等,发挥资金的规模效应。在一般债券支出中安排一定规模支持符合条件的乡村振兴项目建设。进一步通过地方政府专项债增加用于农业农村的投入,加大对农业农村基础设施等重大项目的支持力度。

(二)加大金融支持和服务"三农"力度。加强财政金融统筹,采取"子基金+直投" 的方式运作,充分发挥专项投资基金和涉农国企的作用,对符合基金投资领域的重大项目进行直接投资,财政金融合力推进农业农村发展。鼓励金融机构加大农业农村重大项目中长期信贷支持,推进融资风险分担机制,加大政府、合作银行、融资担保机构"三方联动",为符合条件的"三农"企业提供优质融资服务,降低企业贷款门槛;鼓励"三农"企业在省综合金融服务平台开展线上融资对接,扩大对接广度。加快完善农业大灾保险试点。积极开展水稻、小麦、玉米等主要粮食作物完全成本保险和收入保险试点。优化财政奖补保险品种范围,提高地方优势特色农产品和高效设施农业保险覆盖面,优化保险+期货试点模式。

(三)积极引导鼓励社会资本投资农业农村。深入贯彻落实《省政府办公厅转发省农业农村厅关于引导社会资本更多更快更好参与乡村振兴意见的通知》(苏政办发〔2018〕109号)精神,积极探索农业重点领域投融资新机制新模式,建立乡村振兴基金加快投资"三农"领域,引导社会资本、金融资本更多投入"三农"领域。完善农业农村重大项目招商评估机制,推动更多的农业农村重大项目加快落地实施。组织实施"百企联百村 共走振兴路"行动,鼓励引导企业、商会、协会等社会力量投身乡村振兴,推动村企要素互换、共同发展。

五、保障措施

(略)

——摘自2020年11月24日市政府《关于扩大农业农村有效投资 加快补上"三农"领域突出短板的实施意见》(皋政发〔2020〕48号)

重要文件目录

中共如皋市委(皋委发)

2号 中国共产党如皋市第十二届委员会第十次全体(扩大)会议决议

4号 关于成立市委教育工作领导小组的通知

10号 关于公布2019年度如皋市文明行业文明乡镇文明村文明社区文明单位文明校园认定结果的通知

11号 关于表彰新型冠状病毒肺炎疫情防控工作先进个人的决定

17号 关于印发《深化新时代文明实践中心建设试点工作实施方案》的通知

22号 关于如皋市开发园区体制机制优化提升实施意见的报告

26号 关于印发《如皋市有关部门和单位安全生产工作职责规定》的通知

27号 关于加强新时代人大工作和建设的实施意见

28号 关于加强市人大社会建设委员会工作的意见

29号 关于印发《新时代如皋产业工人队伍建设改革实施方案》的通知

33号 批转《中共如皋市人大常委会党组关于在街道建立选民代表议政会制度的指导意见》的通知

36号 关于新时代加强和改进人民政协工作的实施意见

37号 关于深化改革加强食品安全工作的实施意见

38号 关于印发《如皋市全面实施预算绩效管理的实施办法》的通知

39号 中国共产党如皋市第十二届委员会第十一次全体(扩大)会议决议

40号 转发中共南通市委印发《关于强化党内问责主体责任的实施意见》的通知

48号 印发《关于推行村干部专职化管理的实施意见(试行)》及相关配套实施办法的通知

55号 关于印发《中共如皋市委常委会议事决策规

则》的通知

61号 关于深入学习贯彻习近平总书记视察江苏重要讲话指示精神的通知

62号 关于深入学习宣传中共十九届五中全会精神的通知

65号 批转《中共如皋市人大常委会党组关于推行市民生实事项目人大代表票决制工作的实施意见》的通知

如皋市人民政府(皋政发)

8号 关于分解落实2020年为民办实事项目任务的通知

1号 关于转发《南通市人民政府关于全力应对疫情支持企业发展的十二条政策意见》的通知

12号 关于认真做好我市第七次全国人口普查工作的通知

20号 关于印发《如皋市垃圾分类治理三年行动实施方案》的通知

21号 印发《关于进一步打造资本市场"如皋板块"助推经济高质量发展的若干政策意见》的通知

22号 关于集中清理整治违法使用、储存瓶装液化石油气的通告

27号 关于加快推进农业机械化和农机装备产业转型升级的实施意见

28号 关于明确《保障农民工工资支付条例》有关权力事项行使单位的通知

30号 关于转发《南通市完善残疾儿童康复救助制度实施办法》的通知

38号 关于印发《如皋市学前教育三年振兴计划(2021—2023年)》的通知

39号 关于公布如皋市2019年度基准地价更新成果的通知

40号 关于印发《如皋市规范性文件管理办法》的通知

41号 关于修改《如皋市人民政府重大行政决策程序规定》的决定

42号 关于印发《如皋市人民政府关于贯彻落实"三重一大"事项决策议事规则的实施细则(试行)》的通知

46号 关于印发《如皋市保障乡村振兴发展合理用地的实施意见(试行)》的通知

48号 关于扩大农业农村有效投资加快补上"三农"领域突出短板的实施意见

49号 关于加快涉农资金统筹整合聚力推进乡村振兴的实施意见(试行)

51号 关于做好相对集中行政复议职权的通知

中共如皋市委办公室 如皋市政府办公室(皋办发)

4号 印发《关于做好〈如皋年鉴(2020)〉组稿工作的意见》的通知

6号 关于2020年推动经济高质量发展的激励意见

9号 关于加快推进重特大项目建设的实施意见

10号 关于2019年度市改革创新奖获奖项目的通报

12号 关于印发《2020年加快推进农业产业高质量发展的激励办法》的通知

13号 关于印发《2020年"四个全面"抓落实"追赶超越"争标兵发展指标月度评估办法》的通知

14号 印发《关于推进城市安全发展的实施方案》的通知

15号 关于成立市融入长三角区域一体化发展领导小组的通知

16号 关于印发《2020年如皋市开放型经济工作考核办法》的通知

17号 关于印发《如皋市开发园区共建管理暂行办法》的通知

19号 关于印发《如皋市供水安全保障提升行动实施方案》的通知

21号 关于做好2020年代表建议和委员提案办理工作的通知

25号 关于成立如皋市平安建设领导小组、市域社会治理现代化建设工作领导小组的通知

28号 关于印发《如皋市创建国家基层标准化改革创新先行区2020年行动计划》的通知

29号 关于印发《如皋市打赢污染防治攻坚战2020年工作计划》的通知

31号 关于2020年秸秆禁烧禁抛与综合利用工作的实施意见

34号 关于印发《关于扎实做好"六稳"工作落实"六保"任务的实施方案》的通知

37号 印发《关于推进基层整合审批服务执法力量的实施方案》的通知

38号 关于印发《如皋市融入长三角区域一体化发展行动方案》重点任务分解表的通知

39号 关于做好违法违规"小化工"专项整治挂钩联系工作的通知

50号 关于印发《解决突出民生问题 不断提高保障和改善民生水平相关工作任务分解方案》的通知

51号 关于印发《如皋市推进国有企业退休人员社会化管理实施办法》的通知

53号 关于印发《如皋市安全生产专项整治三年行动工作方案》的通知

55号 印发《关于开展乡镇政府服务能力建设的实施方案》的通知

56号　关于公务接待坚决制止餐饮浪费的意见

57号　印发《如皋市关于整合部分基层辅助力量进网格加强基层网格队伍建设的实施方案》的通知

59号　关于印发《如皋市党政领导干部防范和惩治统计造假、弄虚作假责任制实施细则》的通知

60号　关于印发《如皋市贯彻落实国家统计局第6统计督察组督察反馈意见整改方案》的通知

64号　转发《中共南通市委办公室南通市政府办公室关于印发〈南通市重大决策社会稳定风险评估实施细则(试行)〉的通知》的通知

67号　关于进一步加强和改进企业国有资产监督管理的意见

69号　转发市发展和改革委《关于建立健全城乡融合发展体制机制和政策体系的实施方案》的通知

中共如皋市委办公室(皋委办发)

4号　印发《关于支持检察机关公益诉讼工作的意见》的通知

6号　关于建立村(社区)党群服务中心挂牌长效机制的通知

9号　关于在全市各级党委(党组)理论学习中心组开展"学习苏州'三大法宝',答好南通'发展四问',推动如皋高质量发展"专题学习研讨活动的通知

10号　关于开展2019年度科级领导干部谈心谈话活动的通知

16号　转发市委统战部《关于建立市委常委市政府党员副市长与党外代表人士联系交友制度的意见的通知》

21号　印发《关于加强"两新"组织党务工作者专业化建设的实施意见(试行)》的通知

22号　关于建立《中共如皋地方史(第三卷)》(1978—2002)编纂委员会的通知

23号　关于印发《如皋市政治生态监测评估实施办法》的通知

如皋市人民政府办公室(皋政办发)

9号　关于印发《如皋市国有土地上房屋征收与补偿评估技术规范》的通知

10号　关于印发《如皋市国有土地上房屋征收补偿安置实施细则》的通知

12号　关于公布2018年度如皋市农业产业化市级龙头企业名单的通知

13号　关于进一步加强烈士纪念设施建设管理工作的通知

15号　关于市政府行政复议案件处理程序有关问题的通知

16号　关于印发如皋市政务新媒体管理办法(试行)的通知

24号　关于印发《如皋市工程建设项目审批制度改革实施意见》的通知

26号　关于印发《如皋市国有企业项目投资监督管理暂行办法》的通知

28号　关于印发《如皋市关于疫情防控期间加强企业用工保障工作的实施意见》的通知

29号　关于加强群租房安全管理工作的意见

32号　关于2020年全市造林绿化工作的实施意见

33号　关于规范我市辖区船舶水污染物接收转移处置工作的实施意见

40号　关于印发《关于应对新型冠状病毒感染的肺炎疫情保障城乡有序建设的若干措施》的通知

43号　关于印发《如皋市促进文化产业高质量发展激励办法》的通知

49号　关于进一步加强工程建设招标投标管理工作的通知

53号　关于进一步促进服务业转型发展的若干政策意见

56号　关于印发《如皋市2020年农业支持保护补贴(耕地地力保护)实施方案》的通知

57号　关于印发《如皋市自然资源管理工作意见》的通知

58号　关于印发《〈南通市城市绿化管理条例〉贯彻执行方案》的通知

59号　关于加强城市建成区黑臭水体整治长效管理工作的通知

60号　关于印发《如皋市优粮优价收购工作实施办法》的通知

63号　关于印发《如皋市促进生猪生产转型升级的实施意见》的通知

66号　关于印发市政府2020年度重大行政决策事项目录的通知

67号　关于进一步加强村镇建设工程安全监管的通知

82号　关于印发《如皋市政府投资项目管理暂行办法》的通知

83号　关于印发《如皋市沿江港口突发事件应急预案(2020年修订版)》的通知

88号　关于印发《如皋市国土空间总体规划(2020—2035)编制工作方案》的通知

91号　转发市教育局《关于调整如皋市安定小学施教区的方案》的通知

93号　关于印发《如皋市道路交通安全责任制暂行规定》的通知

95号　关于做好2020年度农村生态河道建设工作的通知

96号　关于建立如皋市长江河道采砂管理联席会议制度的通知

97号　印发《关于加快律师人才队伍发展的意见（试行）》的通知

99号　关于进一步做好2020年夏季秸秆禁烧禁抛与综合利用工作的通知

114号　关于转发南通《关于印发南通市政府信息公开申请办理规范的通知》的通知

116号　关于印发《如皋市县域医疗卫生综合服务能力提升计划（2020—2022）》的通知

121号　关于印发《如皋市农村宅基地和建房（规划许可）审批流程》的通知

129号　关于调整全市社会救助保障标准的通知

130号　关于在新冠肺炎疫情期间做好残疾人就业和残疾人服务机构纾困解难工作的通知

142号　关于印发《如皋市气象灾害应急预案（2020年修订版）》的通知

146号　关于印发市政府部门行政审批中介服务事项清单的通知

148号　关于统筹做好基层政务公开事项标准目录编制有关工作的通知

151号　关于转发南通市住房和城乡建设局等五部门《关于在市区建设领域实施农民工工资保证金制度的通知》的通知

153号　关于加强建设工程设计方案联合审查工作的实施意见

161号　关于表彰第五届如皋市文学艺术奖的通知

172号　关于公布2019年度如皋市农业产业化市级龙头企业名单的通知

175号　关于印发如皋市食品安全监管事权清单的通知

179号　关于印发《如皋市职业教育校企合作三年行动计划（2021—2023年）》的通知

省级及以上媒体报道如皋题录

2020年省级及以上媒体报道如皋题录（选录）

表85

日　期	媒　体	标　题
7月6日	《半月谈》	《水清岸美产业兴——江苏南通小康路上的绿色实践》
1月15日	《人民日报》	《老小区“改”出新品质》
1月17日	《人民日报》	《“三农”账本看小康》
2月19日	《人民日报》	《防疫不松劲　春耕不误时》
3月3日	《人民日报》	《江苏如皋：海外订单多　企业生产忙》
3月12日	《人民日报》	《社区小课堂》
3月20日	《人民日报》	《电子政务加速跑　惠民便民见实效》
4月21日	《人民日报》	《苗木种植　助农增收》
6月5日	《人民日报》	《美丽中国　我是行动者》
6月23日	《人民日报》	《千亩荷塘入画来》
7月7日	《人民日报》	《江苏夯实文化根基　促进文旅融合　加强文明创建——文化涵养小康亮色》
7月14日	《人民日报》	《如皋口岸完成外贸吞吐量685.4万吨》
7月27日	《人民日报》	《绿里生“金”》
8月10日	《人民日报》	《岗位稳　企业有后劲》
8月10日	《人民日报》	《在政府帮扶下　和员工同舟共济共渡难关》

续表85-1

日　期	媒　体	标　题
11月10日	《人民日报》	《渔民上岸 有了新营生》
11月26日	《人民日报》	《菜单无"江鲜" 禁渔添保障》
12月10日	《人民日报》	《共同守护母亲河碧水长流》
12月22日	《人民日报》	《"普惠"提质增效 润泽小微实体》
12月24日	《人民日报》	《凝聚保护长江的法治共识》
12月25日	《人民日报》	《江苏省如皋港货物吞吐量突破7500万吨》
12月29日	《人民日报》	《如皋市5G新材料产业园项目建设》
8月19日	《人民日报海外版》	《"雉水之夜"人气旺》
1月1日	《人民日报海外版》	《新一年 全面建成小康社会交答卷》
2月17日	《人民日报海外版》	《企业复工忙》
2月18日	《人民日报海外版》	《如皋"河道保姆"日常巡河保洁》
2月21日	《人民日报海外版》	《出口订单赶工忙》
3月2日	《人民日报海外版》	《村企复产 助民就业》
3月4日	《人民日报海外版》	《海外订单多 企业生产忙》
3月9日	《人民日报海外版》	《乡镇企业赶制订单》
3月30日	《人民日报海外版》	《非遗风筝有传承》
4月4日	《人民日报海外版》	《粮食供给短缺？多虑了》
5月20日	《人民日报海外版》	《基本民生 坚决保住!》
8月19日	《人民日报海外版》	《"雉水之夜"人气旺》
9月11日	《人民日报海外版》	《那些"汉服江湖"里的年轻人》
11月10日	《人民日报海外版》	《"爱粮节粮"小课堂》
11月27日	《人民日报海外版》	《拓展市场》
12月5日	《人民日报海外版》	《财税"真金白银"助力脱贫》
12月15日	《人民日报海外版》	《节水优先》
12月9日	《人民日报海外版》	《"互联网+"拓宽助残新路子》
3月15日	《光明日报》	《"3•15"国际消费者权益日》
4月2日	《光明日报》	《展才艺 塑勇士》
4月21日	《光明日报》	《江苏省如皋市税务志愿服务队开展"保护环境珍爱地球"活动》
8月1日	《光明日报》	《红色传承非遗剪纸》
10月28日	《光明日报》	《秋粮收购开局良好》
12月14日	《光明日报》	《大棚花卉种植忙》
7月6日	《经济参考报》	《江苏如皋"盆景村"的幸福路》
12月18日	《经济参考报》	《"与狼共舞"是中国商用车 高端升级必然过程》
1月18日	《法制日报》	《打造政法系统区域合作新机制》
3月15日	《法制日报》	《如皋"支云"审案群众点赞》
7月5日	《法制日报》	《小巷党课》

续表85-2

日 期	媒 体	标 题
7月28日	《法制日报》	《江苏如皋边检强化疫情防控普法宣传》
12月9日	《法治日报》	《如皋城北街道多措并举全力做好信访工作》
12月22日	《法治日报》	《如皋强化港口公共安全监管工作》
8月4日	《工人日报》	《扶贫协作显成效》
11月5日	《工人日报》	《"信用修复"助力企业发展》
7月8日	《中国青年报》	《江苏奏响特色田园乡村"圆舞曲"》
7月7日	《中国妇女报》	《小康路上的半边天》
1月5日	《经济日报》	《年宵花卉产业旺》
2月2日	《经济日报》	《防控前线的坚守令人动容》
7月6日	《经济日报》	《方寸盆景扮靓小康家园》
10月5日	《经济日报》	《坚守岗位 有序生产》
10月6日	《经济日报》	《江苏如皋:为城市新添天然氧吧》
12月15日	《经济日报》	《冬闲变冬忙 草坪助增收》
7月8日	《科技日报》	《小小花木盆景 致富一个村》
12月1日	《科技日报》	《江苏如皋组合拳推动科技创新 打造产业新引擎》
7月6日	《农民日报》	《在高质量发展中绘就富民增收新画卷》
8月15日	《农民日报》	《江苏南通:绿色畜牧业 粪污变"宝藏"》
1月14日	《中国财经报》	《江苏如皋:特色鲜花种植富农家》
4月20日	《中国日报》	《报道如皋版权保护工作》
4月23日	《中国日报》	《儿童签名支持保护知识产权》
8月13日	《中国县域经济报》	《守初心担使命 全力发展普惠金融》
10月15日	《中国县域经济报》	《落实"六稳""六保"要求 打好复工复产硬仗》
11月5日	《中国县域经济报》	《江苏如皋"一会两节"签约项目引资395亿元》
11月16日	《中国县域经济报》	《谱写新时代追赶超越新篇章》
11月19日	《中国县域经济报》	《江苏如皋白蒲镇举办长寿之旅嘉年华活动》
12月3日	《中国县域经济报》	《江苏如皋交通运输综合执法大队 安全监管有特色成效好》
12月3日	《中国县域经济报》	《劳模工匠进校园 思政教师进企业》
12月7日	《中国县域经济报》	《江苏如皋交通运输综合执法大队创全国服务品牌》
12月10日	《中国县域经济报》	《聚焦污染防治攻坚 推动生态环境高水平保护》
12月14日	《中国县域经济报》	《江苏如皋交通运输综合执法大队抓党建见实招》
1月7日	《新华日报》	《弘扬"好人文化" 发挥榜样作用》
1月13日	《新华日报》	《如皋市:紧扣"一体化" 锚定"高质量" 做强做优现代服务业》
1月18日	《新华日报》	《在守正创新中弘扬正能量》
2月3日	《新华日报》	《"前方战友,我们来增援了"》
3月4日	《新华日报》	《如皋经开区"三个全方位"夺取"双胜利"》

续表85-3

日　期	媒　体	标　题
3月4日	《新华日报》	《如皋经济技术开发区企业生产忙》
3月7日	《新华日报》	《靖江西来与如皋江安实现企业跨地区复工》
3月18日	《新华日报》	《南通:危中寻机破解“用工荒”》
3月24日	《新华日报》	《如皋开发区创新驱动高质量发展》
3月25日	《新华日报》	《在抗“疫”保电一线守初心践使命 如皋靠前服务 保障企业复工复产》
4月2日	《新华日报》	《文明祭扫 “风”起清明》
4月4日	《新华日报》	《南通:协力按下复工复产“快进键”》
4月7日	《新华日报》	《移动5G网触达县级市火车站》
4月8日	《新华日报》	《如皋经济技术开发区:防疫生产两不误 全力奋战“开门红”》
4月9日	《新华日报》	《如皋农商银行:精准施策解决企业“燃眉之急” 与企业携手共进 与民众共克时艰》
4月21日	《新华日报》	《如皋“真金白银”发展文化产业》
4月23日	《新华日报》	《母亲 人生之镜》
4月23日	《新华日报》	《让发展更有温度 让民生更有厚度》
4月24日	《新华日报》	《抗“疫”路上“群英谱”》
5月8日	《新华日报》	《新港:庄稼地里开出“富民花”》
5月12日	《新华日报》	《让优质教育普惠于民》
6月10日	《新华日报》	《如皋市疾控中心:打好“组合拳”,誓夺“双胜利”》
7月1日	《新华日报》	《如皋市委第一村(社区)巡察夯实基层党建工作》
7月5日	《新华日报》	《江苏将建世界最大跨径桥梁》
7月6日	《新华日报》	《如皋上线全省首个政务服务智能客服系统》
7月7日	《新华日报》	《岸线保护 还江于民还绿于民》
7月7日	《新华日报》	《既要“鱼米之乡” 也要“诗和远方”》
7月20日	《新华日报》	《长江禁渔期“电鱼” 5人被判刑》
7月31日	《新华日报》	《如皋开发区:园区党建引领高质量发展》
8月3日	《新华日报》	《把“强富美高”新江苏建设不断推向前进》
8月9日	《新华日报》	《3.2万册主题读物向全省农家书屋配送》
8月25日	《新华日报》	《“新生儿出生一件事”一次办》
9月6日	《新华日报》	《众志成城 为实现复兴伟业不懈奋斗》
9月8日	《新华日报》	《百亿级5G新材料项目开工 如皋奋力建设江北最强县市》
9月10日	《新华日报》	《如皋市:红色引擎注入强劲动能 绿色产业发展推进增收致富》
10月8日	《新华日报》	《藕香荷韵 富了平园池百姓》
10月9日	《新华日报》	《“有事”凝聚共识 “商量”彰显担当》
10月13日	《新华日报》	《农家书屋里的故事会》
10月20日	《新华日报》	《拧紧排污“龙头” 守护碧水东流》
10月23日	《新华日报》	《范永宏:普及中提升踢毽水平 参赛中找到运动快乐》
11月2日	《新华日报》	《如皋海关:创新举措促“双稳”》

续表85-4

日 期	媒 体	标 题
11月2日	《新华日报》	《弘扬志愿精神 汇聚星火力量》
11月3日	《新华日报》	《如皋市第一中学:“自胜教育”书写立德树人答卷》
11月12日	《新华日报》	《南通:奋力跑好长江大保护“最后一棒”》
11月16日	《新华日报》	《快递下乡 打开农村市场》
11月24日	《新华日报》	《凝心聚力 铺就美丽乡村之路》
11月30日	《新华日报》	《如皋开发区“三个强化”提升党外知识分子队伍建设》
12月20日	《新华日报》	《小康路上 “第一书记”勇争先》
12月22日	《新华日报》	《在融合中开新局》
12月23日	《新华日报》	《顶风破浪奋力夺取“双胜利”》
8月12日	人民网	《江苏如皋17个重大项目集中开工 总投资220亿元》
8月4日	人民网·人民图片网	《七彩假期 情暖童心》
8月10日	人民网·人民图片网	《江苏如皋:“文明墙”成为网红打卡新地标》
8月12日	人民网·人民图片网	《江苏如皋:科普课堂 乐享暑假》
10月5日	人民网·人民图片网	《江苏如皋:“中秋蚕”喜获丰收》
10月31日	人民网·人民图片网	《江苏如皋:秸秆回收 变废为宝》
11月4日	人民网·人民图片网	《江苏如皋:扶贫车间助力百姓脱贫增收》
11月14日	人民网·人民图片网	《江苏如皋:“扶贫稻”喜获丰收》
11月27日	人民网·人民图片网	《江苏如皋:奋力赶订单 冲刺“全年红”》
11月30日	人民网·人民图片网	《江苏如皋;趣味游戏乐享冬日》
6月17日	中国新闻网	《南通如皋顾庄:花盆中的小康愿景》
7月7日	央广网	《平园池:村里建了个AAA景区》
7月3日	新华每日电讯	《“读不完的”红楼梦》
7月6日	新华每日电讯	《江苏南通:水清岸美产业兴》
11月27日	新华每日电讯	《盲人足球队:在绿茵场“踢”出生命之光》
1月8日	中国日报网	《长三角“压轴”长江大保护》
6月13日	中国日报网	《小盆景大生意 顾庄居民同富裕》
1月8日	新华社	《江苏如皋百岁老人超500位》
5月21日	新华社	《江苏如皋:集体婚礼倡新风 浪漫5·20结良缘》
7月8日	新华社	《江苏如皋:上好暑期消防安全课》
8月4日	新华社	《江苏如皋:七彩假期 情暖童心》
8月6日	新华社	《如皋供电:以爱领航 情满万家》
9月7日	新华社	《江苏如皋:打造生态绿廊 留住公共空间》
9月16日	新华社	《老街改造 群众“支招”——江苏如皋“有事好商量”协商议民生》
9月21日	新华社	《金秋娃娃乐丰收》
9月22日	新华社	《民意与决策隔堵墙?“虚拟委员”来拆》

续表85-5

日　期	媒　体	标　题
11月13日	新华社	《水润江苏 江韵流芳——勠力书写长江文明新时代篇章》
12月29日	新华社	《江苏如皋:小木偶 迎新年》
6月14日	中新网	《江苏如皋花木盆景绘就致富的“康庄大道”》
1月20日	中央电视台4套	《远方的家·长江行》
2月19日	中央电视台4套	《向水而行 择善而从》
10月27日	中央电视台6套	《“致敬建党百年——电影文化惠民年展”在江苏如皋开展》
1月6日	中央电视台13套	《如皋“小村春晚”浓浓年味》
10月1日	中央电视台13套	《双节共庆 家国同心 国旗点缀历史文化街区》
10月8日	中央电视台13套	《东方时空焕然一新的如皋服务区》
5月2日	中央电视台13套（朝闻天下）	《塞尔维亚:紧急行动 中企转型口罩生产》
11月30日	中央电视台13套（法治故事）	《馅饼变陷阱》
6月17日	央视频	《江苏如皋:春染水绘园林秀 东风飘暖草浮光》
6月17日	央视频	《绿“邑”如皋 美景如画》
6月18日	央视频	《好人如灯 大爱如皋》
6月18日	央视频	《如皋长寿美食:蟹黄包》
6月19日	央视频	《如皋长寿美食:跑油肉》
6月19日	央视频	《如皋长寿美食:爆炒三黄鸡》
6月19日	央视频	《如皋长寿美食:芋头烧肉》
6月19日	央视频	《如皋长寿美食:黑塌菜烧粉丝》
6月20日	央视频	《如皋长寿美食:姜丝肉》
6月20日	央视频	《如皋长寿美食:红烧江鲢》
6月20日	央视频	《如皋长寿美食:白蒲茶干》
6月20日	央视频	《如皋长寿美食:老炉烧饼》
7月2日	央视频	《镜像如皋 尽显都市风采》
7月2日	央视频	《一朝一食 如皋人的早茶情缘》
7月2日	央视频	《如皋之恋:千年古韵 生态绿涛》
7月2日	央视频	《如皋十二时辰:日月轮转 烟火人间》
7月25日	央视频	《江苏如皋“90”“00”话文明系列之一:游览中的文明》
7月25日	央视频	《江苏如皋“90”“00”话文明系列之二:服务中的文明》
7月25日	央视频	《如皋“90”“00”话文明系列之三:公共场合中的文明》
7月27日	央视频	《如皋“90”“00”话文明系列之四:精神文明》
7月27日	央视频	《如皋“90”“00”话文明系列之五:政务中的文明》
8月7日	央视频	《江苏如皋:清凉一杯水·关爱一座城》
7月7日	中新社	《南通苗木盆景种出“小康树”》
12月2日	中新社	《江苏如皋:冬日龙游湖景如画》

续表85-6

日 期	媒 体	标 题
1月16日	江苏新闻	《小区搭戏台 村民唱大戏》
5月28日	江苏新闻	《国内首个小微盆景基地在如皋开门迎客》
9月5日	江苏新时空(时空头条)	《江苏固定资产投资逐月回升 省级重点工业投资项目超时序推进》
9月19日	江苏新时空(时空头条)	《重塑安全产业链 拉长"江苏制造"长板》
9月19日	江苏新时空(时空要闻)	《南通:护生态 补短板 把绿色铸成全面小康的鲜亮底色》
11月1日	江苏新时空(时空要闻)	《新时代文明实践志愿服务竞相绽放》

统计资料

如皋市第七次全国人口普查常住人口情况

根据如皋市第七次全国人口普查结果,2020年11月1日零时全市常住人口有关情况如下:

全市常住人口1238448人,与2010年第六次全国人口普查的1267066人相比,10年间减少28618人,减少2.26%,年平均减少0.2%。

一、户别人口

全市有家庭户429888户,人口1194766人;有集体户9829户,人口43682人。平均每个家庭户人口为2.78人,比2010年第六次全国人口普查减少 0.38人。

二、城乡人口

全市常住人口中,居住在城镇的人口761879人,占61.5%;居住在乡村的人口476569人,占38.5%。与2010年第六次全国人口普查相比,城镇人口增加144818人,乡村人口减少173436人,城镇人口比重提高12.8个百分点。

三、性别构成

全市常住人口中,男性602131人,占48.6%;女性636317人,占51.4%。总人口性别比(以女性为100,男性对女性的比例)94.6,与2010年第六次全国人口普查比提高3.5个百分点。

四、年龄构成

全市常住人口中,0~14岁152124人,占12.3%;15~59岁700305人,占56.5%;60岁及以上386019人,占31.2%,其中65岁及以上295288人,占23.8%。

2020年年末全市人口年龄构成表

表86

年 龄	人口数(人)	比重(%)
总 计	1238448	100.0
0~14岁	152124	12.3
15~59岁	700305	56.5
60岁及以上	386019	31.2
其中:65岁及以上	295288	23.8

五、受教育程度人口

全市常住人口中,大学(指大专及以上)文化程度人口为127608人,高中(含中专)文化程度人口为172342人,初中文化程度人口为448548人,小学文化程度人口393415人(以上各种受教育程度的人包括各类学校毕业生、肄业生和在校生)。与2010年第六次全国人口普查相比,每10万人中大学文化程度人口由4474人提高为10304人,高中文化程度人口由12429人提高为13916人,初中文化程度人口由36908人降低为36219人,小学文化程度人口由39018人降低为31767人;15岁及以上人口平均受教育年限(由各种受教育程度折算成受教育年限计算平均数得出。具体折算标准为:小学6年,初中9年,高中12年,大专及以上16年)由8.4年提高至9.1年。

2020年如皋市主要经济指标在全省位次

2020年如皋市地区生产总值在全省县(市)位次表

表87

位次	县(市)名称	绝对量(亿元)	增幅(%)	位次	县(市)名称	绝对量(亿元)	增幅(%)
1	昆山市	4276.76	4.0	21	沛　县	805.01	3.9
2	江阴市	4113.75	3.0	22	宝应县	763.04	3.6
3	张家港市	2686.60	3.9	23	新沂市	692.22	3.1
4	常熟市	2365.43	3.6	24	句容市	675.48	3.6
5	宜兴市	1832.21	3.0	25	睢宁县	619.34	2.8
6	太仓市	1386.09	3.9	26	建湖县	593.88	3.3
7	如皋市	1305.20	5.3	27	射阳县	592.36	4.1
8	启东市	1223.10	4.2	28	阜宁县	574.22	2.4
9	海安市	1221.60	5.8	29	涟水县	554.05	3.3
10	如东县	1155.10	5.9	30	东海县	553.81	4.1
11	丹阳市	1145.36	4.1	31	泗阳县	528.53	4.2
12	泰兴市	1127.47	3.9	32	泗洪县	525.41	4.5
13	溧阳市	1072.20	5.3	33	滨海县	503.86	0.2
14	沭阳县	1011.20	4.3	34	扬中市	489.59	3.8
15	靖江市	1004.80	3.0	35	丰　县	486.53	3.1
16	邳州市	1001.26	3.9	36	盱眙县	435.32	3.1
17	兴化市	900.92	3.0	37	响水县	405.74	6.1
18	东台市	893.35	5.8	38	灌南县	396.94	2.9
19	高邮市	838.18	3.4	39	灌云县	381.64	4.4
20	仪征市	815.05	3.4	40	金湖县	337.03	3.2

2020年如皋市一般公共预算收入在全省县(市)位次表

表88

位次	县(市)名称	绝对量(亿元)	增幅(%)	位次	县(市)名称	绝对量(亿元)	增幅(%)
1	昆山市	428.00	5.1	9	启东市	72.01	1.9
2	江阴市	259.66	1.2	9	如皋市	72.01	2.9
3	张家港市	250.30	1.3	11	靖江市	68.67	3.1
4	常熟市	213.66	5.2	12	海安市	64.54	3.0
5	太仓市	171.12	5.0	13	丹阳市	64.02	3.2
6	宜兴市	127.59	3.0	14	如东县	60.02	4.0
7	泰兴市	85.43	6.0	15	句容市	54.85	2.5
8	溧阳市	73.80	5.0	16	东台市	54.60	5.0

续表88

位次	县(市)名称	绝对量(亿元)	增幅(%)	位次	县(市)名称	绝对量(亿元)	增幅(%)
17	沭阳县	51.00	6.5	29	阜宁县	28.31	2.2
18	仪征市	48.00	-4.7	30	泗洪县	27.31	3.7
19	沛　县	46.13	2.5	31	泗阳县	26.69	3.7
20	邳州市	43.90	2.4	32	宝应县	24.87	
21	兴化市	41.48	4.3	33	东海县	24.68	2.6
22	睢宁县	38.50	1.2	34	滨海县	24.36	5.0
23	高邮市	37.91	3.0	35	涟水县	23.98	4.5
24	新沂市	37.50	5.5	36	灌南县	23.93	1.7
25	扬中市	35.01	2.9	37	金湖县	23.54	4.7
26	建湖县	31.66	5.0	38	响水县	23.10	5.0
27	射阳县	30.90	8.0	39	灌云县	22.61	0.1
28	丰　县	30.01	5.5	40	盱眙县	19.29	1.0

2020年如皋市固定资产投资在全省县(市)位次表

表89

位次	县(市)名称	增幅(%)	位次	县(市)名称	增幅(%)
1	常熟市	20.8	21	溧阳市	5.1
2	张家港市	20.0	22	宝应县	4.8
3	太仓市	16.4	23	东台市	4.2
4	射阳县	13.1	24	泗洪县	3.6
5	兴化市	11.6	25	昆山市	3.3
6	丹阳市	10.8	26	句容市	2.4
7	海安市	10.7	27	泗阳县	0.2
8	如东县	10.3	28	沭阳县	-0.1
8	启东市	10.3	29	泰兴市	-5.2
10	如皋市	10.1	30	灌云县	-6.9
11	宜兴市	10.0	31	东海县	-7.0
12	江阴市	9.8	31	灌南县	-7.0
12	扬中市	9.8	33	靖江市	-8.6
14	高邮市	7.6	34	金湖县	-11.2
15	响水县	6.5	35	仪征市	-16.2
16	睢宁县	6.2	36	滨海县	-32.0
17	丰　县	6.1	36	阜宁县	-32.0
18	新沂市	5.3	36	建湖县	-32.0
18	邳州市	5.3	39	涟水县	-35.8
20	沛　县	5.2	40	盱眙县	-57.6

2020年如皋市社会消费品零售总额在全省县(市)位次表

表90

位次	县(市)名称	绝对量(亿元)	增幅(%)	位次	县(市)名称	绝对量(亿元)	增幅(%)
1	昆山市	1398.08	0.5	21	东海县	243.68	-2.2
2	常熟市	1031.62	0.1	22	兴化市	240.00	-3.3
3	张家港市	688.52	-4.1	23	阜宁县	229.06	-2.9
4	江阴市	675.07	-3.0	24	滨海县	227.21	-1.6
5	宜兴市	512.26	0.8	25	射阳县	222.26	1.3
6	如皋市	457.83	-0.1	26	涟水县	204.84	0.5
7	沛　县	427.63	-6.3	27	靖江市	197.50	-2.5
8	太仓市	425.04	0.1	28	建湖县	187.94	-1.6
9	睢宁县	422.29	-9.7	29	高邮市	171.56	-2.5
10	启东市	413.58	0.7	30	盱眙县	164.97	-2.8
11	如东县	406.95	0.6	31	宝应县	159.38	-4.0
12	海安市	356.06	0.3	32	泗洪县	156.84	-4.3
13	邳州市	332.68	-4.5	33	句容市	152.63	-1.9
14	溧阳市	317.50	-1.2	34	泗阳县	152.54	-3.8
15	沭阳县	306.45	-4.7	35	扬中市	133.30	-0.9
16	丹阳市	302.25	-1.1	36	金湖县	120.40	1.6
17	新沂市	286.75	-9.7	37	仪征市	114.52	-2.7
18	泰兴市	274.70	0.2	38	响水县	104.99	-4.3
19	丰　县	260.05	-9.9	39	灌南县	90.81	-7.6
20	东台市	245.63	1.3	40	灌云县	76.00	-6.6

2020年如皋市实际利用外资及港澳台资在全省县(市)位次表

表91

位次	县(市)名称	绝对量(亿美元)	增幅(%)	位次	县(市)名称	绝对量(亿美元)	增幅(%)
1	昆山市	10.48	40.3	12	邳州市	2.93	10.1
2	江阴市	9.20	-1.2	13	靖江市	2.90	150.0
3	常熟市	6.31	26.7	14	如皋市	2.54	-10.2
4	太仓市	4.63	5.2	15	仪征市	2.50	24.8
5	宜兴市	4.51	18.9	16	新沂市	2.08	-38.8
6	张家港市	4.41	10.7	17	沛　县	2.00	7.9
7	泰兴市	3.76	0.2	18	丹阳市	1.85	31.5
8	海安市	3.59	12.6	19	兴化市	1.73	6.9
9	启东市	3.43	12.7	20	高邮市	1.50	61.4
10	溧阳市	3.34	11.2	21	睢宁县	1.47	-1.4
11	如东县	3.18	10.2	22	涟水县	1.34	-4.2

续表91

位次	县(市)名称	绝对量(亿美元)	增幅(%)	位次	县(市)名称	绝对量(亿美元)	增幅(%)
23	盱眙县	1.25	18.7	32	射阳县	0.91	7.0
24	金湖县	1.25	-2.3	33	泗洪县	0.91	7.4
25	句容市	1.18	-3.6	34	灌南县	0.87	-10.6
26	泗阳县	1.12	27.4	35	扬中市	0.74	17.2
27	东台市	1.11	11.2	36	滨海县	0.61	121.0
28	沭阳县	1.10	1.8	37	灌云县	0.49	767.5
29	丰 县	1.07	21.5	38	响水县	0.39	454.7
30	宝应县	1.01	15.4	39	阜宁县	0.23	-36.0
31	东海县	1.00	-1.8	40	建湖县	0.22	-38.2

2020年如皋市居民人均可支配收入在全省县(市)位次表

表92

位次	县(市)名称	绝对量(元)	增幅(%)	位次	县(市)名称	绝对量(元)	增幅(%)
1	昆山市	62238	4.2	21	建湖县	32220	4.9
2	江阴市	61859	4.8	22	金湖县	31461	4.9
3	张家港市	60623	4.6	23	盱眙县	30258	4.8
4	常熟市	60439	4.5	24	射阳县	29799	5.2
5	太仓市	59442	4.4	25	邳州市	29744	5.3
6	宜兴市	50987	5.1	26	宝应县	29579	5.0
7	扬中市	49144	4.8	27	沛 县	29241	5.3
8	溧阳市	45140	5.0	28	滨海县	28162	5.1
9	丹阳市	43937	4.5	29	东海县	28121	5.4
10	靖江市	43027	5.1	30	阜宁县	27958	5.1
11	句容市	40697	4.6	31	响水县	27070	5.2
12	启东市	40099	6.0	32	新沂市	26940	5.3
13	海安市	38900	6.1	33	沭阳县	26071	5.8
14	泰兴市	38556	5.3	34	涟水县	25820	4.9
15	如东县	37735	5.9	35	泗阳县	25764	5.9
16	如皋市	37646	6.1	36	泗洪县	25186	6.0
17	仪征市	36862	4.8	37	睢宁县	25038	5.2
18	东台市	36303	5.0	38	丰 县	24961	5.4
19	兴化市	34312	5.1	39	灌南县	24355	5.4
20	高邮市	32551	4.7	40	灌云县	23828	5.3

索　　引

说　明

1. 本索引采用主题分析法编制，按汉语拼音顺序排列，同字同音按声调排列，音调相同按下一字的音序排列。

2. 特载、大记事、附录2个部分，以及综述类分目词条、概况类条目词未列入索引。

3. 标引词后的数字，表示内容所在页码；数字后的字母a、b、c分别表示左栏、中栏、右栏。

4. 由分目(副分目)提取的索引用黑体字标示。

T

Z

《如皋年鉴(2021)》条目主审人员名单

（以姓氏笔画为序）

丁　炜	马　乐	马　俊	马小平	王　岳	王　瑛	王志斌	王晓云	王爱军
石卫明	石留权	卢　建	卢小勇	田小飞	邢新华	吉小燕	吉俊国	吕　庆
吕娟娟	朱　建	朱小青	朱伟锋	任　锋	刘亚丽	刘佩骏	江　宇	汤春华
许卫权	阮强舟	孙海卿	纪　勇	纪成如	纪树华	严金宏	李小标	李宝华
杨海鹏	吴小红	吴海燕	邱　晔	沙　进	沈　伟	张　明	张　恒	张　峰
张小凤	张建明	张勇祥	张晓春	陆　冉	陈大平	陈建军	陈洪波	陈新育
范　彦	范荣华	周　杰	周　鑫	周海丽	单友兰	宗　晓	冒玉书	冒建勋
姚小维	夏　勇	顾艳平	顾新生	钱晶晶	倪存波	倪锦祝	徐东建	徐玮萌
徐　建	徐晓兵	徐爱宁	高　丽	高　玮	陶建军	黄　振	黄晓华	黄爱军
曹培荣	常伟华	崔建备	章　军	章剑峰	葛剑利	蒋楠隽	韩　欣	鲁　骏
谢万华	褚建华	蔡　琴	蔡建兰	薛小青	薛宜发	薛桂平	戴海娟	